序

慧能是禅宗的“六祖”，禅宗是佛教的一个宗派，这种说法似乎已是中国佛教界和学术界的“常识”，没有人提出过不同意见，即使有人强调慧能思想的创造性，也只是突出其在禅宗的地位而已。

这种“常识”的出现，一个重要原因是说禅者大多是佛教信徒，虽然他们自认为禅宗的传人，但总离不开佛教这棵大树。他们对慧能禅学思想及其继承者的农禅并作实践的解说，都是专注于术、技层次，不能探讨其道、法层次的特殊性，而以佛教道、法层次为前提的。他们是从信佛的角度出发而说禅的。而不信佛的学者，也没能跳出佛教徒们的思想架构，只求从术、技层次对慧能及其继承者的“禅宗”思想进行探讨。

对此，我以前也没有异议，但经过对慧能《坛经》及其继承者的深入系统研究，并对比分析佛教及其母教婆罗门教，我发现这种已成“常识”的说法，是与实际不相符的。慧能创立并由其继承者道一、怀海、希运等充实发扬的思想体系，并不是、也不能归入佛教之禅宗，而是佛教之外的带有宗教形式的禅教。

我们不是从宗教信仰的角度，而是从思想史的角度研究慧能的禅学思想和他与继承者们共同创造的禅教的。这样我们就能发现禅教与佛教的区别在于：第一，时代和社会基础不同。禅教形成于中华民族国家集权官僚制已成熟的公元7到8世纪的唐朝，并通行于集权官僚制延续的1000多年，是这个时期社会矛盾的体现，而佛教则是公元前6世纪在印度地区形成的，是该地区主流意识形态婆罗门教的一种修正、改良流派流传至公元7到8世纪的产物，其社会基础是部族奴隶制。几乎是佛教在印度被密教化并回归婆罗门教之时，禅教才在中国产生，而且形成禅教的社会制度比佛教先进了两个历史阶段。第二，阶级主体不同。禅教是中国集权官僚制中农民和其他劳动者意识的概括，而佛教则主要是印度奴隶制刹帝利种姓并结合吠舍种姓的意识形态。第三，基本观念不同。基本观念，即思想体系之道层次，禅教依从的基本观念或其道，是在集权官僚制的中国居主导地位的传统之天道观，佛教的基本观念则是印度部族奴隶制占统治地位的婆罗门教梵道观。第四，核心观念不同。禅教和佛教的核心观念都在各自思想体系的法层次上，禅教的核心观念为我佛观，强调我就是佛，我心即佛；佛教的核心观念为佛我观，认为佛是外在于我的，是先于、外于、大于所有人的无限智慧的神，个体的我只能追随它、信奉它，由它指导个体我的思想和行为。第五，术层次的不同。禅教之术是其法的展开，首要在于农禅并作，即在共同劳动生产生活的过程中修禅悟道。并据此制定禅林清规，进而形成无念为宗，无相为体，无住为本，自心是佛与即心即佛，平常心是道，定慧一体，顿悟本性与藉师化道，我转佛经非佛经转我，功德在法身，心净则净土等特有之术；佛教则蔑视劳动，以依附权势富贵和乞讨为生，进而提出在无限信仰前提下学习修炼由先验神佛提出的关于世界和人生的佛术，包括小乘派的四谛、八正道、五蕴、十二因缘，以至大乘派的诸法皆空、法界缘起、三乘归一、极乐世界、泛佛、中道、涅槃世间无别、一切唯识、三性五味百法等。第六，技层次的差别。技层次是道、法、术的展开，是思想形态的具体表现和作用的层次，由于禅教采用了佛教一些术语和形式，因而在这个层次，二者相混杂的现象比较多，但通过分析也可以发现因道、法、术层次的区别而形成的差异，如禅教发愿、忏悔、授戒之技形式取自佛教，但内容却是我佛观而非佛我观的具体化，再如坐禅不著心、不著净、亦不言不动，随务启悟，公案析判，话头参究，应机接化，偈颂歌诗等，都与佛教，尤其禅宗在形式上有相似，但认真考究，即可发现其内容差别。

禅宗是佛教的一个宗派，是佛教关于禅定等修炼之技传入中国后，由道信、弘忍、神秀等充实提升所形成的，虽名义上以达摩为“初祖”，但其事迹已不可考，即令传说中的“达摩禅”，也主要是来自印度的佛教改自婆罗门教的禅定等术技，可以视为禅宗形成的前导环节。因慧能曾受弘忍点拨，加之神会等为争“正统”地位而将慧能称为“六祖”，并为取得朝廷认可淡化禅教与佛教的差别，不顾慧能在《坛经》中反复强调其思想体系是与佛教不同的“顿教”，从功利出发将慧能思想与禅宗混杂。而坚持慧能我佛观核心观念的怀让、行思、道一、怀海、希运、希迁等人，在深山丛林中修习、发展慧能思想的过程中，又依慧能“不诤”的教诲，既不与禅宗辩诤，也不与神会一脉划清界限，虽然使禅教体系充实丰富，却没能明确禅教与禅宗的区别。而后几百年，大体到宋朝，佛教其他宗派基本消失，唯有以“六祖”慧能为旗号的禅宗仍藉禅教得以流传，而禅教传续的临济宗、云门宗，也只注重术、技层次，忽略禅教与佛教在道、法层次的区别，致使禅教与佛教禅宗混流。而佛教净土宗为了存续，又与禅宗混合，导致禅教与禅宗更难区别，以致人们只知禅宗，不知禅教，把本来在道、法层次与佛教有本质区别的禅教，也装进佛教禅宗这一大“布袋”而称谓。

现今一些人把“中国传统文化”归结为“儒、释、道”，他们似乎不清楚，“释”字为“释迦牟尼”的简称，而“释迦”只是尼泊尔一个地区部族的称号。创立佛教者不是这个地区，也不是释迦部族，而是该部族的刹帝利首领的儿子乔达摩·悉达多。“牟尼”是他的信徒对他的尊称，犹如孔丘信徒称他为“子”“圣人”。“释迦牟尼”之意是释迦地区或释迦部族的圣人，怎么能以一个“释”字表示佛教呢？而中国的佛教僧人也将错就错，去掉自家的祖姓，以“释”为姓，这更为荒唐。如果非要依佛祖之姓，也应取“乔达摩”，或用一个“乔”字。乔达摩·悉达多所创佛教，是依从印度地区婆罗门教的一个流派，如何成为“中国传统文化”的一部分？虽然它在中国曾有不少信徒，但其全部“经”均译自印度，只有少量的“论”出自中国人之手，其意也是解说“经”的。一种思想体系或宗教，是否属于“中国传统文化”，关键在其基本观念和方法论，即道、法两个层次，依从梵道观和固守佛我观的佛教显然在这两个层次上不属于“中国传统文化”，而禅教则恰是依中国传统天道观而提出我佛观的，是流传于中国1000多年的思想体系。如果硬要概括，不妨称为“儒、禅、道”，或“儒、道、禅”，或“道、儒、禅”。

本书解禅，意在阐明禅教思想的先进性与特殊性，理解其中的一般价值，寻找对现代人思想的参考与启发，为此，不能不对禅教与佛教及其母教婆罗门教、禅教与佛教禅宗的区别加以界说，可能与习惯之常识相违，愿与有意者研讨。

劉永信

2017年11月10日

目　　录

导论　禅教：人类农业文明时期最先进的思想体系

人类在几千年的农业文明时期，经历了部族奴隶制、部族联盟封建领主制、民族国家集权官僚制三种总体社会存在形式和制度，形成与之相应的诸神崇拜（其突出代表是婆罗门教）、上帝主义的基督教及伊斯兰教、天道主义的儒学道统，还有附属于这些居统治地位思想体系的印度佛教和中国道教，它们以系统的思想体系和组织形式，为统治阶级认可和利用，在既有社会制度下立教和传教，影响民众思想和生活，是社会意识形态的重要组成部分。

对于上述统治的和辅助的思想体系，人们都进行了比较充分的研究，对它们的历史地位和价值的评判，虽有所分歧，但总体上都是承认并肯定的。然而，对于产生于中国唐朝，盛行几百年并对中国及周边国家有重大影响的禅教，却仅被作为佛教的一个宗派——禅宗的一个分支，或是以佛教教义代替和否认其思想体系的独特性，或从佛教教义界说其观念，抹煞其特殊性和价值。这是思想史研究中的一大缺陷和误区。克服缺陷，走出误区，考察禅教的思想体系和组织形式，明确其历史地位和思想价值，不仅是对历史负责，更能从中探究可为现代思想发展借鉴的一般性思想和方法因素。

禅教并不是居统治地位的思想体系，而是类似道教、佛教的附属性思想体系。禅教虽然有宗教性的禅团组织形式，但在内容上更注重思想的探究与传续，而非以强化信仰乃至迷信来维系。从这一点说，禅教更类似春秋战国时的儒、墨、道、法诸子百家，而与后来的道教有明显区别。判断一个思想体系先进与否，是以人类进化过程的人性升华，即文明主体劳动者的素质技能和社会地位的提高及其对文明成果的掌握程度为根据的。禅教产生于农业文明时期最先进的集权官僚制的中国，其主体是农业文明主体农民和其他劳动者，它的思想体系体现着农民和其他劳动者素质技能与社会地位的矛盾，它虽然不批判既有社会制度，也不倡导社会变革，而是在统治阶级容许的范围内，概括农业文明时期最为先进的集权官僚制社会农民和其他劳动者的意识，探求在既定制度下如何明确主体意识，争取尽可能的心态平衡和自由，反映了农民和其他劳动者追求相对自由的意愿，以农禅并作的禅团组织局部的实践而证明这一意愿的合理性与可能性，因而在民众之中有广泛深刻的影响，并对统治阶级意识形态形成一定程度的制约。正是在这种意义上，我们认为禅教虽然不是统治意识形态，也不是最有权势的思想体系，而是人类农业文明时期最先进的思想体系。

一、中国集权官僚制社会矛盾演化的思想体现

原始社会之后，人类在农业文明时期的社会制度，依次为奴隶制、封建领主制和集权官僚制，集权官僚制是最为先进的，是人类总体社会存在形式的演化从部族到部族联盟再到民族国家的社会制度，它在中国从秦汉开始，历经2000余年，欧洲则是从十三四世纪到十八九世纪这段时间内，在意大利、荷兰、英吉利、法兰西、德意志等几个民族国家建立了初级集权官僚制。由于欧洲的集权官僚制是由国王利用商人集团的商业资本，并实行重商主义政策而建立的，当商业资本壮大并要求向产业资本转化后，就展开了针对集权官僚制的革命，因而不待其成熟就被资本雇佣劳动制取代。集权官僚制在欧洲是其农业文明时期的最后制度，它是以商业资本为经济基础的，也是步入工业文明的前导，但在欧洲并没有形成系统的集权

官僚制的意识形态，虽出现了类似天道主义的自然神论、君主专制论，但都不系统，并很快被物质主义和君主立宪论及民（资）主论所取代。因而，欧洲农业文明时期系统的意识形态是封建领主制的上帝主义基督教，它比中国的儒学道统落后了整整一个时代。

人类文明是以劳动为根据的，文明主体是劳动者，劳动者的素质技能和社会地位是社会基本矛盾，人类社会的发展就是社会基本矛盾的演进，其内在动因和动力在于劳动者提高素质技能发展生产力的过程中，不断要求提高社会地位并为之展开斗争。社会的进步，就在于适应劳动者提高社会地位的要求，为提高和发挥劳动者素质技能而变革社会制度。社会制度及其意识形态的先进与否，标准就在于能否提高劳动者社会地位，从而有利于劳动者素质技能的发挥与提高。农业文明时期依次出现的奴隶制、封建领主制、集权官僚制在形成之初，都曾是先进的，有助于劳动者在这些制度规定的社会地位中发挥其提高了的素质技能。但劳动者素质技能并不是固定不变的，还会在继续劳动中逐步提高，劳动者也会据此要求进一步改变社会制度，以改善其生活条件和社会地位，适应其提高了的素质技能的发挥和再提高。劳动者提高社会地位的要求和斗争，不断以个体或群体性意识与行动表现出来，形成社会势力而与统治阶级势力相对立，迫使统治阶级在不损害其根本利益和统治地位的前提下，对既有社会关系进行调整或改革，这是量的渐变过程。而当劳动者提高社会地位的要求超出了既有制度的统治者所能容忍的范围，社会矛盾的激化就会引起制度的质变，即革命。由于劳动者的素质技能还没有达到形成以自己为主体的社会制度和意识形态的程度，因而农业文明时期的制度变革，还都表现为由统治阶级中某一阶层、集团来主导，新建立的制度也是由这个主导阶层、集团适应提高了素质技能的劳动者的要求，有助于其素质技能发挥的制度，不仅要相应提高劳动者的社会地位，增加其权利，而且也会改变统治者的权力和统治方式，形成新的统治阶级。

中国与欧洲的奴隶制变革为封建领主制，虽然在具体形式上有所不同，但都是某一部族与其他部族联盟，推翻旧的处于支配地位的部族，并在部族联盟中建立封建领主制，相应地，奴隶也就转变为农奴。这个过程，在中国是以周部族为首的部族联盟推翻商部族的支配地位，建立以周部族首领为“天子”的部族联盟封建领主制，并将原属部族集体所有的奴隶变为领主所有的农奴。欧洲则是日耳曼各部族联盟推翻罗马部族统治，建立以天主教教皇为首领的封建领主制，将原属奴隶主所有的奴隶变为领主所有的农奴，并建立相应的契约关系。农奴与奴隶相比，不仅其人身权有了一定保障，有了自己的家庭，而且从直接被奴隶主役使转变为领主将其所有的土地分割承包给农奴，进行相对自主的生产，收获物除交领主一部分外，余者自家消费。这样的制度，无疑会促进劳动者发挥和提高素质技能，从而发展社会生产力。

从封建领主制向集权官僚制的变革，则是以农奴和平民劳动者素质技能提高，并要求进一步提升社会地位的趋势为依据的，这突出表现在中国春秋战国时期各封建领主间的争霸与兼并，最后由秦吞六国，建立统一的中央政权。在消除封建领主的同时，也将原分属于各领主的农奴和土地的所有权统收归皇帝，农奴随之变为农民，并由以皇帝名义的中央政权将部分土地的占有权或使用权分配给农民，农民进行相对自主的以家为单位的农业生产，其收获物交税后归自家消费。无地少地农民则以收获物的一部分为代价，从占有国家配给勋田、禄田的官僚地主，以及用购买等方式占有较多土地的庶族地主那里租土地使用权。取消了对领主人身依附并有相应土地可以耕种的农民，其素质技能和生产积极性势必提高，但严密系统的集权官僚制又束缚他们只能从事以家为单位的小农经济。这是中国集权官僚制持续2000多年的基本原因，即使因天灾、外族入侵、官吏腐败等导致农民的反抗斗争，也只是改换政权而不能改变制度。而欧洲从封建领主制向集权官僚制的变革，从一开始就是国王利用商业资本家扩张其势力，虽然也有因废除了国内小领主特权而对农奴的解放，但由于其国土的范围小，解放农奴所能增加的财政收入有限，因此国王主要依靠重商主义政策来增强国力。但能够给国王提供财政支持的商业资本家，却不满于既有制度的限制，利用其日益增长的实力，反抗并变革尚未成熟的集权官僚制，在商业资本向产业资本的转化中，率先进入工业文明。

人类在农业文明时期的社会矛盾和制度变革，体现于意识形态的演变中，中国在以周部族为中心的部族联盟封建领主制度下，也出现过上帝主宰人类命运的观念，并由此取代各部族崇拜的诸神，但并未像欧洲那样形成系统强制地信仰上帝主义的宗教，因而到封建领主制衰落的春秋时期就由天道观或天命主义所取代，并形成了诸子思想家探讨社会变革的论争，这种论争一直延续到秦统一天下，进而汉承秦制，集权官僚制及其控制的小农经济要求并确立了儒学道统在意识形态的统治地位，到慧能创立禅教时，已有八九百年历史。而欧洲只是到公元5世纪才确立封建领主制，并以基督（天主）教为统治意识形态，其统治地位一直维持到18世纪启蒙运动兴起，之前几百年的文艺复兴和宗教改革运动只是部分地改良了基督教，并没有形成系统的集权官僚制的意识形态，就被资本主义从思想和制度所取代。因此，当我们说人类农业文明时期的集权官僚制时，其典型就是中国，而其居统治地位的意识形态，就是官僚地主阶级利益和意识集中体现的儒学道统，它在社会上表现为官文化，与之相对的，就是以农民为主体的小农意识。

劳动者虽然是农业文明的主体，但他们始终处于被统治地位，他们的意识，也有过比较系统的概括，其一就是中国春秋战国时墨子及其继承者的学说，其二是欧洲早期基督教。虽然墨子学说先于基督教，但它体现的却是封建领主制下农奴和平民的意识，并曾在社会变革中相当活跃，当集权官僚制取代封建领主制之后，墨子及其继承者的学说基本消亡。基督教虽然体现着奴隶制度下奴隶和平民的意识，却被部族联盟的封建领主改造为维系其相互关系，进而成为统治农奴和平民的思想工具。欧洲的农奴，作为农业文明的主体，他们的总体意识一直没有系统的概括。

中国自秦汉建立集权官僚制，儒学道统的统治地位经汉武帝刘彻确立以后，墨子及其继承者的学说退出历史舞台，在八九百年的时间内，农民和平民劳动者的意识只是个体性存在，并散见于道教体系中。慧能等人创立的禅教，虽然是受佛教技、术层次的启发和影响，并借用一些佛教术语，但其依据的基本观念却不是佛教取自婆罗门教的梵道观，即梵天创世造人说，而是春秋战国时由老子提出，并由孔子继承，各派诸子百家共同依从的天道观，这种观念被儒学道统坚持并强化，成为集权官僚制的理论基础。慧能及其继承者从社会现实中领悟并依从天道观，进而概括农民和其他劳动者的利益和意识，在法层次确立了我佛观，进而探讨了术、技层次各范畴，形成了以我佛观为核心观念的思想体系，并组织了农禅并作的禅团，展开了自食其力、自修自悟自度的禅教活动。禅教的主要参加者，是农民，以及部分庶族士人和其他劳动者。若干由成百上千人构成的禅团，生存于深山丛林中，自己垦荒耕田，盖房筑路，以慧能《坛经》为宗旨，集体劳作，节俭生活，并有组织、有纪律地参究平凡而深刻的禅法。不去依附官府朝廷，也不反抗斗争，平等合作和研讨问题，探究人类在农业文明条件下关于人生和人性的基本问题，创立了深刻、先进的思想体系。

这是一个奇迹。这个奇迹的创造，得力于慧能及道一、怀海、希运等思想家，但其基础和根据，却是中国集权官僚制社会的矛盾，是素质技能不断提高的农民和其他劳动者的利益和意识。虽然它没有像儒学道统那样成为2000多年集权官僚制的理论基础，没有像基督教那样以强制迫使欧洲1000多年历史上所有人生下就必须信奉它，也没有像婆罗门教那样内生于部族奴隶制的种姓之中。婆罗门教、基督教、儒学道统是农业文明时期三种社会制度——奴隶制、封建领主制、集权官僚制的统治意识形态，虽然由于欧洲农业文明发展的落后，其封建领主制出现比中国集权官僚制要晚几百年，但在相对封闭的古代，这种情况不足为怪。禅教是与中国的道教、印度的佛教一样的非统治意识形态，道教和佛教的信众也大多是普通劳动者，但它们的思想体系却都明显地从属于统治意识形态，唯独禅教，明确地立足民众，不卑不亢地面对统治阶级，保持自己观念和思想体系的相对独立性。

禅教的主体是农民和其他劳动者，在集权官僚制严密统治下，农民虽有一定的生产资料和生产经营的自主性，但手工劳动的个体小农经济，不断受到天灾人祸的冲击，加之贪官污吏的横征暴敛，其生活贫困且不稳定，而且没有任何政治权利，除被逼无奈而以生命为代价造反外，只能屈从官僚地主阶级的统治。农民和其他劳动者作为被统治的一方，虽然在人数上占绝大多数，但分散的小农经济及集权官僚制以武装暴力和官文化对他们的惑、禁、隔、阻、压，却使他们很难形成社会势力。集权官僚制以相当系统的行政集权体制操控社会的全部社会生活，尤其是注重对人思想言论的管制。农民和其他劳动者以自己的劳动创造了光辉的农业文明，但他们的素质技能仅限于手工劳作和个体家庭生活，不可能从农业和手工业中发现和发展新的生产方式。中国集权官僚制建立之初，其创建者和统治者就深谋远虑地认识到商业资本会对制度造成致命损害，因而制定了重农抑商的基本国策，2000多年来，历朝历代的统治者对此心脉相承，坚定不移地奉行这个国策，从而阻断了商业资本发展对集权官僚制及其小农经济的侵蚀，使集权官僚制成为稳定的社会制度，虽然会有朝代更迭，甚至分裂割据、边域部族入侵和入主中原，以及民不聊生铤而走险的武装起义，朝廷不断改换，集权官僚制仍屹立不倒。2000多年爆发了无数次农民起义，但不是被镇压，就是被少数新的统治者作为改朝换代的工具。禅教所形成的唐朝，就是李世民父子利用农民大起义之势力而建立的。

慧能等创立的禅教，是从农民和其他劳动者角度对集权官僚制社会矛盾的认识，是在看不到制度变革之可能性的情况下，探讨如何在既有制度的框架内，认知并确立个人主体性，消除各种先验说教——包括儒学道统和佛教——所造成的迷信，在被容许的范围自主而自由地思想和生活。这样的观念和思想体系，对于被严格管控，以至没有生路的农民和其他劳动者，包括部分文人士子，都是有吸引力的，不同程度地解决了他们因社会矛盾而产生的困惑，是必要的思想解脱和心理治疗。禅教并不掩饰矛盾，也不为依附朝廷而对统治者歌功颂德，更不为统治者出谋划策，而是强调以我佛观来领悟个体的佛性和自由。它既不像道教那样许诺会助人长生不老、得道成仙，也不像佛教那样吹嘘可以用大神通度人改变轮回、往生净土极乐世界，而是将生老病死视为自然现象，坦然面对，不存妄想，在现实中无念、无相、无住地自由生活，由此适应不可改变、也无可改变的社会制度。它在总体上是消极的，在个体上又是积极的。这是禅教体系自身的矛盾，也是它的生命和魅力所在。

禅教作为领先农业文明发展的中国文明主体意识的集合，不仅其所处文明和制度是当时最先进的，其思想体系也是最切近人性，有助于人性升华的，它在思维方法上则确立了人的主体性，破除任何形式的先验教条和预设真理，注重实证基础上的辩证思考、领悟。这样，就使禅教不仅与同时期统治阶级的儒学道统相比具有明确的进步性，与道教、佛教、基督教、婆罗门教等各种意识形态相较，更显出其先进性。

二、无神之教——人主体性的确立

评判一种意识形态先进与否，既要以其所处的时代为基础，更要考察其主体性和思想方法与体系。思想的价值，不是以其显赫的程度和威势为标准的，在历史和现实中都有某些以暴力或其他强制手段迫使人们信从的思想，一旦其依恃的社会势力消失或弱化，那些被奉为“真理”的思想也随强制手段的缺失而显现其真实价值。人类思想的演进，是人性升华的重要内容，人性升华集中体现于社会基本矛盾，体现于劳动者素质技能和社会地位的提高，而这就是社会制度变革的依据和内容。只有在社会制度矛盾及其变革的考察中，领悟到其基本矛盾，对于局部和阶段性地提高劳动者素质技能与社会地位有所意识和论证，从而有助于人性升华的思想体系，才是进步的，才有其历史和理论的价值。而当历史又进入新阶段，前一阶段思想体系的先进性也就消失了，只能从一般意义上证明变革的必然性，如果有人为固守既得利益而将此思想体系说成绝对真理，并据之反对变革，则是对这个思想体系内在精神的亵渎和背叛。

人类农业文明时期受实践程度的制约，奴隶制和封建领主制阶段出现的意识形态，都是将诸神或一神的上帝视为世界的本体或创造者，只有中国集权官僚制的思想先驱诸子思想家，才以天道否定了上帝，进而在集权官僚制建立后作为统治意识形态的儒学道统那里，将天道观进一步明确并系统化于其思想体系。这是以劳动者素质技能提高为根据的文明发展的表现，也是较封建领主制提高了劳动者社会地位的集权官僚制的进步性所在。禅教是在集权官僚制确立近千年时形成的，儒学道统的天道观不仅贯注于统治意识形态，而且已经成为常识被人们普遍接受。与以老庄学说为渊源的道教为了吸引人而造出各种神仙不同，禅教是无神的，从慧能开始，但凡禅教的禅师们都不承认神的存在，不仅如此，他们对佛教的神佛及其神通、法力也一概否认，这一点也是禅教与佛教的本质区别之一。

慧能及其继承者承认天道，并以此为大前提而区别于以梵天大神为本体的源自婆罗门教的佛教。他们对天道的认识，并不是取自儒学道统，而是概括农民的平常观念和对现实制度的认知。早在春秋时期代表农奴和平民的墨子就以天道为道，虽然其天道观中还有一定的神秘色彩，但这表明，每日都在天与地之间辛勤劳作的农奴和平民，深切地知道天是什么，从墨子到慧能，已过了1000多年，这期间农奴已转变为农民，素质技能大为提高，因此对天的认识也在深化。与此同时，慧能等人及他们代表的农民和其他劳动者，都会从已经成熟的集权官僚制度中感悟其中贯注的天道观，而一些文士们的参与，与道教徒们的交往、论争，也会将已成常识的儒学道统天道观介入禅教。

禅教以天道观为道，在这个大前提下，提出法层次的我佛观，并以此为核心观念，构筑术和技层次，形成系统的思想体系。

与儒学道统思想体系从天道观的演绎不同，禅教虽以天道观为大前提，但其我佛观却并非从天道观演绎得出的，而是从现实的人生与意识的归纳中，在批判佛教的佛我观过程中形成的。佛教是印度地区部族奴隶制统治意识形态婆罗门教的分支，它虽然在核心观念上与婆罗门教不同，即不是在道层次上确立核心观念，而是以婆罗门教道层次的梵天和梵我观为其道层次，但是它在法层次以佛我观为核心观念，体现其特殊性。在这一点上，佛教与婆罗门教的关系和禅教与儒学道统的关系类似，也正是在这种意义上，可以说禅教在总体上也是儒学道统的分支，虽然二者有明显的区别，但禅教并不否认儒学道统之天道，也不批判以儒学道统为理论基础的集权官僚制，而是认可这种制度，在制度容许的范围内探讨相对自由的意识和行为。佛教从来不否认婆罗门教的梵我观，承认梵天造人创世，决定轮回，并在这个大前提下探讨以什么办法来改变轮回，它设计了一个在梵天和个我之间的中介——佛，佛是无限伟大正确的智慧，他认识了梵天造人创世的真理，掌握了转世轮回的奥秘，个体人只要信仰佛，按佛的指示去修行，虽不能改变现实生活，却可以改变死后的轮回。对于现实社会的矛盾，佛教并不进行批判，而是以因缘论说其原因，而因缘本身就包含人的主观意识，只要改变主观意识（也只能改变主观意识）就可以认知“缘起性空”，就不会为现实的困苦而烦恼。为此，必须绝对地信仰佛，追随佛，由佛来度个我，改变轮回。佛虽然不是梵天，但他具有认知梵天造人创世、决定轮回的无限智慧和神通法力，因而已非凡人，悉达多创教时就开始将自己神佛化，早期佛教和小乘派进一步将他神化，到大乘派，则又造出无数（“等恒河沙数”）佛，他们都具有无限神通。

慧能是幼年丧父的樵夫，在卖柴时听人诵读《金刚经》时，顿时开悟，并从岭南远赴蕲州黄梅投奔弘忍，虽未得弘忍教授，却在碓房作务中参悟，以致作出让弘忍认可并传衣法的两篇名偈，再由弘忍点拨启发，形成思想框架，逃回岭南后又避难于农、猎人群中15年，其间不断充实丰富，并与猎人们交流，终于形成禅教思想体系。这是《坛经》中所记慧能的自述，虽然记录者可能有所改动，但大体经过还是可信的。

慧能不识字，起码在形成禅教基本观念时他是不识字的，后来门下弟子众多，其中不乏文人士子，他是否会跟弟子识一些字，也未可知。正是这位不识字的慧能，却自己口述了禅教的唯一经典《坛经》，这是慧能刚开始讲法时由弟子法海记录整理的。此时慧能还是中年，到他76岁逝世还有几十年时间，他很有可能，而且也有必要对之进行审核，虽然在流传过程中又出现了几个版本，但法海本的可信性还是基本可以肯定的，即使法海或其他弟子记录和整理有误，却总比悉达多去世多年才由弟子据声闻而回忆的佛经能更准确地记载讲授者的思想，更不用说大乘派僧人们任意以悉达多名义编造的佛经了。就是记录孔丘言论的《论语》，也是弟子们凭记忆而拼合的，至于儒学其他经典中以孔丘之口说的话，其可靠性都是存疑的。与佛经和儒学经书相比，《坛经》法海本是最贴近讲授者思想的，而且具有明确的系统性。

《坛经》记录的慧能思想，并非以演绎的形式表述某种先验的真理，而是讲他本人悟到的禅法与禅术、技，从我佛观到术、技层次各范畴，都有明确的“原创性”。虽然也使用了一些佛教术语，有时还举出佛经上某句话（往往是经过修改的）加以佐证，但他绝非是在宣讲佛教，其内容也与佛教有本质区别。从《坛经》中，我们可以看到慧能所具有的高超思维能力，而当他将这一思维能力用来概括其本人社会地位和经历，结合与他交往的樵、猎、农劳动者的言行，并借助佛教及儒学道统的一些术语，形成自己的思想体系时，他的方法实质上是归纳性的，甚至达到了一定程度的分析与综合。慧能所强调的“顿悟”，并不神秘，而是从个人主体性出发，根据对特殊现象的实证考察，通过分析与综合达到的观念和概念性认识。虽然他不明确自己思维的方法，但他从来不认为自己具有佛教僧人所说的神通，更不像道教徒常宣传的那样得到了某位神仙的传授，而是强调自己是人，是用人的心思来觉悟的。他反复告诫弟子们的，就是要相信自己作为人的悟性，自法性“世人尽有”①，“于自性中，万法皆见”②，因而要“自修自作自性法身，自行佛行，自作自成佛道”③。

而慧能所顿悟的自性根本一点，就是人的主体性。这是人类几千年思想史上最为重要的观点。从图腾到诸神崇拜（婆罗门教是其中一个派别），再到上帝主义和天道观，这一系列分散于世界各地的统治意识形态，都是从人之外寻求宇宙本体和本原，早期的思想家们将所认识到的自然现象与人类社会矛盾相结合，形成诸神（婆罗门教的“梵天”是其突出代表）、上帝、天道等抽象概念，并用这些概念来论说自然、人生与社会关系。相对当时人类所达到的认识能力与活动程度，似乎可以自圆其说，更重要的

---

① 《坛经校释》，中华书局 1983 年版，第 39 页。

② 同上书，第 40 页。

③ 同上书，第 38 页。

是为相应的社会制度提供必要的理论依据。这些意识形态是不断演进的，但其共同点在于都是把人视为受某种外在于、先在于人而存在的力量决定、制造、主导的。人有认识能力，但这种能力也是这些外在神秘力量赋予的，人是遵照这神秘力量的指示和指导来认知由它创造、展现的世界与人的。从原始社会的图腾开始，人类在劳动中通过对外在物的改造，就具有了抽象思维，开始考虑我的存在与外界关系。这种抽象思维的能力和方法是人素质技能的重要组成部分，它随生产实践和社会的演进而提高，对人作为认识主体及其与外部关系的意识也逐步明晰。禅教产生之前，儒学道统和佛教都已对人的认识主体性有了规定，儒学道统认为人是与天、地相对应的，是可以认知天道、天命的，但人又是受天道、天命主宰的，其认识也是由天道、天命主导的。佛教将人的抽象思维能力概括为“佛”这个概念，佛是人类总体性智慧的集合与超越，是可以认知梵天和梵道的，但佛又是外在于人的，是和人一样受梵天支配的。佛教和儒学道统一样，都没有摆脱外在本体的观念，因此不可能确立人存在的主体性，它们对人认识主体性的观点，也是不彻底的。

慧能从佛教所受到的启发，就是它关于佛作为认识主体的思想，由于他并没有条件系统学习佛教，更不知其内所依从的婆罗门教之道梵天造人创世的大前提，因而很容易与他所存在的以儒学道统为理论基础的集权官僚制社会关系，以及他本人与和他类似人群的生存状况联系起来，不仅悟到人是认识的主体，也是存在的主体，并且从存在主体来界定认识主体，从而确定了人的主体性。在慧能看来，佛并不是外在于人的神，而是人自身的属性，“世人自色身是城，眼、耳、鼻、舌、身即是城门，外有五门，内有意门。心即是地，性即是王，性在王在，性去王无。性在，身心存；性去，身心坏。佛是自性作，莫向身求。自性迷，佛即众生；自性悟，众生即是佛。”① 他在这里所说的“性”，即人的主体性，主体性首先在于自色身的存在，由存在的主体性，形成认识的主体性，存在与认识统一于主

① 《坛经校释》，中华书局1983年版，第66页。

体，确认主体性，人就摆脱了动物的自在状态，成为自为的能动的存在者和认识者，就形成自法身，具备了智慧。这就是佛。佛是所有存在的人主体都具有的，只是由于没有确立主体性，所以才把佛看成人之外的神。悉达多之所以能成佛，就在于他确立了自法身的主体性，成佛的悉达多还是人，他的色身与众人并没有区别。众人只要也确立自法身主体性，就能像悉达多一样成佛。慧能称他的思想为“顿教”，“令自本性顿悟。”① “故知一切万法，尽在自身中，何不从于自心顿现真如本性。”② “内外不住，来去自由，能除执心，通达无碍。”③ 慧能对人存在和认识主体性的顿悟，是他我佛观的基本内涵。作为人的我，从本性来说就是佛，只要确立主体性，人就能知道自己是佛。佛即觉，是智慧，将存在的主体性和认识的主体性统一起来，就能不被任何妄念所迷惑。对此，怀海说道：“西国云佛，此土云觉，自己鉴觉。”④ “执自己是佛，自己是禅道解者，名内见；执因缘修证而成者，名外见。”⑤ “于一一境法都无爱染，亦莫依住知解，便是自由人。”⑥

佛教亦说人有佛性，但只是从认识论上讲的，即人有学佛、知佛、被佛所度的能力，不承认人存在的主体性，其核心观念是佛我观，即由先在的、神圣的佛认知梵天之道，再通过佛来度人，人以自己的认识能力接受（或声闻或缘觉）佛的教诲，并依照佛的指导来修行，以改变死后的轮回。对于人的现世命运，佛教遵从婆罗门教的梵我观，认为是已由梵天根据其前世的修为而决定了的，是不可更改的，佛也不管这些事，他只负责信仰他、服从他的那些人的来世，但也只是给梵天在人死后如何评判提供条件，最后决定权还在梵天手里。就像现今高中教师只是教导学生作业，但高考判卷及大学录取，并不由他决定。慧能的我佛观所注重的是现世，是

---

① 《坛经校释》，中华书局 1983 年版，第 59 页。
② 同上书，第 58 页。
③ 同上书，第 56—57 页。
④ 《古尊宿语录》上卷，中华书局 1994 年版，第 20 页。
⑤ 同上书，第 28 页。
⑥ 同上书，第 16 页。

人在活着的时候如何自觉不陷迷妄，从存在主体性和认识主体性的统一中，自由地认知自身存在，处理现实事物。至于佛教所说的轮回和死后涅槃，以及佛陀和众多佛的神通，慧能和他的继承者们都是不承认的，也从来不谈这个话题，与孔子“不语怪、力乱神”相似。在这一点上突出地表现出禅教以天道观为道和大前提的先进性。轮回观念是印度部族奴隶制种姓在婆罗门教中的体现，佛教承继了这种观念，只是把各种姓永远不能变更其轮回，修改为经过现世修为可以在死后改变轮回。而中国早在周朝就消灭了奴隶制，秦汉以后建立的集权官僚制更取消世卿世禄制，所有人都是作为天命代表的皇帝——天子的臣民，其社会地位并不由血缘决定。从老子提出到孔子及诸子依从的天道观，虽然认为人是受天道主导的，但并没有轮回观念，生就是生，死就是死。演化到唐朝，这种观念在意识形态中已成常识。佛教所宣扬的轮回转世说，也只能在民间被少数迷徒将信将疑地接受。慧能及其继承者不谈轮回，只谈今世如何顿悟成佛，“法元在世间，于世出世间，勿离世间上，外求出世间。”①

以我佛观为核心观念，慧能和他的继承者们构造了禅教的思想体系。其道层次的天道观，主要取自儒学道统已经常识化的观念，并在一定程度上吸收道教的相关思想，以此为大前提，但很少系统论证，以“意会”而贯彻于体系。在他们的语录中（尤其道一、怀海、希运等人）经常使用“道”这一术语，根本不管佛教本来不讲道的传统的。对法层次即我佛观的论证，在慧能和他的继承者们是着力最多的，也是禅教立教之本。术层次是法层次我佛观的展开，包括农禅并作与禅林清规，无念为宗，无相为体，无住为本，自心是佛与即心即佛，平常心是道，定慧一体，顿悟本性与藉师化道，我转佛经非佛经转我，功德在法身，心净则净土。通过这些范畴，展开并论证我佛观。技层次是术层次的展开，也是我佛观的具体化，包括发愿、忏悔、授戒，坐禅不著心、不著净、亦不言不动，随务启悟，公案析判，话头参究，应机接化，偈颂歌诗等内容，其各宗派也还有

① 《坛经校释》，中华书局1983年版，第72页。

一些特有的参禅悟道之技，丰富多彩，灵活机动。

这就是禅教思想体系的基本架构，它是无神论的，它不信神，不信轮回，也不推崇“彼岸”世界，而是直接面对现实世俗生活。从这个角度说，它并不是一般意义上的宗教体系，之所以称它为“教”，是依这个思想体系组织了禅团，并在一定程度上借用了佛教术语和形式，存续了几百年，具有启发人、教导人的功能。这与人们称儒学道统为“儒教”类似，但禅教并未成为统治意识形态，只是在民间自觉自愿地传播和延续。将禅教思想体系与农业文明时期的儒学道统、婆罗门教、佛教、道教、基督教等相对比可见，禅教的先进性和系统性是显而易见的，其关键，就在于确立了人存在和认识的主体性，并坚持民禅路线，在农禅并作中维持、发展。而那些不能明确人的存在主体性和认识主体性的思想界人物，却也因此对禅教进行了曲解。

三、对禅教的曲解

从上述关于禅教思想体系的简要概述中，我们可以看到，远在1300年前由慧能创立的禅教，其先进性不仅远超当时人类所有的思想体系，就是欧洲启蒙运动中形成的物质主义，在人主体性的认识上，也未达到慧能等人的高度。直到今天那些坚持物质本体论的苏联教科书派，仍然不可能理解人存在主体性与认识主体性的统一，还把“主观唯心主义”标签贴在慧能等人头上。

自从禅教形成以来，对它的曲解也就开始了，并一直延续至今。处于民禅地位的禅教，由于其不反对现实制度，也不提出对制度变革的设想，因而统治阶级先是对之采取任其自生自灭的态度，不承认它作为一个思想或宗教派别的独立地位，进而又将之纳入佛教的禅宗，并由政府统一管束。

虽然慧能曾多次强调他的体系是“顿教”而非佛教的禅宗，而且道一、怀海、希运等人也反复说明其思想与佛教的区别，但除了他们几位真正领悟禅教真谛的思想家外，在普通民众、官方、佛教界，甚至参加禅教团体的一些人，都不清楚这种区别。因此，1000多年来，对禅教的曲解，主要就是将它归于佛教禅宗之一派，并用佛教教义来界说禅教思想体系。这种曲解的核心，就是忽略，甚至抹煞禅教我佛观核心观念，用佛教核心观念佛我观来解释禅教的术、技两层次。

禅教形成时，正是印度佛教在中国传播的高峰期，佛教由悉达多于公元前6世纪创立，其时大体相当于孔丘创儒学。汉朝末年佛教传入中国，初期主要是小乘，后大乘在印度兴盛，也传入中国并成为主流。经过五六百年，佛教的各种经典大都翻译为汉字，并形成了与之相应的宗派，如天台宗、三论宗、华严宗、唯识宗、律宗等。禅教创始者慧能因曾投于号称禅宗的五祖弘忍门下，被称为“六祖”，这是其所创禅教被归于禅宗的起因。然而，禅宗直到弘忍一代，还未被朝廷正式认可。这个据说是由天竺（实为斯里兰卡）来的达摩传于中国的佛教宗派，由于达摩见梁武帝时言语不合，没有给梁武帝以必要的奉承，没有得到梁武帝认可，禅宗只能在民间流传，到四祖道信和五祖弘忍手上，禅宗开始结团于山林，并以农业生产来维系生存，后来禅教的农禅并作就来源于此。道信和弘忍是禅宗的真正创始者，当慧能远道来投时，弘忍问，你不过一个岭南野蛮人，为什么要作佛？慧能答：“人即有南北，佛性即无南北；獦獠身与和尚不同，佛性有何差别！”① 虽然这个回答使弘忍感兴趣，但还是派他到碓房踏碓“八个余月”。直到慧能让人将他作的两偈抄在壁上，弘忍才认可他，并私下偷偷传之衣法。这则故事有个自相矛盾处：本来弘忍当众宣布要人作偈，“吾看汝偈，若悟大意者，付汝衣法。”② 而且在慧能作偈之先，神秀就已作一偈写于壁上，并得到众人称赞，弘忍却对神秀说：“汝作此偈，见即未到，衹到门前，尚未得入。”③ 并未传他衣法，而见慧能偈后，当即认可，却不敢公布于众，反而私传衣法，又像送逃犯一样亲自护送他到九江驿，嘱他务必回岭南。这不仅是怕神秀等人反对，更因为弘忍看到慧能

---

① 《坛经校释》，中华书局1983年版，第8页。

② 同上书，第9页。

③ 同上书，第14页。

观念与禅宗不同，他本人虽赞成，但禅宗却容不得慧能的观念。也正是由于弘忍将慧能送走，即使慧能用 15 年完善他的思想，又使神秀得以继续研修禅宗并使之光大于两京（长安、洛阳），得到朝廷认可。

慧能在岭南农、猎人中自悟自修其思想后开始出山讲法收徒时，也正是神秀及其弟子在两京及中原地区气势鼎盛期，对此，慧能不以为然。慧能死后，怀让、行思等弟子都遵嘱在南方山中组建禅团，继续农禅并作，而慧能另一弟子神会却不甘清苦，主动跑到北方，在滑台大云寺举办“无遮大会”，与神秀一派的崇远辩诤，以弘忍传衣法于慧能为据而争禅宗正统之位，宣称神秀北宗主张渐修不是禅宗正法，并在官民之间广泛活动，还为朝廷卖度牒筹灭“安史之乱”的军资。种种努力，历尽凶险，终于使朝廷承认慧能是弘忍传人，而神会也得“七祖”称号。这对神会似乎是一个胜利，对禅教却是来自内部的威胁，神会虽亲得慧能启悟，对禅教“无念为宗”等术层次范畴有所阐发，也知道慧能我佛观，但他试图用佛教教义来界说慧能思想，弥合禅教与佛教区别，力求借神秀等人已为朝廷认可与利用之势，取得禅宗正统地位。神会的思路，就是将慧能思想中与佛教相冲突的内容或隐而不论，或是按佛教教义加以修正，以取得朝廷认可，成为像其他宗派那样为统治者所用的工具。这是一条追求名利而毁灭精神之路，如果慧能只有神会一个传人，他对刚诞生的禅教的修正，就如将人类退化为类人猿，这个人类农业文明时期最先进的思想体系就会因此而夭折。

所幸慧能门下除了神会还有众多弟子，虽然他们大多没有建树，但怀让、行思两支却能坚定奉行慧能宗旨，在江西、湖南的深山中不畏艰苦，组织禅团，农禅并作，延续数百年，信众遍布中华大地，造就了禅教的历史和丰富的思想资料。这两支中主流为怀让弟子道一开创的南岳派，道一弟子怀海不仅是一位伟大的思想家，也是天才的组织者，他创制的禅林规制是禅团建构存续的内在依据，虽只是禅团内部机构和机制，但其贯彻农禅并作原则和平等观念，以及分工协作、纪律督察等细节，都是农民和其他劳动者意识的集中体现，从中既可以发现春秋墨子学派兴盛时的状况，又是未来劳动者为主体社会之雏形。怀海与其弟子希运及再传之义玄等，在领导禅团的过程中，又不断深化、完善禅教体系，使禅教思想与组织相统一，在丛林中造就了人类农业文明时期思想史上最为先进系统的篇章。

然而，在集权官僚制度下，不仅政治、经济权力集中于以皇帝为核心的统治集团，思想、学术、教育等也都被其掌控，一种学说或思想体系，如果没有它的认可，是不能存在的，2000 多年的时间，上亿操着人类文明精粹的汉文字的学子士人，却没能在道、法层次上有任何创见，他们在为谋官而应付荐举、科举之余，只能在诗词歌赋，甚至绘画、写字之技上下功夫。皇帝的赞许，是他们最大的荣耀，科举的名次要写进家谱，既光宗耀祖又荫庇后代。佛教徒们号称“出家人”，不必追求官职，却依然被朝廷控制，僧人资格要经政府考试、考察来承认，寺院住持要由官方任命，一个宗派必须得到朝廷敕准。僧人们想方设法结交官吏，博得名声，冀求其在皇帝面前美言吹嘘，一旦皇帝召见，或能陪皇帝聊天解闷，则是最高待遇，不仅其个人身价倍增，所在寺院和宗派也受惠不菲。禅宗初创时，默默无闻，到弘忍时才渐有起色，再由神秀弘扬于京师，取得一席之位。可以想见，这些倚仗朝廷，乞求能为统治者所用的佛教禅师们，怎么会有思想创见呢？神会拼了性命去与之争的，就是朝廷的认可并为统治者所用，因此，他对慧能思想的修正也就可以理解了。而道一、怀海、希运等人追求的，则是慧能我佛观所指示的有限精神自由之路，不批评现实矛盾，也不设想改变制度，只求在既定制度下寻找生存空间，志同道合者自愿结合，共同生产劳动，自食其力，平等地悟道修法。他们认识到，为统治者所用，就是对精神的最大束缚，因此他们不去，甚至鄙视巴结统治者的言行。他们也会与官员交往，但并不奴颜婢膝地奉承，而是与之平等思想交流。禅教的类似乌托邦的理念与实践，在 1000 多年前，是人类历史的一个奇迹，是多么难能可贵的事业！

然而，集权官僚制统治是不会容许禅教在其体制外逍遥的，大约到宋朝，禅教就被曲解为禅宗，成为统治者的思想工具。这里既有统治者的需要，又有类似神会式禅师从内部的改造，再加上佛教禅宗和其他宗派势力的介入，三者结合，先是禅教与禅宗混杂，进而是禅教的禅宗化。

汉朝之后，集权官僚制的中国历代皇朝和世族豪强之所以能够接纳印度传来的佛教，就在于它本身并不揭露批判现实矛盾，只以现世的修行求得来世好的轮回，它虽然与儒学道统不相契合，却也并不与之直接对立。从儒学道统角度看，佛教这种外来宗教不仅是落后的，而且是荒谬的，但它却能在民间有一定的影响，这对麻醉、迷惑民众意识，稳定社会秩序还是有用的。正是为了用其可用，才容许佛教传播，并给佛教徒一定优惠（如免税、役）。禅宗之所以乞求被朝廷认可，也是出于这种考虑，禅教虽未得到正式承认和财政支持，却因其形式上与禅宗相似而未被取缔。但佛教这股看似温顺的势力，却也会泛滥成患，它不仅民心涣散，还直接影响国家经济和财政收入，到唐武宗时，佛教已成社会之灾，武宗李炎敕令灭佛，“坏法、害人，无逾此道!”[①] 此次灭佛不仅范围广，而且力度大，虽然时间不长，但佛教在中国也开始衰落，各宗派逐渐消失，这与印度本地佛教各派的消亡并密教化密切相关。唯独没有受灭佛影响的是禅教，它不受财政支持，也没有政府的明文许可，更不扰损民众，远在深山老林，不仅躲过此劫，而且乘势发展，承续怀海、希运宗旨的义玄创立临济宗就在此时。行思一脉虽为禅教之副流，但一直坚持，并由文偃创云门宗。佛教其他宗派，尤其禅宗的僧人，为逃避灭佛之灾，也纷纷加入禅教。到唐朝灭亡后的五代十国时期，各地割据之王，为稳定本势力范围并进一步扩张，往往需要利用佛教这个思想工具，而此时可用的，只剩禅宗和与禅宗混流的禅教以及净土宗了。这些割据之王采取各种手段诱迫禅师为其所用，已没有坚定信念的禅师们也乐于顺势成为工具，接受割据王们的资助和供养，或走出山林，或营建佛殿，这加速了禅教与禅宗混流，到宋朝之后，禅教则进一步禅宗化，以至与净土宗混合，成为官方认可的主要佛教宗派。

禅教内部，从一开始的神会向禅宗靠拢，就一直存在着与禅宗混流的倾向。神会被敕封为“七祖”后，追随者众多，大都以官禅行世，于禅法

---

① 《旧唐书·武帝纪》。

并无建树，其中磁州法如一脉第四代传人宗密算是最有出息者，他深谙神会精神，力倡“禅教会通”，“禅”即禅教与禅宗混合为一，神会争得“七祖”之位后，在他这一派里并无禅教与禅宗之分，只有“南宗”与“北宗”的区别；“教”则是佛教，已经成立的各宗均包括在内，宗密更重华严宗。所谓“会通”，就是在将禅教与禅宗混合之后，再与佛教其他宗派融会贯通。从他这个提法中，我们可以看到慧能创禅教后，确曾有一段时间禅教与佛教不仅明显区别，甚至泾渭分明，只有这样，宗密的“禅教会通”才有所指，并有内容。他所著《禅源诸诠集都序》，不仅独尊神会一脉，还肆意贬损道一的（南岳）洪州派。宗密不仅践行“禅教会通”，兼修禅与华严，更广交官员，并多次被召入宫，给皇帝讲法。虽然神会一脉到宗密再无重要传人，但他们从内部修正禅教宗旨，使之与禅宗，乃至佛教各宗混合，以为统治者提供服务的原则，却在禅教信徒中一直流传，只是在禅教兴盛时不太显露。但仍有不少禅师脱离丛林禅团，住持寺院，接受朝廷供养。就是那些坚持农禅并作的人，也淡化了对慧能我佛观的信念，或者只将其视为一种说法，等同于术、技，这种情况至宋朝后尤为严重，这些禅师虽还号称“六祖”传人，但已忘却慧能之精神。此外，作为禅教副流的行思一脉，本来就不像怀让一脉那样坚定、明确地奉行慧能禅教路线，但希迁、文偃等代表人物对怀海、希运、义玄的呼应，也是禅教演进必要的内容。这一脉自文偃之后，既无重要传人，也越来越不顾与禅宗的差别，日益与之混杂，进而禅宗化。

唐武宗灭佛时，佛教在印度地区已进入衰亡期，进而密教化并消灭。佛教在中国的衰落，并不仅武宗灭佛这一个外部原因，其思想体系内在的矛盾是主要原因。佛教在中国的各宗派，首先衰败的是唯识宗，它是玄奘从印度取经回来博取唐太宗李世民欢心，由皇帝亲手批建的“重大国家项目”的体现，但这完全抄自印度的烦琐宗派在，此宗派其本地已不保，于中国也没有存在条件，不待武宗来灭，早已没有像样传人了。武宗灭佛时间不过一两年，就由后来皇帝恢复佛教，但各宗均因内部原因而不能再兴，其中有些不愿还俗的僧人就转投禅教或禅宗，从而形成一股由外而内的演变禅教势力，唐末以来，不论怀让一脉，还是行思一脉，虽然总体上还保持禅教传统，但其中个别代表人物，已是从佛教各宗派转过来，类似宗密“禅教会通”，不过他们是“教禅会通”将禅教进行佛教化并为佛教主流。再加上与禅宗的混杂，禅宗的某些人及其观念，也进入禅教之禅团，在这些人的口中笔下，曲解禅教已是必然。尤其是净土宗与禅教、禅宗的混合，进一步强化了对禅教的曲解。

统治者的威逼利诱，禅教内部某些人的追求名利荣华，佛教各宗派的渗透，这三种原因或三股势力结合，导致将禅教与禅宗混杂，进而佛教禅宗化，是对禅教曲解的集中体现。

对禅教的曲解，是从三个方面展开的：一是淡化、忽略甚至抹煞我佛观这个核心观念；二是以佛教经典来界说禅教之术、技；三是在术、技层次与禅宗混同。

禅教之别于佛教而自成一个思想体系，主要在其核心观念是我佛观，由我佛观展开论证的术、技层次，虽在形式上会有与禅宗相似处，但其内容却有本质区别。我佛观虽不批判现存社会制度，但其中体现的人存在主体性和认识主体性统一的思想，却会引发个性自由、不敬权威、不服管制、独来独往，这在怀海、希运、从谂、义玄等人那里已有充分体现，如果任其发展，势必导致更为激进的个人主义观念甚至思潮，这在已经组织起来的成百上千人的禅团中会产生什么影响，在社会上又会起什么作用，都是难以想象的。虽然晚唐至宋统一前，政治动乱不断，统治者顾不上从思想上审察禅教团体，但却要以各种逼迫利诱使之为其所用。在上述诸思想家之后，他们的继承者不甘深山丛林农禅并作之清苦，不断走出山林，经统治者的认可而填补佛教各宗派衰亡后留下的空缺，境遇的改变和为适应统治者的需要，促使他们淡化、忽略甚至抹煞慧能我佛观，或是以佛教佛我观来修正，或是避而不论法层次核心观念，只讲术、技层次，这种做法，与今天一些人讲要用马克思经济理论指导研究，刻意不说异化劳动和剩余价值概念有异曲同工之处。

我佛观作为核心观念是禅教与佛教本质区别的集中体现，对禅教的曲解者在淡化、忽略甚至抹煞我佛观的同时，还要用佛教经论来界说禅教之术、技。本来，慧能等思想家创立禅教时，就曾使用一些佛教术语，并借鉴、改造佛教的某些因素，这给曲解者留下了空隙。在避开我佛观这个核心观念之后，禅教的曲解者就可以用佛教经论来界说禅教术、技层次，强调这些经论都是正理，是普遍真谛，禅教之术、技不过佛教经论之运用而已。由此来曲解禅教者，既有佛教各宗派，尤其禅宗的信从者，也有禅教内那些想摆脱民禅之丛林茅屋，步入官禅之都市殿堂者。虽然看似只在术、技层次下功夫，但实际上也是对法层次我佛观的进一步抹煞。这种做法，在今天某些禅宗研究者那里仍有传统，他们本来就看不到禅教与禅宗的本质区别，为了表明其佛教知识之广博，将主要是禅教的术、技都归结于禅宗，再从佛教经论中找出相关内容加以界说，自诩揭示了“禅宗思想渊源”，实则是曲解禅教思想之集成。在一本被收入“中国文库”的《禅宗思想渊源》书中竟说：“《坛经》的基本思想之形成，也是熔铸了大乘经典的精华而成。”[①] 并依次论证了《楞伽经》《起信论》《心经》《金刚经》《维摩经》《楞严经》《华严经》《法华经》《圆觉经》《涅槃经》，作为禅宗的渊源的作用。统以（某经）与禅宗思想为章题。可谓混杂禅教与禅宗，并将成为禅教佛教禅宗化的现代典范。

由以佛教经论界定禅教术、技，又展开了在术、技层次与禅宗的混同。由于长期以来禅教与禅宗并没有明显的界限，特别是神会论战夺得神秀一脉被朝廷所“用”的位置之后，禅宗势力锐减，虽然“四祖”道信支脉牛头禅及“五祖”弘忍其他弟子仍有传续，但较慧能禅教之盛势都淡默无闻，而他们却没有消失，并保持着禅宗之术、技，并在曲解禅教的过程中发挥着重要作用。再就是禅教内部某些禅师主动地在术、技层次与禅宗的混同。其在术层次的混同，首先就针对农禅并作与禅林规制，这是我佛观的直接体现和最具禅教特殊性的，一部分僧人出家，本来就是要躲避劳动，禅教之禅团不仅远在深山老林，还要集体劳动，自非他们之所愿，

---

① 吴言生：《禅宗思想渊源》，中华书局 2007 年版，第 1 页。

只是在战乱、灾荒时不得不加入此禅团，而且在怀海等禅师强大精神之场的凝聚中，往往忽略劳动之苦累。但当有了被统治者利用而可以脱离山林，或禅团主持者并没有坚定信念时，就会放弃农禅并作，走出丛林而乞求供养、布施，去过不劳而食、不劳而尊荣的生活，与之相应，怀海所制定的农禅并作的禅林规制也就失去本来意义，被不断修改。从宋宗赜的《禅苑清规》到元德辉《敕修百丈清规》，虽都打着百丈旗号，但内容已大变，甚至从术层次降为技层次，与佛教的戒律越来越接近，其改动的主要是弱化乃至消去农禅并作的内容。与此同时，对无念为宗，无相为体，无住为本，自心是佛与即心即佛，平常心是道，定慧一体，顿悟本性与借师化道，我转佛经非佛经转我，功德在法身，心净则净土等术层次范畴，以及技层次的各环节，都进行修改，使之与佛教禅宗相混合。

对禅教的曲解，致使慧能等思想家以创造性思维形成的以我佛观为核心的有限自由精神被掩盖，被抹煞。这是历经1000多年的历史工程，其主宰就是集权官僚制意识形态儒学道统，虽然所做的曲解论说大都由禅教内部异己分子或禅宗及佛教其他宗派僧人来从事，但其原则和方向，则是在不正面对抗与取缔的情况下，使已经形成广泛社会影响的禅教成为维护现行制度的工具。从这一点上说，对禅教的曲解是相当成功的，不仅使禅教思想被困缚于佛教禅宗，而且有效地改造并利用其对民众的影响，缓解了社会矛盾，并使早在1000年前就在印度消亡的佛教，借着被曲解的禅宗术、技而在中国苟延。

四、明确禅教历史地位和思想价值

禅教是中国春秋战国时期诸子之后思想史的又一高峰，也是人类农业文明时期最为先进的思想体系，是慧能及其继承者道一、怀海、希运等思想家贡献给人类思想宝库的丰厚精神财富。然而，出于阶级统治的传统偏见，对不识字的樵夫猎人慧能竟能提出自己的思想体系，官方主导的学界一直持怀疑态度，即使不能否认，也只是将他当作一个“奇人”“奇谈”，而他那些既无高贵家世，又无科举功名，更非达官名士的继承者，只是被当作佛教禅宗里的僧人，他们的言论不过是对佛经或禅法的领悟，并没有什么思想价值，甚至不值一提。官方学界的贬抑与从佛教对禅教的曲解相呼应，导致禅教思想体系被排斥于中国思想史，只能在所谓“中国佛教史”中有所提及。近代以来，虽有一部分人热衷于对慧能思想的议论，但大部分还是顺着几位残余僧人的思路，依然沿用1000多年来曲解禅教的手法，将慧能界定为禅宗的一个阶段。对于他的弟子们，则“平等”地对待，将道一、怀海、希运等对禅教发展有重大贡献的思想家，平列于神会与行思门下各宗派，甚至故意突出神会的地位和作用。而一些传统苏联教科书派的哲学工作者，则依其教条，先给慧能思想贴上“主观唯心主义”标签，再对之进行分解或评判。在这种没有任何思想和价值判断者给出的评判中，禅教价值的被贬损是必然的。

明确禅教历史地位和思想价值，对于发展以劳动者为主体的劳本主义是一个必要的课题，既可以认知历史上劳动者曾有的利益和思想体系，又可以从中寻求必要的借鉴。

慧能和他的继承者们创立的禅教，之所以会被歪曲，就在于他们是当时农民和其他劳动者利益的体现，其思想是对劳动者阶级利益和意识的概括。在集权官僚制社会，由儒学道统主导的意识形态中，是没有农民和其他劳动者思想的地位的，不仅将在集权官僚制社会之前所形成的概括农奴和平民劳动者意识的墨子学说排挤出思想界之外，更不会承认禅教所概括的农民和其他劳动者的思想。对禅教的曲解，唯一目的就是消除其中体现的劳动者意识，再用为集权官僚制所认可并能利用的佛教思想充斥其中，使之变成可用的工具。

明确禅教的历史地位和思想价值，首先就是排除对禅教的曲解，将禅教从被扭曲地塞在佛教禅宗之一派——南派——的格子中解脱出来，放在中国思想史，乃至人类思想史的大格局中进行考察。

慧能之所以能够创立禅教，绝非仅是他个人聪敏的结果，而是他那个时代社会矛盾的体现，他作为樵夫猎人，深知生活之艰辛和民间疾苦，他以自己高超的思维能力，借助佛经一些术语而顿悟，并经弘忍禅师启发，对此进行了深入系统的思考，所得出的我佛观和一系列术层次范畴的认识，以及相应技层次的内容，实际上已是对农民和其他劳动者意识的概括，而绝非无源之水，更不是以佛教术语空对空地设想出来的。我研究官文化已30多年，小农意识作为官文化的对立面是必须考察的，但此前我只是看到农民起义的口号中体现着小农意识，再就是从小农经济及农民日常生活的意识中对之加以归纳。对慧能及其继承者禅教思想的研究，使我发现，这个被限定于“宗教学”研究范围，并被界定为佛教禅宗之一派的思想体系，正是中国古代农民和其他劳动者意识的理论概括，只要我们抛弃人为设置的学科界限，纠正因传统观念而形成的曲解，就可以明确禅教的历史地位及其思想价值。

禅教是中国思想家对中国特定历史阶段农民为主的劳动者意识的概括，是这个阶段社会矛盾的体现，虽然它的形成曾受产自印度地区的佛教某种启发，并使用其某些术语，但它的思想基础绝非源自印度，它本身也不是佛教的一个宗派，甚至不是像佛教那样的宗教。印度佛教是其部族奴隶制社会矛盾的体现，虽然它反映着从部族奴隶制向部族联盟封建领主制转化的倾向，而且一度因某部族首领为扩张其势力，企图将由其主导的松散部族间联系变成较紧密的部族联盟，而被视为可以利用的思想武器，并由此而兴旺一段时间，但佛教思想体系却既不包含对部族奴隶制的批判，也没有关于社会变革的观念。它虽然表露出对部族奴隶制的不满，但只是容许首陀罗和贱民成为其信徒，并主张人“死而平等”地经修行而改变轮回，这可以说是它对社会变革最大胆的设想了。然而，封建领主制并不是人死后的社会制度，所谓“孔雀王朝”“贵霜王朝”的统治者对佛教的推崇，只是将诉苦讲空的佛教信徒增加，并编造了大量如何修行以改变轮回的经论。但这些为死后出路而聚合的佛教徒并不能成为社会变革的力量，他们的不劳而食却给王朝和民间增添了不能承受的负担。那些以现世修行改变死后轮回的经论，不仅未能给社会变革以理论指导，反而像毒品一样麻痹着其信众，甚至统治者也因之而逐步丧失了扩张权势的欲求，不仅未能强化对其他部族的控制，变部族间松散联系为部族联盟，并由此废除奴隶制，转化为封建领主制，反而使本部族衰弱，印度地区又退回部族奴隶制，婆罗门教的统治地位再次强化，佛教因其“无”用而没落，一部分教徒开始投靠婆罗门教，跟随婆罗门教密教化，并由此而使佛教在印度地区消失。大概就在慧能及其继承者创立禅教时，佛教在印度就逐步消亡了。这个过程就起始于那位佛教迷信者玄奘从印度“取经”回来后不久，当他受李世民之用，承担那项译经传教的国家重大思想工程时，佛教在其产地即将退出历史舞台，结束其长达1000多年的演出。而它在中国的传播，也已接近尾声，不得不通过曲解禅教而保留其形式上的存在。

佛教作为印度部族奴隶制中部分刹帝利和吠舍种姓试图从来世改变社会关系意识的概括，不可能体现已进入集权官僚制的中国统治者与被统治的劳动者的意识。它之所以能在中国传播，不是因为它在道、法层次有什么先进之处，而在于其技、术层次经改造可以用于在思想上缓解社会矛盾。从这个意义上说，晋至唐这几百年的皇帝和割据王们，早就明确了张之洞到清朝末年才提出的“中学为体，西学为用”的道理。只是他们所“用”的“西学”，是比“中学”儒学道统落后一个时代的印度佛教之技、术，但保持儒学道统之“体”的道、法统治地位。而张之洞所固守为体的“中学”，则是已比欧洲资本主义落后一个时代的儒学道统，他也要择取“西学”的技、术而用之，弃其道、法而不顾，但集权官僚制的落后腐败，不仅未能有效地“用”西学之技、术，反而被西学道、法所主导的列强以其技、术所侵掠欺凌。

禅教并不是佛教禅宗的一个分支，慧能自称其思想体系为“顿教”，他反复要求弟子们不要与佛教其他宗派相诤，这并非他谦和，而是说佛教各宗派并非我教的对立面，不值得与它诤。真正能成为禅教对立面的，是儒学道统及其展开的官文化，但这只是自在的对立面，即从社会阶级关系而论的，而非自为的，慧能及其继承者们都清楚，他们所代表的农民和其他劳动者虽不满官僚地主阶级统治，但没有能力和意愿以自己为主体的社会制度取代集权官僚制，农民的利益只是在他们所占有的与其劳动力相当的土地上劳作，以满足自家生活，不受贪官污吏的侵凌，在家族和村落与他人平等相处。也正因此，集权官僚制下占人口绝大多数的农民，有个体的、普遍的小农意识，却没有总体的阶级意识。与儒学道统的强调人的总体性，并由此成为集权专制的依据不同，禅教突出人的个体性，这是农民自给自足的小农经济所形成的小农意识的表现。慧能和他的继承者们从小农意识的个体性中悟到其普遍性，以禅教体系加以概括，并在农禅并作的禅团中将个体农民和其他劳动者联合，尝试过一种没有阶级的平等社会生活。这是对小农意识的初级概括，既不包括对现实社会制度的批判，也不要求社会变革。这一点与悉达多创立的佛教有相似处，也是禅教可以借鉴佛教的原因。但禅教与佛教又有本质区别，不仅其所处时代，所概括的社会群体意识不同，其主张也不同：佛教是将对理想生活的追求放在死后之来世，禅教则主张在现实条件下自愿结合，共同劳动、平等生活。这本身已是对个体农民和其他劳动者社会存在与关系的改变，是在不与统治者对立，不改变社会总体制度前提下的改变。1000 多年后英国的欧文所组织的“新和谐公社”，与禅教农禅并作的禅团相类似，但其时已进入了工业文明，虽不与资本统治制度相对抗，也很快被淹没于资本竞争的洪流中。而禅教之禅团则在农业文明的集权官僚制中，存续了几百年。这是人类在社会关系上的创造，其原则与欧洲早期社会主义是相同的，但先进于欧洲一千多年。禅教不仅是其追随者的生存方式，更贯注了人性升华的内在精神，正是这种精神促成了禅教思想体系，聚合了众多劳动者在其导引下的思想和组织。禅教历史地位及其思想价值首先就在于此。

中国在农业文明时期的先进发达，是以制度和文化的先进为内在条件的。在人类农业文明时期出现的意识形态，是与社会制度相对应的，婆罗门教和佛教对应的是印度部族奴隶制，婆罗门教是统治意识形态，佛教虽有对奴隶制的不满和怀疑，但并不包括变革该制度的内容；罗马哲学、基督教对应的是欧洲奴隶制，罗马哲学是统治意识形态，基督教则是变革该制度的思想基础，并成为封建领主制的统治意识形态。至于被文艺复兴运动及其后西方人大肆吹捧的“希腊哲学”，几乎没有任何史料证明，而是以十二三世纪文艺复兴时期所复制或“译”于阿拉伯语的材料为支撑的，因此很难判定其在历史上的实际存在。而从逻辑上看，其自然神论基本观念和方法论，很难先于基督教而形成，但若将其看成是对基督教的批判与否定，则是合乎逻辑的。

与上述各意识形态相比较，儒学道统作为集权官僚制的统治意识形态，在农业文明时期的先进性是明确的，而与之相对应的禅教，虽然其形成要晚，作用的范围和时间都小于儒学道统，但它的主体农民和平民劳动者，却是农业文明时期有最多（与奴隶、农奴相比）权利的劳动者，有相对的人身权和自主支配的生产资料，进行相对自主的生产和生活，具有提高和发挥素质技能的社会条件，其形成的生产力也是最先进的。基于此，我们认为禅教是人类在农业文明时期最先进的意识形态，虽然其思想因受到曲解而未能充分发挥作用，其影响不仅小于儒学道统，也小于同期与印度部族奴隶制和欧洲部族联盟封建领主制对应的婆罗门教、佛教、基督教，但一个意识形态的思想价值，并不取决于其社会影响范围，而是取决于其对人性升华的认知程度和思想的系统性，在这一点上，禅教以我佛观建构的思想体系，是远先进于其他思想体系的。

对于禅教思想体系的评判，必须排除传统苏联教科书那种以唯心主义与唯物主义“两大阵营”的对立贯通全部历史，对所有历史上出现的思想体系都依教科书的定义贴上唯心主义或唯物主义标签的做法。这种做法曾在中国思想史研究中有较多体现，一些人在“中国佛教哲学”的题目下依此对慧能思想予以“主观唯心主义”的评判，然而这种教条主义思维，不可能认识禅教思想价值，甚至不能对所有思想体系做出正确的价值评判。

禅教的思想价值，在于其思想体系所概括的社会矛盾及其体现的人性升华的时代精神。禅教思想是比较成熟的体系，在慧能那里，就已将体现于集权官僚制的天道观为自己体系之道，在这个前提下形成了法层次我佛观这个核心观念，进而对术层次各范畴都有所规定，并对技层次进行了探讨和示范。后经道一、怀海、希运等人的努力，不断充实了对我佛观的认识，丰富了术层次的各范畴和技层次各环节，完善了道、法、术、技各层次间的内在联系。禅教体系的思想价值，集中体现于以农业文明时期最为先进的天道观为道，概括集权官僚制下农民的利益和意识而形成的我佛观，其关于人的存在主体性和认识主体统一的观点，只有相对自主劳动的农民意识才具有其思想要素，被动劳动的奴隶、农奴不可能有这种意识。至于奴隶主、领主，他们面对奴隶和农奴时是主人，但他们不劳动，不可能形成主体与客体劳动对象统一的感觉，也就不能真正认识主体，不能形成真正的自主意识。官僚地主虽然不是农民的主人，但他们依靠其权势和对土地的占有而榨取农民的剩余产品，不劳而获，也就和奴隶主、领主一样不能对主客体关系有正确认识。在农业文明条件下，农民是唯一具有主体性思想要素的人，但必须有人从理论上对之进行概括，慧能偶然而必然地承担起了这个任务，从而使人性升华的精神前进了一大步。从全人类思想史的进程看，慧能我佛观中体现的主体意识，大概是到1000多年后的黑格尔那里才得到系统规定，黑格尔之前的物质主义者虽然否定了上帝并论证了资本主义的合理性，但仍受本体论制约而不能正确规定存在主体与认识主体的统一。黑格尔从精神现象的演化规定了认识主体与存在主体的统一，但在他那里，认识是主导性的，存在统一于认识的进程。受黑格尔主体论的启发，马克思进一步概括了工业文明主体劳动者工人阶级的意识，确立了存在对认识的主导及由此而形成的存在主体与认识主体的统一，确立了历史上第一个体现劳动者要求社会变革，成为社会主体的无产阶级思想体系。而远在1000多年前的慧能，则从农民意识中概括其主体性时形成了个体性的我佛观，以它作为个体人思想和行为的原则，虽然没有在总体上形成农民的阶级意识，但其对存在主体性与认识主体性的观点，对现代思想发展仍有一定的启示意义。

围绕我佛观这个核心观念而构建的禅教术、技两个层次，既包括思想，也涉及组织和实践，禅教体系是相当系统的，与那些诵讲佛经的僧人不同，慧能和他的继承者既是思想家，又是组织领导者，还是禅团学员的辅导员。禅教的禅团没有国家财政拨款，早期甚至不收或很少收布施，成百上千个大男人在一起生活，吃穿住都是大问题，还要协调人际关系，弄不好就会闹饥荒或发生内讧。禅教思想的价值直接体现在其对禅团的内聚上。在禅团里，既得不到官职，也不可能发财，还不许诺来世有好的轮回，只提供思想修养和生存的条件，这个条件就是平等的农禅并作。对此，怀海的贡献是巨大的，他不仅于禅法有极高造诣，把对自由的追求作为禅修的目标，更制定了使禅教延续几百年的禅林规制，并以身作则，坚持劳动，随务启悟，应机接化，培养了希运等著名禅师，是禅教发展延续的关键人物。研究禅教思想，评判其价值，都要将怀海及其师道一、其徒希运作为必要内容。读他们的语录和行录，对其思想之深刻机敏，其为人之率直平易感慨不已，与那些译自印度的佛教经论之空谈无论相比，其思想价值之高低，昭然若揭也。

禅教的思想和实践，不仅是中国人的骄傲，更是全人类之光荣。对于1000多年前以慧能为首的思想家创造的这个思想体系，其思想价值不仅在其历史意义，也在于对现实思想发展的重要启迪。

第一章　解禅不能不说梵

——婆罗门教核心观念与体系

我们这里所解之禅，是慧能所创的禅教，对于属于佛教一个宗派的“禅宗”，只探讨其与禅教的区别和关系。慧能禅教，已是中国宗教，而“梵”是印度婆罗门教的核心观念“梵我”的简称。[①] 为什么“解禅不能不说梵”，而要研究婆罗门教的核心观念和体系呢？禅教是慧能受佛教禅宗的启发而创立的宗教，它仍保留并改造了佛教禅宗的一些术语和形式，从而也必然与佛教所从属的婆罗门教有一定关系。解禅，首要的就是明确禅教与佛教，进而与佛教母教婆罗门教的关系。为此，我们按此三教产生和演化的历史，先探讨婆罗门教的核心观念和体系，再探讨佛教的核心观念和体系，以明确禅教与此二教的关系和本质区别。

一、婆罗门教：印度部族奴隶制的意识形态

婆罗门教是人类最早形成的宗教之一，是由欧洲迁到印度的雅利安人所建立的部族奴隶制社会的意识形态。

“雅利安”并非种族，更不是民族，而是一种语言的称谓。原始的

---

① 若从核心观念论，婆罗门教应称为“梵教”，但由于其教以婆罗门种姓为主体，并由他们主导，因而习惯上称之为婆罗门教，即“体现婆罗门种姓利益和意志，并由其掌管的宗教”。

印–欧人生存于里海地区和南俄大草原，他们分为诸多氏族，但有共同的语言，“雅利安”就是对这种语言的称谓。大约公元前1500年，说“雅利安”语的一些氏族相继通过兴都库什山脉迁移至印度东北部。由于有共同语言，这些南迁的雅利安氏族形成某种松散的联合，在与原住氏族的战争中处于有利态势，并逐渐确立了统治地位，而原住氏族则因战败而成为雅利安氏族的奴隶。这样，就形成了部族及其奴隶制度。初期的雅利安部族奴隶制度是“二分格式”，即作为统治者的雅利安氏族将自己与被征服的原住氏族从肤色上加以区别，原住氏族是雅利安氏族的集体奴隶。随着生产力的发展，雅利安氏族内部也出现了分化，形成三个阶层：婆罗门（祭司）、刹帝利（部族首领和武士）、吠舍（农耕者），居统治地位的是婆罗门和刹帝利。原住氏族被称为首陀罗，他们依然是整个雅利安氏族的奴隶，但主要服役于婆罗门和刹帝利。《梨俱吠陀》第十卷写道：人都是梵天大神所体现的“原人”化生，“原人之口，是婆罗门；彼之双臂，是刹帝利；彼之双腿，产生吠舍；彼之双足，出首陀罗。”① 他们分别被赋予白、红、棕褐、黑四种“瓦尔那”（肤色象征），分成4个种姓。4个种姓的“四分格式”比“二分格式”只区分雅利安人与原住氏族（“达萨人”）有所进步，不仅表明雅利安人内部的阶级分化，也将原住氏族纳入了已经确立的部族，首陀罗虽然是奴隶，但已是人，是本部族成员，而非初级“二分格式”中的“妖”。虽说首陀罗低等下贱，但也是梵天大神所生化，与前三个“再生族”下辈子可以转世为人不同，首陀罗只是“一生族”，下辈子不一定是人。随着雅利安部族的进一步扩张，征服的土著也越来越多，被征服者无例外也都成为奴隶，为了与已纳入本部族的首陀罗相区别，又将这些新奴隶统称为“旃陀罗”，意即“贱民”“不可接触者”，他们的地位更为卑下。

4个种姓既是社会阶级，又是世袭职业，并实行种姓内婚制。每个部族由一个或若干农村公社构成，公社内部都有4个种姓。土地和首陀罗归

① 《〈梨俱吠陀〉神曲选》，商务印书馆2010年版，第255页。

雅利安人的 3 个种姓共有，其中婆罗门和刹帝利为统治者，婆罗门主管意识形态，包括祭祀和宗教活动；刹帝利为部族首领和武士，负责保卫和扩展疆土及部族政治。吠舍从事农耕和手工业、商业，首陀罗以及旃陀罗则在以上 3 个种姓的支配下从事农耕和各种体力劳动。随着生产的发展，分工也越来越细，4 个种姓中又分出“阇提”（世袭职业者，如专门从事纺织、木匠、泥瓦匠等），为亚种姓，也是世袭，但只是在职业上，社会阶级仍由种姓界定。

印度历史虽然久远，却没有形成统一的国家，虽然也有几次短暂的部族联合，如“摩揭陀王国”“孔雀王朝”“贵霜王国”“笈多王朝”等，但联合程度都比较松散，并未打破部族内部的种姓制度，也是种姓制度使这种部族联合不可能紧密，甚至没有达到部族联盟的程度。虽然汉语译之为“王国”“王朝”，但与中国春秋、战国时的王国差距很大，更不用说秦以后的王朝了。也正是这样的部族社会关系，才产生了婆罗门教。而作为部族社会关系意识形态的婆罗门教，在维护部族社会关系中发挥着巨大作用。它阻止了变革意识的形成，即使是与婆罗门教有明显差别的佛教，也在道层次的基本观念上承认种姓制度，“佛”的作用并不是取代“梵”，而是在梵天的统治下教化信徒，使他们可以改变转世轮回，其最大胆的突破，是认为首陀罗只要信佛，按佛的教导行事，也可以转世为其他种姓，因此佛教吸收首陀罗和女人入教，但佛教绝没有改变现实社会关系的意识。婆罗门教维护着既有种姓社会关系，而种姓社会关系也需要并保持了婆罗门教，至于曾试图修正婆罗门教的佛教，则在其依从并向往的从部族向部族联盟转化的趋势被阻断后，不得不适应种姓社会关系，逐步回归婆罗门教，以至在印度消失。

婆罗门教是以婆罗门种姓命名的，作为印度部族奴隶制的意识形态，经历了 3000 余年，其基本教义并无大的变化，持续地论证并维护种姓奴隶制度。而带有部族联盟和封建领主制倾向的佛教，由于在道层次的基本观念仍承认婆罗门教的“梵天”，也不能对现实社会矛盾进行批判，只是对“来世”作美好幻想，因而既不能与婆罗门教分庭抗礼，也不能在改变社会制度上有所作为。婆罗门教受到的真正冲击，是外来的伊斯兰教，但也只是在穆斯林占领的地区（如今巴基斯坦等地）改变了社会制度，而作为殖民者的英国人虽然也努力想用基督教取代婆罗门教，但收效甚微。虽然婆罗门教后来吸收了佛教及其他宗教的一些因素，并在形式上演化为印度教，但其实质依然，而种姓制度至今在印度仍有传统。

二、梵我：婆罗门教之道与核心观念

婆罗门教是与雅利安人在印度的扩展，建立并巩固部族奴隶制密切统一的，是其社会关系的直接反映并作用于人们意识和生活，它与其他宗教的一个重要区别，是没有一个最初的创教者，而是由婆罗门种姓群体创立并发展的，是诸神崇拜的宗教形式。它也没有天主教那样的从教皇到教会的系统组织，而是分散于各部族之中。婆罗门教经历了吠陀时期、奥义书时期、史诗时期、经书（部派）时期，以致后来演化为印度教。吠陀时期在公元前1500 年至公元前800 年。吠陀是口头创作的赞歌，并由此萌生婆罗门教思想，其中一些赞歌涉及了种姓，并对种姓制度予以明确肯定，认为种姓差别是天然的、和谐的，强调婆罗门的优越社会地位。此外就是对祭祀活动的记载和对所祭祀的神的颂扬，并逐步从多神崇拜向主神崇拜演化，但婆罗门教始终是多神教，即使提出了最高的梵天大神，也没有像基督教那样用一神取代多神。在吠陀中，已经形成比较初级的轮回转世和解脱观念。这些内容，在奥义书时期得到进一步提升。

奥义书时期从公元前9 世纪前后开始，公元前6 世纪为兴盛期，直到公元后还出现不少奥义书。这是婆罗门教确立并系统化的时期，其主要的观念都在奥义书中得以形成和论述，包括“梵我一如”论、轮回解脱论、世间事物的要素论等。这些观念作为婆罗门教的思想基础，在以后各个时期都得以坚持。

奥义书时期之后，婆罗门教进入了史诗时期。这个时期是在公元前6 世纪到公元前2 世纪。所谓“史诗”，是指两部长篇叙事诗，即《摩诃婆罗多》和《罗摩衍那》，其中对历史的论述中涉及了婆罗门教教义。这个时期出现了质疑婆罗门教的“沙门思潮”，形成了佛教、耆那教和顺世论。虽然受到质疑和冲击，但婆罗门教因其与种姓制度的内在统一，仍保持了意识形态的统治地位，并于公元前 2 世纪进入经书时期，这个时期持续至公元 4 世纪。经书时期婆罗门教形成了 6 个派系，即胜论派、正理派、数论派、瑜伽派、弥曼差派、吠檀多派。各部派分别对已有的吠陀经和奥义书进行系统整理，细化并深入地解说，形成了各派的经书。其中，前 5 个部派注重从术、技层次对婆罗门教的充实和扩展。而吠檀多派则把重点放在道、法层次，其《梵经》重新整理并系统化了《奥义书》的内容。这个时期还形成了对婆罗门教至关重要的“法典”，著名的是《摩奴法典》，它是从婆罗门教义对人伦理和社会行为的规范。经书时期之后，婆罗门教进入了“新婆罗门教”即印度教时期，新婆罗门教的特点是在保持婆罗门教基本教义的基础上，吸收了民间的偶像崇拜成分和其他宗教的一些修行方式等术、技层次的内容，但婆罗门教的道、法层次仍然保持。

婆罗门教在 3000 多年的演化中，形成了庞杂的思想体系，在道、法、术、技 4 个层次都有其特点，它的核心观念就是道层次的“梵我”论。“梵我”论在吠陀经中已经形成，在奥义书中得到进一步阐释，并贯彻于史诗和各部派经书及印度教中。

“梵我”，也可称为“梵我一如”“梵我一体”“梵我同一”，其重点在道层次，即梵是世界的本体、本原，是决定个我、主导个我今世及轮回的。法层次则注重个我如何认知梵、依从梵的方法论。婆罗门教认为，梵是包括我（“阿特曼”）在内的世界的本体、根本因、创造者、主宰者，而我是这个世界的生命现象中的永恒主体。有的奥义书也将“我”区分为“大我”和“小我”，大我就是梵，小我即有生命的个体人。《爱多雷耶奥义书》的创世说认为，世界最初的唯一存在是自我，由自我创造出世界万物，这个“自我”就是梵。《爱多雷耶奥义书》中的“自我创世说”，是对《梨俱吠陀》中“原人创世说”的改造，主张“自我”先创造原人，再由原人衍生世界万物。《大森林奥义书》指出：

在太初，这个世界唯有自我。他的形状似人。他观察四周，发现除了自己，别无一物。他首先说出：‘这是我。’从此，有了“我”这个名称。①

在太初，这个世界唯有梵。它只知道自己：“我是梵。”因此，它成为这一切。众天神中，凡觉悟者，便成为它。众仙人也是如此。人类也是如此。②

梵已变成天神、仙人和人的自我。

“正像蜘蛛沿着蛛丝向上移动，正像火花从火中向上飞溅，确实，一切气息，一切世界，一切天神，一切众生，都是从这自我中出现，他的奥义是真实中的真实。确实，生命气息是真实，而他是生命气息中的真实。”③

梵创造一切，存在于一切之中，又超越一切。梵既是宇宙的本体，也是个体人的本原。梵是所有这一切。个体人出生、呼吸和解体都出自梵。“这是我内心的自我。它是梵。死后离开这里，我将进入它。信仰它，就不再有疑惑。”④ 人由意欲构成，意欲是思想，以气息为身体，以光为形貌，以真理为意念，以空为自我，包含一切行动，一切愿望，一切香，一切味，涵盖这一切。而这一切又都是梵。梵是我的本原，我是梵的体现。以我的思想认识梵，也就是认识我，认识我存在的世界。“这自我由它们构成：由语言构成，由思想构成，由生命气息构成。这三者是三个世界：

---

① 《大森林奥义书》《奥义书》，商务印书馆2012年版，第26页。

② 同上书，第29页。

③ 同上书，第42页。

④ 《歌者奥义书》《奥义书》，商务印书馆2012年版，第158页。

语言是这个世界，思想是中间世界，生命气息是那个世界”。[①]《泰帝利耶奥义书》将人的个体自我分为5个层次，即食物构成的自我、气息构成的自我、思想构成的自我、知识构成的自我、欢喜构成的自我。前2者是生理的自我，后3者是精神的自我，其中都体现着梵，是梵主导的自我，也是自我对梵的认识过程，达到欢喜构成的自我，也就是认识与梵合一的自我。人生的最高境界就是认知梵，达到梵我同一，从而摆脱生死轮回。

宇宙即梵，梵即自我。梵不仅创造了世界，也创造了人。但梵所创造的人，并不是等一无差别的，而是先创造性，进而依照性将人分为不同等级的。《大森林奥义书》对此作了论说：

> 在太初，梵作为唯一者，它先创造优秀的诸如天神性的形态刹帝利性，“没有比刹帝利更高者。因此，在王祭中，婆罗门坐在刹帝利之下。荣誉归于刹帝利性。”[②]
>
> “然而，刹帝利性的子宫是梵。因此，即使国王处于最高地位，最终还是依附自己的子宫梵。他伤害梵，也就是伤害自己的子宫，犹如伤害比自己优秀者，就有罪。”[③]

从这里我们看出种姓关系的矛盾，《大森林奥义书》的作者是婆罗门，他们不能不承认刹帝利的权势，因而说刹帝利高于婆罗门，但婆罗门又不甘心居于刹帝利之下，又将婆罗门说成梵，而梵是刹帝利性的子宫，是生育刹帝利性的，所以刹帝利不仅不能伤害婆罗门，更得依附于婆罗门。梵直接体现于婆罗门，婆罗门是梵的宣讲者，是梵自身。梵同时创造了吠舍性和首陀罗性。“这样，有梵、刹帝利性、吠舍性和首陀罗性。梵在众天神中成为火神，在人类中成为婆罗门，依靠刹帝利性，成为刹帝利。依靠吠

---

① 《大森林奥义书》《奥义书》，商务印书馆2012年版，第33页。

② 同上书，第30页。

③ 同上书，第30页。

舍性，成为吠舍。依靠首陀罗性，成为首陀罗。”①

婆罗门是梵天的直接体现，而刹帝利、吠舍、首陀罗三性都是梵天创造的，现实社会的4个种姓就是这样由梵规定的，与此同时，梵还“创造出优秀的形态正法，正法是刹帝利性中的刹帝利性。因此，没有比正法更高者”②。正法就是真理，是所有人都要依从的，是对4个种姓地位和行为方式的界定。

《摩奴法典》对梵天创世造人及万物进行了更为详细的论说：宇宙曾经沉浸于黑暗，既不可见，也不能靠推理去发现和被启示，如同完全处在睡眠中，“宇宙解体的时间终了时，非显现的自存神出现，并以闪耀着极其纯洁光辉的五元素及其它元行扫除黑暗，即揭示自然，使宇宙变为可见。超越感官、只有神灵可以认识，无有形器官、永恒、为万物之灵及不可思议者，展示了其固有的光辉。”③ 以下顺序论述了“自存神”创世的过程：

> 他在思想中既已决定使万物从自体流出，于是首先创造出水来，在水内放入一粒种子。
>
> 此种子变作一个光辉如金的鸡卵，象万道光芒的太阳一样耀眼，最高无上的神本身托万有之祖梵天的形相生于其中。
>
> 诸水称为那罗，因为它们是那罗神的产物，它们曾经是那罗神的第一个活动场所，因此那罗神又称为“水上活动者”。
>
> 从这一存在物，从这一不可见的、永恒的，实际存在而对感官不存在的原因，原人出生了，他以梵天的名字著称于世。
>
> 他在这个鸡卵内住满了一个梵天年之后，经过个人思考，将卵一分为二。
>
> 他以此二者，造成天地；天地之间布置了大气，八天区，以

---

① 《大森林奥义书》《奥义书》，商务印书馆2012年版，第30—31页。

② 同上书，第30页。

③ 《摩奴法典》，商务印书馆1982年版，第8页。

及永久的水库。

他由最高之灵中抽出本然存在而对感官不存在的意识；并在意识产生以前，产生了作为指导者和最高统治者的自我。

他又在意识和感觉以前产生了慧根，一切具有三德的东西，认识外界对象的五知根，五作根，和五大的微粒。

他将这具有伟力的不可见的六大的分子（即五元素的微粒和感觉）和演变为元素与意识的六大的微粒结合起来，创造了一切物类。

又，因为从这最高无上的神的本体流出的六个不可见的分子，即五元素的微粒和感觉，为构成一种形体而和这些元素和这些意识器官结合起来；因此，贤者称这神的可见形体为接受六分子的。

元素以其固有机能，以及物类的不竭渊源的意识，以无限微粒的属性进入其中。

藉有伟力的七原（智慧、感觉和五元素的微粒）的有形微粒，不灭的渊源的流出物——可泯灭的万有乃形成。

这些元素中的每一元素，具备序列上在它前面的元素的属性，因而元素在序列上愈靠后，愈具备较多的属性。

最高无上的神的太初之始即按照吠陀所言。对每一个特别物类指定名称，作用和生活方式。

无上主创造了众多的本质活跃，具有灵性的神，以及众多的不可见的群仙，以及太初即制定的祭祀。

他为完成祭祀，从火、风和太阳中抽取称为梨俱、耶柔和娑摩吠陀的三种永久的吠陀。

他创造了时间和时间的划分、星宿、行星、江河、海洋、山岳、平原、起伏地势；

苦行、语言、逸乐、欲望、愤怒和天地万物，因为他要给万类以生存。

他为确定行为的差异而分别邪正，使这些物类为苦乐和其他对立条件所支配。

一切存在物都由五种细元素的微粒和易致毁灭的粗元素状的微粒陆续形成。

当最初无上主对某一生物指定某一职司时，此生物每次回到世上都自动完成此职司。

创造时，无论赋予他什么性质，如善恶、刚柔、德弊、真伪等，这些性质在以后出生中会自然再次出生在他身上。

有如季节循环，自然恢复其特性，同样，生物也恢复其特有职司。

当时，为了繁衍人类，他从自己的口、臂、腿、足，创造了婆罗门，刹帝利，吠舍和首陀罗。

无上主将自体一分为二，一半化为男，一半化为女，和女性部分结合而生原人毗罗止。

高贵的婆罗门啊，你们要知道，原人毗罗止从事苦行，从自体产生的就是我，即万有的创造者，摩奴。

是我想创造人类，在经历极其艰巨的苦行后，首先创造了造物主十大圣仙，即：

摩利俱，阿多利，俺吉罗，弗罗斯底耶，弗罗诃，柯罗都，普罗遮多或闼刹，跋息什多，跋梨求和那罗陀。

这些万能者，创造了其他七位摩奴，诸神及其住所，以及神通广大的大仙们。

他们创造了夜叉，罗刹，吸血鬼，天界乐师，天界舞女，阿修罗，龙王，蛇神，神鸟以及祖灵的各氏族；

电光、雷霆、云霓、因陀罗彩弓、流星、超自然的音响、彗星和各种大小星辰；

金那罗，猿猴、鱼、各种鸟类、家畜、野兽、人，长有两列牙齿的肉食动物；

蛆、虫、蝗、虱、蝇、臭虫、各种咬人的蚊虻，和各种不动的物体。

这些心胸开阔的众圣仙就这样按我的命令，以其苦行之功，按照所有动、静物的业来创造了它们。①

这是对婆罗门教的梵天之道的集合性论说，也是众多婆罗门整天冥思苦想的成果。其梵天创造世界说远比犹太人建造的上帝创世造人说更为丰满、细致。我们之所以不厌其烦地将这些话抄录和阅读，在于它们既是婆罗门教道层次的基本观念，也是佛教道层次的基本观念。而悉达多之所以苦修而不成功，实际上是他的智力达不到梵我之道的博大精深，而他的悟只是在信从这个梵道观的基础上，在梵天与个我之间，加上一个“佛”，形成一套修行法、术、技，打造出“佛教”。在印度地区，虽然佛教徒也尽量避谈其道层次的梵我观，但毕竟梵天创造世界的观念已成普遍常识，而悉达多及其信徒都不能提出新的道层次观念，而是在梵我观的大道上行修。当佛教传入中国，其西来传授者则故意不提其道层次，也不说梵天，只讲佛祖。中国的信徒，不论高僧大德，还是男僧女尼，压根就不知道佛教之道的根本在梵天创造世界，似乎佛祖就是宇宙最大的神圣，殊不知，如来就像他手掌上的孙悟空一样，也跳不出梵天的掌握。为了使改姓“释”的迷信者知晓一些其本教的真正祖源，下面接着抄录《摩奴法典》关于梵天创造、主宰万物和人的话：

现在我要对你们宣示，什么是给世间物类指定的专业，以及它们怎样来到世间。②

进而，分别论说，家畜、野兽、长两列牙齿的肉食动物、巨人、吸血鬼和

① 《摩奴法典》，商务印书馆1982年版，第8—14页。
② 同上书，第14页。

人为胎生；鸟类、蛇鳄鱼、鱼等为卵生；蚊虫、虱、蝇等为湿生；一切不动的物体，即植物为芽生；树木有开花和不开花而结果两类，还有灌木或丛生小树，它们都是从种子或枝丫生的。

> 这些物类由于前生作业，而且有表现为多种形式的暗德，有内在感觉，可以感受悲乐。
>
> 在这令人惧怕且不断毁灭的宇宙内发生的自梵天以至草木的轮回，就这样被宣示。
>
> 能力不可思议者，如此创造了宇宙和我以后，再次消失，融化在最高我内，使创造时期代之以解体时期。
>
> 此最高我觉醒时，宇宙就立即活动；睡眠时，精神完全休息，宇宙就立即解体。
>
> 因为，当他安眠时，具有活力的生物的机能就暂停，意识及其它感官就陷入无为状态。
>
> 和它们融化在最高我内的同时，这万有之灵就安然沉睡。
>
> 他在退入原始黑暗后，和感官一起久留不出，不行使他的机能，脱去了他的形相。
>
> 当他重新集结细微元素，进入动植物种内时，就又采取一种新的形相。
>
> 不灭的存在物，如此交替地一觉一眠，使一切动和不动的物类，生灭不已。①

接着，又论说从源于自存神的摩奴生出其他6个摩奴，他们各自创造一种物类。这7位万能摩奴，在各自的时期内，创造和支配由动和不动的物类组成的世界。他们界定了时间和时代，创造了空、风、水、地。“摩奴诸周期和世界的创造与毁灭一样是不计其数的，至高无上的神使它周而复

① 《摩奴法典》，商务印书馆1982年版，第15—16页。

始，有如游戏。”[①] 因在梵天从其口、臂、腿、足生出的人类 4 个种姓中，婆罗门是最高等的，“生以执法的婆罗门生来和梵天一体。”[②] “梵我” 只是就梵天与婆罗门的一体性而言的，“婆罗门来到世间，被列在世界的首位；作为万有的大主，他应当维护僧俗律法的宝藏。世间所有一切，可以说全为婆罗门所有；由于他出生嫡长和出身卓越，他有权享有一切存在物。”[③]

婆罗门教就是以梵天创造世界，并生出代表他 “为一切创造物的主人”[④] 的婆罗门认知与其一体的梵天，并维护、坚守、宣讲以梵我论为道层次基本观念的宗教。但婆罗门虽然是梵天从口中生出来的，但他们并不是生来就精通婆罗教的法典，还要经过学习和苦修，“生于自存神的摩奴特编纂了本法典”，“本法典应当为每一个有学识的婆罗门勤勉学习，并由他而决不可由低种姓的任何人对学生讲解”[⑤]。

可见，婆罗门教从梵我同一论证人的社会制度，人类社会无非是梵在众多由梵天创造的、属于梵天的一部分的自我的相互关系，梵天规定了人的不同属性，据此人分为 4 个种姓，种姓的地位和关系也由梵天来界定。能否遵循梵天所界定的正法行事（业），不仅关乎人在现世的状态，更关乎其在轮回中的转世。从这个意义上说，梵我同一论也就是婆罗门教所论证的道，它与基督教上帝造人创世并界定人的社会关系，与儒学道统的天道决定万物和人类社会关系，与物质主义关于世界是物质的，物质是自然的，人类社会遵循物质运动规律，都属于同一层次，是对世界和人类本原、本体和规律的论证。基督教之道是上帝主义，儒学道统之道是天道主义，资本主义之道是物质主义，它们分别是封建领主制、集权官僚制、资本雇佣劳动制的统治意识形态，婆罗门教的梵我观也可以称为梵我主义，是印度部族奴隶制的统治意识形态。

---

① 《摩奴法典》，商务印书馆 1982 年版，第 20 页。

② 同上书，第 21 页。

③ 同上书，第 22 页。

④ 同上书，第 21 页。

⑤ 同上书，第 22 页。

三、婆罗门教之法我梵论：我认知、依从梵的方法论

梵我观作为婆罗门教的核心观念，主要体现于其道的层次，强调梵对我的主宰和主导，这同时也涉及法的层次，即规定梵与我的内在关系。基于道层次的规定，婆罗门教之法在于探讨婆罗门种姓的我如何认知并依从梵，明确梵是我的本体和本原，是我的命运的主宰者，我如何依从梵对我的规定和安排，在做好现世行为，即“业”的同时，求得好的转世轮回，甚至摆脱人世的轮回，成为天神或仙，因此可称为“我梵论”。《由谁奥义书》写道：

> 如果在这世知道了它，则获得真实，如果在这世不知道它，则损失巨大；那些智者在万事万物中辨认出它。他们死后离开这个世界，达到永恒。①

这里的“它”，就是梵。婆罗门教把认知梵视为今世人生的最高目标，婆罗门种姓的使命和职业就是认知梵。那些有智慧的人在各种事物的个别现象中能够认知其本原的梵，他们就可以达到永恒。婆罗门们所努力探求的，就是认知和依从梵的法，进而形成认识和修行的术与技，因此构成婆罗门教的思想体系。

婆罗门教认为，个我是大我梵所创造的，是梵的一个因子，所以我也能认知梵，其最高境界，就是“我梵同一”。《梵经》的商羯罗注中写道：

> 梵确实作为众所周知的实体而存在，它是常住的，纯净的，有理智的，他在本质上是自由的，并是全知全能的。……此外，梵的存在亦可以从它是一切的我这事实中明确地得知，因为每个

---

① 《由谁奥义书》《奥义书》，商务印书馆2012年版，第253页。

> 人都感到他的自我是存在的，而绝不觉得“我不存在”。如果没有对自我存在的普遍承认，那每个人都将会觉得“我不存在”。这个我就是梵。[①]

我是梵创造的，我的存在就是梵的存在。一切的我，都是梵的证明，认识梵，也就是认知我，只要我能感到自己是存在的，那也就证明了梵的存在，这个我就是梵，因为我不会感到我是不存在的。商羯罗的这段注释充分说明了梵我之道与我梵之法的同一性。婆罗门教也就是从个我出发去认知那无限的、决定一切的、无所不在的梵。梵是决定我并存在于我之中的，因此我可以认知梵，而且我必须认知梵，只有依从梵这个最高真理，我的行为才能得到梵的认可，并给死后的我以好的出路。

婆罗门教之法，作为对其道层次的论证和说明，是从我的角度对梵的认识。如果说其道是从梵论我，其法就是从我知梵。梵是大我，大我决定个（小）我，大我也能很清楚地知道个我，但个我只是大我的极微小的一部分，从个我认知和证明大我是相当困难的，但个我又必须认知大我，才能明了自己的本性和社会地位。梵我同一，是从梵作为本体而言的，梵不仅决定了人类中的性，还安排了每个人归属其中之一性。梵是无限的，个我也随梵而无限，但今世这个个我的生命是有限的，他能够感受的生命是很短暂的，他会死，这是相对个我的意识而说的，梵则会根据此个我今世的表现，再安排他的转世，即不断地轮回。婆罗门教认为，知梵，就要明确种姓是由梵决定的，是人类根本的、不可更改的社会制度。人们属于哪个种姓，是由梵根据他的血统及前世的行为来决定的，梵又相当清楚人们今世的行为，依其业果来安排其下世轮回，但只有雅利安人的婆罗门、刹帝利、吠舍可以“再生”，即在这 3 个种姓中依其今世表现而安排他转世在哪个种姓，犯有重大罪过者则不仅会轮回到低种姓，甚至要轮回为动植物。也有极少数达到对梵的真理彻底认知并品行高尚的人，可以解脱人

---

① 《梵经》《古印度六派哲学经典》，商务印书馆 2003 年版，第 246 页。

世，他们死后进入天神世界和太阳，从太阳进入闪电，“由思想构成的原人来到闪电那里，将他们带往梵界。他们在梵界居住，不再返回。”①

婆罗门教的法就是为“知梵”的人设立的方法论，从吠陀到奥义书，以及后来的史诗和经书时期，都在法层次进行了探讨，涉及真理与虚妄、同与异、事物类别等范畴，以及逻辑与论辩术、量论和遮诠法等。这些范畴有些成分属于下一层次术的内容。在婆罗门教中，对法与术层次并没有区分，常常是混而论之。但这并不重要，重要的是它已涉及法这个层次，从总体角度对梵我这个道层次进行了探讨，并从我梵角度加以说明，使“梵我”这个核心概念得以确立。

以梵我观为核心，婆罗门教认为真理就是梵。梵对个我及万物的决定和主宰，是真理的体现。个我之所以能认知梵，就在于我是梵的一部分，我自己的生活及与万物的接触，都是梵的证明，真理也就存在其中。但人并非生来就能自知真理，因而要以正确方法认识和体验。婆罗门种姓的职业就是认知梵的真理，并将它宣示给其他种姓。

与基督教及物质主义不同，婆罗门教并不区分认识的主体和客体，它的认识是个我对大我的认知，认识的对象是个我与大我的同一体，认识的过程也是个我在大我的支配下进行的，为此，每个婆罗门必须理解圣典，即吠陀及奥义书，“基于一切奥义书的（对梵的念想是完全同一的）。因为（关于）教令等是没有区别的。”② 这样，就要求婆罗门把学习圣典作为其主要活动。“背离这种习惯的婆罗门不得享受经典的果实，但如恪遵无违，则可获得圆满的果报。”③ 但首陀罗却不应该学习圣典，更不应该有智慧。“（首陀罗无获得智慧的资格，）还因为（圣典）指定了（为3个上等种姓的）净化式，并表明这些（净化式对首陀罗来说）是不存在的。”④ “还因

① 《大森林奥义书》《奥义书》，商务印书馆2012年版，第109页。

② 《梵经》《古印度六派哲学经典》，商务印书馆2003年版，第321页。

③ 《摩奴法典》，商务印书馆1982年版，第23页。

④ 同上书，第272页。

为古传书禁止（首陀罗）听闻、学习（吠陀，禁止了解与实行其）内容。”① 婆罗门作为职业的圣典学习和宣讲者，他们所针对的，只是本种姓的继承者及刹帝利、吠舍，首陀罗没有资格学习和听讲圣典，因而也就只能转世本种姓或动植物。

由于种姓的不同和婆罗门们学习、修行的程度不同，个我对梵的认识也会出现偏差，即谬误和无明。学习和理解圣典，不仅要认知梵的真理，也要破除谬误和无明。除了种姓原因，导致谬误和无明的，还有认识中因器官的不健全以及印象的不完善。在吠陀和奥义书时期，婆罗门教的法还处于形成时期，其对梵的认知，主要是“遮诠法”，即列出对立的两个概念，它们相互否定，由此表明一种状态或境界，也就是从其相互否定中领悟一种状态，如《梨俱吠陀》的“无有歌”所说“既没有死，也没有有”，“既没有死，也没有不死”，“他知道，或他不知道”等。奥义书时期这种方法更为普遍。《广林奥义书》中说：我不是这样，因为我不是这样；它是非把握的，因为它不能被把握。对于梵这个大我，只能连续说“不是这样，不是这样”，即不能用言语把握，但梵不是虚无，对其所提出的各种属性，都在前面加上“不”或“非”这样的否定词，要在不断地否定中来体悟梵究竟是什么。如《广林奥义书》论梵时说：不粗，不细，不长，不短，不（似火）红，不（似水）湿，非影，非暗，非风，非空，无黏着，无味，无嗅，无眼，无耳，无语，无意，无光，无气，无口，无量，无内，无外。《由谁奥义书》第二章中说：对于梵，如果你认为自己知道，但实际上你对梵的了解也是微乎其微的，因为梵就是一切，所以应该不断探索，不可能用已知事物或范畴加以表示，“我不认为我知道，我也不知道我不知道；我们之中，知道它者知道它，他也不知道他不知道。不思考它者知道，思考它者不知道；认知它者不认知，不认知它者认知。”② 如果用通常的概念、范畴来界定梵的具体性质，那就没有真正理解

① 《摩奴法典》，商务印书馆1982年版，第272页。

② 《由谁奥义书》《奥义书》，商务印书馆2012年版，第253页。

梵，但当你认为不可对梵作出种种正面说明时，实际上已体悟了梵。因为梵是一切，是无限的。“若凭觉悟知道它，他便获得永恒性；他凭自我获得勇气，凭智慧达到永恒。”①

婆罗门教之法，就是要在认识梵的进程中，依据圣典，不断地破除谬误、克服无明。对此，各部派都进行了深入探讨。胜论派认为，要通过知觉、推理、记忆和圣者的直觉，达到真理性认识；正理派认为应有知觉、推理、类比、证言等环节；数论派认为真理的认识来源于知觉、推理、圣典或权威意见。《数论颂》中说：“现量、比量、圣言量被认为是三种量，因为所有的量都被证明包括在了这三种量中。确实，可被证明之物是通过量来证明的。”②“量”是认识方式，现量即知觉，比量是推理，圣言量是对圣典的理解。这3个部派是比较注重法层次的认识论的，其共同点在前两个环节知觉和推理，但具体的规定也有所差异。胜论派认为知觉是认识的基础，它由灵魂、心、感觉器官与对象等条件的接触而形成，包括直接的知觉和间接的知觉两种。“（推理）以这样的特征为基础：此是彼的果；此是彼的因；此与彼合；此与彼矛盾；此与彼和合。”③推理亦称比量，是由“表征”或“相”而得到结果的认识，推理分为以下几种：从结果推知原因；从原因推知结果；从有内属关系的一个推知未知的一个，如见烟推知有火；从有矛盾关系的已知一个推知未知的一个，或者从未知的一个推知已知的一个。正理派将知觉分为通常的知觉和特别的知觉，前者为感官与对象直接接触所引起的认识，包括视觉、听觉、触觉、味觉、嗅觉、正觉等；后者是感官与对象间接引起的认识，包括共相的知觉、心智的知觉、直觉的知觉。正理派把推理分成为已推理和为他推理两种，分别由大词、中词和小词3个环节构成。“议论就是对立双方用获得正确认识的方式来推理论证和辩驳”④，正理派对于推理进行了更为深入的探究。数论派

---

① 《由谁奥义书》《奥义书》，商务印书馆2012年版，第253页。

② 《数论颂》《古印度六派哲学经典》，商务印书馆2003年版，第147页。

③ 《胜论经》《古印度六派哲学经典》，商务印书馆2003年版，第39页。

④ 《正理经》《古印度六派哲学经典》，商务印书馆2003年版，第69页。

认为知觉是对外界对象的心理了解，“耳取声，皮取触，眼取色，舌取味，鼻取香。此种量称为现量。”① 推理（比量）是在知觉基础上从已知推论未知。

而胜论派认为记忆和圣者的直觉，是与知觉和推理并列的两个认识环节。记忆是对已达到的认识在意识中的留存，也是进一步推理的依据；而圣者的直觉则是特殊的认识真理的能力，是普通人所不具备的。正理派则注重类比和证言。类比亦译为譬喻量，“譬喻量是根据（未知事物与以前）熟知的（事物的）相似来获得（关于）未知事物的（知识）。”② 证言则是从值得信赖者的言说中获得的知识，包括他人所论说的生产、生活各方面的经验性知识，流传的医方等，以及婆罗门的说教。数论派在肯定知觉和推理作用的同时，强调“圣言量”，“不能由现量和比量领悟的对象由对圣言量领悟。例如，因陀罗——众神之王、北俱卢洲、天女等，不能由现量或比量领悟的，由圣言量领悟”③。圣言量是依据吠陀或“可信赖之人”而达到的对不可知觉，也不能推理的天神乃至梵天的领悟。

婆罗门教是以梵为世界本体的，梵天决定一切、主宰个我的意识和行为，其法是在梵我观之道这个大前提下，探讨我如何认识梵、依循梵的，因而不可能有主体性的认识论。那些以物质主义认识论对“婆罗门教哲学”的论说，忽视了婆罗门教的宗教性，进而脱离其梵道来谈认识论，除了给某派、某著作、某段话按苏联教科书上的原理贴上“唯物”“唯心”的标签外，几乎无话可说了。要了解婆罗门教之法，必须明确其梵道前提，法既是对梵道及其创造、决定的人与事物的认知，又是对梵道的依从。我们不妨设身处地从历史上的婆罗门们的角度来思考这个问题。对他们来说，并不是以自己的主观来“客观”地认知世界，而是如何认识决定自己和世界的梵。但在深入具体的思考中，他们还是对认识的逻辑有所规定，进而又探讨了对事物和认识的范畴（句义）规定，以及论证应当如何

---

① 《数论颂》《古印度六派哲学经典》，商务印书馆2003年版，第147页。

② 《正理经》《古印度六派哲学经典》，商务印书馆2003年版，第64—65页。

③ 《数论颂》《古印度六派哲学经典》，商务印书馆2003年版，第147页。

以法规范人类社会的关系和行为。

婆罗门教认为，梵或阿特曼是全知的，是一切的主宰者和统治者，是内在的精神，是一切的根源。“他是一切之主，他是全知者。他是内在控制者。他是一切之子宫。因为他是众生的生和灭。”① 梵是“不可目睹，不可言说，不可执取，无特征，不可思议，不可名状，以确信唯一自我为本质，灭寂戏论，平静，吉祥，不二。”② 但这并不等于说梵是不可知的，梵作为本体的大我，也是有心识的，它以心识构造世界，并且在个我中注入心识，从而可以认知梵所造世界的各个部分。这些部分是梵的存在形式，但不是梵的总体或本性，即使将对部分的认识都加总起来，也不等于梵的总体或本性，但它们又确实是梵的部分。部派时期，婆罗门教逐步深化了对梵造世界的各部分的认知，形成了其特有的句义。所谓“句”（pāds）是言语、概念之意，“义”是实在、事物之意。句义就是言语或概念所表现的事物及性质，句义也可以看成范畴。句义或范畴的划分，在胜论派和弥曼差派那里比较系统。

胜论派认为，“法是这样一种东西：通过它可变得崇高，达到至善。”③ 而“至善来自对真理的认识，来自特别的法，即借助（关于）实、德、业、同、异、和合句义的相似与差别（的知识）获得。”④ 实由地、水、火、风、空、时、方、我、意构成；德由色、味、香、触、数、量、别体、合、离、彼体、此体、觉、乐、苦、欲、嗔、勤勇构成；业则分为取、舍、屈、伸、行。这3个句义或范畴中，实是基本的，“实的特性是有业与德，并是和合因。”⑤ “实是实、德、业的共同因。”⑥ 同和异是实、德、业性质的规定，同是共同性或普遍性，异是特殊性或差别性。而和合则是实、德、业的内属关系。实的各部分是德各部分的基础，是因，德则

---

① 《蛙氏奥义书》《奥义书》，商务印书馆2012年版，第307页。

② 同上书，第307页。

③ 《胜论经》《古印度六派哲学经典》，商务印书馆2003年版，第1页。

④ 同上书，第1—2页。

⑤ 同上书，第3页。

⑥ 同上书，第3页。

是人的心识与实结合的体现，业的各形式又是以德为因所形成的人的行为方式。对实、德、业、同、异、和合六句义的理解、把握和运用，是达到至善的途径。后期胜论派在《胜宗十句义》又增加了有能、无能、俱分、无四句义，使其论证更为细化和系统。弥曼差派亦主张以句义（范畴）规定梵造之世界和人生，其句义有实、德、业、同、无、和合，以及能力、似（相似）和数等。其中实、德、业、同、和合、无等句义与胜论派大体一致，所改变的几个句义如能力、似、数等，则表明他们注重因与果之间的关系，即因形成果要有相应的力，并注重其量的变化。

四、梵我观与我梵论在社会制度中的统一：摩奴法典

婆罗门教之法作为我认知梵的方法论，是梵我观的展开，它与梵我观的统一体现于部族奴隶制的法律中，即依梵我观从社会制度及规定人们的社会地位及关系、行为。这在吠陀、奥义书及各部派的论述中都是重要内容，而逐步吸纳婆罗门教教义及其统治经验所形成的《摩奴法典》，则集婆罗门教关于社会制度、人们社会地位、关系、行为规定之大成。我们这里主要依《摩奴法典》探讨婆罗门教之法的这部分内容。

据研究者考证，《摩奴法典》逐渐成形于公元前2世纪至公元2世纪，是婆罗门教所主导的部族奴隶制法律之集合。由于婆罗门教类似基督教和伊斯兰教实行政教一统，因此，《摩奴法典》不仅有法律的规定，也有婆罗门教教义的阐述。以教义贯彻于法律，以法律实行教义。囿于西方近代“分门别科”的思维方式，现代关于婆罗门教的“哲学”或“宗教学”研究者，都把《摩奴法典》视为“法律学”的内容，与自己无关，而不予探讨，或仅从外部条件上有所涉及，因此不能认知它在婆罗门教体系中的地位和作用。我们不否认“分门别科”对于细化、深入研究的意义，但必须明确并克服这种思维方法的局限及其导致的缺陷，《摩奴法典》并非单纯的法律条文，而是婆罗门教教义和部族奴隶制法律的统一论证，是在梵道主导下的法，同时也包含相应的术、技内容。只有将它纳入婆罗门教的

总体经典中，才能理解它，才能认知婆罗门教的体系。

《摩奴法典》的总论部分“创造”，明确宣示了婆罗门教之道梵我观与其法我梵论的统一，以及由此而规定的社会制度的基本内容。

> 为将婆罗门的义务与其它种姓的义务以适当顺序加以区分，生于自存神的摩奴特编纂了本法典。①

因此，这总论部分可以说是婆罗门教的“基本法”和总纲，以此为前提，《摩奴法典》依次论述了婆罗门与其他3个种姓的地位、职司和行为规范，以及苦行与赎罪，轮回和最后解脱。从内容和论述体系看，《摩奴法典》与基督教的《旧约》和《新约》、伊斯兰教的《古兰经》有相似之处，它们都是政教合一的宗教的经典，都具有教义和法律的双重属性。而道教和佛教的经典，则因从来不曾取得统治地位，因而只有教规和戒律，不包含法律内容。

《摩奴法典》所论法律，既有如何依从梵天之道而行为的法层次的内容，也有属于术、技层次的内容。这里先探讨其法层次的内容。

《摩奴法典》所规定的法律，是印度处于奴隶制社会时期人的社会关系、行为方式的界定，是以摩奴的名义，由婆罗门制定并宣讲的。“法律的基础在于全部吠陀”，由精通它的人即婆罗门来宣讲，“地上一切人都应该从生在这个国家的婆罗门口中，学习他们特有的处世方法。”② 因此，《摩奴法典》的宗旨是婆罗门教将其教义贯彻于社会关系的法律规定中，并以此来净化人们的肉体和心灵，支配其行为。从这个意义上说，法律也就是净法，贯彻于人从受胎、出生、少年、成人、老年到死亡的全过程。“净化再生族肉体的净法，受胎净法，以及消灭今生与来世一切污点的其它净法，应当与吠陀规定的清净仪式一并举行。”③ 也就是将婆罗门教教义

---

① 《摩奴法典》，商务印书馆1982年版，第22页。

② 同上书，第27页。

③ 同上书，第28页。

贯通于法律，规范人的全部生命活动。但诵念《摩奴法典》和能够施行净法仪式的只限婆罗门、刹帝利、吠舍 3 个种姓，“其他任何人不得享有此特权。”① 虽然首陀罗及更低贱的人不得诵读和听讲《摩奴法典》及吠陀、奥义书，但《摩奴法典》却对他们的地位和行为作了强制性规定。

对于婆罗门、刹帝利、吠舍 3 个种姓，《摩奴法典》也不是平等对待的，其中地位最高贵、论述最多的是婆罗门，对婆罗门所施行的净法除出生后切除脐带、尝蜜和酥油、伴诵密咒，以及出生后第 10 或第 12 天由父亲为之举行命名典礼，第 4 个月将孩儿抱出诞生的房间见太阳，剃发式应在出生后 1 年或 3 年举行，其余各项均与其他种姓有区别。首先是命名，

> 婆罗门的名字，由两个字组成，其中第一个字要表示吉祥，刹帝利的要表示权势，吠陀的表示财富，首陀罗的表示卑下。婆罗门的名字，其第二个字应该表示幸福；战士的表示保卫，商人的表示富裕，首陀罗的表示隶属。②

而传授婆毗陀利赞歌并束圣纽圣带的入门式只对前 3 个种姓举行，并有差别：婆罗门要在受胎后的第 8 年，刹帝利在第 11 年，吠舍在第 12 年。特殊情况下也可以提前，但 3 个种姓要有差别。举行入门式之后为梵志期，其间 3 个种姓的圣带和衣着也不同，并携带各异的手杖（婆罗门的高达发部，刹帝利的高达额部，吠舍的高达鼻端）。至于饮食、喝水、洗浴，以及腰带和身上的配件也要有所区别。对听讲经典，以及日常生活等，都有细致的规定。

为了维护种姓制度，《摩奴法典》相当注重婚姻和家长对儿子的培育。再生族的 3 个种姓在学习了 3 种吠陀之后，可以结束梵志期，进入家住期，“学习期满的再生族，得教师同意，按照规定沐浴洁身后，可娶一个

---

① 《摩奴法典》，商务印书馆 1982 年版，第 26 页。

② 同上书，第 29 页。

同种姓具有吉相的妻子。”① 首陀罗只能娶首陀罗女子为妻，婆罗门、刹帝利和吠舍可以娶本种姓及低于本种姓的女子为妻，但只要娶了首陀罗女子，婆罗门立即成为堕姓人，刹帝利和吠舍则在生子时成为堕姓人。进而又规定了不同种姓的 8 种婚姻形式，以及家长的义务，即按法典规定主持家庭生活方式，祭祀祖灵和诸神的仪式、供品等。

对于刹帝利和吠舍来说，梵志期结束，结婚并进入居家或住家期，这个期间可以一直持续到他们老死，但婆罗门不同，他们承担着传承神圣教义的职责，并有一种可以经苦行而最后解脱的特权，因此在居家期之后，还要经历林栖期和苦行期。居家期的婆罗门，如其赡养人口多，可以拾落穗、受布施、求布施、耕田、经商、放贷为生计；家庭人口较少的，有 3 种生计方式，即祭祀、教授圣典和接受布施；另一种人有祭祀和教授圣典两种生计，还有的只以传播圣典为生。《摩奴法典》规定，婆罗门“不要为谋取生活而频频接触浮世，操行要正直，诚朴，纯洁而无愧于婆罗门。如追求幸福，为人要完全知足，节制欲望，因为知足为幸福之源，反之则为不幸之源”②。以上述方法维持生计的婆罗门家长，还要遵守一系列的戒律，要始终不懈地完成吠陀规定的义务，才能达到最后解脱这一最高境界。这一系列的戒律从日常生活、食物、服装、家居、语言、思想、情欲，到学习、讲授经典、祭祀，无所不包，其要旨是强制婆罗门为完成其传授和延续圣典的职司，一切行为和意识都要遵循圣典的要求。

《摩奴法典》还特别规定了婆罗门和刹帝利、吠舍的斋戒与净法。对于食物“葱、蒜、韭菜、香蕈和一切生在不净物质中的植物，再生族不应该吃”③。此外，还要戒食许多动物的肉、奶。如果故意吃了这些东西，立即就成为堕姓人；但若无意中吃了这些食物中之一种，要做特定的苦行或斋戒一整天。对于可以食用的动物，也规定了相应的食用方法。

在印度的部族奴隶制中，妇女是从属于男人的，“妇女少年时应该从

---

① 《摩奴法典》，商务印书馆 1982 年版，第 54 页。

② 同上书，第 88 页。

③ 同上书，第 114 页。

父；青年时从夫；夫死从子；无子从丈夫的近亲族，没有这些近亲族，从国王，妇女始终不应该随意自主。”[①] 妇女的名字要易于发音，柔和、清晰、可爱、吉祥，结尾要用长元音类似祝福用语。妇女的职责是快活、巧妙地处理家务，特别要注意维护家具，节约支出。妇女由父亲或经父亲同意由弟兄赐给某人，要在他生时敬谨侍候他，在他死后，不能行为不贞，也不能疏于对他应有的祭祀。“丈夫对妻子的支配权建筑在订婚时父亲以自己女儿赐予他这一点上。”[②] 丈夫只是要在适当时机或其他时机，不断给妻子带来快乐，并在来世使她得到幸福，条件是妻子要恩爱和尊敬丈夫。“丈夫操行虽有可指摘，虽另有所欢和品质不好，但有德的妻子，应经常敬之如神。”[③] 她要终生耐心、忍让、热心善业，保持贞操，淡泊如学生，遵守从一而终的规定。《摩奴法典》中并没有关于妇女的祭祀、修行、斋戒的规定，恩爱和尊敬丈夫的妻子只是在天界得到尊敬。不忠于丈夫的妇女生前要遭诟辱，死后投生在豺狼腹内，或为象皮病和肺痨所苦。妇女没有嫁二夫的权利，丈夫先死，妻子要守寡，甚至殉葬（虽然《摩奴法典》中没有关于妻子为丈夫殉葬的规定，但婆罗门教习惯法及一些立法家强调她们自焚，并许给牺牲者可得升天的果报），但丈夫在妻子死后却可以再娶。这种种规定，充分说明婆罗门教不仅有严格的种姓制度，而且对妇女只规定了其服从的义务，并没有任何权利。这种传统到近代依然在印度有所表现，至今仍有残余。

再生族按规定过完住家期后，要退隐山林。这一规定虽是针对全部再生族的，但主要是由婆罗门来执行，对刹帝利和吠舍的要求并不严格，因而大部分林栖者来自婆罗门。对于退隐山林的年龄，《摩奴法典》并无具体规定，只是说：“家长看到自己皮皱发苍，子孙绕膝时，要退隐山林间。”[④] 并要求这些林栖者：

---

① 《摩奴法典》，商务印书馆 1982 年版，第 130 页。

② 同上书，第 130 页。

③ 同上书，第 130 页。

④ 同上书，第 133 页。

> 要放弃他在家乡所吃的食物，放弃一切所有，把妻托给儿子们，单身引去，或携妻同行。
>
> 携带祭火和一切祭供用家具，离开乡井，退隐山林，同时抑制着自己的欲念感官。
>
> 要按照规定，以牟尼食用的各种清净食粮，如野生稻米，用蔬菜、根、果来举行五大祭供。
>
> 要穿羚羊皮或树皮衣；早晚沐浴；常蓄长发，留胡须、体毛和指爪。①

林栖者要专志于诵读吠陀，忍受一切，亲切、凝神，常予而不取，对一切物类表示同情，仅以植物的花、根和成熟的落果为生。林栖者要经受各种苦行，并“为成就梵我一如，应该学习启示圣典的各神学分支”②。如果患上不治之症，就要向东北方不可征服的地方走去，不吃食物，以空气与水为生，稳步前进，直到身体寂灭，体面地进入梵界。

林栖者度过其第 3 阶段生活后，进入第 4 阶段，即苦修的生活，专意于最后解脱，但不曾学习吠陀，不曾生子，不曾举行祭供但希望解脱的婆罗门，却要堕入地狱。而能按照吠陀指令，完成对造物主的祭祀，以其一切献作贡品，并将圣火蓄入自身后，可弃家只持手杖、水瓶等净具过苦行生活，饥饿时，每日可到村落中乞食一次，要恬淡、有决心、默观，全神贯注于梵，并思考人们由于罪孽招致的轮回，以及堕落地狱后受到阎魔王的毒打。要剪去头发、爪、须，专心致志不断游行，避免伤害任何生物。要屏息除去罪过，绝对凝神偿赎过失，祛除情欲，进行抽象的内观，从事最严峻的苦行。这样在今世就可达到梵我一如的最高目的。

林栖期和苦行期主要是针对婆罗门的，包括前面的梵志期和住家期，婆罗门的一生要经历 4 个时期，“按照律法，依次进入所有这些住期，并

---

① 《摩奴法典》，商务印书馆 1982 年版，第 133 页。

② 同上书，第 136 页。

按照规定行事的婆罗门，达到最高，即梵我一如的境界。"[①] 之所以对婆罗门有如此严格的规定，就在于他们是梵在人间的代表，承担着宣示梵，作为依从梵的典范的职责。为此，进一步规定了婆罗门兢兢业业实践构成其义务的“十德”，即“忍让，以德报怨，节制，正直，清净，抑制诸根，认识法论，认识最高我，求实，戒怒”[②]。只有学习并履行这十德的婆罗门，才能达到最高境界。

《摩奴法典》是婆罗门编写的，也主要是讲给婆罗门听的，涉及的内容大部分也是关于婆罗门的。从其规定的“四住期”和“十德”等，可以发现婆罗门教得以延续3000余年的内在因素：婆罗门虽然是4个种姓中地位最高的，而且是首要的奴隶主，但他们没有像天主教教会那样金字塔形的严密组织，他们只是分散于特定公社的僧侣，也不像古罗马私有奴隶主那样自己拥有众多奴隶，而是部族集体奴隶主的成员，虽然地位重要，却不能私有奴隶。尤其是“四住期”制，将其少年定为梵志（学生）期，老年定为“林栖”和“苦行”期，即使他们在成年（家住）期可以享受婆罗门的特权，但却不能长久占有其财富，而是去过比首陀罗还要苦的生活，从而就断绝了垄断权力和财产的可能，更不能像天主教高级僧侣那样骄奢淫逸，从而避免了内部斗争。正是这样的制度，维系了印度的部族奴隶制，作为其意识形态的婆罗门教也在这种制度中缓慢而长期延续。《摩奴法典》充分体现着婆罗门教之法的深思远虑与其中智慧。

《摩奴法典》所体现的婆罗门教之法，在对刹帝利和吠舍行为的规定中，也显出其智慧。刹帝利种姓是国王和武士，他们是世俗社会的统治者，但在社会地位上却低于婆罗门。这是一个明显的矛盾，和欧洲封建领主与教会的矛盾类似，为了缓解这一矛盾，《摩奴法典》对婆罗门做了特殊的规定，使他们不致因为权力欲和占有财富而与刹帝利冲突，同时也规

---

① 《摩奴法典》，商务印书馆1982年版，第142页。

② 同上书，第142页。

定了他们对刹帝利的约束。在对刹帝利地位和行为的规定中，则设法限制了他们与婆罗门冲突的可能性。《摩奴法典》规定："婆罗门以其嫡长，以其出身的优越，以其圣典知识的完全和结带式的不凡，而为一切种姓的主人。"① 并要求：

> 国王于黎明即起后，应向通晓三圣典和伦理知识的婆罗门致敬，根据他们的教益立身行事。
>
> 要经常尊敬年高有德、掌握吠陀、身心纯洁、令人尊敬的婆罗门，因为敬老人者人恒敬之，甚至罗刹也尊敬他。②

《摩奴法典》还规定，国王就是再穷，也不许向婆罗门征税。进而要求国王克服因逸乐产生的十恶德（狩猎、赌博、昼寝、闲话是非、好色、酗酒、唱歌、跳舞、奏乐、无益的出游）和因愤怒产生的八恶德（好扬人之恶、强暴、中伤、妒忌、诬陷、霸占他人财产、骂人、打人）。国王要认真履行其职责，与精忠可靠的七八个大臣共同讨论并处理和平与战争、军队、财富、城市、领土、岁入、人身及国家安全问题。对此，《摩奴法律》总结历史经验，做出了比较全面的规定。进而又规定了武士、法官等的行为准则。

处理好刹帝利与婆罗门这两个统治种姓的关系，部族奴隶制就有了稳定的架构。《摩奴法典》进一步规定了吠舍、首陀罗和杂种种姓的地位与行为方式。吠舍由农夫和商人构成，他们应从婆罗门那里学习圣典，并服从刹帝利的统治，做好自己职司，为国家提供税收。而首陀罗是非再生族，是奴隶，"奴隶有七种，即：在行伍中或战斗中捕获的俘虏，为了衣食而为人服役的家奴，在主人家生于奴隶妇女的奴隶，被买来或被赠予的奴隶，由父子相传为奴者，不能清偿罚金被罚为奴的奴隶。"③ 不论是哪种

---

① 《摩奴法典》，商务印书馆1982年版，第245页。

② 同上书，第147页。

③ 同上书，第209—210页。

奴隶，“都应强制他们从事奴隶工作；因为他们是被自存神创造来事奉婆罗门的。”[1] 而且，“婆罗门穷困时，可完全问心无愧地将其奴隶首陀罗的财产据为己有。”[2] 杂种种姓是由再生族男子与低种姓的妇女结婚所生的儿子，以及低种姓男子与高种姓妇女结婚所生的儿子，前者称为“正顺序”杂种，后者称为“逆顺序”杂种。这些杂种不可归入本种姓，《摩奴法典》规定了特有的种姓。这些杂种的种姓又会与4个种姓的男人或女人结婚，从而导致更杂乱的种姓。大多数杂种种姓都是低于再生族种姓的，低种姓妇女与高种姓男子所生的儿子，其地位会高于其母亲种姓，低于其父亲种姓。杂种种姓的混乱，从一个侧面反映了种姓制度的局限，《摩奴法典》力图维护种姓制度的“纯洁”所做的规定，是这种制度延缓至今的重要因素。

《摩奴法典》中还对人们违背吠陀教诲而犯的各种罪过及其赎罪进行了详细的规定，其要旨在于罪过的严重程度是以种姓划分的，犯同样罪过，高等种姓的罪及其处罚都要比低等种姓为轻。所犯的罪行，大致可分为饮酒、偷盗、杀人、杀宰动物等等。对于罪行要由婆罗门裁决，“三个精通吠陀的婆罗门聚在一起，可对罪犯宣布他们的罪恶所需要的偿赎；他们所指出的苦行将足以净化他们；因为贤者的语言消灭罪污。”[3] 赎罪的方式有实物赔偿、刑罚、苦行等各种，其规定之具体，表明婆罗门教在术、技层次上的细致，对此将在论其术、技时述说。

《摩奴法典》的最后一部分，是论轮回和最后解脱，与其开始论“创造”相呼应。这部法典，从梵天创造人与世界，到人类社会制度的原则，再到对各种姓的具体规定，以至行为、罪过和惩处、赎罪，按生命历程之终结，回归于梵天。这是一个虽不严谨，却在总体上依循从抽象与具体、逻辑与历史（人生历程）的关系建构的体系。这个体系本身就是婆罗门教之法的体现。而在论述轮回和最后解脱时，其法又得到充分展示。

---

① 《摩奴法典》，商务印书馆1982年版，第209页。

② 同上书，第210页。

③ 同上书，第270页。

婆罗门教从梵我论出发，是崇尚果报的，它关于轮回和解脱的论述就贯穿着因果报应。“思想、言论或身体的每一种行为都按它的善恶，得到善报或恶报；人们不同的上中下地位是由人们的行为产生的。”① 心意是引起与生物相联系的行为的主导，行为分上中下 3 级，由思想、言论和身体构成，以 3 种方式来实现，坏的行为和好的行为各有 10 种。思想方面的坏行为有：图占他人财产、计划犯罪的行动、崇奉无神论（中译本为“唯物论”，不确，当时根本不可能知道约两千年后形成的唯物论）与谬说；言论方面的坏行为有：骂詈、谎言、诽谤公众、语无伦次；身体方面的坏行为有：占有非赠予的物品、伤害法律不准伤害的生物、与别家妇女通奸。与坏行为相反的好行为也有 10 种。对于思想上的行为，赏罚在心灵上；言论上的行为，赏罚在语言器官上；身体的行为，赏罚在身体上。“人主要是因来自身体方面的罪行而在死后转化到非动物的地步；特别是因言论上的错误而变成鸟兽的形相；尤其是因思想上的错误而转生到最低贱的种姓中。”② 人可以用智慧对思想、言论、身体实施命令，予以抑制愿望与愤怒，由此改变轮回，乃至得到解脱。

《摩奴法典》据梵我论指出，人身的动力是生元，内在心神是智元，心神演变为感觉与意识，通过它苦乐才被灵魂感受。“这智慧与灵魂二元与五元素结合，和寓在最高级与最低级生物中的最高我维持最紧密的联系。从这个最高我的本体中，有如火星一样，逸出不断给与各级物类以活动的不计其数的生元。”③ 五元素是梵天创造万物时产生的地、水、火、风、空，它们与智慧和灵魂结合，一直存在于人生命的全过程，死亡是智慧和灵魂与五元素相脱离，并由梵天根据其生前的表现重新给予生元，“作恶的人魂，死后取得微细的五元素，帮助它形成注定受地狱苦痛的另一个肉体。”④ 按此形体的灵魂在阴间遭受阎摩施加的苦刑后，基本微粒各

---

① 《摩奴法典》，商务印书馆 1982 年版，第 290 页。

② 同上书，第 291 页。

③ 同上书，第 291 页。

④ 同上书，第 291 页。

自分离，还原为它们所从出的微细的元素中。灵魂得此果报后，其罪污已被除去，重返具有无限能力的最高我与智慧二元，这二元不倦地考查灵魂的善恶，并据此安排其今生或来生的苦乐。常行善少作恶的灵魂，披着五元素引出的身体，享受天界的快乐；屡作恶而少行善的灵魂，死后披着由另一种元素的微粒形成的身体，遭受阎摩加给它的苦刑，只有经苦刑除去罪污，才能重新取得五元素的相应部分，即取得身体。人们要以自己心神观察人魂轮回的因果报应，要常使自己的心神日进于善。

智慧具有喜、忧、暗三德，喜德特征为学习吠陀、苦行、圣学、纯洁、制驭情欲、完成义务、默观真我；忧德特征是做事只求果报、意气消沉、做法律禁止的事、陷身欲乐；暗德特征是贪婪、怠惰、优柔寡断、诽谤、不信神、疏忽规定的事宜、强求、怠慢。“具有喜德的诸魂，取得神性；受忧德支配的，取得人性；沉溺于暗德的沦为畜生：这是主要的 3 种轮回。”① 这 3 种轮回又各分为 3 等，包括所有生物，从高而低为，喜德：最高级为梵天、造物主、美德之神、无形元二神；中级为祭祀者、圣仙、诸神、祖灵；初级为林栖者、行者、婆罗门、众半神、月宿诸仙。忧德：最高级为天界乐师、鸠耶迦和夜叉、一切天界女妖；中级为刹帝利、国王的家僧、擅长争辩者；初级为使棒者、角力者、优伶、剑术师、嗜赌和纵酒者。暗德：最高级为跳舞者、鸟类、以骗人为业者、罗刹、吸血鬼；中级为象、马、首陀罗、蛮族、狮、虎、野猪；初级为植物、虫类、鱼类、蛇、龟、家畜、野兽。梵天根据人灵魂所作之业而安排其在三德九等中轮回。

最后解脱即脱离轮回，由于婆罗门是人中的最高等级，因而只有他们可以达致最后解脱。“学习和理解吠陀，修严峻的苦行，认识梵天，制驭情欲，不伤生，尊敬师长，是引人走向最后解脱的主业。”② 其中主要的义务就是通过学习吠陀、奥义书认识最高我。婆罗门这 6 种义务修行得到的果报也有差别：屡经完成利己宗教义务的人，跻身于诸神行列；屡经执行

---

① 《摩奴法典》，商务印书馆 1982 年版，第 293—294 页。

② 同上书，第 298 页。

淡然无求宗教义务的，永久摆脱五元素，解脱肉体的束缚，即达到最后解脱。“在一切物类中看到最高我，同样在最高我中也看到一切物类，把自己的灵魂献作牺牲，而和辉映着自己的光辉的实体合而为一。”① 即达到我梵一体，“在自我中认识到表现在一切物类中的最高我的人，对万物一视同仁，而取得最大的幸运，即最后冥合于梵。”②

从对轮回和最高解脱的论述中，我们再一次看到《摩奴法典》编写者的高超思辨力和想象力，这一部分与开篇论创造的内容，是婆罗门教以道示法，以法论道的典范，使其关于人类社会制度及行为规范的论述显得有根有据，进而从因果报应和轮回再次要求人们学习和依从其教义。

五、婆罗门教之术

术是法的展开和具体运用，婆罗门教之术，主要是如何领会和讲解教义，以及如何依从教义、修行。对此，婆罗门教是相当重视的，《摩奴法典》关于种姓制度、轮回等的论述，是从法到术的转折点，既包含法的成分，也包含术的成分。这一点，在其他经典中也大体如此。在婆罗门教的演化中，其早期吠陀、奥义书注重抽象的关于道、法的论说，虽也涉及术，但并不深入系统，到部派时期，道、法大体上已形成，开始注重术、技研究，关于术的论说成为其主要内容。概括来说，婆罗门教之术，大致可归纳为：量论、论辩术、行政立法司法之术、禅定术和瑜伽术等。

量论。婆罗教门所说的“量”，指认识的方式。六部派对量都有所探讨，以数论派和正理派为突出。数论派认为有 3 种量，即 3 种认识方式：现量（知觉）、比量（推理）、圣言量（圣典中的论说）。“现量、比量、圣言量被认为是 3 种量，因为所有的量都被证明包括在了这 3 种量中。确实，可被证明之物是通过量证明的。”③ 现量是以根取境，如耳取声、皮取

① 《摩奴法典》，商务印书馆 1982 年版，第 298 页。

② 同上书，第 302 页。

③ 《数论颂》《古印度六派哲学经典》，商务印书馆 2003 年版，第 147 页。

触、眼取色、舌取味、鼻取香。比量有3种：有前、有余和平等，有前比量是有因的推理，如升起乌云，推论有雨；有余比量是由此推论其余，如从海中一处水是咸的，推论其余海水也是咸的；平等比量是从同类推论其他同类，如见到此处芒果树开了花，推论别处芒果树也开了花。圣言量是对不能由现量和比量证明的如众神之王、北俱卢洲、天女等，以吠陀等圣典来证明。

正理派认为在现量、比量和圣言量之间还应有譬喻量，故此派的量有四种，而且论证也更为细致，并批驳了反对者的观点。“现量是根境相合产生的认识，不可言说，无误，确定。”[①] 现量因感觉器官与对象的结合形成，睡眠和漫不经心时也可以形成现量。“比量以此（现量）为先，它有三种：有前比量、有余比量、平等比量。”[②] 正理派对比量的界说，大体与数论派相同，有前比量是从因推果，如见黑云，推知将要下雨；有余比量指从果推因，如见江中水浊，推知上游下了雨；平等比量指同类推理，此地树开花，彼地树亦开花。“譬喻量是根据（未知事物与以前）熟知的（事物的）相似来获得（关于）未知事物的（知识）。”[③] 比如根据对家牛的认识来识别野牛。“言量是可信赖之人的言教。此（言量有）两种：根据可见的物（所作的言量和）根据不可见物（所作的言量）。”[④] 其中“不可见物”是指圣典中关于梵、神、天界等的论说。在对圣言量的论证中，正理派批驳了反对者所说吠陀因有虚假、矛盾、重复而不能为量的说法，指出所谓吠陀的虚假来自祭祀的行为、行为者和器具的缺陷，矛盾是在允许变更时间产生的，出现的重复则是解释性的。因此，“这（吠陀的）可靠性与咒语、医书的可靠性类似，因为权威者是可信赖的”[⑤]。

论辩术。论辩术是在量论基础上对论辩方式的进一步论证。婆罗门教

---

① 《正理经》《古印度六派哲学经典》，商务印书馆2003年版，第64页。

② 同上书，第64页。

③ 同上书，第64—65页。

④ 同上书，第65页。

⑤ 同上书，第79页。

的传教方式，在诵读圣典的同时，主要是讲解，即论说，并要解答听者的疑问，反驳不同意见，因而论辩术就成为婆罗门所必须掌握之术。对此，正理派进行了深入探讨，提出了较系统的“十六谛”，即16个范畴：

> “至善来自对量、所量、疑、动机、实例、宗义、论式、思择、决了、论议、论诤、坏义、似因、曲解、倒难、堕负这些谛的知识。当苦、生、作业、过失（烦恼）、错误的认识被依次灭除时，解脱就会因对它们的持续灭除（而获得）。”①

这既是论辩术，也是思维术，是法的展开和运用，也是达致解脱的必要途径。

量作为认识方式，包括现量、比量、譬喻量、圣言量，其含义已在关于量论的说明中论过。所量是指认识的主体与对象，包括“我、身、根、境、觉、意、作业、过失、再生、果报、苦、解脱”②。所量在论辩术中是相当重要的，其中我既是认识的主体，也是认识的对象，主体与对象统一于我，而以下各范畴也都由我而包含主体与对象的统一。这是认识婆罗门教的关键之一，不仅在术层次，在法、道层次也是如此，是“梵我一如”的具体化。一些按苏联哲学教科书教条论说婆罗门教的人，完全从“唯物主义认识论”来解释正理派的“十六谛”，不顾其前提法、道层次中的梵我一如，更将“十六谛”拆解，只谈其认识论成分，剔除从“我”到“解脱”这一系列环节的主体性和目的性，似乎在“客观地”研究物质的世界，其实已与婆罗门教毫不相干了。

“我（存在）的标志是欲、嗔、勤勇、乐、苦及认识作用。”③ 这里说的我，是梵的大我所造个体小我。我是认识的主体，也是认识的对象。我为什么是对象，因为我要证明我的存在，并以我作为出发点，认知我之所

---

① 《正理经》《古印度六派哲学经典》，商务印书馆2003年版，第63页。

② 同上书，第65页。

③ 同上书，第65页。

有及所历，最后达致解脱，回归于大我梵。我怎么证明我存在，或者说我是什么呢？这个问题是一直困扰古今思想家的难题，我存在着、思考着，但我是什么，却很难回答。笛卡儿用“我思故我在”来证明我的存在，我是思维的主体，只要我在思考，我就存在着，我是这思考的起始和过程。正理派这里则以“欲、嗔、勤勇、乐、苦及认识作用”来回答这个问题，要比笛卡尔等西方哲学家更为充分些。欲是我生命的体现，我从欲体会到我的生命及其存在，嗔、乐、苦也是我的感觉，但这是针对外界事物而引起的，与内生的欲有所不同。勤勇和认识，是我作为主体对外界的作用，它们以欲和嗔、乐、苦为内在动力，并体现于欲的满足及嗔、乐、苦的感受中。

从我开始，《正理经》对另 15 谛进行了规定：

> 身是作业、根、情感的依托体。鼻、舌、眼、皮、耳是由元素构成的根。地、水、火、风、空是元素。香、味、色、触、声是地等的性质，并是那些根的境。觉、领悟、认识（这三个词）无意义差别。意（存在）的标志是：在我中诸种认识不同时产生。作业就是开始于身体、言语、意识的活动。过失以这种活动为特征。再生即轮回。果报是由作业和过失产生的。苦以烦恼不适为特征。①

这种辞典式的规定，包含着丰富的内容，是正理派正面讲解人生的历程及归宿。对于婆罗门来说，宣讲这些内容是其主要的工作，但势必会遇到疑问和反对，因此，《正理经》又以大量篇幅与反对意见进行辩驳，从而形成其系统的论辩术。

“论议就是对立双方用获得正确认识的方式来推理论证和辩驳，它要

---

① 《正理经》《古印度六派哲学经典》，商务印书馆 2003 年版，第 65—66 页。

与所立宗义一致，推理时要具有五支论式。”① 五支论式为宗、因、喻、合、结。宗是所立的命题；因是根据喻的相同或相异特征来论证所立命题的理由；喻是一种实例，根据它的特性与所立命题有关特性的相同来论证命题，也可用异喻，即以具有不同特性的实例反证所立命题；合是一种综合，根据喻而论说事物是这样，或不是这样；结是根据所说明的因、喻、合再次陈述宗。围绕着五支论式，正理派还论述了疑、动机、实例论诤、坏义、似因、不定因、相违因、相似因、未证明因、过时因、曲解、倒难、堕负等一系列范畴来充实其论辩术。正理派论辩术的系统和细致，可与佛教的因明术相媲美，而且是因明术的前导。

行政立法司法之术。婆罗门教是政教合一的宗教，因此，其法包括对社会制度的规定，其术也必须涉及行政和立法司法的原则性规定，其行政之术主要针对国王及其臣属、武士，而立法司法之术又由婆罗门执掌。婆罗门教的行政立法司法之术是以 4 个种姓的严格界分为基础的，

> 为保存完整的创造，无上光荣的神，对于从口、臂、腿、足所创造的人类规定了不同的职司。
>
> 他命婆罗门学习和传授吠陀，执行祭祀，主持他人的献祭，并授以收受之权；
>
> 他将保护人民，行布施，祭祀、诵读圣典，屏绝欲乐，规定为刹帝利的义务；
>
> 照料家畜，布施，祭祀，学习经典，经商，放贷，耕田，为给与吠舍的职司；
>
> 但无上尊主对首陀罗只规定了一种本务，即服役于上述种姓而不忽视其功绩。②

---

① 《正理经》《古印度六派哲学经典》，商务印书馆 2003 年版，第 69 页。

② 《摩奴法典》，商务印书馆 1982 年版，第 20—21 页。

行政术的首要环节是国王，《摩奴法典》写道：

> 因为，这个世界曾因为没有国王，到处为恐怖所搅乱，所以，为了保存万有，梵天才从天王、风神，阎摩、太阳神，火神，水神，月神和财神等的本体中，取永久的粒子，创造出国王。[①]

“国王是抽取主要诸神本体的粒子造成的”[②]，“以威力而论，他就是火神，风神，太阳神，月神，司法神，财神，水神和天王。”[③] 国王的职责是保证部族的制度和秩序，他有权根据时机、力量对比、时间和地点等决定与别国的关系，他要集世界众守护神的一切威严，但他处理事项时又必须遵守法典的规定。为了帮助国王履行职务，梵天创造了万物保护者、执法者，而刑罚是维持社会秩序、完成四住期义务的保障。刑罚是正义，刑罚无所不在。《摩奴法典》中对种姓及人们行为的种种规范，都要由刑罚来保证，而为了使国王完成其职责，又规定了国王及其臣属们的行为准则，其中首要一条就是尊敬年高有德、掌握吠陀、身心纯洁的婆罗门，要认真学习吠陀和法律，要掌握论理的知识、对最高我的认识，咨询各行业的人，学习相关知识。更要尽心竭力抑制诸根，避免恶德。要选择精通法律、勇敢、巧使兵器、家世显贵的七八个大臣，令其在神像前宣誓后成为自己的辅佐，并以这些人为中心，组建谋臣、使臣和执行各种职务的人构成的机构。国王处理政务既要与大臣们商议，又要在重大决策时听取精干的婆罗门的意见。还要组建以刹帝利种姓武士为主的军队，保卫本国征伐他国，或与他国结盟。为了维持国内秩序，要设置警备队，并建立以公社为基层单位的社会组织，每个公社设社长一人，进而是十社长、二十社长、百社长、千社长，这些公社的事务由国王派使臣监督。国王向吠舍中的商人、农夫及首陀罗征税，以保证财政支出。

---

① 《摩奴法典》，商务印书馆 1982 年版，第 144 页。

② 同上书，第 144 页。

③ 同上书，第 144 页。

由于印度部族奴隶制的局限，尚未形成国家，所谓“国王”不过是翻译时用词不当的称谓，实为部族酋长或首领，其治理之术还相当粗陋，但已看出行政权与立法权、司法权的初步区分。治国和行政之术是行政权的体现，由国王及其臣属行使，而立法权和司法权则由婆罗门行使。这里已体现出“三权分立”的萌芽。印度部族奴隶制的基本法，是由婆罗门在圣典和法典中制订的，《摩奴法典》就是其典范。当有些特殊事项需要决定新法律时，其立法权仍在婆罗门。“至少有十个婆罗门集会决定的某项法律，或不应少于三个有德的婆罗门集合决定的某项法律，任何人不得提出异议。”① 而至少由10个法官组成的集会，其中必须包括精通三圣典的婆罗门3人，精通正理派和思维派教义的婆罗门各1人，以及博通注疏吠陀的通尼鲁多论的学者1人，法律学家1人，再就是婆罗门、刹帝利、吠舍3个种姓各1人。这样，10人中起码有8人是婆罗门，司法权完全由婆罗门控制。而且，

> 精究梨俱吠陀的婆罗门一人，其次专精耶柔吠陀的婆罗门一人，又掌握娑摩吠陀的婆罗门一人，形成解决关于法律上一切疑义的三法官会议。
>
> 一个婆罗门只要精通吠陀，则他个人的裁决应当被认为是最有权威的法律，而不是不通圣学的一万人的裁决。②

对立法权和司法权的掌控，是婆罗门教统治社会的必要手段，其教义不仅包括立法术和司法术的界定，还包括对行政术的界定，而且解释权全在婆罗门。从这里我们可以再一次看到婆罗门教政教合一的本质及其道、法的高明。婆罗门教之所以能维持3000多年的统治，并在佛教、耆那教等的冲击下屹立，其道、法、术的内在有机统一是必要原因。这种统一还

---

① 《摩奴法典》，商务印书馆1982年版，第301页。

② 同上书，第301页。

进一步展开于技的层次，构成一个严密的体系。

禅定术和瑜伽术。量论和论辩术侧重个我对梵的认识，而禅定术和瑜伽术则侧重个我在教义指导下的修炼，这对于以追求解脱为目的的婆罗门教徒而言，是相当重要的，尤其是在其林栖期和苦行期，这种修炼是主要内容。

婆罗门教的禅定术和瑜伽术是相通的，尤其是到部派时期，其瑜伽派已将禅定术纳入瑜伽术并发扬光大。我们这里的探讨，既将其作为婆罗门教术层次的两个环节，也从历史演化中说明其内在联系。

禅定术是婆罗门教产生以来就形成的修炼之术，随着其演化而不断充实。后来的佛教继承了此术，并以其佛法加以改造。在婆罗门教那里，禅定的基本含义是在意识中摆脱外界干扰，抑制因欲求而产生的杂念，保持内心平静的修为与境界，是领悟梵我一如，进而达到解脱的必要途径。奥义书中已对禅定有一定的论说，《歌者奥义书》强调了沉思的作用，

> 确实，沉思比心思更伟大！地仿佛在沉思。空仿佛在沉思。天仿佛在沉思。水仿佛在沉思。山仿佛在沉思。神和人仿佛在沉思。因此，在这世上，人中能取得伟大的成就者，仿佛是沉思的一份报酬。那些小人互相争吵、诬蔑和毁谤。而那些君子仿佛取得沉思的一份报酬。你崇拜沉思吧！崇拜梵为沉思，他就能在沉思涉及的范围中随意活动，因为他崇拜梵为沉思。①

沉思就是禅定，是 dhyana 的意译。这段话所表达的沉思或禅定，是以崇拜梵为目的，是对梵的沉思，当我进入沉思，不仅我这个人，而且地、空、天、水、山、神和他人也都进入沉思状态，从而得以认知梵对我和万物的创造与支配，以及我崇拜梵，并依从梵道而达到解脱。《慈氏奥义书》将禅定与瑜伽合而论之，并分为六种：调息、制感、静虑、执持、观慧、三

---

① 《歌者奥义书》《奥义书》，商务印书馆 2012 年版，第 203—204 页。

昧。到部派时期，瑜伽派之外涉及禅定较多的是吠檀多派，其《梵经》强调以遮诠法来认知梵，梵不能以世间人们认识事物的感觉和推理来认知，只能以“不是这样，不是这样”的遮诠法来领悟。遮诠法的具体形式就是禅定，即打坐。其术为：

> 打坐之人（应进行精神崇拜），因为（心的专一仅对这样的人才是）可能的。还因为（只有这样）禅定（才是可能的）。（沉思冥想）还与不动性有关。此外，古传书也提及了（此事）。无论在任何（方位、场所、时间，只要便于）心注一处，（就可以进行崇拜。）因为不（存在关于方位、场所、时间的）特殊（限制）。（应反复崇拜，）直至死时。因为（在圣典中）可以看到甚至有那（临终）时也（应进行崇拜的教诲）。当与那（梵）通达时，就将消灭以前的恶业，并不附著于以后的恶业。因为（圣典中这样）表述。[①]

这可以说是从术层次对禅定的明确表达。禅定是以崇拜梵、沉思梵的活动，其目的就在通过体悟梵而消除自己的恶业，得以解脱。

瑜伽术可以说是禅定术的一种，瑜伽派因对此术系统而细致的论证与实践，成为婆罗门教的重要分支。瑜伽是梵语 yoga 的音译，在《梨俱吠陀》中原意为给牛马“装上驭具”，后引申为联系、结合、冥想、活动、心的统一等多种含义。中国古代曾译为“相应”“禅”，欧洲人译为“超觉静坐”。《瑜伽经》一开始就指出：“瑜伽是对心的变化的抑制。”[②] 即修行者运用特殊术技，控制自己心理活动，从而使个我与梵相结合，由此得到解脱。《瑜伽经》的作者据传为公元前 2 世纪的钵颠阇利，后不断有人增补，到公元 6 世纪毗耶舍对此经作注，汇进了新的内容。

---

① 《梵经》《古印度六派哲学经典》，商务印书馆 2003 年版，第 344 页。

② 《瑜伽经》《古印度六派哲学经典》，商务印书馆 2003 年版，第 189 页。

瑜伽起源于一种为获得神秘超自然力量的原始巫术，认为控制人的身体和意识可以与神交接取得神力。后被婆罗门教吸纳，改造为体悟梵我一如和解脱的术技。婆罗门教各宗派都不同程度地论及或修行瑜伽，而瑜伽派专注于此。瑜伽派对瑜伽的研习修炼相当深入，因而不仅从术层次对瑜伽进行了系统论证，还具体探讨了其修行之技。本节先论其术，下节再论其技。

瑜伽术是瑜伽对婆罗门道、法的展开，它集中探讨了如何控制个我心的作用，使保持心还没有与认识对象接触，没有形成知觉的状态。“在（抑制心的变化）时，观者保持其本来面目。”① 也就是努力控制心，排除其因外界和人身欲求的影响而产生的各种变化，回归到梵造我时的本来面目。心的变化有五种，它们或是痛苦的，或是非痛苦的。“(五种心的变化是:) 正知、不正知、分别知、睡眠和记忆。”② 正知是现量、圣教（言）量和比量；不正知是虚假的认识，它不能表明事物特性；分别知由言语表达的认识产生，没有实在性；睡眠是心的变化，它依赖于不存在的原因；记忆是未遗忘的感觉印象。这5种心的变化通过修习和离欲而被抑制，瑜伽就是针对这五种心的变化的修习之术，并通过控制、消解人的欲望而制约五种心的变化。修习是保持安稳的努力，由于长期不断地虔诚专心，修习是牢固的。离欲是摆脱了对可见和超验享乐追求的人的克制意识。

瑜伽对五种心的变化的控制，目标是达至三昧之境。“三昧”是梵语Samādhi的音译，也译为“三摩提”“三摩地”，意译为“定”“等持”“等至”。《瑜伽经》先区分了有想三昧和无想三昧，“有想三昧伴随着想象、思索、欢喜和自我意识。”③ 有想三昧是瑜伽行者专注某一对象，使心集中于限定状态，使苦乐等情意作用逐步减少。有想三昧包括粗考三昧、细考三昧、欢喜三昧、自存三昧4种状态或阶段。达到自存三昧后，就可进入无想三昧，“(以努力) 终止（心变化）意念为基础（的三昧）是另

① 《瑜伽经》《古印度六派哲学经典》，商务印书馆2003年版，第189页。
② 同上书，第190页。
③ 同上书，第191页。

外一种（三昧，即无想三昧）。在它之中，仅保持着过去的行力。”① 对于神和认知自己本性的人来说，无想三昧是由其存在而产生的，但对大多数修习者来说，无想三昧是以信、力、念、定、慧为依据的，“克制意识强的（人）最接近（三昧）。”② 也就是说，进入三昧状态的快、慢及达到的程度，是由克制意识的弱、中、强决定的，因而修习三昧也就是以各种方式增强对意识的克制力。此外，“通过敬自在天（也能达到三昧）。”③ 自在天即梵，他不为烦恼、业、异熟和意乐所影响，也不受时间的制约，敬自在天，就是重复念诵象征自在天的神圣的言语“唵”，并思索它的意义，“由此，心的主体可被证悟，障碍也不存在了”④。所谓障碍，是由痛、昏沉、疑惑、放逸、懈怠、欲念、妄见、不得地、不安定等引起的精神涣散状态，伴随精神涣散会出现痛苦、忧愁、动摇和不规则的呼吸。为了防止精神涣散，应把心集中于一个实在，“通过对慈、悲、喜（习性）的修炼和对乐、苦、善、恶的舍弃，心（变得）纯净。”⑤ 或者通过调节呼吸，或者把心意集中于鼻端获得超物质的香味的“较高级的感觉活动”，或者通过对心脏的凝定思想状态，或者以离欲为冥想对象，或者以梦与睡眠的知识为冥想对象，或者通过对自己选择的对象的静虑，使心进入安稳状态。瑜伽行者的力量可达到最小之物和最大之物。

> 由于（变得）如同（心）变化停止时的清澈水晶球一样，（心达到）等至（状态，并获得）以任何呈现在它前面的对象的形态出现的力量，（无论这种对象是）认识者，（还是）被认识者，（或是）认识行为。⑥

① 《瑜伽经》《古印度六派哲学经典》，商务印书馆2003年版，第191页。
② 同上书，第191页。
③ 同上书，第192页。
④ 同上书，第192页。
⑤ 《正理经》《古印度六派哲学经典》，商务印书馆2003年版，第192页。
⑥ 同上书，第193页。

等至是三昧的具体形式，先是作用在时空中存在事物的有寻等至和无寻等至。有寻等至是掺杂着言语、意义、概念差别的等至状态，无寻等至则是记忆停止，心在其中仅作为客体，如同没有自己的特性一样，进而是对以细微之物为对象的有伺等至和作用于各方面都不受限制的无伺等至，通过细微之物的领域达到事物的实相。有寻等至和无寻等至与有伺等至和无伺等至这四种等至是有种三昧，其第4阶段的无伺等至的纯粹心流产生主体的光辉，但仍要修炼以达到较高程度的三昧，即无种三昧，它有与从别人言语得来的认识和推理得到的认识不同的对象，即涉及特殊，它不能以言语表达，但要抑制所有过去行为（业）产生的业力，即停止心意活动，将有想三昧中的潜势力也消除掉，保持其自身的、真实的自我，并因而成为纯粹的和绝对自由的，即达到了解脱。

对于禅定和瑜伽及其他婆罗门之术，《摩奴法典》从冥想和观察统一的角度进行了总结。

婆罗门应该集中全副精力，在神我中观察一切可见与不可见的事物；因为在神我中观察一切时，他的心灵就不陷溺于罪过。

神我是诸神的集中表现，全宇宙都栖息在最高的神我中；众生物完成的一系列行为，都是由神我产生的。

婆罗门要通过沉思冥想在自己体窍中观察虚空；在筋肉动作和触觉中观察风；在消化的热力和视官中观察火和太阳的最高的光明；在身体的液体中观察水；在肢体中观察地；在心中观察月神；在听觉中观察八方诸仙；在步行中观察毗湿奴天；在筋肉力量上观察诃罗神，在语言上观察火神；在排泄功能上观察陀罗神；在生殖能力上观察造物主……

但是，应该把大神看作是宇宙的大主，看作是比原子还要细微的，看作是和最纯洁的黄金一样光辉，并只能在极其抽象的冥观睡眠中由理智加以想象。①

这是对我梵论之法的充分展开，也是婆罗门教之术的概括。不论其术采取哪种形式，都是梵（神）我一如的个体我对大我梵天的认知。不同于其他宗教和哲学观念，婆罗门教强调从个体我的冥想和自身生理、心理行为中的观察，因为个体我不是外在于梵天的，而是由梵天制造并且梵天就存在于个体我之中的。从个体我的冥想和观察中，就可认知梵天在个我中的存在，以达到精神上的梵我一如。术层次的这种观念，具体展开于技层次。

六、婆罗门教之技

婆罗门教之技是其术的具体化，也是长期修持、统治的经验之总结。大体上看，婆罗门教之技有四类：一是祭祀之技，二是行政刑罚之技，三是修行之技，四是瑜伽之技。

祭祀是婆罗门教的基本活动，从其教形成就已开始，贯通至今，是传达其道、法、术于教徒与社会的重要方式。祭祀之技包括祭祀对象、主持、祭祀供品、祭祀仪式等。祭祀对象有梵天、诸神及祖灵等。婆罗门教以梵天为创世主、世界本体，是“最高者”，但梵天并不是像基督教信奉的上帝那样的唯一神，而是容纳了原来诸神崇拜时期的诸神，并把他们置于梵天之下，是梵天所造并代表梵天支配人世与万物的。《摩奴法典》说无上主将自身一分为二，一半为男，一半为女，他与女性部分的结合生原人毗罗止，毗罗止从自体产生摩奴，摩奴造了10个大仙，10个大仙又创造了其他7位摩奴、诸神、大仙，他们再创造夜叉、罗刹等神魔及人类的祖灵。梵天与诸神构成了一个统治系统，作为被创造者，人要以梵天与诸神为祭祀对象。除梵天这创造之神及其创造的诸神外，婆罗门教还信奉保

① 《摩奴法典》，商务印书馆1982年版，第288—289页。

护之神毗湿奴和毁灭之神湿婆，他们也是当然的祭祀对象。由于部派不同，祭祀对象也有区别。婆罗门教的祭祀活动，不论规模大小，都要由婆罗门主持，并设祭司为主管祭祀活动的官员，以保证祭祀有序进行。祭祀的供品来自梵天创造的动、植物，

> 自存神出自己意创造了万物以供祭祀；祭祀是此世万物增生的原因；因此，为祭祀而犯的杀生，不是杀生。
>
> 以祭祀而结束生存的植物，家畜，树木，两栖动物和鸟类，转生在较高的地位中。[①]

视祭祀对象和规模的不同，供品也有所区别。祭祀仪式是庄严而肃穆的，因为祭祀是与梵天及诸神的联系，祭祀对象都在注视着献祭者，他们的一举一动都会被注意到的。仪式由一位德高望重的婆罗门主持，并诵读相应的吠陀，教徒们井然有秩地依主持人的要求祭拜、忏悔、祈祷。除集合性祭祀外，还要进行家祭。林栖期和苦行期的婆罗门，还要自行祭祀。

祭祀活动是个我与梵天和诸神交谈的形式，祭祀之技通过仪式之场，将个我集合，领悟梵天及诸神之伟大，并以诵读吠陀和忏悔强固信仰。祭祀是以宗教形式对人的控制，但远远不够，必须通过行政和刑罚进行更严密、细致的控制，由此形成了婆罗门教特有的行政刑罚之技。

行政刑罚之技是行政立法司法之术的展开，是刹帝利的行政管理和婆罗门司法实践经验的总结，以贯彻并保证婆罗门教之道、法的社会制度原则。

《摩奴法典》中关于行政之技的论说相当细致，针对印度部族奴隶制的特点与局限，具体说明了国王及其臣、武士们的行政和军事活动中的技能。《摩奴法典》强调："国王对待许可事项与禁止事项，决不可违离据以

① 《摩奴法典》，商务印书馆1982年版，第118页。

决定何者合法何者非法的规定。”[1] 这表明，在婆罗门教主导下，国王的权力是有限的，是在依圣典和婆罗门主持制定的法律下行使其行政权的。但国王及其臣属、武士也有在法律范围的决定权，因而可以施展其智慧和技能来行政。对于国王来说，首先要做的，就是根据行政管理的需要，甄选适当的臣属，任用勇敢、聪明、出身好和清廉的人，负责开采金银或宝石矿，征收耕地产品，而其宫内守卫则应委托胆小的男子，因为有勇气的人若受敌人唆使会杀害国王。要选取精通法律知识、善于察言观色、作风方正廉洁、精干、出身显赫的人为使节，国王通过使节了解外国君主的企图，确定谋和或准备战争。国王要定居在既适宜居民谋生，又可以防御的地方。要派忠实官吏征收年赋，在各部门设置有才干的监察人员。印度部族间的战争频仍，因此要求国王和武士要勇敢，在战斗中绝不临阵脱逃，武士在战斗中不能使用奸诈兵器，不能杀害已投降的敌人。分配战利品是国王行政的重要内容。“战车，马匹，象，伞，衣服，食粮，牲畜，妇女，各种物品，金属，除金银外，理应属于战争中夺取它们的人所有。”[2] 其中最宝贵的部分要呈献给国王，其余由国王在所有士兵间分配。发动战争要事先做好充分准备，先通过谈判或收买、离间，显示强大武力使敌臣服，如果这些办法不能使敌臣服，就用武力打击迫使其就范。进行战争时要精心排阵、确定联络信号，根据不同地形使用战车、马队、象队、战船，以及弓箭、刀剑、盾牌等兵器。国王要像水蛭、牛犊、蜜蜂等动物点滴地摄取食物一样，在国内小量征收税赋。国王要处理好与家人、臣属、武士的关系，并设法保证自己的人身安全，如应吃忠实不渝的臣仆烹调的食物，但仍要试验其是否有毒，并将解毒剂混合在一切食物中，随身携带能解毒的宝石，乘车、入寝、就座、入浴、装束打扮时，要采取预防措施。可见做国王是多么不容易，他要具备如此多的技能！

刑罚是婆罗门教所强调的维护教义和制度的必要手段，“刑罚支配人

---

① 《摩奴法典》，商务印书馆 1982 年版，第 145 页。

② 同上书，第 154 页。

类，刑罚保护他们，万物皆睡时，刑罚独醒。贤者说，刑罚就是正义。”① 刑罚之技是司法之术的展开和运用，除重大事项由婆罗门若干人决定外，大部分刑罚都要由国王及其臣属来施行。为了防止国王滥用刑罚，《摩奴法典》强调刑罚的根据在于教义，目的在于维护种姓制度，因此要依法律规定认真考虑事件的时间、地点等条件进行处罚。国王施用刑罚必须得当，施用刑罚不当，则会受到恶报，刑罚是最强大的威力，是梵天之力在人间的体现，“它会将背离义务的国王，连同亲族，一并毁灭。”② 所以国王必须学习法律，并选任适当的臣属帮他判断案情，施用刑罚。

> 只有由完全纯洁、重盟约、守法、有贤能辅佐、判断英明的国王，刑罚才能得到公正施用。③

从这里我们可以看出，身为刹帝利种姓的国王，虽然握有行政权，但在印度种姓制度中，却处处要受婆罗门的制约，行政之术如此，刑罚之技亦如此。婆罗门教的刑罚之技既是国王施用刑罚之技，更是婆罗门监督、限制国王施用刑罚之技！

祭祀是以宗教仪式对人的约束，行政刑罚是从政治上对人的管控，这二者所起的都是外部作用，显然仅靠这两种外部方式是远远不能维持婆罗门教及其种姓制度的。婆罗门教的精明、深思熟虑的大师们，在创立和维护本教过程中，认识到强化内在修行的必要与重要。为此，依其教道、法、术，并总结自己经验，提出并论说了修行之技，具体而全面地贯注于婆罗门的生命全过程。修行之技是每个婆罗门都要学习和掌握的，这体现于四行期，每个时期又有其特点。对于修行之技，从吠陀到奥义书再到六部派，都有所论及，但都不系统，《摩奴法典》汇集了以前经典的内容，总结婆罗门教徒的修行经验，做了比较详细的规定，这主要体现于净法、

---

① 《摩奴法典》，商务印书馆1982年版，第145页。

② 同上书，第146页。

③ 同上书，第147页。

戒律和斋戒上。

四行期的第一阶段是梵志期或梵行期，这个时期的主要戒律是要求儿童和少年认真学习吠陀等圣典，熟悉祭祀仪礼，接受传承和良习，确立知足观念。进入梵志期因种姓不同而有所差别，按规定为再生族3个种姓的男孩举行入门式，即正式成为婆罗门教的教徒。对梵志生的穿戴和行为，包括吃饭、饮水都有细致的规定，不得违反。要按作为教师的成年婆罗门的教导，每天都要学习吠陀并祈祷，并遵守各种戒律，以乞食为生，保持诸根清净。

第二阶段是家住期，被教师认为已完成梵志期学习和各种义务的梵志生，可在教师同意下，按照规定沐浴洁身，进入家住期，结婚和求财，同时要注重修行，遵循教规和法律，并按规定进行祭祀。《摩奴法典》对家住期修行的规定是相当细致的，因为针对的是青壮年，并在社会中活动，各种诱惑不断，必须按戒律来修行，日常生活方式都要依从戒律，并依从斋戒。

第三阶段为林栖期，这主要针对婆罗门，刹帝利和吠舍也可参与。年纪已老（并无确切规定，大约50岁至60岁），皮皱发苍、子孙绕膝，要出家退隐山林，专心修行。林栖者要放弃家庭财产，可把妻子托付儿子，或携妻同行。以野菜、野果和亲自采集的野生食粮为生，每天限制食次、食量，忌食蜜、肉；要穿兽皮或树皮衣，雨季要赤身置于云雨的倾注中，冷季要穿湿衣，早晚沐浴，蓄长发，留胡须、体毛和指甲。要按时进行祭祀，祭火后要吞食其灰。自采食物不够时，可出外乞食。林栖期的主要活动是诵读吠陀，体悟其奥义，为解脱做准备。

第四阶段是苦行期，这是林栖期的继续和提升，婆罗门也可不经林栖期而直接进入苦行期。苦行期年纪更老，但戒律更严格，生活更艰苦。苦行期要孤立无伴，视孤独为取得幸福的解脱的唯一途径。“不要求死，不要贪生；要等待给他规定的时刻，有如仆人等待报酬。”① 要通过坐禅思考

① 《摩奴法典》，商务印书馆1982年版，第137页。

梵我，不需要任何物品，屏弃一切肉欲，要剪去头发、指甲、胡须，携带钵、杖和水瓶，专心致志地不断游行，避免伤害任何生物。每日乞食一次，不能卑躬屈膝地去乞讨，要保持婆罗门的尊严。不要为无所获悲伤，也不要为有所获欢喜。要在体悟梵我一如的过程中，检讨自己一生，“要屏息除去罪过；绝对凝神偿赎过失；抑制感官，祛除情欲；应以深入内观去毁灭与神性相反的特质。”① 由此才能解脱，或得到好的轮回。

婆罗门教作为政教合一的意识形态，在其统治的范围，将再生族所有人都纳为其教徒（除去教义所不容许的首陀罗等），因而其思想教育和管制贯彻再生族每个人的一生。四行期都是修行期，都要在婆罗门教道、法、术导引下，依循修行之技而生活和思考。而其修行之技的严格、细致，也就使每个人都作为梵天所创造的世界的细胞而在婆罗门教这面神经大网的控制中度过其生命旅程。但婆罗门教并不是以苦修为目的的，苦修和依从戒律只是手段，目的则在解脱，即达到梵我一如的境界，因此，其修行之技，除外在的限制，还有内在的修炼，其中最典型的就是瑜伽之技。

瑜伽在开始时曾专属瑜伽派，包括术和技两个层次，对瑜伽术前面已有论说。瑜伽技经瑜伽派的修炼，逐步成熟，并逐渐推行于整个婆罗门教，成为普遍性的修行之技。瑜伽派关于瑜伽技的论说，是在《瑜伽经》论瑜伽术后展开的，是其术的细化。瑜伽的修行是为了产生三昧和减少烦恼，因而瑜伽技的要旨在苦行、诵读和敬神。“烦恼是无明、我见、贪、瞋和现贪。”② 无明是烦恼的基础，“是把无常、不净、苦和非我当作常、净、乐和我”；③ 我见是我作为意识主体的意识力和观察力同一的表现；贪是愉快引起的；嗔是痛苦引起的；现贪是自己欲望的波动。这些烦恼的作用可被静虑灭除，而能观和所观的结合是可以避免苦的因，以未受干扰的辨别智排除无明，辨别智是通过瑜伽八支的持续修习而对不净的灭除。

---

① 《摩奴法典》，商务印书馆 1982 年版，第 140 页。

② 《瑜伽经》《古印度六派哲学经典》，商务印书馆 2003 年版，第 195 页。

③ 同上书，第 195 页。

“禁制、劝制、坐法、调息、制感、执持、静虑、等持是（瑜伽的）八支。”①禁制是修行者的誓言，是要普遍遵守的，不受生存状态、空间、时间、场合的限制；劝制是清净、满足、苦行、学习、敬自在天；坐法要保持安稳自如，通过动作的放松和对无限观念的等至，完善坐法，就不再受外在物干扰；调息是在坐法完成时，对呼吸之间停顿的调节，它是长时间、细微的，要经历4个步骤，要把握人呼与吸之间的停顿，并注意呼吸的内部、外部范围，调息使业变弱，然后摧毁；并使意适合于执持；制感可使感官与它们的对象接触，控制感官的活动，产生与心本性类似的状态；执持是心注一处，如肚脐、头上之光、鼻尖、舌尖等身体部分；静虑是观念在那里的持续；等持即达到三昧，三昧可仅使对象发出光辉，自我认识的本性似乎不存在了。

在这“八支行法”中，后3支合在一起是“总制”，它形成了认识的广阔境界，总制也被用于各个方面。这3支也是无想三昧的外在，当向外的行力消失和抑制的行力出现时，“心与抑制（作用）的刹那结合就是抑制变化。由于（抑制的）行力，不受干扰的（心）流（产生）。”②心的三昧变化消除了精神涣散，使精神集中，心注一处。由此得以认知元素和感官中的法、相、位的变化，可以明了过去和未来。进而，又可以把总制扩展于对他人、外部世界和自己器官的认识与抑制，以至获得神力，消除业与烦恼，达致梵我同一状态。

瑜伽技是瑜伽术的展开，也是众多修行者长期实践经验的总结，它是婆罗门教得以推广和持续的必要因素，也是为佛教所继承改进的修行之技，并成为佛教禅宗术技的重要因素，慧能所创禅教又对禅宗术技进行了改造提升。

---

① 《瑜伽经》《古印度六派哲学经典》，商务印书馆2003年版，第198页。

② 同上书，第202页。

第二章 佛导众我向涅槃

——佛教是对婆罗门教的修正主义思想体系

婆罗门教是贯通印度地区3000多年的统治意识形态，其演化，既有本教内各派别的拓展，又有本教某些人在法层次提出新观念，修正婆罗门教之法、术、技，由此自立门户，成为别教而独立的派别。其中，耆那教和佛教是比较突出的，在道层次属于婆罗门教，在法层次以新的核心观念对婆罗门教之法进行修正，并由此创立思想体系的宗教。耆那教的创始者为尼乾陀·若提子（被本教信众尊称“大雄”。公元前599年至公元前527年），比佛教略早形成，并一直延续至今，但由于其影响只限于印度部分地区，因此并没有像佛教那样成为“显教”，而佛教虽然在印度地区存续了1000多年就消失了，却因它在中国的传播而被列为与基督教、伊斯兰教齐名的“世界三大宗教”之一。佛教之所以传续，又在它不仅传播于中国，并由其在中国的信徒将慧能在法层次变革佛教核心观念而创立的禅教纳为禅宗的一个门派，并以佛教曲解其思想体系，藉禅教内容而延续佛教形式，在术、技层次苟延。现在一些中国人自诩的“中国佛教”，并不存在。而要证明这个道理，又必须从印度佛教之形成和思想体系进行探讨。

佛教的最高、最后目的是“涅槃”。“涅槃”是梵语Nirvāna的音译，为佛教的一个基本概念，其本义是消除烦恼，超越生死，不再于三界六道中轮回，达致解脱。对涅槃的不同解释，贯彻于佛教的全部历史，小乘与大乘各宗于此争论不休。但总的说来，涅槃不过是佛教从其核心观念对婆罗门教解脱概念的重新规定，但并未消除婆罗门教的轮回，只是强调并非只有婆罗门、刹帝利、吠舍3个“再生族”，而是所有人都可以轮回再生，并且在轮回面前人人平等，凭现世修为之业转世于不同阶级、阶层或物种。“改轮回”可以说是佛教与婆罗门教相比的进步性的体现，“求涅槃”既表示佛教在目的上与婆罗门教保持一致，又有诸多新论说，使解脱观有了更为繁杂的内容。不过佛教有一点是始终坚持的，那就是不涉及现实矛盾，不论活人的社会变革，而是大谈特谈死后归宿之层次等级巨大差异，每个人可入哪个等级，要看现世修为，最主要的就是看信佛、礼佛、供佛的程度。佛教僧人是代佛陀在人间传佛义并收取施舍供养的，佛寺就是由达官贵人出资或众人集资修建的，既是心理诊所，也是交易场，以佛的言论和轮回、涅槃为商品，用传销方式向人们兜售。

一、佛教的形成与演变

佛教是于公元前6世纪由乔达摩·悉达多（公元前566年到公元前486年）创始，比婆罗门教晚了将近1000年，此时正是婆罗门教奥义书时期与史诗时期的交汇期，婆罗门教的核心观念梵我观早已确立并在法、术、技层次具体发展，乔达摩·悉达多依从婆罗门教之道，在法、术、技层次提出了对婆罗门教的修正，他思想体系的基本概念是佛，核心观念是法层次的佛我观，因而也被称为“佛教”。

乔达摩·悉达多出生于尼泊尔南部迦毗罗卫的释迦部族，是酋长之子，属刹帝利种姓，他成年后娶妻生子，生活优越，但面对部族奴隶制的矛盾，尤其是刹帝利与婆罗门之间的冲突，产生种种困惑。作为生而当然的婆罗门教教徒，身为刹帝利种姓的他只能从婆罗门教寻找答案，但无成效，因而深切感悟到尘世的虚渺，决意要出家修行，达到解脱之境。据传他29岁出家，依婆罗门教苦行期修行之法、术、技修炼，其修行认真、虔诚而刻苦，但苦无成就，达不到我梵一如的境界。在35岁时他放弃苦行，接受牧女难陀波罗供养乳糜，恢复身体健康，于菩提树下冥思 45 天，终于解悟，认识到依婆罗门教之法、术、技修行并不能得到解脱，而应另辟新路，它既不同于婆罗门教之苦行，也不同于俗世刹帝利之享受，而是介乎其间的“中道”。为此，他从“中道”的思路探讨解脱之路径，即从法的层次对婆罗门教提出修正，进而又改造其术、技，创造了佛教。“佛”意为真知、正觉，是以思维的大智慧对梵道的领悟。这是对婆罗门教方法论的变革。婆罗门教的方法论强调个我对梵道的认知、依从，却不主张对之进行深入理解，悉达多认识到这样的法并不能真正知道、证道，因而从思维上对梵我关系进行深入探究，强调人意识的主动性，并提出了与梵相当的另一个大我——佛。这样，就对婆罗门教的“梵我同一”论进行了修正，梵是本体、本原，这是不可更改的，但梵并非人之大我，大我是人类总体性的大智慧，个我不是直接而是通过大我的大智慧来认知梵的，这个大智慧的掌握者就是佛，而我悉达多就是这个佛。或者说，佛是梵与个体人之间的必要中介，佛是人认识梵道必要的法。进而，悉达多及其继承者又以佛法对婆罗门教术、技层次进行了大的变更，由此构造了以佛为名义的新的宗教体系。

悉达多创教时，信徒只有他爹派给他的侍者五人。他就以这五人为对象，边宣讲边创建自己的思想体系，后来信徒逐步增加，建立了僧团，制定了戒律，形成教派。创始初期佛教教义为“四谛八正道”，谛是真谛、真理，“四谛”为苦、集、灭、道。苦谛：人之受苦，总为有身；集谛：贪恋心召集苦众；灭谛：除灭贪欲，以为救世；道谛：通过八正道，可以救世人苦难。“八正道”取义于“尽离邪异故回正，能达涅槃故回道”，也可以说是修行的术、技。包括“正见”：见苦、集、灭、道四谛；“正思维”：以思维增加真智慧；“正语”：不说一切无礼之妄语；“正业”：除邪业，住于清静；“正命”：清静身、口、意三业，命顺正法；“正精进”：强修涅槃之道；“正念”念正道，无邪道；“正定”：入于清净之禅定。以“四谛八正道”为纲要，进而论证了十二因缘、五蕴、无常、无我、轮回、涅槃等。

悉达多在世时，佛教的影响主要在民间，而且由他本人口头宣讲。他圆寂后，信徒们根据各自理解来传教，有诸多分歧，于是在他圆寂后不久，即于摩揭陀旧部王舍城结集，有500个信徒参加，主旨是倡导教派团结，并汇总整理教义。这次结集由迦叶主持，让给悉达多作25年侍从的阿难回忆悉达多的说教，众人同意后编辑为佛经、佛律。公元前380年，佛教徒又在吠舍城进行第二次大集结，讨论并编写佛典，由于距悉达多圆寂已有百年，信徒们对佛教教义分歧加大，这次结集不是一次团结大会，而是分裂大会，佛教分为上座部和大众部，后又从这两部中分出18部，总计20部派。佛教进入“部派时期”各部派的分歧主要在戒律，对阿罗汉的看法，“法”“我”之有无，有神与无神等问题，尤其是如何看待“佛陀”问题上分歧明显，上座部主张历史的佛陀，佛陀的肉身是有限的，寿命也是有限的，他的伟大在于智慧的宏深和精神的高尚；大众部则把佛陀描绘成神通广大的神，带有遍布一切事物的宇宙本体的性质，他的言教可以扫除众生的惑障。

部派分立加速了佛教的传播，并引起孔雀王朝的阿育王及贵霜王国的迦腻色迦王的重视，前者于公元前250年，后者于公元120年，分别主持了佛教徒的结集，并努力推行佛教。这个时期是佛教最为兴盛的时期，不仅在两个王国内居于重要地位，而且向周边地区扩散。与之相应，对佛教教义及其术、技的分歧也加剧了，大乘派兴起，将以前的教派统称为小乘并加以排挤。其社会原因，在于孔雀王朝和贵霜王国打破了旧的部族分立，建立了初级松散的部族联合，而婆罗门教显然不适应，甚至抵触这种变革，相比之下，佛教的一些观念与这种社会变革有相呼应处，阿育王和迦腻色迦王看到了这一层，因而推崇佛教。但部族联盟需要一种更为系统适当的思想体系来支撑，比这个时期稍晚的欧洲的基督教是最适合部族联盟的意识形态，因为部族联盟不仅要在地域上将各部族联合，更需要变奴隶制为封建领主制，基督教的上帝主义及其思想体系正是这种社会制度的理论依据。而佛教却不能担此任。佛教虽然主张人面对死亡进入轮回时的平等，但并未彻底否定梵天对个我的创造和绝对统治，还承认种姓制度，坚持轮回转世，更没有对新社会关系的设想，因此很难成为部族联盟封建领主制的理论依据。而随着统治者的重视而兴起的佛教大乘派则进一步讲求空、无，脱离社会现实，不可能在初级部族联合基础上进一步的制度变革中发挥作用。靠武力建立起来的孔雀王朝、贵霜王国以及笈多王朝的初级部族联合，都因没有适当思想体系指导制度的变革而失败，而借机发达的佛教大乘派也分为有宗和空宗两大系列，著述了相当多的经、论、律。

从教义看，大乘与小乘在核心观念和法层次大致相同，但在术、技层次则有区别。小乘主张“我空法有”，大乘主张“我法二空”；小乘主张修持阿罗汉果，强调自己解脱，大乘主张修持佛果，强调“普度众生”；小乘主张修戒定慧三学、八正道，大乘则要兼修六度（布施、持戒、忍辱、精进、禅定、智慧）。大乘派不仅与小乘派有分歧，内部又分为有宗与空宗。虽有分歧，但由于核心观念相同，佛教大乘的有宗和空宗两系，都源自悉达多及其亲创的小乘，是部派时期上座和大众两部派的扩展。大致说来，上座部演化为经量部，经量部扩展为法相唯识的有宗；大众部则演化为空宗。

佛教大乘派，是由于一部分僧侣和在家佛教徒对部派僧团因统治者的优待，而专作经典注释的不满，而形成的以教团为主干的“大乘运动”的体现，他们在修行实践上礼敬佛陀偶像、崇拜佛塔、巡礼佛迹、诵经说法、行咏梵呗、用譬喻、本生、佛传、戏曲等形式宣传佛陀和菩萨事迹，在教义上阐发空、中道实相、六度、多佛、菩萨道、三乘分别、一心本净等观念，并以佛陀名义编制了大量经典，先是般若类经典，后又有净土、华严、法华类经典。般若类经典以《般若经》为基本，主张空观；华严类经典以《华严经》为基本，主张法界缘起说；法华类经典以《妙法莲华经》为基本，主张“三乘归一”，企图调合小、大二乘及大乘各宗；净土类经典以《阿弥陀经》为基本，强调采用简易可行之技就可死后进入极乐世界。

佛教大乘派先形成的是空宗或中观派，据说其创始者为马鸣，著有《大乘起信论》，而奠基者则是龙树（约 150—250 年），著有《中论》《十二门论》《大智度论》《大乘二十颂论》等10余部佛论。龙树的《中论》《十二门论》与其弟子提婆著的《百论》，被中国三论宗奉为经典。中观派在印度延续了七八百年，在中国则有僧肇、吉藏等宣扬，但很快式微。中观派以论空、二谛、八不、涅槃与世间等为特征。而有宗或瑜伽行派则比空宗晚起，其兴盛期在公元四五世纪。据说此派创始者为弥勒，著有《瑜伽师地论》《金刚般若经论》等。系统论述有宗观点的是无著（约395—470年）、世亲（约400—480年）兄弟。无著的著作有《摄大乘论》《顺中论》《金刚般若经论》等七八种；世亲则著《唯识二十论》《唯识三十颂》《佛性论》等10余种。世亲的再传弟子陈那（约480—540年）对佛教因明有深入研究，并因此而为现代逻辑学者所重视。① 瑜伽行派以其唯识论著称，故也称唯识派、唯识宗，认为世界一切现象都是由识所变现，广延、体积、味道都是主观意识，“万法唯识”“三界唯心”。其识有八：眼识、耳识、鼻识、舌识、身识、意识（此六识小乘已提出）、末那识、阿赖耶识。重点论说后两识。并据唯识论而提出三性、三无性论、五位百法、五性各别说等。

佛教大乘派已显现向婆罗门教回归的倾向，由于在道层次承认梵天，并以此为前提，为了取得统治者赏识，并吸引教徒，大乘派不断地吸收婆罗门教的法、术、技，如将佛陀神化，一佛变多佛，并引婆罗门教之多神入佛教，以及“如来藏”“唯识”“涅槃四德”等都明显源自婆罗门教梵我观。此外在常与无常、轮回、解脱、禅定、瑜伽、修行等各方面，也都受婆罗门教的影响。历史上也并非如现代佛教研究者所说佛教与婆罗门教是各自独立、并行的“两大宗教”。佛教上层僧侣大多来自婆罗门或刹帝利种姓，从小就受婆罗门教训导，因此对婆罗门教的依从和吸取、借鉴，是不可避免的。在中国因为没有婆罗门教存活的土壤，因此并没有系统传播，教徒们只知佛不知梵，或者将梵视为佛教的一部分，加上对佛的神化、圣化，把西来佛经视为不可怀疑的真理，因而不可能认知其中的婆罗

① 苏联学者舍尔巴茨基所著《佛教逻辑》，以研究陈那因明为主要内容。

门教之道和法、术、技因素。但在印度，佛教僧侣们为了生存和获取更多利益，则逐步将佛教梵化，以至并入婆罗门教。在7世纪中叶至13世纪初的密教（坦多罗教）是佛教与婆罗门教结合，并吸收被悉达多斥之为“畜生道”的民间巫术咒语而形成的，是佛教归宗婆罗门教的重要标志。至此，佛教在印度已经衰落了。一些人据密教信仰的众多神佛中还包括释迦牟尼，就说密教是佛教的一派——“密宗”，这是与事实不符的，不论从经、论、律，还是修行方式，密教都完全不同于佛教，只是吸收了佛教的一些术、技而已。至于现在一些人所说的“藏传佛教”（喇嘛教），实则是密教结合中国藏区原有民间巫术，在特殊自然和社会条件下形成的处于封建领主制初级阶段的西藏政教合一的统治意识形态。

佛教产自印度，其经也都是印度僧人所编撰，大约汉末传入中国，逐步被改造成可为历代帝王接受，并辅助儒学道统与官文化统治民众意识的手段，一直处于从属地位。后人所谓“儒、释、道三教鼎立”的说法，不过僧人（因无发，故）双手托腮，自我抬高之论。大约一千年，印度传教士和中国僧人所做的，主要是译经、读经，虽有少数智者可以写出一些有见地的论文，如道生、僧肇等，但大多数信徒或是终生苦读经论，或是呆循戒律，虽然立宗别派，却几无创见。对于那些为生计所迫，或因懒惰、避难而剃发为僧的人，佛教不过是一种生存手段。

我们研讨佛教，只能以印度僧人之经、论、律为基本依据，参照中国僧人所作的注解和论说。至于现在人们所说的“中国佛教”“藏传佛教”，只是一种没有事实根据的“幻相”，虽有大量汉字、藏语经论律，但其法、术、技绝大多数出自印度，只是在技层次有所添改，以适应汉地、藏区的制度和文化。

二、佛教无道以婆罗门教之道为道

佛教僧人为了抬高本教地位，不断神化佛陀悉达多。据《长阿含经》等记述：悉达多之母摩耶夫人45岁时，睡梦中见一个仪表堂堂者，乘坐白象从虚空慢慢走来，从她右肋进入腹中。摩耶夫人由梦受孕，怀胎10个月后在达蓝毗园的一棵茂盛的无忧树下生了悉达多。这个小娃一出生，就运用神通妙力凌空而行，他行走时离地四指高，脚定千辐轮相，印映地上分分明明。悉达多行走7步，每一步都开出了美丽洁白的莲花，他举目眺望四方，一手指天一手指地说：“天上天下，唯我独尊，要度众生，生老病死。”① 空中来了众多天仙，祝贺佛陀降生。

这个神话不能说吹得不大，但若比起婆罗门教的梵天及其化出的摩奴来说，则还是小巫见大巫了。悉达多至多是一个半人半神的奇物，而梵天则是创造世界，创造所有天神与人类的本体和本质，悉达多这个奇物，只是梵天化出的摩奴所创造的低于天仙、高于人类的一个生物而已。

佛经，尤其在大乘佛经中，对悉达多及其他佛的神化比比皆是，如《妙法莲华经》记他说经时：“佛放眉间白毫相光，照东方万八千世界，靡不周遍：下至阿鼻地狱，上至阿迦尼咤天。”② 佛教只能在梵天创造世界和人类这个大前提下将佛神化，而神佛也都是梵天所造。之所以这样，就在于当时的印度部族奴隶制度，在于婆罗门教无上的统治地位，悉达多创立佛教，一不敢批判、改变种族制度，二不敢挑战婆罗门教的统治地位，只是从其刹帝利种姓对婆罗门和社会现状的不满，以及他按婆罗门教苦行修炼没有效果的教训，提出一种立于婆罗门教之道，又与正宗婆罗门教修行方法有区别或“有特色”的法、术、技。其最大胆的创议，就是将首陀罗及低贱种姓的人都视为再生族，都可以在他的导引下修得正果，从而在轮回中转生高等种姓，甚至可以解脱。因此，悉达多及其信徒宣讲的佛教并不敢也不能提出与婆罗门教不同的道，而是以婆罗门教之梵道为道，在这个大前提下，从法、术、技层次对婆罗门教进行修正主义的改造。

婆罗门教之道为梵道，即由梵天创造世界和人类，并主导众生的命运

---

① 《长阿含维》卷一，《大正藏》第1册，第4页。

② 《妙法莲华经》，中州古籍出版社2010年版，第16页。

及其轮回。对此，本书第一章已有论说。我们在这里所要说明的，就是被称为在印度与婆罗门教（所谓“印度两大宗教”）并立，而在世界上远高于（与基督教、伊斯兰教并称为“世界三大宗教”）婆罗门教的佛教，实际上不过是婆罗门教的一个分支，一个修正主义派别，其主要原因，就在于佛教并未提出作为思想体系之道，悉达多及其信徒们所做的，只是在法、术、技层次对婆罗门教的改造，并有所创意。

不论怎么神化他，悉达多毕竟是个人，他在世时也从未说过自己是神，从小乘开始对他的神化，逐步升级，以至大乘时神通更为广大，并另设许多其他佛神，但始终未越过婆罗门教之道这个大前提。《西游记》中的孙悟空不能跳出如来佛的手掌，而被尊为如来佛的悉达多却安心乐意地生存于梵天的手掌!

悉达多及其信徒们从来就没有怀疑婆罗门教之梵道，而是依梵道的指示编造其佛教体系的。这在传说中并神化了的悉达多的身世、出生、成年、出家、苦修、开悟、成佛过程有充分展现。据已神化了的传说，乔达摩·悉达多生于迦毗罗卫国，是该国净饭王的太子。国王和太子，这两个名词在中国与在迦毗罗卫国的分量可有天壤之别，当佛教传入中国时，正是汉朝末年，中国的集权官僚制度在几百万平方公里数千万人口中实行了四百年左右，“皇帝”和“太子”地位之尊贵、权势之大，是尚处部族奴隶制的印度地区的人不可想象的。而迦毗罗卫只是今天印度与尼泊尔边境地区释迦族的一个小部族，其地不过数百平方公里，人口不过几万，至多也就是相当于中国汉朝的一个县，其父乃部族首领或酋长，汉译称为“国王”，已不符其实。悉达多虽然是其父中年后所得第一个儿子，但毕竟是刹帝利这个二等种族的后代，而且要受婆罗门教制约，幼年悉达多还要作为梵志生学习婆罗门教的经典。而过着骄奢淫逸太子生活的悉达多，在出游时见到老苦、病痛、死亡之痛苦，心生忧虑，沉思默想摆脱之途而无果时，遇到出家沙门告诉他只要离家修道，就可以解除自己生老病死的苦难。受这位沙门的点化，悉达多决心出家。“沙门”是非婆罗门的苦修者，大多出自刹帝利和吠舍种姓，其本身就有与婆罗门的矛盾，虽然婆罗门教并不禁止这两个种姓的人年老后从事苦行，但通过苦行以期求得解脱则是婆罗门的特权。沙门修苦行，已是对婆罗门教的教义教规的一种改变，而在修行术、技方面又不可能得到婆罗门的传授，只能自己摸索。虽然如此，沙门所做的，依然与婆罗门苦行者一样，要经过苦修而达致解脱。至于点化悉达多出家的苦行者，究竟是沙门，还是婆罗门苦行者，是无关紧要的，佛教徒当然要强调他并非婆罗门，甚至自称“沙门”，以至这个名词为佛教徒所专用。不论是否婆罗门，这个按婆罗门教苦行的人点化悉达多出家，就是要他舍弃刹帝利种姓和优越生活条件，尽早脱离家住期直接进入苦行期。虽然次序上有些变化，29 岁的悉达多从事的苦行，还是依照婆罗门教的术、技来探寻摆脱轮回的途径，而这样的苦行没有结果也是必然的，众多婆罗门老汉们的苦行，不过只是加速了死亡而已。悉达多 6 年的苦行，确实也达到这样的效果：他以更严酷的苦行，甚至一天只吃一麻子和一麦粒，枯瘦如柴，但他坚持禅定瑜伽，冥思静虑，以致麻雀在他头顶做窝，芦苇茅草和藤条缠绕了他双脚，所谓“六年苦行，雀巢筑顶，芦茅穿膝”。如此苦行，最后悟到的却是靠苦行术、技是不可能达到解脱的，但他毕竟年轻，色身还在，而且并未放弃解脱这个婆罗门教目标，因此要另寻新路达到这个目标。放弃苦行后，悉达多不仅吃了牧女施舍的乳糜，先活了命，才到一棵繁茂的菩提树下潜心证悟，并发誓“不成佛道，不起此座”！悉达多的誓言传到第六层他化自在天魔王波旬耳中，心生恐惧，怕悉达多修得正法危害其统治，因此派贪欲、爱欲、乐欲三个魔女用各种手段迷惑、勾引他，但悉达多不为所动。魔王波旬又派魔兵魔将，威胁他如若不退回王宫，停止证悟，就要害他性命，但悉达多并不惧怕，而魔兵魔将所射来的毒箭，也在他面前自动掉落，最后由天上的护法神出来赶走了魔军。这个传说，虽然有意夸大悉达多证悟的意义，却也表现出他与婆罗门教之间的关系。魔王波旬代表的是婆罗门教某一派，他们容不得悉达多这个刹帝利种姓的人证悟梵道，更不能让他创立佛教这一新派别，但代表梵道的护法神不仅认可了悉达多佛的证悟，而且出面保护他，终于成就了婆罗门教之下的又一教派——佛教。

经受恶魔攻击的悉达多志愿更坚定，在菩提树下思索七七四十九天（或说七天七夜），终于大悟，又静思了21天，才形成了自己的思想体系，即四谛、八正道、十二因缘、三法印等基本范畴及其联系。悉达多是先给他爹派来保护他的五个随从讲解自己的思想，这种讲解也是他思想形成和系统化的过程。以后扩大了听讲人数，但基本口传心授，并未编出教材，只是在他死后弟子的集结中，才将他的思想做了总结整理编写了以悉达多名义的经书。而几次集结，又都修改或增加了经书内容，这显然是弟子或信徒们的作为，但总体来说，还大体上保持着悉达多的基本意思，一直到部派时期，逐步开始演变。但这些演变主要在术、技层次，对于婆罗门之梵道，丝毫没有质疑，而是更为坚持。到大乘阶段，所编经书，虽都以佛陀名义说话，但其术、技已大变。而大乘派之所以还能自称佛陀传人，我们之所以还把它归入佛教系列，就在其还在法层次坚持悉达多的基本观念，至于道的层次，不仅继续以婆罗门之道为道，更有依附其道而试图修正悉达多之法的倾向，虽无明显成效，却在术、技两层大量吸纳婆罗门教成分，以至最终演变为与婆罗门教结合形成的密教。

对于梵天创世造人，悉达多及他的继承者们从来都是确信无疑的，并据此构建了相关的创世说。《起世经》这样说：

诸比丘，云何世间坏已复成？诸比丘，尔时复经无量久远不可计数日月时节，起大重云，乃至遍覆梵天世界；既遍覆已，注大洪雨，其滴甚粗，或如车轴，或复如杵，经历多年，百千万年，彼雨水聚，渐渐增长，乃至梵天所住世界，其水遍满；然彼水聚，有四风轮之所住持。何等为四？一名为住，二名安住，三名不堕，四名牢主。时彼水聚雨断已后，还自退下，无量百千万亿由旬。当于尔时，四方一时有大风起，其风名为阿那毗罗，吹彼水聚，波涛沸涌，混乱不停，水中自然生大沫聚。时阿那毗罗大风，吹彼沫聚，掷置空中，从上造作诸梵宫殿，……时阿那毗罗大风吹彼水沫，即复造作须弥山王。……复次，阿那毗罗大风

> 吹彼水沫，又散掷置斫迦罗山外。于四方面作四大洲，及八万小洲，并余大山，如是辗转，造作成就。……复次，阿那毗罗大风吹掘大地，渐渐深入，乃于其中置大水聚，湛然停积。诸比丘，以此因缘，于世间中复有大海，如是出生。[①]

类似说法，在小乘和大乘经书中都可看到，而其源起仍在婆罗门教之梵天说。概而论之，佛教虽不愿承认其从属于婆罗门教，却在世界起源和构成问题上抄取婆罗门教的说法，作了反复的论说，归总为“三界六趣”，三界为欲界、色界、无色界，六趣为众生流转的生命形态，也可译为“六道”，包括地狱、鬼、傍生、人、阿修罗、天（提婆）。三界中的欲界有四大洲：东胜身洲、南瞻部洲、西牛货洲、北俱卢洲，众生都生存于此。其上有六欲天，包括一四天王天，二忉利天，有三十三天王，三焰摩天，四兜率天，五化自在天，六他化自在天。色界为四禅天，摄有梵身天等二十二天，色界在欲界之上，其中大梵天乃初禅天之主，既是造物主，又是最重要的护法神，由初禅而生另三禅天，大梵天转化为大自在天居第四禅天。无色界是指有心识但无色质的生命存在，包括空无边处、识无边处、无所有处、非想非非想处天。由三界构成三千大千世界，为一佛所化范围，即佛国。与婆罗门教的梵天创世造人相比，佛教的创世说更为复杂，它不仅承认梵天创造与梵道主导世界，更加进佛在其中的作用。佛虽然并未创世，但他住于三千大千世界，以智慧统摄其中一切，因此可以度众生。

概而论之，佛教无道，以婆罗门教之道为道，但佛的智慧可认知、依循梵道，这是其基本属性，也是它在历史上地位的标志。一个思想体系的道层次，核心是关于社会制度的规定，印度的婆罗门教、中国的儒学道统、欧洲的基督教和物质主义资本教，都是如此。婆罗门教规定了奴隶制度，基督教规定了封建领主制度，儒学道统规定了集权官僚制度，物质主

---

① 《起世经》卷九世住品第十一，《大正藏》第1册，第355—357页。

义资本教规定了资本雇佣劳动制度。而为了规定社会制度，又都要寻找基本的逻辑，即关于世界本体的规定，婆罗门教以梵天为本体，基督教以上帝为本体，儒学道统以天命为本体，资本教以物质为本体。佛教依据的是婆罗门教的梵道，这是印度特殊部族奴隶制的体现，并不等于是人类在奴隶制阶段一般性的诸神崇拜及其本体论，梵天创造世界，主导世界之道，只通行于印度地区，而梵天也不过是印度地区所信奉的神，是人类在这个历史阶段创造并信奉的诸神之一种，即便在婆罗门教那里，也还有诸多神与仙。

佛教产生于婆罗门教依梵道统治的印度部族奴隶制，悉达多对现行制度不满，他的不满是刹帝利种姓与婆罗门种姓矛盾的表现，至多也反映了吠舍，甚至首陀罗对现行制度的态度，但他从来没有想到改变这个制度，更没有对该制度及其矛盾的批判分析，而是采取避世修行，探求一条可以在意识上摆脱矛盾，进而在转世轮回中的平等。他的“四谛”之首就是苦，他是要拯救苦难大众的，但他从来不分析苦的社会原因，而是归因于个人的“无明”。不论悉达多还是他的信徒们，都从未批判过种姓制度，更不用说要求改变了。他要做的，只是改造人们的观念，认知苦难根源在于我的意识本身，只要改变了我的意识，我就可以在现世修正业得正果——在轮回中得到报应，成为罗汉、菩萨。因此，他从来不怀疑婆罗门的梵道，但在自己6年多依婆罗门教术、技苦修的过程，深切认识到这些术、技根本不可能达到其所宣扬的解脱。或许因他是刹帝利，并在青年时就开始苦行，青春的活力使他与那些垂暮之年才去苦行的婆罗门的感悟有明显不同。但他并未放弃对解脱的追求，而是在对梵道有所证悟的前提下，总结自己苦修经验，从技、术层次上升到对法层次的改造。也就是在明确梵道和梵我观这个大前提下，对婆罗门教之法——我梵论质疑：有限的个体小我怎么才能认识无限的大我呢？我梵论之法并没有指明这一点，而其术、技也都局限于个我的认识和修为，既不能认知大我梵道，更不能让个我解脱回归梵天大我。他所探讨的，不是梵天存在与否，梵道如何运作，而是个体人如何在梵天的支配中以意识的觉悟，认知并依从梵道，求得好的轮回，以至解脱。悉达多及其无数信徒，都在讲“空”“无”，但这只是针对个体小我及其面对的现实生活的，并不是、也不敢说梵是空、是无。佛教从一开始就承认梵的有，承认梵天主宰人生和世界，承认种姓制度，并以此为大前提，探求一条与婆罗门教的法、术、技不同的思想体系和修行方式。从这个意义上说，佛教不过是依婆罗门教之道而开出的又一大的分支，而它与婆罗门教各部派的区别，则在于法层次上的创见，即提出了佛我观，并以此为核心观念，形成了新的教派和思想体系。

三、佛教在法层次对婆罗门教的修正——以佛我观为核心观念

与婆罗门教不同，佛教并未成为在社会居统治地位的意识形态，没有对现实社会矛盾的批判，也就没有制度变革的设想。但佛教又确实体现了人们对现实生活的不满，作为其纲要的“四谛”之首就是“苦”，而“集”“灭”“道”，都是由苦而起，是认识和消除苦的，不过并非要改变造成苦难的现实社会制度，也不改变现实人生，而是要人在意识中化解苦难，将苦只作为一种心理感受来思想，并在意念中消除这种心理感受。但现实矛盾并不会因为意念的改变而消失，所以佛教在用“空”“无”的说教化解苦难的同时，还要为人们设计一条摆脱苦难的路径，即在佛的导引下修行，改变自己的意识和行为，达致好的业果，争取在转世中轮回一个好的种姓，甚至涅槃成佛，脱离轮回，进入“极乐世界”。于是，这种不可验证的涅槃和“极乐世界”就成为佛教徒的追求目标，而为了使信徒相信，主张“一切皆空”的佛教又不能不强调有。活着时现实生活的一切都是无，唯有死后的轮回、转世、涅槃、“极乐世界”才是有。佛教教义、各部经论、各个宗派都是围绕有与无的矛盾而展开的，其论玄，其辩繁，将人思维能力的想象发挥到极致。浩瀚的佛经、佛论，反复不断的辩驳争论，归结起来，无非是“生无死有”这一命题。而佛教的核心观念——佛我观，也就由此而生，并贯彻于佛教思想体系与不可计数的佛

事活动中。

悉达多在梵道大前提下创立的佛教，与婆罗门教的主要区别，是在法的层次上将婆罗门教之法的“我梵”——在梵我观这一核心观念支配下，个我如何认知梵、依从梵，由此获得好的轮回——修正、改造为“佛我”。悉达多认为，既然梵我同一，那么众多的个体小我在肉体上独自生存的同时，在意识上也有共性和联系，个体人对梵的认知，不仅是感性的，也是思维的。婆罗门教的形成和演化，它的教义，不论吠陀，还是奥义书，以至各部派的经、论，都是思维的产物，其中不乏深刻思辨成分，但它却不强调，甚至不主张个我以思维认知梵道，而是要信众从感性直接认识梵我，以直接作用于感官的苦行求得解脱。佛教与婆罗门教其他部派的主要差别，就在于对思维的重视。思维既是个人意识的共性，也是相互联系、相互交流的。由思维形成对梵及其主导的人生感受的初级总体理性认知，将这总体性的认知概括起来，就是大智慧所达到的正觉、真觉，即佛。再由佛将其正觉、真觉传布于每个个体，启发其智慧，指导其行为，这就是佛教之法，其核心观念就是“佛我”，它是以“佛梵”，即佛对梵的总体性认知为第一环节的，但却隐而不论。佛是梵与个我之间的中介，通过梵佛而佛梵，由佛认知梵，再佛我，即由佛导引个我。佛我观作为核心观念，是在法层次，“佛法”即佛我观，以佛法层次的佛我观为核心，展开于术、技各层次，形成佛教体系。

悉达多是个个体人，是一个天资聪颖，并刻苦修行有大智慧能觉知梵之正理的人，但他并未自视为神，而是作为一个通过艰难思考和修行才悟到初级理性，达到佛的认识程度的人，他要把自己认知的佛的正觉和智慧，告诉与他一样的个体人，帮助他们树立正确意识，并修行正业以达正果。悉达多本人的信徒在听从他对佛的讲解过程中，可以提出各种疑问，他则诲人不倦地予以解说、开导，答疑解惑。以至人们尊称他为“释迦牟尼”，释迦为部族名，牟尼是圣贤之意，释迦牟尼即释迦部族的圣贤。悉达多之佛，还是人之佛，是人中之圣者，他以自己所达到的佛梵认识，教化导引信徒，这是佛我观的最初也是基本的内涵。悉达多是个人，他也自认为是个人，他以大智慧达到了佛的智慧，他以佛的智慧认知了梵这个世界与我的本体、本原之道，再将他所达到的认知梵本体、本原之道的佛法传达给信徒个人，由佛法导引他们的意识和行为。虽然多了佛这个环节，但实质仍是“梵我”和“我梵”，不妨将这个关系列出来，以便知佛并明确佛教与婆罗门教的同异：梵—悉达多—佛—（个体）我，而婆罗门教只是梵—我，没有悉达多和佛这两个中间环节。悉达多创立佛教，虽以梵道为前提，但他并不是从抽象意义论梵如何支配人生，而是从个人生活的感受表明梵的主宰与个人对苦难的无奈，“苦谛”就是梵与个我关系的体现。悉达多在方法论上的创造，实际是从自我意识到初级理性，将自我的生活感受与和我一样的其他个体我的感受加以概括，即进行了某种程度的总体性思维，佛即人总体性思维的体现。佛我就是总体人的观念与个体人意识的关系。佛教是以总体性认识导引个体意识与行为的思想体系。悉达多与信徒们的交流，是从他已达到的佛论法，同时信徒们也从各自感受提问题，谈见解，以验证和完善师傅之法，进而讲术研技。佛我观作为悉达多思想体系的核心观念，是对婆罗门教之法层次的大修正，进而据此对术、技层次有诸多创新、改造。

佛我观是佛教得以传续的依据，但悉达多之后的诸位高僧大德，却都忽略或不承认佛之前提梵，更不论悉达多作为人与他所认知的佛的区别，而是将悉达多佛化，进而神化，把他描绘成神通广大、威力无比、大智大慧、全知全能的如来佛。

> 如来是诸法之王，若有所说，皆不虚也，以智方便而演说之，其所说法，皆悉到于一切智地。如来观知一切诸法之所归趣，亦知一切众生深心所行，通达无碍，又于诸法究尽明了，示诸众生一切智慧。①

① 《妙法莲华经》，中州古籍出版社2010年版，第121页。

以佛我观为前提和出发点，讲解佛术、佛技。在小乘派那里，佛还只有悉达多一个，由他分别面对众多个体人，在佛与个体人之间已有现实的僧人为中介，形成所谓佛、法、僧“三位一体”，导引个体人的意识和行为。大乘派则将佛从一变成多，释迦牟尼佛不过是众多佛中的一个。更重要的是：佛不仅是大智慧的正觉者，更是神，他们与婆罗门教的天神已无差别，或者就是佛把这些天神搬到了佛教中，这是佛教本为婆罗门教一大部派的表现，也是佛教回归婆罗门教的重要一步。也正是这一步，充分显现了佛教以梵道为前提的实质。在大乘佛教的经书中，大量吸收了婆罗门教的教义，乃至神话、咒语等。佛已是一个群体，他们高居于天上，主宰着人类的命运，而“三千大千世界”“创世说”“八大地狱”“那罗延天脐中生大莲花”、以须弥山为中心的四大部洲说等，都是取自婆罗门教。也就是说，佛的世界实际上就是梵的世界，并由梵道支配。佛是梵的化身，与天神一起统治人类，人只有依从佛的教诲和导引，顺从梵道，才能在来世得到好的轮回。

佛我观的要旨，在于从总体上界定我，或者说人类总体应当对我有一个共同的、基本的认识，以此来导引每个个我的意识和行为。在婆罗门教那里，梵既是人和万物的共有本体，又是创造者、主导者和支配者。每个人都是个我、小我，而梵是总体我、大我，并存在于所有个我之中。梵不仅是人的总体，也是万物及天神、众仙的总体，人与物、神、仙都由梵制造和支配。佛教承继了婆罗门教关于梵是人和万物本体的观点，在此前提下，将人与物、神、仙区别（悉达多本人和早期佛教，乃至小乘派对神、仙很少提及），进而规定了抽象的总体我，并探讨抽象总体我与物的一般关系。佛就是总体人的大智慧的集中体现，是正觉、真理的化身，而抽象的总体我则是佛所认识并告知世人正觉之规定。

佛教之“三法印”：诸行无常，诸法无我，涅槃寂静，是佛我观的基本内容，即佛对我与世界的关系和我的行为的抽象规定。《杂阿含经》提出：“一切行无常，一切法无我，涅槃寂灭。”这是初期汉译文，后在流传过程演变、精炼为四个字的三句话。诸行无常，是说人生及其世界是变化无常的；诸法无我，以无我的心态和原则应对无常变化的我的世界各种现象；涅槃寂静，依循佛的指导来行为，就可以摆脱轮回达到涅槃的寂静境地。

对于“三法印”，现代佛教学者往往从物质主义认识论来理解，将“诸行无常”界定为“世界万有变化无常”，忽略了认识主体我，似乎是人之外、与人无关的“客观世界”的“规律”，也有人直接将它界定为“客观规律”。对“诸法无我”，则界说为“一切现象皆因缘和合，没有独立的实体和主宰者”，如果说对“诸行无常”的理解虽去掉了认识主体，其“无常”之意还是说到了，而把“无我”解说为“没有独立的实体和主宰者”，那可就太离谱了。“无我”之“我”，就是我，是认识主体的个我，而“无我”则是佛的教诲，是佛教导并要求我应对“诸法”的心态和原则。“涅槃寂静”，是佛教所追求的一种境界，当然也离不开我，是我的主观感受，涅槃境界不可能是“客观的”境界。

“诸行无常”，是佛教教导人们对我和世界的基本认识，与此有关的还有“世间无常”“众生无常”等论说，是佛我观的必要因素。佛教创始者和推进者，并没有受到2000多年后苏联教科书界定的“辩证唯物主义”教育，因此也不可能以“唯物主义反映论”来规定“客观世界”，他们所说的“诸行”，都是人所见、所历之行。以无常来概括人生及其外部条件，是悉达多苦行冥思所得到的基本观念，是对婆罗门教之法的修正。婆罗门教在梵道观大前提下所形成的“我梵”之法，是将我与外部世界分开的，是以我的无常来认知对象有常的。悉达多依照此法的苦行修炼，不仅未能使个我融入大我而解脱，反而对我之生命行为及其外界条件有了新认知，“无常”就是这种认知的集中概括。也正是由于“诸行无常”的观点，佛教才有了立足点和开端。

“无我”是以“无常”为前提对于我的界说。“无常”可以说是一般，我及与我相关的事物都是变化的，没有固定的性质和形态，而“无我”则专对个我而言，既然我的存在和外部条件都是无常的，因此观念的我或我的观念必须以“无常”为基本。“无我”，也可以说是“无常我”，我是无常的、变化的，但现实中的个我却不明白这一点，而是以“常我”“恒我”、不变的我的观念对待人生和事物，势必导致各种苦或烦恼。“诸法无我”，是悉达多从“无常”观念进一步思考的命题，也是佛所昭示人们对待自己生命活动和外部事物的基本心态与原则。确立了“无我”心态和原则，就可坦然正视人生和世界，消除以至根本杜绝困惑、烦恼。这样的境界，就是涅槃。

涅槃，是佛我观的目标，也是对婆罗门教解脱概念的改造。婆罗门教的解脱，是针对极少数通过“四行期”的学习、修为，并经受了梵天考验的能够彻底认知梵道，且品行高尚的婆罗门而言的，他们死后，可以不再进入轮回，而是由梵天召进天神世界和太阳，居处于梵界。悉达多之所以要并能创立佛教，就在于他身为刹帝利种姓。他由于对解脱的向往而提前进入苦行期，但他苦行 6 年并不能解脱，才对婆罗门教的解脱说产生怀疑，进而从法的层次修正婆罗门教。他所创佛教，首先就否认了婆罗门在解脱上的特权，不仅婆罗门、刹帝利和吠舍，而且首陀罗、旃陀罗及其他各种低贱种姓的人，都可以学习、修行佛教，其中成就最高者，也可以达到涅槃之境。

大乘派时期，对涅槃的认识较此前有了很大改变，一些派别，如中观派，不再强调涅槃只是人死后不入轮回得解脱，而是将涅槃看作修行的一般性成果，《中论》中说：“受诸因缘故，转轮生死中，不受诸因缘，是看为涅槃。”[①]“涅槃与世间，无有少分别。世间与涅槃，亦无少分别。”[②] 涅槃就是克服无明、无知的状态。一切众生都有佛性，“即世间即涅槃”，佛教信徒应在世间积极修行，努力提升层次，弘扬佛法。《大般涅槃经》认为，常乐我净为大涅槃，

佛者，即是佛性。何以故？一切诸佛以此为性。善男子，观

---

① 《中论　百论　十二门论》，上海古籍出版社 2011 年版，第 66 页。

② 同上书，第 67 页。

> 十二缘智凡有四种：一者下，二者中，三者上，四者上上。下智观者不见佛性，以不见故，得声闻道。中智观者不见佛性，以不见故，得缘觉道。上智观者见不了了，故不了故，住十住地。上上智者见了了，故得阿耨多罗三藐三菩提道。以是义故，十二因缘名为佛性。佛性者，即第一义空，第一义空，名为中道。中道者，即名为佛。佛者，名为涅槃。[①]

唯识宗将涅槃视为达到“一切唯识”或“唯识无境”的真如境界。虽然中观派与唯识宗对涅槃的看法有一些差异，但大乘派总体上将涅槃与现世的学识修行结合，虽然是很难达到的境界，但毕竟使信徒有了可以期望的目标。

大乘派对佛教法层次的主要贡献，在于龙树所提出的“缘起性空”说。缘起是佛教论证我和外在世界关系的重要范畴，“十二因缘”说是悉达多及小乘派解释我及事物的必要方法。缘是指事物的相互因果关系，缘起是说人世万事万物都处于一定因果关系中，并随因果关系的改变而改变。佛法的重要内容，就是认知、觉悟缘起，见缘起即见佛法。“诸法从缘起，如来说是因”。进而用业报轮回、十二因缘来解释人生和社会各种现象。以龙树为代表的大乘中观派不赞同小乘派一切有部的“法有”观，认为不仅人空，法也是空的，“法我二空”，进而提出“缘起性空”说，认为一切事物都从因缘生灭、变化，而无本性，即“空”。龙树指出：“未曾有一法，不以因缘生，是故一切法，无不是空省。”[②] 空即“众因缘生法”，众因缘所生的事物之性就是空。空是缘起，而非一个实体，也不是万物本原，“以有空义故，一切法得成；若无空义者，一切则不成。”[③] 正是由于空无实体，才能缘起，才能形成事物。也正是由于缘起性空，才有人生和事物的变化，以至死亡和散坏。然而，空并不是没有，也不是否认

---

① 《大般涅槃经》《中国佛教思想资料选编》第十卷，中华书局2014年版，第171页。

② 《中论　百论　十二门论》，上海古籍出版社2011年版，第62页。

③ 同上书，第61页。

梵天作为人和万物本体的存在，而是强调人认识的局限，人不能以语言概念界定具体事物之性。只有在佛的指导下，个我修得佛性，才能体悟性空和我与万物的本体，进而达到涅槃。龙树及其中观派的缘起性空说，是佛教之法的推进，并由此扩展了佛教的术、技。

四、早期佛教和小乘部派之术

早期佛教是乔达摩·悉达多创教及其亲传弟子的集结和传教过程，但此时留下的著述并不多，后又经3次集结，并分裂为上座部和大众部，这一时期留下一些经典和论著。这个时期被后来的大乘派称为“小乘”时期。由于小乘派经典中包含对早期佛教思想的论述和阐发，因而很难将早期佛教与小乘派截然分开。我们这里的探讨，也就先从总体上论说早期佛教和小乘部派的共同思想，并论说可以区分的部派的内容。

佛教的历史是从悉达多在法的层次提出佛我观，并以此替代婆罗门教的“我梵论”之法为开始，早期佛教是悉达多本人宣讲法，并形成以佛我观为核心，改造婆罗门教相应术、技，并规定新的术、技的思想体系，小乘各部派基本上是坚持和宣扬悉达多的思想体系，但在后期已开始在术、技层次提出新的见解，并有一种将悉达多神化，进而将佛教神化的倾向。这种倾向导致大乘派的形成，大乘自称是普度众生的大船，并将之前的佛教贬为小乘（船），虽不敢公开贬抑悉达多，却在他之外、之前、之后造出了众多的佛，悉达多这位“释迦牟尼佛”只是这些佛中的一个。他们大乘之船可载“众生”到彼岸，因此需要众多的佛，作为船长及各层级船员，而小乘只是独木舟，只有悉达多一个船夫，载一个个体我。相应地，大船（当时没有航空母舰，若有，大乘派必然以它自喻）的术、技肯定要比独木舟先进，因而大乘派在术、技层次做了众多改造，并且以“缘起性空”添进法层次，为以后佛教密教化准备了逻辑前提。

早期佛教和小乘部派术层次由“四谛”“八正道”“五蕴”“十二因缘”等范畴构成，以展开并充实法层次佛我观核心观念，进而由术指导提出我认知佛、依佛教诲而修行之技。

“四谛”是关于人生苦难经历及其解救的规定。其中苦谛是四谛之首，也是对人生的基本认识。苦谛认为，人生充满痛苦，生苦、老苦、病苦、死苦、怨憎苦、爱别离苦、求不得苦、五盛阴苦，所有人都不可能避免苦，原因就在于人有生命，有身体，只要活着就有苦；集谛认为诸苦由人身之渴爱、贪欲集合而成；灭谛认为，只要灭除渴爱、欲望，就可以消去苦，达到涅槃之境；道谛即灭苦之八正道：正见、正思、正语、正业、正命、正精进、正念、正定。

“八正道”作为道谛的环节，是佛教主张的摆脱轮回，通向涅槃的途径。佛教徒中有人将“八正道”喻为“八船”“八筏”，虽形象，但不确切，因为“八船”或“八筏”都是分开的，而“八正道”则是统一的，八道都要由一人修行，因而其八是一道之 8 个方面或环节，而非 8 条各自独立的路，更不是 8 只分开的船或筏。《中阿含经》卷七中说：“云何苦灭道圣谛？谓正见、正志、正语、正业、正命、正方便、正念、正定。”即依佛法对修行之路的 8 个方面的正确规定。正见：也作谛见，修行者应持正确的观念，尤其是对四谛，要持正见；正志，也作正思维，以正确的思维，摆脱世俗的主观成见，离开邪妄迷谬，依佛法导引进行正确思维；正语，亦作正言、谛语，要说合乎佛法的言论，或依佛法说话，不妄语，不慢语、不恶语、不谤语、不绮语、不暴语、不戏语；正业：也作正行、谛行，要依佛法行为处事，不杀生、不偷盗、不邪淫，不作一切恶行；正命，又作谛受，按佛法和戒律谋取衣食住的必需品，不作有害于他人的事，不从事不正当职业来谋取财物，如诈现奇特、自说功德、星相占卜等；正方便：也作正精进、正治、谛治，在佛法导引下进行专心致志的努力，毫不懈怠，止恶修善，阻止未生之恶心，断绝已生之恶心，使未生之善心生成，已生的善心更完善；正念：也作谛意，忆持正法，明记四谛及佛法；正定：也作谛定，正确的禅定修行，控制精神状态，正身端坐，专心一志，身心寂静，不为虚假事物所干扰，不受暂时享乐引诱，按佛法入定。八正道是四谛的展开，它又可归结为“戒、定、慧”，成为佛教之技的基本内容。而后禅教也以此为术、技层次历史渊源，并加以改造提升。

“五蕴”是对“四谛”的展开，是对人与其外部世界关系的基本界定。蕴也译为“阴”，有积聚、覆盖、包含之意。五蕴通常列为色蕴、受蕴、想蕴、行蕴、识蕴。色蕴是指人可以感受其色的一切事物。近人有以“物质存在”界说色蕴者，并据此说佛教有“唯物主义因素”，这与佛教本旨不相符合。佛教并不以物质为世界本原，其“五蕴说”，只是在梵天为人类和世界创造者、本体的前提下，论证人的一般性，“色蕴”，并非脱离人意识的“客观存在”，而是主观所及的事物，包括四大（地、水、风、火）和由四大组成的感觉器官（眼、耳、鼻、舌、身）以及所感觉对象（色、声、香、味、触）。这里明显体现着婆罗门教的传统，但佛我观对之进行了改造。受蕴是对事物的感受，分为苦、乐、不苦不乐3种。想蕴相当于知觉和表象，如使人知道青色、白色、黄色、圆的、长的、苦的、乐的。行蕴为意志，“以形成有为故名之行”，即有目的行为的意志。识蕴为统一各种心理活动的意识。《成实论》将五蕴（阴）的次序排列为色、识、想、受、行，对其特点和关系做了这样的论说：

> 五阴者，眼识色为色阴；依此生识能取前色，是名识因；即时心生男女怨亲等想，名为想阴；若分别知怨亲中人生三种受，是命受阴；是三生中生三种烦恼，是名行阴，以此事起受身因缘，名五受阴。①

从展开“四谛”并进一步具体化为“十二因缘”的逻辑地位而论，《成实论》所列“五阴”次序及其对各阴的界说，似乎更恰当些。

“十二因缘”和“涅槃”是四谛中苦、集两谛和“五蕴”的具体化。《缘起经》说：

---

① 《成实论》《中国佛教思想资料选编》第十卷，中华书局2014年版，第113页。

佛言：云何名缘起初？谓依此有故彼有，此生故彼生。所谓无明缘行，行缘识，识缘名色，名色缘六处，六处缘触，触缘受，受缘爱，爱缘取，取缘有，有缘生，生缘老死。起愁叹若忧恼，是名为纯大苦蕴集，如是名为缘起初义。[①]

无明是与生俱来的盲目无知，这是人生苦的根本原因。由无明引起的各种善和不善的意和行，由行引起的识，由识引起名（精神）和色（肉体），有了名、色，就有了眼、耳、鼻、舌、身、意这六根，前五根为人的感觉器官，第六根即意根是意识之根，当时人们并不知大脑为意识之根，故称意根。六根对六境：色、声、香、味、触、法，形成六识：眼识、耳识、鼻识、舌识、身识、意识，引起对苦乐的受，由受引起的爱（渴爱、贪爱、欲爱等），有爱就会引发追求外界事物的取，由取引起有，有又引发生，有生就会有死。也就是说，无明是苦的原因，也是生死的原因。十二因缘是从意识与生命来论说苦是人基本的感受与命运，其初起缘由就是无明。克服无明，消除苦乐感受，不由爱、受支配生存活动，做到四谛中的灭谛，以道谛之八正道行为，就可以解脱，即不再转世经受诸种苦难。“一切众生不能见于十二因缘，是故轮转。善男子，如蚕作茧，自生自死，一切众生亦复如是。不见佛性，故自造结业，流转生死，犹如拍毱。”[②] 人之所以转世轮回，屡受苦难，就在于不识佛性，如果认知十二因缘，就是明法见佛。识得佛性，就能涅槃。涅槃就是摆脱轮回，消除了无明及其导致的行、识、名、色，也去掉了感觉和理智，贪欲永尽，嗔恚永尽，愚痴永尽，一切烦恼永尽。

五、早期佛教和小乘部派之技

早期佛教与婆罗门教的一大区别在于不进行祭祀，这与其作为“民间

---

① 《缘起经》《中国佛教思想资料选编》第十卷，中华书局 2014 年版，第 20 页。

② 《大般涅槃经》《中国佛教思想资料选编》第十卷，中华书局 2014 年版，第 170 页。

宗教”有关，更重要的是法层次佛我观与我梵论的不同。因此，早期佛教和小乘部派之技，主要体现于戒、定、慧三大类，其中大部分内容是小乘部派所规定的。技层次之戒、定、慧三大类是术层次四谛、五蕴、十二因缘等范畴的集合，是通过术层次各范畴所展开的佛我观核心观念，指导信众修行、知佛而达正果的具体程序和做法。《阴持入经》说：“戒净度欲界，定净度色界，慧净度无色界。”

按佛我观，佛是人类个体的“总教导”，他要求、制约每个人的意识和行为，给信徒制定纪律，规定他们不能做什么，也就是修行的首要环节。“戒”作为佛教修行之技的第一类，在悉达多那里就相当重视，但由于佛法初创，其术、技也在形成过程中，因而不可能有复杂细致的律条，而是“随犯随制”，即在教授僧众的同时，根据其行为，不断地判别并制定相应戒律。悉达多制定戒律的原则是“诸恶莫作，众善奉行”。对僧众危害他人的行为，或会使僧众品德堕落的行为严加管束，并提倡符合佛法提升僧众品行的行为。后来逐步积累，在结集和部派活动中加以归总、改造，形成了系统的戒律。大体说来，早期佛教和小乘部派的戒律注重身业和口业，强调遮止恶化，被动地限制僧众言行。佛教将其信众分为“四众”或“七众”。“四众”指比丘、比丘尼、优婆塞、优婆夷，“七众”是在四众之外再加沙弥、沙弥尼、式叉摩那，戒律对他们的言行举止有不同的要求。“七众”之中，优婆塞、优婆夷是在家修行者，戒律对他们的要求是三皈五戒，三皈指皈依佛、法、僧，五戒为戒杀生、戒偷盗、戒邪淫、戒妄语、戒酒。沙弥和沙弥尼为已满 14 岁但不满 20 岁的出家男、女，戒律要求他们持十戒，不杀生、不偷盗、不淫、不妄语、不饮酒、不涂饰香鬘、不歌舞也不观听歌舞、不坐高广大床、不非时食、不蓄金银财宝。这种规定与婆罗门教对梵志生的戒律有些相似，但也有差别，尤其是容许沙弥尼修行。沙弥尼 18 岁至 20 岁之间，又称为式叉摩那（正学女），对之又强调六条戒律：不以染心触于男子之身、不盗人四钱、不断牲畜生命、不妄语、不非时食、不饮酒。沙弥和沙弥尼年满 20 岁，要受“具足戒”，之后才具有比丘和比丘尼的资格。

“具足戒”在佛教各律本中的规定有些差异，大体上分为8类（针对比丘8类，针对比丘尼7类），按犯戒的严重程度为：波罗夷、僧残、不定、舍堕、单堕、悔过、众学、灭净。犯波罗夷，对比丘来说有4种：杀、盗、淫、妄语；对比丘尼在这4种之上再加4种：以淫心摩触男子、捉男子手身相倚等8种事、隐瞒包庇犯戒者、随顺有罪比丘，犯波罗夷戒已断法命，要被逐出僧团。犯僧残戒可保有残余法命，此戒对比丘有13种，如戒与女子粗语戒、媒人戒、破僧违谏戒等；针对比丘尼17种，如媒人戒、言人戒、度贼女戒、助破僧违谏戒等。不定戒指虽有犯戒，但程度尚未明确的行为，此戒只针对比丘，分为屏处不定戒和露处不定戒两种，指比丘不可与女人单坐隐蔽处说非法语和不可在露处说粗恶语。舍堕戒是为防止追求财物的贪心而制，比丘和比丘尼都要受持，如乞衣戒、蓄财宝戒、贩卖戒等；单堕指犯单独向一个清净僧忏悔就可得清净的较轻的过失，如妄语、杀畜及饮食方面犯戒等；众学是犯了更轻微的过失，佛教在衣、食、仪等方面的规则众多，稍不注意就可能犯规，因而要经常学习，遵行戒规；灭净是制止僧尼中在有无过失问题上的争论。[①]

对于一个非政教合一的团体来说，内部组织纪律是维系团体存在的必要手段，佛教从悉达多创教开始，就注重戒律，他去世后到小乘部派，佛教影响不断扩大，而且入教不受种姓和性别限制，僧侣众多，必须强化戒律。传留下来的《四分律》《十诵律》《五分律》《摩诃僧祇律》《解脱戒经》等，都是这个时期佛教技层次中戒的体现，戒律不仅关涉佛教团体的组织，更关系到佛法、佛术的贯彻，其原则是依循佛我观这个核心观念导引、监督僧人修行。应当说，早期佛教和小乘部派时期在这个层次是成功的，但因戒律直接涉及僧团及僧人的利益，也经常由此发生分歧，据传悉达多死后百年的第二次结集，就因“十事”而引起东方跋耆族比丘与以耶舍为首的西方比丘的争论。所争“十事”为：角盐净（普遍食物容许第二

---

① 参见姚卫群：《印度婆罗门教哲学与佛教哲学比较研究》，中国大百科全书出版社2015年版，第229—230页。

天再吃，食盐可储存在角器中）、二指净（原规定比丘要正午时进食，跋耆族比丘认为太阳影子过了两个指头即“二时程”时进食，还可算正午时）、复坐食净（吃过饭还能复坐就食）、他聚落净（食后，还能到附近村落聚落再食）、酥油、蜜、石蜜和酪净（不到食时，可吃酥油、蜜糖、奶酪等）、饮阇楼加酒净（比丘不准饮酒，但有病时，可饮一些未发酵的酒）、无缘坐具净（比丘坐具大小可随意）、所习净（出家前所习出家后仍可学习）、赞同净（原规定有事僧团要商量决定，跋耆族比丘认为有些事因情况特殊，可先做，事后再请求僧团大多数人赞同）、受蓄金银钱净（原规定比丘不准接受金银财物，跋耆族比丘认为可受蓄）。这在常人看来十分简单的小事，却引起耶舍为首的长老正统派与主张做这十件事的跋耆派的分裂，前者为上座部，后者为大众部。十件事中，最为关涉利益的是第十件事“受蓄金银钱净”，当时佛教信徒众多，跋耆族比丘主张向统治者乞求，并向信徒索要金银钱，以壮大财势。耶舍为首的长老们认为这样做违背了佛教术、法，应当禁止，以维护原戒律。虽然有上座部反对，但向统治者乞求、向信徒索要金钱之势却不可阻挡，佛教以后的演化与此密切相关。耶舍代表的长老派所指出的此事对佛法的危害，日益严重，那些为求金钱财富的教派首领，不断修改戒律，进而改变术、法，以向统治者献谄，恐吓信众，许诺可度罪过、摆脱轮回之苦，甚至可以解脱的经论不断出现，到大乘时期尤为严重。佛教某些团派也由此演变为以佛经佛论为商品，卖空（佛）求有（财），形成组织严密、队伍庞大的“传销公司”，在它们那里，戒律不过是约束下层僧众的手段而已。但以耶舍为代表的“保守派”，也并没有消失，一直到大乘时期，仍有僧人坚持以戒律约束僧众，维护佛法，不过势力日益弱化，以至部分大乘派从婆罗门教和民间巫术中采纳“密法”，彻底毁坏了佛教戒律，以“密法”为教的密教已不再是佛教了。

“戒”是不许做什么，“定”则是应该做什么，以什么方式来修行。佛教之技中的“定”，主要是禅定之技，这是承继婆罗门教的禅定技并依佛法加以改造而形成的。由于当时婆罗门教的瑜伽派尚未出现，因此早期佛教和小乘部派所吸收的还是婆罗门教部派之前的禅定技，并采纳了耆那教有关内容。与婆罗门教禅定之技相比，佛教禅定更注重心的修炼，是佛我观经八正道之术的展开。八正道中之正语、正业、正命、正精进展开为戒律，正见、正志、正念是慧技导引，正定是前七正道的集合，《分别圣谛经》论正定时说：“观善心解脱时，于中若心住禅、住顺、住不乱不散，摄止正定，是名正定。”正定具体化为禅定。

定，亦作“等持”“三昧”“三摩地”。定有生来和修来两种，佛教“定学”之定指后天修得的禅定。婆罗门教的禅定是体悟梵天消除恶业而得解脱，佛教则以禅定体悟佛我达致涅槃，二者有同有异。早期佛教将禅定之技概括为“四禅”，

> 复有四法，谓四禅。于是比丘除欲恶不善法，有觉有观，离生喜乐，入于初禅。灭有觉观，内信一心，无觉无观，定生喜乐，入第二禅。离喜修舍念进自知身乐，诸圣所求，忆念舍乐，入第三禅。离苦乐行，先灭忧喜，不苦不乐，舍念清净，入第四禅。[①]

禅即是对人情感和意念的控制，四禅则是控制情感和意念的步骤。《杂阿含经》从控制言语、觉观、喜心和出入息来界定四禅：“初禅正受时，言语止息；二禅正受时，觉观止息；三禅正受时，喜心止息；四禅正受时，出入息止息。”[②] 虽说对四禅的论说有所差别，但基本意思大体一致，就是以意志逐步控制人的感觉、情感、意识，以达到正定的不乱不散状态。《长阿含经》还从“三三昧”（空三昧、无愿三昧、无相三昧）、“四无量”（慈、悲、喜、舍）对禅定做了进一步论说，强调禅定的心态及必备的道德要求。后又从“四禅”扩展为“八定”，即将“四禅”归于色界定，加上无色界“四定”：空无边处定、识无边处定、无所有处定、非想非非想

---

① 《长阿含经》卷八。

② 《杂阿含经》卷十七。

处定。“八定”也称为“八禅”。

由于僧人可以专业修禅，因而佛教对禅定之技有深入探讨，各派之禅也各有特色，但都是以佛我观为导引，以悟佛知佛，再以佛导引我修行以追求涅槃境界。后大乘派又吸纳婆罗门教瑜伽派的相应禅技，对早期佛教和小乘部派禅技有所改变。

慧，是在“戒”“定”基础上，佛教导信徒的内容，也是要求信徒达到的修行结果，是佛教技层次的重要环节。“慧”是梵语 Mati 的意译，指通达事理、决断疑问，取得决定性认识的精神作用。《俱舍论》卷四说：“慧谓于法能有简择。”可见，择与决断是慧与其他意识形态的区别。《大乘广五蕴论》说：“云何慧？谓即于彼择法为性”，“断疑为业，慧能简择，于诸法中，得决定故。”相比于戒、定，慧技显得空泛，从学习佛法到修习禅定，这一系列过程，包括受戒、诵经、讲经、度人、行事等，都有慧，也都需要慧。早期佛教和小乘部派大多是在术层次有关“四谛”“八正道”“十二因缘”的论述中体现其慧技，如“八正道”之“正定”展开为禅定本身已包含慧。对“十二因缘”的论证展开为“三世两重因果”，用来说明众生轮回，这也是慧技之一种。

“十二因缘”是对人生过程依存关系的界定，“缘痴有行，缘行有识，缘识有名色，缘名色有六入，缘六入有触，缘触有受，缘受有爱，缘爱有取，缘取有有，缘有有生，缘生有老死忧悲苦恼。”① 十二因缘包含五蕴，十二入、十八界，并展开为二十二根，由此构建“三世两重因果”。在十二因缘中，无明和行是过去两因，它们产生现在的五果——识、名色、六处、触、受。而爱、取、有为现在的三因，它们要产生未来的两果——生与老死。“三世”即过去、现在、未来；两重因果，即过去两因到现在五果为一重，从现在的三因到未来的两果为另一重。《成实论》则说：

是十二因缘有过去、未来、现在，但众缘生，无有我也。又

① 《长阿含经》卷十。

> 为生死往来还灭故，说二十二根。一切众生初受身时，以识为本，是识六种从眼等生，故说六根，所谓眼根乃至意根，能生六识，故名六根。可以分别男女相，故名男女根，有人名为身根少分。此六根或名六入。从是六事生六种根，故名为寿。所以者何？是六入六识得相续生，故名为寿，是相续断，故名为死，是故此事名之曰命。是中何等是根？所谓业也。以因业故，六入六识得相续生，是命中业名为命根。是业从诸受生，诸受即名乐等五根。从此五根生贪爱等一切烦恼及身口业，此业因缘还受生死，是为垢法，能令生死因缘相续。以何因缘能生净法？必因信等。信等四法因缘成慧，慧有三时，谓未知、欲知、知已。修习所作办时，此根皆是知慧差别。佛以生死往来，还灭垢净，故说二十二根。①

事物的变化与对事物变化的概念性认识，被佛教称为“法”，“信等四法因缘成慧”，慧又是对法的认知、体悟，而慧所要认知的三时，在《成实论》中不是以过去、现在、未来表示，而是从慧的认知程度未知、欲知、知已来表达。

“法”在早期佛教又被分成有为法和无为法。五蕴、十二处、十二因缘等对事物相互联系、生灭变化的概念性认识是有为法；没有相互联系，也没生灭变化的状态，如涅槃等，是无为法。小乘部派那里，又将法分为过去法、现在法和未来法三个类型，并对无为法进行了细分，如大众部把无为法分择灭、非择灭、虚空、空无边处、识无边处、无所有处、非想非非想处、缘起支性、圣道支性九类。一切有部在将法分为色法、心法、心所有法、心不相应行法、无为法五大类后，又将各大类法细分，总计 67 法，其后期著作《俱舍论》又分出 75 法。

对“法”的规定与划分，是早期佛教和小乘部派建构其思想体系的

---

① 《成实论》《中国佛教思想资料选编》第十卷，中华书局 2014 年版，第 113—114 页。

过程，以佛我观为核心观念对个我和世间事物的认知，以及对佛的崇拜与证悟，都体现于“法”中，随着认识的进展，法的种类和数量不断增加，其体系也相应变化。需要指出的是，由于当时的认识能力和佛教基本理念的局限，以及梵语拼音等因素，早期佛教和小乘部派对法的规定还是不完善、不严谨的，除三法印、五蕴、十二因缘等大的范畴（法）已达到有概念的程度，大多数法还是不确切的，其体系的构建也不严密，并有随意性。而对其经论的汉译，又因译者的理解和文字水平存在差异，势必出现诸多歧义。

早期佛教和小乘部派在技层次的“慧”，主要也就体现于对这些“法”的解说及其体系的演变中。虽然粗陋，但毕竟已形成慧类技，与戒类技、定类技相呼应，成为展开佛我观及其术的具体环节和层次，佛教体系由此而构建。

六、大乘派之术

佛教大乘派大约在公元1世纪中叶从小乘大众部演化出来，此时印度北部的贵霜王国统治者推崇佛教，是大乘派形成的必要社会条件。也正在此时，小乘部派分歧加大，在贵霜王迦腻色迦主持的佛教第四次结集中，这种分歧已不可调和，大众部的大乘化日益明显，并开始编写大量经论，同时将以前的部派贬称为“小乘”，以“大乘”自居。虽然未明确把悉达多归入“小乘”之列，但由于小乘部派基本上是循从悉达多原教旨的，对小乘部派的贬抑也就包括悉达多在内。但他们毕竟还要挂着佛陀悉达多的招牌，因而其经书还以释迦牟尼佛的名义说话，不过在将他神化的同时，又造出了众多与他并列的佛，以表示其“乘之大”。

大乘派初期主要是编造经书，最早出现的是《般若经》，在公元前后就初次形成，后不断添加、修改，进而又有《华严经》《法华经》、净土类经如《佛说阿弥陀经》等。大约在公元2世纪，龙树（约150—250年）以其《中论颂》（简称《中论》）、《十二门论》等论著，创立了中观派。

龙树此二论与其弟子提婆的《百论》并称“三论”，成为大乘派的标志性论著。公元4—5世纪，瑜伽行派产生，其创始者据说为弥勒（约350—430年），而此派思想的系统论述者为无著（约395—470年）、世亲（约400—480年）。现代一些佛教研究者将中观派与瑜伽行派分为对立的“空宗”与“有宗”。但从历史和逻辑统一角度，这两派应为大乘的两个阶段，其思想也是基本相承的，瑜伽行派的唯识论是对中观派中道论的扩展和补充，而非对立与否定。

虽自称“大乘”并贬低悉达多和小乘部派，但大乘派在佛教体系的作用，还是依从并展开悉达多创立的佛我观，只在术、技两层次提出一些新见解，这大概也是大乘僧人不敢公然贬低佛陀的一个原因。

大乘派经、论繁多且杂乱，往往同一部经，就有多种名称和版本，而且内容也由编造者或抄写者随意添加、修改，论说也尽烦琐之能。这大概与当时僧人们的优越生活条件和以编造、抄写、论说为专业有关，当时佛教内部及世俗统治者也没有严格的审查制度，所以就由这批专职僧人编造出如此巨量“空”式经典！这种情况，大概只有20世纪80年代后中国经济学界编写的上千种“西方经济学”教科书和不计其数的论文可与之相媲美。经、论虽多，但内容只是如何认知佛、信奉佛，又如何按佛的教导、指引修行，求来世好的轮回，以至能够涅槃、成佛。不同寺院都供养着各自编经造论的高僧，他们对佛我观及今生来世的说议，就成为其本寺僧众学习传续的教旨，因而也就出现了众多门派。当一百年乃至数百年后这些经、论传到中国，并由印度僧人以他们半生不熟的汉字译出，再教授个别汉人学习梵语（更是似懂非懂）也来翻译，而其主干术语都用音译，这样译出的经、论，或是令读者不知所云因而显得深奥，或与原意大相径庭，却也造就了若干宗派。现在中国的佛教研究者往往以中国的宗派为依据和出发点，倒过去论说印度的大乘经、论。实际上，印度大乘虽有派别，但并非中国之宗所能表达的。

佛教大乘派将悉达多创立的佛我观抬升极致，“佛”不仅是人类个我一般性智慧的集合，是个我认知梵并摆脱轮回，得到解脱的导引，更是法力无边的神，不仅“度”人，还能救人脱苦离难。“般若波罗蜜”即汉语汉字的“大智慧”，这种智慧并不是佛陀一个人的，而是每个个我都具备的佛性的集中概括，但大乘派并不像黑格尔那样将人类共有的一般理性以概念体系表述出来，使所有个我都可以用自己的理性思维加以把握，并指导个体我与总体我的意识与行为，乃至改革社会制度和意识形态。大乘派提出般若波罗蜜这个大智慧，认为悉达多不过是领悟了这大智慧并向人类宣讲这个大智慧的众多佛中的一个，在否定了悉达多作为佛化身的专利之后，并未对这大智慧进行理性的概念规定，而是将它神化、泛化。宣称佛不仅是智慧，而且是神，具有诸多神通，造出了大量奇迹。无数多的佛神构造了与现实人类社会完全不同的“极乐”“净土”世界，在那里不仅佛神的数量多到现实人类社会不可想象的程度，而且佛神的道德高尚、智慧无量，他们不再陷入梵天规定的轮回，在梵天的认可与召唤下，再回到梵天那里与梵归于一体。可见，大乘派梵我一体的佛与婆罗门教梵我一体的神并无本质差别。

悉达多创立佛教，虽然以婆罗门教之梵道为前提，但他努力在这个前提下探寻人类思维能力的智慧，试图在不改变梵天创造的现实社会制度中找到一条可以在死后摆脱苦难之路，人们也正是基于这一点才信奉他的宗教。但悉达多提出的“佛”，并不是世界的创造者，而只是对世界创造者及其创造的世界的认知，是至大至广的无限智慧的体现，这个智慧所凝聚的佛之伟大，已达到人们所有言语、概念不可能规定表述的程度。个我只有，也只能无限信仰、无限崇拜佛，在佛的指导下修行，求得来世不堕入轮回苦难之果。悉达多的佛教，在小乘派那里是有可能演化为类似耶稣的基督教的，小乘派中的一些部派也在这方面做过尝试，但由于悉达多本人不否认梵天，并没有像耶稣那样对上帝主义之道进行重新界定，因而其小乘派信徒也不可能将悉达多塑造成耶稣，佛教也只能屈身于婆罗门教的庭院中，建造一座与婆罗门教大殿堂有别的修正主义思想殿堂。大乘派认识到这种矛盾，他们不满足于悉达多这一座佛，而是要建无数佛，他们造出的并可以命名的佛，不过是他们自己的化身。这无限多的佛为大乘派以其智慧制造新的幻象提供了空间，但有两点却是他们必须作为前提的：其一是婆罗门教的梵道论，其二是悉达多的佛我观——这些自以为在大乘之船上具有大智慧者，只是有将自己等同释迦牟尼佛的“愿”，却没有成为佛的慧与能，因而只得还按悉达多的基本思路，造出一个又一个乃至无限多的以释迦牟尼佛为原型的佛。他们将这些佛摆在婆罗门教大寺的别院中，供人们崇奉、向往，并自称已造就可以到达极乐净土之彼岸的大船，由他们招徕有愿前往者，只要做够功德，或是施舍财物，或是诵读讲解般若，就可以得到一张船票，甚至可能在彼岸极乐净土成为一个佛。这样，大乘经论的编造者们，不仅在观念上为自己找到了一个无限美妙的归宿，而且可以用其手中的无限船票引诱统治者和民众了。

大乘派这艘大船，在印度部族之海漂流了六七百年，其在思想史上的价值，除龙树“缘起性空”论在法层次有所新意，可以补充于佛我观之外，主要是扩展了佛教术、技两层次。本节先论其术，包括：诸法皆空、法界缘起、三乘归一、极乐世界、泛佛、中道、涅槃世间无别、一切唯识和三性。

诸法皆空是大乘派形成的标志性论点，在最先出现的《般若经》中提出。般若是 prajñā 的音译，也译为“波若”“钵若”等，意为智、慧、明、智慧，为“般若波罗蜜”（智度）的简称。《大智度论》中说：“般若者，秦音智慧。一切智慧中最为第一，无上无比无等，更无胜上。”“般若波罗蜜是诸佛母。诸佛以法为师，法者即是般若波罗蜜。”般若类经数量众多，为大乘派的基本经典，其主要思想就是“我法二空”“诸法皆空”，这是对小乘派“我空法有”论的拓展，也可以说是否定。《般若经》认为，空的实质是“无所得”，不仅我是空的，法也是空的，“我法二空”。一切法都是依缘而立，因此没有固定的实体和无自性的存在。《大般涅槃经》中说：

佛性者名第一义空，第一义空名为智慧。所言空者，不见空与不空。智者见空乃与不空，常与无常，苦之与乐，我与无我。

空者一切生死，不空者谓大涅槃。[①]

《小品般若波罗蜜经》中说：“一切法性空，一切法无我无众生，一切法如幻如梦如响如影如炎。”不仅否认观念的可靠性，也否认观念所由以生起的对象事物的真实性。而龙树在《中论》中，则进一步指出：“未曾有一法，不从因缘生，是故一切法，无不是空者。若一切不空，则无有生灭，如是则无有，四圣谛之法。若不以缘生，云何当有苦，无常是苦义，空性无常。”[②] 将因缘与性空综合，进而形成“缘起空论”。此论在法层次对佛我观有所补充，龙树并由此展开他的中道说。既然我及万物都是因缘而生，也因缘尽而灭，因此，我及万物都没有自己的本性，所谓性不过是一种观念，是不能得到证实的，因而为空。

法界缘起。这是《华严经》的中心思想，由般若真空显现的妙有境界为“华严世界”。此经主要论述“转辗一心，深入法界无尽缘起”，法界通常指“真如”“实相”，《华严经》特指如来藏自性清净心。“法界无尽缘起”是说世间和出世间的一切，皆由“清净心”“随缘”生起，离开“一心”，则无别物，在“一心”作用下，各种现象无不因缘起而处于你中有我、我中有你的“圆融无碍”“重重无尽”的联系，在“圆融自在”中，一即多，多即一。一中有多，多中有一。

菩萨摩诃萨，以无障无碍智慧，知一切世界境界，是如来境界。知一切三世境界，一切刹境界，一切法境界，一切众生境界，真如无差别境界，法界无障碍境界，实际无边境界，虚空无分量境界，无境界境界，是如来境界。佛子，如一切世间境界无量，如来境界亦无量。[③]

---

① 《大般涅槃经》《中国佛教思想资料选编》第十卷，中华书局2014年版，第169页。

② 《中论 百论 十二门论》，上海古籍出版社2011年版，第62页。

③ 《华严经》《中国佛教思想资料选编》第十卷，中华书局2014年版，第567页。

处于法界缘起的圆融境界中的我及多种事物，都在缘起中联系、转变。对“一心”的领悟，就是般若真空，“知一切法皆无性故，得一切智，大悲相续，救度众生。”① 为了修菩萨道就要经历10个阶段，《华严经》中的《十地品》将发心修行的阶段称为“十地”：欢喜、离垢、发光、焰慧、难胜、现前、远行、不动、善慧、法云。

三乘归一。此论是《法华经》的要点。《法华经》（全称为《妙法莲华经》）形成于大乘派初起的公元1—2世纪。这期间，小乘派对大乘派的出现极力反对，明确指出大乘派所造经典并非佛陀所说，是对佛陀教义的歪曲。而持《般若经》类经的大乘僧人，又对小乘派进行贬抑，指出小乘派只能修阿罗汉果，是个人解脱，而大乘派则修持菩萨果进而佛果，可普度众生。《法华经》的编造者站在大乘立场，以“三乘归一”“一切众生都能成佛”的论点，企图包容小乘派于大乘。佛教是救度人的船，人之所以有区别，在于人的根性不同。过去及未来的一切佛，为众生演说佛法，宗旨只有一个，就是度救所有的人。佛虽多，但佛法是统一的。“劫浊乱时，众生垢重，悭贪嫉妒，成就不善根故，诸佛以方便力，于一佛乘分别说三。”② 三乘分为声闻乘、缘觉乘、菩萨乘，大乘派自称菩萨乘，将早期佛教和小乘部派称为声闻乘和缘觉乘，此二乘都为小乘。而小乘派则攻击大乘派与佛陀没有关系，既没有声闻，也没有缘觉佛法，是“妄语”，是以佛陀名义的胡说。《法华经》为证明其大乘派亦是佛教，先将佛的范围扩大，认为悉达多这位释迦牟尼佛只是佛中的一位，过去、现在、未来有无数的佛，“于诸过去佛，在世或灭后，若有闻是法，皆已成佛道。”③ 大乘派不仅尊崇释迦牟尼佛，而且尊崇所有过去佛，并确信未来无数佛。“未来世诸佛，虽说百千亿，无数诸法门，其实为一乘。诸佛两足尊，知法常无性，佛种从缘起，是故说一乘。”④ 而说此经者，以现世佛自居，是

---

① 《华严经》《中国佛教思想资料选编》第十卷，中华书局2014年版，第571页。

② 《妙法莲华经》，中州古籍出版社2010年版，第49页。

③ 同上书，第58页。

④ 同上书，第59页。

承继所有过去佛，开启未来佛的。这是为回应小乘派的攻击并给大乘派找根据，同时也将对释迦牟尼佛的个人崇拜，扩展为对于过去、现在、未来诸佛之共性——“佛”的崇拜。量变致质变，佛不再是个人，而是一种由佛陀表达的大智慧，它可以体现于掌握了这大智慧的无数佛神身上。声闻、缘觉只是佛法的两个阶段，“少智乐小法，不自信作佛，是以方便故，分别说诸果。虽复说三乘，但为教菩萨。”[①] 佛之所以说声闻、缘觉二乘，是因为根性少智者满足于“小法”，不自信能成佛，但这二乘仍要归于菩萨大乘。

为通俗易懂，《法华经》以一位财富无量，有数十个儿子的长者在家宅大火时救其子为喻：大火起时，其诸子仍在火宅内娱乐嬉戏，不知不觉，不惊不怖，火来逼身，苦痛切己，仍心不厌患，不想逃生。长者呼喊：“汝等速出！”但诸子仍不惊不畏，游戏如故。长者诱导诸子只要出火宅，就给你们各自喜欢玩的羊车、鹿车、牛车，诸子这才跑出来，并向长者索要其车。但长者并未给诸子羊车、鹿车，而是各赐一辆高广坚实、装饰华丽的大车，驾以白牛，有大筋力，行步平正，其疾如风。长者想：“我财物无极，不应以下劣小车与诸子等。今此幼子，皆是吾子，爱无偏党。我有如是七宝大车，其数无量，应当等心，各各与之，不宜差别。”[②]进而，又以佛的口气说：众生中有智性者，从佛世尊闻法受信，殷勤将进，欲速出三界，自求涅槃，为声闻乘，如诸子中求羊车者；求自然慧，乐独善寂，深知诸法因缘，是辟支佛（缘觉）乘，如诸子中求鹿车者。而：

> 若有众生，从佛世尊闻法信受，勤修精进，求一切智、佛智、自然智、无师智、如来知见、力、无所畏、愍念安乐无量众生，利益天人、度脱一切，是名大乘。菩萨求此乘故，名为摩诃萨，如彼诸子为求牛车，出于火宅。[③]
>
> 舍利弗，如彼长者，初以三车诱引诸子，然后但与大车，宝

① 《妙法莲华经》，中州古籍出版社2010年版，第61页。
② 《华严经》《中国佛教思想资料选编》第十卷，中华书局2014年版，第80页。
③ 《妙法莲华经》，中州古籍出版社2010年版，第86页。

> 物庄严。安隐第一，然彼长者无虚妄之咎。如来亦复如是，无有虚妄，初说三乘，引导众生，然后但以大乘而度脱之。[①]

佛是一，只是针对不同根性的人，才“分别说三”，因此，三乘归于一，一乘说为三，你们小乘部派，不要固执一二乘，应当归结于大乘！

极乐世界是净土派提出的佛教术层次的范畴。净土派是佛教与婆罗门教融合的产物，在婆罗门教中，毗湿奴神的天界被称为净土，是婆罗门经过净法四期后达到解脱的归宿。佛教大乘中的净土派以婆罗门教这种说法为依托。净土派的经典主要是《阿弥陀经》《无量寿经》《观无量寿经》。《阿弥陀经》以释迦牟尼佛的口气讲述，“从是西方，过十万亿佛土有世界名曰极乐。其土有佛，号阿弥陀，今现在说法。”[②] 之所以名为极乐，是因为“其国众生，无有众苦，但受诸乐，故名极乐”[③]。在极乐世界中，七重栏楯、七重罗网、七重行树，都是四宝周匝围绕；有七宝池、八功德水充满其中，池底纯以金沙布地，四边阶道用金、银、琉璃、水晶合成；上有楼阁，也以金、银、琉璃、水晶、砗磲、赤珠、玛瑙庄严装饰；池中有大莲花，大如车轮，青色青光，黄色黄光，赤色赤光，白色白光，微妙香洁。这个世界，经常演奏天乐，黄金为地，昼夜六时不间断，曼陀罗花如雨从天而降。其土众生，经常在早晨各自用长衣大襟盛各种香花，去供养10万亿佛，到吃饭时回来，饭后诵经作佛事。那里有种种奇妙杂色之鸟：白鹤、孔雀、鹦鹉、八哥、妙声鸟、共命鸟，它们昼夜不停发出柔和、高雅的鸣叫声，宣扬着五根、五力、七菩提分、八圣道分等佛法，众生随着鸟鸣念佛、念法、念僧。这些鸟都不是罪报所生，因为极乐世界并无三恶道，也就没有报应轮回，它们的鸣叫都是阿弥陀佛欲令法音宣流、变化所作。

---

① 《妙法莲华经》，中州古籍出版社2010年版，第86页。

② 《阿弥陀经》，中州古籍出版社2010年版，第30—31页。

③ 同上书，第31页。

> 彼佛国土，微风吹动诸宝行树及宝罗网，出微妙音，譬如百千种乐同时俱作。闻是音者，自然皆生念佛、念法、念僧之心。舍利弗，其佛国土，成就如是功德庄严。[①]

阿弥陀佛发出无量光，没有任何障碍可阻挡，他及其佛土人民的寿命有无数阿僧祇劫，可以说是亿寿无疆，所以阿弥陀佛也是无量寿佛，他有无数声闻弟子，都达到了阿罗汉的果位，还有无数菩萨。那里的众生，都达到了永不入轮回，最终修成菩萨、佛的果位。

多么美妙的环境，多么美好的前程——极乐世界！你们愿不愿去？“众生闻者，愿生彼国。所以者何？得与如是诸上善人俱会一处！”[②] 而有善根因缘的善男子、善女子，闻说阿弥陀佛，执持名号，一心不乱，其人命终时，阿弥陀佛与诸圣众就会现于其前，接他往生阿弥陀佛极乐世界！与婆罗门教的苦行艰修，这是多么简单容易的修行办法！而且所有种姓的人都可以通达极乐世界之净土，成为菩萨和佛。大家都来乘坐净土派这艘大船吧！净土派还有一项发明，就是观世音菩萨，他虽然比佛低一档次，但也有巨量法力和慈悲心肠。在佛的领导下，观世音菩萨负责救世人苦难，但凡人们遇到困境和危险，只要念其名号，他就会即时赶来帮忙。《西游记》中齐天大圣转化的孙悟空，在陪玄奘取经途中遇到的危难，几乎都是求观世音给解救的——原来齐天大圣是净土派的信徒。不过，《西游记》中的观世音已成女身。现在中国男人脖子下挂的或金或玉的观音就是她！

泛佛。这是大乘派之术中重要的一环，《阿弥陀经》还有一层内容，同样是以释迦牟尼佛的口气讲述，和阿弥陀佛一样的佛遍布东、南、西、北、上、下六方，东方世界有阿閦鞞佛、须弥相佛、大须弥佛、须弥光佛、妙音佛，如是等恒河沙数诸佛；南方世界有日月灯佛、名闻光佛、大

---

① 《阿弥陀经》，中州古籍出版社 2010 年版，第 35 页。

② 同上书，第 39 页。

焰肩佛、须弥灯佛、无量精进佛，如是等恒河沙数诸佛；西方世界有无量寿佛（即阿弥陀佛）、无量相佛、无量幢佛、大光佛、大明佛、宝相佛、净光佛，如是等恒河沙数诸佛；北方世界有焰肩佛、最胜音佛、难沮佛、日生佛、网明佛，如是等恒河沙数诸佛；下方世界有师子佛、名闻佛、名光佛、达摩佛、法幢佛、持法佛，如是等恒河沙数诸佛；上方世界有梵音佛、宿王佛、香上佛、香光佛、大焰肩佛、杂色宝华严身佛、娑罗树王佛、宝华德佛、见一切义佛、如须弥山佛，如是等恒河沙数诸佛。东、南、西、北、下、上六方佛的数量简直不可思议，但他们都“各于其国，出长广舌相，遍覆三千大千世界，说诚实言：汝等众生，当信是称赞不可思议，功德一切诸佛所护念经”①。如此说来，释迦牟尼佛不过是无数诸佛中的一尊佛，只是六倍恒河沙中的一粒沙。但他老先生丝毫不觉得被贬低，而是说：

> 舍利弗，如我今者，称赞诸佛不可思议功德。彼诸佛等，亦称赞我不可思议功德，而作是言：释迦牟尼佛，能为甚难希有之事。能于娑婆国土、五浊恶世——劫浊、见浊、烦恼浊、众生浊、命浊中，得阿耨多罗三藐三菩提。为诸众生，说是一切世间难信之法。舍利弗，当知我于五浊恶世行此难事，得阿耨多罗三藐三菩提，为一切世间说此难信之法，是为甚难。②

佛不是法力无边吗？况且又有无限量的佛，怎么会感到“甚难”，而且佛法又怎么“难信”呢？大概造经者编到此处，连自己都不敢信了，稍不加小心就把自己的感慨也写了下来。

将佛泛化、无限化，是大乘派得以成立的必要关节。也正是这样，他们才可以较自由地任意以释迦牟尼佛的名义，编造经书，发表议论。而他

---

① 《阿弥陀经》，中州古籍出版社2010年版，第46页。

② 同上书，第48页。

们所说的无数佛，并不是来自悉达多的“佛教原教旨”，而是抄自婆罗门教的众仙列神，换上佛的名号而已。

中道。中道在早期佛教和小乘部派那里就已经提出，龙树从他对“空”的认识，对中道做了改造，成为中观派的重要范畴，也因此在佛教之术层次有了位置。早期佛教认为，离苦、乐两边，行“八正道”为中道，《中阿含经》卷五十六《罗摩经》中写道，悉达多对追随他的五比丘说：

> 有二边行，诸为道者所不当学：一曰著欲乐下贱业，凡人所行；二曰自烦自苦，非圣贤法，无义相应。五比丘，舍此二边，有取中道，成明成智，成就于定而得自在；趣智趣觉，趣于涅槃，谓八正道，正见乃至正定，是谓八。[①]

诸法从众缘生，则无两边，即行中道。《杂阿含经》卷三十四：“如来离二边，处中说法，所谓是事有故是事有，是事起故是事生。”龙树在《中论》中强调中道即是佛性，由于缘起性空，因此“众因缘生法，我说即是无，亦为是假名，亦是中道义”[②]。只有破除了执着名相的“边见”，才能认知中道。常是一边，断灭是一边，离这二边而行中道，才是智慧之举。常与无常、苦与乐、空与实、我与无我等，都被视为两边，而行中道。

龙树在以空论中道时，修正了对“二谛”的认识。“二谛”也是早期佛教和小乘部派的重要范畴，是“真谛”（也称“胜义谛”）和“俗谛”的合称。《俱舍论》中说：依世俗观念给某物如衣、瓶以名（概念）想（观念），为俗谛，即人为的语言设定，而此物一旦破坏，如衣、瓶破碎，人对衣、瓶的感觉也就消失，因此无自性。而依真谛，不论其破碎到何种

---

① 《罗摩经》《中阿含经》卷五十六。

② 《中论　百论　十二门论》，上海古籍出版社2011年版，第62页。

程度，感觉的自性恒有，即构成衣、瓶的色、香、味、触等不会消失。依胜义理说有色等是实非虚，故名胜义谛。龙树不同意这种说法，他认为，诸法因缘而生，自性皆空，世人不解，误以为真实，这才是俗谛。而认识到俗谛是颠倒、虚妄的缘起性空之理，才是真谛。“诸佛依二谛，为众生说法，一以世修谛，二第一义谛，若人不能知，分别于二谛，则于深佛法，不知真实义。若不依俗谛，不得第一义，不得第一义，则不得涅槃。”[①] 青目释曰：“世俗谛者，一切法性空，而世间颠倒故，生虚妄法，于世间是实；诸贤圣知颠倒故，知一切法皆空无生，于圣人是第一义谛，名为实。”[②] 佛是用二谛为不同根底的人说法的，对那些被无明遮盖的凡夫说俗谛，故说有世界和众生，但真谛则说没有世界和众生。

龙树中道论中还包含“八不”，即：不生、不灭、不常、不断、不一、不异、不来、不去。他认识到，生灭、常断、一异、来去是表示有（存在）的四对基本范畴，也是俗谛中人们经常使用的名（概念），但若依真谛的缘起性空说，依缘而有的，也因缘而无。所以缘起就是不生、不灭、不常、不断、不一、不异、不来、不去。而这八不，正是中道的体现。

涅槃世间无别。这也是龙树中观派的重要论点。早期佛教和小乘部派认为，涅槃是修成佛性的人死后脱离世间，进入不复轮回转世的灭除烦恼的境界。龙树反对把涅槃和世间看成两个世界，认为“涅槃与世间，无有少分别，世间与涅槃，亦无少分别。涅槃之实际，及与世间际，如是二际者，无毫厘差别。”[③] 青目注释曰，所谓世间，不过“五阴相续往来因缘，五阴性毕竟空，无受、寂灭”[④]，因为五阴假有所以名为世间，因为五阴性空所以是涅槃。他又用法性来解释涅槃，说涅槃遍存于一切世间法中，法性者，法名涅槃，不可坏，不可戏论法；性名为本名种，如黄石中有金性，白石中有银性，如是一切世间法中皆有涅槃性。因此，涅槃就是诸法

---

① 《中论　百论　十二门论》，上海古籍出版社2011年版，第61页。

② 同上书，第61页。

③ 同上书，第67页。

④ 同上书，第67页。

之实相，只要克服了无明，就可以达到涅槃。龙树关于涅槃与世间无别的论点，对于纠正净土派那种日益脱离佛教基本理念的倾向，融合大乘派与早期佛教和小乘部派的分歧，是起到了重要作用的，这使大乘派依从佛我观核心观念，进行术层次的探讨与改造，而不仅是热衷于在佛陀之外再造无数佛陀，进而将佛神化，并以表层的仪式代替佛教义的论说。也正是龙树及其中观派，使大乘之船仍航行于佛海，但其中观论本源于小乘大众部，具有很强的趋炎附势倾向。

一切唯识。中观派源自小乘大众部，比其晚起的瑜伽行派则从小乘上座部衍生。公元初，大乘派出现并受统治者推崇而大行其时，并没有消除小乘派，尤其上座部那些“保守派”，依然固守悉达多的基本教义，顽强地坚守其日益缩小的阵地。在公元4—5世纪，大乘派中一些比较专注教义探究的人，就将中观派的“空论”“中道”“涅槃”等范畴与小乘上座部的思想加以融合，并吸收在印度地区广泛流行的婆罗门教瑜伽术技，提出“唯识”论，形成瑜伽行派，在佛教术层次占一席之地。“一切唯识”，是瑜伽行派的主要论点，因而此派也可称为唯识派。此派代表为无著和世亲兄弟。

唯识派认为，人生及世间万物都是变化的，人所能知道的只是识，所以主张“一切唯识”。他们将识分为八种，即在小乘上座部所论说的眼识、耳识、鼻识、舌识、身识、意识这六种识之外，加末那识和阿赖耶识，合称“八识”。其中第八识阿赖耶识是最重要的，它可以随轮回从前生转到后生，直至涅槃才消除。唯识派认为，“万法”即人及世界现象都是“依识所变，假说我法，非别实有”。为了说明“一切唯识”，《成唯识论》写道：

颂曰：是诸识转变，分别所分别。由此彼皆无，故一切唯识。论曰：是诸识者，谓前所说三能变识及彼心所，皆能变似见、相二分，立转变名。所变见分说名分别，能取相故。所变相分名所分别，见所取故。由此正理，彼实我、法，离识所变皆定

> 非有。离能、所取无别物故，非有实物离二相故。是故一切有为、无为，若实若假，皆不离识。‘唯’言为遮离识实物，非不离识心所法等。或转变者，谓诸内实，转似我、法外境相现。此能转变即名分别，虚妄分别为自性故，谓即三界心及心所。此所执境名所分别，即所妄执实我法性，由此分别变似外境假我法相，彼所分别实我法性决定皆无，前引教理已广破故。是故一切皆唯有识，虚妄分别有极成故。唯既不遮不离识法，故真空等亦是有性。由斯远离增减二边，唯识义成，契会中道。[1]

文中“心所”指八识因关联而引起的心理作用之场，能够变似“见”“相”，即通过认识作用而形成外界事物形相。也正是由于八识转变形成事物形相，因此一切都从识生。

唯识派认为，八识中前六识以各自相应的器根，即眼、耳、舌、鼻、身与心，来感觉并区别相应的外境色、声、香、味、触、法。其中意识是对前五识所得感觉的综合，形成总体性认识，并参与前五识的活动。而第七识末那识和第八识阿赖耶识则起思维思度作用。这两识的提出是唯识派的创见，是对此前佛教小乘第六识意识的扩展。小乘派未提出第七、第八两识，相关的作用都笼统地包含在意识中，但因没有区分和规定，所以论证很少，这是其六识论的局限。唯识派对第七、八两识的明确规定，是其立论的依据和出发点。

第八识——阿赖耶识，是梵语 Ālaya 的音译，意译为藏识。阿赖耶识有三相：自相、因相、果相，它像一座仓库，储藏着各种各样的“种子”，种子有产生色法、心法等现行的功能，其义有六：刹那灭、果俱有、恒随转、性决定、待众缘、引自果。因此阿赖耶识也被称为“种子识”，此识的种子不仅主导认识，也可以生出我与世间现象，种子又被其生的现象所熏习，从而引起变化。这些种子还可自类相续。在八识中，阿赖耶识是主

---

① 《成唯识论校释》，中华书局 1998 年版，第 488—489 页。

动的、支配的，当它活动时，末那识与前六识也随之活动。前六识可归结为“了别境识”一类，阿赖耶识和末那识各为一类，这三类识共同参与转变过程，展示并认识我与世间万象。末那识的作用主要是把阿赖耶识思量为“我”，并包含我的四种烦恼——我痴、我见、我慢、我爱，也就是阿赖耶识与前六识的中介。阿赖耶识是藏着的，人不能体会到，而末那识的思量则表现着阿赖耶识的存在，但它不能反过来主导阿赖耶识，只能在阿赖耶识的支配下，以“我”的思量和烦恼来面对前六识的“了别境”，并将前六识转给阿赖耶识，阿赖耶识受其熏习，也会相应转变并通过末那识再达前六识，如此循环，因而“一切唯识”。

唯识派的“八识说”相当烦琐，它既是指人的认识过程，又指世间万象，识与被识常绞合在一起，他们有时也似乎想区分识与被识，但所有被识者又都因识而生，所以分也分不清楚。没有分，也就没有真正的合。他们要用阿赖耶识为本、为据，而阿赖耶识又是说不明白的，所以由末那识思量出一个“我”，作为与前六识及其所识之境的中介，但这个“我”又是完全被动的，只能起中介传递作用，因而八识之间关系依然不明确。而唯识派偏偏要用这不明确关系的八识来说明我及世间万象，只得依靠前人的“因缘”“界”“处”等范畴推论，由此形成其技——因明，但终未能明。好在唯识派的目的只在从“空”论“一切唯识”，至于所识是否明确系统，也就无所谓了。

三性。唯识派的烦琐，还表现于他们对宇宙万有的性质规定和分类上。虽然对八识搅弄不清，却仍要从不清楚的“一切唯识”给宇宙做个界定，所谓“三性”，就是对人们关于万物性质的认识作出评判和规定。第一性为“遍计所执性”，一切事物本来是“空”的，但有人却将它们周遍计度为实有，实在是。但这不过主观的迷妄：“此遍计所执，自性无所有。”① 第二性为“依他起性”，它是由因缘引起的，只是相对的存在。如房子是由砖瓦木料等聚合而成，无砖瓦木料也就无房子。但唯识派与小乘

---

① 《成唯实论校释》，中华书局1998年版，第570页。

派对因缘的认识不同，他们认为因缘不过是“识的流转”，即人心中前念与后念刹那生灭的因果关系。因此，这第二性是“依他起自性，分别缘所生”①。也只是短暂的、相对的。第三性为“圆成实性”，这是由阿赖耶识所主导的认识，并通过阿赖耶识主导的瑜伽亲证到的，因而是绝对的实在，不需因缘，而是自身自在的实在，“圆成实于彼，常远离前性。”② 即远离遍计所执性，是圆成实自性。

> 二空所显圆满、成就、诸法实性名圆成实。显此遍、常，体非虚谬，简自、共相、虚空、我等……此即于彼依他起上常远离前遍计所执，二空显真如为性。③

二空即我空、法空，从我法二空显示“真实”，就是圆成实自性，也是真如实性，达到圆成实性就可以成就佛境，因此，圆成实性也可称为“胜义无性”。

七、大乘派之技

大乘之船大矣，故其经多、论多、佛多、僧多、信众亦多。虽有此派僧人故意抬高，称其为“大乘佛法”，并与“佛法”相并立，但其在“法”层次上除龙树“缘起性空”对“佛我观”有所补充外，实无建树，其新意多在术层次，并由此更新佛技，使大乘之船可以划动。

大乘派之技从一般意义上，还依从早期佛教和小乘部派的戒、定、慧，但也对之做了相当多的改变，并增加了一些新内容。

从戒律论，大乘各派都依其术而对本派戒律做了调整，总体上看，大乘戒律在坚持小乘既有的对僧众身业、口业外在限制的同时，注重意业的

---

① 《成唯实论校释》，中华书局 1998 年版，第 570 页。

② 同上书，第 570 页。

③ 同上书，第 579 页。

发动，强调主动去做善事，将身、口、意三业时刻作为修行的内容，并认为偏离三业即为犯戒，持戒律者必须以内在的自省、自律，随时省察心识的迁流，防恶止非，除恶还净。唯识派的《瑜伽师地论》中指出："云何还净？谓如有一，随所犯罪，即便生起五种恶作。五支所摄不放逸行，以为依止，由何种相，除彼所生五种恶作。"① 为什么会生起这五种恶作？由于我毁犯戒因缘，一是我自己定当深自责，二是为诸天呵责，三是为大师及有志同梵者共责，四是会恶名遍布，五是死后会堕诸恶趣中，因此生起这些恶作。怎么除去五种恶作呢？

> 一者，世尊所说正法，皆有因缘，亦有生离。是故所犯，容可还净。由是除遣所生恶作。二者，由彼无知，放逸，烦恼炽盛，及以轻慢，犯所犯罪。即此无知，乃至轻慢，我已断灭。所有正智，乃至尊敬，我已生起。由是除遣所生恶作。三者，当来无犯意乐，我已生起，由是除遣所生恶作。四者，我已于诸有智同梵行所，发露临灭。由是除遣所生恶作。五者，我于佛善说法毗奈耶中，即出家已，虽越学处，而能悔灭。极为善哉。然薄伽梵，以无量门，呵毁所起相续恶作，为盖为障；我今于彼，多住坚执，不能除遣。非极善哉。了知此已；由是除遣所生恶作。如是名为所犯还净。②

犯戒行为，是由因缘和合而起，所造恶业也是因缘所生，因此也要从因缘而除遣，即为"还净"。还净的方式有发露（自我检讨）、忏悔，以及别住（关禁闭）、摩那埵等治罚，以恢复戒律的权威，僧人则还其诸净之身，继续清净修行。

大乘派戒律既保持小乘传统，也从各派之术论及僧众、环境等条件，

---

① 《瑜伽师地论》卷九十八。

② 《瑜伽师地论》卷九十九。

做了相应修改，比较通行的大乘戒律为三聚净戒：摄律仪戒、摄善法戒、饶益有情戒（摄众生戒），即持一切净戒，无一净戒不持；修一切善法，无一善法不修；度一切众生，无一众生不度，因此，这又称为无尽戒藏。三聚净戒的前提是四弘誓愿，是为实践四弘誓愿的修行必须遵守的戒律，其关系为：

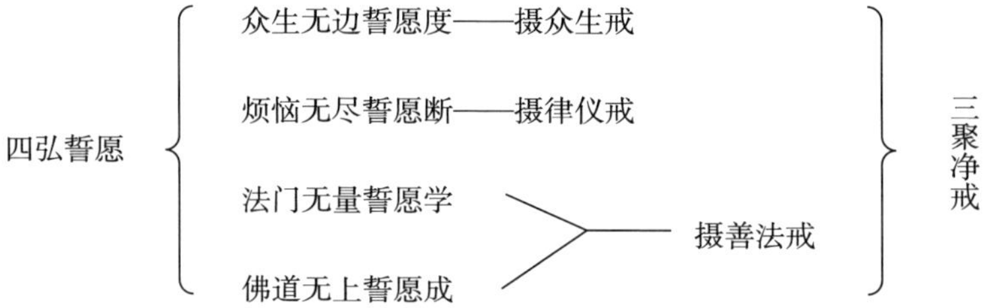

三聚净戒也称“菩萨三聚净戒”，简称“菩萨戒”，是实践“菩萨行”的必备条件。图示如下：

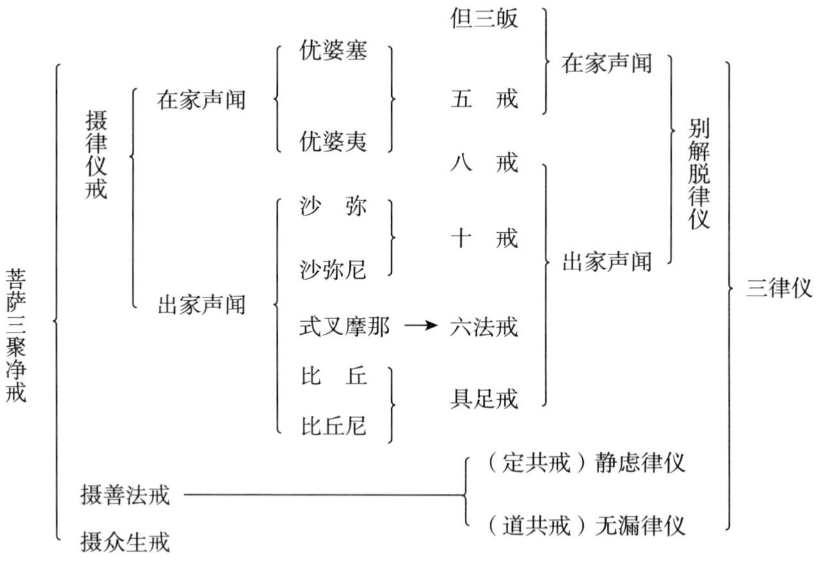

在遵循三聚净戒的同时，各宗派乃至各寺院也有一些特殊戒规。

大乘派在定类技上，较小乘派也有一些变化。《般若经》论所修持的“六度”或“六波罗蜜”是：布施、持戒、忍辱、精进、禅定、智慧，将小乘之戒、定、慧三学扩展，并对禅定做了一些修改。在小乘派那里，定学要求修行者思虑集中，摆脱俗世种种杂念和烦恼，而般若类经则强调修禅定时“不昧不著”，于一切法无所依止，“应离一切相，发阿耨多罗三藐三菩提心。不应住色生心，不应住声、香、味、触、法生心，应生无所住心。”① 由于“我法二空”，因而对所有观念都不应固执，修禅定也是一样，“菩萨摩诃摩以应萨婆若心，自以方便入住禅，不随禅生，亦教他令入诸禅，以无所得故。故名菩萨摩诃摩那波罗蜜。”②

佛教大乘瑜伽行派的形成与婆罗门教瑜伽派有关。婆罗门教瑜伽派早于大乘瑜伽行派，对其形成有一定影响，被称为弥勒著的《瑜伽师地论》在这一点上表现突出，但由于两教核心观念不同，因此在技层次的禅定修行也有所区别。《瑜伽师地论》有五部分：本地分、摄决分、摄释分、摄异门分、摄事分。在第一部分论说瑜伽派禅定的境界，即“十七地”，包括五识身相应地、意地、有寻有伺地、无寻唯伺地、无寻无伺地、三摩呬多地、非三摩呬多地、有心地、无心地、闻所成地、思所成地、修所成地、声闻地、独觉地、菩萨地、有余依地、无余依地。以本地分的十七地为基础，其余四部分都从不同角度对禅定进行论说。以“一切唯识”为术的瑜伽行派，以其唯识论来界说禅定，这在《瑜伽师地论》中就有体现，后来进一步发展，《成唯识论》综合了其有关内容。此书第四卷说：“眼等转识于灭定位非不离身。故契经言：不离身者，彼识即是此第八识。入灭定时，不为止息，此极寂静执持识故。无想等位类此应知。”③ 在修禅定时，所要消除的主要是八识前七识之间“转识”时产生的杂念和烦恼，禅定是以极寂静执持识的第八识——阿赖耶识为依据，并调动此识控制前七识，消除杂念和烦恼。可见，第八识阿赖耶识在禅定中起着主导作用，而且禅定的主要目的，也在领悟、修持阿赖耶识。《成唯识论》卷第三中说，阿赖耶识能够执持种子和各种色根，或者称为所知依，因为它被所知染、

① 《金刚经》，中州古籍出版社 2007 年版，第 125 页。

② 《摩诃般若波罗蜜经》卷第五。

③ 《成唯识论校释》，中华书局 1998 年版，第 246 页。

净诸法所依止；或者称为种子识，因为它能够普遍住持各种世间法和出世间法的种子。

> 此等诸名通一切位。或名阿赖耶，摄藏一切杂染品令不失故，我见、爱等执藏以为自内我故，此名唯在异生、有学，非无学位，不退菩萨，有杂染法执藏义故。或名异熟识，能引生死善不善业异熟果故，此名唯在异生、二乘诸菩萨位，非如来地犹有异熟无记法故。或名无垢识，最极清净诸无漏法所依止故，此名唯在如来地有，菩萨、二乘及异生位持有漏种可受熏习，未得善净第八识故。如契经说：'如来无垢识，是净无漏界，解脱一切障，圆镜智相应。'阿赖耶名过失重故，最初舍耶，此中偏说。异熟识体菩萨将得菩提时舍，声闻、独觉入无余依涅槃时舍。无垢识体无有舍时，利乐有情无尽时故。心等通故，随义应说。①

《成唯识论》本来烦琐，经玄奘翻译更为杂乱难解。上引这一大段话，实际是在强调阿赖耶识的重要和作用，修禅定时要以阿赖耶识为依据，并对阿赖耶有所认知，乃至去除所受"熏习"的污染，从而不断提升果位。

佛教大乘技层次之慧，也较早期佛教和小乘部派有较大变化。《般若经》的"六度"中，第五度为禅定，第六度为智慧，并对戒、定、慧三类技的统一进行了探讨。其所论慧，并不是与定分立的，而是定中慧、慧中定，将慧的扩展与禅定修行结合。正是这种观点，引导禅定从技层次提升到术，为"禅宗"形成之前提。《华严经》主张修菩萨道，其《十地品》把发心修行过程分为10个阶段：欢喜、离垢、发光、焰慧、难胜、现前、远行、不动、善慧、法云，慧不仅是其中重要环节，也是内在因素。

> 菩萨摩诃萨从初地乃至第九地，以如是无量智慧观察觉了

---

① 《成唯识论校释》，中华书局1998年版，第188页。

> 已，善思维修习，善满足白法，集无边助道法，增长大福德智慧，广行大悲，知世界差别，入众生界稠林，入如来所行处，随顺如来寂灭行，常观察如来力无所畏不共佛法，名为得一切种一切智智受职位。佛子，菩萨摩诃萨以如是智慧入受职地已，即得菩萨离垢三昧，入法界差别三昧，庄严道场三昧，一切种华光三昧，海藏三昧，虚空界广大三昧，观一切法自性三昧，知一切众生心行三昧，一切佛皆现前三昧，如是等百万阿僧祇三昧，皆现在前。①

并由此进入第十地法云地。

大乘派中在慧技层次有突出成果的，是瑜伽行派。由于本派特有的不厌其烦的思维，该派诸领头人在技层次之慧上下了大功夫、细功夫，用以展开其“一切唯识”之术。这主要表现在对“五位百法”的探究和因明之技上。

“五位百法”是瑜伽行派关于宇宙万物由八识变现，或从八识对宇宙万物的归类。对此，他们承继了婆罗门教弥曼差派实、德、业、同、无“五句义”及“八句义”的划分，尤其是佛教小乘一切有部《俱舍论》的“七十五法”的思路和成果，是其“八识”说的展开。“五位”即五类法：色法、心法、心所有法、不相应法、无为法。其中前四位法都是生灭变化的，只有无为法才是真实的。下表抄自《大乘百法明门论解》。

“五位百法”是从识对我及世界的分类，其中每一法都是识的表现或感知，也有识在起作用。若从物质主义认识论对此进行评论，往往指责它“想破除客观世界的物质基础”，实际上，瑜伽行派根本就不承认“客观世界的物质基础”，在它之前也没有人对“客观世界的物质基础”进行过系统规定，因此也就没有破的必要。对“五位百法”只能从其“一切唯识”论才能有所认识。

---

① 《华严经·十地品》《中国佛教思想资料选编》第十卷，中华书局2014年版，第519—520页。

五位百法

- 心法（8）
  - 眼识、耳识、鼻识、舌识、身识、意识、末那识、阿赖耶识。
- 心所有法（51）
  - 遍行五——触、作意、受、想、思。
  - 别境五——欲、胜解、念、定、慧。
  - 善十一——信、精进、惭、愧、无贪、无嗔、无痴、轻安、不放逸、行舍、不害。
  - 烦恼六——贪、嗔、痴、慢、疑、不正见。
  - 随烦恼二十——忿、恨、覆、恼、嫉、悭、诳、谄、害、憍、无惭、无愧、掉举、惛沉、不信、懈怠、放逸、失念、散乱、不正知。
  - 不定四——悔（恶作）、眠、寻、伺。
- 色法（11）
  - 眼根、耳根、鼻根、舌根、身根、色境、声境、香境、味境、触境、法处所摄色。
- 心不相应行法（24）
  - 得、命根、众同分、异生性、无想定、灭尽定、无想报、名身、句身、文身、生、住、老、无常、流转、定异、相应、势速、次第、方、时、数、和合性、不和合性。
- 无为法（6）
  - 虚空无为、择灭无为、非择灭无为、不动灭无为、想受灭无为、真如无为。

同样，对瑜伽行派的因明论，也既不能用物质主义认识论，又不能用通常的逻辑学加以理解。本人在20世纪80—90年代研究逻辑学和政治经济学方法论时，曾对因明论很感兴趣，甚至一度认为应将它列为与形式逻辑、辩证逻辑、数理逻辑平行的第四种逻辑——因明逻辑。但用逻辑学的方法却很难处理其中的一些问题。由于当时我的研究重点在政治经济学方法论上，就把产生的诸多疑问放下了。后来我读了苏联舍尔巴茨基的《佛教逻辑》，发现他从普通逻辑学对因明的界说，是下了很大功夫的，但毕竟是一种外在的论证。我们在这里不可能对因明作出系统的考证，但要从佛教大乘一派瑜伽行派的体系来规定其地位和作用，而非我以前试图将它作为逻辑学的一种来论说。

因明，大乘派教授僧徒的“五明”（五种科目）之一，五明为：声明、工巧明、医方明、因明、内明。瑜伽行派的因明，是以婆罗门教正理派的论辩技为渊源的，在《瑜伽师地论》等论著中已有阐述，其成一系统，是由陈那（约5—6世纪）发端纲要，并经商羯罗主、护法、戒贤、胜军、法称等人不断充实，代表作为陈那《因明正理门论》，以及商羯罗主的《因明入正理论》，即对陈那《因明正理门论》的注释。因明既不是理论，也不是逻辑，而是印度婆罗门教和佛教用以论证和辩论之术、技。婆罗门教正理派在这方面进行了系统探讨，其量论即论辩术，是婆罗门教术层次的重要内容，不仅婆罗门教，耆那教和佛教也深受其影响。由于法层次观点不同，佛教不可能完全采用婆罗门教正理派的论辩术，从早期佛教和小乘部派就依佛我观核心观念而展开、建构了自己的术层次，由于要不断辩论和论证，大乘派也必须重视因明，龙树著的《回诤论》《广破论》等，以其真空假有观点批驳正理派的观点，并对正理派的论辩术进行批判和改造，形成了与本教法、术两层次相适应的因明技。陈那、商羯罗主师徒二人的著述，既是对“古因明”（包括婆罗门教正理派、早期佛教、小乘部派、前期大乘瑜伽行派有关思想）的总结、改造，也从技层次的定位上进行系统探讨，又被称为“新因明”。这里对新因明的要点做一分析。

商羯罗主在《因明入正理论》开头用四句偈概括了新因明的要点：“能立与能破，及似唯悟他；现量与比量，及似唯自悟。”① 新因明主要由陈那《因明正理门论》与商羯罗主的《因理入正理论》构成。陈那《因

---

① 《因明入正理论释》，社会科学文献出版社1989年版，第5页。

明正理门论》：分两部分，一是论真、似能立及立具，包括宗与似宗、因与似因、喻与似喻、立具——现量与比量；二是能破与似能破，包括：能破、似能破、负处。

陈那是龙树中观派的继承者，他的论辩技也是以批驳、改造婆罗门教正理派及佛教小乘派等的观点为目的的，现代中外逻辑学者不顾当时的历史环境与其教派之争的目的，单纯地从一般逻辑学角度对之进行研究，是很难认知其本义的。佛教作为民间宗教，不论在印度还是在中国，都只能靠其论辩之技来与论敌对垒以争取信众，因此，我们必须将因明技放在其特定历史环境及与对手辩论的功用中来解读。《因明正理门论》一开始就说明其目的："为欲简持能立、能破义中真实，故造斯论。"[①] 进而在第一部分开头，颂曰："宗等多言说能立，是中唯随自意乐。为所成立说名宗，非彼相违义能遣。"[②] 其所谓能立，是指辩论要依特定前提而立论，并由此前提而批驳、击破对方论点。宗就是论题，论证就是要使本论题得以成立，因而必须有所选择"唯随自意乐"，符合论题的要求，与自己的观点相符合的论题才是真命题，不以自己观点立论的命题是不可能展开论证的。陈那在这里说明了辩论的主体性与目的，而这正是他论辩技的出发点。其所论宗与似宗，即命题与错误命题，前者是以自己观念为前提的，后者则是与自己观念不符合的论题。辩论必须首先立宗，即以自己的观念为前提来确定论题，并认清对方命题的前提加以反驳。他列举了五种似宗，

> 若非违义，言、声所遣，如立一切言皆是妄；或先所立宗义相违，如獯狐子立"声为常"；又若于中由不故，无有比量，为极成言相违义遣，如说"怀兔非月，有故"；又于有法，即彼立为此极成现量、比量相违义遣，如有成立"声非所闻"，"瓶是常"等。[③]

① 《因明正理门论译解》，中华书局 2007 年版，第 1 页。

② 同上书，第 2 页。

③ 同上书，第 7 页。

商羯罗主将其顺序重列，概括为“现量相违，比量相违，自教相违，世间相违，自语相违”[①]。并对应婆罗门教各派辩论技。对宗的论证要以因和喻来展开，因是理由或论据，喻是譬喻。与因和喻相对的是似因与似喻，即不正确的理由和譬喻。大乘要不断地与他派辩论，并向信众讲解本派观念，所以因与喻对于宗的论证是相当重要的，为此，就要在明宗的前提下，选择正确的因与喻，并发现对手在因与喻上的错误，进行攻击，取得辩论胜利。因有三相，即能作为因的要具备三个条件，“若所比处相审定，于余同类念此定有，于彼无处念此遍无，是故，由此生决定解。”[②] 因三相为“遍是宗法性”“同品定有性”“异品遍无性”，这是三支论式的规则，是基于宗、因不相离性推演而成。“遍是宗法性”的因与“同品”“异品”存在九种关系，因而有九种因（九句因），分别为：一、同品有异品有；二、同品有异品非有；三、同品有异品有非有；四、同品非有异品有；五、同品非有异品非有；六、同品非有异品有非有；七、同品有非有异品有；八、同品有非有异品非有；九、同品有非有异品有非有。在辩论和证悟中，还要注重现（感觉）量与比（推理）量的关系，注意发现对手在这方面的错误——似现量和似比量。

在与其他教派的辩论中，不仅要确立自己的命题，更要驳倒对手的命题，即能破，但辩论中又有错误的批驳，即似能破。把握能破，避免似能破之误，是因明辩论之技的要点。陈那指出：“此中‘能破阙等言’者，谓前所说阙等言语诸分过失，彼一一言皆能破，由彼一一能显前宗非善说故。”[③] 从宗与因喻的关系来驳斥其宗，指出其立宗时有似因或似喻的情况，其宗就能破，而似能破则是错误的反驳，

所言“似破谓诸类”者，诸同法等相似过类名似能破；由彼多分于善比量为迷惑他而施设故，不能显示前宗不善，由彼非理

① 《因明入正理论释》，社会科学文献出版社 1989 年版，第 5 页。

② 《因明正理门论译解》，中华书局 2007 年版，第 92 页。

③ 同上书，第 138 页。

而破斥故，及能破处而施设故，是彼类故，说名过类。若于非理立比量中如是施设，或不了知比量过失，或即为显彼过失门，不名过类。①

似能破即不能破。由于在辩论中不能揭示对方论证的缺点，就不能破其命题。似能破有：同法相似，异法相似，分别相似，无异相似，可得相似，犹豫相似，义准相似，至不至相似，无因相似，无说相似，无生相似，所作相似，生过相似，常住相似等 14 种。《因明正理门论》中对这 14 种似能破进行了分析，逐一指出其错误之处。“如是过类，足目所说多分。说为似能破性，最极成故，余论所说亦应如是分别能立。”② 对似能破的分析，不仅可使自己在辩论中避免此类错误，而且能由此发现并指出论敌攻击我的时候所犯的错误。

陈那和商羯罗主等人对因明的探讨，使瑜伽行派之技充实而繁复，虽然陈那也说不要过于细分，但这种以空为前提的论辩技，并不是要认识事物，而是以辩论中获胜为目的，因此虽然表现出其思维的细致，却不能巩固其术、法，大乘派乃至佛教，到陈那一脉已近终结。

佛教大乘在技层次的创造，最有特色的就是净土派的发愿和念佛号。《阿弥陀经》宣扬的极乐净土世界，虽然“从是西方，过在十万亿佛土”，但只要发愿往生到那里，就可以到达。净土派为此设计了往生极乐世界的三个条件：一发菩提愿，二念佛修行，三发愿往生。发菩提愿也就是要发到极乐世界的愿。极乐世界那么美妙，想去不想去？想去，就要发愿，这并不是普通的愿望，而是要立志依从佛的愿。发菩提愿，说来容易，做起来就难了，要坚定不移毕生依愿而行。发愿后要不断地念“阿弥陀佛”，念佛分持名念、观想念、实相念。持名念即念诵阿弥陀佛的名号，也可以念“南无阿弥陀佛”，可出声、可默念、可忆念。观想念是在坐禅时观想

---

① 《因明正理门论译解》，中华书局 2007 年版，第 141 页。

② 同上书，第 234 页。

阿弥陀佛，与禅定不同，可比较随意地想极乐世界及自己往生于彼处。实想念就是念想阿弥陀佛的实相法身，是以无限崇拜心情念想阿弥陀佛的法身。念佛要在有生之年不断坚持，临终时更要强调发愿往生极乐世界。只要此愿真诚，并有人助念，就可感动阿弥陀佛，进入净土极乐世界。而在《佛说无量寿经》[①] 中则对此做了比较具体规定，它先将人分为三辈（等），各辈往生极乐世界的途径也有区别。

> 其上辈者舍家弃欲而作沙门，发菩提心，一向专念无量寿佛，修诸功德，愿生彼国。此等众生，临寿终时，无量寿佛，与诸大众，现其人前。即随彼佛往生其国便于七宝华中，自然化生，住不退转。[②]

其中辈者，是不能出家作沙门的人，但有至心愿生彼国，

> 大修功德，当发无上菩提之心，一心专念无量寿佛，多少修善，奉持斋戒，起立塔像，饭食沙门，悬缯燃灯，散华烧香，以此回向，愿生彼国。其人临终，无量寿佛，化现其身，光明相好，具如真佛，与诸大众，现其人前。即随化佛往生其国，住不退转。功德智慧，次如上辈者也。[③]

其下辈者，

> 有至心欲生彼国，假使不能作诸功德，当发无上菩提之心，一向专意，乃至十念，念无量寿佛，愿生其国。若闻深法，欢喜信乐，不生疑惑，乃至一念，念于彼佛，以至诚心，愿生彼

---

① 汉译此经早于《阿弥陀经》，为曹魏时康僧铠译，“无量寿佛”即“阿弥陀佛”。

② 《佛说无量寿经》载《阿弥陀经》，中州古籍出版社2010年版，第125页。

③ 同上书，第125页。

国。此人临终，梦见彼佛，亦得往生。功德智慧，次如中辈者也。[①]

入门如此简单，前景无限美好，但修行的过程看似容易，实则很难，谁能保证所发的愿不会在某一时刻忘记或松懈，念佛也不会因特殊情况而中断？更重要的是，谁能保证极乐净土真是那么美妙，又有谁真的到达了？——去到极乐净土的人就不会回来，所以去了也不可能让现世活人知道。活着的人们只能在无限崇敬和向往的愿中，不停地念佛，更重要的是“起立塔像，饭食沙门”，以造功德，净土派此技，确实高明，这也是它信徒广众，并流传久长的重要手段。

佛教大乘各派之技，还有一个共同点，就是塑造佛像、僧塔，并礼敬供奉。早期佛教和小乘上座部是明确反对婆罗门教的祭祀之技的，他们强调对佛的声闻和缘觉，而且只有释迦牟尼佛一佛。小乘大众部开始破坏这一规则，将佛神化，修塑佛像加以供奉，但其崇拜的还只是释迦牟尼一佛，至多是他前世和来世的佛。大乘派则不仅将佛神化，而且无限化，释迦牟尼佛不过是无限佛中的一个。更重要的是，大乘派普遍倡导并力行修建寺塔，塑画佛像，既有释迦牟尼佛，也有阿弥陀佛，以至他们编造的佛经上有名字佛的像。不仅寺院里要塑画，崖壁、洞窟也要塑画。既有统治者出资，也有信徒自己出资或集资。佛不再只是僧人口中的说法，更有形象遍布寺院、城镇、村庄、家庭，乃至风景名胜地，但凡有人处，就有佛的形象伴随。在造寺修塔塑画佛像的同时，还要举行仪式。佛教真的“大乘”起来，处处时时指导、监督人们的言行，只此一技，就助佛教顺利在印度各地推广，而且扩展至周边地区，并传播于已经形成民族国家的华夏神州。

① 《佛说无量寿经》载《阿弥陀经》，中州古籍出版社2010年版，第125—126页。

八、佛教在中国的传播——论并无“中国佛教”

佛教传入中国，是在公元1—2世纪的东汉末年，此前虽有零星传播，但仅限于极少数人，并作为一种方术或养生技，而真正形成较大规模，则在魏、晋、南北朝、隋、唐的五六百年间。慧能创禅教在公元七八世纪相交期间。此时佛教在印度已濒临灭绝，其在中国的传播也告一段落。唐以后原来曾兴盛一时的中观派和瑜伽行（唯识）派大都没落，只剩净土宗因其技之简约并与禅宗结合，而禅宗与禅教相混，得以延续。总体上说，之所以佛教净土宗、禅宗能够存留千余年，很大程度上得益于禅教，而历史上并未区分禅教与禅宗，使禅宗可以打着慧能招牌，并与净土宗结合，二宗相依为命，导致佛教在中国存续两千年。但如果将禅教区别于佛教，并由此考察唐朝之后中华大地上传布的佛教，则应得出不同认识。

近代以来，中国一些僧人和学者提出了“中国佛教”这一命题，并就此进行了广泛深入的论证，他们试图证明：在印度佛教之外，还有一个中国佛教。中国佛教虽然源于印度佛教，但经过中国历代僧人的努力，不仅继承了印度佛教的基本教义，还创造了许多“中国特色”（其中主要论据就是将慧能禅教归入佛教禅宗），不仅形成了“中国佛教”，而且在印度佛教消失后，依然传承至今，既是中国文化一个重要内容，也是我们中国人的骄傲！

但是，不能不指出的是：“中国佛教”这个命题是不能成立的。佛教曾在中国传播，这是历史事实，但佛教在中国的传播并不等于是“中国佛教”，就像不能将基督教在中国的传播说成是“中国基督教”，不能将伊斯兰教在中国的传播说成是“中国伊斯兰教”一样。佛教是由道、法、术、技四层次构成的思想体系，其道为婆罗门教之梵道，其法层次以佛我观为核心观念，展开于若干术层次，并具体化于技。之所以称其为教，关键在其佛我观核心观念。而所谓“中国佛教”的道、法两层次均取自印度佛教，中国僧人至多是在术层次提出某些新意，并在技层次结合中国国情民情进行了一些修改。而“中国佛教”论者引为重要论据的慧能，虽曾受佛教一些启发，但他创立的是具有自己道、法、术、技的新思想体系，是禅教，而非佛教一支禅宗的一个派系。我们当然可以说慧能禅教是“中国禅教”，但不能先将它贬为佛教之禅宗的一派，再以之为据论说有一个别于印度佛教的“中国佛教”。

关于慧能禅教，是本书的主题，后面系统探讨，这里先考察佛教在中国的传播，这也是慧能禅教形成的一个必要条件。

与由外来的雅利安人大迁移形成的印度地区文明不同，中国文明则是地道土著人经家族、氏族、部族、部族联盟、民族这一系列人类社会存在形式的演变而创造的。当雅利安人在印度地区建立其部族奴隶制时，中国的夏、商两代也处于历史的这一阶段，虽然夏、商两大部族名义上可以统率各部族，但并未改变各部族的相互关系，这与1000年后印度佛教形成时的几个“王朝”“王国”差不多。20世纪初一些接受“欧洲中心论”的学者，在按所谓“古希腊”[①]“古罗马”模式界定中国历史时，发现很难确定中国的奴隶制这个历史阶段。以“欧洲中心论”为真理的人慌了，在他们观念中，似乎人类从一开始就由欧洲的某位核心领导制定了发展规划，全世界各个地区都要按这个规划展开自己的历史，如果哪个地区的发展与这个规划不一致，那就要追责问罪了。而那些固执中国特别论，认为中国自古以来就无制度变革的人，则正好以此来论证现在中国也不应变革。虽然固守“欧洲中心论”者努力找出零星史料、考古资料证明夏、商两代有奴隶制，但其所说的奴隶制还是“古希腊”“古罗马”的私人奴隶主掌控奴隶人身权的制度，其找到的史料也很难证明其论点。实际上，夏、商两代的奴隶制，是与其部族存在形式统一的，奴隶只是部族对外扩张中劫掠的俘虏及其后代，其所有权并不是归某个私人奴隶主，而是归本

① 我在研究黑格尔的哲学史思想时，发现不仅“古希腊哲学”的大部分史料是一千多年后“文艺复兴”时出现的，而且从逻辑上也不可能在已有如此高明哲学体系后，还会出现犹太教、基督教这些比“古希腊哲学”落后、低档次的思想体系。见拙著《黑格尔哲学》（中国社会科学出版社2017年版）。

部族集体所有，但部族首领有对奴隶的控制权。这与印度的部族奴隶制有相似处，不同的是中国此时部族集体所有的掠于邻近部族的奴隶与其主人是同一人种，说同样语言，而印度的奴隶主是外来的雅利安人，奴隶是本地土著。这种区别，也就导致中国的部族奴隶制不可能像印度那样采取种姓制度，因而也就不可能产生婆罗门教式的宗教。印度婆罗门教的梵天与诸神崇拜，是其雅利安人一般性（由梵天代表）和各部族特殊性（各自崇拜其神）关系的体现。中国夏、商时期则以诸神崇拜为主。也由于中国没有种姓制度和相应宗教的意识形态，夏、商时期的部族奴隶制并不像印度那样稳固，而且奴隶只是劳动者中的一部分，各部族中的大多数本族劳动者虽然名义上也拥有奴隶的人身权，但他们主要依靠自己劳动来维持生活，而且因为与奴隶没有人种和语言障碍，也比较容易交流，所以劳动者素质技能得以提高，形成社会制度变革的内在动因。这种变革发生于公元前11世纪，即所谓“武王革命”，周部族联合西北地区其他部族，结成联盟，推翻了商王朝这个名义上的部族共主，并将部族联盟作为新制度。周天子作为部族联盟的名义领袖，同时也是周部族的首领，虽然他在灭商以后，既以分封形式承认某些旧部族首领的地位，又将其子孙封为部族首领，但他实际的权力只在其本部族范围。这样的部族联盟还是松散的，灭商和分封时形成的盟主权势很快就削减，各大部族也就开始以各种方式扩大自己的领土领民，或在周边地区与各小部族结成联盟，保留小部族领主名号，或直接剿灭小部族。这样，就在“周朝”这个大部族联盟内部，形成了若干部族联盟，先是“春秋五霸”，后是“战国七雄”，以至秦吞六国，统一天下，汉承秦制，废除封建，形成人类第一个集权官僚制民族国家。

在不到1000年时间里，进行两次社会制度变革，中国由此成为农业文明时期最为先进、领土人口最多的国家，而此时的印度地区，依然由婆罗门教所维护的部族奴隶制四种姓简单地“轮回”，虽然也有矛盾冲突，但不具备变革条件，只是由佛教提出在佛导引下现世修行，来世改变轮回的观念来缓解冲突。而导引中国进行变革的，则是短暂的“上帝”主义和天道观。为了加强部族联盟，周部族首领曾提出一神上帝统率诸神，进而取代诸神的观念，但周朝的封建制度松散软弱，因此上帝主义很快为其内部较大的部族以天道观取而代之。由天道观导引的诸子思想家、改革家，纷纷提出变革主张，不仅促成了社会进步，更形成庞大系统的以天道为基本观念的思想体系，这个体系为汉武帝所认可，并依集权官僚制的需要进行系统构造，成为制度的理论基础，这就是儒学道统，它具体展现为官文化。这是汉朝乃至以后两千年历代社会制度的思想依据。也正是在这样的制度和文化条件下，印度地区的佛教经西域（汉武帝派张骞通西域）而流入中国，其境遇决定了佛教在中国的传播只能依附于儒学道统，佛教徒在努力取宠于皇帝官吏的同时，为之提供缓解社会矛盾的服务。

写到这里，笔者想到一个问题：为什么印度佛教可以在中国传播，中国儒学道统却不能在印度传播呢？这个传播通道是完全可以双方互流的，为什么印度僧人可来中国传佛，中国文人却不到印度传儒，而汉僧（如朱士行、玄奘等）也只是“取经”，却没有将中国制度和文化传播于印度呢？这里的关键，还在社会制度的差异。中国的儒学道统及其集权官僚制度，对于此时仍实行部族奴隶制的印度来说，根本没有实行的条件，不论官方使者还是民间僧人，不可能不讲述中国的制度和文化，但不论是说给婆罗门、刹帝利，还是佛教僧众，他们都是不能理解的，而他们或依婆罗门教的苦行，或依佛教的修炼，都不是以改变现实社会关系为目标，只是努力追求来世好的轮回，甚至解脱、涅槃。这是多么高尚的目标！脑袋装满梵天、佛神的印度梵教徒和佛教徒不可能对他们既不可望更不可及的中国制度、文化感兴趣。而中国则不同，虽然已建立当时世界上最先进的社会制度，但社会矛盾冲突不断发生，儒学道统只能提供理论基础，却不可能消除现实矛盾，对于统治者来说，不危害制度和其统治并能缓解民众不满情绪的佛教，是可以有限制地加以利用的，况且传教的印度僧人及其汉地徒弟们，又努力逢迎帝王和世族贵族对来世荣华富贵的欲求，不断修正其技、术来讨好他们。得到统治者认可的僧人，不仅可免赋税和兵役、劳役，还有官方或民间出资建造的寺院、配给的田地山林及其他稳定的生活条件，因而也就有仕途失意文人和寻求生计的民众充任。而他们只要做足了必要仪式，以各种老百姓能听懂的言语，以佛的名义化解人们心理疑难，缓解社会矛盾，并许诺人以改变轮回，甚至修成罗汉、菩萨的可能性，就不仅可以得到布施，还真的能为稳定统治起到一定作用，这就是佛教在中国传播的条件和必要方式。

佛教在中国的传播，大体可分为：一、初步传入，东汉末年至三国时期；二、大量译经和解经，晋至南北朝时期；三、宗派形成和活动，隋、唐时期；四、衰微及依托禅教延续时期，宋至清及近代。

初步传入。虽然西汉时就有佛教的零星传入，如《浮屠经》《四十二章经》等，但只在个别权贵者（如楚王刘英奉佛）中有所影响。到东汉末年才有印度地区和西域僧人来到洛阳，译出部分佛经，其中比较突出的是安世高、支娄迦谶，他们分别译出小乘和大乘般若类经典，以及支谦等人译《维摩诘经》及康僧铠译《无量寿经》。汉时这些西方来的僧人除译经外，就是亲自游说官僚富豪，以求资助，也收部分汉人为徒，但由于汉朝禁止汉人出家为僧，因而信众不多。到曹魏时印度地区昙柯迦罗来到洛阳，译出《僧祇戒心》，宣讲戒律并开始对汉人授戒，形成有组织的佛教团体。

这个时期，在中国传播佛教的主要是印度地区或西域来的僧人，中国人是被动接受者，由于佛教与中国文化、语言的差距，虽有西来僧人译经和讲经，但受他们本人对佛经的理解程度和汉文字水平的限制，所传播的佛教内容及传播对象范围都有限，其所译经也只能供少数官僚、士子阅读，在民间，则以佛造像及方技等吸引人注意，而净土派的《无量寿经》译出，并率先传播其简易之技，是佛教得以流传的重要手段。至于当时民间对佛教的认识，基本上是等同于道教及地方民间方术，官吏士子们也只是将它看成黄老一类的学术，比较突出的《牟子理惑论》可以说是对佛有较深理解的著述，其中将佛称为“道德之元祖，神明之宗绪”，完全纳入中国古圣贤之列，并用儒、道思想解释。任继愈在《中国佛教史》序中写道：“东汉三国时期的佛教，属于佛、道融合时期，它依附于方术、道士;"[1] 这是符合历史逻辑的，但我们更要注意儒学道统在总体上对意识形态的统治。相较之下，东汉、三国时期佛教在中国的传播，与明、清时期基督教在中国的传播有些类似，不同的是，佛教并无改变社会制度的意识，因而与儒学道统不会发生道、法层次的冲突，只是在技、术层次逐步渗透和改造，由此取得了在中国思想界的一席之地。

大量译经和解经。“晋、南北朝时期的佛教，属于佛、玄融合时期，它依附于玄学，并在依附的情形下逐渐得到滋长。”[2] 晋、南北朝时期，是中国集权官僚制的“反思期”，汉朝四百多年的大一统，并没有彻底消除旧的封建势力，汉初刘邦所实行的，实际是中央集权下的分封制，其矛盾导致刘彻削去诸侯权力，并独尊儒学道统为制度的理论基础，但旧的封建势力依然潜在于体制内外，汉末这种势力趁黄巾农民起义而兴起，经三国战乱，晋虽统一，但其按官品级分配土地占有权和门阀世族，使封建势力得以在中央集权之下合法存在，并不断威胁中央集权，而为了维持形式上的大一统，皇帝及其中央政府不得不与封建势力达成妥协，容许其在拥护皇帝名号前提下的存在。这样的政治环境，导致儒学道统的“玄学”化，也就是从老庄学说对儒学道统进行重新探讨和改造，同时也对集权官僚制进行反思，而取代晋的南北朝，可以看成封建势力某种程度的“复辟”，但南北朝的各国依然实行集权官僚制。这样的意识形态相对说是比较宽松的，也给佛教的进一步传播提供了必要条件，世族豪强中也有人支持佛教徒的译经、造寺等活动。

晋朝和南北朝时期，不仅有印度地区及西域僧人大量翻译佛经，而且传教活动在统治者的容许下得以展开，并形成了一批解经论佛的僧人，西晋译经以月支竺法护、印度竺叔兰、于阗无叉罗等人为主，并辅之其汉人徒弟。东晋以印度鸠摩罗什为主，他不仅通汉文，更在翻译时由其弟子僧叡、僧肇等协助，其所译经相对明确易读。两晋所译大部分是大乘派经

---

① 任继愈:《中国佛教史》第一卷，中国社会科学出版社 1985 年版，第 14 页。

② 同上书，第 14 页。

论，并译了小乘《阿含经》等。除新译外，对以前旧译本也有新译。翻译经论，可算这个时期佛教传播的重点。译经与晋朝门阀世族中受佛教影响者直接相关，他们不仅资助译经，更为僧人修建寺院，形成了众多僧团，因此，也就培养出部分能识字著文的僧人，他们开始写作其学习经论的体会文章，其中也有理解较深刻、文言通顺者，如鸠摩罗什徒弟僧肇，所著《物不迁论》《不真空论》等，颇有文采。受当时意识形态的影响，不论西来僧还是汉地僧，他们对佛经的解说，通常有玄学倾向，并且都通晓老子、孔子、庄子学说。而与权贵交往则是这些僧人存在和拓展影响的主要方式，其中比较著名的是道安，他依靠与荆州刺史桓豁等人的交往，不仅建立了寺院僧团，还广泛宣讲般若类经论。可见，佛教依附于玄学的晋朝和南北朝时期，得到了适宜的传播空间，初步形成了若干宗派。而慧远等人对净土派的推崇，不仅形成了净土宗，又使之在民间比较快地流传。后来有较大发展的禅宗，也以印度达摩于南北朝时来华传播其禅技为起源。由于统治者的支持引导，南北朝时期不仅造了众多寺塔，而且开凿崖壁、山窟为佛造像，保留至今的云冈、龙门等就是北魏朝廷主持开凿，并有官、商附之，因而成大规模。

宗派形成和活动。隋、唐两朝是集权官僚制经晋、南北朝“反思”期后归于大一统的时期。为了维护政权统一，隋唐两朝的统治者在以儒学道统为主导的同时，兼取道、佛两教以为辅助，这一时期佛教传播的特点是在形成宗派的同时广泛活动。其宗派除玄奘从印度取回并翻译瑜伽行派经论形成的唯识宗外，基本上以前一时期所译经论为依据，如依据法华经的天台宗，以《中论》《百论》《十二门论》为依据的三论宗，以《华严经》为依据的华严宗，以《阿弥陀经》等为依据的净土宗，以及专修戒律的律宗。这些宗派，大都以印度大乘教的部派为源头，以修传其某类经论为主，并由某一统治者支持而形成，但除净土宗外，又基本上在唐武宗李炎灭佛后一蹶不振，这些宗派只留下该宗的经书及所写的部分心得体会文章。而孕育慧能禅教的禅宗，也是在这个时期形成的，由印度僧人达摩传来的禅定之技，经慧可、僧璨、道信、弘忍等人的修持传播，逐步提升至术的层次，形成禅宗，再由神秀一脉传承丰富。不论禅宗还是佛教界，都将慧能归于禅宗，只是分出“南能北秀”二支，这样，禅宗就成为武宗灭佛后得以保存下来的佛教一派，并与净土宗相互依融，得以传续。我们并不否认禅宗的存在及其流播，但必须指出其重要原因是禅宗与禅教的混杂，而这一笔历史旧账，是要算清楚的。

隋唐两朝，经历400余年，这期间既是佛教在中国传播的高峰，也是佛教在印度没落、回归婆罗门教而演变为密教的时期，似乎佛教在中国找到了其新的生存之地，这也是热衷于“中国佛教”者津津乐道之事，为了论证“中国佛教”这个命题，他们还将由密教演化形成的喇嘛教也算作“中国佛教”一部分，加上由禅教及与其混杂的禅宗，及与禅宗结合的净土宗，就构成了又一个千年的“中国佛教”。至于隋、唐时出现的各宗派，则不去与其在印度的原型对比，甚至有论者将这些宗派所依从的经论，也归入“中国佛教思想体系”“中国佛教哲学体系”中。而时佛教各宗派的首领们大概谁也不会想到他们译自印度的佛经、佛论，以及他们读这些译著的心得体会，至多是读书报告，会在1000多年后被抬到如此高度！

衰微及依托禅教延续。这是佛教在中国传播的第四个时期，经短暂的五代而集权统一的宋、元、明、清四个朝代，大约一千年。这个时期在中国流传的佛教，就是刚才谈过的混杂了禅教，并打着慧能旗号的禅宗及净土宗。至于华严、天台、唯识等宗，只在很小的范围由个别寺院和少数僧人坚持，而律宗因其在佛技上的特殊作用，还有部分传人。至于元、清两朝统治者将喇嘛教引入内地，并修大寺院供奉，本与佛教无关，但也被列入“中国佛教”范畴，这与没有弄清密教与佛教区别，更不清楚喇嘛教的特殊性有关，只突出两教都信“佛”——至于是哪家子的佛，特别是其教义有何不同，并不重要，只要其能保佑我的统治，迷惑民众就足够了。这在清雍正帝胤禛那里表现得最为典型，他本是喇嘛教信徒，却又自认为精通佛理，更是禅宗“超等宗师”，选辑《御编语录》，肆意评判禅宗，并把佛教其他宗派僧人，如作为三论宗前导的僧肇、净土宗的袾宏，甚至道教“紫阳真人”都列为第一等，而将慧能归入次等，更把他本人的言论作为重要一部分，真是“超等宗师”本色！而明朝开国皇帝朱元璋，少年曾出家为僧，虽未能明佛法，却深知佛教“绳顽御恶”“佐王纲而理道”的功用。他在推崇佛教的同时，严肃整顿佛教团体，以端正佛教形象，有效发挥其作用。先是整顿寺院，进而规定各府州、县只许保留大寺 1 所，僧伽集中居住，府寺最多 40 人，州寺 30 人，县寺 20 人。并严格僧人考试度牒制，不许私度僧人，对僧人行为进行细致规定，区别禅院、教院、律院，各院僧人必须止守常住，严禁其从事瑜伽、显密法事等。从朱元璋的做法中，可以清楚佛教在中国的地位和作用。

产自印度的佛教，以婆罗门教之梵道为道，在法层次以佛我观为核心观念，并自创和吸收、改造婆罗门教之术、技，形成其思想体系，它之所以能在中国传播，在于统治者要用它辅助统治，而它也不得不适应中国的制度和文化，做出相应改变。虽说汉译佛经、佛论、佛律，大体还能保持其原意，但也做了必要修改，而中国僧人在讲经说论，谈自己心得体会时，却不得不在技层次迎合统治者的官文化和民众的小农意识，对于佛法似懂非懂，对于佛术也几乎很少创见。而朝廷、官府对佛教僧人的管束也相当严格，加之文人士子的主要出路在经荐举、科举为官，能够加入僧团者大多是求官不得、为官不利的人，其中很少能在佛教术层次有所探究发明。在中国流传的佛教门派，也大多是印度派系的延续。如果剔除在印度已成形的法、术两层次，几无新意，仅就其在技层次的某些改变，并不能支撑“中国佛教”“中国佛教哲学”这些大命题。至于被“中国佛教”论者引为主要依据的慧能及其传人的思想，则并非佛教之禅宗，而是独立系统的禅教——中国禅教。

第三章　慧能教禅非宗禅

——中国禅教的创立流传及其与佛教禅宗的关系

中国思想史或中国哲学史的研究往往只关注先秦诸子及儒学道统，几乎不论及慧能，或者只是在谈宋明理学时顺便谈一下慧能的影响。一些论证“中国佛教”甚至“中国佛教哲学”的著述，都把慧能列为佛教之禅宗的创始人或主要发展者（“第六祖”）。这样就不可能准确界定慧能思想体系的历史地位。

在中国思想史的演进中，慧能是老子、孔子、墨子、庄子之后又一位具有创造性思维的思想家，他所创立的禅教，是与悉达多创立的佛教处于同一层次的宗教体系，是受佛教影响并借鉴其某些观念而形成的与道教并列的中国宗教。

这是与“中国佛教”论者的观点不同的，为了回答可能的质疑，在论证慧能禅教核心观念及其思想体系之前，有必要对慧能禅教的创立流传及其与佛教禅宗的关系进行分析。

一、印度禅技随佛教传入中国

禅定，本为婆罗门教之技，经悉达多和小乘、大乘各派的修炼、改造，成为佛教之技的重要组成部分。佛教传入中国的初期，人们对它的了解，是从具体的技层次开始，并一直将技层次作为关注的重点。禅修作为佛教定技类的内容，也就被视为与呼吸吐纳的气功类似的东西而为人所接受。老子、庄子、孟子、荀子等都探讨过控制心思、气息、行为之技。《老子》说："致虚极，守静笃。"①《庄子》的《人间世》中写孔子答颜回问"心斋"时说："若一志，无听之以耳而听之以心；无听之以心而听之以气！听止于耳，心止于符。气也者，虚而待物者也。唯道集虚。虚者，心斋也。"②《大宗师》中说："古之真人，其寝不梦，其觉无忧，其食不甘，其息深深。真人之息以踵，众人之息以喉。"③ 孟子说："我善养吾浩然之气。"④《荀子》的《解蔽》中说："人何以知道？曰：心。心何以知？曰：虚壹而静。"⑤ 而道教形成以后，对于调息静心之技尤为重视，《太平经抄乙部》中《合阴阳顺道法》中说："瞑目还自视，正白彬彬。若且向旦时，身为安著席。若居温蒸中，于此时筋骨不欲见动，口不欲言语。每屈伸者益快意，心中忻忻，有混润之意，鼻中通风，口中生甘，是其候也。"⑥《修一却邪法》中说："夫一者，乃道之根也，气之始也，命之所系属，众心之主也。"⑦《以乐却灾法》中说："以乐治身守形顺念致思却灾。夫乐于道何为者也？乐乃可和合阴阳，凡事默作也，使人得道本也。故无气乐即生大昌，自然乐则物强。"⑧ 道教信徒在修行时，又多有创见，形成了一套养生气功。

佛教禅定与诸子心斋、养气、壹虚而静、守静致虚及道教气功，虽然依据不同的道、法、术，但在技层次上却有相似之处，而这也正是中国古人可以接受佛教的一个重要因素。随着佛教在中国的传播，禅定之技也越

---

① 《老子》，中州古籍出版社 2008 年版，第 66 页。

② 《庄子》，中州古籍出版社 2008 年版，第 57 页。

③ 同上书，第 84 页。

④ 《孟子》，中州古籍出版社 2008 年版，第 67 页。

⑤ 《荀子》，中州古籍出版社 2008 年版，第 368 页。

⑥ 《太平经合校》，中华书局 1960 年版，第 11 页。

⑦ 同上书，第 12—13 页。

⑧ 同上书，第 13 页。

来越多地被介绍，并成为佛教信徒修行的内容。据《俱舍论》《瑜伽师地论》等经论，习禅的目的在于：一为得现法乐住，二为得知见，三为分别慧，四为得漏尽。道教气功的理论依据是天道观及阴阳、五行说，目的是以气的养护、控制，使人与天相通，养生长寿，虽形式上与佛教有相通，但理论依据和目的却有差别。为使佛教能被中国人接受，其传播者先从技的形式入手，逐步深入其术，并告诫信徒，要以对佛的信仰为前提，在佛的引导下，运用佛的力量限制个人情绪和欲望，抗御、排斥外界引诱，克服烦恼，去恶从善，由无明而智慧，去除心灵污染达致清净。因而，“制意”就是禅定的基本内容。《俱舍论》卷二十八：“依何义故主静虑名？由此寂静能审虑故。审虑即是实了义。”① 超脱“欲界”的“静虑”，是心理过程，这也是印度从婆罗门教到佛教深入探讨的问题。佛教小、大两乘及其各部派，都有自己特有的禅定之技。

大体上说，小乘禅技传入中国要早于大乘禅技，主要翻译小乘派经论的是汉末的安世高，据《出三藏记集·安世高传》载，其为安息国太子，“汉桓帝之初，始到中夏。世高才悟机敏，一闻能达，至止未久，即通习华语。于是宣讲众经，改胡为汉，出安般守意、阴持入经、大小十二门及百六十品等。”② 安世高所传主要是上座部，尤其是“说一切有部”的经论，他在中国的门徒很多，对传播小乘派起了重要作用。安世高及其门徒关于禅的论证与修炼，重点在“静虑”，分为四阶段：初静虑，也称初禅，通过“心一境性”的“寻”“伺”而厌离欲界，心中会产生“喜”“乐”感受，形成“定力”；二静虑的思维是“内等净”，“内”即不再像初静虑那样以“名句文字义”为对象，“等”则是没有心理的起伏波动，二者结合为“离外均流名内等”，因此而得“定生喜乐”；三静虑的思维形式是“舍、念、正知”，感受内容为离喜得乐；四静虑的思维形式是“舍清静，念清静”，舍弃一切喜乐感受。在四阶段的静虑过程中，都要贯彻对佛的

① 《俱舍论》卷二十八。

② 《出三藏记集》，中华书局 1995 年版，第 508 页。

观念，即用佛的观念逐步清除、取代人的普通意识，静虑并不是达到无，而是以佛来占据、主导我的意识。此外还有“四无色定”：一为“空无边处定”，二为“识无边处定”，三为“无所有处定”，四为“非想非非想”，达到“一切诸想皆悉灭尽，唯有微细想象无相境转”。“四静虑”加“四无色”也被称为“八等至”，由此安世高等又提出“四无量”“八解脱”“八胜处”“十遍处”等禅修之技，并以“四意止”加以概括。即《阴持入经》所说的：“为正四倒故，佛为观四意止说分别。”身现行止，为不净意念倒得解。痛痛相观，为苦计乐倒得解。意意相观，非常计为常倒得解。法法相观，非身计为身倒得解。用“不净”“苦”“非常”“非身”依“心一境性”对治“身、痛、意、法”。安世高的徒弟康僧会还以《安般守意经》为依托，强调“安般守意”之禅技，也就是通过控制、调解呼吸，使浮躁不安、思虑过多的心情平定，这与道教呼吸吐纳的气功有相似处，但康僧会更注重将佛教观念注入其中。康僧会在《安般守意经》序中着重记述了“四禅”要点，进而指出：“摄收还念，诸阴皆灭，谓之还也。秽欲寂尽，其心无想，谓之净也。得安般行者，厥心即明，举眼所观，无幽不者见。住无数劫，方来之事，人物所更，现在诸刹。”①“安般守意”以“四禅”“六事”为必要环节，其特点在于注重自我控制意识活动。《安般守意经》说：人使意，意使人。使意，就是调数息、相随、止、观、还、净、念三十七道品。而人不行道，贪求随欲，则是意使人。通过安般守意而达涅槃，是禅修的目的和内涵，安世高译经时，还是以“无为”这个道家概念来译涅槃，但其意已有不同。他认为无为有两种，一是外无为，二是内无为。眼不视色，耳不听声，鼻不受香，口不味味，身不贪细滑，意不志念，是外无为。数息、相随、止观、还净，是内无为。到东晋时，谢敷在《安般守意经》序中，进一步强调以“慧”来守意，并批评了安世高及其门徒为了使佛教被人接受，以道教“成仙”说来解释禅定的做法，这也反映出大乘派已经传入，并开始与小乘派争夺信众了。

---

① 康僧会：《安般守意经序》，《出三藏记集》，中华书局1995年版，第243页。

概而言之，汉末传来的佛教小乘禅技，受小乘之术约制，以所观为实境，修持形式相当烦琐，带有明显的神学色彩。而大乘禅以实相取代实境，以思辨取代神通，与魏晋时“玄学”主流有相近处，故能传入并迅速推广。

佛教大乘派传入中国晚于小乘派。首先系统翻译大乘经籍的，是月支人支娄迦谶，《出三藏记集》将他的传列在安世高之后为第二，

> 支谶本月支国人。操行淳深，性度开敏，秉持法戒，以精勤著称。讽诵群经，志存宣法，汉桓帝末，游于洛阳。以灵帝光和、中平之间，传译胡文，发般若道行品、首楞严、般舟三昧等三经。又有阿阇世王、宝积等十部经，以岁久无录，安公校练古今，精寻文体，云“似谶所出”。凡此诸经，皆审得本旨，了不加饰，可谓善宣法要，弘道之士也。后不知所终。[1]

般若波罗蜜是大乘派与小乘派的分野，小乘派尊释迦牟尼是唯一的佛，而大乘派则将般若作为佛、法、僧的概括，是成佛的指导原则，是修行的灵魂。释迦牟尼是在般若的指导下，或者说他是悟到了般若才成为佛的，同样悟到般若成佛的十万世界都有“等恒河沙”不可计数的佛。佛教大乘派所崇拜的，不仅是这无数佛中之一的释迦牟尼佛，而且是造就佛的般若。信奉佛，就是信奉般若，这是大乘派与小乘派的区别，大乘派也就是这样攻击、排斥只尊崇释迦牟尼佛的小乘派的。他们用以引诱信众的是极乐净土世界已有的无数佛及空余的佛位，只要以施舍和修行攒够可以在大乘这条大船上无数舱位中一个舱位的船票，就能由这大乘之船渡到彼岸，不仅能得到小乘派许诺的罗汉果位，还可以修成菩萨，甚至成佛。

为此，大乘派将一切生灭现象都视为因缘而导致的，一切现象也就是“无生”“无灭”“无作者”的，般若之“空”，就是“因缘法”，进而将早期佛教和小乘派围绕人生过程的“十二因缘”，扩展到世间“五蕴”和

---

① 《出三藏记集》，中华书局1995年版，第511页。

出世间佛界，用以解释他们所能看到、想到的一切。依般若论，人及事物都无自性，所谓自性不过是人的意识以名（概念）加给人和事物的，佛教的意义就在于识透概念的假象，破除以假象的概念为真实的观念，认知“本无”。“本无”是人的感觉和概念所不能认识的。要认知“本无”，必须掌握般若智慧，即“萨芸若”，意为“一切智”，这是般若类经论修习的根本，而大乘禅技就是修习“萨芸若”的必要手段。支娄迦谶所译《佛说般若三昧经》，涉及了大乘禅技问题。“般若三昧”意为“佛现前定”，此经以“信”开首，以“至诚”结尾，中以“念”来达到“十方诸佛悉现前立”，并以“梦”作为见佛的验证，进而认知“本无”。菩萨欲疾得是定者，常立大信，如法行之则可得也，勿有疑想如毛发许。宜一念，断诸想，立定信，勿孤疑，精进行，勿懈怠。进而，避乡里，远亲族，弃爱欲，履清净，行无为，断诸欲。一心念阿弥陀佛及其佛土，七日七夜不间断，所念想的佛就呈现于面前，也就是在头脑中制造见佛的幻觉，这已是净土宗的初形了。在念想阿弥陀佛及其佛土并在头脑中生出其有，并“现前立”之后，又要在主观上认识到佛及佛土是“本无”“空”的，也就是说，佛并不是外在于人心的，经过修炼使心清净，就可呈现于前，心作佛，心自见，心是佛心，佛心是我身。“证是三昧，知为空定。”由此念而使“诸佛悉在前立”，进而达到“本空”，就是禅定的要旨。

支谦是支娄迦谶之后又一翻译大乘经论的外来僧人，“支谦，字恭明，一名越，大月支人也。祖父法度，以汉灵帝世，率国人数百归化，拜率善中郎将。”① 他10岁学书，13岁学胡语，通6国语言，并受业于支谶弟子支亮，成年后应孙权召，为权解经，孙权大悟，拜为博士。

越以大教虽行，而经多胡文，莫有解者，既善华戎之语，乃收集众本，译为汉言。从黄武元年至建兴中，所出维摩诘、大般泥洹、法句、瑞应本起等二十七经，曲得圣义，辞旨文雅。又依

① 《出三藏记集》，中华书局1995年版，第516页。

> 无量佛、中本起经，制赞菩萨连句梵呗三契，注了本生死经，皆行于世。①

其中的《佛说维摩诘经》与《楞伽》《圆觉》被称为“禅门三经”。此经以般若为基础，发挥了“诸法实相”的思想，通过无双遣的“不二法门”消除了世间与出世间的界限，强调尘世与佛国不二，生死与涅槃不二，为了解脱，不在于是否出家，而在主观修养、净化心地，“若人意清净者，便自见诸佛佛国清净。”《佛说维摩诘经》虽然没有专门谈论禅技，但其思想对于禅技传流及禅宗的形成，都有重要作用。

在中国宣传佛教大乘派思想及其禅技的外来僧人中，贡献最大者当数鸠摩罗什。《出三藏记集》对他的身世作了传奇性描述，意在宣扬他多学足慧，精通佛典。概而论之，鸠摩罗什为天竺人，家世国相，其父不愿继相位而出家，但被龟兹王强行请为国师，并逼娶其妹，生罗什，罗什 7 岁随其母出家，后在西域各国学佛讲经，

> 什道震西域，声被东国。苻氏建元十三年，岁次丁丑，正月，太史奏有星见外国分野，当有大德智人入辅中国。坚素闻什名，乃悟曰：“朕闻西域有鸠摩罗什，将非此耶？”十九年，即遣骁骑将军吕光将兵伐龟兹及焉耆诸国。临发，谓光曰：“闻彼有鸠摩罗什，深解法相，善闲阴阳，为后学之宗，朕甚思之。若剋龟兹，即驰驿送什。”②

而吕光破龟兹后，竟逼罗什娶妻，或令骑牛及恶马，欲使堕落。罗什常怀忍辱，曾无异色，吕光惭愧而止。回师至凉州，苻氏前秦政权已灭，吕光自立大凉天王，但他不信佛教，只让罗什充任军政顾问。后原前秦将领姚

① 《出三藏记集》，中华书局 1995 年版，第 517 页。

② 同上书，第 532 页。

苌在渭北建立后秦政权，并于次年攻入长安，即皇帝位，国号大秦。他多次派人请罗什，后凉吕氏不放。姚兴即秦帝位后，派兵伐凉，吕氏归降，迎请罗什到长安。罗什时年已 58 岁。罗什在凉州 16 年，虽没有译经，却可学习汉语、文字，并收徒讲佛，僧肇等人“自远从之”。

> 什至长安，兴待之以国师之礼，甚见优宠。自大法东被，始于汉明，历涉魏、晋，经论渐多。而支、竺所出，多滞文格义。兴少崇三宝，锐志讲集。什即至止，仍请入西明阁、逍遥园，译出众经。什率多闇诵，无不究达。转解秦言，音译流利。既览旧经，义多乖谬，皆由先译失旨，不与胡本相应。于是兴使沙门僧肇、僧契、僧迁等八百余人咨受什旨，更令出大品。什持胡本，兴执旧经，以相雠校。其新文异旧者，义皆圆通，众心惬服，莫不欣赞焉。兴宗室常山公显、安成侯嵩，并笃信缘业，屡请什于长安大寺讲说新经。①

在姚兴及其他权贵的赞持下，鸠摩罗什大量译经、授徒。由于有姚兴和众多徒弟的帮助，罗什在 11 年时间内，

> 续出小品、金刚般若、十住、法华、维摩、思益、首楞严、华首、持世、佛藏、菩萨藏、遗教、菩提、呵欲、自在王、因缘观、无量寿、新贤劫、诸法无行、禅经、禅法要、禅要解、弥勒成佛、弥勒下生、称扬诸佛功德、十诵律、戒本、大智、成实、十住、中、百、十二门诸论三十三部，三百余卷。②

鸠摩罗什是佛教在中国传播史上的重要人物，他特殊的身世和经历，对佛

---

① 《出三藏记集》，中华书局 1995 年版，第 533—534 页。

② 同上书，第 534 页。

教的理解，加之姚兴的赞持，因此在晚年时才能译出如此多的大乘派经论，使大乘派得以在中国广泛流传。而姚兴作为一位历史上少有的圣贤皇帝，虽为羌人，但信依集权官僚制，在遵从儒学道统的同时，大力扶植佛教，他对罗什的译经授传给予的支持，成就了罗什的事业。以罗什为中心的庞大僧团中，汇集了不少突出的僧人，“名德秀拔者才、畅二公，乃至道恒、僧标、僧叡、僧敦、僧弼、僧肇等三千余僧，禀访精研，务求幽旨。庐山慧远，道业冲粹，乃遣使修问。龙光道生，慧解洞微，亦入关咨禀。传法之宗，莫兴竞爽，盛业久大，至今式仰焉。”① 由于僧人众多，姚兴设立了管理僧尼的官僚机构，将佛教纳入为朝廷服务的意识形态系列，并在官僚机构的管束下存续，为后代统治者效法而行。

从支谦到鸠摩罗什，在大约 150 年时间内，还有竺法护、竺叔兰、无叉罗等印度或西域僧人译佛经，并有道安在荆州刺史桓豁等权贵支持下，组织外来僧与汉地僧翻译佛经，大、小乘经论已多译成汉字。鸠摩罗什的翻译，不仅有以前未译之经，更多在于对旧译本的重译。至此，大乘派的主要经论都有了汉译本，罗什译本中还有若干专谈禅技的，这为大乘派，尤其禅技的传播提供了必要条件。

随着佛教经论的大量翻译及西来僧人的传教授徒，到公元 4 世纪中至 5 世纪初，佛教在中国已经成为被统治者认可，并予以支持利用的宗教，形成了各种僧团，其活动在诵经、解经的同时，主要以禅技为修行方式，并以戒律约束。中国僧人中，已出现若干有能力说经、解经者，比较突出的有道安、慧远、僧叡、僧肇、道生等。其中慧远在解经授徒的同时，相当注重修行禅技，他与刘遗民等“贞信之士百有三十多人”，组建僧团，在庐山“别置禅林”，并于庐山之阳般若云台精舍阿弥陀像前，建斋立誓，共期西方。这个僧团是信净土、修禅技的组织，也是第一个净禅合一的团体。慧远相当重视收集说禅之经论，

---

① 《出三藏记集》，中华书局 1995 年版，第 534 页。

初经流江东，多有未备，禅法无闻，律藏残缺。远大存教本，愤慨道缺，乃命弟子法净等远寻众经，逾越沙雪，旷载方还。皆获胡本，得以传译。每逢西域一宾，辄恳恻咨访。屡遣使入关，迎请禅师，解其摈事，传出禅经。又请罽宾沙门僧伽提婆出数经。所以禅法经戒，皆出庐山，几且百卷。[①]

知鸠摩罗什来长安，慧远屡屡派人与他联系，并得其译经论，《禅经》《禅法要》《禅要解》必在其内。慧远虽重禅修，但其技大体上仍效印度大乘派，并以《阿弥陀经》的发愿向往西方净土为目的。

总之，随着佛教大乘、小乘经论的翻译，其禅技也逐步传入中国，并为中国僧人所重视，成为修行的必要方式，但在两晋之前，基本上只作为修行之技，并未形成专门的宗派，因而有关禅的论说还以理解经论为主，并无建树。

二、禅宗之形成

禅作为修行之技，对于不事劳作专为佛业的僧人来说，既是与诵经相结合的必要行为方式，也是僧团组织维持其内部安定，淡化人际关系的必要手段，禅修与戒律从内外两方面控制僧人思想和行为，保证僧团的秩序。因此，只要是佛教僧团，都注重禅技，在印度如此，到中国亦如此。大乘派传入中国后，依附于玄学阶段的儒学道统，努力适应并维护集权官僚制，因而在两晋、南北朝和隋唐时期得以广泛传播，相继形成了以佛教某一术或二术为宗旨的宗派，比较著名的有天台宗、三论宗、唯识宗、华严宗、净土宗、律宗等。这些宗派都依所据经论而有其禅技，但都是从属于其诵经说论的，并没有将禅提升至术的层次，更没有以禅为宗。

禅宗作为佛教大乘的一个门派，形成于隋至唐初，其代表人物是被禅宗称为“四祖”的道信和“五祖”的弘忍，但被尊为初祖的达摩又是不

---

① 《出三藏记集》，中华书局 1995 年版，第 568 页。

能不说的环节。

达摩作为禅宗初祖或祖师，在禅宗一脉已成定论，但关于他的传说及以他名义写出的论著，大都出自禅宗后人，所传他活动时期的佛教史料却都未记载有过达摩这位僧人。而不认同佛教的杨衒之在其《洛阳伽蓝记》中却有这样的记载：熙平元年（516 年）太后胡氏立永宁寺，“时有西域沙门菩提达摩者，波斯国胡人也，起自荒裔，来游中土；见金盘炫目，光照云表，宝铎含风，响出天外，歌咏赞叹，实是神功。自云年一百五十岁，历涉诸国，靡不周遍，而此寺精丽，阎浮所无也。极佛境界，并未有此。”并“口唱南无，合掌连日”①。这是提到达摩的第一份史料。唐道宣《续高僧传》中则说：“菩提达摩，南天竺婆罗门种……通微彻数，定学高之，……初达宋境南越，末又北度至魏，随其所止，诲以禅教。”② 而《祖堂集》所记与此有别，“第二十八祖菩提达摩和尚者，南天竺国香至大王第三大子也，得般若多罗法。”③ 这三种文件中，有两点区别：一是达摩为何处人？《洛阳伽蓝记》说是“波斯”人，《续高僧传》和《祖堂集》都说是“南天竺”人，后人一般认为，“南天竺”即今斯里兰卡。二是达摩出身种姓，《续高僧传》中说是“婆罗门种”，而《祖堂集》中则说是国王“第三大子”，即刹帝利种姓。据此，虽不能否认达摩其人及其对禅技有所修为，但很难说他创立了禅宗这一佛教派系。而以他名义的禅论，也多出于后世禅宗弟子之手。禅宗之所以高抬达摩为祖师，大概出于这样的原因：佛教为印度之教，中国所形成的各宗，都以佛经论中术层次某范畴为依据。将印度佛教中的禅技提升为术层次的范畴，并作为建立禅宗的依据，是中国禅师们创造性思维的结果，但按佛教传统，其术皆出自印度，中国僧人只能学习、修行。中国僧人若宣称自创禅宗，那么佛教界是不可能承认的，为此，就找到一位印度来的僧人作为祖师。也可能确有达摩此人，他通晓禅技，并教授了道育、慧可等弟子，以至再传，由道信、弘忍

---

① 《洛阳伽蓝记》《大正藏》第 51 卷，第 1004 页。

② 《续高僧传》卷十六，《大正藏》第 50 卷，第 551 页。

③ 《祖堂集》上卷，中华书局 2007 年版，第 88 页。

等创造了禅宗。这样，达摩就不仅成了中国禅宗的初祖，更是印度禅乃至佛教的第二十八祖，《坛经》《祖堂集》等还列出了印度七佛和二十七祖的名号，其中释迦牟尼为第七佛，他之下大迦叶为第一祖，阿难为第二祖，并编造出印度七佛二十七祖的事迹，这样，达摩作为印度第二十八祖和中国第一祖的身份就可以成立了。

为使禅宗成立并纳入佛教正统，中国的禅宗僧人们颇费心思，《坛经》《祖堂集》中的印度“七佛”和“二十七祖”的提法，并不见诸佛教的经论，而是禅宗僧人从各部佛经中选择拼凑而成，其中有若干“佛”“祖”只有名字传承，并无言论事迹，或只有极简短的记载。但关于悉达多（释迦牟尼佛）的记载颇为详细，并编写了关于其禅的传说。

> 世尊在灵山会上，拈花示众。是时众皆默然，唯迦叶尊者破颜微笑。世尊曰：“吾有正法眼藏，涅槃妙心，实相无相，微妙法门，不立文字，教外别传，付嘱摩诃迦叶。”世尊至多子塔前，命摩诃迦叶分座令坐，以僧伽梨围之。遂告曰：“吾以正法眼藏密付于汝，汝当护持，传付将来。”①

这个传说，是历代禅宗都要宣讲的，而“拈花示众”“迦叶微笑”“微妙法门，不立文字，教外别传”不仅使禅宗有了悉达多这一来源，更增添了诸多神秘色彩，至今禅宗仍以此诱众惑人。几乎所有禅宗人士，都没有发现这段传说的悖论：如此“涅槃妙心”，如果“不立文字”，当然“教外别传”了，但教内又如何得传？若按这个说法，禅法就只能由具有“正法眼藏”的个别人会意微笑而传续，又如何广收信徒，形成庞大禅宗？诸位禅师，你们是从何处得“正法眼藏”，又是如何意会悉达多的“涅槃妙心”？而禅宗海量的“语录”“传灯录”又都以文字记载作为禅宗教材，况且你们又要读众多佛经佛论，不都是立于文字的吗？是否但凡立于文

①《五灯会元》上卷，中华书局1984年版，第10页。

字，说于言语的都并非“正法眼藏，涅槃妙心”呢？

由于译自印度梵语的佛经佛论关于悉达多禅法的记载几乎为零，因而禅宗“所立文字”，不仅包括各部大乘佛经，还把慧能《坛经》纳入其中。笔者手边有一部《禅宗十三经》，是由国际文化出版公司1994年出版的。其中除《六祖大师法宝坛经》外，均为译自梵文的经论和汉地佛论。此外，还将慧能禅教继承者道一、怀海、希运、希迁诸人语录都算作“正法眼藏”的内容，以致鱼龙混杂。

禅宗此举，是其依附佛教的必要手段，而宣传悉达多拈花、迦叶微笑的传说，并不为慧能及其禅教传人所认可。《坛经》中并未有一处提及此传说，只是在人问及达摩与梁武帝关于造寺、供养、布施是否为功德时涉及达摩。禅教传人不仅不迷信佛、祖，而且呵佛骂祖，义玄说：“逢佛杀佛，逢祖杀祖，逢罗汉杀罗汉。”① 宣鉴更说：

> 这里无祖无佛，达磨（摩）是老臊胡，释迦老子是乾屎橛，文殊普贤是担屎汉，等觉妙觉是破执凡夫，菩提槃是系驴橛，十二分教是鬼神簿、拭疮疣纸，四果三贤、初心十地是守古冢鬼，自救不了。②

义玄、宣鉴都是禅教思想体系已经确立，禅教农禅并作之禅团经实践而成熟时的代表人物，他们对禅宗传说的“佛”“祖”的呵骂、否认，是禅教与禅宗区别的标志之一。而慧能禅教的形成，是以达摩至弘忍共五代禅宗创始者为前提的，是他受弘忍启发，顿悟我佛观，别创新教的历程。

《祖堂集》的《菩提达摩和尚》传中先是描述了达摩在天竺学佛、修行，得第二十七祖般若多罗法的过程，然后写道：“尔时达摩和尚泛海东来，经于三载，梁普通六年丁未之岁九月二十一日至于广州上舶。刺史萧

---

① 《古尊宿语录》上卷，中华书局1994年版，第65页。

② 《五灯会元》中卷，中华书局1984年版，第374页。

昂出迎，奏闻梁帝。十月一日而至上元。武帝亲驾车辇，迎请大师，升殿供养。”① 而达摩与梁武帝的对话，体现出其禅意，

尔时武帝问：“如何是圣谛第一义？”师曰：“廓然无圣。”帝曰：“对朕者谁？”师曰：“不识”。又问：“朕自登九五以来，度人造寺，写经造像，有何功德？”师曰：“无功德。”帝曰：“何以无功德？”师曰：“此是人天小果，有漏之因，如影随形，虽有善因，非是实相。”武帝问：“如何是实功德？”师曰：“净智妙圆，体自空寂，如是功德，不以世求。”武帝不了达摩所言，变容不言。②

达摩的作用，不在于他留下了什么思想，而在于他是“天竺”僧人，在于他教了中国徒弟道育、慧可，并由此而为禅宗之“初祖”。道育亦作慧育，但只是被达摩提到一句“得我骨者道育”，另外还有“得我肉者尼摁持”，也和道育一样，没有传世之说。唯独“得我髓者慧可”被达摩“内授法印，以契传心；外传袈裟，以定宗旨”③。关于慧可的身世，同一部《祖堂集》紧密相连的“达摩”与“慧可”两篇，说法却不同。《慧可禅师》中说：慧可本姓姬，名光，

至年三十，住龙门香山寺，事宝静禅师，常修定慧。既出家已，至东京永和寺具戒。年三十二，却步香山，侍省尊长。又经八载，忽于夜静见一神人而谓光曰：“当欲受果，何于此住，不南往乎而近于道？”本名曰光，光因见神现故，号为神光。至于第二夜，忽然头痛如裂。其师欲与灸之，空中有声报云：“且莫，且莫！此是换骨，非常痛焉。”师即便止。遂说前事见神之由，

① 《祖堂集》上卷，中华书局 2007 年版，第 95 页。

② 同上书，第 97 页。

③ 同上书，第 98 页。

以白宝静。宝静曰："必是吉祥也。汝顶变矣，非昔首焉。五峰垂坠玉轸，其相异矣。"遂辞师南行，得遇达摩，豁悟上乘。①

而《菩提达摩和尚》中却说：

大师自到东京，有一僧名神光，昔在洛中，久传庄、老，年逾四十，得遇大师，礼事为师，从至小林寺。每问于师，师并不言说。又自叹曰："古人求法，敲骨取髓，刺血图像，布发掩泥，投崖饲虎。古尚如此，我何惜焉?"为求法故，立经于夜，雪乃齐腰。天明，师见问曰："汝在雪中立，有如何所求耶?"神光悲啼，泣泪而言："唯愿和尚开甘露门，广度群品。"师云："诸佛无上菩提，远劫修行。汝以小意而求大法，终不能得。"神光闻是语已，则取利刀，自断左臂，置于师前。师语神光云："诸佛、菩萨求法，不以身为身，不以命为命。汝虽断臂，求法亦可在。"遂改神光名为慧可。又问："请和尚安心。"师曰："将心来，与汝安心。"进曰："觅心了不可得。"师曰："觅得岂是汝心?与汝安心竟!"达摩语慧可曰："为汝安心竟，汝今见不?"慧可言下大悟。②

一是由神给"换骨"，二是自行"立雪""断臂"，究竟慧可由何"大悟"?不过，《菩提达摩和尚》中却写了慧可之"所悟"的过程："慧可白和尚：'今日乃知一切诸法本来空寂，今日乃知菩提不远，是故菩萨不动念而至萨般若海，不动念而登涅槃岸。'师云：'如是，如是。'慧可进曰：'和尚此法有文字记录不?'达摩曰：'我法以心传心，不立文字'。"③ 这段文字可以证明慧可已知禅，"诸法本来空寂"，是大乘派的教义，而"不动念"

① 《祖堂集》上卷，中华书局2007年版，第106页。

② 同上书，第97—98页。

③ 同上书，第98页。

或是慧可禅的要点。达摩所说“以心传心，不立文字”，被禅宗后人说得玄而又玄，而其所立文字，不仅超过佛教其他宗派，甚至比儒学经论都多！

慧可的重要性不仅使达摩禅有了传人，更在于他作为“二祖”找到了僧璨这位新的传人——禅宗三祖。但三祖的身世却无从记载，“不在何许人，不得姓字。”《祖堂集》中只记他：

> 遇可大师，得付心法，大集群品，普雨正法。会中有一沙弥，年始十四，名道信，来礼师而问师曰；“如何是佛心？”师答曰：“汝今是什么心？”对曰：“我今无心。”师曰：“汝既无心，佛岂有心耶？”又问：“唯愿和尚教某甲解脱法门。”师云：“谁人缚汝？”对曰：“无人缚。”师云：“既无人缚汝，即是解脱，何须更求解脱？”道信言下大悟。①

僧璨的作用，似乎就是使道信“大悟”。而道信才真的开始了将禅技提升为禅术，并使禅宗得以立门派。

禅宗是印度佛教传入中国后创立的佛教门派，虽以达摩为名义，但其禅术的形成和禅团的组织，则是在道信和其徒弘忍的努力下完成的，“达摩”只是禅宗借用其名，以应对佛教各宗派迷“西方”印度的心理而制造的本宗“初祖”传说，表明自家也是源于“天竺”正宗。至于所谓“达摩禅”，则属“无稽之谈”，没有文献支撑。后世禅宗分布广泛，并有大量文字记载，但主要论说其师承和禅语，对于禅宗之形成，又往往故作神秘，或杜撰达摩以至悉达多、迦叶等印度“祖师”言语，或强调禅师个人的觉智，对于其形成和演化的社会文化基础往往忽略不谈。道信和弘忍生活于隋朝和唐初，中国社会自汉朝灭亡后的近400年间，处于分裂战乱状态，虽有两晋的短期统一，但又被切割成南北朝的混乱局面。这似乎是向秦汉以前的战国封建的回归，但这个时期的割据只是政权形式上的，基本

---

① 《祖堂集》上卷，中华书局2007年版，第110页。

制度和文化却不可能退回封建领主制及其封建宗法文化，不论南朝北朝，也不管是汉人还是蛮族所主持的政权，都以秦汉确立的集权官僚制和儒学道统为制度与意识形态，这是隋唐重归大一统的基础。而佛教正是在这个时期流传于中国东西南北的，经过历代西来僧与汉地僧的共同努力，将佛教的主要经论翻译成汉文字，并对之与汉文化结合加以理解。这些都是禅宗创立的必要前提。

道信姓司马，河内（今河南沁阳）人，在僧璨的开导下大悟，并授心印，经过10年，又赴吉州、江州，并在庐山大林寺住了10年，后渡江北上，住黄梅西北双峰山30余载，创立自家门派，徒众达500余人。道信对于大乘经典有深入研究，对《楞伽经》《般若经》《金刚经》都有独到见解。而僧璨所传“达摩禅”，又使他认识到禅技在解佛中的作用，并进而把它作为解佛之技的禅，提升为“任心自在”“常住法身”之术。据《景德传灯录》记载，道信对法融云：

> 夫百千法门，同归方寸；河沙妙德，总在心源。一切戒门、定门、慧门，神通变化，悉自具足，不离汝心。一切烦恼业障，本来空寂，一切因果，皆如梦幻。无三界可出，无菩提可求。人与非人，性相平等，大道虚旷，绝思绝虑。如是之法，汝今已得，更无阙少，与佛何殊？更无别法。汝但任心自在，莫作观行，亦莫澄心，莫起贪嗔，莫怀愁虑，荡荡无碍，任意纵横，不作诸善，不作诸恶，行住坐卧，触目遇缘，总是佛之妙用。快乐无忧，故名为佛。①

以佛我之法，导引个我意识与行为，是习禅的目的，我以自心知佛。

> （法融曰）：“心既具足，何者是佛，何者是心？”祖曰：“非

① 《景德传灯录》上卷，中州古籍出版社2019年版，第67页。

心不问佛，问佛非不心。”师曰：“既不许作观行，于境起时，如何对治？”祖曰：“境像无好丑，好恶起于心。心若不强名，妄情从何起？妄情既不起，真心任遍知。汝但随心自在，无复对治，即名常住法身，无有变异。”①

道信对法融说的这段话，表明他对佛与我的关系有了新的认识。基于这种认识，本来以个我崇拜大佛，求佛助我解脱的禅技，也就有所变化。个我并非被动地拜佛求佛，而是从我心来理解佛，进而由佛主导我的意识和行为。百千法门回归方寸，河沙妙德总在心源，将人心提到“源”的程度，已经在佛与我之间找到了一个新的共同点，佛之法之德源于心，而我学佛修行，也要从心做起。我所感受的烦恼业障，都是由心所生，是从本来的空寂中形成的，一切因果皆如梦幻。什么求菩萨以出三界，不过是妄念，因为本来就没有三界可出，也没有菩提可求。佛法大道是虚旷的，只要绝思绝虑，就能悟到，也可以知佛。因此，只须任心自在，不作观行，更不必专门澄心，莫起贪嗔，莫怀愁虑，不作诸善，不作诸恶，就可以心地坦荡，任意纵横了。学佛修行，应在日常生活中，于行住坐卧之间，触目遇缘。世间境像本无好丑之分，是由于人心感念，才有了好与恶，只要心不强行对外部事物标上好恶之名，妄情就不能起，真心也就显现了。所以“随心自在，无复对治”就是常住法身，没有变易。如此认识，表明道信已将禅从技层次提升至术层次。

禅术的提出，是道信作为禅宗创立者的内在条件，基于这种认识，他创造了禅团，从而使禅术有了组织依托，由此而为宗。以前各佛教宗派，都是将禅作为学佛修行之技，从属于其僧团的持戒、诵经活动的。达摩对慧可，慧可对僧璨，僧璨对道信，虽然突出禅技，但却是师徒间的个别行为，并没有普及和组织化。道信由禅技中归纳出禅术，不仅教导徒弟的层次提升，并因这种提升而扩展了范围，可以容纳并约束更多的追随者。印

① 《景德传灯录》上卷，中州古籍出版社 2019 年版，第 67 页。

度地区僧人承继婆罗门教传统，轻视劳动，以求权贵供养或乞食为生，这一传统也随佛教在中国的传播而通行。这样，导致僧人巴结朝廷及权贵、富商，以各种诱骗、恐吓方式索取民众财物，以至低三下四地乞讨。而朝廷所实行的度牒制，则给佛教僧人的各种优惠，又为一部分人逃避赋税、兵役、劳役提供了条件。虽然取得度牒要经过官方考试，但也有人以贿赂手段取得，以及朝廷为解决财政困难而出卖度牒。此外，为逃灾荒、兵难又有大量流民躲进寺院。而集权官僚制下的僧官及官方任命寺院住持等制度，又使寺僧成为等级森严的官僚机构控制的团体。禅宗刚形成时，并不为朝廷所认可，禅团成员的构成，主要是逃荒避税役的农民和其他流民，但没有官方的政策优惠和财政支持，而且也很少有人施舍，不仅没有高房大屋的寺庙，甚至连吃饭都成问题。更重要的一个难题，就是众多（几十，乃至几百）禅僧聚在一起，其相互关系如果处理不好，就会弄出许多麻烦。道信作为禅团的第一位组织者，他的才能，不仅在于将禅技提升为禅术，更在于从术的层次创建了禅团的基本组织。

道信聚众山居组织僧团的情况，在他第三、四代传人嵩山法如系的《传法宝记》、安州玄赜系《楞伽师资记》中有所记载。据说道信在双峰山聚集的禅团最多时有500多人，既无朝廷承认，又无权贵富商资财，如何活下去是第一大问题。据《传法宝记》记载：道信“每对门人曰：努力勤生，坐为根本。能作三五年，得一口食塞饥疮，即闭门坐。莫读经，莫共人语”。作，即劳作，包括农业生产及各种劳务，依靠自身的劳动，满足基本生活资料，而吃饭则比读经更为重要。劳作之外就是“坐”，即禅修，这既是禅僧的基本功课，也是减少体力消耗以适应半饥半饱的生活条件，更重要的是每个人在坐中“莫共人语”，这样可以避免人际冲突。而“莫读经”，已是道信对禅的认识提升一个层次的标志。不论印度佛教僧团，还是其传入中国后组成的僧团，虽然都重视禅技，但只是作为读经的辅助手段，僧人的主要功课还是读经、讲经。道信以他对佛与禅的理解，明确了“心”的作用，因而要求“莫读经”，只从劳作与坐禅中体悟自心中的佛性。

道信的禅术与禅团组织的经验，为他的弟子们所继承，也由此开始了禅宗各派系的形成发展，其突出者为弘忍和法融。弘忍被后世禅宗称为“五祖”，他不仅承续了“四祖”道信的禅宗，而且开导了禅教创始人慧能，在禅宗历史上具有相当重要地位。这里我们先谈道信门下另一弟子法融的牛头禅系。与7岁就投师道信的弘忍不同，法融并未投于道信门下，而是道信遥观气象，知牛头山有奇异之人，亲自造访，并授以法，前面引道信对禅术的论说，就是对法融讲的。法融“年十九，学通经史”，后阅大部般若，晓通真空，遂隐茅山，投师落发。通般若、楞伽、三论、法华等。他在得道信授法后，对佛教经论的理解更为精进，“法席大盛”。而他在牛头山聚集的僧人多达300人。“唐永徽中，徒众乏粮，师往丹阳缘化。去山八十里，躬负米一石八斗，朝往暮还，供僧三百，二时不阙。”[①] 可见他身强力壮，是一位慈祥的禅门领袖。而其禅团，基本的生活来源也应是生产自给。法融的牛头山禅系后来衍生出润州籍僧群，成为禅宗的重要一支。

弘忍是道信的亲传弟子，《祖堂集》对他的记载分两段，一在《道信和尚》篇中说：

> 道信将璨大师心印之后，忽于黄梅路上见一小儿，年七岁，所出言异。师乃问：“子何姓？”子答曰：“姓非常姓。”师曰：“是何姓？”子答：“是佛性。”师曰：“汝勿姓也。”子答曰：“其姓空故。”师谓左右曰：“此子非凡，吾灭度二十年中，大作佛事。”[②]

二在《弘忍和尚》篇说：“弘忍和尚，即唐土五祖也。姓周氏。本居汝南，迁止蕲州黄梅。诞生七岁出家，事信大师。”[③] 对他的业绩，则只记录他如

① 《景德传灯录》上卷，中州古籍出版社2019年版，第68页。

② 《祖堂集》，中华书局2007年版，第114页。

③ 同上书，第117页。

何开导慧能并传衣法。而《楞伽师资记》载，弘忍在道信门下坚持作坐并重，“役力以申供养，法侣资其足焉。”① 他不仅自己劳动，还是比较有能力的生产经营管理者，又说他“生不瞩文，而义符玄旨”②。并记他回答人问“学道何故不向城邑聚落，要在山居?”的话：“大厦之材，本出幽谷，不向人间有也。以远离人故，不被刀斧损斫。一一长成大物，后乃堪为栋梁之用，故知栖神幽谷，远避嚣尘，养性山中，长辞俗事，目前无物，心自安宁，从此道树开花，禅林果出也。”③ 这段类似《庄子·逍遥游》中的话，却也可以看作禅团丛林山居的自我论证。《传法宝记》中说弘忍“常勤作役”，“混迹驱给”，带头劳作，坚持坐作并重。又记弘忍语：“你坐时平面端身正坐，宽放身心，尽空际远看一字，自有次第，若初心人攀缘多，且向心中看一字，证后坐时，状若旷野泽中，迥处一高山，山上露地坐，四顾远看，无有边畔，坐时满世界。宽放身心，住佛境界，清净法身，无有边畔，其状亦如是。”④ 其两大弟子神秀和慧能的言论，都有可能与这种观念有关。

弘忍在禅宗历史上的作用，一是承继道信禅术与作坐结合的丛林禅团，二是发现并开导了慧能，为从禅宗提升至禅教创造了前提，三是培养了神秀这位禅宗传人。而慧能创禅教后，禅宗并未消失，不仅有神秀一脉承继，还从禅教中又演化出禅宗，与禅教混杂。

三、慧能创立禅教

对于慧能在思想史上的地位，绝大部分论者都是将其定位为禅宗“六祖”而论说的，虽然有人认识到他的创造性作用，但至多也只是将他说成禅宗的“实际创始人”，或者说他是中国佛教的划时代人物，他之后的中

---

① 净觉：《楞伽师资记》《中国佛教思想资料选编》第五卷，中华书局2014年版，第168页。
② 同上书，第168页。
③ 同上书，第167—168页。
④ 同上书，第169页。

国佛教就是禅宗一脉。

这里的关键点在于，如何界说慧能思想体系的层次。从道、法、术、技四层次论，如果慧能的作用仅限于术、技两层次，那么他也就与弘忍及道信一样，只是佛教之禅宗的重要传承和发扬者。笔者之所以说“慧能创立禅教”，则在于他不仅于禅术、技层次有所创新，更在法层次提出“我佛观”，突破了佛教的“佛我观”。我佛观作为慧能思想体系的核心观念，不再以佛教取自婆罗门教的梵道观为道，而是以中国儒学道统的天道观为道，从我佛观改造了禅宗之术、技，并提出新的术、技，虽然仍借用“佛”字及佛教禅宗的一些术语，但其内容既非禅宗，更非佛教，而是中国在传统道教之外的又一新教——禅教。禅教与禅宗虽都说“禅”，但禅宗之“禅”在于以佛的大智慧大神通认知、导引个体我；禅教之“禅”则从存在与认识统一的个体我认识我本有的大智慧佛。禅教之“禅”，通也，明也，顺也，无妄念，不保守，不迷信先验真理，实证经验，实事求是，故禅法实在。对于慧能的禅教思想体系，我们在下一章专门探讨，这里只考察其创立、发展过程，以及其与禅宗的关系。

关于慧能的身世，主要是《坛经》记录的他本人的叙述，以及其亲传弟子的有关回忆。

据《坛经》慧能自述：其父“本官范阳左降迁流岭南，作新州百姓”,① 而其徒神会说他“俗姓卢，先祖范阳人也。因父官岭外，便居新州”②。慧能未说过自己的俗姓，而由神会道出，当属实。但神会却将慧能之父在范阳为官说成“先祖范阳人”，而“父官岭外”，并不是慧能自说的左降迁流岭南，作新州百姓，却似乎是一个父在岭外为官的公子哥了，神会的目的似在抬高慧能出身，但这与下文弘忍说慧能是“岭南獦獠”已不符了。还是看慧能自述吧：“慧能幼小，父又早亡，老母孤遗，移来南海，艰辛贫乏，于市卖柴。”③ 这样说，才与“岭南獦獠”相合，也能说

① 《坛经校释》，中华书局 1983 年版，第 4 页。

② 《神会和尚禅话录》，中华书局 1996 年版，第 109 页。

③ 《坛经校释》，中华书局 1983 年版，第 4 页。

明他为什么不识字了，如按神会的说法，慧能不识字就很难说通。正是这艰辛贫乏的生活，使慧能对人世苦难有了深刻感受，所以当他卖柴时见到一客读《金刚经》，“一闻，心明便悟。”[①] 可能是《金刚经》中的某些话，打动了慧能，所以“便悟”。他不仅悟了，还问客从何处持此经典，客告诉他在蕲州黄梅县东冯墓山听弘忍和尚劝道俗，但持《金刚经》一卷，即得见性，直了成佛，“慧能闻说，宿业有缘，即便辞亲，往黄梅冯墓山，礼拜五祖弘忍和尚。”[②] 这里有一个环节：慧能是卖柴养母的，他“辞亲”拜师，老母谁养？后出的惠昕本加上“乃蒙一客取银十两与某甲，令充老母衣粮，教某甲便往黄梅礼拜五祖”[③]。补上这一环。

慧能见到弘忍，弘忍问：

> “汝何方人？来此山礼拜吾，汝今向吾边复求何物？”慧能答曰：“弟子是岭南人，新州百姓，今故远来礼拜和尚。不求余物，唯求作佛。”大师遂责慧能曰：“汝是岭南人，又是獦獠，若为堪作佛！”慧能答曰：“人即有南北，佛性即无南北，獦獠身与和尚不同，佛性有何差别！”大师欲更共语，见左右在旁听，大师便不言。[④]

这段问答，表明慧能之“心明便悟”的实质，也是他后来创立禅教的出发点。弘忍所责斥的理由“汝是岭南人，又是獦獠[⑤]，若为堪作佛！”应为一句试探性的话，佛教本来不以出身作为收徒的依据，禅宗更是多以流民为禅众，弘忍不可能因慧能是“岭南獦獠”就不收留他，这样的斥责，是要

---

① 《坛经校释》，中华书局1983年版，第4页。

② 同上书，第4—5页。

③ 《坛经诸本集成》，宗教文化出版社2014年版，第155页。

④ 《坛经校释》，中华书局1983年版，第8页。

⑤ 有注释者将“獦獠”解释为“少数民族”，这是大误。本来，“少数民族”一词只是现代用语。而慧能所在的岭南新州，唐朝时虽比较落后，但已纳入集权统治，并非仍保持相对独立性的部族。“獦獠”只是说不够开化而已。

看慧能的心性。而慧能的回答“獦獠身与和尚不同，佛性有何差别”可以说正中弘忍下怀，他已看出慧能之所悟了。但碍于有人在左右，所以不再多说，遂发遣慧能随众作务——这正是弘忍禅团的主要活动。慧能被派到碓房踏碓 8 个多月。这 8 个多月弘忍既未授禅，也未让他读经，慧能只是老老实实地作务。

忽然有一天，弘忍唤门人尽来，要大家“自取本性般若之知，各作一偈呈吾，吾看汝偈，若悟大意者，传汝衣法，禀为六代，火急急”[①]！慧能还未被弘忍正式列为弟子，因而不在被召之列。众门人虽然被召，但大家商议：神秀上座是教授师，衣法定是传他，我们不必作偈。神秀则做一偈，于三更题于南廊下中间壁上。其偈为：

身是菩提树，
心如明镜台，
时时勤拂拭，
莫使有尘埃。[②]

本来弘忍修此壁是要请人画“楞伽经”中的故事，见此偈后付钱三十千给画匠作酬劳路费，而画则不画了，留偈“令迷人诵。依此修行，不堕三恶道，依法修行人，有大利益”[③]。在让众门人诵此偈之后，弘忍唤神秀于堂内，问此偈是否他作，神秀承认是此偈作者，本想得到夸奖，但弘忍却说：“汝作此偈，见即未到，只到门前，尚未得入。凡夫依此偈修行，即不堕落；作此见解，若觅无上菩提，即未可得。须入得门，见自本性。”[④]并要神秀再作一偈，神秀尚未作出。

慧能未被弘忍列为门徒，又不识字，对以上事毫不知情，只是听到一

---

① 《坛经校释》，中华书局 1983 年版，第 9 页。

② 同上书，第 12 页。

③ 同上书，第 14 页。

④ 同上书，第 14 页。

童子于他作务的碓房边过，唱诵此偈，“慧能一闻，知未见性，即识大意。”[①] 慧能请童子引到南廊下，又请人读，并作两偈，又请一解书人题于西间壁上。其偈曰：

> 菩提本无树，
> 明镜亦非台，
> 佛性常清净，
> 何处有尘埃！

又偈曰：

> 心是菩提树，
> 身为明镜台，
> 明镜本清净，
> 何处染尘埃！[②]

而惠昕对这段故事的描写就多了些情节，其中提到慧能所作偈也有区别。

> 时有江州别驾，姓张，名日用，便高声读。某甲一闻，即识大意，即言：“某甲亦有一偈，望别驾书于壁上。”别驾言：“左右尽是公卿王侯、名山尊德，尚不敢作，獦獠尔是何人，而欲作偈？其事希有。”某甲启别驾言：“欲学无上菩提，不得轻于初学。俗谚云：下下人有上上智，上上人勿意智。若轻人，即有无量无边罪。”张日用言：“汝但诵偈，吾为汝书于壁上。汝若得法，先须度吾。勿忘此言。”某甲偈云：
>
> 菩提本无树，明镜亦非台，

---

① 《坛经校释》，中华书局1983年版，第15页。

② 同上书，第16页。

本来无一物，何处有尘埃?

书此偈已，僧众总惊。山中徒众，无不嗟讶，各相谓言："奇哉，不得以貌取人。何得多时使他肉身菩萨!"五祖见众人尽怪，恐人损他，向后无人传法。遂便混破，向众人言："此偈亦未见性，云何赞叹?"①

其中所添情节，大概是慧能后世传人所加，不像慧能自语。而此中所录偈语，将《坛经》中第一偈的第三句"佛性常清净"，改为"本来无一物"。但从慧能思想论，"佛性常清净"更为适当，他并非主张"空"的中观派，而是以自性为佛性的，而"本来无一物"则是中观派"性空缘起"论的体现，不仅与慧能思想不合，亦与弘忍的观念不同，可能是后世传人受中观派影响而改写的。后来契嵩本、宗宝本都依惠昕本中所说，这样"本来无一物"则成了后人所知慧能思想的标志了。但从弘忍的角度说，如果是"本来无一物"这一偈，很有可能他是不认可的，而"佛性常清净"则是弘忍的意见，在据说弘忍所写《最上乘论》中，就有"身心本来清净，""自性圆满清净心"等句，《坛经》中慧能的偈恰与弘忍意见相通，所以才被认可。

《坛经》中记：慧能请人题两偈，"院内徒众，见能作此两偈尽怪。"②比起《六祖坛经》中所描述的"徒众总惊"，各相谓言"何得多时使他肉身菩萨"更为适合当时情况。慧能的惊人之语，并不是这些"徒众"们一下子就能悟解的，所以《坛经》中说他们"尽怪"是应该的。而弘忍见慧能"即善知识大意。恐众人知，五祖乃谓众人曰：'此亦未得了'"③，也与《六祖坛经》所说用鞋擦去慧能偈有所不同。

五祖夜至三更，唤慧能堂内，说《金刚经》，慧能一闻，言

① 《坛经诸本集成》，宗教文化出版社 2014 年版，第 162—163 页。
② 《坛经校释》，中华书局 1983 年版，第 16 页。
③ 同上书，第 16 页。

> 下便悟。其夜受法，人尽不知，便传顿法及衣："汝为六代祖。衣将为信禀，代代相传；法以心传心，当令自悟。"五祖言："慧能！自古传法，气如悬丝！若住此间，有人害汝，汝即须速去。"[①]
>
> 能得衣法，三更发去。五祖自送能于九江驿，登时便悟。祖处分："汝去，努力将法向南，三年勿弘此法，难去，在后弘化，善诱迷人，若得心开，汝悟无别。"辞违已了，便发向南。[②]

在契嵩本《六祖坛经》中，这个情形被加了不少花絮。这大概是后代禅师为了"善诱迷人"而加的，不过越添越假。其所写弘忍送慧能之后，数日不上堂，众人请问是否病了，才告知"衣法已南矣。"这是慧能不可能见到的情形，都以慧能口气说出。然后才有数百人来"欲夺衣钵"，而《坛经》则写数百人追来"欲拟头慧能夺于法"。是"夺衣"还是"夺法"大有分别，但衣可夺，法又如何夺？不过《坛经》所写慧顺追上来后，"慧能即还衣法，又不肯取，言：'我故远来求法，不要其衣。'"[③] 将"夺"改为"求"，就可解了。而《六祖坛经》中将慧顺改为慧明，将官三品改为四品，慧能掷衣钵于石上，云："此衣表信，可力争耶？"自隐于草莽中，"慧明至，提掇不动。乃唤云：'行者，我为法来，不为衣来。'"[④]。一句"提掇不动"，似乎其衣钵已有神佛的法力。

以上这些情节，让人读后觉得：原来禅宗门内如此险恶，慧能悟到禅谛，大家本应祝贺并请他帮助参悟，却不然，不仅此禅团领袖要偷偷地告诉慧能已悟得禅谛，还私下传授法语衣钵，并像送逃犯一样将他连夜送走。而且还真有数百人从湖北黄梅追到江西与广东交界处的"大庾岭"，只为一"衣钵"，可见禅团中利益之大。如此禅宗，堪比官场、绿林！这

---

① 《坛经校释》，中华书局1983年版，第19页。

② 同上书，第20页。

③ 同上书，第22页。

④ 《六祖坛经》，中州古籍出版社2008年版，第13页。

或许正是其真实写照，而这却给慧能以严重警示，必须在道、法、术、技各层次另有创新，才能消除禅宗的弊端。这也正是禅教与禅宗本质区别的要点所在，慧能在《坛经》中对此做了全面论证，使禅教有了新的基础和体系。否则，后世万亿禅僧及其信众，流传1000多年，如何以此唯一自家“经”而存续！

而未被弘忍公开认作门徒，却因一二则五言偈即被传衣法成禅宗六祖的慧能，经此惊险，所能“顿悟”的东西可能更多，其禅教比禅宗的提升与此不无关系。

值得称赞的应是弘忍，他发现并开导慧能这位“獦獠”为自己的继承人，正是他本人对禅深刻理解的表现。他之所以不能按自己的承诺，门人只要呈一偈，“若悟大意者，付汝衣法，禀为六代”，公开传给慧能衣法，很可能是他已从慧能偈中看出了超出自家禅术的趋向，而自己所主导的禅宗刚形成，容不得此新意，故而才偷送他南归，一是任其思想成熟，二是岭南蛮荒之地佛教未兴，危害较少，适合慧能独立并系统思考。如果让慧能刚悟出的禅教新芽，放在他那几百人的禅团中，很有可能就被扼杀了。

《坛经》中说到慧能传法于慧顺后，即无后续。而《六祖坛经》则有一大段关于他回到岭南后的描述。

> 能后至曹溪，又被恶人寻逐。乃于四会避难猎人队中，凡经一十五载。时与猎人随宜说法。猎人常令守网。每见生命，尽放之。每至饭时，以菜寄煮肉锅。或问，则对曰：“但吃肉边菜。”[①]

并加了慧能为弘法而到广州法性寺，以“不是风动，不是幡动，仁者心动。”[②] 打动印宗法师，并论“无二之性，即是佛性”，使印宗心服。由于慧能此时尚未剃度，于是印宗先为之剃度，然后拜慧能为师。慧能也因这

---

① 《六祖坛经》，中州古籍出版社2008年版，第14页。

② 同上书，第14页。

个徒弟给他的剃度而有了“开东山法”（即承弘忍所开法门）的资格。这段话所说是真是假，暂且不论，但对于作为佛教禅宗僧人来说，加进来却是非常必要的，如果没有印宗的剃度，不论官规佛律，都是不容许慧能讲禅的，而以“六祖”名号谋生计的禅宗也就没有了合法合规的地位。王维受神会托撰《六祖能禅师碑铭》记慧能别弘忍后，“遂怀宝远邦，销声异域。众生为净土，杂居止于编人；世事是度门，混农商于劳侣。如此积十六载。”[①] 而中间这15年多避难猎人队中（王维说的“混农商于劳侣”可能更准确些），也正是他思想系统化的过程，因此认识到要出来弘法，才能讲出一番道理。

《坛经》的主干部分从第12节至第37节，是慧能在大梵寺讲堂中为韶州刺史韦璩及官僚30余人、儒士30余人，还有座下僧尼、道俗1万余人所讲法的内容，从第38节至第48节慧能记与弟子们对话，第49节至第57节为后人所附“五祖传衣付法颂并大师颂”等。与印度僧人编造佛经都要假借佛陀之口不同，慧能的《坛经》就是以他本人名义宣讲的，是由他的徒弟法海集记的，虽然有后人的添加、修改，但“著作权”是明确的，思想的主体性也不容置疑。据《坛经校释》校释者郭明考证，法海集记的《坛经》后来屡被人增改，先是惠昕的《六祖坛经》，再就是宋契嵩的《六祖坛经》，以及元朝的宗宝本。本书主要依据的是法海本，以惠昕本和契嵩本作为参考。

《坛经》中所记录的慧能思想，历来不论禅僧还是儒者，都将之归入佛教禅宗，但若从思想的层次与系统，其内容已远超佛教，而非佛教之禅宗所能容纳的，慧能则常自称“顿教”，《坛经》中多处标以“顿教”之名，其《无相颂》开首，即道：“说通及心通，如日处虚空，惟传顿教法，出世破邪宗。”[②] 可见他在观念上已认识到自己思想与佛教的本质区别，但“顿教”之名并没有流传，慧能及其继承者也未就教名明确定义，因而世

① 《六祖能禅师碑铭》，引自《坛经校释》，中华书局1983年版，第141页。
② 《坛经校释》，中华书局1983年版，第71页。

人仍将慧能思想视为佛教之一宗。由于被囿于佛教之一宗，因此慧能思想的高度和深度也就不能被认知，甚至会被曲解，而且与慧能同时，禅宗依然被牛头禅系及神秀一脉坚持。慧能之后，由神会辩论，为他夺回禅宗“六祖”之名位，并由朝廷敕神会为“七祖”。神会一脉逐步与禅宗合流，而怀让、行思两脉分别集合于江西、湖南山林中承继并发展慧能禅教，并不在意与神会一脉及禅宗的分歧和论诤。慧能在中国思想史上的贡献，主要是提出了禅教的基本观念和思想体系，并开创了与佛教不同的禅教组织形式。但他和他的继承者都没有明确其思想体系与佛教存在本质区别，也未以“禅教”为之命名，致使禅教与禅宗不分，并且禅教被纳入禅宗系列。解禅，不仅要理解慧能之禅教，还要将禅教与禅宗有所区分，才能确知慧能思想体系之价值。

四、南岳及青原禅系对禅教的充实与延续

慧能创立禅教基本观念和思想体系及组织形式之后，门中徒众甚多，契嵩本《六祖坛经》说：“师春秋七十有六，年二十四传衣，三十九祝发，说法利生，三十七载，得旨嗣法者，四十三人，悟道超凡者，莫知其数。”[①]《景德传灯录》录四十人名，立传者十九人，后来有所发展的主要有南岳怀让、南阳慧忠、荷泽神会、永嘉玄觉、青原行思。对禅教思想有所充实，对其组织形式有重大发展的应为怀让及其弟子马祖道一，道一弟子怀海的南岳系，行思及其弟子希迁的青原系，以及神会与其后传弟子宗密。依《古尊宿语录》点校者萧萋父等编“禅宗师承法系”，列“慧能禅系传承图”。我们这里重点探讨南岳系和青原系，对神会与宗密在下一节专论。

① 《六祖坛经》，中州古籍出版社2008年版，第108页。

慧能禅系传承（一）

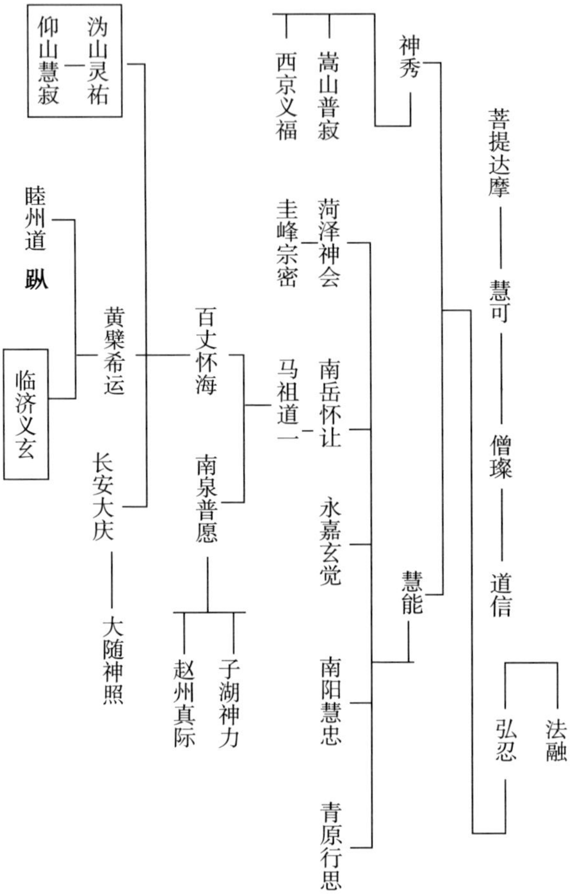
菩提达摩
慧可
僧璨
道信
弘忍
法融
神秀
慧能
嵩山普寂
西京义福
荷泽神会
圭峰宗密
南岳怀让
马祖道一
永嘉玄觉
南阳慧忠
青原行思
百丈怀海
南泉普愿
子湖神力
赵州真际
黄檗希运
长安大庆
大随神照
沩山灵祐
仰山慧寂
睦州道踪
临济义玄

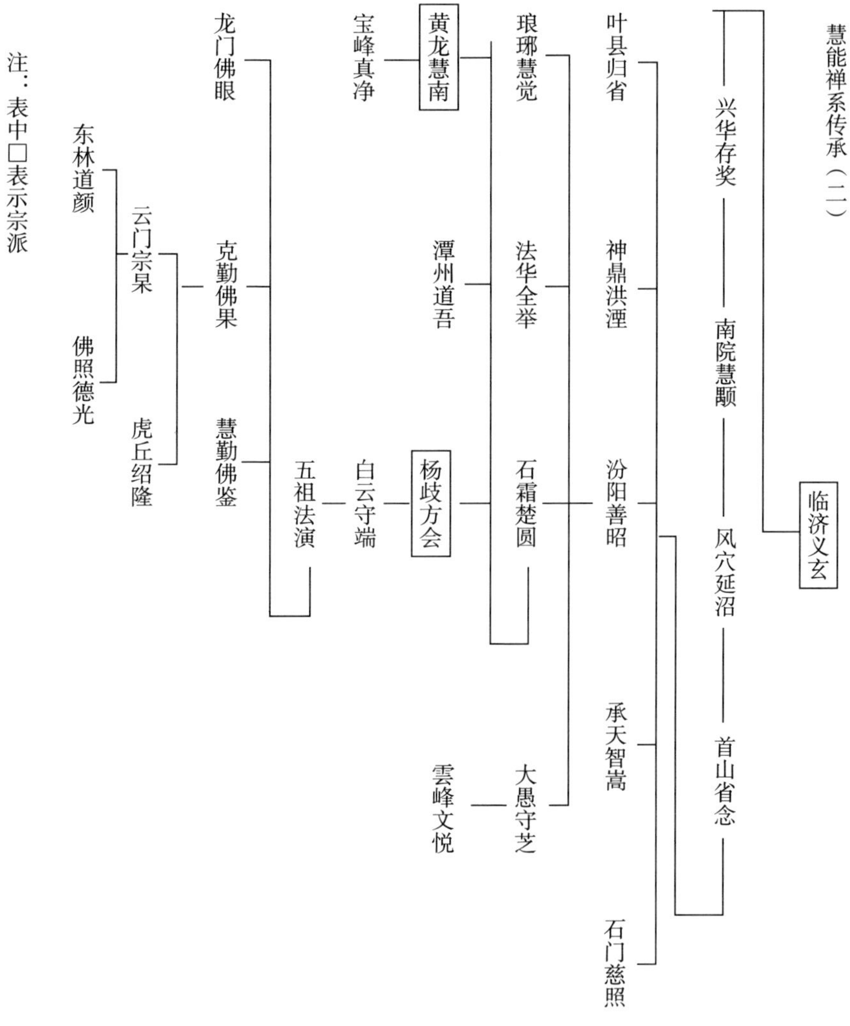
慧能禅系传承（二）
临济义玄
兴华存奖
南院慧颙
风穴延沼
首山省念
叶县归省
神鼎洪湮
汾阳善昭
承天智嵩
石门慈照
琅琊慧觉
法华全举
石霜楚圆
大愚守芝
雲峰文悦
黄龙慧南
潭州道吾
杨岐方会
宝峰真净
白云守端
五祖法演
龙门佛眼
克勤佛果
慧勤佛鉴
云门宗杲
虎丘绍隆
东林道颜
佛照德光
注：表中□表示宗派

慧能禅系传承（三）

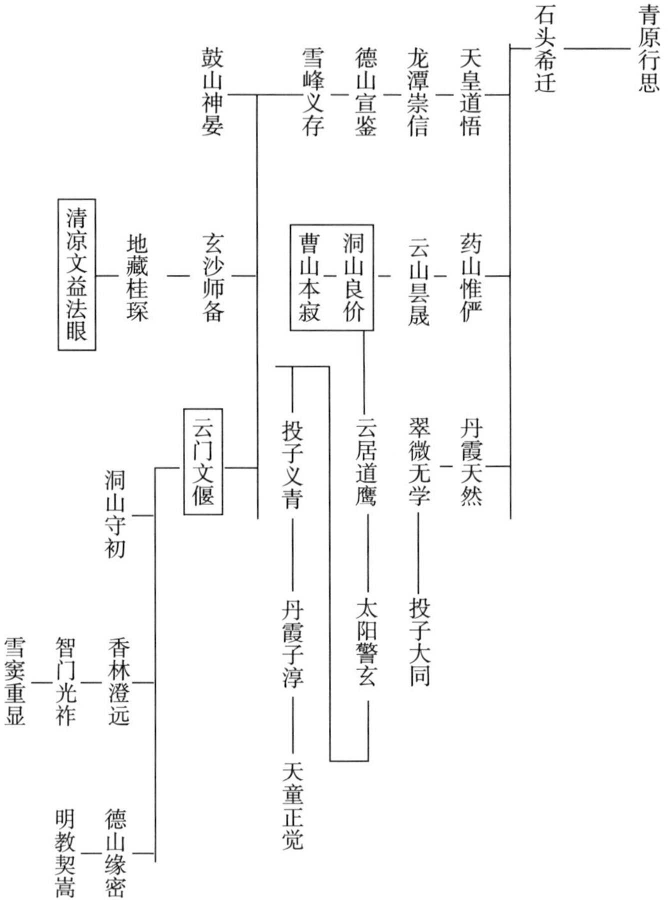

在慧能弟子中，比较著名的是神会，但他不甘禅林寂苦，力争成为官禅宗师，因而其思想虽属禅教体系，但已开始禅宗化，其后传人宗密思想上实际已脱离禅教，并力求抹煞禅教与佛教的区别。而怀让和行思二人，虽于禅教法、术无所创新，只是坚持慧能思想，却启发了道一与希迁两位弟子，各开创一个禅教派系。怀让、道一、怀海、希运一脉，是禅教的主流，充实发展了禅教思想和组织形式。行思、希迁一脉为副流，虽无明显建树，却也延续至宋，衍出曹洞、云门、法眼三宗，与怀让、道一、怀海一脉相呼应，造就几百年的禅教历史。先说行思一脉。

行思可能是慧能比较早的弟子，《祖堂集》称之为“靖居和尚”，并为之列传，但记述相当简单：

靖居和尚嗣六祖，在吉州。师讳行思，俗姓刘，庐陵人也。自传曹溪密旨，便复庐陵，化度群生。

僧问："如何是佛法大意?"师曰："庐陵米作么价?"

师问神会："汝从何方而来?"对曰："从曹溪来。"师曰："将得何物来?"会遂震身而示。师曰："犹持瓦砾在。"会曰："和尚此间莫有真金与人不?"师曰："设使有，与汝向什么处著?"①

《靖居和尚》传中只有这几句，往下即为其卒年，似乎专为贬低神会而立此传，或以行思对神会的贬低而表示其为慧能正宗传人。行思的作用，不仅在贬抑神会，更在于开启了希迁这个弟子。《祖堂集》的《石头和尚》中说："石头和尚嗣吉州思和尚，在南岳。师讳希迁，姓陈，端州高要人也。"② 他少年时就投入慧能门下，慧能很喜欢他，"再三抚顶而谓之曰：'子当络我真法矣！'"③。他自小不拘小节，不尚文字。

六祖迁化时，师问："百年后，某甲依什么人?"六祖曰："寻思去。"六祖迁化后，便去青原山靖居行思和尚处，礼拜侍立。和尚便问："从什么处来?"对曰："从曹溪来。"和尚拈起和痒子曰："彼中还有这个也无?"对曰："非但彼中，西天亦无。"和尚曰："你应到西天也无?"对曰："若到，即有也。"和尚曰："未在，更道。"对曰："和尚也须道取一半，为什么独考某甲?"和尚道："不辞向你道，恐已后无人承当。"和尚又问："你到曹溪，得个什么物来?"对曰："未到曹溪亦不曾失。"师却问："和尚在曹溪时，还识和尚不?"思曰："你只今识吾不?"对曰："识又争能识得?"又问："和尚自从岭南出后，在此间多

---

① 《祖堂集》，中华书局 2007 年版，第 156—157 页。

② 同上书，第 195 页。

③ 同上书，第 195—196 页。

> 少小时?”思曰:“我亦不知。汝早晚离曹溪?”对曰:“某甲不从曹溪来。”思曰:“我也知你来处。”对曰:“和尚幸是大人,莫造次!”思和尚见师异于常人,便安排于西夹,日夕只在和尚身边。[①]

从这段记载中,我们看到希迁少年时投师慧能,慧能死前嘱他转投行思。结合上文神会见行思的记载,可以知道法海集记《坛经》中记慧能临终时所召弟子中无行思、怀让的缘由,即他们投师慧能较早,已各出外自立门户,并非不为慧能所器重。但契嵩本在第六品“参清机缘”中加上了此二人与慧能的问答。行思、怀让二人离开慧能后,亦时有往来,行思曾派希迁到怀让处送信,但希迁因与怀让言语不和未把信交付,回后行思并未责怪,于临终时对他说:“吾之法门,先圣展转递相嘱授,莫令断绝。祖师预记于汝,汝当保持,善自好去!”[②] 希迁于行思死后到了衡岳,庵于南台寺东石头台上,在怀让的帮助下建寺院,人称“石头和尚”。希迁也奉行农禅并作和随务启悟等术、技。

> 师与邓隐峰刬草次,见蛇。师过锹子与隐峰。隐峰接锹子了,怕不敢下手。师却拈锹子,截作两段,谓隐峰曰:“生死尚未过得,学什么佛法!”
>
> 师将锹子刬草次,隐峰问:“只刬得这个,还刬得那个么?”师便过锹子与隐峰。隐峰接得锹子,向师刬一下,师曰:“你只刬得这个。”[③]

希迁以“即心即佛”理解慧能的我佛观,并就此传禅。他说:“即心即佛,心佛众生,菩提烦恼,名异体一。汝等当知:自己心灵,体离断

---

① 《祖堂集》上卷,中华书局 2007 年版,第 196—197 页。

② 同上书,第 198 页。

③ 同上书,第 202 页。

常，性非垢净，湛然圆满，凡圣齐同。应用无方，离心意识。三界六道，惟自心现；水月镜像，岂有生天。”[①] 希迁著有《参同契》，其中有：

灵源明皎洁，枝派暗流注，
执事元是迷，契理亦非悟。
门门一切镜，回互不回互，
回而更相涉，不尔依拉住。
色本殊质像，声源异乐苦，
暗合上中言，明暗清浊句。
四大性自复，如子得其母，
火热风动摇，水湿地坚固。
眼色耳声音，鼻香舌咸醋，
然于一一法，依根叶分布。[②]

总体说来，希迁虽坚持慧能之我佛观，但并不像道一、怀海那么明确系统，与佛教也不公开对立。希迁门下有名者为天皇道吾、药山惟俨、丹霞天然，传过几代以后，出了云门文偃，再过几代有雪窦重显。

文偃先谒希迁门徒陈宿尊，后为雪峰义存弟子，义存死后，又随怀海再传弟子如敏 8 年，因而他兼习行思、怀让两脉。如敏在岭南行化 40 年，以“道行孤峻”著称，甚得儒士敬重，南汉小朝廷赐号“知圣”。如敏死后，南汉朝廷令文偃说法，于韶州“为军民开堂”，并建“光泰禅院”，但此前文偃随如敏农禅并作，《古尊宿语录》有几处记他与弟子劳作悟禅的故事。而禅林传颂的“云门棒打世尊喂狗”，乃他的杰作。云门系为行思一脉最为发达久长的一系，文偃开创之功不可没。文偃本人虽对慧能禅法有所领悟，但并不像怀海、希运的弟子们那样旗帜鲜明，尤其受南汉朝

① 《景德传灯录》上卷，中州古籍出版社 2019 年，第 353 页。
② 《祖堂集》上卷，中华书局 2007 年版，第 200—201 页。

廷赏识后，广交官僚、文士，其禅修之技先以由务启悟等为主，后举公案折判。在《古尊宿语录》中就记有百余则，其下三世弟子重显作《颂古百则》，与其师祖文偃不无关系。

南岳禅系是承继慧能禅教的主干，该系起自慧能亲传弟子怀让，他是契嵩《六祖坛经》中所记43个得旨嗣法者之一，但他的出名，是因其徒道一所创禅团之传承，之前，怀让并未广为人知。《宋高僧传》中说：“释怀让，俗姓杜，金州安康人也。”[①] 弱冠往荆南玉泉寺学戒律，剃发受具，后往嵩岳从道安诣禅，道安启发他去曹溪，“觐能公。能公怡然，无馨无臭，洪波泛臻大壑之广乎？韶濩合奏大乐之和乎？让之深入寂定，住无动道场，为若此也。能公大事缘毕，让乃跻衡岳，止于观音台。”[②] 并记怀让收道一为徒。《祖堂集》中则记载了他开导道的一个事迹：

马和尚在一处坐，让和尚将砖去前面石上磨。马师问：“作什么？”师曰：“磨作镜。”马师曰：“磨砖岂能成镜？”师曰：“磨砖尚不成镜，坐禅岂得成佛也？”马师曰：“如何即是？”师曰：“如人驾车，车若不行，打车即是？打牛即是？”师又曰：“汝为学坐禅？为学坐佛？若学坐禅，禅非坐卧，若学坐佛，佛非定相。于法无往，不可取舍，何为之乎？汝若坐佛，便是杀佛；若执坐相，非解脱理也。”马师闻师所说，从座而起，礼拜问曰：“如何用心，即合禅定无相三昧？”师曰：“汝学心地法门，犹如下种；我说法要，譬彼天泽。汝缘合故，当见于道。”又问：“和尚见道，当见何道，道非色故，云何能观？”师曰：“心地法眼能见于道，无相三昧亦复然乎！”马师曰：“可有成坏不？”师曰：“若契于道，无始无终，不成不坏，不聚不散，不长不短，不静不乱，不急不缓。若如是解，当名为道。汝受吾教，

---

① 《宋高僧传》上卷，中华书局1987年版，第199页。

② 同上书，第200页。

听吾偈曰：

心地含诸种，
遇泽悉皆萌。
三昧花无相，
何坏复何成？[①]

以磨砖作镜来论说坐禅不得成佛，确是机敏而深刻，从怀让与道一的这段对话中，可以看出他所得慧能之真传，而他对道一的开导，阐明了慧能禅教的重要道理，禅并不是由坐而修得，而佛则是人本身所具有的属性，坐如何生佛？并明确地说："心地法眼能见于道，无相三昧亦复然乎！"而禅教所说的道即佛性，是"无始无终、不成不坏、不聚不散、不长不短、不静不乱，不急不缓"，这已颇有老聃所说"道"的意思了。

怀让对道一的开导，犹如天泽，润道一心中之佛种而生发，《古尊宿语录》中载：道一开悟后，心地超然，侍奉怀让10年，日益深奥，由此禅教得以发扬。

道一俗姓马，为江西洪州系祖师，因而被称为"马祖"，他从怀让那里承继了慧能禅教的基本思想，并有所充实。《祖堂集》："江西马祖嗣让禅师，在江西，师讳道一，汉州什邡县人也，姓马。于罗汉寺出家，自让开心眼，来化南昌。"[②] 道一的活动以洪州为中心，南抵大庾岭，东南至福建、浙江境，时间40余年（744—788年）。他经怀让开导，禅法精进系统，《古尊宿语录》说道一入室弟子一百二十几人，"各为一方宗主"，可见其成就。《祖堂集》在简介了道一身世后，开宗明义："每谓众曰：'汝今各信自心是佛，此心即是佛心。'"[③] 这是对慧能我佛观核心观念的充实和论证，"自心是佛"语出于慧能，已将佛教所宣扬的介乎梵天与个我之间的外在"佛"，归结于个我"自心"。自心并不像大乘派及其禅宗所说

---

① 《祖堂集》，中华书局2007年版，第191—192页。
② 同上书，第610页。
③ 同上书，第610页。

的只是“有佛性”，而“是佛”。禅宗讲心有佛性，还只是说人有被佛开导的属性和可能性。佛是外在的、无限的真理，人的佛性是有限的，只能被动地接受佛的感召而认知佛。这里有一个必要的中间环节，就是禅师的作用，如果没有已“悟佛”禅师的点化，人的佛性是不可能显现的，而要悟到佛性，则必须读经和坐禅，逐步修行，从有限向无限靠拢，但永远不能达到无限。慧能禅教的革命性意义，就在于否定了佛是外在的，认为佛就在人自心中，道一讲过这句“自心是佛，此心即是佛心”，他在后面又讲：“心外无别佛，佛外无别心。”[①] 使我佛观更为净彻。至于引达摩、《楞伽经》等，则是“我转达摩”“我转楞伽”，达摩和《楞伽经》及大乘各经论远达不到慧能、道一的认识程度。《古尊宿语录》中记有一段道一的议论，颇有见解：

师云：“道不属修。若言修得，修成还坏，即同声闻。若言不修，即同凡夫。”云：“作何见解，即得达道?”云：“自性本来具足，但于善恶事上不滞，唤作修道人。取善舍恶，观空入定，即属造作。更若向外驰求，转疏转远。但尽三思心量。一念妄想，那是三界生死根本；但无一念，即除生死根本，即得法王无上珍宝。无量劫来，凡夫妄想，谄曲邪伪，我慢贡高，合为一体。故经云‘但以众法合成此身’。起时唯法起，灭时唯法灭。此法起时不言我起，灭时不言我灭。前念、后念、中念，念念不相待，念念寂灭，唤作海印三昧，摄一切法。如百千异流，同归大海，都名海水。住于一味即摄众味，住于大海即混诸流。如人在大海中浴，即用一切水。所以声闻悟迷，凡夫迷悟。声闻不知圣心本无地位、因果、阶级心量，妄想修因证果，住其空定，八万劫二万劫，虽即已悟，却迷。诸菩萨观如地狱苦，沉空滞寂，不见佛性。若是上根众生，忽遇善知识指示，言下领会，更不历

① 《祖堂集》上卷，中华书局 2007 年版，第 611 页。

于阶级、地位，顿悟本性。故经云‘凡夫有反覆心，而声闻无也。’对迷，说悟。本既无迷，悟亦不立。一切众生从无量劫来，不出法性三昧，长在法性三昧中。著衣吃饭，言谈祇对，六根运用，一切施为，尽是法性。不解返源，随名逐相，迷悟妄起，造种种业。若能一念返照，全体圣心。汝等诸人，各达自心，莫记吾语。纵饶说得河沙道理，其心亦不增。总说不得，其心亦不减。说得亦是汝心，说不得亦是汝心。乃至分身放光现十八变，不如还我死灰来。淋过死灰无力，喻声闻妄修因证果。未逝过死灰有力，喻菩萨道业纯熟，诸恶不染。若说如来权教三藏，河沙劫说不可尽，犹如钩锁，亦不断绝。若悟圣心，总无余事。久立，珍重！”①

这可能是道一给徒众讲禅的记录，大家站着听，讲过之后，道一又客气地说了一句：“久立，珍重。”

关于禅法，《坛经》里有比较系统的长篇议论，其后各种灯录等文献中，大多是禅师与徒弟对话或机锋类的记载，《古尊宿语录》中对道一这大段论说的记录，还是比较少见的。在这里，他展开论证了“自心是佛”的观念，见解深刻，而且相当自信地让“汝等诸人，各达自心，莫记吾语”。也正是这深刻见解，才使众人信服，并切实开导了人对禅的理解，增强了“自心是佛”的信念。道一在法层次对禅教核心观念的理解和充实，进一步表现在术、技层次，强调“触境皆如”“随处任真”，努力使禅世俗化、生活化，并注意在日常的待人接物中，以禅机启迪后学。他明确反对佛教的“修因证果”，以此划清与佛教的界限。道一承继道信、弘忍、慧能、怀让农禅并作传统，与神秀、神会等依附朝廷、官僚的“官禅”不同，坚持“民禅”路线，并在下层民众中宣传禅教。

道一弟子众多，著名者有百丈怀悔、西堂智藏、南泉普愿等。对发扬

---

① 《古尊宿语录》上卷，中华书局1994年版，第3—4页。

南岳禅系有重大贡献者，当推百丈怀海，他将道一的“民禅”路线发扬光大，不仅在观念上有所充实，更在实践农禅并作的同时，制定了影响后世1000余年的“百丈清规”，使禅教有了自己的章程和戒律，虽然也参照了一些佛教戒律，但与佛教戒律有本质区别。《祖堂集》的《百丈和尚》篇第一节中说：“百丈和尚嗣马大师，在江西。师讳怀海，福州长乐县人也，姓黄。”① 第二节记其童年随母入寺礼佛，见佛像问母是何物，母告是佛，怀海即说：“形容似人，不异于我。后亦当作焉。”② 这可能是个传说，但这句童子语，却也道出他的基本思想。自后为僧，直造道一法会，道一一见，延之入室，即密契玄关，更无他往。第三节中说：

> 师平生苦节高行，难以喻言。凡是给执劳，必先于众。主事不忍，密取作具而请息焉。师云：“吾无德，争合劳于人？”师遍求作具，既不获，而亦忘食。故有“一日不作，一日不食”之言流播寰宇矣。③

读这段话，联想笔者上小学时，语文课本中的《朱德的扁担》中说：红军在井冈山，总司令朱德与普通士兵一样，要去山下担粮，有人怕他劳累，就把他的扁担藏了起来。朱总司令后来找到扁担，刻上“朱德的扁担”5个字，别人就不好藏了，他也就与士兵一起去担粮。只不过，总司令还没有像怀海那样不吃饭。而二十世纪五六十年代农业合作社集体化时，也有许多组织者与怀海一样，是带头劳动的。山西大寨大队的陈永贵，在未出名当官之前，也是与怀海一样带领社员劳作的。

《祖堂集》的《百丈和尚》篇记录怀海“一日不作，一日不食”的“苦节高行”，正是禅教承续道信、弘忍禅宗“农禅并作”传统的体现，此篇的写作者也是推崇此传统的。《古尊宿语录》中记载怀海的言论相当

---

① 《祖堂集》上卷，中华书局2007年版，第636页。

② 同上书，第636页。

③ 同上书，第636页。

多，其中多处写他劳作时与弟子说禅，此录一段：

师与沩山作务次，师问："有火也无?"沩山云："有。"师云："在什么处。"沩山把一茎柴吹过与师。师接云："如虫蚀木。"因普请锄地次，有僧闻鼓声，举起锄头大笑归去。师曰："俊哉！此是观音入理之门。"后唤其僧问："你今日见甚道理?"云："某甲早晨未吃粥，闻鼓声归吃饭。"师呵呵大笑。①

这里有两个情节，其一是怀海与沩山灵祐在劳作时的一段禅话，他问灵祐有火没有，灵祐吹给他一茎柴，柴为火本，怀海回一句"如虫蚀木"，是说他已知此中道理了。其二是他与僧众一起锄地，一僧听到开饭的鼓声，立即举起锄头大笑归去，怀海不仅不怪他，还夸他识得观音入理之门。再问这个僧人见到了什么道理，僧回答我早上未吃粥（禅林规矩：每日早一粥，午一饭，只此两餐），空着肚子干了一上午活儿，听到开饭的鼓声，赶紧回去吃饭。怀海听到他这样说，也哈哈大笑。"饥来吃饭"，正是禅教所依从的简单道理，禅就是从自身的感触中悟到佛性，而"自由"是怀海禅话中多次提及的佛性。

佛只是去住自由，不同众生。佛不是虚空，受苦何得不苦?若说不苦，此语违负。等闲莫说错。说佛神通自在不自在，且惭愧人。不敢说佛是有为是无为，不敢说佛自由不自由。②

大用者，大身隐于无形，大音匿于希声，如木中之火，如钟鼓之声，因缘未具时，不可言其有无。傍报生天，弃之如涕唾。菩萨六度万行，如乘死尸过岸，如在牢狱厕孔得出。佛披三十二相，相唤作垢赋之衣。亦云若说佛一向不受五阴，无有是处。佛

① 《古尊宿语录》上卷，中华书局1994年版，第10页。

② 同上书，第29页。

不是虚空，何得一向不受？佛祇是去住自由，不同众生从一天界至一天界，从一佛刹至一佛刹。[①]

不仅佛是自由的，人也要自由。

倘要烧便烧，要溺便溺，要生即生，要死即死，去住自由，者箇人有自由分。心若不乱，不用求佛求菩提涅槃。若著佛求，属贪，贪变成病，故云佛病最难治。[②]

在集权官僚制和儒学道统的统治下，中国的思想家不可能将“自由”作为一个范畴去探讨，近现代西方学者也将“自由”视为自己的发明，他们除了在其编造的“古希腊哲学”的神话中加进“自由”一词，以表示有历史依据外，就是指责中国思想没有自由。这种指责是有道理的，但也是片面的。战国时庄子的“逍遥观”就包含着“自由”之义，慧能创禅教，强调人的自性佛，已包含自由的思想，并说：“内外不住，来去自由，能除执心，通达无碍。”[③] 怀海对此理解最为深刻。他认为“执自己是佛，自己是禅道解者，名内见；执因缘修证而成者，名外见。”[④] 他把佛教的涅槃理解为人的自由，而自由并不是死后才有，

若怕临终之时慞狂不得自由，即须如今便自由始得。只如今于一一境法都无爱染，亦莫依住知解，便是自由人。如今是因，临终是果，果业已现，如何怕得！怕是古今。古若有今，今亦有古，古若有佛，今亦有佛。如今若得，直到未来际得。只如今一念一念不被有无等法管，自古自今，佛只是人，人只

① 《古尊宿语录》上卷，中华书局 1994 年版，第 30 页。

② 同上书，第 22 页。

③ 《坛经校释》，中华书局 1983 年版，第 56—57 页。

④ 《古尊宿语录》上卷，中华书局 1994 年版，第 28 页。

是佛。亦是三昧定。不用将定入定，不用将禅想禅，不用将佛觅佛。①

怀海以自由来理解禅和佛，是在其师道一已有基础上的进步，这师徒二人对于充实和发扬慧能的我佛观，起到了很大作用。而这种观念上的进展，又与他们坚持农禅并作直接相关。佛教徒是以佛为生存依靠的，是靠诵经讲佛而交换施舍过活的，是以讲因果来宣称可以度人来世改变轮回、获取自身现世名利的。自道信以来，禅宗就坚持自食其力，但并未有明确规定，以至道信、弘忍的其他门徒，如神秀一脉就转变为依附官府，乞求布施了。到慧能门下的神会，与神秀派僧人崇远争禅宗正统的大辩论，实则是争宠和争地盘，其结果是将慧能禅教压抑为禅宗一支（虽为“正统”），目的是再不必从事艰苦劳作，从禅林走进庙堂，靠朝廷财政支持和信众捐钱捐物来生活，为此甚至当起度牒贩子。对于神会在洛阳的行为，远在江西的怀让及道一、怀海不可能不知道，但不屑一顾，坚持自己的禅林制度。怀海并告诫其信徒：

只如今照一切有无等法，于六根门头刮削并当贪爱，有纤毫治不去，乃至乞施主一粒米、一缕线，个个披毛戴角，牵犁负重，一一须偿他始得。②

为了坚持并发展农禅并作的禅林制度，怀海总结已有经验，并借鉴佛教戒律，制定了禅门规式，成为禅教之术的主干内容。怀海弟子灵祐、希运、大庆等，依禅林制度而扩展了禅教影响，并在术、技层次上有所探究，但于法层次的理解则远逊乃师，他们的传人众多，比较突出的是希运门下义玄，他创立的临济宗，是承续禅教的主流。

---

① 《古尊宿语录》上卷，中华书局 1994 年版，第 16 页。

② 同上书，第 21 页。

怀海的观念和对禅林制度的规范，维系了禅教的延续，加之行思一脉希迁等人的努力，在唐武宗灭佛运动（845 年）中使禅教因其禅林制度而免遭损害，并成为禅宗及佛教其他各宗僧人避难的场所，但也因此，禅教的独立性也不保，只能在依旧坚持禅林制度的门派中有所残存。而禅宗及归附禅宗的其他佛教派别则都打着“六祖”的旗号，巴结朝廷、官僚、富商、土豪，以出卖佛经、禅机来乞求施舍，禅教的本质已很难体现了。

五、与禅教并立的禅宗——慧能之外的弘忍门徒

慧能创禅教及南岳、青原两系对之充实并发展的同时，禅宗也处于发展期，主要有弘忍门下“首座”神秀的京师禅系，以及嵩山禅系、京师楞伽禅系、四川禅系，他们分别坚持弘忍的禅术、禅技，作为佛教一宗而存续。

神秀在禅宗历史上是一个相当重要的人物，他之前的禅宗，还不是朝廷认可并资养的佛教宗派，道信、弘忍的禅林，主要徒众是农民为主的流民，靠农禅并作而存续。慧能禅教继承并发扬了这一传统，而神秀一脉，则适时地迎合武则天的“革命”，附会《楞伽经》，以禅为辅助理解此经的“方便法门”，得到武则天的赏识，将神秀“推为两京法主，三帝国师”。正式承认了以神秀为首领的僧团为佛教之一宗，变“民禅”为“官禅”。《宋高僧传》中载：

> 释神秀俗姓李氏，今东京尉氏人也。少览经史，博综多闻。既而奋志出尘，剃染受法。后遇蕲州双峰东山寺五祖弘忍，以坐禅为务，乃叹伏曰：“此真吾师也。”决心苦节，以樵汲自役而求其道。……秀既事忍，忍默识之，深加器重，谓人曰：“吾度人多矣，至于悬解圆照，无先汝者。”忍于上元中卒，秀乃往江陵当阳山居焉。四海缁徒，响风而靡，道誉馨香，普蒙熏灼。

则天太后闻之，召赴都，肩舆上殿，亲加跪礼。内道场丰其供施，时时问道。敕于昔住山置度门寺，以旌其德。时王公已下，京邑士庶竞至礼谒，望尘拜伏，日有万计。洎中宗孝和帝即位，尤加宠重。中书令张说尝问法，执弟子礼，退谐人曰："禅师身长八尺，厖眉秀目，威德巍巍，王霸之器也。"①

由于此后神会与神秀一系争禅宗之正统，所以在慧能后人所编的《祖堂集》等文献中，均不包括神秀。只是"执弟子礼"的张说为之撰碑文。在《楞伽师资记》中有其语录。此外，就是《坛经》和《神会和尚语录》中有所提及。

神秀之所以广为后人知晓，大部分人都是因为《坛经》中弘忍要门人写偈以传位的故事。而神秀写的那则偈"身是菩提树，心如明镜台，时时勤拂拭，莫使有尘埃"也广为人知。弘忍因此偈之见"只到门前"，故未将衣法传于神秀，而是传给了慧能。后来有几百人追慧能，令他十几年不敢开门讲法。这则故事在慧能门人那里广为流传，神会并据衣法所传与神秀后人争禅宗正统。似乎神秀与慧能二人势不两立，但神秀似乎更为宽厚：

秀同学能禅师与之德行相埒，互得发扬无私于道也。尝奏天后请追能赴都，能恳而固辞。秀又自作尺牍，序帝意征之，终不能起，谓使者曰："吾形不扬，北土之人见斯短陋，或不重法。又先师记吾以岭南有缘，且不可违也。"了不度大庾岭而终。天下散传其道，谓秀宗为北，能宗为南。南北二宗，名从此起。②

① 《宋高僧传》上卷，中华书局1987年版，第177页。

② 同上书，第177—178页。

连接前文张说赞神秀语，《宋高僧传》中的《唐荆州当阳山度门寺神秀传》的作者可能是神秀一脉的传人，他用慧能“吾形不扬，北土之人见斯短陋，或不重法”为由，界说慧能不应召于朝的理由。而神秀“身长八尺，庞眉秀目，威德巍巍，王霸之器也”。二者相比，差别自显！关于慧能不应朝廷之召，《曹溪大师别传》中另有一种说法，契嵩将之修改编入《六祖坛经》。[①] 实际上，慧能之所以不应召赴朝，还在理念。慧能坚持农禅并作的禅林制度是农民为主的“民禅”，并非依附朝廷、官僚的“官禅”。这也是禅教与后来禅宗的主要差别之一。说什么二人的身材形体！当时都没人对比，几百年后的宋朝僧人凭什么知道？

关于神秀与慧能在禅法上的区别，《坛经》中有这样的记载：神秀派门人志诚去打探慧能见解，被慧能识破来意，说他是“细作”，志诚回答：“未说时即是，说了即不是。”慧能说：“烦恼即菩提，亦复如是。”宽容了他。然后，

> 大师谓志诚曰：“吾闻汝禅师教人，唯尊戒定慧，汝和尚教人戒定慧如何。”志诚曰：“秀和尚言戒定慧：诸恶莫作名为戒，诸善奉行名为慧，自净其意名为定。此即名为戒定慧。彼作是说，不知和尚所见如何？”慧能答曰：“此说不可思议，慧能所见又别。”志诚问：“何以别？”慧能答曰：“见有迟疾。”志诚请和尚说所见戒定慧。大师言：“汝听吾说，看吾所见处：心地无非自性戒，心地无乱自性定，心地无痴自性慧。”慧能大师言：“汝师戒定慧，劝小根智人，吾戒定慧，劝上人。得悟自性，亦不立戒定慧。”志诚言：“请大师说，不立如何？”大师言：“自性无非、无乱、无痴，念念般若观照，常离法相，有何可立？自性顿修，立有渐次，契亦不立。”[②]

---

① 参见本书“附论一”。

② 《坛经校释》，中华书局1983年版，第78—79页。

从这段对话可以看出，神秀对“戒、定、慧”的认识，依然停留在佛教之技的层次上，禅修只是保证佛教之技得以贯彻。而慧能则从我佛观对“戒、定、慧”做了重新规定，尤其注重由自性而慧而定。他甚至不将“戒”作为与定慧并列的范畴，“我此法门，以定慧为本。”[①]“即定是慧体，即慧是定用。”[②] 由自性而慧、定，戒也就是自戒，而非外部强加的。将定慧从佛教的技层次提升至术层次，成为禅教的主干范畴。

神秀是以禅助佛、即以禅修来辅助读佛经的。为了迎合武则天崇奉《华严经》《楞伽经》，神秀更注重从禅技来解释这些佛经。武则天是从伪造的《大云经》《宝雨经》找到自己是“天女”，“即以女身，当王国土”的。这在儒学及道教中根本不可能出现的文句，在“译”自印度的“缘起性空”的大乘佛教那里，是可以随意编造的，因此可以为武周“革命”取代李唐提供依据。为此，武则天下旨将佛教“升于道教之上”。而以法藏为代表的华严宗，也努力为这场“革命”进行论证，由此大发达。神秀禅宗不过是华严宗的配角，但其迎合统治者旨意，以禅术技辅助读经的作用也不可轻视。所以武则天不仅召神秀入朝，而且大赞“东山法门”，据《楞伽师资记》载：“则天曰：‘若论修道，更不过东山法门。’”从而确立了神秀承继于弘忍的东山法门禅宗的地位。但神秀完全废除了弘忍东山法门的农禅并作，将禅宗改变为依附最高统治者和官僚的官禅。以禅解经，依经说禅，使他在术、技两层次都对弘忍思想进行了大修正。张说《大通禅师碑》说神秀“开法大略”为：“专念以息想，极力以摄心。其人也，品均凡圣；其到也，行无前后。趣定之前，万缘尽闭；发慧之后，一切皆如。特奉《楞伽》，递为心要。”[③] 其要点在“摄心”“专念”，息灭妄念，拂拭客尘，发明本有佛性，进入与真如相应的境界，“额珠内隐，匪指莫

---

① 《坛经校释》，中华书局 1983 年版，第 26 页。

② 同上书，第 26 页。

③ 净觉：《楞伽师资记》，《中国佛教思想资料选编》第五卷，中华书局 2014 年版，第 169 页。

效，心境外尘，匪磨莫照。”[①] 后来神会在《南宗定是非论》中说：“秀禅师教人‘凝心入定，住心看净，起心外照，摄心内证’。”[②] 这16个字的概括还是比较确当的。目的决定行为，神秀之所以将禅修作为读经、解经的手段，与他依附朝廷，将民禅改造为官禅的目的直接相关。而当他确立了这个目的之后，禅宗也就随之成为辅助专制统治的工具。

也正是神秀及其禅宗发挥了这种工具的作用，使朝廷厚待于他。《楞伽师资记》载，武则天退皇帝位，还政于唐中宗后，神秀要求归山，唐中宗不许，并敕曰：“禅师迹远俗尘，神游物外，契无相之妙理，化有结之迷途，定水内澄，戒珠外彻，弟子归心释教，载伫津梁，冀启法门，思逢道首。禅师昨欲归本州者不须，幸副翘仰之怀，勿滞枌榆之恋。”[③] 这一句“化有结之迷途”，点明了神秀及禅宗的功用，皇帝当然不会轻易放他走了。为了更好地使用这个工具，中宗、睿宗相继召神秀弟子普寂、义福等入京，封为国师，而弘忍门下的嵩山禅系老安和楞伽禅系玄赜，也连带奉诏入京，共享荣耀。与之相比，慧能的不应召，确乎另类。神秀死于706年（神龙二年），100多岁，赐谥“大通”，皇室后宫参与丧事，极致豪华，而禅宗“东山法门”，也声价百倍。禅宗从被武则天承认，到中宗、睿宗的大力扶植，已经不是道信、弘忍那样农禅并作的民间禅团，而是由朝廷供养，官民施舍的佛教宗派了。

神秀作为弘忍门下首座教授师，确实也宅心仁厚，与原来的师弟“有苦同当”的情谊，使他在得宠后，也要与之“有福同享”。据说他不仅向武则天推荐了慧能，还向中宗、睿宗推荐了诸位同门师弟。老安即慧安，之所以称“老”，是活的年纪大，《五灯会元》《嵩岳慧安国师》说他“春秋一百二十八”。隋朝时曾乞食救饥民，“获济者众”，炀帝征召，不赴，潜入太和山。唐贞观中，至黄梅谒弘忍，遂得心要。武则天征至辇下，

① 张说：《唐玉泉寺大通禅师碑》《中国佛教思想资料选编》第五卷，中华书局2014年版，第351页。

② 《神会和尚禅语录》，中华书局1996年版，第29页。

③ 净觉：《楞伽师资记》《中国佛教思想资料选编》第五卷，中华书局2014年版，第170页。

“待以国师”，“神龙二年中宗赐紫袈裟，度弟子二七人，仍延入禁中供养。三年，又赐摩衲，辞归嵩岳”①。而玄赜要比神秀、慧安年轻。中宗于景龙二年（708 年）敕召玄赜“入西京，便于东都广开禅法。净觉当即皈依，一心承事，两京来往参觐，向有余”。这一年是神秀死后的两年，而道安死于当年，召玄赜入京，是补“两京法主”之位的。玄赜及其弟子净觉开创京师楞伽禅系，分著《楞伽人法志》和《楞伽师资记》。这师徒二人都自称楞伽师，并推四卷《楞伽》译者求那跋陀罗为始祖，而以达摩为二祖，突出楞伽经在禅宗中的主导地位。

除与神秀同学于弘忍的慧安和玄赜外，受朝廷更多器重的是神秀弟子，他们随师驻两京，颇受帝王、官僚优待，声名显赫，造就了禅宗作为官禅的鼎盛。“唐朝洛州嵩高山普寂禅师，嵩山敬贤禅师，长安兰山义福禅师，蓝田玉山惠福禅师，并同一师学法侣应行，俱承大通和尚后，……诸师等奉事大师十有余年，豁然自证，禅珠烛照，大师付嘱普寂、敬贤、义福、惠福等，照世巨灯，传颇梨大镜，天下坐禅人，叹四个禅师曰：法山净，法海清，法镜朗，法灯明；宴坐名山，澄清邃谷，德冥性海，行茂禅技，清净无为，萧然独步，禅灯默照，学者皆证佛心也。”② 其领袖者为普寂和义福。

普寂被公认为神秀第一高足，并被称为禅宗“七祖”（神秀系自立神秀为“六祖”）。李邕撰《大照禅师塔铭》称：“入佛入智，赫然为万法之宗主者，我禅门七叶大照和尚之谓也。”“大照”是普寂的谥号。神会与崇远争正统时，对神秀的“六祖”及普寂的“七祖”地位坚决否认，也可见当时普寂的影响之大。据李邕《大照禅师塔铭》，普寂俗姓冯，长乐信都人，原学儒，后入佛，拜神秀为师，前后 7 年。神秀死，中宗下诏，令普寂继神秀“心宝”，“统领徒众，宣扬教迹”。普寂依神秀“宝镜磨拂”的教导，强调“摄心”“息虑”，而且倡导读经，将解经作为禅的重要组

① 《五灯会元》上卷，中华书局 1984 年版，第 73 页。

② 净觉：《楞伽师资记》，《中国佛教思想资料选编》第五卷，中华书局 2014 年版，第 171 页。

成部分，并注重修持佛教戒律。普寂徒众势广，其中不乏权势者，而其作为主要在于为皇帝及官僚说佛调心，消烦解闷。

与普寂的作用不同，义福则主要被安排在社会层面对平民训导。义福俗姓姜，上党人，家境败破，15 岁遵母遗训出家，好读老、庄、易经等，后到中流山灵泉寺读《法华经》《维摩经》等佛经，曾投师嵩岳法如，又到荆州玉泉道场拜神秀为师，随住 10 年，神秀死于洛阳，义福“亲在左右，密有传付”。之后流动于长安和洛阳两京之间，以神秀传人名义讲演禅宗。义福受到唐玄宗扶持和官僚的鼓吹，不仅在官场，更在民间有广泛影响，文人士子多有追随，严挺之撰《大智禅师碑铭并序》载，义福“从驾往东都，途经蒲、虢，二州刺史及官吏、士女皆赍幡花迎之，所在途路充塞”。住南龙兴寺时，“靡然向风者，日有千数”。义福以禅慧著称，“摄念虑”“练五门”。所谓“练五门”：一依《大乘起信论》总彰“佛体”，二依《法华经》“开示悟入佛智见”，三依《维摩经》“显不思议解脱”，四依《思益经》“明诸法正性”，五依《华严经》“了无异，自然无碍解脱”。这是神秀晚年所倡导，并由其门下普遍遵行的禅慧之主要内容，其要点是与佛经相结合，既将禅作为解经的手段，又将读经视作禅修的“方便门”。与此同时，义福与普寂等又强调佛教戒律的作用，以此适应其官禅身份。

普寂与义福及其弟子，遵循神秀宗旨，紧密地依附朝廷，巴结官僚，为稳定集权统治而安稳民心，并为皇帝、官僚调节心境，将道信、弘忍创立的民禅，成功地改造为官禅，经几任皇帝的恩赏，确认了其在佛教中的地位，成为佛教这个官方认可的宗教之一宗，与其他宗派结合，在唐朝之“中兴”过程，运用其特有的术、技发挥了重要作用。神秀一脉“京禅”的显赫，与慧能禅教南岳、青原系的山林禅团，形成鲜明对照。

六、神会力争官禅正统，开启禅教的佛教禅宗化

对于神秀及其弟子依附朝廷、巴结重臣贵官，体悟“圣意”，从意识

形态化解阶级矛盾，稳定民众心绪的活动，以及其所得到的恩宠与荣耀，慧能漠然视之，而他弟子中的南岳及青原系，则进一步弘扬其农禅理念，道一、怀海在此时不仅充实了慧能我佛论的核心观念，并在术、技层次上多有创见和改造，禅教体系确立。怀海在因弟子藏其农具不能作务而不吃饭的时候，绝不会认为普寂、义福受到的皇帝恩宠，有什么禅的价值，作为皇帝的“宠僧”又有什么“自由”可言？

不过，慧能门下并非怀让、行思两支，他的另一徒弟神会，却为神秀一脉在京城的荣耀愤愤不平。他先传慧能禅于南阳，后又入洛阳，单枪匹马杀入普寂、义福控制的“京禅”阵地，高举慧能旗帜，于开元二十二年（734 年）在滑台（河南滑县东）大云寺设无遮大会，向神秀再传弟子崇远宣战，争夺禅宗正统之位。论战虽胜，却也遭到北宗僧人屡屡暗算，但他抓住安史之乱朝廷财政困乏之机，广卖度牒以资军旅，并由此取得权官、朝廷认可，不仅确立了“南派”为禅宗正统，为其师慧能争来“六祖”之位，更由皇帝敕他为“第七祖”。神会是一位争强好胜，颇有故事性的人物。

法海集记《坛经》中载：“又有一僧名神会，南阳人也。至漕溪山礼拜”，① 几度问答，神会心服，认作慧能弟子。《坛经》还记慧能晚年嘱咐的“十弟子”中，神会列第十位。契嵩本《六祖坛经》则记神会“年十三，自玉泉来参礼”②。应是先拜神秀门下。《祖堂集》《荷泽和尚》篇中说：“荷泽和尚嗣六祖，在西京荷泽寺。师讳神会，姓高，襄阳人也。”③而宗密所撰《圆觉经大疏抄》则说他俗姓万，先师事神秀三年，后依慧能，“苦行供养，密添众瓶，斫冰济众，负薪担水”④，得到慧能认可和器重。

---

① 《坛经校释》，中华书局 1983 年版，第 90 页。

② 《六祖坛经》，中州古籍出版社 2008 年版，第 88 页。

③ 《祖堂集》上卷，中华书局 2007 年版，第 159 页。

④ 《圆觉经大疏钞》《禅源诸诠集都序》，中州古籍出版社 2008 年版，第 163 页。

然能大师灭后二十年中，曹溪顿旨沉废于荆吴，嵩岳渐门，炽盛于勤洛。普寂禅师，秀弟子也，谬称七祖。二京法主，三帝门师，朝臣归崇，敕使监卫，雄雄若是，谁敢当冲。岭南宗途，甘从毁灭，法信衣服，数被潜谋。事如祖章。传授碑文，两遇磨换。据碑文中所叙，荷泽亲承付嘱，讵敢因循？直入东都，面抗北祖，诘普寂也。龙鳞虎尾，殉命忘躯。侠官沙滩，五台之事，县官白马，卫南卢郑二令文事，三度几死。商旅缞服，曾易服执秤负归。百种艰难，具如祖传。达摩“悬丝”之记，验于此矣。因准上祈瑞感，炭生芝草，士庶咸睹，遂令建立，无退屈心。又因南阳答王赵公三车义，名渐闻于名贤。天宝四载，兵部侍郎宋鼎，请入东都。然正道易申，谬理难固。于是曹溪了义，大播于洛阳；荷泽顿门，派流于天下。①

宗密不愧神会之传人，他对慧能死后20年的判断，也反映出神会的思想。在他们眼中，怀让一脉，尤其道一和怀海农禅并作，是根本不值一提的，是“沉废”的。这里有一个对思想体系评价的标准问题：在神会和宗密的观念中，只有被皇帝认可的思想和派系才是有价值的，否则就一文不值。在这一点上，他们与神秀一系的观念完全一致，也是集权官僚制下官文化的标准。只有被最高统治者认可的思想才是真理，才有价值，不论皇帝多么愚笨，也是评判的标准。2000多年来这种观念不仅贯穿于儒学道统主宰的领域，佛教与道教这两个辅助专制统治的思想派别，也通行这一标准，而它们也不过是以儒学道统为主流的官文化的一部分。慧能之所以能创立禅教，就在于他在思想上摆脱了官文化这一标准的束缚，虽然并不公然反对官文化，但也不把得到皇帝、权贵的认可作为追求目标，因而才能提出我佛观，并由此改造和创新禅术禅技。南岳一系，秉承慧能宗旨，在江西的山林中开创出一片新天地，不仅光大了以平民为主体的禅林制

① 《圆觉经大疏钞》《禅源诸诠集都序》，中州古籍出版社2008年版，第164页。

度，更在禅教核心观念上有所充实，扩展了禅教的术、技，在中国思想史，乃至人类思想史上写下了光辉一页！而用官文化的标准，这些下里巴人的行为与言语，丝毫没有价值，因为他们压根儿就不会被朝廷知晓，更不用说皇帝的赞许了。神会虽然跟慧能学了几年禅，但却不知乃师的价值观念，而是用官文化主导的官禅思维来看待神秀一脉的兴盛荣耀，特别是普寂“谬称七祖”，让曾“师事”神秀3年的神会认为简直使他没有了存身之地。而慧能门下南方各派，又“甘从毁灭”，他感到自己有不可推卸的历史责任，必须从北派手中争得禅宗正统地位，于是“直入东都，面抗北祖，诘普寂也”。正是官文化所驱动的气愤和勇气，使他承担起这个历史责任——舍我其谁也！而他一个人的“抗战”，取得了重大胜利，虽多次遇险，差点儿丧命，却也争得了皇帝认可，不仅确定了南宗的正统地位，他自己也顺理成章地被封为禅宗“第七祖”。

神会向人多势众的北宗挑战，并不仅是出于忌恨与气愤，他是有实力的，这实力来自他所受慧能的启示，也来自他多年的修行。佛教自形成，就把与人斗嘴辩争作为主要工作，在印度，不仅要与婆罗门教、耆那教等外教人辩论，还要在本教各派之间，乃至本派内部辩争，所以才有因明等辩论之技出现。传到中国，也要辩，但不敢与儒学道统、集权官僚辩，只能与道教辩，更多的是各宗派之间的争辩，但由于佛教并非中国文化，因而所辩集中在如何使佛教适合集权官僚制统治、融入官文化，目的也很单纯——得到朝廷认可。因此，中国僧人的辩论水平虽比起印度僧人要低得多，但辩论却是不可少的，起码在官家修的寺院里，白吃皇粮和靠官民施舍养活的大男人、大女子，闲着干什么？读经、辩论也就成了日常生活的重要内容。与僧人们为打发时光而辩嘴不同，神会的辩争是负有重大使命的，因而必须有充分的战斗力和思想准备。

《坛经》中记载有神会在慧能处学禅的情形：

> 又有一僧名神会，南阳人也。至漕溪山礼拜，问言：“和尚坐禅，见亦不见?”大师起把，打神会三下，却问神会：“吾打

汝，痛不痛?”神会答言：“亦痛亦不痛。”六祖言曰：“吾亦见亦不见。”神会又问大师：“何以亦见亦不见?”大师言：“吾亦见者，常见自过患，故云亦见。亦不见者，不见天、地、人过罪。所以亦见亦不见也。汝亦痛亦不痛如何?”神会答曰：“若不痛，即同无情木石；若痛，即同凡夫，即起于恨。”大师言：“神会向前，见不见是两边，痛不痛是生灭。汝自性且不见，敢来弄人。”神会礼拜，更不敢言。大师又言：“汝心迷不见，问善知识觅路；汝心悟自见，依法修行。汝自迷不见自心，却来问慧能见否？吾不自知，代汝迷不得，汝若自见，代得吾迷。何不自修，问吾见否?”神会作礼，便为门人，不离漕溪山中，常在左右。①

神会此前是有一定的禅修养的，如宗密所说，神会曾投神秀门下 3 年，他来见慧能，先是要试探禅法，所以上来就问“和尚坐禅，见亦不见”。中观和涅槃佛性说都认为见与不见都是“边见”，“见亦不见”包含不一不异的“实性”或“佛性”。对神会这个问题，不论是答“见”还是“不见”，都会被视为“边见”，这小圈套对慧能不起作用，却显示着神会本性中的挑战性。慧能以打他三下，并反问痛亦不痛来回答，进而又觉得他还懂得禅意，启示他“心悟自见，依法修行”。神会心服，才投于慧能门下。《曹溪大师别传》《六祖坛经》等还记有慧能与神会的数次对话，可见慧能对他的重视。而《坛经》中记载慧能灭度前 20 余天时，法海等“涕泪悲泣，唯有神会不动，亦不悲泣。六祖言：‘神会小僧，却得善不善等，毁誉不动。余者不得，数年山中，更修何道?’”②。后人怀疑这段话是神会门人添加的。但无论如何，神会在慧能那里确实有了大长进，又经过多年修证，才具备了与神秀北宗辩论并取胜的实力，这在《南阳和尚顿教解脱禅门直了性坛语》《南阳和尚问答杂徵义》，尤其是在《菩提达摩南宗定

① 《坛经校释》，中华书局 1983 年版，第 90 页。
② 同上书，第 100 页。

是非论》中表现出来。

《菩提达摩南宗定是非论》由神会弟子独孤沛撰，主要记述神会于开元二十年（732 年）在滑台大云寺与北宗崇远法师辩论，以及向门下说禅的部分语录。

为了引起关注，神会在大云寺设无遮大会，他首先讲了一通达摩禅的传承，强调弘忍将衣法传给了慧能，慧能应为六祖，并以带有挑衅性的话说："菩提达摩南宗一门，天下更无人解。若有解者，我终不说。今日说者，为天下学道者辨其是非，为天下学道者定其宗旨。"[①] 于是引出"当寺崇远法师者，先两京名播，海外知闻，处于法会，词若涌泉，所有问语，实穷其原。提婆之后，盖乃有一。时人号之'山东远'，岂徒然耶？远法师乃于是日来入会中，扬眉亢声，一欲战胜"[②]。二人论战开始。先从是否因有官客来卷屏风辩起，进而就《法华经》《大般涅槃经》等一些基本命题辩论，谈有为、无为、佛性等，神会逐渐占上风。其间，神会用了一个险招：

远法师重问曰："禅师用心于三贤、十圣、四果人等，今在何地位？"

和上答："在满足十地位。"

远法师言："初地菩萨分身百佛世界，二地菩萨分身千佛世界，乃至十地菩萨分身无量万亿佛世界。禅师即言在满足十地位，今日为现少许神变。崇远望此意执见甚深。特为见悟至玄，所以简诠如响。"

和上言："大涅槃经云，如来在日，只许纯陀心同如来心，心了如来常，不许身同如来身。经云：南无纯陀，南无纯陀，身虽凡夫身，心如佛心。如来在日，尚只许纯陀心了如来常，不言

① 《菩提达摩南宗定是非论》《神会和尚禅话录》，中华书局 1996 年版，第 19 页。
② 同上书，第 19 页。

身证，今日神会身是凡夫，末法时中分，修得十地法，有何可怪？”

远法师默然不言。[①]

既然你问我修到什么地位，那我就说修到“满足十地位”。崇远以为有机可趁，就逼迫神会作出十地位的神通变化，神会利用大涅槃经上如来只许纯陀心同、心了如来心，不许身同如来身作答。这里表现出他对大乘经论的熟知，压住了崇远气势。以下辩争，也就处处占上风。

这场辩论的中心点，是南北两宗派谁为正统，在进行了一些初步较量后，崇远切入中心，问你神会口称“达摩宗旨”，那么在禅门中有什么相传付嘱？神会肯定地说：“从上已来，具有相传付嘱。”[②] 并历数达摩传慧可，慧可传僧璨，僧璨传道信，道信传弘忍，弘忍传慧能。强调：“经今六代。内传法契，以印证心；外传袈裟，以定宗旨。从上相传，一一皆与达摩袈裟为信。其袈裟今在韶州，更不与人。余物相传者，即是谬言。又从上已来六代，一代只许一人，终无有二。纵有千万学徒，亦只许一人承后。”[③] 先在一般性的议论中占了上风，进而以“内传法契”“外传袈裟”作为禅宗正统的根据，但“法契”所传是外人不知道的，也没有什么证据，只有袈裟是实在物，因而又将达摩袈裟作为唯一信物。而此信物只一件，且今在韶州，所以禅宗正统宗主应是弘忍传给袈裟的慧能一人，而弘忍没有传给袈裟的神秀或其他人，都不是正统。

确定了这个前提，神会就立于有利地位，崇远只能问：“何故一代只许一人承后？”这是一句很被动且无力的话，是承认了慧能得传袈裟并应为一代宗主的情况下的问话，意在说除慧能之外还应有其他宗主。此话一出，神会当即予以击破：

---

① 《菩提达摩南宗定是非论》《神会和尚禅话录》，中华书局 1996 年版，第 24 页。

② 同上书，第 26 页。

③ 同上书，第 27 页。

和上答："譬如一国唯有一王；言二王者，无有是处。譬如一四天下唯有一转轮王；言有二转轮王者，无有是处。譬如一世界唯有一佛出世；言有二佛出世者，无有是处。"[①]

崇远此问，如果在印度，或许还有辩驳的机会，但他是在集权官僚制的中国，"天无二日，国无二主"的观念是不容许有任何怀疑的，神会以此作为禅宗正统只在一人的譬喻，是不容辩驳的。至于佛教中"一四天下唯有一转轮王"和"一世界唯有一佛出世"，也是依"一国唯有一王"而说的，佛经虽乱，但传至中国，教徒们也都是如此理解的，即使没有这样的解读，也说不出其他道理来。

往下的辩论，崇远一直处于下风。他先从禅法教化众生说起，神会答曰："释迦如来在日，诸菩萨声闻等，皆悉说法教化众生，终无有一敢称为佛者。"[②] 崇远又问："禅师既言从上相承至能禅师，一代只有一人竖立宗旨，开禅师门教人，何故今日天下诸州近有数百余人，各立门户，缭乱教人者，从谁下出？"[③] 神会答："从秀禅师已下出。"[④] 并指责神秀门下二十余人及其下数百余人，"并无大小，无师资情，共争名利，元无禀承，乱于正法，惑诸学道者。此灭佛相也。"[⑤] 而慧能禅师门徒近有数万余人，没有一人敢滥开禅门，"纵有一人得付嘱者，至今未说"[⑥]。这一人就是他神会。

崇远又问，世人都认为神秀禅师已得道果，为什么不许其为第六代宗主？神会答，纵然神秀得了道果，但没有第五代宗主弘忍的授记，所以不许。崇远说，普寂禅师口称为第七代宗师，你怎么看？对神会来说，这个问题就更好回答了，作为普寂之师的神秀不可以为第六代宗主，普寂就更

---

① 《菩提达摩南宗定是非论》《神会和尚禅话录》，中华书局 1996 年版，第 27—28 页。

② 同上书，第 28 页。

③ 同上书，第 28 页。

④ 同上书，第 28 页。

⑤ 同上书，第 28 页。

⑥ 同上书，第 28 页。

没理由“充为第七代”，不论普寂，还是降魔，都没有资格作为第七代宗主。崇远又举出一个理由：“秀禅师为两京法主，三帝门师，何故不许充为第六代？”[①] 这更是不能成为理由的理由了，神会轻易就推翻了这个论据：“从达摩已下至能和上，六代大师，无有一人为帝师者。”[②]崇远又提出法不在衣上，为什么将传衣以为是传法。这个问题有些难度，神会答道：“法虽不在衣上，表代代相承，以传衣为信，令弘法者得有禀承，学道者得知宗旨，不错谬故。”[③] 神会并以释迦如来传袈裟于迦叶、弥勒为据，说明慧能得袈裟而为第六代宗主。

崇远转移话题，问慧能与神秀是同学不？神会答：是。崇远又问既是同学，教人同不同，神会答：不同，崇远又说既是同学，为什么教人不同。这正好给了神会宣扬慧能批评神秀的机会。

> 答：“今言不同者，为秀禅师教人‘凝心入定，住心看净，起心外照，摄心内证’。缘此不同。”
>
> 远法师问：“何故能禅师不‘凝心入定，住心看净，起心外照，摄心内证’？何者是能禅师行处？”
>
> 和上答：“此是调伏心。”
>
> 远法师问：“应不凝心入定，不住心看净，不起心外照，不摄心内证？”
>
> 和上答：“此是愚人法。离此调伏不调伏二法，即是能禅师行处。是故经云：心不住内，亦不在外，是为宴坐。如此坐者，佛即印可。从上六代已来，皆无有一人‘凝心入定，住心看净，起心外照，摄心内证’。是以不同。”[④]

---

① 《菩提达摩南宗定是非论》《神会和尚禅话录》，中华书局1996年版，第29页。

② 同上书，第29页。

③ 同上书，第29页。

④ 同上书，第29—30页。

不仅否定了神秀的“六祖”地位，而且将他的术、技说成与达摩至慧能六代正统之外的“调伏心”“愚人法”。进而，又正面宣传了慧能禅法，

> 我六代大师，一一皆言“单刀直入，直了见性”，不言阶渐。夫学道者须顿见佛性，渐修因缘，不离是生而得解脱。譬如其母，顿生其子，与乳渐养育，其子智慧，自然增长。顿悟见佛性者，亦复如是，智慧自然渐渐增长。①

“我六代大师”这一提法，表明神会已争得禅宗正统地位，至于“我六代大师”“一一皆言”的“单刀直入，直了见性”，前五代是无可考证的，而是慧能的观点，既然六代祖师的正统关系已经确立，那么作为六祖的慧能的观点也就是前五祖的观点了。进而又称普寂、降魔二禅师依神秀术、技传禅是“降菩提”，并指出：“坐者，念不起为坐；今言禅者，见本性为禅。”②

至此，神会代表慧能南宗争禅宗正统的观点已表述清楚，往下的辩论，就是如何评价普寂及进一步说明禅宗祖系。其间崇远甚至威胁道：“普寂禅师名字盖国，天下知闻，众口共传为不可思议。何故如此苦相非斥？岂不与身命有仇？”③神会答：“我今为弘扬大乘，建立正法，令一切众生知闻，岂惜身命！”④ 对神会而言，为慧能争禅宗正统“六祖”地位，或许有其正义感在支撑，但也不排除崇远所说“不为求利乎”的因素，但神会以“今修此论者身命尚不惜，岂以名利关心”⑤ 来回答，在当时的场景下，也是可信的。从他们二人这段对话中，可以发现道信、弘忍禅宗演化为官禅后，其性质已变为争名夺利之场，其中权势、阴谋、伎俩同于官

---

① 《菩提达摩南宗定是非论》《神会和尚禅话录》，中华书局 1996 年版，第 30 页。

② 同上书，第 31 页。

③ 同上书，第 33 页。

④ 同上书，第 33 页。

⑤ 同上书，第 33 页。

场，而这些内容已融入其术、技之中，不可不识。也正是由于预见到这一层，弘忍才像私放逃犯一样夜送慧能南行，而慧能对其门人“自悟修行，不在口诤，若诤先后，即是迷人”[①] 的教训，也在于深知佛门的阴恶。神会违背师训，公然与神秀门下争正统，当然会有风险，而诤的结果，虽然是得到朝廷认可及各种利益，却也放弃了禅教的基本精神。虽然神会对禅教有所理解，但他争禅宗正统的行为，却也使他禅宗化。

神会与崇远的辩论明确了慧能六祖及其正统地位，基本目的已达到，但他余兴不已，又趁机大谈了一通对佛经论的见解，以及对禅术技的阐释。这场辩论，起码从记录文本中看，神会取得了胜利，但要真正取得禅宗正统地位，还必须争得权官朝廷的认可。《南阳和尚顿教解脱禅门直了性坛语》《南阳和尚问答杂徵义》等，记录了神会在滑台大会前后与各级官吏的交往谈论，以及与僧侣们的问答。他在官场中的活动使他结识了王琯（赵国公）、宋鼎（兵部侍郎）等权贵者，并于公元745年应宋鼎之请入洛阳荷泽寺，以此为据点，大力宣传慧能禅法，批评北宗。这势必引起普寂为首的北宗忌恨，甚至屡设陷害，神会曾三次几乎被害死，公元753年又“被谮聚众，敕黜弋阳郡，又移武当郡。至十三载，恩命量移襄州。至七月，又敕移荆州开元寺。皆北宗门下之所毁也”[②]。也正在此时，“安史之乱”起。

> 副元帅郭子仪率兵平殄，然于飞挽粟，索然。用右仆射裴冕权计，大府各置戒坛度僧，僧税缗谓之香水钱，聚是以助军须。初洛都先陷，会越在草莽，时卢奕为贼所戮，群议乃请会主其坛度。于时寺宇宫观，鞠为灰烬，乃权创一院，悉资苫盖，而中筑方坛，所获财帛顿支军费。代宗、郭子仪收复两京，会之济用颇有力焉。肃宗皇帝诏入内供养，敕将作大匠并功齐力，为造禅宇

① 《坛经校释》，中华书局1983年版，第26页。

② 《圆觉经大疏钞》《禅源诸诠集都序》，中州古籍出版社2008年版，第164页。

于荷泽寺是也。[1]

神会死（758 年）后，“德宗皇帝贞元十二年（796 年）敕皇太子集诸禅师，楷定禅门宗旨，搜求传法傍正。遂有敕下，立荷泽大师为第七祖，内神龙寺见有铭记。又御制七代祖师赞文，见行于世。”[2] 神会争禅宗正统的努力算是有了最终结果，然而，在他依附朝廷、巴结官僚的过程中，也逐步脱离了慧能禅教。虽然神会对解说慧能禅教思想有所贡献，但他本人的思想，则愈来愈向官禅靠拢，尤其是与佛教经论的结合，形成了与以神秀、普寂为代表的北派禅宗不同的“荷泽系”禅宗。而此时南岳系正在道一、怀海的带领下，坚持慧能的禅教，在农禅并作的实践中充实、验证禅教核心观念，在山野民间不断拓展。以后 1000 余年，禅教禅宗分流与混合，成为中国思想史的重要内容。

七、禅教和禅宗各派分流与混合

以神会与普寂为代表的禅宗北派的抗争，不仅为慧能争得了禅宗正统的“六祖”地位，更以慧能正统继承人的名义，创立了与神秀禅宗派系不同的将慧能禅教禅宗化的派系，虽然神会为了打着慧能旗号自称“南宗”，但活动于以两京为中心的北方，并以荷泽寺为根据地，因而其门徒号称“荷泽宗”，由于得到朝廷认可，声势重于一时，但并未消除神秀派禅宗。与此同时，没有也不希求朝廷敕封的南岳、青原禅系，依然坚持慧能禅教核心观念和发展路线。这样就形成了禅教与禅宗各派分流的局面。这种状况大约持续了一个世纪，唐武宗李炎（841—846 年）的灭佛给包括禅宗在内的佛教以致命打击，依附朝廷的官禅各派失去了存在基础，或是解散，或是归从因禅农并作而幸存的禅教，而这又逐渐导致禅教与禅宗的混

① 《宋高僧传》上卷，中华书局 1987 年版，第 180 页。
② 《中华传心地禅门师资承袭图》《禅源诸诠集都序》，中州古籍出版社 2008 年版，第 110 页。

合。到宋朝以后，慧能创教时的我佛观和怀海对自由的信念，已逐渐被淡化，取而代之的是为求生存而以灵活的禅技游动于官府与民间的各路禅僧，他们遍布中华大地，虽大多以慧能为祖，但所重所长在技不在法，或给人心理安慰，或骗财骗名，或依附官府而住官寺，或结庐山野而自存。而残存的佛教各宗派，也往往引进禅技禅语，以适应受众心理，尤其是净土宗，将其简易之技与禅技结合，不仅丰富了内容，也更多地招徕信众。由此造成一种表象：佛教在印度已经消失，却在中国流传，从而也导致今天持“中国佛教”论者的空谈阔论。

神会是一个争强好胜的禅师，他在洛阳、长安两京周边的活动，不仅结识了大量官吏，也招收了众多门徒。宗密在《中华传心地禅门师资承袭图》中列出了慧能的门徒谱系。宗密在《圆觉经略疏钞》中说：“第七祖门下，传法二十二人，且叙一枝者，磁州法观寺智如和尚，俗姓王。磁州门下成都府圣寿寺唯忠和尚，俗姓张，亦号南印。圣寿门下，遂州大云寺道圆和尚，俗姓程。长庆二年，成都道俗迎归圣寿寺，绍继先师，大昌法化，如今现在。当代法主两归心。”[①] 之所以单叙磁州一支，就在此支中道圆为宗密之师，宗密应为磁州系第四代，是神会荷泽宗第 5 代，也是发扬神会荷泽宗的重要人物。宗密以自己所在的磁州系为神会的正统传人，故排列八、九、十祖，他的师父道圆为禅宗第十代祖。而神会门下的其他各系在当时也都各据一方，对弘扬神会禅法起到了重要作用。其中摩诃衍在西藏宣传禅法，时值吐蕃赞普墀松德赞（742—797 年）扶持佛教，打击本教，不仅向唐朝请求佛典和僧人，还向唐扩张，俘虏僧尼，摩诃衍是其攻陷敦煌后被发遣至拉萨的禅僧。奉命开示禅门，逐渐为赞普认可，有王妃及贵妇三十余人依其出家，并允许道俗依其禅义修习，在西藏有较大影响。因而佛教入藏，是经汉地传入的，至于密教在西藏的传播，则是后来事。

---

① 《圆觉经略疏钞》《禅源诸诠集都序》，中州古籍出版社 2008 年版，第 199 页。

慧能门徒谱系[1]

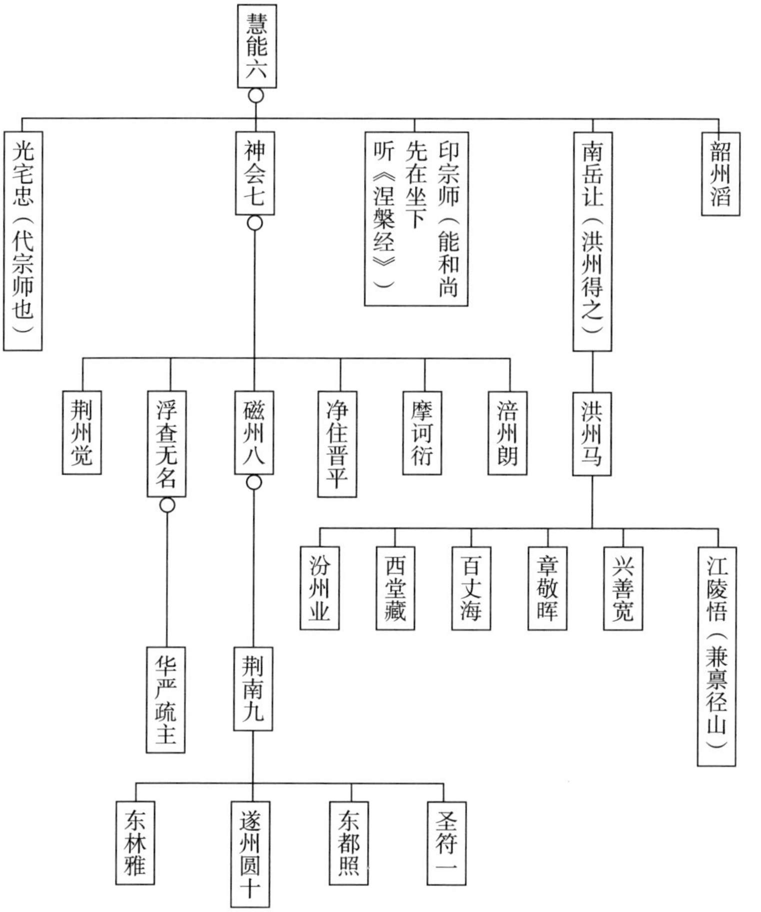

① 《禅源诸诠集都序》，中州古籍出版社2008年版，第115页。

真正宣传并扩大神会影响的，是宗密，他儿时起学儒，18 岁时对佛教感兴趣，后遇道圆，跟随其五六年，28 岁时受具足戒。之后对《华严经》产生兴趣，并师从华严宗大师澄观，后来他成为禅宗和华严宗的宗师（“五祖”）。同时还研读了“《起信》、《唯识》、《宝性》、《佛性》、《中观》、《智度》、《瑜伽》、《摄大乘》”[①] 等几乎全部汉译佛经论，尤其对《圆觉经》做了深入探究。写了大量佛论，获唐文宗李昂奖赐紫色方袍，赠“大德”称号，并与裴休、萧俛、温造、白居易、刘禹锡等重臣交往密切，他与裴休的对话记录即《中华传心地禅门师资承袭图》。与贵官的交往，为宗密提供了良好条件，但也惹来不少麻烦，甚至差点儿因打算收留密谋诛杀专权宦官仇士良的李训（因弟子劝说没有收留），被控犯有“不告”之罪，准备处死。后被中尉鱼弘志求情才得以免死。宗密晚年，编成了《禅源诸诠集》（或称《禅藏》）等著作。《禅源诸诠集》今已不传，只存《禅源诸诠集都序》，此序要旨在于“禅教会通”，即弥合禅教与禅宗及佛教其他宗派的关系。裴休《禅源诸诠集都序叙》中说：

> 自如来现世，随机立教。菩萨间生，据病指药。故一代时教，开深浅之三门，一真净心，演性相之别法。马龙二士，皆弘调御之说，而空性异宗。能秀二师，俱传达摩之心，而顿渐殊禀。荷泽直指知见，江西一切皆真，天台专依三观，牛头无有一法。其他空有相破，真妄相收，反夺顺取，密指显说，故天竺中夏，其宗实繁。良以病有千源，药生多品，投机随器，不得一同。虽俱为证悟之门，尽是正真之道，而诸宗门下，通少局多。故数十年来，师法益坏。以承禀为户牖，各自开张；以经论为干戈，互相攻击。情随函矢而迁变，法逐人我以高低，是非纷挐，莫能辨析。则向者世尊菩萨，诸方教宗，适足以起诤后人，增烦恼病，何利益之有哉？

---

① 《禅源诸诠集都序》序言，中州古籍出版社 2008 年版，第 6 页。

> 圭峰大师久而叹曰：吾丁此时，不可以默矣。于是以如来三种教义，印禅宗三种法门，融瓶盘钗钏为一金，搅酥酪醍醐为一味。振纲领而举者皆顺，据会要而来者同趋，尚恐学者之难明也。又复直示宗源之本末，真妄之和合，空性之隐显，法义之差殊，顿渐之异同，遮表之回互，权实之深浅，通局之是非，莫不提耳而告之，指掌而示之，频呻而吼之，爱软以诱之。①

裴休是宗密的好友，也是禅宗和佛教各宗的爱好者，他在这里所说的，正是宗密编此书写此序的目的所在。慧能所创禅教与佛教的本质差异导致“禅与（佛）教”的冲突，进而出现禅宗与禅教的矛盾，神会与普寂后人争正统又进一步扩大了这种矛盾。佛教之华严、天台、唯识各宗也各持一术，虽不像禅宗南北二宗那样对抗，也是各自为教。宗密是唯一具有会通禅与教，调和各宗派矛盾意愿与能力的人。《禅源诸诠都序》中先将禅分为：一、息妄修心宗，二、泯绝无寄宗，三、直显心性宗。将教分为：一、密意依性说相教，二、密意破相显性教，三、显示真心即性教。宗密认为，禅之三宗和教之三教虽有区别，但又有相应关系：息妄修心宗和密意依性说相教相应，泯绝无寄宗和密意破相显性教相应，直显心性宗和显示真心即性教相应。宗密强调，“诸宗始祖即是释迦，经是佛语，禅是佛意，诸佛心口，必不相违。”② 但“今时弟子，彼此迷源，修心者以经论为别宗，讲说者以禅门为别法。闻谈因果修证，便推属经论之家，不知修正正是禅门之本事；闻说即心即佛，便推属胸襟之禅，不知心佛正是经论之本意”③。他所要做的，是“俱存其法，俱遣其病”，“法本称理互通，通即互顺，自然凝流皆水，钚钏皆金，故易也。举要而言，局之则皆非，会之则皆是。若不以佛语，各示其意，各收其长，统为三宗，对于三教，则

---

① 《禅源诸诠集都序叙》《禅源诸诠集都序》，中州古籍出版社 2008 年版，第 9—10 页。

② 《禅源诸诠集都序》，中州古籍出版社 2008 年版，第 21—22 页。

③ 同上书，第 22 页。

何以会为一代善巧，俱成要妙法门，各忘其情，同归智海”[①]？也就是要依据禅与教的共通点，即释迦牟尼佛这一根本之源，进而要依经解禅，“经如绳墨，楷定邪正者，绳墨非巧，工巧者必以绳墨为凭；经论非禅，传禅者必以经论为准。”[②]

将禅之各宗通于荷泽系之一家，将教之各派通于华严一宗，再将禅与教通于释迦牟尼，并以经论作为传禅之准绳。这就是宗密所要达到的目的。但他只是从形式上找到了禅与教、禅各宗、教各派的抽象一般性。他虽也指出各自区别，却将区别说成形式的，并非内容的，而实际正相反，各宗、各教之间及其各自内部派系的区别是内容，抽象一般性只是形式上的。虽欲“融瓶盘钗钏为一金”，实则“搅酥酪醍醐为一味”——大杂烩！宗密可以说是继神会之后，进一步将禅教纳入禅宗，并以佛我论来解禅，混淆禅教与禅宗差别的禅师。他不仅是官禅的代表，也是“文人禅”的典型，他的价值在于以文字留下了禅史资料。

当神会与普寂为首的北宗争正统，并依北宗方式依附朝廷而行官禅时，慧能门下怀让一系由道一、怀海坚持的农禅并作的民禅正在扩展。与此同时，慧能另一弟子行思与其徒希迁，在湖南也开出一片天地。

怀海以其理念和禅林规则，吸收了大批禅众，门下知名弟子众多，其中希运、义玄一脉延续的时间最久，是慧能禅教的直接承担者。《祖堂集》中说：“黄檗和尚嗣百丈，在高安县。师讳希运，福州闽县人也。自少于黄檗寺出家，身长七尺，额有肉珠，闶阆天生，不拘小节。”[③] 先游天台，后至上都，因乞食遇一阿婆，鼓励他投师怀海，遂依言而投怀海门下。《古尊宿语录》记怀海在劳作时对希运的启示，“师在百丈普请开田次，丈问：‘运阇黎开田不易。’师云：‘随众作务。’丈云：‘有烦道用？’师云：‘争敢辞劳！’丈问：‘开得多少田？’师将䦆筑地三下，丈便喝，师掩耳

① 《禅源诸诠集都序》，中州古籍出版社2008年版，第23页。

② 同上书，第25页。

③ 《祖堂集》下卷，中华书局2007年版，第729页。

而去。”[①] 于劳动和吃穿住行等日常生活中寻找禅机，以喝打问答启发门徒，是怀海禅技中的重要环节。希运在怀海处得到启示，并运用于自己带徒过程。他继承怀海“自己是佛，自己是禅道解者”的思想，加以发挥，提出了“即心是佛，无心是道”的论点。

> 丞相裴公问曰：“山中四五百人，几人得和尚法？”师云：“得者莫测其数。何故？道在心悟，岂在言说！言说只是化童蒙耳。”问：“如何是佛？”师云：“即心是佛，无心是道。但无生心动念、有无长短、彼我、能所等心。心本是佛，佛本是心。心如虚空，所以云佛真法身犹如虚空。不用别求，有求皆苦。设使恒沙劫数行六度万行，得佛菩提，亦非究竟。何以故？为属因缘造作故。因缘若尽，还归无常。所以云：报化非真佛，亦非说法者，但识自心，无我无人，本来是佛。”问：“圣人无心即是佛，凡夫无心莫沉空寂否？”师云：“法无凡圣，亦无沉寂。法本不有，莫作无见。法本不无，莫作有见。有之与无，尽是情见，犹如幻翳。所以云：见闻如幻翳，知觉乃众生。祖宗门中，只论息机忘见。所以忘机则佛道隆，分别则魔军炽。”[②]

“法无凡圣”，这是希运的见解，也是禅教的一个基本观念。对此，他又进一步阐述道：“即心是佛，身心俱无，是名大道。大道本来平等，所以深信含生同一真性。心性不异，即性即心。”[③] 与依附朝廷、结交官吏的官禅不同，以农禅并作为生存基础的禅教，既无官阶等级，也无资财权势，之所以能聚成生产生活的联合体，就在于共同的生存需要和理念。从道一到怀海，再到希运、义玄，以至其后继者，都坚持慧能的我佛观。希运的“即心是佛，无心是道”说，是我佛观的充实，而其“大道本来平等，所

① 《古尊宿语录》上卷，中华书局 1994 年版，第 31 页。

② 同上书，第 38 页。

③ 同上书，第 39 页。

以深信含生同一真性”的说法，更是禅教存续的必要观念。若从辈分论，希运（慧能—怀让—道一—怀海—希运）高出宗密（慧能—神会—智如—南印—道圆—宗密）一代，他们活动的时间大体相当，而裴休作为一个禅佛爱好者，与二人都有交往，他或许能明白二人观点上的区别。

关于慧能与神秀谁应为“六祖”，谁是正统的问题，神会曾在两京间努力宣讲，并与崇远辩争。其论据，只是弘忍传慧能的“衣法”，而可见者，只是衣，一件据说达摩传下的袈裟。虽然他辩才超群，但如此论据，很难服众。远在南方的怀让一脉，并不需要皇帝敕为正统和供养，也无须以师承壮声势来巴结权贵，对此并不太在意，但终究这是一个问题。希运对此作出这样的回答：

> 问：“六祖不会经书，何得传衣为祖？秀上座是五百人首座，为教授师，讲得三十二本经论，云何不传衣？”师云：“为他有心，是有为法，所修所证将为是也。所以五祖付六祖。六祖当时只是默契，得密授如来甚深意，所以付法与他。汝不见道：‘法本法无法，无法法亦法，今付无法时，法法何曾法！’若会此意，方名出家儿，方好修行。”①

希运明确指出，修禅的关键在于“直指人心，不在言说”。读经与否，讲经多少，都不是关键所在。慧能得弘忍传衣，就在于此，这同样也是不传神秀的理由。相比之下，希运之说，要比神会以传衣为正统的说法，更深入一层，也更让人信服。而他是在回答门人所提问题时说这个话的，并不是像神会那样与人争，是与慧能“不诤”的教导不违背的。

希运对于佛教及其禅宗的一些传统观念直截了当地予以批评，如有人问：凡心是佛，圣心是佛？他反问道：“何处有凡圣心耶？”问者说：“即今三乘中说有凡圣，和尚何得言无？”他回答说：“三乘中分明向你道凡圣

---

① 《古尊宿语录》上卷，中华书局1994年版，第36页。

心是妄，你今不解，返执为有，将空作实，岂不是妄！妄故迷心。汝但除却凡情圣境，心外更无别佛。”① 这些说法，直承怀海的“自由”论，也是慧能思想的延伸。“语默动静、一切声色，尽是佛事，何处觅佛？不可更头上安头，嘴上加嘴。但莫生异见，山是山，水是水，僧是僧，俗是俗，山河大地，日月星辰，总不出汝心。”②

希运说禅，精辟生动，“直指人心”，或用打、喝，或用峻烈言语，意在使人顿悟。但他也不强求，不悟即不悟，也是汝心。有门人“问：‘学人不会，和尚如何指示？’师云：‘我无一物。从来不曾将一物与人。你无始已来只为被人指示，觅契觅会，此可不是弟子与师俱陷王难？’”③ 在希运那里，即心即佛，并没有佛经佛论上所说的导引、普度众生的外在佛，禅只是让人识得自性佛，不是向外觅佛求法。只要悟得我自性为佛，那么日常生活中的一切，都是禅机，也都是佛行。

> 问：“如何得不落阶级？”师云：“但终日吃饭，未曾咬着一粒米；终日行，未曾踏着一片地。与么时，无人无我等相，终日不离一切事，不被诸境惑，方名自在人。念念不见一切相，莫认前后三际。前际无去，今际无往，后际无来，安然端坐，任运不拘，方名解脱。”④

希运是南岳禅系承上启下的关键，他继承道一、怀海的传统，开启了义玄的临济禅系，也是坚持慧能禅教并使之与神会、宗密的禅宗化相并立的中坚。也正是在希运领导其禅团的时期，发生了对佛教及北派禅宗致命打击的事件——武宗灭佛运动。唐武宗李炎出于维护统治的需要，对因以前历任皇帝佞佛，导致佛教势力日盛，并与官宦勾结造成严重经济社会问

---

① 《古尊宿语录》上卷，中华书局 1994 年版，第 33—34 页。

② 同上书，第 42 页。

③ 同上书，第 51 页。

④ 同上书，第 54 页。

题相当重视，为此他在 845 年（会昌五年）发布诏书《陈释教之弊》中指出：

> 朕闻三代之前，未尝言佛，汉魏之后，像教浸兴。是由季时，传此异俗，因缘染习，蔓衍滋多，以至蠹耗国风而渐不觉，诱惑人意而众益迷！洎于九州山原，两京城阙，僧徒日广，佛寺日崇，劳人力于土木之功，夺人利于金宝之饰。遗君亲于师资之际，违配偶于戒律之间，坏法、害人，无逾此道！且一夫不田，有受其饥者；一妇不蚕，有受其寒者。今天下僧尼不可胜数，皆待农而食，待蚕而衣。寺宇、招提，莫知纪极！皆云构、藻饰，僭拟宫居！晋、宋、齐、梁，物力凋瘵，风俗浇诈，莫不由是而致也。[①]

李炎是一位懂经济的皇帝，他“灭佛”的主要理由，就在于佛教僧人不劳动，却“劳人力于土木之功，夺人利于金宝之饰”。而佛教不过是外来的“异俗”，并无实际价值。为此，必须“驱游惰不业之徒”“废丹雘无用之室”。于是，先于会昌五年四月，敕祠部检括佛寺、僧尼，统计全国共有大中寺院 4600 所，小庙 4 万所；僧尼 26 万零 500 人。而武宗会昌元年（841 年）全国才有 495 万 5151 户，可见僧尼比例之大。七月，下敕并省天下佛寺，两都两街各留寺二所，每寺僧 30 人；节度、观察使治所及同、华、商、汝州，各留寺二所，分三等：上等留僧 20 人，中等留僧 10 人，下等留僧 5 人，其余所有僧尼，都勒令还俗。紧接着又下诏，东都（洛阳）只留僧20 人，诸道留僧20 人者减半，留 10 人者减 3 人，留 5 人者更不留。留下的僧尼，皆隶鸿胪寺（掌管朝贡客使），不再隶属祠部，也就是不把他们当国人对待了。所有非保留寺院，一律拆除，其财货、田产，一律没收，其所有铜像、磬、钟通通销毁铸钱，铁像铸作农器，金、银、

① 《旧唐书·武帝纪》。

鍮石等像，销付度支（财政）。官员及民之家所有的金、银、铜、铁等佛像，限一月内，一律缴官。武宗的灭佛，由集权体制执行，废毁小中寺院4600多所，小庙4万多处，僧尼还俗充两税户的26万零500人，没收良田数千万顷，解放寺院奴婢充两税户的15万人。足见功效之大！

虽然武宗李炎于灭佛后次年（846年）去世，其继任者宣宗又于847年下敕恢复佛教，但一年多的灭佛运动中断了这个外来宗教的蔓衍势头，加之随后而来的唐末农民大起义，佛教势力被严重削弱。以后的五代及宋、元、明、清，1000多年的时间内，隋唐时兴起的佛教三论、华严、天台、唯识各宗，基本上只在朝廷庇护下丝缕残存，而能够还供“中国佛教”论者研究的，就只剩与禅教混杂，打着“六祖”旗号的禅宗和与之结合的净土宗了。

武宗灭佛对于农禅并作、不设殿堂的禅教，几乎没有影响，其所灭者主要是官许的佛教各宗及日益官禅化的禅宗。晚唐至五代，慧能禅教出现了“越祖分灯”的五家，所谓“越祖”，即强调超越祖佛，突出当下听法在参学人自己。5家分为临济、沩仰、曹洞、云门和法眼5个派系。其中，坚持慧能禅教的中坚力量，就是希运弟子义玄创立的临济派系。义玄进一步突出了人的主体地位，强调：“无佛可求，无道可依，无法可得。”义玄长期住镇州临济院，故其禅系以临济为名。他继续希运禅风，话语更尖锐，振聋发聩。“你要与祖佛不别，但莫外求”①，你自己就是佛。

你一念心上清净光，是你屋里法身佛。你一念心上无分别光，是你屋里报身佛。你一念心上无差别光，是你屋里化身佛。此三种身是你，即今目前听法底人。只为不向外驰求，有此功用。据经论家，取三种身为极则。约山僧见处不然，此三种身是名言，亦是三种依。古人云：身依义立，土据体论。法性身、法性土，明知是光影。大德，你且识取弄光影底人是诸法之本源，

① 《古尊宿语录》上卷，中华书局1994年版，第58页。

一切处是道流归舍处。是你四大色身不解说法听法，脾胃肝胆不解说法听法，虚空不解说法听法。是什么解说法听法？是你目前历历底，勿一个形段孤明，是这个解说法听法。若如是见得，便与祖佛不别。但一切时中更莫间断，触目皆是。只为情生智隔，想变体殊，所以轮回三界，受种种苦。若约山僧见处，无不甚深，无不解脱。道流，心法无形，通贯十方。在眼曰见，在耳曰闻，在鼻嗅香，在口谈论，在手执捉，在足运奔。本是一精明，分为六和合。一心既无，随处解脱。山僧与么说，意在什么处？只为道流一切驰求心不能歇，上他古人闲机境。道流，取山僧见处，坐断报化佛头，十地满心，犹如客作儿。等妙二觉担枷锁汉，罗汉辟支犹如厕秽，菩提涅槃如系驴橛。何以如此，只为道流不达三祇劫空，所以有此障碍。若是真正道人，终不如是。但能随缘消旧业，任运著衣裳，要行即行，要坐即坐，无一念心希求佛果。①

如此见解，直达怀海“自由”说，更通慧能“心即佛”！义玄强调，“如今学者不得，病在甚处？病在不自信处。你若自信不及，即便茫茫地徇一切境转，被他万境回换，不得自由。”②

义玄对于佛教僧人拿着佛经唬人，宣扬佛陀神通、奇迹的做法十分痛恨，说：“有一般不识好恶秃奴，便即见神见鬼，指东画西，好晴好雨，如是之流，尽须抵债，向阎老前吞铁丸有日。好人家男女，被这一般野狐精魅所著，便即捏怪。”③ 他从心即佛论说起，强调佛也是人，“三世十方佛祖出来，也只为求法。”④ 因此，“佛法无用功处，只是平常无事，屙屎

---

① 《古尊宿语录》上卷，中华书局 1994 年版，第 58 页。

② 同上书，第 57 页。

③ 同上书，第 59 页。

④ 同上书，第 59 页。

送尿，著衣吃饭，困来即卧。”[1] 只是“有一般秃比丘”才会向人说佛如何神通、如何灵光奇运，并要人依佛教因果说教来修行佛果，这是“老秃奴惑乱他天下人。”[2] 他告诫门人：

> 你欲得如法见解，但莫受人惑。向里向外逢着便杀，逢佛杀佛，逢祖杀祖，逢罗汉杀罗汉，逢父母杀父母，逢亲眷杀亲眷，始得解脱，不与物拘，透脱自在。[3]

这里的“杀”，并不是杀人，而是排斥、否定、消除之意，只有这样，才能解脱，解脱就是自在。

义玄强调“破除执著之心”，并由此提出“四料简”“四宾主”“四照用，”以及“或棒或喝”禅技，形成了从法到术到技一系列的禅教思想和教学体系。这也是临济系在五家中最为兴盛、流布最广、传续最久的原因。临济系传至宋，衍生出黄龙、杨岐两派，虽有变化，但仍在一定程度上保留禅教传统。

沩仰系由怀海门下沩山灵祐及他的弟子仰山慧寂创立，主要活动于广东北部及江西南部，承续怀海无取无舍、无为无事、人人圆满自足、自在解脱的思想，突出理事不二、无心解脱，强调不假语言思维的自心顿悟，在方便接机时“不说破”，显得奥秘深邃。入宋，沩仰系就不再传续。曹洞系、云门系、法眼系三家，都是从慧能弟子行思所创青原系分出。青原系虽以行思住吉州青原山而得名，但其兴起则在行思上首弟子石头希迁，他初师事慧能，后又投行思门下，天宝年间（724—756 年）住衡山南寺，使禅教在湖南流传，与江西马祖道一齐名。希迁以心为源，齐同凡圣，融摄万法，“不论禅定精进，唯达佛之知见。即心即佛，心佛众生，菩提烦恼，名异体一。汝等当知，自己心灵，体离断常，性非垢净。湛然圆满，

---

① 《古尊宿语录》上卷，中华书局 1994 年版，第 59 页。

② 同上书，第 65 页。

③ 同上书，第 65 页。

凡圣齐同。应用无方，离心意识。三界六道，唯自心现。”① 著《参同契》《草庵歌》在禅门流传。行思、希迁的接机方式与道一及其门人的机锋峻峭不同，也不凌厉棒喝，而是提示反观心源、直下承当，简易朴实、灵活自如，所以流布广远。曹洞系创始者为曹山本寂和洞山良价，取“曹”与“洞”二字为派名，强调从心与物、理与事关系悟修，以“五位忠臣”论理（正）、事（偏）及中道的相互配合，以“君臣”喻之。其“家风细密，言行相应，随机接物，就语接人”。流传至宋。云门系创始人为石头希迁门下天皇道悟的四世法孙文偃，住韶州云门山，以山得名。文偃强调山水自然，即事而真，一切现成，无心解脱。其弟子德山缘密承师意倡“函盖乾坤”“截断众流”“随波逐流”三句话为接机学人之技。云门系与曹洞系不同，其家风“孤危耸峻，人难凑泊”，引入临济系之棒喝接引，但又承续希迁的注重启发学者心源之技，《古尊宿语录》卷十五、十六、十七、十八为“云门（文偃）匡真禅师广录”，详细记录了其接引技。法眼系创始于五代文益（885—958 年），为青原系玄沙师备的再传、地藏桂琛弟子，因谥号“大法眼禅师”得名。与其他各派系坚守禅林不同，文益游走于寺院及官场，被南唐后主李煜迎至金陵报恩禅院，主张禅、教兼容，以《华严经》为参照。他的再传弟子延寿“举一心为宗，照万法如镜”，编《宗镜录》百卷，不但将禅术与华严宗圆融，而且对唯识、天台各宗教旨予以评定，企图调和禅教与佛教。这种做法与宗密相似，是步入官禅的必要手段。法眼系的出现与传布，表明慧能的禅教宗旨已被淡化，禅宗路线又兴起，并渐成主流。

马祖道一门之下，比较突出的还有南泉普愿至赵州从谂一支。普愿（748—834 年）俗姓王，人称“王老师”，河南新郑人，初习相部旧章，精究律学，又游诸讲肆，遍学《楞伽》《华严经》《中论》《百论》等经论，后投道一门下，贞元十一年（795 年）移住池阳南泉山，与弟子堙谷刊木，斫山畬田，种粮以饶，自建禅舍，30 年足不下南泉山。好一个禅林

---

① 《五灯会元》上卷，中华书局 1984 年版，第 255—256 页。

世界！晚年才被宣城使陆公亘等执弟子礼，迎请下南泉山。普愿承继道一"平常心是道"的思想，强调人"心"与"佛性"，"众生"与"佛"等，都是方便开示人的语言设施，都不应执着，只有当下的人才是应当肯定的。圆悟在《题南泉和尚语要》中写道：

> 王老师，真体道者也。所言皆透脱，无毫发知见解路。只贵人离见闻觉知，自透本来底，方得自由。若著法、报、化，便是依他，无自由分。是故发明卢行者不会佛法，只是体道，所以得衣钵。此皆过量人行履处，千万人中难得一个半个。真药石谛当，直贵无事行履处也。①

普愿根据他对禅深刻的理解，在接引门徒时随机应对，常用机锋棒喝截断知见执着，促其自悟自省。在《池州南泉普愿禅师语要》中记录了他与人的对话，如"师刈茅次，有僧问：'南泉路向甚么处走？'师竖起镰云：'我这镰子是三十文买。'僧云：'我不问这个。南泉路向什么处去？'师云：'我用得最快'"②。这些看似答非所问，实则指示机锋，开启思维。

普愿弟子众多，他尤重从谂，与之对话也最能体现禅机。

> 南泉东西两堂争猫儿。泉来堂内，提起猫儿，云："道得即不斩，道不得即斩。"大众下语，皆不契泉意，当即斩却猫儿了。至晚间，师（从谂）从外归来，问讯次，泉乃举前话了，云："你作么生救得猫儿？"师遂将一只鞋戴在头上，出去。泉云："子若在，救得猫儿。"③

可见，从谂与普愿相契。从谂（778—897年）曹州人，俗姓郝，幼年出

---

① 《古尊宿语录》上卷，中华书局1994年版，第202页。
② 同上书，第190页。
③ 《赵州录》，中州古籍出版社2001年版，第5页。

家，闻普愿“道化翕如”，向往师事，普愿对他十分器重，许他入室。80岁往住赵州观音院，大弘禅法，活到120岁。从谂发展了道一和普愿的道不可说、佛不可求的禅学思想，他明确地说：“众生即是佛，佛即是众生。”“各自有禅，各自有道。”他从日常生活中接引学人，潇洒自如，无拘无执。如有人问：“和尚还入地狱否？”从谂说入，又问：“大善知识为什么入地狱？”他回答：“我若不入，阿谁教化汝？”又，从谂扫地，有僧问：“和尚是大善知识，为什么扫地？”答：“尘从外来。”问：“既是清净伽蓝，为何有尘？”答：“又一点也。”从谂的语录多有记载，后来禅家说公案、参话头多由此。这里抄一则，以见从谂禅风。

> 师因在室坐禅次，主事报和尚云：“大王来礼拜。”大王礼拜了，左右问：“列土王来，为什么不起？”师云：“你不会。老僧这里，下等人来，出三门接；中等人来，下禅床接；上等人来，禅床上接。不可唤大王作中等、下等人也，恐屈大王。”大王欢喜，再三请入内供养。[①]

可见，从谂依然保持着其师其祖的民禅理念，而一句“恐屈大王”又足见其禅机灵动。与那些钻门路、跑关系依附皇帝、贵官的官禅僧者流，从谂此举，恰成鲜明对照。可惜，自他以后，如此理念和禅机已不多见。

公元960年宋朝建立，结束了唐末以来的割据局面，集权专制进一步强化，王安石变法改革，抑制宗族地主势力，扶持个体小农经济，并实行科举和官僚体制改革，儒学道统进入理学阶段。在这样的条件下，农禅并作的禅教已失去存在基础，虽然以慧能为旗号的临济、云门、曹洞等派系仍有发展，但实际上都已在法层次上淡化了慧能我佛观核心观念，或者仅以我佛观作为术、技层次的提法和话头。更重要的是放弃了农禅并作的禅林组织，依附朝廷或结交官僚和文士，或进住寺院，不断官禅化、禅宗

① 《赵州录》，中州古籍出版社2001年版，第98页。

化。由于不在法层次坚持我佛观核心观念，已经不能在术层次有所创新，只能在炒作祖师和历代“尊宿”思想的同时，在技层次有所更新，形成与官僚和文士相适应的文字禅、诗文颂古、参话头。而官僚、文士的介入，也使禅宗有所新意，并影响了儒学道统的论证，以至形成宋代周敦颐到明代王守仁的“心学”。文士的介入，不仅将儒学道统注入禅宗，还将流传下来的历史资料加以整理印刷，虽有修改，但与禅宗的演化是相适应的，也为后人的研究提供了必要资料。

由于不再坚持禅教核心观念，宋朝及以后的禅宗日益强调“禅教并重”和“禅净双修”，出现了所谓“念佛禅”“天台禅”“华严禅”，唐朝已基本消失的佛教各宗，依托禅宗而存续，禅宗也借此而融入各宗，并在官办寺院中占据一席之地。而禅宗与净土宗的结合，不仅使单调的净土宗念佛加进了禅修之技，也使日益没有思想内容的禅宗可以用念佛来打发时光。

自宋以后，千余年时间内，虽然还出现过一些禅师尊宿，留下不少禅迹语录，但基本上都无思想内容，其主要功用，除辅助朝廷稳定统治而对民众进行心理调节外，就是陪权贵、文士说话和消遣。

第四章　禅教核心我佛观

——禅教以法层次的我佛观为核心观念

由不识字的山野村夫慧能创立的以禅为名号的思想体系，是人类思想的一个奇迹！这个思想体系经道一、怀海、希运、义玄等人的继承充实和发展，不但成为中国思想史的重要内容，而且广泛而深远地影响着中国经济和政治生活。然而，因慧能及其传承者使用了一些佛教术语，1000多年来，不论从佛教传统观念，还是从其他思想观念对慧能思想体系的评论，都将它归入佛教的一个宗派——禅宗，并以佛教理念和体系加以论述。这是一大误区！慧能及其继承者虽然使用了佛教的一些术语，但他们的思想体系根植于中国特殊的社会制度和文化，是其矛盾的体现，在道、法、术、技4个层次都与源自印度地区社会制度和文化的佛教有本质区别。明确这4个层次，尤其是道、法层次的区别，规定其内涵与形式，综合其体系，就可以明确看到，这是一个以在中国居统治地位的儒学道统的天道观为道，以慧能创立的我佛观为法，并由我佛观之法的展开所形成的术、技的新的宗教——禅教，而绝非佛教一个宗派的禅宗。在分析了禅教的形成及其与禅宗并立、混杂的历史之后，我们先对禅教的社会基础和道、法层次进行探讨，再依次论证其术、技。

一、禅教以汉民族的中国集权官僚制度为社会基础

为什么产自印度地区的佛教传入中国不过五六百年就基本消失？只有由于依托于禅教和其异化的禅宗，佛教的天台、华严、三论、唯识各宗才得以残存于个别寺院，但几乎没有社会影响？而禅教又为什么能够形成，并被异化为寄存着佛教幽灵的禅宗？其根本原因，既不是佛祖预先设计，也不是梵天支配的，而是中国特殊的社会制度和文化决定的。

与由外来入侵者雅利安人建立的以土著人为奴隶的印度地区部族奴隶制不同，华夏大地从古至今都是本土人群在繁衍生息、开发演化，经公元前30世纪至前21世纪初，以五帝（黄帝、颛顼、帝喾、尧、舜）为典型的氏族联合体，活动于今河南及山西、河北、陕西、湖北部分地区，约在公元前21世纪由禹开创部族，演进至商，大约过了1000年。夏、商的部族也曾实行集体奴隶制，战胜部族掠战败部族俘虏为奴隶，由于是同一人种，并未像印度地区那样分为不同的种姓。奴隶也属于部族成员集体所有，并非像古罗马时由私人所有。但夏、商两大部族虽在名义上是各部族的共主，但未形成实质性的联盟。周部族大约在公元前1046年联合其他部族灭商，并建立了部族联合体，以周族首领为盟主，实行封建领主制，分封数百个部族，其中势力强大的部族逐渐兼并周边弱小的部族，形成大部族联盟中局部的部族联盟，这些局部的部族联盟不断扩张并发生冲突，历经“春秋五霸”和“战国七雄”，在对外争战的同时，各部族联盟内部加强集权统治，消除原部族领主势力，放松农奴控制并努力发展生产，从而与其他部族联盟抗争。秦在“战国七雄”中率先变革制度，商鞅变法以集权官僚制取代封建领主制，以农战功绩解除农奴身份，平民有战功也可以成为官吏，秦国以其制度的先进而强盛，吞并六国一统天下。秦国的集权官僚制是中国也是世界历史上的伟大创造与进步，其进步集中体现在将人身权属于封建领主的农奴改变为名义上属于皇帝一人的农民，从而使农民有了相对的人身自由，并由国家将属于皇帝的土地所有权派生的部分占

有权均配给农民，使之成为相对独立的生产者。农民虽然要缴税并服兵役、劳役等，但毕竟相较于农奴是一大解放。在集权官僚制下除皇帝之外，各级官吏都不世袭，而由皇帝名义的中央政府委任。人类的社会存在形式也由部族联盟进展为民族，秦朝因统治时间短暂尚未形成秦民族，而汉朝 400 多年的统治形成的汉民族是人类历史上第一个民族，它以集权官僚制的国家融合了旧的各个部族，有统一的制度和文化，乃至“车同轨，书同文”，以及统一的度量衡等，构建并支撑了几百万平方公里、几千万人口的统一民族。而此时的印度地区和欧洲，还处于部族奴隶制，尚未达到部族联盟的封建领主制。

由于秦朝仅存 14 年就灭亡了，集权官僚制的巩固和发展都是在汉朝完成的，其主要功绩应归于汉武帝刘彻，对于中国历史发展，他与秦始皇嬴政的作用相当，“秦皇汉武”将他们对人类历史规律的意识与其作为最高统治者的利益统一起来，领导了人类的这场大革命。但他们二人主要是政治家，“略输文采”，其对人类历史规律的意识源于自春秋以来诸子发起并展开的文化变革运动。诸子中从道、法两层次探讨人类社会规律，并对现实矛盾提出变革设想的，主要是老子、孔子、墨子、李悝、吴起、商鞅、孟子、庄子、荀子、韩非、李斯等，他们都是非贵族的士阶层的代表，为了改变世卿世禄的封建领主制，他们探讨并规定了人类社会和自然的本体本原，虽然他们的角度和方法有差异，但都认为应以老子提出的天道为本体、本原，并主张以天道取代封建领主所依据的本体、本原——上帝。这是诸子在道层次上的统一，但在法、术、技层次则有所区别，尤其在对现实矛盾的变革上有明显分歧。战国时的 7 国，都不同程度地进行了变革，这是它们在激烈的兼并斗争中保持政权并壮大势力的根本原因，而那众多的部族和小部族联盟之所以被七国兼并，原因也在于它们未能进行变革。秦国吞并 6 国，就在于它彻底实行了制度的变革，从商鞅到李斯，众多的思想家和权术家迎合他们辅佐的历代秦王扩展权势的利益和志向，提出了适应历史潮流，有利于发挥和提高劳动者素质技能、提升其社会地位，从而改变封建领主制度的主张，并得到秦孝公到秦王嬴政的认可与推行，在发展生产和对外战争中壮大势力，进而以强大的经济和军事实力吞并了虽也在变革但变革不彻底的6国。秦朝大一统集权制度的建立，也可以说是诸子变革思想的胜利，但绝非一些史学家所注重的术、技层次的变革，根本还在道、法，尤其是天道观之道，以此为大前提，也就是顺应了人类基本矛盾演进的规律，将提高劳动者社会地位和素质技能与强化集权统治统一起来。被归入[①]“儒家”的孔子、孟子也是主张变革的，只不过是要通过游说各国君主进行“渐变”式变革，被归入“法家”的李悝、吴起、商鞅、李斯也是通过说服君主，动用其权势，才能进行比较激进的变革，他们的差别主要在术、技层次，法层次也略有不同，但在道层次则是一致的。而被归入“道家”的老子、庄子也并不反对变革，老子对天道的论证，提出天道观的基本理念，是诸子思想的道层次，并为孔子及其他诸子所接受和发展，是这场社会变革的哲学观念。秦朝灭亡后，汉高帝刘邦及惠帝、高后、文帝、景帝时，都以“黄老”思想维系其大一统，到武帝刘彻在位时，又采纳董仲舒的主张“独尊儒术”。诸子们在法、术、技层次虽有差别，但在道层次却是相同的，都秉持天道观，而天道观也就成为集权官僚制的理论前提。董仲舒说“天不变，道亦不变”，集权官僚制即以天道为依据，代表天来行使统治的制度。也正是由于同道，儒学道统在两千多年的历史中，不断吸收诸子在法、术、技层次的某些因素，以充实和巩固集权官僚制。而代表农奴和平民利益的墨子及其继承者，虽也持天道观，但因其对社会变革的主张与统治者相悖，所以被排斥于统治意识形态之外，他们的一些观念只能残存于小农意识，以及道教和侠士的行为中。慧能禅教的社会主体与墨子相似，它以天道观为道层次的基本理念，这既与在中国已居统治地位八九百年的儒学道统有关，也与潜伏于民间的墨子观念有关。

与春秋、战国时的诸子思想相比，1000年后形成的慧能禅教，是汉民

---

① 关于诸子的“分家”说，我在《诸子思想》中提出了不同看法，认为诸子“有派无家，纵横天下”。请参见该书（中国社会科学出版社2019年版）第一章。

族国家的集权官僚制已经巩固，并全面贯彻于经济、政治、文化社会生活为现实社会基础的，与佛教所在印度地区的部族奴隶制相差两个社会历史阶段，既没有依血统而将全体人区分世代不变的种姓制，也已将中国早在佛教形成前几百年就已出现，而佛教及部分“王国”酋首向往但并未能实现的部族联盟封建领主制废除了近千年。作为一个新的思想体系，禅教有与佛教不同的社会基础和不同的主体，是集权官僚制社会意识形态的一个环节或要素。

集权官僚制是 17、18 世纪欧洲资本雇佣劳动制建立之前人类最先进的社会制度，它于公元前 3 世纪确立，它的权利关系及其制约的社会生活，是囿于印度地区部族奴隶制的悉达多与他的追随者不可能想象的。在集权官僚制的中国，皇帝为最高统治者，也是土地和全部臣民的所有者，皇帝任用各级官吏并通过庞大严密的官僚系统行使其权利。官吏和民众都有相对独立的家庭，在家中实行宗法，定家规、续家谱，自成一小社会。家必须服从国，家规必须遵从国法。每个家庭都是国这个大家庭的细胞。官吏由皇帝选任，是皇帝的臣仆，忠于皇帝是其首要素质。通过军功、荐举、科举、捐贡等各种形式成为官的人，构成了严格系统的集权专制国家机器，代表皇帝行使权力，治理民众，协调社会关系和经济生活。集权官僚制的经济以手工业和农业为主，主要生产资料土地的所有权归以皇帝名义的国家，国家将土地所有权派生的一部分占有权以均配方式分给农民，将另一部分土地占有权以赐田、禄田、勋田等方式配给官吏，并允许土地占有权的买卖和析分（禄田除外）。占有土地的官吏，以及以各种方式大量占有土地的地主，将土地使用权租给少地、无地农民。国家依土地所有权向土地占有权拥有者收税，地主向租土地使用权的佃农收租。这样的土地权利关系促成了中国特有的小农经济，这是手工劳动条件下最为优越的农业生产方式，它维护并供养了集权官僚制，集权官僚制则要求并保证了小农经济。

禅教是在汉民族集权官僚制社会基础之上形成的，它是集权官僚制社会矛盾的产物，是被统治的农民和平民意识的体现。而佛教出生地的印度地区，远未达到集权官僚制的发展程度，佛教是部族奴隶制下刹帝利、吠舍种姓与婆罗门种姓矛盾的体现，其道、法层次均不适应中国的集权官僚制。虽然汉朝末期佛教得以传入中国，并得到保有封建领主传统的世族官僚地主的认可，但在相当长的一段时间（大体到两晋及南北朝初期）内，佛教在中国是被当作某种外来方术来对待的。人们所注重的只是其技层次，至多是被个别玄学家用来佐证其观点。从南北朝到隋、唐，佛教逐步被皇帝和王公大臣视为可用的意识形态统治的辅助工具，它“大乘”的流传日益广泛，佛教经论也被大量翻译，并有汉僧注释和讲解，但所注重的仍不过是技及其上的术层次，偶尔也有涉及其法者，但从来没有人关注过佛教之道①。这当然与佛教自身无道，而以婆罗门教之梵道为道，但又不愿明确这一层有关，更重要的则是佛教产生的社会基础部族奴隶制与中国的集权官僚制在发展阶段上的本质差异。悉达多及其小乘佛教追随者，乃至大乘佛教制造者不能想象中国的集权官僚制，中国集权官僚制下的士子僧人也不可能理解印度的部族奴隶制。而且，佛教之所以在中国传播，都是由朝廷许可并掌控的，朝廷之所以许可其传播，并不在于它的思想有多么高明，也不是将它作为制度的理论依据和统治的主导理念，而在于它的术、技可以成为思想统治的手段，是居主导地位的儒学道统的辅助性工具。在这种情况下，不论西来僧还是汉地僧，在宣传佛教时，都努力将佛教的术、技抽象化，剔除其在印度地区本有的特殊性，只谈其抽象的一般性，并结合道教、民间巫技，乃至气功、催眠技等，才能被中国人似懂非懂地接受——当然，佛教追求的并不是让人懂，而似懂非懂的信徒才是真信徒，若懂了，也就不信了。

1000 多年来，不论佛界还是俗界，都将慧能列为佛教之禅宗的一个阶段——“六祖”，而且都只注重从佛教术、技层次抽象地议论他的思想，这样，势必不能认知他在法层次的创造性观念，即我佛观，也不能将他的思想体系与其社会基础集权官僚制统一起来研究，反而强调甚至

---

① 对此，现在的“中国佛教”倡导者和论说者也没有关注。

神化慧能个人的智慧，似乎只是他个人的特质造就了他对禅的造诣。进而，更不能认知慧能禅教的社会主体——集权官僚制下的以农民为主干的平民，不可能认识到禅教是这个社会主体的意识从特殊角度的集中概括。

二、禅教是中国集权官僚制下以农民为主干的平民意识的概括

禅教之所以被贬抑为佛教之禅宗，之所以它的思想体系，尤其法层次的我佛观不为人理解，其价值被埋没，主要原因就在于禅教并非集权官僚制的统治意识形态，它的社会主体是被统治的以农民为主干的平民，虽有部分不能科举为官的知识分子介入其中，并起重要作用，但其仍不失为从特殊角度对以农民为主干的平民意识的概括。

农民是中国集权官僚制下主要的劳动者，包括拥有小块土地占有权的自耕农和从地主那里租土地使用权的佃农。自耕农的土地占有权或来自国家不定期的均配，或购买，或父辈遗产，拥有与自身劳动力相当的土地占有权，进行自主生产经营，收获物缴税后基本留作自家消费，所谓“三十亩地一头牛，老婆孩子热炕头”是典型的自耕农的状态。除一部分农民可短期维持这种状态外，另一部分农民则由于种种原因而少地、失地，如因兄弟多析分父辈小块土地占有权，只能占有不够耕作和生活的土地占有权，或因病、因灾失去土地占有权，这部分农民只能租官僚地主的土地使用权，其收获物的1/3或1/2或更多要交给地主。这部分佃农的生活状况远不如自耕农，但他们毕竟有相对的人身权（其人身权与所有臣民一样都属于皇帝）和生产经营的自主性。比起封建领主制下的农奴和奴隶制下的奴隶，农民的社会地位明显提高了，而农奴的人身权还属于领主，他们“承包”领主的土地所有权派生的小块土地使用权，将大部分收获物交给领主。奴隶则不但人身权属于奴隶主，而且要在奴隶主的直接监管下从事劳动，并无自己的家庭和私有生活资料，与牛马无异。农民社会地位的提升，使他们有了比农奴和奴隶更多的责任感和期望，而相对自主的生产经

营，不仅使他们增加了劳动时间和劳动强度，并努力改进劳动技能，这是中国古代经济长期领先于世界，并不断融合周边部族汇入汉民族的根本原因。

但是，在一定历史条件下，曾经先进的集权官僚制及其小农经济，却有明显的局限与缺陷，并具有强烈的保守性，在没有外来更先进的制度和文化冲击的情况下，它很难内生出新的变革势力。集权官僚制的专制性似乎成了“天经地义”，在其控制下的小农经济也只能在简单再生产中延续。所谓小农经济，是由自耕农和佃农为主体的以家为单位的个体经济，农民以个体手工劳动在自家占有或租来使用权的小块土地上耕作，收获物缴税、交租之后归家庭成员消费。小农经济是集权官僚制的基本经济形式，也是官僚地主阶级统治的对象和条件。农民与官僚地主的矛盾始终存在着，为了保护和争取自己的利益，农民进行着无休止的斗争，但这种斗争都没有跳出维护和争取小块土地占有权的范围。农民的最大心愿，就是拥有一块与自己劳动力相当的土地，超过这个限度，农民也就不是农民了。虽然农民的斗争，尤其是大规模的武装起义，会在一定程度上争得部分利益，但在与官僚地主阶级的对抗中，农民总是处于不利地位。与拥有严密系统的庞大官僚体系和武力，以及居统治地位的意识形态的官僚地主阶级相比，农民尚未形成一个阶级，他们只是无数个分散“自在”的个体，而非以明确系统阶级意识和组织凝聚的“自为”的总体。正是使农民个体“自在”的小农经济阻碍了他们成为“自为”的阶级。小农经济使农民各自孤立，并且以家为生存和利益单位。在集权官僚制和官文化的控制下，封闭性的生产生活造就了个体精明、总体愚昧的小农群体，因而形成了与儒学道统为理论基础的官文化相对立，但不对抗的小农意识。

与小农经济同时存在的，还有个体手工业者、个体商贩以及店员、医生等各行业的平民，他们分布在城镇和乡村，是小农经济的必要补充和辅助形式，并服务于社会生活的各个方面。虽然职业与农民有所差异，但他们的权利和利益与农民有共同点，即都有相对的人身权和自己的家庭，有经营、择业的自由，不同的是他们不拥有土地占有权（农村中的手工业者和个体商贩也会有少量土地占有权），但拥有从业必要的生产资料所有权和相应的技艺。这些平民的社会地位与农民相当，而且也主要从事个体性经营活动，也都是以分散的个体家庭为生活单位，因此其意识与农民的小农意识也基本相同。农民也是平民，并在平民中占绝大多数，是平民的主干，而非农民的平民意识与农民在本质上又是相同的，因而我们就以农民的小农意识作为集权官僚制下平民意识的典型。

慧能禅教的主要追随者，就是农民和其他平民。慧能他本人则没有土地占有权，是只能从事樵、猎等比农业更为艰苦行业的平民，并生活于尚不太开化的南方，故弘忍一见面就称其为“獦獠”。而对禅教有重要贡献的怀让、道一、怀海、希运、希迁、从谂等人，虽出身比慧能高些，并能识字读书，但他们也都持大众化的平民意识。慧能及其继承者在佛教及禅宗的启示下，概括农民为主干的平民意识，形成了禅教的核心观念和思想体系，从法、术、技层次集合并改造了农民为主干的平民的意识，是继墨子之后，又一次对被统治的劳动者意识的理论性规定。

以小农意识为典型的平民意识，要点有：勤俭持家、安分守己、自私自利、平均主义与等级观、“只反贪官、不反皇帝”等。①

农民和其他平民，都是以家为生产生活单位的，除了辛勤劳作，争取多一些收成和收入，农民和平民劳动者并没有别的手段可以维持家庭的存续。家庭成员都是至亲，长者扶养幼者，壮者赡养老人，个人消费取之于家，个人的劳动成果也归之于家。家的贫穷与富裕，取决于家庭成员的劳作，直接关系到每个成员的生活，农民的人生价值，主要体现在以劳动为其家所作的贡献。因此，“勤劳”就成为对农民和平民的普遍要求。《说文解字》释“勤”为“劳也，从力”。多付出体力和劳动时间，努力提高劳动技能，获取较好的收成和收入，是增加家庭生活资料的唯一来源。农民

---

① 参见刘永佶著《官文化批判》第五章“官文化统治的结果与被统治者对它的适应——小农意识”。

和其他劳动者世代相继，都以“勤”作为生存的基本意识，这个意识作为价值观和道德，既是农民个人对自己的要求，也是社会意识对个人的制约，深植于思想观念中。勤不仅使农民和其他劳动者有了维持生存的生活资料，也为朝廷与官僚地主阶级提供了大量剩余产品，在维系农民和其他劳动者的简单再生产的同时，也维系了集权官僚制和官僚地主阶级的再生产。“勤”是对生产而言的，对于个体劳动者家庭来说，仅有勤是远远不够的，必须以“俭”作为补充。《说文解字》释“俭”为“约也”，即对人的行为有所约束，专指人的消费行为。与“俭”相对的是“奢”，即无节制地任意消费。尚俭抑奢，是中国古代消费思想的重要内容。墨子的非乐、节用、节葬等观念，都是当时劳动者消费意识的概括。“俭”的意识在小农经济中得以进一步充实和体现，农民和其他劳动者每年的收成或收入，基本都是既定的，而家庭成员的消费量也是清晰可计算的，还有婚丧及社交的费用，都要从既定收入中支出，为此，每个家庭都必须严格计划并约束消费，精打细算。“勤俭持家”，是在家庭的范围内，生产与生活的有机统一。小农的家经济，是一个自成系统的计划经济体。勤劳和节俭，是多年来中国以农民为主干的劳动者的生存之道，也是其基本意识。在长期的勤俭持家实践中，农民和其他劳动者意识到自己的主体性和能动性，而这也就成为以农民为主体的禅教形成其核心观念的主要依据。

安分守己是小农意识的又一重要因素，它与勤俭持家是内在联系的。勤俭持家是遵从集权官僚制经济而生存的意识，安分守己则是认可并服从集权官僚制政治的意识。集权官僚制的专制政治，剥夺了农民和其他劳动者的全部政治权利，并以集合起来的国家暴力对付被隔阻为个体的农民和其他劳动者，只许他们老实服从，不许他们乱想乱说乱动。强大的国家暴力迫使农民意识到只有明确自己的社会地位，知“分”而守“己”，在被容许的范围内思想和行为，即在家经济中生产生活，生儿育女，才是本分，而政治活动和事件，都是皇帝和官僚们的事，既然不许农民和其他劳动者参与，也就不必参与和议论，由此保护自己。只有安分守己，没有非分的思想和行为，就可避免对自己及家庭的危害。“安分”是对既定社会地位的承认与遵从，“守己”则是安分的具体方式，即自觉地控制言行。安分守己不仅是针对社会的，也是家庭内各成员的准则。儒学道统强调“君为臣纲，父为子纲，夫为妻纲”，在家庭中尤其注重孝、慈、弟、贞。孝者，善事父母也。父母对子女的养育，是人生的首要条件，子女对父母的照顾与赡养，也是必要的人伦。孝似乎是一个不分阶级和历史阶段通用的范畴，但在集权官僚制下，孝不仅是论证忠的依据，也是维系其社会细胞家庭的纽带。《孝经》中说：“夫孝，德之本也，教之所由生也。……身体发肤，受之父母，不敢毁伤，孝之始也。夫孝，始于事亲，中于事君，终于立身。”① 由事亲而事君，君则天下人之共父，事君之忠即孝行也。对于农民和其他劳动者而言，忠君是孝，服从和赡养父母也是孝，对父母的孝不仅在于生活上的照顾，还有意志上的绝对依从。家庭的生产资料和所有财产，都是属于父亲的，子孙都必须服从他，并在他失去劳动能力后赡养他，只有孝的子孙，才能得到土地和财产继承权。与孝相对应的是慈，即父对子的关心爱护。而弟则是兄弟间相互关系的准则，兄要保护、提携弟，弟则尊从兄，兄弟亲情融洽。妻是从夫的，为此要贞，并节俭操持家务。孝、慈、弟、贞，是对家庭每个成员从其“分”而守己的要求，也是达到“睦”的条件。这些观念作为小农意识的必要成分，是维持小农经济的内在因素。

自私自利，是小农经济必然形成的意识。农民和其他劳动者的家，是封闭性的生产生活单位，也是一个文化单位。家庭成员的价值观、思想和道德，都是以家为中心的，小农经济之家的封闭性，必然产生以家为单位的自私自利意识，这是勤俭持家和安分守己意识的集合。“私”字本义为禾、庄稼。《说文·禾部》：“私，禾也。”而“厶”表示个人，是私的古字，与“禾”字合构为“私”，意指个人、私人及其财物。私的观念在封建领主制时期就已出现，《战国策·秦策三》中载：“吴起事悼王，使私不害公。”《诗经·小雅·大田》中载：“雨我公田，遂及我私。”私是与公

① 《孝经》，中州古籍出版社2012年版，第17页。

相对的个人或家庭的财产或事物。但封建领主制下农奴人身依附于领主，只能定期承包少量土地使用权，收获物大部分交给领主，因而他们的“私”是有限的，也是不明确的。到集权官僚制下，农民和其他劳动者的权利增加，并有了明确规定，从而“私”的意识也得以强化。以家为单位生产生活，是私的集合，勤俭持家和安分守己，都是为了“私”家的生存与延续，农民和其他劳动者的自私，并不是剥削或掠夺他人，而是靠自己的勤劳和节俭维护自家利益。利，本义锋之锐，衍义功用、利益，《商君书·算地》中说：“利出于地，则民尽力。”以私家为利益单位，势必形成精打细算、斤斤计较的自私意识，它是封闭性的、保守的，但在集权官僚制的小农经济中，又是合理的、必需的。只有自私，才能维护自利，而自利又进一步要求自私，中国的农民是相当精明的，但这种精明是以自私自利为准则的，一心一意盘算自家眼前利益，“事不关己，高高挂起”，必然导致目光短浅和思想保守。在“日出而作，日落而息”的循环中，农民和其他劳动者为了自家的生存，进行艰苦劳作，过着节俭的生活，对于国家、民族、世界，一概不必关心，也不必知道。他们自卑、自怜，但又自负：自己的劳力，自己的技能，自己的勤劳，种出了自家的庄稼，自家消费，确实心安理得。而集权官僚制重农抑商的基本国策，又限制了农民与外界的交往，即使是被容许的小手工业者和小商贩，也只能在狭小范围内存续。保守而短视的自私自利意识，既是小农经济的反映，又是集权官僚制和官文化长期压制的结果，农民只能在自家占有或租用的小块土地上进行劳作，没有任何政治权利，不能也不必从事政治活动。“各家自扫门前雪，莫管他人瓦上霜。”这既是局限，也是自我保存保护之必需。“活着”“过日子”是农民和其他劳动者的基本利益，集权官僚制就是以此为底线进行统治的，只要你们顺从，就有活着继续过日子的可能，否则，就甭活，也不必过日子了。而农民和其他劳动者也相当清楚这一层，除非已没有活路，否则就不会起来造反，也不想自家利益之外的事。

2000多年来，对中国的农民和其他劳动者有一个形象而生动的称谓——草民，不仅皇帝官僚地主这样看他们，他们自己也同样以草民来定位和自称。他们像草那样平凡渺小，又像草那样顽强地生存。勤俭持家、安分守己、自私自利，是草民们的生存之道，也是其意识的基本。但他们毕竟是人，也有必要的社会交往，也会在活不下去的时候起来反抗，因而，在他们意识中又有了平均和等级观、“只反贪官，不反皇帝”两层内容。

农民和其他劳动者在其狭隘空间劳作和生活时，也要参与一些社会活动，并形成相应的观念，其要点，就是平均和等级，这两个似乎对立的观念，在小农意识中同时存在。在以体力劳动为主的农业生产方式下，人与人的劳动能力基本上是相等的，而集权官僚制则将土地占有权均配给具有劳动能力的男丁，农民的生产又有相对独立性和自主权，其生活水平，也大体上是均等的，各位儿子对其父财产的继承权，也是平等地“析分”，这是平均观形成的基础。平均首先体现于家庭内部兄弟之间的关系，进而扩展至家族关系，在家族庆典和村社活动中，平均意识得以充分展示，即平均地出财出力，平均地分享活动及祭品等。在个体的生产生活中，农民不仅形成了在家庭及家族的平均观，更将之作为一种理想，即“太平”观，这在以农民为主体的起义队伍的口号中得以展示。太平，即大平均，古往今来，“天下太平”已成祝愿成语，其“平”，既有和平，更是有条件的平均主义。从汉末张角领导的“太平道”起义，到清末洪秀全领导的“太平天国”，将近2000年时间，几乎每次大的农民起义，都是以“太平”为旗号的。唐朝农民起义领袖黄巢，自称“天补平均大将军”，明确地将“平均”作为自己的标志来号召民众。张角所领导的“太平道”，以《太平经》为依据，此经是道教的经典，其中对“太平”的解释为，“太者大也，乃言其积大行如天”“平者乃言其治太平均，凡事悉理，无复奸私也”“太者大也，平者正也”，太平世界就是大平均、和谐、公正的世界。但农民所需求的平均，却不排除等级，在平时的社会生活中，他们承认并遵守集权官僚制所规定的社会等级，虽然他们是处在下等级中的，也在意识中认可并服从等级制的官僚统治。而在农民起义斗争时，也效仿统治者建立了相应的等级制，并以等级观来组织武装斗争。

太平世界是美好的，但它只是小农意识中永远不能实现的愿望。对于没有任何政治权利的农民和其他劳动者来说，勤劳节俭、安分守己的生活常常会被天灾人祸、战乱所打破，在忍无可忍的情况下，农民也会起来反抗。纵观中国历史，大大小小的农民起义此起彼伏，连绵不断，有的甚至能夺得地方和朝廷政权。农民起义是农民以其生命权通过武装斗争参与政治的唯一方式。然而，却没有一次农民起义具有改变社会制度的纲领，即使夺取了全国政权的刘邦领导的起义与朱元璋领导的起义，也只是推翻旧皇朝建立新皇朝，集权官僚制依旧，小农经济依旧，不过稍许改变了农民的处境。包括具有政治野心的起义领袖，广大民众投身起义，都是只争利益，不反制度。毛泽东晚年评论《水浒传》时说："《水浒传》只反贪官，不反皇帝。"① 贪官，是农民可以感受到的直接统治者，也是他们利益的直接侵害者，而皇帝则是集权官僚制的体现，反贪官就是保利益、争利益，而不反皇帝，则说明农民并没有形成制度变革的阶级意识。毛泽东对《水浒传》的评论，也可以适用于所有农民起义斗争。只争利益，不反制度，是小农意识中前面几个环节的集合性体现。农民的利益，就是勤俭持家、安分守己的自私自利，至于平均的愿望只是愿望，而且他们在观念上也是承认并遵循等级的。小农意识认为，集权官僚制作为天道决定的制度，是不可更改的，而且在一定程度上也是与其利益相适应的。农民起义所争的利益，依然是集权官僚制所能赋予他们的土地占有权和生产经营的自主权，除此之外，他们也想不出会有什么别的利益。至于个别农民要发财当官，这种目的本身已超出小农意识的范畴。农民参与起义，不仅是要惩罚侵害他们利益的贪官，更要改善和制约集权官僚制，使之能够保证农民在这个制度下应有的利益。

农民和其他劳动者的意识，是其生存状况的反映，也是社会文化矛盾的必要内容。然而，由于集权官僚制的严密控制与农民和其他劳动者的分

---

① 毛泽东：《关于〈水浒〉的评论》，《建国以来毛泽东文稿》第十三册，中央文献出版社1998年版，第457页。

散个体性，他们的意识并没有总体性的概括，而是存在于个体人的观念中。墨子在集权官僚制建立之前，曾一定程度概括了当时农奴和平民的意识，但集权官僚制建立之后，墨子思想已被埋没，儒学道统主导的意识形态，根本就没有墨子思想存留和发展的条件，而其内容也因时代差异，不可能充分体现当时还未出现的农民意识。只有在道教的经论和农民起义口号中，能够部分体现农民意识，但相当不全面。慧能及其继承者，来自农民或其他劳动者，对他们的生存状况和意识有充分了解，禅教在一定程度上是从特殊角度对农民和其他劳动者意识的概括，但这种概括也并非以变革制度从而提高农民和其他劳动者社会地位为目的的，而是探讨在不改变制度，但明确自己的主体性并改变意识，组成"集体农庄"式禅林制度自我生存的途径。因此，禅教对农民和其他劳动者意识的概括，也是一种改造。这包括两个方面：一是对佛教禅宗的改造，不是以佛教所依从的印度地区部族奴隶制婆罗门教之梵道为道，而是以中国汉民族的集权官僚制理论基础儒学道统之天道为道，进而创造了法层次的我佛观及相应的术、技层次，形成新的思想体系；二是对农民和其他劳动者意识的改造，应当说，慧能之所以形成我佛观，基本依据在于对农民勤劳的深切领悟，但他并不是简单地从勤俭持家加以论证，而是上升到佛的总体抽象层面来规定"我"与佛的关系。对于安分守己，慧能及其继承者都是从地位、身份上认可，但在思想上超越的，不过这种超越仅仅局限于禅悟上，而非对现实制度的批判和变革。对于自私自利，禅教并不反对，但其禅林合作社在一定程度上突破了以家为单位的自私自利，而是互助合作的利益团体。禅林制度中既体现了平均，也体现了等级，是农民和其他劳动者平均等级制的又一种实现形式。与农民起义队伍不同，禅教及其禅林并不是反抗，而是一种躲避现实社会矛盾的思想和团体，其利益是在农禅并作求生存的同时，不与集权官僚制相冲突，由此而寻求一条长远存续的道路。

三、禅教以中国传统之天道观为道层次

佛教以婆罗门教之梵道为道，这对印度部族奴隶制下的信众来说，是不言自明的大前提，他们所追求的涅槃，就是回归梵天，得到好的来生。但集权官僚制下的中国僧人，却几乎不知梵天为何物，更不明白他们所信从的佛教不过是婆罗门教被修正后形成的一个流派。他们知天，但不知梵，而他们所知的天，绝非印度人的梵天，而是中国传统天道观的天命、天道之天。从汉末到晚唐，几百年的时间内，中国僧人在诵读主要由西来传教僧们翻译的佛经佛论时，潜在地将天道作为意识的前提，甚至传教士们译佛经佛论时，也把涉及梵天的词句用类似于天命、天道文字翻译出来。这样，本来在印度就被佛教徒们有意淡化的梵道观，在中国僧人这里已经很难了解了。不了解佛教之道为梵道，也就不能准确理解佛教体系以佛我观核心观念的法层次及由之展开的术、技两层次。从这个意义上说，虽然佛教传入中国已近两千年，僧人不下亿万，但几乎没有一位中国僧人是真正理解了佛教思想体系的。像道生、僧肇等个别对佛法、佛术有所认知者，实际上都是在中国传统之天道观这个大前提下来论说佛经佛论的。他们个人的才智，远超过龙树、提婆等人，但由于道层次的差异，不可能解悟佛教之真谛。至于主持各官建寺庙的高僧们，本来就以讲诵佛经佛论为职业，有些主持或故弄玄虚，或信口演绎，只要让听众因不懂而迷信就足够了。而迷信佛教之最典型者，莫过于那位身经百难去“西天”取经的玄奘，他放弃了个人主体性和自我意识，试图以无主体的“唯识”来理解佛与我之间不可能说清的各种关系时，已经将自己异化为佛教技、术的承载者，既不知梵道，也不能像道生、僧肇那样从天道来界说佛法，因而除了花费李世民亲自给他立项的“重大国家课题”佛教传播工程的大笔财政拨款，翻译了那些他自己也读不懂的佛经佛论外，就是给后人吴承恩写《西游记》的主角孙悟空提供了一个配角。

不知梵道就不懂佛法，不懂佛法却要说佛术、技，这是中国佛僧们的

基本逻辑矛盾。各宗各派对此浑然不觉，正是这种不觉，才使佛教显现玄奥与魅力，他们就以这基本逻辑矛盾讨生活。大概只有道信和弘忍才开始对此有所知觉，并试图避开这逻辑矛盾而探讨一条新路，他们以农禅并作方式结成的禅宗，不再妄谈佛法和涅槃，以现实的人生和人心为立足点，使佛教与中国的社会制度及普通民众有了联系，并为慧能创立禅教予以启发。

慧能之所以能够创立禅教，并不在于师从弘忍进行禅修。从《坛经》中我们看到，慧能初见弘忍时他们进行“獦獠”之佛性的对话之后，慧能被安排在碓房作务8个多月都未能见弘忍，直到他请人写偈语后才被弘忍注意，并传其衣法，将其偷送回南方。慧能所受弘忍的影响，主要来自8个多月碓房作务对禅林的体悟，以及传衣法时的点拨。与承续禅宗的神秀不同，慧能并不以修禅求涅槃为宗旨，而是努力悟解现实，探讨明净人生。他的主要思想资料，并不是佛经佛论，而是农樵猎渔等平民百姓的日常生活，并由此触及集权官僚制，把顺从制度和解除烦恼作为禅的特质，因此必然涉及集权官僚引以为据的天道观。慧能和他的平民弟子虽不可能从老子、孔子、庄子的著述中系统地理解天道论，却能从现实生活中切实体会贯彻于制度的天道观，由此得以形成我佛观。到怀让、道一、怀海等人，则因其为读书却无愿仕途者，所以对老子、孔子、庄子著述及儒学道统都有一定认识，在充实禅教体系时，逐步将天道作为禅教之道，从而摆脱佛教的梵道，使我佛观在法层次更为明确和充实，并展开于术、技层次，完善了禅教思想体系。

就像佛教并不论证其是如何以梵道观为道一样，禅教也并没有论证其如何以天道观为道，而是在我佛论之法及农禅并作与禅林制度等术层次，以及禅修之技中以天道观及其支撑的集权官僚制和小农经济为大前提，并贯彻于全部禅教体系。对于慧能及其继承者来说，作为集权大一统基本观念的天道观是既定的，并已融于集权官僚制及其小农经济之中，只要认真思考自身的存在，就能悟到天道观在制度和社会关系、社会生活中的存在，而他们并不想改变现实制度，只想要改变自己在这种制度中生活的心态，由此形成适应现实制度而生活的思想体系，所以在概括和改造小农意识的同时，必然地以天道观为道。

天道观是在否定封建领主制的上帝观的过程中形成的。与唐朝中晚期集权官僚制已经定型，天道观已成为文化常识，无须辩驳论证就可以从现实制度和日常生活体悟到不同，春秋时期天道观还是一种新的观念，当时居统治地位的封建意识是以上帝观为道，天道观的提出本身就是一场思想界的大变革，因而需要变革势力反复论证。这种情况与资本主义的哲学观念物质主义的形成相似。物质主义在欧洲十六七世纪形成时，在意识形态占统治地位的体现封建意识的基督教，其道层次的哲学观念是上帝主义或上帝观。对上帝观的否定，先是经过自然神论阶段，进而形成物质主义，以此为资本主义变革运动道层次的理论依据。为此，英、法、德等欧洲诸多哲学家进行了两三个世纪的探讨，批判上帝主义并从自然科学和社会矛盾的分析中寻找依据，才形成了物质主义或物质观，资本主义制度也在物质观的指导下得以确立。然而，不到 100 年时间，物质观就成为哲学常识，哲学家们几乎不关心道层次的这个基本观念，而是论说实证主义、现象学，以至存在主义、技术主义、语言哲学等具体问题，但所有人从其切身利益和行为中都能感受到资本主义制度的现实存在，物质观就存在于这个制度对每个人的利益和行为的制约中，因此也势必体现于人们的意识中。

与慧能等人从现实制度和生活领悟天道观不同，一千多年前老子提出并论证这个观念时，却要承受巨大外在压力，因而要深刻思考和认真论证。以周族为首的部族联盟推翻商族对各部族的控制以后，就以上帝、天帝取代了商部族和各部族的诸神崇拜，《尚书》《诗经》虽经孔丘删改，但仍处处体现着上帝、天帝对人间的统治。如《尚书·召诰》中说："皇天上帝改厥元子。"[1]《尚书·多士》论周公对商旧臣说商的灭亡在于"诞

---

① 《尚书·召诰》。

淫厥泆，罔顾于天显民祗，惟时上帝不保，降若兹大丧”[①]。《诗经·大雅·大明》中说：“维此文王，小心翼翼。昭事上帝，聿怀多福。厥德不回，以受方国。”[②] 周初统治者崇敬的上帝，与基督教中的上帝相同之处在于都是以至高无上的神力，决定着人世万物，但周朝人的上帝似乎更关心政治和政权的更替，并没有像基督教那样描述上帝如何造人创世，也没有形成系统的宗教，而且与天有着密切的关系，是以周天子为首的部族联盟的主宰。

春秋时期周天子的权威已被严重削弱，这是变革势力提出以天道观取代上帝观的社会条件。从既有文献看，先以天道否定上帝的是老子。《老子》中的天，更多的是与地相对的自然天，天、地与人都由道来支配，其天道观颇有天、地与人世规律的意思，虽然玄奥，却很少有神意神力。老子对道的论证，是人类思想史从神本体到物本体转化的关键性中介，更重要的是，“道”字与“路”字相通，路是人行之迹与所寻所导，“道”已非单纯外部天地的规律，而是人对其存在条件的自然界与人生的关系的认识。春秋战国时期的孔子及诸子都接受了天道观，并以天道观为基本哲学观念，但侧重点不同，形成了相应的法、术、技，在天道观的前提下探讨社会变革的思想和主张。

老子的天才创造，在于提出了“道”这个抽象概念，并由道否定上帝，形成天道观和践行道的“德”，依“道”“德”所构成的思想体系，批判周礼制礼教，建立新社会制度的理论基础。

老子“道”的概念，是在《易经》将万物与人事分类为阳阴两个基本属性基础上的归纳，以“道”为世界本原，取代《易经》阳阴两属性据为出发点的上帝。这是思维形式的一次大的提升，周文王以高度的分类规定了万物和人事的阳阴两种属性，这是对商代已有分类思维的提升，也可以说他将分类做到了极致，并从阳阴两属性来演算万物和人事。但他对

---

① 《尚书·多士》。

② 《诗经·大雅·大明》。

世界本原的规定，却是以比较思维完成的，即从对商代各部族的祖先神的比较中，找到一个最高的自然神将其命名为上帝，它是高于各祖先神的，并通过阳阴两种属性而体现、主宰万物和人事。但对上帝和阳阴的关系却没有（或被删除了）明确规定，思维止步于分类的高级阶段，从分类来演绎具体事物。老子突破了分类和比较思维形式的局限，率先进入归纳，将阳阴两种属性结合为一个更高的本质性概念——道，并以道取代上帝的世界本原地位，进而将道展开于万物和人事，为此，他将“阳”“阴”两种属性改造为“有”和“无”两个概念，以展开其从抽象到具体的演绎过程。

> 道可道，非常道；名可名，非常名。
> 无，名天地之始；有，名万物之母。
> 故常无，欲以观其妙；常有，欲以观其徼。
> 此两者同出而异名，同谓之玄。玄之又玄，众妙之门。①

“道”虽是归纳得出的抽象概念，但还要以一个可以参照的具体事物之名来命名，只有这样才能让人意会理解。这对老子来说也是经过相当的思考才想出来的：他用人们行走的道路，来表示世界的本质和万物人事的主导，但必须加以说明。“道可道，非常道”，这里三个“道”字，含义是不一样的，第一个“道”为他所要表述的世界本原和人事主导，第二个“道”为“表达”“说明”之意，第三个“道”为人们所见所走的“常道”。这句话的意思是：我把世界本原和万物人事的主导规定为“道”，这个“道”是可以说明的，但它并不是人们所见所走的“常道”。“名可名，非常名”，是对上一句的进一步解释：世界本原和人事主导的“道”，可以用人们所见所走的“常道”之名——“道”来称谓，但当使用这个名称的时候，需记住它并不是指“常道”之“常名”。作为世界本原之道，要展开为无和有两个基本属性，这和《易经》中上帝以阳阴两种属性生化世

① 《老子·一章》。

界万物是类似的。“无”可以说成是天地的开始，而有则是生化万物。因此，要常从无来观察天地变化，常从有来观察万物运行的边际、界限和规律。无和有虽然名称不一样，但都出自“道”。“道”变化玄奥，是万物和人事的本原和根据。老子进一步论证了“道”作为世界本原是如何生化天、地、人的：

> 有物混成，先天地生，寂兮寥兮，独立不改，周行而不殆，可以为天下母。吾不知其名，字之曰“道”，强为之名曰大。大曰逝，逝曰远，远曰反。
>
> 故道大，天大，地大，人亦大。域中有四大，而人居其一焉。
>
> 人法地，地法天，天法道，道法自然。①

人依从地，地依从天，天依从道，道依从自然。老子强调“道法自然”，即道是自然形成并依从自然的，它是世界本原，并主导天、地的运动和人的生存。在他所说道、天、地、人所构建的世界中，并没有上帝的位置。

> 道冲而用之或不盈。渊兮，似万物之宗……湛兮似或存。吾不知谁之子，象帝之先。②

道似乎空虚但又不可穷尽，它深广而为万物之本原，隐约存在于万物之中，它是自然形成的，远远早于人们所说的上帝。按上帝观的说法，上帝是世界本原，一切都由上帝生出，老子则用自然形成的道否定上帝，道是自然形成的，因而“象帝之先”，但道又没有生出上帝，“四大”中只有道、天、地、人，因而上帝实际上并不存在。

---

① 《老子·二十五章》。

② 《老子·四章》。

"道"作为世界的本原，生化出天地万物和人类，并存在于天地万物和人类之中。

道生一，一生二，二生三，三生万物。万物负阴而抱阳，冲气以为和。①

孔德之容，唯道是从。

道之为物，惟恍惟惚。惚兮恍兮，其中有象；恍兮惚兮，其中有物。窈兮冥兮，其中有精；其精甚真，其中有信。

自古及今，其名不去，以阅众甫。吾何以知众甫之状哉？以此。②

道展开并存在于万物，就是德；大德就是道在万物和人事的体现，而道似乎恍惚不可见，却在恍惚中展现于象和物中，是物之精神，这是真实的，可信的。自古万物都始于道，要知万物之本始，就要依从道。2000 年后欧洲的自然神论说到上帝时，几乎采用了和上述老子关于道的论证同样的说法：上帝不仅是万物的本原，而且遍布于万物之中，每个具体事物都潜在着上帝，世界由此而统一着。自然神论还未能以一个新概念取代上帝，因而他们的论证远没有老子以道取代上帝那样彻底。

正因为万物都源于道，都体现着道的存在，因此，老子认为，要从道来规定世界的内在统一和系统性。

道生之，德畜之，物形之，势成之。是以万物莫不尊道而贵德。③

---

① 《老子·四十二章》。

② 《老子·二十一章》。

③ 《老子·五十一章》。

万物都依从道而存在并因各自条件而有其形，因其势而运动、生长。从万物来说，都是尊道而贵德的，但道却不因此而强行要求万物听从它的指令，而是任其自然。

> 道之尊，德之贵，夫莫之命而常自然。故道生之，德畜之：长之育之，亭之毒之，养之覆之；生而不有，为而不恃，长而不宰。是谓玄德。①

道是依从自然的，因此它并不会因其所生万物自然存在和生长而认为自己有什么了不起；也不故意去主宰万物，而是将自己的玄德体现于万物的自然存在和生长之中。

道首先展现为天，而且“道法自然”，自然也可以理解为天然，因此，老子也将道说成“天之道”，并与当时社会制度下的“人之道”相对应。

> 天之道，其犹张弓与？高者抑之，下者举之；有余者损之，不足者补之。
>
> 天之道，损有余而补不足。人之道则不然，损不足以奉有余。②

> 天之道，利而不害；圣人之道，为而不争。③

老子的目的，在于以“天道”为基本观念来论证人类社会的发展规律，探讨合乎天道的人世社会关系和制度，以及人如何依从天道而行事，这也是《老子》的重点。规定“道”概念，确定以道为核心形成天道观，是老子在思想史上的伟大贡献。他对天道观的论证，从根本上动摇了本来

① 《老子·五十一章》。
② 《老子·七十七章》。
③ 《老子·八十一章》。

并无充分论证且日益衰落的上帝观的统治地位，虽然封建统治者还固守上帝观而维持着，但封建领主制的矛盾随老子天道观所开启的诸子思想家群的批判与变革，而日益激化。在社会矛盾的动荡和变革运动中，天道观不断扩展其影响，诸子们运用天道观对社会矛盾的批判和变革，也在不断充实天道观，并依此而开创了一个新时代。

孔子是诸子中理解并论证老子天道观的第一人，并从天道观展开论证了比较系统的人道社会观，由于他办“私学”授徒，弟子广众，且有不少“贤者”，他的弟子中既有从政者也有继续办学者，他的再传弟子中又有学业和政绩突出者，如李悝、吴起、子思、孟子等，影响深远，后世诸子，或出于孔子一脉，或受孔学影响，天道观之所以能成为诸子思想系统的基本观念，孔子的作用是其中的关键一环。

孔子对天道的认识，来自老子对他的教导。庄子说：“孔子行年五十有一而不闻道，乃南之沛见老聃。”①《史记·孔子世家》中记孔子与南宫敬叔去周，是跟他学礼的南宫敬叔请示鲁君，并由鲁君派一车两马一竖子送他们俩去的，带有“公差”性质，任务可能就是问礼。而老子教他“聪明深察而近于死者，好议人者也。博辩广大危其身者，发人之恶者也。为人子者毋以有己，为人臣者毋以有己。”② 南宫敬叔是与鲁大夫孟釐子之子懿子同学于孔子的，二人初从孔子学时，孔子 17 岁，南宫敬叔请示鲁君要与孔子同去周问礼。如果上述说法成立的话，孔子求教于老子不止一次，而是两次：第一次为青年时，主要是学礼；第二次为中年时，主要是学道。这两次老子都给了他重要指教，孔子也能理解老子的教诲，对他为学行政起了关键性指导。《论语》中，孔子多处说“道”，“志于道，据于德，依于仁，游于艺”③。这是孔子对他本人思想和行为的概括，从这句话中也可以看出孔子所受老子的影响。孔子认为自己思维的特点是：“述而

---

① 《庄子·天运》。

② 《史记·孔子世家》。

③ 《论语·述而》。

不作，信而好古，窃比于我老彭。”[1] 有人注“老彭”为老子和彭祖，也有其道理。这里说的“不作”并不是不做事，而是老子所说的“不为”之意，即不违背道去任意妄为，所“述”者天道、人道也。

孔子从老子那里接受了天道观，但他青壮年时思想和工作的重点在探讨如何从政以行人道，故子贡说：“夫子之言性与天道，不可得而闻也。”[2] 孔子到了晚年，则“喜《易》”以至“韦编三绝”，在编写《易传》时，对天道观和人道社会观作了比较系统的论证。据说《易传》是孔子写的，不论孔子还是其他参与者，都是从老子天道观来解说《易经》的：

> 《易》与天地准，故能弥纶天地之道。仰以观于天文，俯以察于地理，是故知幽明之故。原始反终，故知死生之说。精气为物，游魂为变，是故知鬼神之情状。
>
> 与天地相似，故不违。知周乎万物而道济天下，故不过。旁行而不流，乐天知命，故不忧。安土敦乎仁，故能爱。范围天地之化而不过，曲成万物而不遗，通乎昼夜之道而知，故神无方而《易》无体。[3]
>
> 一阴一阳之谓道。继之者善也，成之者性也。仁者见之谓之仁，知者见之谓之知，百姓日用而不知，故君子之道鲜矣。[4]

《易经》中阳阴两基本属性是本原于上帝的，《易传》去掉了上帝，换上天道，用这两种属性的对立统一解释天道。往下的论证，则是在说孔子自己的思想，合于天道的是善，依于天道行事是人的本性。对天道，仁者认识到了就称之为仁，智者认识到了就称之为智，但百姓每天都在依天道行事却不知天道的主导，所以说真正能理解天道的君子是很少的。天道

---

① 《论语·述而》。

② 《论语·公冶长》。

③ 《易传·系辞上》。

④ 同上书。

展现于仁，潜藏于用，主导着万物人事，并不像圣人那样为世情所忧虑。天道体现于万物，展示于变化，这是至高的大业盛德。孔子解《易》，重在人事，他认为“夫《易》开物成务，冒天下之道”[1]，作《易》的圣人是“以通天下之志，以定天下之业，以断天下之疑”[2] 为目标的。

> 是以明于天之道，而察于民之故，是兴神物以前民用。圣人以此斋戒，以神明其德夫。[3]

孔子解《易》，以天道观为基本观念，为大前提，进而结合他一生丰富的经历，将自己所看到想过的各种事态与《易》相结合。他并不迷信其筮占数象为上帝之意，也不纠缠其演算的技巧。他的重点在于从卦爻辞中解读前人经验和事物演化中体现的道。也正是从这个意义上，他将天道观具体化为人道社会观。

> 昔者圣人之作《易》也，将以顺性命之理，是以立天之道曰阴与阳，立地之道曰柔与刚，立人之道曰仁与义，兼三才而两之，故《易》六画而成卦。[4]

孔子依天道观来考察人世政体，总结他一生丰富的经验教训，把人道作为“道”的重点，形成了人道社会观，丰富发展了天道观，是展开天道观这个基本观念于社会矛盾的认识和变革运动的必要范畴。孔子人道社会观是以“仁”为核心的。“仁”字，金文从“人”从“二”，《说文解字》：“仁，亲也，从人从二。”孔子把二人的关系看作社会基本关系，

---

① 《易传·系辞上》。

② 同上书。

③ 同上书。

④ 《易传·说卦》。

“樊迟问仁，子曰：爱人。”[①] 也就是说，要以自己是人，别人也是人的态度，来处理人际关系。君臣、父子、兄弟、朋友、夫妻，都是人与人的关系，即使“小人”“野人”，也都是人，也都要受到人的待遇。孔子的这种观点在当时封建领主制社会条件下是很先进的，是对周礼制礼教的突破。“义”者，宜也，依“仁”而适当地对待他人。孟子说：“仁，人心也；义，人路也。”[②] 这是比较接近孔子思想的。孔子在《易传·说卦》中说：“立人之道曰仁与义”。这也就是从仁、义来规定人道，并从仁、义的状况来论人道的实行及人世演化趋势，虽然他并没有明确的历史阶段论思想，但却能从统治者与民的关系来考察仁、义的状况及人世演化阶段，这是很有见地的。在《礼记》这部由他弟子或其传人编写的讲“礼”的书中，编者以“子曰”表述了比较清楚的人道趋势，虽然是否“子曰”已不可考，但确实体现了孔子的人道思想。

孔子曰：“大道之行也，与三代之英，丘未之逮也，而有志焉。大道之行也，天下为公。选贤与能，讲信修睦。故人不独亲其亲，不独子其子，使老有所终，壮有所用，幼有所长，矜、寡、孤、独、废、疾者皆有所养。男有分，女有归。货，恶其弃于地也，不必藏于己；力，恶其不出于身也，不必为己。是故谋闭而不兴，盗窃乱贼而不作，故外户而不闭。是谓大同。今大道既隐，天下为家，各亲其亲，各子其子，货力为己，大人世及以为礼，城郭沟池以为固，礼义以为纪，以正君臣，以笃父子，以睦兄弟，以和夫妇，以设制度，以立田里，以贤勇知，以功为己。故谋用是作，而兵由此起。禹、汤、文、武、成王、周公由此其选也。此六君子者，未有不谨于礼者也，以著其义，以考其信，著有过，刑仁，讲让，示民有常。如有不由此者，在势者

① 《论语·颜渊》。

② 《孟子·告子上》。

去，众以为殃。是谓小康。”[1]

“大道之行，天下为公”，正是老子天道观与孔子人道社会观要求的人类理想社会关系。老子要求从这种理想去直接改造社会，这是思想单纯化的表现，他并没有考虑社会演化进程的复杂矛盾，而是先确定“道”之后，以“正道”批评歧路，并要求回归“正道”。似乎在告诉走错路的人应改行其道。但问题绝不是这样简单，孔子从其亲身经历认识到：“后世虽有作者，虞帝弗可及”[2]。但他与老子不同，老子只是在思想上告诉世人应该怎样做，他本人由于年老或其他原因并未去实践，孔子却是毕生都在努力实践其理想，尤其是他从老子那里学道明确志向之后，不论参政还是学问，都在深入社会矛盾，试行具体的改革，而在鲁国为政和周游列国的挫折中，使他沉重地认识到理想与现实间的巨大差异，“虞帝弗可及”是他发自内心的感叹。孔子之所以伟大，不仅在于他树立了高尚的理想，更在于他看到其理想在现世不可能实现后，仍然坚信这个理想，并对它做出明确、系统的论述，以教导其弟子和后学们，并希望随着人世矛盾的演化，终会实现理想。

孔子对天道观的论证和以人道社会观对天道观的发展，成为由他开创的私学教育的基本观念。后世诸子深受其影响，孔学“直系”诸子都曾对天道观和人道社会观有所论述，甚或《易传》《礼记》的“子曰”就是他们编写的，但总体上说，创见新意并不多，而投身变革一线的诸子，如李悝、吴起、商鞅、李斯等，重点在以天道观为基本理论依据，探求并实践变法改制之策术、技，兵派、名辩派和阴阳派诸子，也是如此，在各自从事和兴趣的专业上以天道观为指导，并不注重天道、人道的抽象论证。孔子之后能在天道观及人道社会观上有所创见发展者，一是墨子，二是庄子。

---

① 《礼记·礼运》。

② 《礼记·表记》。

墨子（约公元前480年至前389年）[①] 也是鲁国人，与孔子同国。《淮南子·要略》中对墨子作了概要性论说：

> 墨子学儒者之业，受孔子之术，以为其礼烦扰而不说，厚葬靡财而贫民，服伤生而害事，故背周道而用夏政。[②]

墨子的“天志”，是老子天道的人格化，也是孔子人道的天意化。老子、孔子、墨子所论各有其重点，老子规定的是天、地、人共有的一般性道，孔子从士、儒阶层的前途出发探讨人道，墨子则从下层劳动者阶级的命运论证和发展人道。但墨子绝无号召下层劳动者造反夺取政权之意，他还是与孔子一样，寄希望于统治者，企图以“天志”来威慑和导引统治者行仁义之政，对下层劳动者则兼而爱之。兼爱，是“天志”的要求和体现，也是人道的根本，墨子认为，要消除社会各乱象，达到“天志”所要求的理想境界，根本就在兼相爱、交相利。

> 然则兼相爱、交相利之法将奈何哉？子墨子言：“视人之国，若视其国；视人之家，若视其家；视人之身，若视其身。”是故诸侯相爱，则不野战；家主相爱，则不相篡；人与人相爱，则不相贼；君臣相爱，则惠忠；父子相爱，则慈孝；兄弟相爱，则和调。天下之人皆相爱，强不执弱，众不劫寡，富不侮贫，贵不敖贱，诈不欺愚。凡天下祸篡怨恨，可使毋起者，以相爱生也。是以仁者誉之。[③]

墨子的“天志”和兼爱观念，是在春秋末战国初特殊历史条件下，农奴和其他劳动者利益和意识的体现。墨子将被统治者提高其社会地位的要

---

① 注：墨子的生卒年存在争议，《辞海》记载为约公元前468年—前376年。

② 《淮南子·要略》。

③ 《墨子·兼爱中》。

求系统地表达出来，既是变革动因、动力的展现，又为改变统治方式提供了必要参照。而变革的实质性进步，也在提高了农奴和其他劳动者的社会地位，提供了劳动者发挥和进一步提高素质技能的条件。墨子的思想是主导这场大变革运动的时代精神必不可少的内容，对诸子有重要影响，其中突出的应该是孟子的“民本说”。虽说变革后建立的集权官僚制在意识形态上强化了对民众提高的社会地位的认可，并集中体现于董仲舒概括的儒学道统中，却不可能容许墨子思想的传播，但墨子思想所体现的劳动者利益和意识，依然是从根本上制约集权官僚制的必要因素。

庄子是诸子中独具特色的人物，与孔子、墨子两大流派注重从总体改造社会，而他们的再传人侧重于社会变革实践之术层次的政策、兵策不同，庄子则通过对老子天道观的深刻理解，从个体修养和个性自由深入探讨了人道社会观。其思想有明显的“个人自由主义”特点，与孔子、墨子等诸子的“社会变革主义”形成鲜明对照。《庄子》中也有多处对孔子、墨子的批评，但这并不能解读为庄子反对社会变革，而是他强调社会变革必须与个体修养和个性自由相统一。也正是在这个意义上，他在批评孔子、墨子在忽视个体修养和个性自由的同时，对他们变革社会的思想和主张还是肯定的。

庄子是以老子天道观为大前提，从个人主体性来理解和论证天道观，并在孔子、墨子注重总体性人道社会观的制约下，提出其个体性人道社会观。

在《庄子·大宗师》篇，庄子说出了其对老子道概念的理解：

> 夫道，有情有信，无为无形；可传而不可受，可得而不可见；自本自根，未有天地，自古以固存；神鬼神帝，生天生地；在太极之先而不为高，在六极之下而不为深，先天地生而不为久，长于上古而不为老。[1]

---

① 《庄子·大宗师》。

在《庄子·天地》篇中他又写道：

> 泰初有无，无有无名；一之所起，有一而未形。物得以生，谓之德；未形者有分，且然无间，谓之命；留动而生物，物成生理，谓之形；形体保神，各有仪则，谓之性；性修反德，德至同于初。同乃虚，虚乃大。合喙鸣；喙鸣合，与天地为合。其合缗缗，若愚若昏，是谓玄德，同乎大顺。①

道是先天地而生的，最初表现为无，无有也无名，无已是道展示的一种状况，但还没有万物之形状。万物得道而由无生化，就是德，德在无形中规定了万物的属性，这些属性的内在统一就是其本质之命。道进一步的运动是由命形成万物，并演化为万物和人类的理，理展开为形，体现于形体的道是万物和人类的仪规，称为性。人对性的认识和遵循就是反归于初始的德，由德再认知本原的道。人将思想和生命同于道，也就达致泰初之无限大，像鸟的鸣叫一样自然和谐。庄子注重人道。在《天道》中，庄子进一步论证了道在人世的存在及其对人事的导引：

> 夫道，于大不终，于小不遗，故万物备。广广乎其无不容也，渊渊乎其不可测也。形德仁义，神之末也，非至人孰能定之！夫至人有世，不亦大乎！而不足以为之累。天下奋棅而不与之偕，审乎无假而不与利迁，极物之真，能守其本，故外天地，遗万物，而神未尝有所困也。通乎道，合乎德，退仁义，宾礼乐，至人之心有所定矣。②

道至大无限，至小无遗，存在于万物中，其广阔无所不容，其深奥又

① 《庄子·天地》。

② 《庄子·天道》。

不可测度。人世间的刑罚奖赏和仁义，是道之精神的外在表现，只有真正得道的至人才能正确地认知和运用它们。至人对于人世是相当重要的，但他本人并不觉得要承受多么重的负担。至人依循天道，不去与他人争夺权势和私利，而是追求和固守事务的本真，不被天地万物的现象所困惑，通达于道，合乎德，就可以不受仁义礼乐的束缚，确定与道自然相通的心境。而庄子理想中的依从天道的个人，就是“至人”“真人”“圣人”。他说：“古之至人，假道于仁，托宿于义，以游逍遥之虚，食于苟简之田，立于不贷之圃。逍遥，无为也；苟简，易养也；不贷，无出也。古者谓是采真之游。”①

古之真人不逆寡，不雄成，不谟士。②

真正体道按自然行为的人，与他人适当地相处并不结朋伙，并能够宽容他人，清高但不固执，虚心待人而不浮华，面带微笑，行事好像不得已，以平和态度与人相处，胸怀宽广，志向高远，恬静悠然，说话时似乎心不在焉。真人明显不同于那些以刑为体，以礼为翼，以知为时者。真人和这些人的差别就在于：是与天道合一还是与天道相违背的俗务合一的。只有与天道自然合一的人，才是真人。而“圣人”，则在体道、循道的基础上，还要：

明于天，通于圣，六通四辟于帝王之德者，其自为也，昧然无不静者矣。圣人之静也，非曰静也善，故静也；万物无足以铙心者，故静也。水静则明烛须眉，平中准，大匠取法焉。水静犹明，而况精神！圣人之心静乎！天地之鉴也，万物之镜也。夫虚静恬淡寂漠无为者，天地之本而道德之至，故帝王圣人休焉。休

① 《庄子·天运》。

② 《庄子·大宗师》。

则虚，虚则实，实则备矣。虚则静，静则动，动则得矣 。静则无为，无为也则任事者责矣 。无为则俞俞，俞俞者忧患不能处，年寿长矣。夫虚静恬淡寂漠无为者，万物之本也。明此以南乡，尧之为君也；明此以北面，舜之为臣也。以此处上，帝王天子之德也；以此处下，玄圣素王之道也。以此退居而闲游，则江海山林之士服；以此进为而抚世，则功大名显而天下一也。静而圣，动而王，无为也而尊，朴素而天下莫能与之争美。①

《庄子》关于“至人”“真人”“圣人”的论述，是其“个人自由主义”人道社会观的大概。其一，人道是天道的展开，是天道在人世间的存在，并与天道相呼应。其二，人道是以个体为本位的，道虽然主导每个人，但人并不是生来就知道的，只有个体的“至人”“真人”“圣人”才能知道、行道。其三，“至人”“真人”“圣人”也不是生来就知道的，必须经过学习和修炼，才能逐步地知道并依道而行。其四，个体人的生命是有限的，其所处的社会条件也不同，这些都是道的展现，也是个人所不能脱离的，知道首先就要明白这一点。其五，道是自然的，由无而生有，由天而地而人，人道是天道在人间的体现，个人不可能，也不应该逆天道之自然而为，只能依天道而无为。其六，人道的基本就在“虚静恬淡寂寞无为”，不论“至人”“真人”“圣人”，都要由此而学道知道行道。其七，若有条件为君为臣，就要像尧舜那样以所知人道“抚世”，使与天道相通的人道成为现实的“世道”。其八，没有条件为君为臣的大多数“至人”“真人”“圣人”，则应安于个人的具体条件，依“虚静恬淡寂漠无为”而“闲游”，“审乎无假而不与利迁”，“万物无足以饶心”，“不忘其所始，不求其所终”，“以游逍遥之虚，食于苟简之田，立于不贷之圃”。其八是为庄子本人所依从的，也是他知道行道的表现。

天道观是诸子推动的社会变革的基本观念，也是他们思想共通的道层

① 《庄子·天道》。

次，它贯彻于诸子的言论和变革实践中。历经三四百年的社会大变革，就是在天道观的指导下，将封建领主制改变为集权官僚制，将封建主义改变为儒学道统的专制主义。集合儒学道统体系的董仲舒，尤其注重以天道观为大前提对“天”与“天道”进行规定。他认为，天是化成万物之源，人在天的运化中生存成长。

天覆育万物，既化而生之，又养而成之，事功无已，终而复始。凡举归之以奉人。察于天之意，无穷极之仁也。人之受命于天也，取仁于天而仁也。是故人之受命天之尊，父兄子弟之亲，有忠信慈惠之心，有礼义廉让之行，有是非逆顺之治，文理灿然而厚，知广大而博，唯人道为可以参天。①

为生不能为人，为人者天也。人之人本于天，天亦人之曾祖父也。此人之所以乃上类天也。人之形体，化天数而成；人之血气，化天志而仁；人之德行，化天理而义。人之好恶，化天之暖清；人之喜怒，化天之寒暑；人之受命，化天之四时。人生有喜怒哀乐之答，春秋冬夏之类也。②

进而，他又将天分为神明之天、道德之天和象数之天。神明之天在于天道无形而有赏罚之用。国家运作，是在神明之天的监督之下的，“凡灾异之本，尽生于国家之失，国家之失乃始萌芽，而天出灾害以谴告之；谴告之而不知变，乃见怪异以惊骇之；惊骇之尚不知畏恐，其殃咎乃至。”③ 天乃仁义之本，人之道德行为是效法天地的必然。道德之天是人的社会地位和行为准则的依据。

天高其位而下其施，藏其形而见其光。高其位，所以为尊

---

① 《春秋繁露义证》，中华书局1992年版，第329—330页。

② 同上书，第318页。

③ 同上书，第259页。

也；下其施，所以为仁也；藏其形，所以为神；见其光，所以为明。故仁尊而施仁，藏神而见光者，天之行也。故为人主者，法天之行，是故内深藏，所以为神；外博观，所以为明也；任群贤，所以为受成；乃不自劳于事，所以为尊也；泛爱群生，不以喜怒赏罚，所以为仁也。故为人主者，以无为为道，以不私为宝，立无为之位而乘备具之官，足不自动而相者导进，口不自言而摈者赞辞，心不自虑而群臣效当，故莫见其为之，而功成矣，此人主之所以法天之行也。为人臣者，法地之道，暴其形，出其情以示人，高下、险易、坚奥、刚柔、肥癯、美恶，累可就财也，故其形宜不宜，可得而财也。为人臣者比地贵信而悉见其情于主，主亦得而财之。故王道威而不失，为人臣常竭情悉力而见其短长，使之上得而器使之，而犹地之竭竟其情也，故其形宜可得而财也。①

天是形而上的万化根源，天道运行以象数贯彻人事和万物。象数之天是神明之天、道德之天的结合。“天道之常，一阴一阳。阳者天之德也，阴者天之刑也。”② 阳阴二气涵盖自然与人事，是天道运行的体现。天无形，但人可以从阴阳变化而知天道。董仲舒关于阴阳的思想，来源于《易传》。他进一步把人事道德加进阴阳运行，认为象数之天由阴阳而五行，“天有五行：一曰木，二曰火，三曰土，四曰金，五曰水。木，五行之始也；水，五行之终也；土，五行之中也。此其天次之序也”③。与婆罗门教的“五原子”（地、水、火、风、空）不同，董仲舒所概括的儒学五行，并非分立的要素，而是相互转化的五种相关功用，它们不仅相生相成，又相互克制和互为辅助。董仲舒的创意在于由五行关联说明人际关系，由此论证忠孝之道及集权官僚制的合理性。

---

① 《春秋繁露义证》，中华书局1992年版，第164—166页。

② 同上书，第341页。

③ 同上书，第321页。

董仲舒认为，天道观的中心是“天人合一”。他认为，从人有形的形体，到无形的人性，进而到人伦社会制度，都体现着天道对人的主导与制约。“天地之精所以生物者，莫贵于人。人受命乎天也，故超然有以倚。”[①] 人的身体各器官及其结构与天道相合；人体是天象的再现，而且“唯人独能为仁义”,[②] 人的情感意志与天道运行相对应。因此，天与人之间有感应，天能谴告人事，人性也是天道的展现。“人之诚，有贪有仁。仁贪之气，两在于身。身之名，取诸天。天两有阴阳之施，身亦两有贪仁之性。天有阴阳禁，身有情欲栣，与天道一也。”[③] 天道在决定人形与人性的同时，主导着人伦与人事。

> 仁义制度之数，尽取之天。天为君而覆露之，地为臣而持载之；阳为夫而生之，阴为妇而助之；春为父而生之，夏为子而养之；秋为死而棺之，冬为痛而丧之。王道之三纲，可求于天。……圣人之道，同诸天地，荡诸四海，变易习俗。[④]

天道决定王道，行王道而治人事，即行天道之仁，达到天人合一之理想境界。

> 古之造文者，三画而连其中，谓之王。三画者，天地与人也，而连其中者，通其道也。取天地与人之中以为贯而参通之，非王者孰能当是？是故王者唯天之施，施其时而成之，法其命而循之诸人，法其数而以起事，治其道而以出法，治其志而归之于仁。仁之美者在于天。天，仁也。[⑤]

---

① 《春秋繁露义证》，中华书局1992年版，第354页。
② 同上书，第354页。
③ 同上书，第293—296页。
④ 同上书，第351—352页。
⑤ 同上书，第328—329页。

既然人形体与天数相符，人情志行为可以应对天道阴阳变化，人性善恶出于天道阴阳结构，人伦人事由天道主导，王道是天道之仁的体现，那么在天人合一中的包含的天人感应，就不仅是天对人的支配，人也可以通过自身修养及王道施行上达于天，改变外在的天地福祸。因此，人必须注重心性修养，依天道而制定并依循“三纲”“五常”。

董仲舒对天道观的论证，使儒学道统在道层次上有了明确的基本观念，并由此展开而形成了系统的体系。董仲舒不仅系统化了儒学道统，更在对汉武帝的影响中，将儒学道统贯彻于改革完善集权官僚制。虽然在封建社会，他的天道观中的一个重要方面，即由天来控制帝王的权力与行为是很难实现的，但毕竟使天道观成为集权官僚制的基本理论依据，并在完善制度的过程中，使儒学道统成为集权官僚制度的理论基础，并通行两千余年。

慧能创禅教时，以儒学道统为理论基础的集权官僚制已确立近千年，虽然其间有对大一统皇朝的割裂，但基本制度并未改变，隋唐的统一不仅使集权官僚制恢复了大一统，更明确了儒学道统在意识形态的统治地位。因此，慧能及其继承者为了适应现实，就不能不从切身感受中领悟集权官僚制及儒学道统的天道观，并由此发现佛教思想体系与现实制度的矛盾，进而以儒学道统的天道观为道，提出我佛观，并以此为核心观念，创立了中国道教之外的又一宗教禅教。

慧能不识字，不可能通读从老子、孔子、墨子、庄子以来关于天道的论著，而是从对现实社会制度和文化中体悟天道，因此，他创立的禅教以儒学道统之天道为道，也就是在逻辑上将天道观作为大前提。而天道观在儒学道统和集权官僚制的演化中，也逐步削减了董仲舒“天人感应”说中的神秘成分。对于董仲舒来说，为了使统治者确立儒学道统的统治地位，强化并突出“天”对人的主导是必要的，因而也就不能不在天与人之间加进某些不可实证的因素，如天道决定人形和人性，天道主导王道等。而在集权官僚制已经确立千年，儒学道统的统治地位已经制度化于现实生活中，对其道的论证，则不必大费周折地从神秘的“天”来推演。这就如今天的资本主义思想家，不必为了论证资本的合理性，还要像三四百年前的思想家那样，先以物质本体论否定上帝的本体地位，并对“物质”进行系统论说，再从物质主义系统逐步论证资本是物质世界发展的必然，而是直接论说资本的利润与如何能达利润最大化，为此而展开的现代资本主义经济学，已不需要像早期资本主义思想家那样以物质是世界本体为逻辑前提来演绎，甚至不必说资本在经济中的主导性。

唐朝时儒学道统的统治地位已不可动摇，而其皇帝又以与老子同姓而推崇道家和道教，这又使天道观得以充分体现于社会文化中。道教是杨朱、列子、庄子一脉依老子天道观，注重个人生命与价值思想的宗教化，在唐朝大兴，对于慧能等人来说，通过道教也是了解天道观的必要条件。虽然从唐太宗李世民以后的几任皇帝都在不同程度上推崇佛教，但他们只是利用其稳定统治，绝不是想以它们作为统治的意识形态，而佛教也绝对不具备成为集权官僚制统治意识形态的功能，甚至可以说它们不具备作为任何社会制度统治意识形态的功能，在印度的“孔雀王朝”“贵霜王国”时期确曾想用佛教来作为改变部族奴隶制的理论依据，但佛教的思想体系中除了空泛的关于人“众生平等”的观念外，并没有对现实社会矛盾的分析和解决矛盾的主张，因而其统治者对佛教的推崇，除了促使佛教短期大扩张外，并没能有助于社会变革，而“孔雀王朝”“贵霜王国”则很快消失了。唐朝及以后历朝皇帝，可能比所有儒学者都知道佛教的性质和可利用的价值，因为只有他们才真正懂得集权官僚制的本质，清楚儒学道统作为集权官僚制理论基础的意义。集权官僚制就是皇帝集全部权利于自身，并委派各级官吏代他行使其权利所派生的权力，管制民众，收缴剩余产品以满足其穷奢极欲的生活，并保证其子孙后代继续统治的制度。皇帝是制度的核心，也是唯一合法的统治者，那些大臣、宦官虽然可以横行于一时，但他们不过是在倚仗皇帝的权威，利用皇帝的权力而谋私，是违背制度原则的非法行为。至于那些秉持儒学道统的官员学者，或许诚心信从道统并维护制度，但他们却永远不可能对道统和制度达到像皇帝那样的透彻理解。被称为唐朝“古文运动”领袖的韩愈，就是其中一个典型。

韩愈坚持儒学道统，并倡导文以载道，反对浮华绮丽的骈体文，是汉文学史上重要人物之一，其文法文风至今仍不失为典范。他反对唐李氏皇朝推崇的道、佛两教，并以《原道》《原性》等文章宣传儒学道统。对于儒学之道，韩愈抛开董仲舒“天人合一”说得神秘，直接从人的社会关系和生活进行论证：

古之时，人之害多矣。有圣人者立，然后教之以相生相养之道：为之君，为之师，驱其虫蛇禽兽而处之中土。寒然后为之衣，饥然后为之食。木处而颠，土处而病也，然后为之宫室。为之工，以赡其器；为之贾，以通其有无；为之医药，以济其夭死；为之葬埋祭祀，以长其恩爱；为之礼，以次其先后；为之乐，以宣其湮郁；为之政，以率其怠倦；为之刑，以锄其强梗。相欺也，为之符、玺、斗斛、权衡以信之；相夺也，为之城郭、甲兵以守之。害至而为之备，患生而为之防。①

夫所谓先王之教者，何也？博爱之谓仁，行而宜之之谓义，由是而之焉之谓道，足乎己，无待于外之谓德。其文《诗》《书》《易》《春秋》，其法礼、乐、刑、政，其民士、农、工、贾，其位君臣、父子、师友、宾主、昆弟、夫妇，其服麻丝，其居宫室，其食粟米、果蔬、鱼肉。其为道易明，而其为教易行也。是故以之为己，则顺而祥；以之为人，财爱而公；以之为心，则和而平；以之为天下国家，无所处而不当。是故生则得其情，死则尽其常，郊焉而天神假，庙焉而神鬼飨。曰：“斯道也，何道也？”曰：“斯吾所谓道也，非向所谓老与佛之道也。”②

韩愈所论的道，是人道，非“老与佛之道”。其论直指人事关系制度，

---

① 《昌黎先生集·原道》。

② 同上书。

质朴地论证了儒学道统之道。他之所以能如此理直气壮地论说，根本还在于集权官僚制的确立与儒学道统的主导地位。韩愈从现实生活和人事关系对儒学道统之道的论证，是其道已贯彻于制度，普及于人们意识的表现。虽说他不能达到皇帝对制度、儒学道统本质的理解程度，更不懂其利用道教、佛教的本意，甚至冒死谏迎佛骨，因而被贬潮州，但他对儒学道统之道的论证，则更直接地说明了集权官僚制的性质和理论依据。而这表明儒学道统已经具体化、生活化，为慧能及其继承者从社会关系中领悟其天道观，提供了现实依据。

慧能并不是像历代儒学者那样以演绎的方式理解天道观的，而是从农民和其他劳动者的角度，在现实生活和社会矛盾中逐步归纳而悟到天道观在制度中的存在，并明确认为这是不可更改的，是必须依从的大前提。禅教作为小农意识的概括与改造，也和佛教一样，并不想改变社会制度，而是适应社会制度。不同于与佛教追求好的转世甚至涅槃之死，禅教的目的在于今生如何智慧而明白地活。也正是这个目的，要求他们必须领悟集权官僚制的理论根据儒学道统之道，并以此道为禅教的道。慧能及其继承者并不承认自己是佛教信徒，虽然也用一些佛教术语，但却从天道观来加以论说。他们强调"学道""体道""悟道"，从来不谈佛教信奉的梵天之道，慧能更直接地说其教为"顿教"。虽然他们很少论说天道，但天道却是其思想体系必不可少的一个层次，是其我佛观在法层次创新的大前提。我们在其法层次的核心观念我佛观及其术、技层次，都可以看到传统天道观的展开与体现。

中国的佛教徒不知道其所信从的佛教是以婆罗门教的梵道观为道层次基本依据的，他们所读的印度地区佛经佛论的编造者，也故意不提梵天创世造人主宰万物这个本体、本原，只讲如何为修得好的来世轮回而服从其法其僧，读经念佛，按佛经的要求思想和行为。而老子提出并为儒学道统所继承改造的天道观则认为，世界是由天、地、人构成的，其本原是道，"人法地，地法天，天法道，道法自然"，[1] 道不是人格化的神，而是自然

---

① 《老子·二十五章》。

形成并作用的，“有物混成，先天地生，寂兮寥兮，独立不改，周行而不殆，可以为天下母。吾不知其名，字之曰道，强为之名曰大。”① 道与天、地、人为域中“四大”，既没有梵天之神，更没有佛神。道法自然而体现于天、地、人的生成和运行之中。佛教依据婆罗门教的梵道观，其所说的世界，是梵天与个我及万物的关系，婆罗门教只要求婆罗门、刹帝利、吠舍种姓的个我依《摩奴法典》之类的教义和戒规，修行其现世，以求梵天在他们死后安排好的轮回。佛教只是今生与来世轮回这个环节的中介。佛也是梵天造的，是以大智慧修行婆罗门教之法、术、技而形成的具有高超法、术、技的神，他以修来的神法神术神技，不仅改变了自己的轮回，达到涅槃，还可以引导众生修行其术、技，从而改变包括首陀罗种姓众人的轮回。由于佛经佛论都避谈梵道，因而只能信从佛经佛论，信从佛教的僧人，也就不知其所执迷的轮回来世是由梵天决定的。虽说有些汉字译佛经的本子偶尔会出现“梵天”一词，但都当作中国人所说的“天”来读，因此中国的佛教徒也都不清楚其所信从的佛不过是梵天手掌中的一个小神，反而将佛视为宇宙和人生死命运的决定者。

慧能不识字，没有读过长篇佛经佛论，只是偶然听到路人读《金刚经》而顿悟，并经禅宗大师弘忍的认可和支持。慧能从自身经历和概括所处社会群体劳动者的意识，形成了我佛观，并由此展开术、技层次，创立禅教。他虽然不清楚我佛观之法层次，是以道层次的基本观念为根据的，但要论证我佛观，又必然依据道层次的基本观念。整个中国佛教界乃至思想界都不知梵道观，慧能也不可能知道。与其他佛教信徒不同的是，他不是要依佛教的戒律和教条修行，而是要创立自己的思想体系和修行路径，因此必须确立其道层次的理论依据。他没有条件读老子、孔子、墨子、庄子的书，但却可以从儒学道统的主导的集权官僚制及其小农经济，从人们的日常生活和意识中，体会天道观，并将我佛观建立于天道观这个道层次之上。虽然没有研读《老子》，但其中所说的“道法自然”及天、地、人

① 《老子·二十五章》。

的关系，却已融于普通百姓的观念中，慧能于此作进一步思考，即可明白自然之道，以及人与道、天、地同为“四大”的道理。由此确立人的地位及其与道、天、地的关系。他之所以强调我作为人可以成为佛，“自修自作自性法身，自行佛行，自作自成佛道”，① 就在于人是“四大”中之一大。而人的大，在于人心、人性。“修行者，法身与佛等也。何名‘摩诃’？‘摩诃’者，是‘大’。心量广大，犹如虚空，若空心坐，即落无记空。虚空能含日月星辰、大地山河，一切草木、恶人善人、恶法善法、天堂地狱，尽在空中；世人性空，亦复如是。”② 虚空之空，是“天”空，与“天”同为大的人之本性，也和天空一样是空的，故“心量广大”。将慧能归入佛教禅宗的研究者，总在探讨慧能的人性空究竟是源于大乘的“真如缘起”论，还是源于“性空缘起”论，还有人就此对大乘派的各部经论进行“溯源”性考究。实际上，慧能所说的“空”，就是天之空和人性之空，它们都是自然之道的体现，是老子所说的“无”，“无，名天地之始；有，名万物之母，故常无，欲以观其妙；常有，欲以观其徼”③。而且，就像车轮上的辐条、陶器、户室，“有之以为利，无之以为用”④。跟“真如缘起”或“性空缘起”并没有什么关系。慧能说人之“性含万法是大，万法尽是自性。见一切人及非人，恶之与善，恶法善法，尽皆不舍，不可染着，由如虚空，名之为大”⑤。老子从“无之以为用”，说“江海所以能为百谷王者，以其善下之，故能为百谷王”⑥。慧能也以水流大海比喻人之性空，“诸水众流，却入大海，海纳众水，合为一体；众生本性般若之智，亦复如是”⑦。

慧能在《坛经》中多次说“道”，如第三十三节的《无相颂》（亦名

---

① 《坛经校释》，中华书局 1983 年版，第 38 页。

② 同上书，第 49 页。

③ 《老子·一章》。

④ 《老子·十一章》。

⑤ 《坛经校释》，中华书局 1983 年版，第 50 页。

⑥ 《老子·六十六章》。

⑦ 《坛经校释》，中华书局 1983 年版，第 54 页。

《灭罪颂》）起首就是“愚人修福不修道，谓言修福而是道”，颂中还有“努力修道莫悠悠，忽然虚度一世休”句。[①]“修福”，是修来世之福，也是佛教徒迷惑信众的主要手段。据《坛经》中记载，梁武帝问达摩：“朕一生已来，造寺、布施、供养，有功德否？”达摩答：“并无功德。”慧能进一步说：“武帝著邪道，不识正法。”“造寺、布施、供养，只是修福。”[②]以轮回好的来世作为骗取皇帝、官僚、百姓钱财的“商品”，是佛教得以生有的主要方式，达摩说这“无功德”，因而被梁武帝排斥，慧能则进一步说这是“邪道”。在《坛经》第三十六节的《无相颂》中进一步说：“世间若修道，一切尽不妨，常见自己过，与道即相当。色类自有道，离道别觅道，觅道不见道，到头还自恼。若觅见真道，行正即是道，自若无正心，暗行不见道。”[③]慧能所说的“道”，显然不是佛教所依从的梵道，而是人性及“色类”自有之道，也是自然之道。虽然他没有提到老子之道，也不是像儒学道统集结者董仲舒那样论道，但一句“色类自有道”，却说明万物自然而有其道。而人之修道，就是依自性、见自性，“行正即是道”。不要从色类自有之道外去觅什么道。不妨比较一下《庄子》中老子教导孔子说的两段话：“天地固有常矣，日月固有明矣，星辰固有列矣，离兽固有群矣，树木固有立矣。夫子亦放德而行，循道而趋，已至矣。”[④]“夫白鶂之相视，眸子不运而风化；虫，雄鸣于上风，雌应于下风而风化。类自为雌雄，故风化。性不可易，命不可变，时不可止，道不可壅。苟得于道，无自而不可；失焉者，无自而可。”[⑤]这里所说的“道”，也就是色类自有之道。慧能认为，人是色类中之一种，也有其皮肉色身，在色身的“舍宅”中形成法身，法身即人自性。人之道，即人自法性的“三身佛”，

---

① 《坛经校释》，中华书局1983年版，第63页。

② 同上书，第64页。

③ 同上书，第71—72页。

④ 《庄子·天道》。

⑤ 《庄子·天运》。

"世人性本自净，万法在自性"①。修道，也就是"心中众生，各于自身自性自度。何名自性自度？自色身中，邪见烦恼，愚痴迷妄，自有本觉性，将正见度，即悟正见，般若之智，除却愚痴迷妄众生，各各自度。邪来正度，迷来悟度，愚来智度，恶来善度，烦恼来菩提度，如是度者，是名真度"②。依人自性之道行为，"行正即是道"。评判"愚"与"智"、"恶"与"善"的标准，不是梵天之道，也不是佛教僧人所讲求的"造寺、布施、供养"，而是自然的人性之道。修道，也就是见自性、依自性而行人道之正。希运对自性有进一步的论说："性即便是本源自性天真佛故。不可以佛更得佛，不可以无相更得无相，不可以空更得空，不可以道更得道。"③ 觉悟自性，依自性意识和行为，正是慧能禅教之道层次的体现。

道法自然，是色类及人性本有之规律，修道，只是知见自性，因此要悟，而非将某种人为观念当成道去修习，或自以为是地修造一个什么道。对此，道一有深切认识：

> 问："如何是修道？"师云："道不属修。若言修得，修成还坏，即同声闻。若言不修，即同凡夫。"云："作何见解，即得达道？"云："自性本来具足，但于善恶事上不滞，唤作修道人。取善舍恶，观空入定，即属造作。更若向外驰求，转疏转远。"④

人的穿衣吃饭，言谈行为，六根运用，都是法性。一些人"不解返源，随名逐相，迷情妄起，造种种业。若能一念返照，全体圣心"⑤。《景德传灯录》中，还记有道一论道的话：

---

① 《坛经校释》，中华书局1983年版，第39页。
② 同上书，第44页。
③ 《古尊宿语录》上卷，中华书局1994年版，第48页。
④ 同上书，第3页。
⑤ 同上书，第4页。

> 道不用修，但莫污染。何为污染？但有生死心，造作趣向，皆是污染。若欲直会其道，平常心是道。谓平常心无造作，无是非，无取舍，无断常，无凡无圣。经云："非凡夫行，非贤非圣，是菩萨行。只如今行住坐卧，应机接物，尽是道。"①

道一关于道的观点，为怀海所继承，并由此发展了慧能的自由思想，由此充实了我佛观。他反对将佛神化，强调佛不过是觉悟了的人。佛与众生的区别，只在觉与不觉之间。觉悟了自性的人是佛，而"佛只是去住自由，不同众生。佛不是虚空，受苦何得不苦？若说不苦，此语违负。说佛神通自在不自在，且惭愧人。不敢说佛自由不自由"②。佛就是自由人，自由人就是佛。自由就在于依从自然之道，而非被各种对佛的神化所迷惑。

> 大用者，大身隐于无形，大音匿于希声，如木中之火，如钟鼓之声，因缘未具时，不可言其有无。傍报生成，弃之如涕唾。菩萨六度万行，如乘死尸过岸，如在牢狱厕孔得出。佛披三十二相，相唤作垢腻之衣。亦云若说佛一向不受五阴，无有是处。佛不是虚空，何得一向不受？佛只是去住自由，不同众生从一天界至一天界，从一佛刹至一佛刹。③

看到这段话，不由得想起《老子》中所说的"大方无隅，大器晚成，大音希声，大象无形。道隐无名。夫唯道，善贷且善成。"④ 只要破除神佛迷信，人就可以确立自信，以识自性，成为像佛那样的自由人。

道一、怀海一脉是继承、充实、发展慧能我佛观的主干，其中一个理论原则，就是理解并贯彻慧能所依据的中国传统的天道观，而非佛教所依

---

① 《景德传灯录》下卷，中州古籍出版社 2019 年版，第 833—834 页。

② 《古尊宿语录》上卷，中华书局 1994 年版，第 29 页。

③ 同上书，第 30 页。

④ 《老子·四十一章》。

据的梵道观。正是在天道观的基础上，才有我佛观乃其对佛教神佛说的批判，进而展开我佛观于术、技层次。而他们的后继者希运、义玄，以及道一另一弟子普愿与其弟子从谂，还有青原行思一脉的希迁等人，都继承了慧能的我佛观和基本思想体系，使禅教得以存续、发扬几百年。

四、禅教在法层次的创造：以我佛观为核心观念

慧能是人类思想史上的奇迹。他对人类思想的贡献超过悉达多。他在中国集权官僚制条件下，概括并改造小农意识创立的禅教，是对悉达多所创佛教的否定。一个不识字的樵猎山民，竟然创立了流传千余年，为信从禅教的人们开创了一种新的思想观念和方法，深刻而具体地影响着人们的意识和行为。他不仅改变了广大信众对现实生活的态度，更协助儒学道统维护了集权官僚制的延续。

佛教以预设的佛对梵天的认识为前提，界定佛是全面、绝对正确的真理；这个真理体现于经论之中。个体人有接受真理的可能性——佛性，但必须读经论和长期依经论修行才会有佛性。慧能的创造，集中体现在法层次的我佛观，这是对佛教佛我观的否定，也是克服以梵天为世界本体观念对人类思想桎梏的必要环节。在人类思想史上，慧能及其继承者道一、怀海、希运、义玄等，可以说是主体思维的先行者。他们不但突破了印度佛教及婆罗门教的梵天本体论，而且在依从中国儒学道统的天道本体论基础上，形成了初级的主体论，其哲学意义超过了否定欧洲基督教的上帝本体论的资本主义物质本体论。对此，既有的关于慧能思想的研究都没有发现，而是依循号称禅宗“七祖”的神会的思路，将慧能所创立的禅教贬归于佛教的禅宗，并从佛教的以梵天本体论为道的法层次佛我观加以注释，不仅抹煞了慧能及其继承者在法层次的创造，也掩盖了他们主体思维的先进性及其对现代思想发展应有的启示价值。

受某些企图以西方传来的新知识包装佛教的僧人的影响，近代学者如胡适等人似乎认识到慧能思想的重要，可惜他们却将慧能思想归之于神

会。胡适在美国跟杜威学了实用主义哲学之后，以“大胆假设，小心求证”为标榜，对中国思想史进行与经学家不同的论说。他于1926年从伦敦大英博物馆和巴黎国立图书馆中所藏敦煌写本中，发现了神会文录的几种残本，将之校勘，于1930年在上海亚东图书馆出版了《神会和尚遗集》，他在此书卷首写了《菏泽大师神会传》，宣称：“南宗的急先锋，北宗的毁灭者，新禅学的建立者，坛经的作者——这是我们的神会。在中国佛教史上，没有第二人有这样伟大的功勋，永久的影响。”[①] 胡适晚年，重新校订此书，对神会的评价又进了一步：“中国佛教史上最成功的革命者，印度禅的毁灭者，中国禅的建立者。”[②] 不知胡适根据什么将神会说成“坛经的作者”，虽然晚年改口为“六祖坛经的最早原料的作者”，也是无可考证的。胡适故意强调“没有第二人”和“最成功”，就是要抬高神会，贬抑慧能，而他将神会抬得再高，也不过仍是佛教之一派“中国禅”的建立者。而根据国内外众多学者深入细致地考究，慧能虽不识字（此说亦有可商榷处，如果说慧能见弘忍之前因家贫而不识字，是可信的，弘忍传其衣法，他专心潜修禅法后开门授徒，势必要接触佛教经、论，而且已有条件学习文字，何故不学?），但悟性极高，《坛经》（全称《南宗顿教最上乘摩诃般若波罗蜜经六祖慧能大师于韶州大梵寺施法坛经》，标注为“兼受无相弘法弟子法海集记”）是应韶州刺史韦璩之请为众说法时，由韦璩命法海记录并整理的。其在流传过程中有人修改、添加，以至还有《六祖坛经》等3个传本，给考据研究造成很大困难。但从《坛经》及《六祖坛经》等各个版本中仍可看出慧能的基本思想。如果像胡适所说神会是《坛经》的作者，那么神会有什么必要将自己的创见归之于慧能呢？神会的功绩在于与北派争禅宗之正统，并结交官府，出卖度牒为平定“安史之乱”提供财政支持，由此而受朝廷抬举，“肃宗皇帝诏入内供养。敕将作大匠并功齐力，为造禅宇，于荷泽寺中是

① 《胡适之禅宗考论》，商务印书馆2018年版，第406页。

② 胡适：《神会和尚遗集·附录》，1968年台湾胡适纪念馆版。

也。”[①] 神会比慧能的社会地位高多了，为什么不自讲自话，反而极力推崇其师呢？胡适晚年又改口说神会是《坛经》“最早原料的作者”。这又是什么意思？对此，我们不必深究，但若胡适将他的评语加在慧能头上，却也是有些见地的，但终归未摆脱佛教大系统。

评价一个思想体系，不是以该体系构建者的社会地位、受教育程度等为依据，这些因素是思想的因素，但不见得有这些因素就能够创立新思想体系。思想体系是一个时代某一群体利益和意识的集中概括，为此，思想体系的构建者必须具备其个体思想与该群体的总体利益和意识的统一性，进而是责任心和思维能力，使他能从总体角度进行个体思想，从而个体思想能够概括总体利益和意识。慧能幼年父亲就亡故，由其母艰辛抚养成人，他没有条件读书识字，只能靠砍樵卖柴奉母度日。正是艰苦的生活环境，使天资聪颖的慧能深切感受到与他同处社会下层的农民和其他劳动者的利益，有摆脱困境的强烈愿望，他听人诵《金刚经》有所悟，远道去黄梅拜见弘忍时二人的对话，就已说明了他思想的特点。在向弘忍介绍自己身世和“作佛”志愿后，对弘忍所说：“汝是岭南人，又是獦獠，若为堪作佛？”问话所答：“人即有南北，佛性即无南北，獦獠身与和尚不同，佛性有何差别！”[②] 这样的回答，表明他已具有“作佛”的愿望和创造性思维能力，而他请人所写的两偈：“菩提本无树，明镜亦非台，佛性常清净，何处有尘埃”；“心是菩提树，身为明镜台，明镜本清净，何处染尘埃”[③] 已现“我佛观”的端倪。而神秀偈“身是菩提树，心如明镜台，时时勤拂拭，莫使惹尘埃”[④] 仍是依佛我观而说禅。至于胡适编其语录，并极力拔高的神会，虽留下不少言语，但主要是与神秀传人争禅宗之正统，取得朝廷认可，做其御用工具的“官禅”，因而不谈慧能我佛观，或者说神会并未真正全面领悟我佛观。观其语录可见，神会所说禅，主要在术、技层

---

① 《宋高僧传》，中华书局 1987 年版，第 180 页。

② 《坛经校释》，中华书局 1983 年版，第 8 页。

③ 同上书，第 16 页。

④ 同上书，第 12 页。

次，尤其是对“无念为宗”阐述最多，但在法层次仍未明确区别我佛观与佛我观，与神秀派并无本质区别，这在其传人宗密那里表现得更为突出。而坚持“民禅”路线，致力农禅并作的禅林制度实践的怀让、道一、怀海、希运派系，则对我佛观有进一步的理解和充实，是禅教得以发展的主力。

我佛观也可称为自佛观，其要点在于作为人的我自性即佛性，佛性亦即人性。佛并不在我之外，只在我自性中。我即佛，佛即我。慧能强调：“见自性自净，自修自作自性法身，自行佛行，自作自成佛道。”① “自心皈依自性，是皈依真佛。”② “一念吾若平，即众生自佛，我心自有佛，自佛是真佛；自若无佛心，向何处求佛？”③ 这与佛教之佛我观有本质区别。佛我观的要点是承认梵天为本体，人只是梵天所造神、仙之外万物的一种，人的形体是梵天造的，人的意识和行为都受梵天支配，佛是人中的圣神，以其大智慧对梵天之道有深切理解，虽不是梵天所造神、仙，但比它们更具大法能，是梵天与人之间的中介，是对梵天的正觉、真觉，个体的人即小我只有信佛并接受他的教诲和领导，才能对梵天有所认知并依从，改变自己的意识和行为，修得好因，以求好的轮回，甚至得涅槃之果。作为核心观念，佛我观遍布佛教各派别，中国道信、弘忍的禅宗也未离此核心。不过，弘忍在禅修的实践中，对佛我观已有所怀疑，认识到人自性的重要，他并未突破佛我观，但他发现并关注到了慧能我佛观的思想萌芽，为了保护这弱小萌芽不被信持佛我观的禅宗强大势力压垮，像送逃犯一样亲自于三更送他南行，并叮嘱他“三年勿弘此法，难去，在后弘法”④。要他潜心思考，将所悟新法凝练系统，而慧能逃到南方后，真如弘忍所预料，有几起恶人寻逐，不得不避难猎人队中，竟达15载。这是他我佛观确立并构建禅教体系的过程，而“时与猎人随宜说法”，又是他与猎人讨

---

① 《坛经校释》，中华书局1983年版，第38页。

② 《六祖坛经》，中州古籍出版社2008年版，第54页。

③ 《坛经校释》，中华书局1983年版，第109页。

④ 同上书，第20页。

论，听取猎人们意见，改进自己观点。因此，当他出来弘法后，应韶州刺史韦璩之请于大梵寺讲堂宣讲时，就对与佛教佛我观不同的我（自）佛观，进行了系统论证：

善知识！总须自体，与授无相戒，一时逐慧能口道，令善知识见自三身佛："于自色身，皈依清净法身佛；于自色身，皈依千百亿化身佛；于自色身，皈依当来圆满报身佛。色身者是舍宅，不可言归，向者三身在自法性，世人尽有，为迷不见，外觅三身如来，不见自色身中三身佛。善知识！听汝善知识说：今善知识于自色身见自法性有三身佛，此三身佛，从性上生。何名清净法身佛？善知识！世人性本自净，万法在自性。思量一切恶事，即行于恶；思量一切善事，便修于善行。如是一切法，尽在自性。自性常清净；日月常明，只为云覆盖，上明下暗，不能了见日月星辰，忽遇惠风吹散卷尽云雾，万象森罗，一时皆现。世人性净，犹如青天，惠如日，智如月，知惠常明。于外著境，妄念浮云盖覆，自性不能明。故遇善知识开真法，吹却迷妄，内外明彻，于自性中万法皆见。一切法自在性，名为清净法身。自皈依者，除不善行，是名皈依。何名千百亿化身？不思量，性即空寂；思量即是自化。思量恶法，化为地狱；思量善法，化为天堂。毒害化为畜生，慈悲化为菩萨，知惠化为上界，愚痴化为下方。自性变化甚多，迷人自不知见。一念善，知惠即生。一灯能除千年暗，一智慧能灭万年愚。莫思向前，常思于后。常后念善，名为报身。一念恶，报却千年善亡；一念善，报却千年恶灭。无常已来，后念善，名为报身。从法身思量，即是化身，念念善，即是报身。自悟自修，即名皈依也。①

① 《坛经校释》，中华书局1983年版，第39—40页。

这里说的“无相戒”，在开讲时就提出：“慧能大师，于大梵寺讲堂中，升高座，说摩诃般若波罗蜜法，授无相戒。”[①] 也可以说《坛经》所记载的，就是关于“无相戒”的论证。“无相戒”的提法，并非佛教用语，而是慧能独创的。“无相”，即“于相而离相”，“无相戒”，就是如何离相，戒“著相”。“但离一切相，是无相；但能离相，性体清净。”[②] 慧能强调：“世人性本自净，万法在自性。”因此，佛教所说的“三身（法身、化身、报身）佛”，不是在人之外的，不是那些具有神圣大智慧如释迦牟尼类的佛，而是存在于人性中，每个人都有“自三身佛”，“向者三身佛在自法性，世人尽有，为迷不见，外觅三身如来，不见自色身中三身佛”。慧能所要讲授的，与佛教“外觅三身如来”不同，而在于“于自性中，万法皆见”。

进而，慧能又强调他的禅法在“顿见真如来本性”，“令学道者顿悟菩提，令自本性顿悟”[③]。不能自悟者，可由大善知识“示道见性”，但不是从外部由佛来“度”，只是“示道”使人见自身本来佛性。

> 三世诸佛，十二部经，亦在人性中本自具有。不能自悟，须得善知识示道见性；若自悟者，不假外善知识。若取外求善知识，望得解脱，无有是处。识自心内善知识，即得解脱。若自心邪迷，妄念颠倒，外善知识即有教授，救不可得。汝若不得自悟，当起般若观照，刹那间，妄念俱灭，即是自真正善知识，一悟即知佛也。自性心地，以智慧观照，内外明彻，识自本心，若识本心，即是解脱，即得解脱，即是般若三昧。悟般若三昧，即是无念。何名无念？无念法者，见一切法，不著一切法，遍一切处，不著一切处，常净自性，使六贼从六门走出，于六尘中不离不染，来去自由，即是般若三昧，自在解脱，名无念行。若百物不思，当今念绝，即是法缚，即名边见。悟无念法者，万法尽

---

① 《坛经校释》，中华书局1983年版，第1页。

② 同上书，第32页。

③ 同上书，第59页。

通；悟无念法者，见诸佛境界；悟无念顿法者，至佛位地。[1]

由于人自性是佛，因而佛教所宣扬并神化的“三世诸佛，十二部经，亦在人性中本自具有”。慧能克服了佛教徒对佛的盲目迷信和崇拜，明白地说出一个简单道理：“佛者，觉也”[2]，不论释迦牟尼还是其他什么佛，不过是与我一样的人，他们说的话被当作经典。这些话我们也能说，关键在能否自悟自觉。已经自悟自觉的“外善知识”，只能示道帮你见性，但若求他帮你解脱，却“无有是处”。能自悟自觉，就不必借助外善知识之启示。

我佛观是对佛我观的否定，从形式上看，只是改变了我与佛的关系。佛教之佛，是在人之外的，是个别大智慧者对梵天之道的领悟，这是普通人所达不到的，只有靠佛这个大圣神，救苦救难，普度众生，因而个我的人，只有信佛、从佛，才能在现世修行求得来世好的轮回。为此，佛教讲究因果，现世行为是因，来世轮回是果，要求来世轮回好的报应之果，必须以依佛教在现世修行为因。而佛不仅是正确的智慧和真理，也具有多般神通法力，并传给代表佛度人的高僧大德。佛我观也讲人有佛性，但这只是接受佛的教训、学佛知佛之性，而非成佛、作佛之性。佛教的佛我观是印度地区部族奴隶制的反映，主张学佛可以在来世轮回中改变个人在种姓制度中的社会地位，但它从来不敢说在现世改变人的地位，甚至不敢对现实社会关系和矛盾作出任何批评。佛是佛教徒用来缓解现实社会关系矛盾的一个符号，它虽然不能解决现实问题，却可以许诺现世人有一个好的来世，只要你在现实生活中依从佛的教导，改变自己的意识，忍受苦难，并供养佛僧，不要对制度和个人境遇有什么不满，就可能在来世被佛引渡到好的境界。

慧能禅教之我佛观与佛教佛我观的区别，基础在于社会制度和各自依从的道层次观念的区别。中国集权官僚制因以天道观为导引，只承认皇帝

---

① 《坛经校释》，中华书局 1983 年版，第 60 页。

② 同上书，第 46 页。

一人为“天子”，“率土之滨，莫非王臣”。皇帝拥有全体人的人身权，农民、樵夫、猎户虽贫穷，但与将相在人身权上是平等的，从《史记》载陈胜喊出“王侯将相宁有种乎”[①] 开始，这一观念在中华大地平民百姓中逐步普及，到慧能时，已近千年。他的我佛观中的每个人的佛性，已非单纯的学佛知佛之性，而是生来就有的成佛作佛之性。佛也是“宁有种乎”的。人人都有作佛之性，关键在于能否觉悟。慧能听闻《金刚经》的某些话语之后，即将其中说的学佛知佛之性顿悟为成佛作佛之性，所以一见到弘忍就说他“惟求作佛”。而禅宗所言佛性，仍是学佛知佛之性，神会说神秀论禅修强调：“凝心入定，住心看净，起心外照，摄心内证。”[②] 这是自达摩以来就坚持的，并为后世禅宗所依循的。慧能禅教与佛教禅宗的本质区别，就在于此。

慧能禅教我佛观与佛教佛我观的区别，还表现在对现实生活的态度。佛我观以追求轮回转好的来世为目标，不仅不要求改变现实社会制度，也不要求改变个人的生活状况，只教训人改变意识和对生活的感受。而禅教作为农民和其他劳动者意识的概括，首要的一条，就是在相对自主的劳动中所形成的自我主体意识，虽然也不希求改变制度，却可以通过勤劳节俭而改善自私自利的生活。正是这种以劳动为依据的主体意识，使慧能确立了我自性为佛的观念。他对我佛观的阐述，主要是针对现实人及其心性和行为的，即只要悟到自性为佛，就能够以正确的意识对待现实生活，在遵循制度的前提下，思善行善。禅教也讲解脱，“识自本心，若识本心，即是解脱，即得解脱，即是般若三昧”[③]。这是现世的解脱，活人的解脱，而非佛教说的来世解脱，死人的解脱。禅教我佛观与佛教佛我观的区别，体现于对佛教转世、因果、神通、法力等的看法上。慧能及其继承者都不承认转世轮回，因此也不宣扬因果报应。更重要的是，他们绝不宣称自己有什么神通、法力。他们强调的，是所有个我都具有的“自性佛”，正是从

① 《史记》，中州古籍出版社 1996 年版，第 558 页。

② 《神会和尚禅话录》，中华书局 1996 年版，第 29 页。

③ 《坛经校释》，中华书局 1983 年版，第 60 页。

每个人都是自性佛这点，都可自悟或由先悟的善知识启示而自悟自觉佛性，而且只要不反抗集权官僚制，就可以在思善行善的原则下联合起来，通过农禅并作，既改变自己的生活，又可悟自己的佛性。我佛观是禅教不巴结官府权贵，组织相对自由的人形成禅林制度而自生自长的理念根据。

我佛和佛我，虽只两字换位，却道出禅教与佛教在法层次的本质区别。这种区别是两种社会制度区别和不同社会主体区别的集中体现。从表面上看，禅教也使用佛教的一些术语，慧能及其继承人也常引用佛经，但他们都是从我佛观这一核心观念加以改造后论说的，而非依从佛经宗旨来宣讲佛我的。他们追求的，是我转佛经，并非佛经转我。

慧能确立我佛观为其思想体系的核心观念，一个重要条件，就在于他不识字，因此不像其他佛教徒那样陷入庞大烦琐的佛教经、论、律之网。佛教之经、论、律三藏浩如烟海，入佛门者，在师父的训导下读诵，就如人在雾霾中，难觅出路，更不用说从总体把握了。玄奘于此困惑不解，历千辛万苦远赴印度地区求其真谛，而他所得到的只是更多的三藏经论和迷惑，归唐后毕生翻译，成为“唐三藏”，给中华僧人又添加更多玄奥神秘，但终不得真谛。玄奘的毅力和行为是超群的，是佛我观的坚定信仰者，被一个不知为何物的“佛”的观念所牵引，最后既不知佛，又没有了我，佛我两空，也算修行到位了。慧能没有玄奘那样好的家庭条件，不能识字通文，也非从小出家，更没能遍访名师，对佛之三藏几无所知。他所知者，就是自己和平民百姓艰辛的生活及由此产生的困惑，他要解除这种困惑，于是从旁听他人念《金刚经》的一些句子有所悟，认识到“般若是智慧。一切时中，念念不愚，常行智慧，即名般若行。”① “何名波罗蜜？此是西国梵音，唐言彼岸到。解义离生灭，著境生灭起，如水有波浪，即是为此岸，离境无生灭，如水承长流，故即名到彼岸，故名波罗蜜。”② 进而认识到佛乃人之自性。与玄奘所执佛在外，在西天，在经典，自我一无所有，

---

① 《坛经校释》，中华书局1983年版，第51页。

② 同上书，第51页。

全靠求助于佛，探求于经论，有着天壤之别！

正是基于对佛乃人之自性的顿悟，慧能简单而明确地认为“于自性中，万法皆见”。

> 一切经书，及诸文字，小大二乘，十二部经，皆因人置，因智慧性故，故然能建立。若无世人，一切万法，本元不有。故知万法，本因人兴；一切经书，因人说有。缘在人中有愚有智，愚为小人，智为大人。迷人问于智者，智人与愚人说法，令彼愚者悟解心解；迷人若悟解心开，与大智人无别。故知不悟，即佛是众生，一念若悟，即众生是佛。故知一切万法，尽在自身中，何不从于自心顿现真如本性。①

这段话，玄奘是绝对想不到的，不然他就不会千辛万苦去“西天取经”了。慧能一生，除24岁跑到黄梅投弘忍为师外，基本上是在岭南曹溪自悟自度。玄奘信佛我，终生被佛经转而不知佛，慧能悟我佛，因而转经佛成大自在佛。慧能所悟到的，是一个再简单不过的道理：所有经书都是人所说所写的，佛陀和我一样，都是人；而所有经书的内容，又都在说人的意识和事情。如果没有人，所有的佛法，根本就不可能有。佛教的“万法”，都因人而兴，所有经书，都因人说写读才会有。之所以会有佛，就在于人群中有智和愚的区别，愚者有迷惑，向智者求指教，智者给愚者讲道理，愚者明白了，也就成了智者。一旦觉悟，众生就都成为佛了。一切佛法都在人的自身中，应从自心顿悟而现真理。“悟此法者，即是无念、无忆、无著，莫起诳妄，即是真如本性。用智慧观照，于一切法不取不舍，即见性成佛道。”②

这就是慧能我佛观的要旨：佛不过人以智慧达到正确认识，每个人本

---

① 《坛经校释》，中华书局1983年版，第57—58页。

② 同上书，第53页。

性中都有智慧，即佛性，只要顿悟开启智慧就是成佛。佛陀及经书的编写者，与我一样都是人，他们以其智慧明佛法写经书，我为什么不能用智慧同样明佛法写经书呢？佛不是外人，更不是天神，佛只是我本人所有的智慧，只要自我顿悟了智慧，表现了佛性，我也就成了佛。成佛并不是脱离人世，更不是死后涅槃，而是现世为佛，是活人佛。现世活人以佛的智慧认知自我和他人，减少欲求，安分守己，抑恶行善，处理好社会关系，知足常乐，明明白白地度过此一生！如此简明的我佛观一出，就如强风吹散了佛教布下的浓厚雾霾，人们终于见了蓝天！什么四谛、八正道、十二因缘，什么缘起性空、转世轮回、法空我空、法无我有、因果报应，什么佛的神通、法力、西天净土、观世音，所有雾霾中的迷惑，都在阳光照耀下清楚明白了。一部通俗易懂的《坛经》超过了所有的佛经！

慧能禅教的传人主脉为怀让、道一、怀海、希运、义玄，以及行思、希迁一脉，他们理解并坚持我佛观，并在术、技层次有所创新。至于神会，不甘心为民禅，努力争得官禅名位，虽被敕封为“七祖”，仅在禅术上有新意。而对法层次我佛观有所充实者，当属怀海。

禅教推广之功主要在怀海，他不仅立禅院以别佛教，更创禅门规式，发展农禅并作，使禅教普遍通行，而且对我佛观有充分的理解和阐发。并在此基础上，从人性自由角度对我佛观加以充实。“自由”一词，在《坛经》中已有出现，慧能认为，能够令自本性常起正见，像海纳百川大水小水，即是见性，“内外不住，来去自由，能除执心，通达无碍。”① 常净自性，使六识从六门走出，“于六尘中不离不染，来去自由，即是般若三昧”②。怀海则把自由作为一个重要范畴加以论述。

> 若怕临终之时慞狂不得自由，即须如今便自由始得。只如今于一一境法都无爱染，亦莫依住知解，便是自由人。③

---

① 《坛经校释》，中华书局 1983 年版，第 56—57 页。

② 同上书，第 60 页。

③ 《古尊宿语录》上卷，中华书局 1994 年版，第 16 页。

使得因果福智自由是修行，非是执劳负重唤作修行。①

佛只是去住自由，不同众生。②

祇如今但离一切有无诸法，亦离于离，透过三句外，自然与佛无差。既自是佛，何虑佛不解语。祇恐不是佛，被有无诸法缚，不得自由。③

集权官僚制下的中国，作为统治阶级意识的儒学道统，是不谈自由的。将自由作为范畴加以论证，是怀海禅学思想的重要环节，也是他对我（自）佛观的引伸。怀海将慧能“见自性自净，自修自作自性法身，自行佛性，自作自我佛道”概括为“自由”这个范畴，也是顺理成章的，可见怀海对慧能思想的理解。他这里所说的“佛”，并不是外在于人的神佛，而是悟到自性佛的人，是自性我佛在精神上的自由。当然，怀海的自由观，并未跳出集权官僚制的大范畴，而是对相对自由的农民意识的概括与改造，只能在禅教的范围内进行论说，但已表明其思想的自由性了。

怀海与其师道一，其徒希运，以及行思、希迁一派，在法层次我佛观的我与佛的关系，人性与佛性，自心是佛，即心即佛等环节，都有所阐发，但总的来说还只是解说慧能已有的思想，不过角度有所变化。也正是他们对我佛观的理解、坚持、充实、阐发，使禅教得以系统化并普遍扩展，成为中国思想史的重要内容。

五、慧能我佛观与墨子兼爱观

以农业文明领先于世界的中国，其文明主体主要是农业劳动者，虽然他们一直处于被统治地位，却以自己的勤劳与智慧，创造并应用先进的农业技术，构建了中华民族的经济基础，支撑着集权官僚制的运作。然而，

① 《古尊宿语录》上卷，中华书局 1994 年版，第 25 页。

② 同上书，第 29 页。

③ 《五灯会元》上卷，中华书局 1984 年版，第 136 页。

从孔子到司马迁再到清朝的所有史学家，都依儒学道统将农业劳动者排斥于历史之外，在他们眼中不论农奴还是农民，都是无足轻重的，对他们的利益和意识只是在考察改朝换代时才多少予以体现。所幸有中国历史上两位伟大思想家，在其思想体系中概括了两个时代农业劳动者的意识，使我们可以了解劳动者的思想和社会存在。这两个思想家，一个是远在春秋时期的墨子，一个是唐朝的慧能，他们创立的墨学与禅教，分别概括了农奴和平民、农民和其他劳动者的意识。既有的论说慧能思想的著述，往往只从佛教一个宗派的角度，探讨其与佛教其他派别的关系，至多会谈其与道教等其他宗教的关系，并未涉及与墨子思想的关系。而要理解慧能禅教，尤其是我佛观这个核心观念，探讨其与墨子思想的关系是必不可少的环节。

墨子及其创立的墨学，在春秋战国时期曾与儒家同为“显学”，但以帝王将相为历史主体的司马迁在《史记》中并没有为墨子立传，只是在《孟荀列传》的结束部分附了一段话：“盖墨翟，宋之大夫，善守御，为节用，或曰并孔子时，或曰在其后。”① 这不仅是司马迁历史观的表现，也说明到汉武帝集权官僚制确立后，墨学的影响已经很小了。但在战国时，墨学的影响还是相当大的，诸子论著大多有涉及。《庄子·天下》中写道：

> 墨子泛爱兼利而非斗，其道不怒；又好学而博，不异，不与先王同，毁古之礼乐。……墨子称道曰：“昔禹之湮洪水，决江河而通四夷九州也。名川三百，支川三千，小者无数。禹亲自操橐耜而九杂天下之川；腓无胈，胫无毛，沐湛雨，栉疾风，置万国。禹大圣也，而形劳天下也如此。”使后世之墨者，多以裘褐为衣，以跂蹻为服，日夜不休，以自苦为极。曰：“不能如此，非禹之道也，不足谓墨。”②

---

① 《史记·孟荀列传》。

② 《庄子·天下》。

庄子并不赞同墨子的主张，但却认为“墨子真天下之好也，将求之不得也，虽枯槁不舍也，才士也夫”①。

墨子之学的出现，是春秋战国之交社会矛盾的反映，而墨学之所以能成为与儒学并列的“显学”，又恰因为它代表了处于社会变革时期的素质技能已较之前有了大的提高，并表现为新的生产力的劳动群众的利益和要求。从某种意义上说，墨子有些类似比他晚几个世纪的西方的耶稣；墨学也类似早期的基督教。不过，由于中国农业文明的先进，文明主体劳动者已不再是欧洲的奴隶，而是先于欧洲1000多年出现的农奴和平民劳动者。墨子思想中虽有某些宗教成分，但其世俗性更为明显，明确提出了从劳动者利益和行为出发的社会变革的主张。虽说这种主张还不具备实现的条件，它却先行性地表现出了后来才普遍化的小农意识的某些要点。

与孔子创儒学相似，墨子所创墨学，也是当时反对封建领主制的一股社会变革势力的思想体系。不过，历史的矛盾演化，还不能造就一个以农业劳动者为主体的社会制度，墨子及其追随者在反对封建统治斗争中，与其他诸子结成过“广泛的统一战线”，但它注定只是儒、士阶层所主导的社会变革中的松散联盟者，变革之后，墨子思想也不能成为居统治地位的意识形态。关于这场变革，农奴也是受益的一方。他们摆脱了对封建领主的人身依附，成为相对独立的小生产者农民。也正是在这种变革之后，农民基本上认可了自己的经济和社会地位，虽然还会不时出现反抗官僚地主阶级的斗争，但却始终没有形成变革集权官僚制和小农经济的思想体系。墨学派系由此解体，除一部分人以“侠”的名义在很小范围内保持其传统外，其主要内容已逐渐被思想界所淡忘，只是在“子学”中还保留《墨子》，以为儒学者的参考读物，其中术、技层次的某些因素，也为儒学道统或道教所改造吸纳。

墨子也像孔子那样，以办“私学”的形式，聚合了一批信徒，形成了既是学术团体，又类似于“合作社”的生产生活组织。1000年后的禅教

---

① 《庄子·天下》。

禅林与之极为相似。墨子以禹为偶像，以追求劳动为基础的平等社会为目标，强调劳动者在文明发展中的主体地位。墨学以“兼爱”为核心观念，其前提是道层次“天志”的基本观念。“天志”是墨子在“学儒者之业，受孔子之术”过程中，对其人道观及其中体现的老子天道观的理解，或者他又进一步从老子有关天道观的论述中形成的概念。“天志”更强调天与人的统一，“天”之“志”即人之志的集中体现，并展开为“天意”，以为人世之法仪、规矩。

> 天之行广而无私，其施厚而不德，其明久而不衰，故圣王法之。既以天为法，动作有为，必度于天。天之所欲则为之，天所不欲则止。然而天何欲何恶者也？天必欲人之相爱相利，而不欲人之相恶相贼也。奚以知天之欲人之相爱相利，而不欲人之相相贼也？以其兼而爱之、兼而利之也。奚以知天兼而爱之、兼而利之也？以其兼而有之，兼而食之也。①
>
> 子墨子言曰：“我有天志，譬若轮人之有规，匠人之有矩。轮、匠执其规、矩，以度天下之方员，曰：‘中者是也，不中者非也。’”②

可见，墨子所谓的“天”，并非自然之天，也非高居人之上的神，而是人的总体意志的集合体。“天志”是天道的人格化，是人世的规矩，“天意”则是“天志”在人世的实施和导向。

> 上尊天，中事鬼神，下爱人。故天意曰：“此之我所爱，兼而爱之，我所利，兼而利之，爱人者，此为博焉，利人者，此为厚焉。”③

---

① 《墨子・法仪》。

② 《墨子・天志上》。

③ 《墨子・天志上》。

顺天意者而得赏，如禹、汤、文、武，反天意者如桀、纣、幽、厉，则必受罚。“顺天意者，义政也；反天意者，力政也。”① 天爱天下之百姓，天意也以能否爱百姓为衡量统治者的标准。顺天意的统治者就要“兼爱天下之人”。

> 是故子墨子之有天之意也，上将以度天下之王公大人为刑政也，下将以量天下之万民为文学、出言谈也。观其行，顺天之意，谓之善意行；反天之意，谓之不善意行。观其言谈，顺天之意，谓之善言谈；反天之意，谓之不善言谈。观其刑政，顺天之意，谓之善刑政；反天之意，谓之不善刑政。故置此以为法，立此以为仪，将以量度天下之王公大人、卿、大夫之仁与不仁，譬之犹分墨白也。②

“天志”“天意”“天帝”，都是人格化的，并有善恶观念，为人世事物制定规则。兼爱就是天意的规则，人们之间本应是兼爱交利的，而现实的社会却将人分成等级，导致人与人之间因“别”而产生矛盾，发生冲突，以至诸侯间的攻战。墨子认为，只有依从兼爱规则，改变人与人之间相别的社会关系，才是符合天意的，否则就会受到天命的惩罚。

> 凡天下祸篡怨恨，其所以起者，以不相爱生也。是以行者非之。
>
> 既以非之，何以易之？子墨子言曰：“以兼相爱、交相利之法易之。”然则兼相爱、交相利之法将奈何哉？子墨子言：“视人之国，若视其国；视人之家，若视其家；视人之身，若视其身。”是故诸侯相爱，则不野战；家主相爱，则不相篡；人与人相爱，则不相贼；君臣相爱，则惠忠；父子相爱，则慈孝；兄弟相爱，

---

① 《墨子·天志上》。

② 《墨子·天志中》。

则和调。天下之人皆相爱，强不执弱，众不劫寡，富不侮贫，贵不敖贱，诈不欺愚。凡天下祸篡怨恨可使毋起者，以相爱生也。是以仁者誉之。①

分名乎天下，恶人则贼人者，兼与？别与？即必曰："别也。"然即之交别者，果生天下之大害者与？是故别非也。子墨子曰："非人者必有以易之，若非人而无以易之，譬之犹以水救火也。其说将必无可矣。"是故子墨子曰："兼以易别。"然即兼之可以易别之故何也？曰："藉为人之国，若为其国，夫虽独举其国以攻人之国者哉？为彼者，由为己也。为人之都，若为其都，夫谁独举其都以伐人之都哉？为彼犹为己也。为人之家，若为其家，夫谁独举其家以乱人之家者哉？为彼犹为己也。然即国都不相攻伐，人家不相贼，此天下之害与？天下之利与？即必曰天下之利也。"②

"兼"者，同也，与"别"相反。墨子在这里提出了一个重要的观点："为彼犹为己也"，即从己与彼之兼、之同来思考，若彼即己，消除己与彼之"别"，视人之国若视己之国，视人之家若视己之家，视人之身若视己之身，这样，诸侯之间的战争就可消除，家主之间也就不相篡，人与人之间就相爱而不相贼，君臣之间相爱则惠忠，父子相爱则慈孝，兄弟相爱则和调。天下人都相爱，就会达到强不执弱，众不劫寡，富不侮贫，贵不敖贱，诈不欺愚的理想境地，"以相爱生也"。墨子主张，改变矛盾、冲突的社会状况，关键就是在观念中以"兼"克服"别"。为此，《兼爱下》中以大篇幅批驳了"天下之非兼者之言"，强调只要国君在观念上确立了兼爱的必要性，并率先实行，众就会随之实行，举了 3 个例子：楚灵王喜细腰，楚国士人每天只吃一顿饭，瘦弱得要扶墙才能走路；越王勾践喜欢

① 《墨子·兼爱中》。
② 《墨子·兼爱下》。

勇猛，训练将士3年，为测试效果，放火烧船，擂鼓令将士冲锋，将士前仆后继，死于水火中不计其数；晋文公喜欢穿粗布衣，晋国士人也都随他穿粗布衣。

> 是故约食、焚舟、苴服，此天下之至难也，然后为而上说之，未逾于世而民可移也，何故也？即求以乡其上也。今若夫兼相爱、交相利，此其有利，且易为也，不可胜计也。我以为则无有上说之者而已矣。苟有上说之者，劝之以赏誉，威之以刑罚，我以为人之于就兼相爱、交相利也，譬之犹火之就上、水之就下也，不可防止于天下。
>
> 故兼者，圣王之道也，王公大人之所以安也，万民衣食之所以足也。故君子莫若审兼而务行之。为人君必惠，为人臣必忠；为人父必慈，为人子必孝；为人兄必友，为人弟必悌。故君子莫若欲为惠君、忠臣、慈父、孝子、友兄、悌弟，当若兼之不可不行也。此圣王之道，而万民之大利也。①

在2000多年前的封建领主制社会条件下，提出兼爱交利的观念，既包含对现实社会矛盾的批判，又是社会变革的设想。与其他诸子以儒、士阶层为主体对社会矛盾的批判和变革设想不同，墨子是代表劳动者阶层进行批判和设想的，虽然墨子并未明确提出从形式上对等级制度的变革，但他的兼爱交利观念，是要从内容上改变人与人相互关系的。这种设想本身就是矛盾的，封建领主制的等级制度，是对人们权利的界定，这既是形式，也是内容，是实实在在的利益关系，并不会因为统治者改变了观念就能改变的。与儒学一样，墨学也以说服君主为实现其设想的主要途径，也把行仁施义作为打动君主的必要论据。墨子及其追随者太天真了，他们以为如此兼爱交利的美好理想，君主会欣然接受，并像楚灵王约食、越王勾践焚

---

① 《墨子·兼爱下》。

舟、晋文公苴服那样由上而下实施，就可以改变人们的观念，进而消除现实矛盾。他们比孔子更不了解君主的权利与利益，更不懂得君主的意识，孔子以礼、仁改良制度的建议都没有任何君主接受，墨子的兼爱交利设想又怎么能让由争霸和自保主导其利益意识的君主们接受呢？或许只有在本国遭受灭顶之灾时，才会让墨学子弟帮其守城，并去敌国宣讲“非攻”道理，达成某种妥协，以不至于亡国。孔子、孟子的仁学和仁政虽然不能为争霸和攻战中的诸侯所接纳，但毕竟集合了儒、士阶层利益和意识，当李悝、吴起、商鞅、李斯等人将仁学观念内含于其为强国、争霸而“变法”的主张之中，就在一些不固守封建宗法观念的领主处得到认可，并在变革中得以贯彻。而变革封建领主制，建立完善集权官僚制，又正是儒、士阶层发挥其作用，即作为官僚辅佐皇帝行使统治权的“用文之所”，所以在汉武帝时由董仲舒修正并系统化的儒学道统得以成为主导意识，进而凝聚造就了强大的以儒、士为基础的官僚地主阶级。而墨学所代表的是农奴和下层平民。在制度变革后，虽说农奴的身份得以改变为农民，但他们仍然处于社会最低层，不仅兼爱交利的美好愿望未能实现，连聚合为一个学派集中表述自己愿望的条件，也被集权专制消灭了。慧能禅教及其农禅并作的禅林制度，可能是农民和下层平民唯一可以聚合之处，但绝对不能像墨学团体那样妄议改变君主观念和社会状况，只能在顺从现制度的前提下，悟解改变自我意识，以求心灵的满足。

墨子兼爱交利的核心观念，既是其对社会变革的愿望与设想，又是其思想体系的核心，是从法层次对人类社会的认识，是人类思想史进步相当重要的一个环节和要素。在当时的制度条件下，要从总体社会关系实行这个设想，是不可能的，但这种观念之所以能够被提出，绝非幻想，是小范围社会，如家庭、家族关系的一种反映，更重要的是墨学的团体就是以此观念组织并运作的，因而可以说是有现实依据的，不过将它扩展至全社会，就显现其空想性。兼爱交利观念是劳动者在生产和生活实践中的友爱互助意识的集合，2000 多年以来，随着劳动者素质技能的不断提高和争取提高社会地位的斗争越来越多，这种观念也在不断充实和改进，现代社会主义的基本观念在一定意义上说就是更新了的兼爱交利观念，与墨学的区别，在于明确了劳动者的社会主体地位，从主体意识去认识社会矛盾并进行制度变革，而非希求统治者改变观念和行仁义。

2000 多年的历史证明：作为文明主体的劳动者要成为社会主体，建立马克思和恩格斯所说的以劳动为基础的“自由人的联合体”，达到真正的兼爱互利，只有形成自己的阶级意识，进行阶级斗争的社会变革。这个道理，墨子及其追随者是不明白的，他们不仅以兼爱互利作为法层次核心观念，更进一步提出了展开核心观念的术和技。

墨子思想体系术层次第一个重要范畴是“尚贤”，尚贤是展开并实行兼爱的关键。墨子与孔子一样，将“古之圣王”作为论述依据。他认为：

> 古者圣王之为政，列德而尚贤。虽在农与工肆之人，有能则举之。高予之爵，重予以禄，任之以事，断予之令。曰：“爵位不高，则民弗敬；蓄禄不厚，则民不信；政令不断，则民不畏。举三者授之贤者，非为贤赐也，欲其事之成。故当是时，以德就列，以官服事，以劳殿赏，量功而分禄。故官无常贵而民无终贱。有能则举之，无能则下之。举公义，辟私怨，此若言之谓也。”①
>
> 尚欲祖述尧舜禹汤之道，将不可以不尚贤。夫尚贤者，政之本也。②

由尚贤而行兼爱，必须以尚贤为政事之本。尚贤的根据在于天，“古圣王以审以尚贤使能为政，而取法于天。虽天亦不辩贫富、贵贱、远迩、亲疏，贤者举而尚之，不肖者抑而废之。”③ 但现在的统治者却与古圣王相反，“今王夫人其所富，其所贵，皆王公大人骨肉之亲、无故富贵、面目

---

① 《墨子·尚贤上》。
② 同上书。
③ 《墨子·尚贤中》。

美好者也。焉故必知哉？若不知，使治其国家，则其国家之乱，可得而知也。”[①] 以古之圣王为标杆，为前提，对比和推论现实事物，是墨子与孔子在方法论上的相同点。墨子关于尚贤与否的论证，与孔子“大同”“小康”之说异曲同工。墨子虽未明确要变革封建领主制，但他强调“尚贤”为“政事之本”，是“天、鬼、百姓之利”，[②] “任贤者而任使能，不党父兄，不偏富贵，不嬖颜色”，[③] 改变“王公大人骨肉之亲”把持政权，独享富贵的状况，这必然导致封建领主制的瓦解，而集权官僚制也由此建立。

由“尚贤”思路，墨子进一步提出“尚同”的主张。“同”是“兼”的具体化，是以人的共性作基础为相“异”的人群规定统一的行为规则或秩序，他认为尚同与尚贤是统一的，只有尚贤才能尚同，又在尚同的规则下实现尚贤。古时者民始生，未有刑政时，人相异义，“以非人之义，故交相非也。”[④] 父子兄弟怨恶离散，百姓以水火毒药相亏害，有余力不相劳，余财腐烂也不分与他人，有长技不相传授。“天下之乱，若禽兽然。”[⑤] 为了改变这种乱象，应该选贤者立为天子、王公，或为诸侯国君，再选择本国贤者立为正长。两千年后英国人洛克的国家学说，有些与墨子颇为相似，可见人类思维之“同”。而墨子此说所说的“选”贤者为天子、三公、诸侯、正长，正是其“尚贤”说的延伸。

> 正长既已具，天子发政于天下百姓，言曰：“闻善而不善，皆以告其上。上之所是，必皆是之；所非，必皆非之。上有过则规谏之，下有善则傍荐之。上同而不下比者，此上之所赏而下之所誉也。”[⑥]

① 《墨子·尚贤下》。
② 同上书。
③ 《墨子·尚贤中》。
④ 《墨子·尚同上》。
⑤ 同上书。
⑥ 同上书。

尚同的要点是上下相通，从天子到三公，从三公到诸侯，从诸侯到正长，从正长到百姓，是上至下的同，进而又有由下至上的同。“上之为政，得下情则治，不得下之情则乱。”①在上者必须明察下情，听取在下者的意见，才能使在下者信从政令。

> 凡使民尚同者，爱民不疾，民无可使，曰：“必疾爱而使之，致信而持之，富贵以道其前，明罚以率其后。为政若此，唯欲毋与我同，将不可得也。”②

可见，墨子理想中的社会制度，与孔子及实行变法改制诸子基本上是相同的，都是由贤者主持政务、治理社会，不同的只是墨子更注重劳动者的地位。

墨学体系的术层次，还包括“非攻”“节用”“节葬”“非命”等范畴，是兼爱以尚同、尚贤为中介的展开，表现着当时劳动者的意识及其对社会变革的愿望。1000 多年后的慧能创立禅教时，虽然他并不知墨子其人，他的继承者中也没有人提到墨子思想，但禅教与墨学在主体性上却有相同点，即都是劳动者意识的概括，也因此二者有了联系和可比性。由于主体都是劳动者，所以其意识都以劳动为基本，不论墨子之兼爱观，还是慧能之我佛观，都是立足于劳动，从劳动者意识来论说社会问题和个人修养。也因均基于劳动，二者都将天作为大前提，墨子的“天志”“天意”与禅教依从的天道，都既是农业劳动的首要条件，又是愿望中或现实中的集权官僚制的理论根据。虽然相差 1000 多年，手工劳动的农奴、农民和其他劳动者，素质技能还都没有达到要成为社会主体，并主导政治的程度，均未提出制度变革的要求和设想，他们所希求的，都是一个与自己劳动相适当的社会地位和环境。而为了达到自己的愿望，又都将关注点放在

---

① 《墨子·尚同上》。

② 同上书。

观念的改变上。

墨学与禅教的区别，首先就是社会发展阶段的不同。墨学处于封建领主制向集权官僚制转化的时期；禅教则形成发展于集权官僚制已经确立并克服世族豪强势力的时期。由此导致二者的主体也有阶段性差别，墨学代表的主要是农奴和下层平民，禅教代表的是农民和其他劳动者，虽然同为劳动者，但权利与身份的差异势必导致意识的差异。处于封建领主制向集权官僚制转化时期的墨学，具有强烈的入世意向，因而从社会总体的角度提出了其对社会变革的愿望，希求在总体变革中为劳动者争取一个相对适合的地位和环境。而代表已经巩固了的集权官僚制之中，但受世族豪强控制农民利益的禅教，则不再对改变现实制度有什么要求，只是从小农意识出发，设想如何适应制度而自保。因此，墨子是在总体意义上发表其社会观念和主张，其所要改变的观念，是统治者的，也是全体社会成员的；慧能则从个体角度探究自性悟修，进而在小的空间中求得观念上的自由。墨子的兼爱观与慧能的我佛观，都是中国古代文明主体劳动者意识的概括，二者的区别，反映了时代和制度的区别，也体现着观念的演变。墨子和慧能作为两个时代劳动者意识的概括者，虽然都未能以其思想主导历史的进程，却都以其概括的劳动者意识，制约和影响了社会矛盾的演化。认识二者的区别和统一，不仅能够更准确地理解禅教，而且能够发现中华民族内在精神的基本，被统治的劳动者虽然不能主导制度和文化的演变，却是制度和文化演变的必要内容，他们以劳动为依据的观念和愿望，既是中华民族存在和延续的基础，又制约着统治者的意识，并由此影响着历史发展的趋向。

六、慧能我佛观与庄子逍遥观

从意识的社会主体论，慧能与墨子有相通处，他们都体现了各自当时劳动者的利益和意识；从思维方法论，慧能又与庄子相似，他们都注重以个体为本位，不过庄子所概括的是战国时士人的一种意识。《史记》也未给庄子专列传，而是在《史记·老子韩非列传》中附了下面一段文字：

> 庄子者，蒙人也，名周。周尝为蒙漆园吏，与梁惠王、齐宣王同时。其学无所不窥。然其要本归于老子之言。故其著书十余万言，大抵率寓言也。作《渔父》《盗跖》《胠箧》，以抵訾孔子之徒，以明老子之术。《畏累虚》《亢桑子》之属，皆空语无事实。然善属书离辞，指事类情，用剽剥儒、墨，虽当世宿学不能自解免也。其言洸洋自恣以适己。故自王公大人不能器之。
>
> 楚威王闻庄周贤，使使厚币迎之，许以为相。庄周笑谓楚使者曰："千金重利，卿相尊位也。子独不见郊祭之牺牛乎？养食之数岁，衣以文绣，以入大庙。当是之时，虽欲为孤豚，岂可得乎？子亟去，无污我。我宁游戏污渎之中自快，无为有国者所羁，终身不仕，以快吾志焉。"①

字数虽少，却简明地写了庄子的出生地、职业、活动年代、著述，尤其是以拒楚威王使厚币、请为相的话，集中表现了他的思想特点。

《史记·老子韩非列传》所说"庄子者，蒙人也"，此"蒙"，汉代学者刘向、班固、高诱、张衡等都认为是"宋楚县"。据此可知庄子与墨子同为宋国人，但要晚一个多世纪，"与梁惠王、齐宣王同时"，又有楚威王请为相，亦为同时代，大约以公元前 300 年为中心。此时已是战国中期，兼并加剧，战乱不断，封建领主制的矛盾激化，社会变革加速展开，诸子活跃于诸侯，孟子正以儒学游说各国，墨子门徒遍及天下力倡"非攻"，而齐国的"稷下之学"聚集学人争鸣。庄子则不与之为伍，独往独来，"洸洋自恣以适己"。《庄子》中描写，庄子身居陋巷，以织草鞋为生，饿得形容枯槁，面黄肌瘦，还得向人借粮。见魏王时，身穿打补丁的衣服，脚踏用麻绳绑着的破布鞋。为了谋生，他做过漆园吏，他从来不去巴结权

---

① 《史记·老子韩非列传》。

贵，也很少与人交往，《庄子》中提到他的辩友只有惠施，门徒很少，因而终生生活窘迫。朱熹曾说："庄子当时也无人宗之，他只在僻处自说。"[①] 若从生活条件看，庄子与授徒之前的慧能差不多，但他出身于士人家庭，且幼时受过教育，比慧能好多了。他生活的困境，是由自己的观念决定的，不像慧能是外界所迫。慧能讲法授徒之后，生活基本无忧，而庄子却没有以传道授徒为业，而是：

> 以谬悠之说，荒唐之言，无端崖之辞，时恣纵而不傥，不以觭见之也。以天下为沉浊，不可与庄语，以卮言为曼衍，以重言为真，以寓言为广；独与天地精神往来，而不敖倪于万物；不谴是非，以与世俗处。[②]

"独与天地精神往来"的庄子，是不齿与那些为官禄名爵而逢迎的人往来的，但他内心又是相当开放广阔的。

与慧能不同，庄子既不出身于农家，也不代表农奴和平民劳动者，他是士人，而且固守士人的相对独立精神与自由。因此，庄子的学说虽不能为历代统治者所用，却为几乎所有士人所偏好。之所以说是"偏好"，在于庄子学说虽不能成为谋求功名的手段，却可以为士子乃至达官个体提供精神享受，或在不得意时予以排遣忧闷。即使那些利令智昏者，也会在逐名逐利之余感到自己作为个体人的存在，也会有自己的精神追求，而这时庄子学说的价值就可展现，哪怕明天早上还要上朝为官或苦读孔孟经典以应科举，今晚能偷闲读《庄子》，反观一下自我的精神存在，也是一种精神享受。后来道教将《庄子》奉为《南华真经》，使《庄子》宗教化，却很难改变庄子"独与天地精神往来"的实质。

自西汉淮南王刘安组织撰写《鸿烈》（后世称《淮南子》）中，大量

---

① 《朱子语类》卷一百二十五。

② 《庄子·天下》。

引用《庄子》，并称："考验乎老、庄之术而以合得失之势者也。"[①] "老庄"就被视为道学之代表而合称。庄子推崇老子之天道，并以天道为自己思想体系之道，《庄子·天道》中叙老子论道说：

> 夫子曰："夫道，于大不终，于小不遗，故万物备。广广乎其无不容也，渊渊乎其不可测也。形德仁义，神之末也，非至人孰能定之！夫至人有世，不亦大乎！而不足以为之累。天下奋棅而不与之偕，审乎无假而不与利迁，极物之真，能守其本，故外天地，遗万物，而神未尝有所困也。通乎道，合乎德，退仁义，宾礼乐，至人之心有所定矣。"[②]

可见庄子对老子之道的理解。他认为，要理解天道，当然要读老子的书，但其书贵在语，"语之贵者意也，意有所随。意之所随者，不可以言传也，而世因贵言传书。世虽贵之，我犹不足贵也，为其贵而非其贵也。"[③] 对天道的理解在于意，在于精神。理解天道的精神，明白天地之德，与天和就会得到天乐。

> 庄子曰："吾师乎！吾师乎！齑万物而不为义，泽及万世而不为仁，长于万古而不为寿，覆载天地刻雕众形而不为巧，此之谓天乐。故曰：'知天乐者，其生也天行，其死也物化。静而与阴同德，动而与阳同波。'故知天乐者，无天怨，无人非，无物累，无鬼责。故曰：'其动也天，其静也地，一心定而天下正；其魄不祟，其魂不疲，一心定而万物服。'言以虚静推于天地，通于万物，此之谓天乐。天乐者，圣人之心，以畜天下也。"[④]

---

① 《淮南子·要略》。

② 《庄子·天道》。

③ 《庄子·天道》。

④ 《庄子·天道》。

正是基于对天道精神之理解，庄子才确立逍遥自由观为其思想的核心观念。与老子从总体论证天道，并希望主政者行天道不同，庄子则把着眼点放在个人如何依道而行逍遥之上。《庄子》首篇即《逍遥游》中说：

> 北冥有鱼，其名为鲲。鲲之大，不知其几千里也；化而为鸟，其名为鹏。鹏之背，不知其几千里也；怒而飞，其翼若垂天之云。是鸟也，海运则将徙于南冥。南冥者，天池也。齐谐者，志怪者也。谐之言曰："鹏之徙于南冥也，水击三千里，抟扶摇而上者九万里，去以六月息者也。野马也，尘埃也，生物之以息相吹也。天之苍苍，其正色邪？其远而无所至极也？其视下也，亦若是则已矣。[①]

鲲化为鹏，鹏飞九万里徙南冥，大逍遥也。鹏飞不是无条件的，必培风积厚而负大翼。蜩与学鸠不以为然，"我决起而飞，抢榆枋，时则不至，而控于地而已矣；奚以之九万里而南为？"[②] 这里有小知与大知之别，蜩与学鸠以其小知而笑鹏之大知。"朝菌不知晦朔，蟪蛄不知春秋"，[③] 短命之朝菌、蟪蛄，与楚之南以500岁为春500岁为秋的冥灵，上古以8000岁为春8000岁为秋的大椿，怎么能相比？平常人与彭祖之长寿相比，不亦悲乎。而斥鴳笑鹏："彼且奚适也？我腾跃而上，不过数仞而下，翱翔蓬蒿之间，此亦飞之至也。而彼且奚适也？"[④] 在狭小的空间飞行，当然不知鹏如何飞9万里之广阔。不知并无过，过在以小笑大，以小为是，以大为非。人世之为官者，"行比一乡，德合一君，而征一国者，其自视也亦若此矣。"[⑤]

---

① 《庄子·逍遥游》。
② 同上书。
③ 同上书。
④ 同上书。
⑤ 同上书。

宋荣子讥笑这些人，“且举世而誉之而不加劝，举世而非之而不加沮；定乎内外之分，辩乎荣辱之境，斯已矣。彼其于世，未数数然也。”① 宋荣子显然比那些官的境界高一层次。而列子又比宋荣子为高，“夫列子御风而行，泠然善也，旬有五日而后反。彼于致福者，未数数然也。”② 但他仍未达最高境界。庄周认为真正的逍遥应当是：

> 乘天地之正，而御六气之辩，以游无穷者，彼且恶乎待哉？故曰：至人无己，神人无功，圣人无名。③

只有达到“无己”“无功”“无名”的精神境界，才是与天道相统一的逍遥，即自由。

进而，庄子又以尧让天下于许由，许由不受为例，说明“不为名”的道理。许由对尧说：“子治天下，天下既已治也；而我犹代子，吾将为名乎？名者实之宾也；吾将为宾乎？鷦鷯巢于深林，不过一枝；偃鼠饮河，不过满腹。归休乎君，予无所用天下为！”④ 又举肩吾与连叔的对话，肩吾对连叔说接舆狂言“藐姑射之山有神人”，“不食五谷，吸风饮露，乘云气，御飞龙，而游乎四海之外；其神凝，使物不疵疠而年谷熟。”⑤ 肩吾不信，连叔对肩吾说：“瞽者无以与乎文章之观，聋者无以与乎钟鼓之声。岂唯形骸有聋盲哉？夫知亦有之！是其言也犹时女也。”⑥ 人的心智也有聋盲，这话正好是对你肩吾说的。庄周进一步借连叔之口，说：

> 之人也，之德也，将磅礴万物以为一，世蕲乎乱，孰弊弊焉以天下为事！之人也，物莫之伤；大浸稽天而不溺，大旱金石流、土

---

① 《庄子·逍遥游》。

② 同上书。

③ 同上书。

④ 同上书。

⑤ 同上书。

⑥ 同上书。

山焦而不热。是其尘垢秕糠将犹陶铸尧舜者也，孰肯以物为事?[①]

庄子在这里说到的“神人”，是他理想中的逍遥神，像肩吾那样的心智聋盲者是不会相信的。庄子以接舆、连叔之口对这位神人的描述与论说，正是他的逍遥观所要表达的理想境界，而他本人以在此境界而自居，并由此而视闻俗世凡人。

在庄子看来，人间事物都有其适用范围，宋人到越国卖帽子，越人断发文身，用不着帽子；尧治天下，但到藐姑射之山拜见四位神人后，竟不愿再执掌天下了。

惠施对庄子说，魏王送我大瓠之种，我种植它长成，但它太大，用来盛水浆，它不够坚固，剖之为瓢，又没处可使，“吾为其无用而掊之。”庄子跟惠施讲，宋有人善不龟手药，世代以此药防冻漂洗丝絮过活，后卖其方得百金，而买者将这药方献给吴王，吴人任命他为将与越人水战，大败越人，吴王“裂地而封之”。同一个防冻手药方，有人用它漂洗丝絮谋生，有人将它用于水战而获封地，区别就在所用不同。你那个大瓠，虽不能盛水浆，也不能做瓢，“何不虑以为大樽，而浮于江湖；而忧其瓠落于无所容？则夫子犹有蓬之心也夫!”[②] 问题不在瓠大，在你心智不够通达！惠施又对庄子说，我有一棵大樗树，其大本臃肿不中绳墨，小枝弯曲不中规矩，立在路边，木匠都不看它。你说的话大而无用，就像这棵大樗树一样。庄子回应说：

子独不见狸狌乎？卑身而伏，以候敖者；东西跳梁，不辟高下；中于机辟，死于罔罟。今夫斄牛，其大若垂天之云。此能为大矣，而不能执鼠。今子有大树，患其无用，何不树之于无何有之乡，广莫之野，彷徨乎无为其侧，逍遥乎寝卧其下。不夭斤

① 《庄子·逍遥游》。
② 同上书。

斧，物无害者，无所可用，安所困苦哉！[1]

逍遥自由，是庄子的价值观，也是他思想的核心观念，他从天道观大前提出发，认为人的价值在于顺应天道而任自然。庄子批评以“用”为价值标准的观点，惠施的大瓠和大樗树，按“用”的标准，都是没有价值的，但庄子认为，它们都是合于道而生的，有其生的根据和价值。

逍遥并不是避世，而是依道而行，“独与天地精神往来，而不敖倪于万物；不谴是非，以与世俗处。”因此，逍遥自由作为价值观，关键在于要理解天地之道即其精神，“独与天地精神往来”，正是逍遥自由观的内涵。

若夫不刻意而高，无仁义而修，无功名而治，无江海而闲，不导引而寿，无不忘也，无不有也，澹然无极，而众美从之。此天地之道，圣人之德也。[2]

《山木》篇写道：庄子行于山中，见大树枝叶盛茂，但伐木者不取，问其为什么，伐木者说：“无所可用。”庄子说：“此木以不材而终其天年夫。”从山里出来，到故人家，故人让家仆杀雁招待庄周。家仆问主人：其一能鸣，其一不能鸣，杀哪只？主人说“杀不能鸣者。”庄周弟子问道：“昨日山中之木，以不材得终其天年；今主人之雁，以不材死。先生将何处？”[3] 这是一个很难回答的问题：按先生您所说因无用而生的标准，伐木者不砍那棵大树，但为什么不会鸣叫的雁却会被主人杀了呢？对此，庄周这样回答：

周将处乎材与不材之间。材与不材之间，似之而非也，故未

① 《庄子·逍遥游》。
② 《庄子·刻意》。
③ 《庄子·山木》。

> 免乎累。若夫乘道德而游则不然，无誉无訾，一龙一蛇，与时俱化，而无肯专为。一上一下，以和为量，浮游乎万物之祖。物物而不物于物，则胡可得而累邪！此神农、黄帝之法则也。若夫万物之情，人伦之传，则不然。合则离，成则毁，廉则挫，尊则议，有为则亏，贤则谋，不肖则欺，胡可得而必乎哉！悲夫！弟子志之，其唯道德之乡乎！①

材与不材，有用与无用，并无绝对区别，是要按人的欲求决定。那棵大树因不能为匠人所用，免于被伐；这只雁因不会鸣叫而被主人所杀。而人则应当“乘道德而浮游”，不求赞誉就能免受毁谤，既像龙那样显现也要像蛇那样潜藏，随时变化，不要只显不藏或只藏不显。以与外界相和为标准，依万物之祖的天祖而浮游。按物的本性去对待物而不被物化，又有什么可受牵累呢？这是神农、黄帝的法则，而现在人世的伦理关系与此相反：合则离，成则毁，廉则挫，尊则议，有为则亏，贤则谋，不肖则欺，怎么能不受累害？弟子们要记住，只有回归道德之根本才能处于人世啊！

“乘道德而浮游”与“独与天地精神往来”是相呼应的。“独与天地精神往来”，是个人修为所达到的内心境界；只有具备了这样的内心境界，才能在处人世时“乘道德而浮游”，避开那些因人世复杂矛盾引起的累害。逍遥，并不是逃避，而是依循天地精神、人世道德而游行于复杂的社会矛盾中。端正自己的心态，明确自己的地位，不去追求非分的利和名，不强迫做那些没有条件、自己能力达不到的事。对于士人而言，首要的是保持自主性，不能为了功名利禄去巴结、依附权贵，否则就会因一时之有“用”，而遭大累害。“唯至人乃能游于世而不僻，顺人而不失己。”② 可见，庄子并非主张避世，而是强调明天道，这样就可以顺人而不失己。“人有能游，且得不游乎？人而不能游，且得游乎？夫流遁之志，决绝之

---

① 《庄子·山木》。

② 《庄子·外物》。

行，噫，其非至知厚德之任与？覆坠而不反，火驰而不顾。虽相与为君臣，时也；易世而无以相贱。故曰至人不留行焉。”① 人的地位是会改变的，不要因一时的不顺利就流循世外，更应根据天道的变化而游乎人世，不能固守名利观念行事。在《天运》篇中，庄子又从“无为”对逍遥做了论证：“古之至人，假道于仁，托宿于义，以游逍遥之虚，食于简之田，立于不贷之圃。逍遥，无为也；苟简，易养也；不贷，无出也。古者谓是采真之游。”接着，又进一步指出：“以富为是者，不能让禄；以显为是者，不能让名；亲权者，不能与人柄。操之则慄，舍之则悲，而一无所鉴，以窥其所不休者，是天之戮民也。”②

庄子的逍遥自由观以老子的天道观为前提，从个人主体性出发论证士阶层在社会变革时期应有的心态和行为方式。逍遥游，即依道顺人而处事，不要为争名逆道而与人争，更不要将自己变为统治者所用的工具，否则就是放弃主体性，丧失人格，并会招致祸害。在《缮性》篇中，庄子对“隐士”说了自己的见解：

> 隐，故不自隐，古之所谓隐士者，非伏身而弗见也，非闭其言而不出也，非藏其智而不发也，时命大谬也。当时命而大行乎天下，则反一无迹；不当时命而大穷乎天下，则深根宁极而待；此存身之道也。③

这是他之所以不像孔子那样周游列国，也不像吴起、商鞅那样为变法而拼性命的理由。以庄子之才，不是没有建功扬名的机会，

> 庄子钓于濮水，楚王使大夫二人往先焉，曰：“愿以境内累矣！”庄子持竿不顾，曰：“吾闻楚有神龟，死已三千岁矣，王以

① 《庄子·外物》。
② 《庄子·天运》。
③ 《庄子·缮性》。

巾笥而藏之庙堂之上。此龟者，宁其死为留骨而贵乎；宁其生而曳尾于涂中乎?”

二大夫曰：“宁生而曳尾涂中。”

庄子曰：“往矣！吾将曳尾于涂中。”①

庄子根据其逍遥自由观，对士人追求的高官厚禄予以藐视和批评道：

惠子相梁，庄子往见之。

或谓惠子曰“庄子来，欲代子相。”

于是惠子恐，搜于国中，三日三夜。

庄子往见之曰：“南方有鸟，其名为鹓雏，子知之乎?夫鹓雏发于南海，而飞于北海，非梧桐不止，非练实不食，非醴泉不饮。于是鸱得腐鼠，鹓雏过之，仰而视之曰：‘吓！’今子欲以子之梁国而吓我邪?”②

你惠施认为比性命还贵重的梁国相位，在我庄周眼中，不过是一块腐肉，饿死也不会与你抢食的。

古云所谓得志者，非轩冕之谓也，谓其无以益其乐而已矣。今之所谓得志者，轩冕之谓也。轩冕在身，非性命也，物之傥来，寄者也。寄之，其来不可围，其去不可止。故不为轩冕肆志，不为穷约趋俗，其乐彼与此同，故无忧而已矣。今寄去则不乐，由是观之，虽乐，未尝不荒也。故曰，丧己于物，失性于俗者，谓之倒置之民。③

---

① 《庄子·秋水》。

② 《庄子·秋水》。

③ 《庄子·缮性》。

庄子认为，

> 不刻意而高，无仁义而修，无功名而治，无江海而闲，不导引而寿，无不忘也，无不有也，澹然无极，而众美从之。此天地之道，圣人之德也。①

庄子的逍遥观，是观察了现实和历史上士人的思想、行为、结果而得出的。不论遇境如何，几乎每个士人都会有求名不得名，求利不得利，求禄不得禄的时候，都会因自己曾努力学习、培养可为帝王所用之技能，却一时或一世不被帝王所用。这种情况在战国时已普遍存在，自秦汉建立集权官僚制以来，士人地位突出，其成为统治工具的机会也多起来，并形成了相应的选官、任命制度，总体而言，士人有成为官并代表皇帝统治民众的条件，并有相当一部分士人做了大官，但其为帝王工具的性质并没有改变。已成为统治者臣属和欲成为臣属的士人，摆脱不了个人主体性与其社会作用的工具性的矛盾，因而庄子以生动、深刻文字论证的逍遥自由观念，都会对士人及成为官僚的士人产生影响，他们在某一时点，尤其是求被用而不被用时，都会在不同程度上联想到庄子的思想。也正因此，庄子虽然从来不被统治者推崇，更没有进入科举考试之列，但在士人中却有普遍影响，这种影响甚至要超过老子之对天道的玄论。庄子的逍遥自由观及由其而发的言论，不仅使士人读来亲切感动，更会由此而联想老子之天道观，老庄思想因而流传不息。至于道教将《庄子》改为《南华真经》，将庄子神仙化，虽然扩大了其名声，却也歪曲了他的思想。

老庄思想在形式上与佛教有相似之处，佛教刚传入中国时，正值玄学兴起，儒学试图吸纳老庄思想而扩充，老庄思想相当普及，庄子尤其为学界所关注，王弼、阮籍、嵇康等名士均自称以“庄子为模则”。玄学是佛教在中国传播的一个必要中介，玄学家对佛教之道法并不甚了解，但其空

---

① 《庄子·刻意》。

无之论却让玄学家感兴趣，而且愈不懂愈想懂，于是就有人从所知的老庄思想解读佛经。而僧人也努力与老庄，甚至与道教联系起来讲解佛经。这个过程，庄子逍遥自由观是被高度关注的，先是由庄解佛，进而由佛解庄，支循（314—366 年）、僧肇（384—414 年）等人对此下了很大功夫，他们的做法，影响到佛教的传播和禅宗乃至禅教的形成。

支循倡即色论，是一位玄佛兼通者，他在白马寺中与刘系之等读《庄子·逍遥游》，对庄子思想有深入的解读，写下了《逍遥论》，其要点：

> 夫逍遥者，明至人之心也。庄生建言大道，而寄指鹏鷃。鹏以营生之路旷，故失适于体外；鷃以在近而笑远，有矜伐于心内。至人乘天正而高兴，游无穷于放浪，物物而不物于物，则遥然不我得，玄感不为，不疾而速，则逍遥靡于不适。此所以为逍遥也。若夫有欲，当其所足，足于所足，快然有似天真，犹饥者一饱，渴者一盈，岂忘烝尝于糗粮，绝觞爵于醪醴哉？苟非至足，岂所以逍遥乎？[①]

此论与玄学大家向秀、郭象之说不同，强调从人心解逍遥，将庄与佛融合。

僧肇，“京兆人。家贫，以佣书为业，遂因缮写，乃历观经史，备尽坟籍。爱好玄微，每以《庄》《老》为心要。尝读《老子·德章》，乃叹曰：‘美则美矣，然期栖神冥累之方，犹未尽善也。’后见旧《维摩经》，欢喜顶受，披寻玩味，乃言：‘始知所归矣。’因此出家”[②]。他师从鸠摩罗什，助他译经。罗什所译佛经文理最为顺通，僧肇等人之功居多。僧肇可谓佛界一位奇才，虽 31 岁就被后秦主姚兴所杀，但他写了《般若无知论》《物不迁论》《不真空论》《涅槃无名论》等佛论，罗什曾赞他：“解

---

① 支循：《逍遥论》《世说新语·文学》。

② 《高僧传·僧肇传》。

空第一。”其中《物不迁论》题目即取自《庄子·德充符》中以孔丘口气说的“审乎无假而不物迁，命物之化而守其宗也”[①]。文中也多引《庄子》中的言论。其他各论，也都常从庄子思想解说大乘三论，如《般若无知论》写道：

圣人无无相也。何者？若以无相为无相，无相即为相。舍有而之无，譬犹逃峰而赴壑，俱不免于患矣。是以至人处有而不有，居无而不无。虽不取于有无，然亦不舍于有无。所以和光尘劳，周旋五趣，寂然而往，怕尔而来，恬淡无为而无不为。[②]

这段话，可以看成是对庄子逍遥自由观的心解。僧肇从逍遥来解佛，又以佛论来说逍遥，在他的观念里，并没有明确的华夷之别、佛道之隔，而是视诸学所论为一理，既以庄解佛，又以佛解庄，融会贯通，以言道法。僧肇的这种观点，是相当有创见的，可恨姚兴匹夫杀此大贤，否则僧肇肯定能在中国思想史上大有作为！

我们在这里提到支循和僧肇，不想就他二人思想多做议论，只是说明庄子逍遥自由观对于佛教在中国传播中的重要作用，这种作用一直传续，是禅教形成的必要条件。庄子的逍遥自由观通过几百年的演变，已内化于中国通行的几个佛教宗派中。虽然慧能不识字，不会读《庄子》，但其先禅僧璨至道信至弘忍的传承中，就已将庄子逍遥观纳入其禅术中。僧璨的《信心铭》中云：“大道体宽，无易无难。小儿孤疑，转急转迟。执之失度，必入邪路。放之自然，体无去信。任性合性，逍遥绝恼。……万法齐观，归复自然。”[③]《五灯会元》道信篇载：

贞观癸卯岁太宗响师道味，欲瞻风采，诏赴京。祖上表逊

① 《庄子·德充符》。

② 《般若无知论》《肇论校释》，中华书局2010年版，第98页。

③ 《五灯会元》上卷，中华书局1984年版，第49—50页。

谢，前后三返，竟以疾辞。第四度命使曰："如果不起，即取首来。"使至山谕旨，祖乃引颈就刃，神色俨然。[1]

道信之拒召，与庄子拒楚威王召请相似，其志更坚。后来慧能也曾不应召，可谓一脉相承。至于弘忍所倡导的"自性圆满清净心"，"涅槃法自然显现"，更是逍遥自由观在禅宗里的体现。慧能虽未读《庄子》，但他的经历和所受弘忍的启发，使他很顺当地就能与逍遥自由观相契合，从他请人代写的偈语："佛性常清净，何处有尘埃"；"明镜本清净，何处染尘埃"就可以看出这一点。也正因如此，弘忍才决心传他衣法，鼓励他创思新教。作为禅教经典的《坛经》，虽然没有引用《庄子》中的文字，但其我佛观已吸收逍遥自由观这一因素。慧能所说"一切万法，尽在自身心中"，"自识本心，自见本性"，"来去自由"等，与庄子空明虚静的心境和逍遥自在的精神境界是相通的。而他的"于自心顿见真如本性"的禅术，又与庄子的"目击而道存"[2] 近似。至于慧能继承者道一、怀海、希运、希迁、义玄等，都是识字可读书的人，他们都有可能读过《庄子》，并在思想中将其化为禅教的因素，用于理解和说明我佛观及其术。比较突出的就是怀海和义玄关于"自由"的论说。

怀海立禅林清规，坚持农禅并作，使禅教成为一个系统团体；义玄创临济宗，弘扬禅教宗旨于中华大地，且该宗传继千年，虽后代与佛教禅宗混杂，但慧能我佛观依然得存续。他二人之所以能成禅教发展中的关键，与其对自由的理解密切相关，而他们也是慧能之后，对"自由"发表议论最突出者。

怀海认为，

佛只是去住自由，不同众生。佛不是虚空，受苦何得不苦？

---

① 《五灯会元》上卷，中华书局 1984 年版，第 51 页。

② 《庄子·田子方》。

若说不苦，此语违负。等闲莫说错。说佛神通自在不自在，且惭愧人。不敢说佛是有为无为，不敢说佛自由不自由。[①]

佛与众生的差别，就在是否自由。自由是人成为佛的标志，而自由并不是某人独有的，“西国名佛，此土云觉，自己鉴觉。”[②] 只要能觉，就是佛，就能自由。

若怕临终之时慞狂不得自由，即须如今便自由始得。只如今于一一境法都无爱染，亦莫依住知解，便是自由人。[③]

怀海强调，“自古自今，佛只是人，人只是佛。亦是三昧定。不用将它入定，不用将禅想禅，不用将佛觅佛。”[④]

嗟！见今日所依之命，依一颗米一茎菜，饷时不得食饥死，不得水渴死，不得火寒死。欠一日不生，欠一日不死，被四大把定。不如先达者入火不烧，入水不溺。倘要烧便烧，要溺便溺，要生即生，要死即死，去住自由，者个人有自由分。心若不乱，不用求佛求菩提涅槃。若著佛求，属贪，贪变成病。故云佛病最难治。[⑤]

义玄是怀海的再传弟子，他注重以自信论自由，

今时学佛法者，且要求真正见解。若得真正见解，生死不

---

① 《古尊宿语录》上卷，中华书局1994年版，第28页。

② 同上书，第20页。

③ 同上书，第16页。

④ 同上书，第16页。

⑤ 同上书，第22页。

> 染，去住自由，不要求殊胜，殊胜自至。道流，只如自古先德皆有出人底格。如山僧指示人处，只要你不受人惑，要用便用，更莫迟疑。如今学者不得，病在甚处？病在不自信处。你若自信不及，即便茫茫地徇一切境转，被他万境回换，不得自由。[①]

> 道流，你只今听法者，不是你四大，能用你四大。若能如是见得，便乃去住自由。约山僧见处，勿嫌底法。你若爱圣，圣者圣之名。有一般学人向五台山里求文殊，早错了也。五台山无文殊。你欲识文殊么？只你目前用处始终不异，处处不疑，此个是活文殊。你一念心无差别光，处处总是真普贤。你一念心自能解缚，随处解脱，此是观音三昧法。互为主伴，出则一时出，一即三，三即一，如是解得，始好看教。
>
> 师示众云："如今学道人且要自信，莫向外觅，总上他闲尘境，都不辨邪正。只如有祖有佛，皆是教迹中事。有人拈起一句子语，或隐显中出，便即疑生，照天照地，傍家询问，也大茫然。……如大器者，直要不受人惑，随处作主，立处皆真。[②]

怀海到义玄，是慧能所创禅教经怀让、道一而发展的主脉，他们对慧能自由观念的理解，使我佛观得以展开于禅教术、技层次，并由此而成为中国思想史上的重要因素。

慧能禅教我佛观是庄子逍遥自由观于1000年后的升华。虽然在主体性上庄子不像墨子那样代表农奴和下层劳动者，但概括了士阶层中不愿依附权贵的那部分人的意识，这部分人是与农奴和下层劳动者相当接近的，因而也能知道他们的勤劳辛苦。禅教以农民和下层劳动者为主体，其中就包含士的下层，他们构成禅林组织的一部分，慧能的继承者也主要是这些

---

① 《古尊宿语录》上卷，中华书局1994年版，第57页。

② 同上书，第61—62页。

人，这是禅教接受逍遥自由观的必要条件。慧能本人的经历，使他领悟了自己的主体性，而对自由的追求也使他在自性中包含着逍遥的因素，在这一点上他与庄子的心思是相通的。也正因如此，他才明确地强调自性佛，否认外在佛，只要明白自己的本性，消除各种外来观念，尤其是佛教佛我观的影响，就可以顺其自然而自由地生存。庄子并不主张避世，强调依大道在世间逍遥游，但他也不参与社会变革。在这一点上，慧能禅教也与之相似，不过并非庄子那样个人行动，而是以我佛观为核心观念，组织禅林，农禅并作，自力更生的同时悟修禅法。慧能的传人继承他的观念，进一步吸收庄子逍遥自由观的因素，使禅教进一步充实发展。

七、慧能我佛观与王守仁圣心观

饥来吃饭倦来眠，
只此修行玄更玄。
说与世人浑不信，
却从身外觅神仙。①

四十余年睡梦中，
而今醒眼始朦胧。
不知日已过亭午，
起向高楼撞晓钟。②

独尘秋庭月色新，
乾坤何处更闲人？
高歌度与清风去，

① 王守仁：《答人问道》《阳明先生集要》，中华书局2008年版，第1009页。
② 同上书，第1007页。

幽意自随流水春。
千圣本无心外诀，
六经须拂镜中尘。
却怜扰扰周公梦，
未及惺惺陋巷贫。[①]

王守仁（1472—1529年）是明朝也是中国历史上唯一既有理论创见又成功实践的儒学家，浙江余姚人，因结庐于会稽山之阴阳洞，自号阳明子，人称阳明先生。少年时随父寓北京，曾至塞外，与胡儿逐骑射，又学辞章、兵法，18岁起读朱熹书，尝试格竹（物）之理，无所得，又出入佛老有年。1499年中进士，授刑部主事，因上疏救南京科道官，被刘瑾谪为贵州龙场驿驿丞。刘瑾伏诛后，王守仁升庐陵知县，后历任都察院左佥都御史，南赣、汀漳巡抚，平定寇乱，正德十四年（1519年），奉敕勘处福建叛军，闻宁王朱宸濠反，合兵讨之，充分显示其军事才能，指挥有方，谋略设计，在鄱阳湖大败叛军，生擒朱宸濠，“功业如诸葛武侯”[②]，以功升南京兵部尚书，封新建伯。嘉靖元年（1522年）父丧，丁忧家乡，收徒讲学。嘉靖六年（1527年）奉命征剿广西，平思田、八寨、断藤峡诸乱，次年病逝于江西南安。王守仁的思想主要体现在授徒时学生所记笔记整理的《传习录》，与孔丘《论语》相当，但整理得更有条理、系统。另有“经济”篇及文章、诗赋，均有建树。尤其是他的诗，一改唐人受科考影响之风，以禅叙理，心境融合，独具情趣，这里抄录三首，可见他在思想上深受禅教影响。

王守仁后慧能八百余年，此时禅教已与禅宗会合，虽影响广泛，官僚士子多以参禅为时尚，却很少把握慧能真谛。王守仁大约18岁开始涉猎佛、道，直到37岁被贬贵州时才大悟禅法。《阳明先生年谱》记曰：

---

① 王守仁：《夜尘》《阳明先生集要》，中华书局2008年版，第1007页。

② 王志道：《〈阳明先生集要〉序》《阳明先生集要》，中华书局2008年版，第4页。

龙场在贵州万山中，蛇虺蛊虫毕聚，夷人鴂鸬舌，不通语言，可与通语言者，仅中土亡命耳。时瑾憾未释，先生自计得失荣辱俱忘，唯生死一念尚在，乃凿石椁以俟命焉。会从者皆病，先生亲析薪取水，作糜饲之。又为新诗，调越曲、杂诙笑、以相解慰。因沉思圣人处此，更有何道，忽中夜大悟格物致知之旨，不觉呼跃而起，从者皆惊。始知圣人之道，吾性自足，向之求理于事物者误也。默记五经之言证之，莫不吻合，著五经臆说。①

王守仁并未专门论禅，而龙场此悟，正是慧能我佛观之“于自性中，万法皆见”“自性自度”“自本性顿悟”的表现，他所悟的并不是佛，而是圣人之道。他悟到一个简单道理：依朱熹之说外向格物致知是不可能的，只能从“自足”的“吾性”来理解圣人之道。他依所悟解《五经》，得到验证。

一些禅宗人士或“中国佛教”的研究者，常常将王守仁龙场悟道说成是他修禅的结果，甚至有人将之作为佛上于儒，佛导引儒的典范，将王守仁的“心学”归入佛之禅学。这是后来佛教徒的儒、释、道“三教鼎立”“三教归一”观点的表现，现今一些弘扬“国学”论者又将此观点系统化，似乎“三教”在历史上平等和谐共同构建了光辉伟大的“国学”，中国要发达、振兴，就要继承发扬“三教归一”的传统。于是就把与佛教沾上点边儿的人，都纳入佛教，其中最多的就是修过禅、问过禅、说过禅的宋朝及明朝儒家学者。他们称二程和朱熹，陆九渊和王守仁都来源于禅宗，甚至说“宋明理学虽打着孔孟正统旗号，但是实际上是阳儒阴禅”。这是佛教徒为了虚张声势，自我抬高，在编造多种“神通”“法力”之外的又一种技能。佛教这一外来宗教，在中国始终只是在民间流传，虽然以儒学道统为理论基础的集权官僚制容许它和道教有限制的存在，但只是将其作为缓解民众情绪的一种工具，官僚乃至皇帝也会谈佛论道，但只是一种个人情

① 《阳明先生年谱》《阳明先生集要》，中华书局2008年版，第8页。

趣，从来没有上升到与儒学道统“鼎立”的制度理论基础的程度。

与那些以说禅附庸风雅、阿权趋势者不同，王守仁所学的禅，是慧能的“原教旨”，而非禅宗一脉官禅、俗禅。他比较准确地领悟了慧能我佛观的要旨，并由我佛观改变了儒学研究方法，他的“心学”因在法层次上的创新，而成儒学道统演进过程的一个阶段。王守仁思想体系的核心观念就是圣心观，展开为心即理、心外无物、知行合一、致良知等命题。

王守仁与慧能，二人分处集权官僚制的兴盛期和没落期，所代表的社会主体也不同，慧能禅教概括了农民和其他劳动者意识，而王守仁则是官僚地主阶级思想代表。面对日益腐朽的明王朝，王守仁从儒学道统出发，努力从思想和行政、军事上加以补救，他既精通儒学经典，又熟读老庄著述，明确以天道观为思想的道层次，而这正是他与慧能禅教的共同点。王守仁奉行孔、孟之仁政观，试图改进儒学道统，唤起官僚地主个体心之良知，从而增强总体阶级意识，稳固集权官僚制。因此，他是不可能皈依慧能禅教，更不会相信佛的，但这并不妨碍他从天道观出发，接受慧能我佛观的启发，在法的层次上对儒学道统进行修正，并由此而形成圣心观。其圣仍是儒学所尊圣人之圣，是对天道事理的通彻理解，达致圣的根据，不在外部物事，而在人心，由心而悟道明理。因此心外无理、心外无物，亦心外无圣。圣即人心本具之良知，致良知即可为圣。“后世不知作圣之本是纯乎天理，却专去知识才能上求圣人。以为圣人无所不知，无所不能。我须是将圣人许多知识才能逐一理会始得，故不务去天理上着功夫。”①“所以谓之圣，只论精一，不论多寡。只要此心纯乎天理处同，便同谓之圣。”② 这里提到的“作圣之本是纯乎天理”，圣“只论精一，不论多寡”，就表现出受我佛观的启发，但又绝非王守仁信从了慧能禅教，也不是把禅教我佛观改造为儒学道统的一部分。

黄宗羲在《明儒学案》中对王守仁的思想从“变”的角度进行概括

---

① 《传习录》《阳明先生集要》，中华书局 2008 年版，第 75—76 页。

② 同上书，第 82 页。

性论说，从中可以看出慧能我佛观的影响。

> 先生之学，始泛滥于词章，继而遍读考亭之书，循序格物，顾物理吾心终判为二，无所得入。于是出入于佛老者久之。及至居夷处困，动心忍性，因念圣人处此更有何道？忽悟格物致知之旨，圣人之道，吾性自足，不假外求。其学凡三变而始得其门。自此之后，尽去枝叶，一意本原，以默坐澄心为学的。有未发之中，始能有发而中节之和，视听言动，大率以收敛为主，发散是不得已。江右以后，专提“致良知”三字，默不假坐，心不待澄，不习不虑，出之自有天则。……居越以后，所操益熟，所得益化，时时知是知非，时时无是无非，开口即得本心，更无假借凑泊，如赤日当空而万象毕照。是学成之后又有此三变也。[1]

黄宗羲对王守仁思想的把握是比较准确的，他说：“圣人之道，吾性自足，不假外求”，是王守仁龙场悟道之所得，也是他思想形成的关键。龙场之悟，是顿悟，与慧能的“三世诸佛，十二部经，亦在人性中本自具有”“般若常在，不离自性”等观点相似。但王守仁与慧能是不同时期、不同社会主体的思想者，他们顿悟的形式有相同之处，但所悟内容却又有本质区别。顿悟并非没有条件，而是长期思索某一问题不得解，长期心思苦恼，突然受事境刺激，或受人点拨，或自己思维系统开通，对所专注苦恼的问题得出解答。慧能本人是对其个人艰难境遇苦思不解时听人读《金刚经》中的字句，有所初悟，进而受弘忍启发，悟自性所本有的佛性——正觉、智慧，得出我佛观念。他的禅教强调顿悟，即要人自知本性，不必向外求佛，佛自在我心中，但不顿悟，就不自知，因此以不同术、技启发对自性佛的认知。王守仁与庄子不同，他不追求个人的逍遥，他所苦恼的，既有个人境遇，更在如何理解儒学道统，如何以真正而适当的儒学道统解

---

① 《明儒学案·姚江学案》。

决现实社会矛盾，以延续集权官僚制，而这也是改善其个人境遇，并按儒学道统立功、立德、立言的唯一出路。被谪龙场，在艰苦环境下，似乎一切愿望都毁灭了，他甚至已做了死的准备，凿了石椁备用。正是这极端外部条件使他从“念圣人处此更有何道”来思考，终于顿悟“吾性自足”，只要充分发现“吾性”中之圣道，就可以解决苦恼的问题。以前之所以不得解，还是将圣人圣道视为外在的，并按朱熹的方式去求助观察、思考，“格”外在事物。王守仁龙场悟道的关键，在于他确立主体性，并将自己在主体上与圣人相通，将我之特殊与圣人的一般统一，即如果圣人是我或我是圣人，在这种条件下如何思考、如何对待。从而也就发现了自己本来就有的圣心，圣人之所以是圣人，就在于知道自己的圣心，我也有圣心，并且“吾性自足”，为什么不从我性本有之圣心思考问题，而去求2000年前的孔圣人呢？这是顿悟，也是思想的大解放。“自此之后，尽去枝叶，一意本原，以默坐澄心为学的。”这种情况，又与慧能何其相似！而居越之后，“时时知是知非，时时无是无非，开口即得本心，更无假借凑泊”，这大概也正是慧能晚年居曹溪时的状况，二人此时都在授徒，不过所授内容有别！

对于王守仁心学与佛教的区别，黄宗羲说：

> 先生以圣人之学，心学也。心即理也。故于致知格物之训，不得不言“致吾心良知之天理于事事物物，则事事物物皆得其理”。夫以知识为知，则轻浮而不实，故必以力行为功夫。良知感应神速，无有等待，本心之明即知，不欺本心之明即行也，不得不言“知行合一”。此其立言之大旨，不出于是。而或者以释氏本心之说颇近于心学，不知儒释界限只一理字。释氏于天地万物之理一切置之度外，更不复讲，而止守此明觉；世儒则不恃此明觉，而求理于天地万物之间，所为绝异。然其归理于天地万物，归明觉于吾心，则一也。向外寻理，终是无源之水，无根之木，总使合得，本体上已费转手。故沿门乞火与合眼见暗，相去不远。先生点出心之所以为心，不在明觉而在天理，金镜已坠而

复收，遂使儒释疆界渺若山河。此有目者所共睹也。[①]

“儒释界限只一理字”，黄宗羲提出的区别儒学道统与佛教的标志是很有见地的。佛教置天地万物之理于度外，止守明觉，而“世儒”则不恃此明觉，求理于天地万物之间，二者所为绝异，将理归于天地万物，明觉归于圣心。但向外寻理，终是无源之水、无根之木，即便有所认知，本体上已费转手，与沿门乞火与合眼见暗相似。王守仁点出心之所以为心，不在明觉而在天理，将心与天理统一起来，如金镜已坠而复收。即使心的认知界定为天理，又使天理之识归于人心，由心寻理，似源流水，根生树。这不仅明确了儒释的界限，也使儒学之天理认识有所依从。慧能的禅教虽已不属佛教，他只求明觉个体生存之自性自由，不探天理，故不能归于儒，但他对自心自性的顿悟，对于王守仁心学还是有所启示的。

王守仁的圣心观所展开的第一个命题，就是“心即理”，他的论证主要从伦理上着眼，即理为心中本具的伦理意识，如孝父敬兄悌弟都以心中之理为根据。在与弟子徐爱的对话中，就此有明确论述。

爱问：“至善只求诸心，恐于天下事理有不能尽。”先生曰：“心即理也，天下又有心外之事，心外之理乎？”爱曰：“如事父之孝，事君之忠，交友之信，治民之仁，其间有许多理在，恐亦不可不察。”先生叹曰：“此说之蔽久矣，岂一语所能悟。今故就所问者言之。且如事父，不成去父上求个孝的理？事君，不成去君上求个忠的理？交友、治民，不成去友上、民上求个信与仁的理？都只在此心。心即理也。此心无私欲之蔽，即是天理，不须外面添一分。以此纯乎天理之心，发之事父便是孝，发之事君便是忠，发之交友、治民便是信与仁。只在此心去人欲，存天理上

① 《明儒学案·姚江学案》。

用功便是。”①

徐爱谈自己读书的心得说：他通过反复思考认为，格物的“物”字，即是“事”字，皆从心上说。

先生曰：“然。身之主宰便是心，心之所发便是意，意之本体便是知，意之所在便是物。如意在于事亲，即事亲便是一物；意在于事君，即事君便是一物；意在于仁民爱物，即仁民爱物便是一物；意在于视听言动，即视听言动便是一物。所以某说无心外之理，无心外之物。”②

徐爱以“事”来定义“物”，确实有见地，如此将物通过事与心统一起来。王守仁随着徐爱意见再发这一通议论，又将“事”归于“物”，而他所说的事亲、事君、仁民爱物、视听言动，本来就是事，如何成为“物”？他的展开议论似乎与徐爱本意不一致，因此其“无心外之物”，实为无心外之事。徐爱的“物”字即“事”字说，还可从认识的主客体关系展开，王守仁并未注意这一层，只是从人伦之事论说“无心外之理，无心外之物”，但“无心外之理”可解，“无心外之物”仍未说清，他只是说“无心外之事”。

对于什么是心，王守仁时代尚无关于大脑思维、心脏输血等知识，因而其所说的“心”，还是抽象意义上的思想，但他已明确：心“不专是那一团血肉”。

若是那一团血肉，如今已死的人，那一团血肉还在，缘何不能视听言动？所谓汝心，却是那能视听言动的，这个便是性，便是天理。有这个性才能生，这个性之生理便谓之仁。这性之生

① 《传习录》《阳明先生集要》，中华书局2008年版，第29—30页。

② 同上书，第36页。

理，发在目便会视，发在耳便会听，发在口便会言，发在四肢便会动，都只是那天理发生，以其主宰一身，故谓之心。[①]

“一团血肉”的心只是性的载体，而性又是天理，有了性才能生，才能视听言动，无性就是已死的人的一团血肉。视听言动都是由天理发生的，以其主宰一身，所以称为“心”。

这心之本体，原只是个天理，原无非礼，这个便是汝之真己。这个真己是躯壳的主宰。若无真己，便无躯壳，真是有之即生，无之即死。汝若真为那个躯壳的己，必须用着这个真己，便须常常保守着这个真己的本体，戒慎不睹，恐惧不闻，唯恐亏损了他一些；才有一毫非礼萌动，便如刀割，如针刺，忍耐不过，必须去了刀，拔了针，这才是有为之心，方能克己。[②]

将天理说成生理，将血肉之心和耳目口鼻、四肢与天理之性合而为一，似乎很难说清。但王守仁所强调的是心为天理的体现，因而是主宰，不仅视听言动，而且生死都由其主宰。心之本体是天理，是真己，必须保守真己才能有生，否则便无躯壳，无生命。

王守仁认为，圣人之学即心学，功利之徒假天理以济其私，甚至说天理就是如此。现实中诸多弊端，根源就在功利之徒对天理的歪曲利用，因此必须重新确立圣人之心学。他认为，不仅孔、孟之学为心学，《六经》亦为心学。

经，常道也。其在于天谓之命，其赋于人谓之性，其主于身谓之心。心也，性也，命也，一也。……

---

① 《传习录》《阳明先生集要》，中华书局2008年版，第92页。

② 同上书，第92页。

六经者非他，吾心之常道也。故易也者，志吾心之阴阳消息者也；书也者，志吾心之纪纲政事者也；诗也者，志吾心之歌咏性情者也；礼也者，志吾心之条理节文者也；乐也者，志吾心之欣喜和平者也；春秋也者，志吾心之诚伪邪正者也。①

不妨对照《坛经》中慧能这段话：

一切经书，及诸文字，大小二乘，十二部经，皆因人置，因智惠性故，故然能建立。若无世人，一切万法，本元不有。故知万法，本因人兴；一切经书，因人说有。②

慧能将经归之于人，王守仁将经归之于心，虽二人所说经并非同一经，但在论说上却有相似之处。慧能此说是其我佛观的体现，王守仁此说则是他圣心观的展开。慧能以天道为大前提，从人的个体存在和意识出发，由个我说佛；王守仁将圣归之于心，但他的心也是由天道演绎而来，“其在天谓之命，其赋于人谓之性，其主于身谓之心。”看似心为本，实则心受天道主宰。由圣人之学而知心，由心而解圣人之学，由圣人之学而达天道。圣与心通，知与行合一。

知行合一是王守仁心学的重要环节，是他圣心观的展现。

知是行的主意，行是知的工夫；知是行之始，行是知之成。若会得时，只说一个知，已自有行在；只说一个行，已自有知在。……今人却就将知行分作两件去做，以为必先知了，然后能行。我如今且去讲习讨论，做知的工夫，待知得真了，方去做行的工夫，故遂终生不行，亦遂终生不知。此不是小病痛，其来已

---

① 《稽山书院尊经阁记》《阳明先生集要》，中华书局 2008 年版，第 860—861 页。

② 《坛经校释》，中华书局 1983 年版，第 57—58 页。

非一日矣。某今说个知行合一，正是对病的药。[①]

儒学历来重视知行关系，而其所论都从人世伦理角度，其知为对圣人之学的认知、理解，其行为依圣人之学而去参与社会活动。这与佛教的由佛度人相类似：佛是智慧之神，凡人只能信佛，被佛度，在佛的引导下遵循梵道而修行，以求来世好轮回。在王守仁之前，儒学者将知行作为两个范畴，从先后、难易、轻重角度分别论说。王守仁受慧能我佛观启示，从其圣心观出发，认为个我都因心而有良知，将知与行都看成心之发动，是同一过程的两个方面，知是行的主意，行是知的工夫，知是行的开始，行是知的成就。明确了二者的内在关系，说知时已包含行，说行时已包含知。这不仅是“知行合一”，更是“知行为一”。由此展开圣心观，强调所知是圣人之学，要以行为着眼点，所行必以圣心为主导。因此，他对当时只重功利、言行不一、虚伪装饰等习气予以批判，“后世论学之士，则全是党同伐异，私心浮气所使，将圣贤事业，作一场儿戏看了也。”[②] 知与行是两个字一个功夫，或者说这一个功夫需用两个字才能说得清楚，但在做的时候，必须二者融合。

知之真切笃实处，便是行；行之明觉精察处，便是知。若知时，其心不能真切笃实，则其知便不能明觉精察，不是知之时只要明觉精察，更不要真切笃实也。行之时，其心不能明觉精察，则其行便不能真切笃实，不是行之时只要真切笃实，更不要明觉精察也。知天地之化育，心体原是如此。乾知大始，心体亦原是如此。[③]

王守仁的圣心观经“心外无理”“心外无物”“知行合一”三个环节，

---

① 《传习录》《阳明先生集要》，中华书局2008年版，第33—34页。

② 《答友人问书》《阳明先生集要》，中华书局2008年版，第194页。

③ 同上书，第195页。

会集于“致良知”，这是他对儒学道统的主要贡献。“良知”一词源自《孟子》，后儒虽有涉及，但并未对此作专门的范畴探讨，王守仁确立了以圣心观为核心观念，其展开必然要以良知为重要环节。为此，在对良知做了明确定义之后，进一步提出“致良知”，因此而推行他以圣心观为核心的思想。

王守仁强调，良知是“天理之昭明灵觉处”，所以良知就是天理。天理以良知通达于心，不论圣愚，良知都在其心。

> 良知者，心之本体，即前所谓恒照者也。心之本体，无起无不起，虽妄念之发，而良知未尝不在，但人不知存，则有时而或放耳。虽昏塞之极，而良知未尝不明，但人不知察，则有时而或蔽耳。虽有时而或放，其体实未尝不在也，存之而已耳；虽有时而或蔽，其体实未尝不明也，察之而已耳。若谓良知亦有起处，则是有时而不在也，非其本体之谓也。[①]
>
> 夫良知一也，以其妙用而言谓之神，以其流行而言谓之气，以其凝聚而言谓之精，安可以形象方所求哉?[②]

良知的基本为是非之心，而是非之心的关键在于好恶，明是非，好善恶就是良知，良知之外，别无知。是非之心，不虑而知、不学而能，无论圣愚皆同。也就是说，良知作为天理在人心的体现，人人都在本体上具有良知，因此，所有人都可以成为圣人。“一日，王汝止出游归，先生问曰：‘游何见?’对曰：‘见满街人都是圣人。’先生曰：‘尔看满街人是圣人，满街人到看尔是圣人在。’”[③] 从人本性论，人人都有良知，也都可以成为圣人，但为什么大多数人不能成为圣人呢？就在受物欲之昏蔽。

---

① 《与陆元静书》《阳明先生集要》，中华书局2008年版，第164页。

② 同上书，第165页。

③ 《语录》《阳明先生集要》，中华书局2008年版，第123—124页。

> 性无不善，故知无不良，良知即是未发之中，即是廓然大公，寂然不动之本体，人人之所同具者也。但不能不昏蔽于物欲，故须学以去其昏蔽，然于良知之本体，初不能有加损于毫末也。知无不良，而中、寂、大公未能全者，是昏蔽之未尽去，而存之未纯耳。①

"致良知"就是去除物欲导致的昏蔽，恢复并发挥本性之良知。圣人之学的根本就在于"致良知"，"而其所谓学者，正惟致其良知，以精察此心之天理。"②

个个人心有仲尼，
自将闻见苦遮迷。
而今指与真头面，
只是良知更无疑。③

问君何事日憧憧，
欲恼场中错用功。
莫道圣门无口诀，
良知两字是参同。④

王守仁以圣心观对儒学道统的理解，"求六经之实于吾心"，克服了汉经学宋理学以天道、天理强制于人的传统，开创了儒学的一个新时代。他作为坚定的儒学道统的维护者，是集权官僚制统治阶级一分子，不可能信从代表农民和其他劳动者的禅教，但他虽然不承认慧能禅法对儒学的价

① 《与陆元静书》《阳明先生集要》，中华书局2008年版，第166页。
② 《答顾东桥书》《阳明先生集要》，中华书局2008年版，第215页。
③ 《咏良知》《阳明先生集要》，中华书局2008年版，第1008页。
④ 同上书，第1008页。

值，但他参习佛禅多年，其间必然对慧能禅法有所感悟，慧能“直指本性”“人性本自净，万法在自性”等观点对他思维方式的影响，体现于王守仁所有文章、诗赋、经济策和语录之中。其“致良知”之说，与慧能人自性为佛性，“缘邪见障重，烦恼根除”，只要顿悟自心是佛，即可常起正见，去除烦恼尘劳，通达无碍，来去自由的说法是相通的，也与慧能所说对不能自悟者须由大善知识示道的说法，颇为相近。王守仁就是儒学者中的“大善知识”。但他为了保持其儒学正统宗师形象，就和某佛教信徒身体虚弱吃了本教所禁忌的鱼肉而强壮，却不能对本教内其他信徒承认身体强壮与吃鱼肉有关一样，只是说佛家有什么缺点，从不谈禅法对自己思维的启迪。

第五章　禅教之术自圆满

——禅教所创术层次各范畴

与从官僚地主阶级总体意识出发，努力修正儒学道统，维护集权官僚制的王守仁心学不同，慧能禅教虽不要求改变集权官僚制度和小农经济，却也不对这个制度抱什么期望和梦想，而是在承认天道观和既有制度的前提下，努力探求以个人劳动和智慧为基础的自性存在的意识形态和环境。我佛观之我，并非只是肉体的我，也不是单纯意识的我，而是劳动的我，智慧的我。劳动与智慧的统一，是中国农民勤俭持家、安分守己、自私自利存在和延续的依据，也是中华民族在农业文明方面领先于世界的根据。由司马迁提出的帝王将相为主体的儒学历史观，虽然承认农民群众在总体上是必要的、应当重视的统治对象，是集权官僚制存续的条件，却绝对否认农民及其他劳动者的社会主体性，更不去论说农民的总体意识。在儒学道统所集合的官僚地主阶级意识中，农民只是会听话、偶尔也会说话的工具，他们只知道存活和养育后代，并没有个人的精神追求。因此，“民”只是一个概念，是所有被官管治的创造税收和地租的群体，所有关于“民本”“爱民”的议论，都是从这个意义上生发的。虽然儒学士子也会涉及禅法，有人甚至会有较深感悟，但只是将它视为排解因仕途不顺而生的烦恼意识的方式，或迎合时尚的谈资。即令王守仁那样“出入佛老”多年，并切实通过悟禅而改进思维方式的人，也只是将它看成一种工具，根本不会承认禅教与佛教的区别，更不会发现禅教与禅宗的不同，在他们的话语中，只有一个“佛家”，就像其统治对象只是一个“民”一样。为了标榜自己是儒学正统，对于禅法给他思维的启示，也绝口不提。慧能及其继承者之所以创立禅教，就在于明确了个人的主体性，主张自性为佛、自悟修行、自悟自度。我佛观作为被统治的以农民为主干劳动者意识的概括，不仅使禅教形成并从本质上区别于佛教，更与居统治地位的儒学道统形成对照。我作为劳动智慧的个体，并不反对也不要求改变天道和既有制度，但我可以在意识上确立自己的主体性，并依自性自力确定自我意识相对独立的主体性。由存在主体性与认识主体性的统一构成我的意识和生存是充实的、丰满的，我佛观核心观念展开于术、技层次，不仅形成一个逻辑圆满的禅教思想体系，更创建了以农民为主干的劳动者的农禅并作的生存联合体。禅教之禅林制度是秦皇汉武创建集权官僚制之后，中国人在文明发展史上的又一创造，是在集权官僚制中以农民自身觉悟和劳动为根据的联合体，是真正的“知行合一”。禅教体系之术就以此为基为始而展开。

一、农禅并作与禅林清规

没有朝廷财政拨款，没有寺院，没有世族豪强资助，没有成立基金会筹资；不打家劫舍，不拦路抢掠，不起义造反，不给人作法事挣钱，不去化缘乞讨。这就是禅教。它凭什么聚合若干成百上千人的团体，遍及大江南北，延续几百年，不仅创建了人类农业文明时期最为先进的思想体系，而且对中国及周边地区的文化演变起到重要影响？从我佛观生发的农禅并作和禅林清规，是禅教得以形成并延续的关键，它是禅教之术的首要环节，也是其组织的聚合力和约束力所在。大约从传说中的达摩见梁武帝，直言不讳地说他的造寺、布施、供养都并无功德，武帝不悦，达摩只得隐居嵩山面壁，历届朝廷都不承认达摩之禅，直到道信、弘忍开创禅林，尝试农禅并作，才算在佛教界取得一席存身之地。道信、弘忍的努力，不仅开辟了一个新的佛教派别，更为慧能创立禅教提供了思想启示，以及组织形式的必要借鉴。

慧能在曹溪授徒传教，应该是延承弘忍传统的农禅并作，但对此《坛经》等文献中并无记载。真正使农禅并作成为禅教发展基本生存条件，并制定禅林清规形成比较严密组织的，是怀海。他承继怀让、道一所传续的禅林体制，加以创造性改革，使农禅并作和禅林清规系统化，成为禅教存在和发展必要之术。

农禅并作，是农业生产和参禅悟道的有机结合。组成禅教团体的，既有少数文人士子，更有大量的农民和其他劳动者，他们聚合于禅教之丛林，一是观念的追求，二是生存的需要，而生存需要所占的比重尤大。不论是因自家条件差、经营不善，还是为逃避战乱，大多数农民首先是为了活命才加入这虽说清苦，但有饭吃，人人平等的禅教团体的。加入以后才随众参禅，只有个别庶族士人，由于科举不顺，或因不同机缘而对禅法感兴趣，才将参禅悟道作为首要目的，他们又往往成为各禅团的首领和骨干。怀海就属于与佛有缘者。“师儿时随母入寺拜佛，指佛像问母：‘此是何物？’母曰：‘是佛。’师曰：‘形容似人无异，我后亦当作焉。’”① 这段儿时话语，或许有之。而后人之所以能知此话头，大概是怀海自与弟子们说的，也可能是弟子们编造的，但此话之意却正表达了我佛观的基本：佛的形象与人无异，也就是说佛是一个人，我也是一个人，我也可以作佛。怀海正是从自己是人的意义上，加入禅团进行参悟的。

怀海是禅教得以确立的关键人物，慧能形成我佛观，并建构了禅教术、技层次的框架之后，怀让、神会、行思等弟子分别从术、技层次有所展开和探讨，使禅教得以延续扩展，但“分”的趋向已经显现，尤其神会一脉，正努力向官禅方向演变。在这种情况下，如何端正并充实我佛观，创建观念与生存、组织内在统一的体系，就成为禅教演进过程中必要的环节。怀海认知并承担了这一任务。从流传下来的禅教文献中记录的怀海思想和行为，可以看到他对慧能我佛观的准确、深刻理解，而他将“自由

---

① 《五灯会元》上卷，中华书局1984年版，第136页。

观”充实于我佛观核心，是禅教得以确立的必要环节。上一章笔者引过《古尊宿语录》中怀海关于自由的论述，这里再引《五灯会元》中他对自由的一通议论：

佛是无求人，求之即乖；理是无求理，求之即失。……不求佛法僧，乃至不求福智知解等。垢净情尽，亦不守此无求为是，亦不住尽处，亦不欣天堂、畏地狱，缚脱无碍，即身心及一切处皆名解脱。汝莫言有少分戒，身口意净，便以为了。不知河沙戒定慧门、无漏解脱，都未涉一毫在。努力向前，须猛究取，莫待耳聋眼暗，面皱发白，老苦及身，悲爱缠绵，眼中流泪，心里憧惶，一无所据，不知去处。到恁么时节，整理手脚不得也。纵有福智、名闻、利养，都不相救。为心眼未开，唯念诸境，不知返照，复不见佛道。一生所有善恶业缘，悉现于前，或忻或怖，六道五蕴，俱时现前。尽敷严好舍宅，舟船车轝，光明显赫，皆从自心贪爱所现。一切恶境，皆变成殊胜之境。但随贪爱重处，业识所引，随著受生，都无自由分。①

问：“如何得自由分？”师曰：“如今得即得。或对五欲八风，情无取舍，悭嫉贪爱，我所情尽，垢净俱亡。如日月在空，不缘而照。心心如木石，念念如救头。然亦如香象渡河，截流而过，更无疑滞。此人天堂地狱所不能摄也。夫读经看教，语言皆须宛转归就自己。但是一切言教，祇明如今鉴觉自性，但不被一切有无诸境转，是汝导师。能照破一切有无诸境，是金刚慧。即有自由独立分。若不能恁么会得，纵然诵得十二韦陀典，祇成增上慢，却是谤佛，不是修行。但离一切声色，亦不住于离，亦不住于知解，是修行读经看教。若准世间是好事，若向明理人边数，此是壅塞人。十地之人脱不去，流入生死河。但是三乘教，皆治

① 《五灯会元》上卷，中华书局1984年版，第134—135页。

> 贪瞋等病，祇如今念念若有贪瞋等病，先须治之，不用求觅义句知解。知解属贪，贪变成病。祇如今但离一切有无诸法，亦离于离，透过三句外，自然与佛无差。既自是佛，何虑佛不解语。祇恐不是佛，被有无诸法缚，不得自由。[①]

一句“既自是佛，何虑佛不解语”，表明怀海已把握了我佛观之要旨。而上引一通关于自由的论说，既是他对我佛观的充实，也是他从术层次确立农禅并作和禅林清规的根据。在怀海看来，作为正觉、智慧的佛，并不是外在的神圣，而是人之本性所在，佛与常人意识的差别，就在于没有“自虚妄计着”，因而没有由此而生的“若干种解会”“若干种知见”“若干种爱畏”。禅法就是让人明白这个道理，消除这些“解会”“知见”“爱畏”，“不为世间诸法之所滞碍”。“夫学道人，若遇种种苦乐，称意不称意事，心无退屈，不念利养衣食，不贪功得利益。”这也就是禅团组织的基本纲要。与佛教各派总要许诺给信徒来世之好处，或转世富贵，或涅槃，或进入西天净土不同，禅教关心的只是今世，它只是告诉你：只要清除了“自虚妄计着”，就可以坦然地面对生活，“往来生死，如门开相似”[②]。既无来生转世，更无死后涅槃和“西天净土”，悟自性而成佛，就是明白自己的存在和行为不要被“自虚妄计着”所拘束，不求人，依自身能力而生活。

农禅并作，对于不被朝廷供养的禅团来说，本是不得已，但自道信、弘忍以来形成的在山林垦荒业农，自力更生的传统，在禅教这里得以发扬。之所以强调农禅并作，就在于以修禅为目的，以业农为谋生手段。怀海则进一步将农与禅统一，在农业劳动中启悟禅法，以禅法理会农业劳动。他批判佛教徒鄙视劳动，以所谓佛之经论换取供养的传统，强调自食其力。

---

① 《五灯会元》上卷，中华书局 1984 年版，第 135—136 页。

② 同上书，第 134 页。

问："如今沙门，尽言我依佛教，学一经一论、一禅一律、一知一解，合受檀越四事供养，为消得否？"① 师云："但约如今照用，一声一色，一香一味，于一切有无诸法，一一境上，都无纤尘取染，亦不依住无取染，亦无不依住知解，这个人日食万两黄金，亦能消得。只如今照一切有无等法，于六根门头刮削并当贪爱，有纤毫治不去，乃至乞施主一粒米、一缕丝，个个披毛戴角，牵犁负重，一一须偿他始得。为不依佛，佛是无著人，无求人，无依人，如今波波贪觅佛，尽皆背也。"②

以佛作为商品来交换供养，自家不劳而获，这是佛教自形成以来的传统。僧人以事佛为崇高业为，不事劳作，或批发或零售佛经佛论佛禅佛律，以一知半解与人交易。怀海指斥这个传统说："照一切有无等法，于六根门头刮削并当贪爱"，实际是不知佛，违背佛之本旨的。"佛是无着人，无求人，无依人"，拿佛的名义骗财物者，都要变牛做马，牵犁负重来偿还。既明此理，就当依佛的本旨而自为佛，自食其力，而不去骗人财物。这个道理，是怀海在长期的农禅并作中悟出来的，而他本人以身作则，使农禅并作成为其禅团的基本事业。有关文献中都载有他与弟子共同劳动，并在劳动中参悟的故事。

师与沩山作务次，师问："有火也无？"沩山云："有。"师云："在什么处？"沩山把一茎柴吹过与师。师接云："如虫蚀木。"

因普请锄地次，有僧闻鼓声，举起锄头大笑归去。师云："俊哉！此是观音入理之门。"③

问："斩草伐木，掘地垦土，为有罪报相否？"师云："不得

① 《五灯会元》上卷，中华书局1984年版，第134页。

② 《古尊宿语录》上卷，中华书局1994年版，第21页。

③ 同上书，第10页。

定言有罪，亦不得定言无罪。有罪无罪，事在当人。若贪染一切有无等法，有取舍心在，透三句不过，此人定言有罪。若透三句外，心如虚空，亦莫作虚空想，此人定言无罪。”①

因怀海年纪大了，主管劳动的负责人为了让他休息，把他的劳动工具藏起来，这惹得怀海发怒，说我无德，凭什么让别人劳作来养活我？我找不到工具，索性就绝食。这件事在禅团中影响很大，对于坚持农禅并作起到重大作用，“‘一日不作，一日不食’之语流播寰宇矣。”②

农禅并作可以说是禅教形成和演进的生命线，也是区别禅教与禅宗的标志之一。神会之所以北上讨伐神秀一派，争取官僚、朝廷认可，其重要原因，可能就是吃不消农业劳动和禅林的清苦，而他的门人也在朝廷的抚养下逐渐丢弃慧能之教，并入禅宗。宋以后，禅教与禅宗合流，其中重要原因，也是放弃农禅并作，取得官禅位置，汇入佛教，以佛为商品交换供养。

对于禅团领袖怀海来说，农禅并作解决了吃穿问题，但还有居住和日益扩大的禅团内部组织纪律等问题，对此，他也都依我佛观进行了适当处理，并形成规制。

与天台、华严、唯识等朝廷认可并由财政拨款，还有世族豪强、官民捐助的“国立佛教”宗派不同，道信、弘忍等创立的禅宗，是不被朝廷承认的，禅宗只是因不造反、不闹事才未被取缔的民间佛教组织，这种情况一直延续到慧能所创的禅教。而弘忍另一弟子神秀则努力争取到朝廷承认，被敕封为佛教之禅宗，得到种种优待和供养。对此，慧能弟子神会很是激愤，他对神秀禅宗的讨伐，虽然使他得到朝廷认可，却也使他这一脉逐步脱离了禅教。怀让、道一、怀海则坚持禅教宗旨和核心观念，毅然在江西山林中农禅并作，艰苦奋斗。到怀海主持禅团时，信众大增，而且也

---

① 《古尊宿语录》上卷，中华书局 1994 年版，第 15—16 页。

② 《五灯会元》上卷，中华书局 1984 年版，第 136 页。

通过劳动积攒了一些财物，怀海据此做了两件对禅教发展至关重要的事：自建禅院和制定规式。

由于不被朝廷承认，禅宗及禅教均没有单独的寺院，他们或散居于山林，或依附律宗寺院，寄人篱下，诸多不便，并容易产生矛盾。怀海决定自建禅院。杨亿在受宋真宗之命刊定《景德传灯录》时，专门在《怀海传》后，写了《禅门规式》序文。其中说：

> 百丈大智禅师，以禅宗肇自少室，至曹溪以来，多居律寺。虽列别院，然于说法住持，未合规度。故常尔介怀，乃曰："佛祖之道，欲诞布化元，冀来际不泯者，岂当与诸部阿笈摩教为随行耶?"或曰："《瑜伽论》、《璎珞经》，是大乘戒律，胡不依随哉?"师曰："吾所宗非局大小乘，非异大小乘，当博约折中，设于制范，务其宜也。"于是创意，别立禅居。凡具道眼者，有可尊之德，号曰长老，如西域道高腊长呼须菩提等之谓也。即为化主，即处于方丈，同净名之室，非私寝之室也。不立佛殿，唯树法堂者，表佛祖亲属受，当代为尊也。所裒学众，无多少，无高下，尽入僧堂，依夏次安排，设长连床，施椸架，挂搭道具，卧必斜枕床唇，右胁吉祥睡者，以其坐禅既久，略偃息而已，具四威仪也。①

怀海相当明确：依据我佛观，禅教与佛教大小二乘都不相同，不能"与诸部阿笈摩教为随行"，但仍假借佛之名义，因而自建禅院和规制，"设于制范，务其宜也。"即依我佛观"创意，别立禅居"。其与佛教寺院最大区别在于"不立佛殿，唯树法堂"。再就是以长老为教化主，处于方丈，但方丈并不是寝室，而是办公事之所。所有学员，不分高下，都住僧堂，按年龄顺序住大连床。可见，怀海所创意建设的禅院，主要由方丈、法堂、僧

---

① 《景德传灯录》上卷，中州古籍出版社2019年版，第144—145页。

堂构成。方丈是长老处理公务之所，法堂是参修讨论之处，僧堂为集体宿舍。

> 除入室请益，任学者勤怠，或上或下，不拘常准。其阖院大众，朝参夕聚，长老上堂升座，主事徒众，雁立侧聆，宾主问酬，激扬宗要者，示依法而住也。斋粥随宜，二时均遍者，务于节俭，表法食双运也。行普请法，上下均力也。置十务，谓之寮舍，每用首领一人，管多人营事，令各司其局也。或有假号盗形，混于清众，别致喧扰之事，即当维那检举，抽下本位挂搭，摈令出院者，贵安清众也。或彼有所犯，即以拄杖杖之，集众烧衣钵道具，遣逐从偏门而出者，示耻辱也。①

杨亿为宋朝翰林学士，后怀海约200年，他是见过怀海的《清规》文本的，这篇序文是奉旨（1007年）刊定《景德传灯录》时就古本而写，并对《宋高僧传》中《百丈传》作了增补。从杨亿序中，可以看到怀海所制定的禅林清规要点为：一，“行普请法，上下均力”，即实行集体劳动制度，以农业生产为存续的经济基础，禅院中各项事务也都由禅僧从事，而且所有人都要参加劳务，怀海以身作则，“一日不作，一日不食”，带动了所有禅僧。二，禅僧间关系平等，由长老主持禅事，并设“十务”管理人员，各司其职。三，禅僧同吃同住，每日一饭一粥，饭为午饭，粥为早餐，务于节俭，法食双运。四、对违犯清规者予以不同程度的处罚，保持禅院秩序。

怀海的禅林清规受到佛教各宗派攻击，律宗批评尤甚。《释门正统》记曰：“百丈怀海禅师，始立天下禅林之规式。议者恨其不遵佛制，犹礼乐征伐自诸侯出。”② 但在禅教内广为推行，禅宗也引为参照。而佛教各宗

① 《景德传灯录》上卷，中州古籍出版社2019年版，第145页。

② 《释门正统》四，引自《禅苑清规》，中州古籍出版社2001年版，第183页。

派自唐以后大衰落，也就不可能阻断怀海清规的流传。但怀海清规并非圣旨，也不是“敕定佛律”，只是禅团组织的内部规则，因而各门派，甚至各禅团的主持人都可以依其具体情况而修改，因此原本至宋以后遗失。现在所能看到的，除《宋高僧传·百丈传》和杨亿《古清规》序文，还有宋宗赜所编《禅苑清规》中的《百丈规绳颂》。宗赜是净禅兼修者，他在主持真定府洪济禅院时编写了《禅苑清规》。宗赜虽推崇怀海之清规，但由于他并未悟解我佛观及怀海清规精神，因而《禅苑清规》虽形式上仿照怀海清规，但内容已是佛教范畴内受净土宗影响的禅宗之规则。[①] 所幸他在其《禅苑清规》之末写了《百丈规绳颂》，将他所看到的怀海古本做了概要介绍，此文写作，先记百丈清规之纲（绳）要一条，随之写颂词，再记百丈清规纲要一条，并写颂词。据此可看出百丈清规之要领。宗赜《百丈清规颂》与杨亿《古清规序》基本一致，二者互映，得识怀海禅林清规的要旨。[②]

与杨亿《古清规序》相比，宗赜《百丈清规颂》（此颂文后署“越州比丘善祥同集”）对于禅团组织和禅众行为纪律有比较详细论说。“诸方自古共遵所济众务、急救弊之要者，凡三十件，用示方来，切在详禀，确志维卫，永成轨范。俾丑迹秽声，无流外听。不唯叔世禅林之光茂，亦及护法之一端耳。”[③] 涉及挂搭、晚参、初来、请假、圣节道场、斋粥、卧具衣物、不得高声、早起、普请、寮舍轮值、尊殿、寮主及上座可寮内睡卧、丢失衣物的处理、洗浴、寮舍物品排放、不律行为处理、患病休治、作务

---

① 元顺帝在1335年颁旨命德辉编写、笑隐主持校正的《敕修百丈清规》，虽然打着“百丈”的旗号，但与怀海的思想已有本质区别。元朝统治者信从喇嘛教，虽然容许佛教存在，但力求以喇嘛教教义主导佛教，而此时佛教在中国基本只剩禅宗和净土宗，《敕修百丈清规》已无怀海精神实质，只用他的名义和他“清规”的形式，内容主要是受喇嘛教制约的佛教戒律。其第一、二、三、四章分为“祝釐章”“报恩章”“报本章”“尊祖章”，不仅要在“圣节”祝赞皇恩，还要按朝廷规定的节令祝赞，守国忌，祈祷、祈晴、祈雨、祈雪、遣蝗，祷禳日蚀、月蚀，还要在佛降诞日、佛成道涅槃日，以及达摩，百丈开山历代祖、嗣法师忌日进行集体礼拜追悼。如此等等，已成朝廷控制佛教之规章。

② 《百丈清规颂》《禅苑清规》，中州古籍出版社2001年版，第126页。

③ 同上书，第126页。

各守分业、堂中坐姿、送亡僧、首座职责、知事职局、分司列局、参禅日、住持人月旦巡察。可见考虑之周密。

怀海此举，不仅使禅教因勤劳节俭而形成经济基础，并以平等和分工管理的方式使禅僧们组织起来，将禅法体现于劳动和人际关系，不空谈转世涅槃，只求在现实生活中参悟解脱烦恼，身心健康地活着。看似平凡，实则由我佛观所集合的农民意识的升华，在手工农业劳动条件下，百丈之清规可以说是集体生产生活的最好选择。与集权官僚制的行政集权相比，禅林清规是以劳动为根据的生产与学习有机结合的典范。比起依附朝廷，乞求布施供养，等级严格的佛教之戒律，是一大变革。这种变革是禅教我佛观的展现，也是其术层次其他范畴的起始和归总。

二、无念为宗，无相为体，无住为本

禅教毕竟还是宗教，其禅团农业生产和组织规则都是围绕参禅而展开的。农禅并作，也可以说是依禅而农作。我佛观展开于农禅并作和禅林清规，保证了禅团的存在与组织，在此基础上，我佛观具体化为禅悟之术，其术大部分是慧能提出，后继者充实发挥。首要一条，就是慧能强调的“无念为宗，无相为体，无住为本”。在《坛经》中慧能说：

> 我此法门，从上已来，顿渐皆立无念为宗，无相为体，无住为本。何名无相？无相者，于相而离相；无念者，于念而不念；无住者，为人本性，念念不住，前念、今念、后念，念念相续，无有断绝；若一念断绝，法身即离色身。念念时中，于一切法上无住，一念若住，念念即住，名系缚；于一切上，念念不住，即无缚也。此是以无住为本。善知识！但离一切相，是无相；但能离相，性体清净。此是以无相为体。于一切境上不染，名为无念；于自念上离境，不于法上生念。若百物不思，念尽除却，一念断即死，别处受生。学道者用心，莫不思法意。自错尚可，更

> 劝他人迷，不自见迷，又谤经法。是以立无念为宗。即缘迷人于境上有念，念上便起邪见，一切尘劳妄念，从此而生。故此教门，立无念为宗。世人离见，不起于念，若无有念，无念亦不立。无者无何事？念者念何物？无者，离二相诸尘劳；真如是念之体，念是真如之用。自性起念，虽即见闻觉知，不染万境，而常自在。①

无念之“念”，应为妄念。无妄念，不是无正念。清除妄念，确立正念，是认知自我本性，并依自我本性而正确行为的首要环节，因此说“无念”为宗。无相，不是不见相，不识相，而是“于相而离相”，即在对待事物时，不被它的相所困惑，不计较它表现出来的事相，尽管见色、声闻、觉触、知法，都不执着其相，“性体清静”。因此以“无相为体”。无住，人的意识是连续不断的，不要停滞于某一阶段的认识，不以前一阶段的认识看待下一阶段的事物，“念念时中，于一切法上无住”，如果固守某一时段的认识，那么意识就被系缚，所以“念念不住，即无缚也”。因此以“无住为本”。无念、无相、无住的关键是无念，因此以“无念为宗”，破除迷人于境上产生的妄念，不执着于生灭、有无、空有、人我、是非、染净、内外等“二相”，明确自性的真如之念，这样，“虽即见闻觉知，不染万境”。

慧能对“无念为宗，无相为体，无住为本”的简单明白的论说，一扫佛教各宗派由佛我论出发在“念”“相”“住”这些范畴的烦琐与矛盾。本来，人的认识就是主体我与对象客体的关系，但佛教硬在主体与客体之间加进一个先验的神佛，主体我不是直接面对客体，而是面对佛，再由佛告诉我什么是客体，如何认知客体。这个佛实际上就是妄念，是不应有的“相”。慧能则将“佛”视为主体我的真知本性，是我认识事物的智慧和方法，因而也就可以消除妄念，于相而离相，不住一念。“无念为宗，无相为体，无住为本”，是他我佛观的展开，并体现于术层次各环节。

---

① 《坛经校释》，中华书局 1983 年版，第 31—32 页。

对于慧能的“无念为宗，无相为体，无住为本”，神会有他的理解并作了阐发。

关于无念为本，神会说：

但自知本体寂静，空无所有，亦无住著，等同虚空，无处不遍，即是诸佛真如身。真如是无念之体。以是义故，故立无念为宗。若见无念者，虽具见闻觉知，而常空寂。①

云何无念？所谓不念有无，不念善恶，不念有边际、无边际，不念有限量、无限量。不念菩提，不以菩提为念。不念涅槃，不以涅槃为念。是为无念。是无念者，即是般若波罗蜜。般若波罗蜜者，即是一行三昧。

诸知识，若在学地者，心若有念起，即便觉照。起心即灭，觉照自亡，即是无念。是无念者，即无一境界。如有一境界者，即与无念不相应。故诸知识，如实见者，了达甚深法界，即是一行三昧。……

见无念者，六根无染。只无念者，得向佛知见。见无念者，名为实相。见无念者，中道第一义谛。见无念者，恒沙功德一时等备。见无念者，能生一切法。见无念者，能摄一切法。②

神会意在从“民禅”变为“官禅”，因而势必归于禅宗，他对无念的解释，已接近中观派的“空”，但基本思路仍循其师慧能。

关于无相，神会说：

但不作意，心无有起，是真无念。毕竟［见］不离知，知不离见。一切众生，本来无相。今言相者，并是妄心。心若无相，

---

① 《神会和尚禅话录》，中华书局1996年版，第10页。

② 同上书，第39页。

即是佛心。若作心不起，是识定，亦名法见心自性定。马鸣云：若有众生观无念者，则为佛智。故今所说般若波罗蜜，从生灭门顿入真如门。更无前照后照，远看近看，都无此心。乃至七地以前菩萨，都总蓦过。唯指佛心，即心是佛。①

禅会对无相的说辞，还未脱离慧能的本旨，且有新意。神会对“无住”的解说，更为深入：

何者妄心？仁者等今既来此间，贪爱财色、男女等，及念园林、屋宅，此是粗妄，应无此心。为有细妄，仁者不知。何者是细妄？心闻说菩提，起心取菩提；闻说涅槃，起心取涅槃；闻说空，起心取空；闻说净，起心取净；闻说定，起心取定，此皆是妄心，亦是法缚，亦是法见。若作此用心，不得解脱，非本自寂净心。作住涅槃，被涅槃缚；住净，被净缚；住空，被空缚；住定，被定缚。作此用心，皆是障菩提道。……

知识，各用心谛听，聊简自本清净心。闻说菩提，不作意取菩提；闻说涅槃，不作意取涅槃；闻说净，不作意取净；闻说空，不作意取空；闻说定，不作意取定。如是用心，即寂静涅槃。经云：断烦恼者不名涅槃。烦恼不生，乃名涅槃。譬如鸟飞于空，若住空必有堕落之患。如学道人修无住心，心住于法，即是住著，不得解脱。②

无住是寂静，寂静即名为定。从体上有自然智，能知本寂静体，名为慧。此是定慧等。经云：寂上起照。此义如是。无住心不离知，知不离无住。③

---

① 《神会和尚禅话录》，中华书局 1996 年版，第 12 页。

② 同上书，第 8 页。

③ 同上书，第 9 页。

神会将“妄心”分为“粗妄”和“细妄”，这确有见地。佛教所说的“妄”，主要就是神会界定的“粗妄”，“贪爱财色、男女等”。慧能论妄念，已说到“迷人于境上有念，念上便起邪见，一切尘劳妄念，从此而生”，并认为“起心看净，却生净妄”。“妄”就是“无所处”，没有根据，因此“看者却是妄也”。但慧能并没有对妄念作进一步的分析。神会承慧能思路，于“粗妄”之外又提出“细妄”，并把佛教宣扬的“起心取菩提”“起心取涅槃”“起心取空”“起心取净”“起心取定”，都归入“妄心”，是“法缚”“法见”。这里他已涉及禅教与佛教的本质区别。慧能我佛观的要点，就在于强调自我本性为佛，自性自度，而佛教各宗，虽在具体层次有所分歧，但都秉持佛我观，并以各种方式，宣传神佛的无限智慧和力量，只要人以其所具佛性信佛、供养佛（由佛僧来享用），就可以在死后去“西方极乐世界”，或者涅槃，为此必须“起心取菩提”“起心取涅槃”“起心取空”“起心取净”“起心取定”。以《大般涅槃经》为代表的“佛性论”，虽然也说人有佛性，但这只是学佛之性、信佛之性，并可于学佛信佛之后被佛所度之性。神会这里说到的“起心取菩提”“起心取涅槃”等，就是佛性论对信徒的要求。他依我佛观将这些都归为“细妄”，意在强调性本清净，不要被这些妄念所迷惑。“无住”，就是不固执地追求没有根据的“菩提”“涅槃”“净”“空”“定”，摆脱因“细妄”而对人心智的束缚，“知心无住”，“明见佛性”。他以飞鸟于空，若住空必堕落的比喻，也是很形象恰当的。

关于无念、无相、无住，怀海进一步从我佛观出发，对佛教徒宣扬的佛法之神秘高深提出批评，在肯定“如今鉴觉”的同时强调不要固守“如今鉴觉”。

> 肇云：“菩提之道，不可图度。高而无上，广不可极。渊而无下，深不可测。”语也垛生招箭，言鉴觉犹不是。从浊辨清，许说如今鉴觉是。除鉴觉外别有，尽是魔说。若守住如今鉴觉，亦用魔说，亦名自然外道。说如今鉴觉是自己佛，是尺寸语，是

图度语，似野干鸣，犹属黐胶门。本来不认自知自觉是自己佛，向外驰求觅佛。假善知识说出自知自觉作药，治个向外驰求病。既不向外驰求，病瘥须除药。若执住自知自觉，是禅那病，是彻底声闻。①

他认为，不要迷信外在佛法佛语，要相信自己的“如今鉴觉”，但“如今鉴觉”也是有局限的，不要固守，“执住自知自觉，是禅那病。”

贪染一切有无境法，被一切有无境惑乱，自心是魔王，照用属魔民。只如今鉴觉，但不依住一切有无诸法、世间出世间法，亦不作不住知解，亦不依住无知解。自心是佛，照用属菩萨心。心是主宰，照用属客尘。②

不依住一切有无诸法、世间法、出世间法，自心就是佛；贪染一切有无境，被一切有境惑乱，自心就是魔王。怀海思想的解放程度，是其他禅师所不及的，而这正是他从农禅并作实践中对我佛观深刻理解的表现。他主张，要不求佛，也不固守自己既有的成见，以清净自性对待事物，以平常心看待自己。

求佛求菩提及一切有无等法，是弃本逐末。只如今粗食助命，补破遮寒，渴则掬水吃，余外但是一切有无等法都无纤毫系念，此人渐有轻明分。善知识不执有不执无，脱得十句魔语出，语不系缚人，所有言说，不自称师说。如谷响言满天下，无口过，堪依止。若道我能说能解，说我是和尚，汝是弟子，这个同于魔说。无端说道目击道存，是佛不是佛，是菩提涅槃解脱等；

① 《古尊宿语录》上卷，中华书局1994年版，第12页。

② 同上书，第14页。

> 无端说一知一解，见举一手竖一指，云是禅是道，这个语系缚人。未有住时只是重增比丘绳索。纵然不说，亦有口过。宁作心师，不师于心。不了义教，有人天师，有导师；了义教中，不为人天师，不师于法。①

怀海的心胸如此广阔，见解如此清彻，是他对我佛观的深切领悟，尤其是他对自由认知的展现。不执有不执无，不固守佛念，也不固念自己得到的认识；不求佛，不信佛，传统禅宗所说的佛陀“举一手竖一指”即是禅，不过是“系缚人”。怀海和弟子们生活于江西大山中，自力为生，“粗食助命，补破遮寒，渴则掬水吃”，于“一切有无等法都无纤毫系念”，这正是“无念为宗”的注解。而他老先生则“不自称师说”，“若道我能说能解，说我是和尚，汝是弟子，这个同于魔说。”这些话绝非自己谦虚，而是他对我佛自己的心解。“无念为宗，无相为体，无住为本”，到怀海这里才真正贯通于心性和言行之中。

怀海弟子希运承继“无念为宗”的思想，对佛教“前念是凡，后念是圣”的说法予以批判，认为这“如手翻覆一般，此是三乘教之极也。据我禅宗中，前念且不是凡，后念且不是圣；前念不是佛，后念不是众生。所以一切色是佛色，一切声是佛声”②。他们强调要不断清除各种杂念，他称为“戏论”，并将戏论比为“粪”，佛就是执“除粪器”来清除戏论之粪的。“只教你除却从来学心见心，除得尽，即不堕戏论，亦云搬粪出。只教你不生心。心若不生，自然成大智者。”③ 这个说法，虽有些不雅，但从“直指人心”的禅教传人口中说出，却也生动、恰当。对于“无相为体”和“无住为本”，希运也有自己的解说：

> 但终日吃饭，未曾咬着一粒米；终日行，未曾踏着一片地。

---

① 《古尊宿语录》上卷，中华书局 1994 年版，第 13 页。

② 同上书，第 47 页。

③ 同上书，第 54 页。

与么时，无人无我等相，终日不离一切事，不被诸境惑，方名自在人。念念不见一切相，莫认前后三际。前际无去，今际无住，后际无来，安然端坐，任运不拘，方名解脱。①

希运弟子义玄强调平常心是道，反对向外求佛，“你要与祖佛不别，但莫外求。你一念心上清净光，是你屋里法身佛。你一念心上无分别光，是你屋里报身佛。你一念心上无差别光，是你屋里化身佛。此三种身，是你即今目前听法底人。”② 你本人就是佛，佛经上所说的“三身佛”，实际上不过是人“一念心”的展现，一念心上清净光，你就是法身佛；一念心上无分别光，你就是报身佛；一念心上无差别光，你就是化身佛。这是他继承并展开《坛经》中慧能关于“自三身佛”的观点，对我佛观的生动解说。对于“无相为体”，义玄也有其见解。

问：“如何是四种无相境?”

师云：“你一念心疑，被地来碍；你一念心爱，被水来溺；你一念心嗔，被火来烧；你一念心喜，被风来飘。若能如是辨得，不被境转，处处用境，东涌西没，南涌北没，中涌边没，边涌中没，履水如地，履地如水。缘何如此？为达四大如梦如幻故。

道流，你只今听法者，不是你四大，能用你四大。若能如是见得，便乃去住自由。”③

将“无相为体”与自由联系，从自由来理解无相，是义玄的新意。

慧能的“无念为宗，无相为体，无住为本”，作为禅教术层次的重要范畴，在道一、怀海、希运、义玄等后继者那里得以深化和扩展，这与他

① 《古尊宿语录》上卷，中华书局 1994 年版，第 54 页。

② 《临济录》，中州古籍出版社 2001 年版，第 13 页。

③ 同上书，第 18 页。

们坚持农禅并作密切相关，也可以说正是他们在生产生活实践中参禅悟道的体现。

三、自心是佛与即心即佛

慧能我佛观强调人自心是佛，心悟见性即为佛，自悟自度，依法修行。《坛经》中云：

> 但识众生，即能见佛；若不识众生，觅佛万劫不得见也。吾今教汝识众生见佛，更留见真佛解脱颂，迷即不见佛，悟者即见法。……后代世人，若欲觅佛，但识佛心众生，即能识佛，即缘有众生，离众生无佛心。
>
> 迷即佛众生，悟即众生佛；愚痴佛众生，智慧众生佛。
> 心险佛众生，平等众生佛；一生心若险，佛在众生中。
> 一念吾若平，即众生自佛，我心自有佛，自佛是真佛；
> 自若无佛心，向何处求佛。[①]

慧能所说的“众生”，与佛教传自婆罗门教的梵天所造“众生物”，即植物、动物和人的总和不同，主要是指人。佛教大乘宣扬的“普度众生”，是包括人和动物的。这是其轮回观的表现。佛教大乘认为，在不断轮回中，各类众生是相互转换的，人与蚁虫在轮回中地位是相等的。慧能及其传人所说的“众生”，实际上已将人之外的动、植物排除，是“众人”。他强调：“一切经书，及诸文字，小大二乘，十二部经，皆因人置，因智慧性故，故然能建立。若无世人，一切万法本元不有。故知万法，本因人兴；一切经书，因人说有。”[②] 人有智慧性，有迷有悟，才有了“小大

① 《坛经校释》，中华书局 1983 年版，第 108—109 页。

② 同上书，第 57—58 页。

二乘，十二部经”。否认了佛教宣扬的“道在瓦砾”“法在草木”等说法。慧能禅教，主体是人，对象也是人，创教的目的是启发人本性佛，消除迷惑。与佛教的先验佛、外在佛、西天佛等说法不同，禅教认为佛只在于人，只在人的自心，“自心是佛”。“一切万法，尽在自身中，何不从自心顿现真如本性。”[①] 因此，他要求信众发四弘大愿：“众生无边誓愿度，烦恼无边誓愿断，法门无边誓愿学，无上佛道誓愿成。”[②] 与净土宗的发愿死后入西天净土，求佛求观世音菩萨保佑不同，慧能要人发的誓愿，都在“自心”“自性”。而人自性有三宝：佛、法、僧，佛者觉也，法者正也，僧者净也。“自心皈依觉，邪迷不生，少欲知足，离财离色，名两足尊。自心皈依正，念念无邪故，即无爱著，以无爱著，名离欲尊。自心皈依净，一切尘劳妄念，虽在自性，自性不染著，名众中尊。”[③]《坛经》由此否定了佛教外在的、高于人的佛、法、僧。慧能说佛是觉、法是正、僧是净，都是人性中自有的。佛教宣传佛有法身、化身、报身，并由三身转化，以法身佛、化身佛、报身佛出现，以度人、救世。而慧能则认为这三身佛都在人自身，要求听众随他一起说以见自“三身佛”：“于自色身，皈依清净法身佛；于自色身，皈依千百亿化身佛；于自色身，皈依圆满报身佛。”[④] 佛教的三身佛，是变幻的如来佛，是神佛，而慧能则认为三身佛就在人的自性。

色身是舍宅，不可言归，向者三身在自性，世人尽有，为迷不见，外觅三身如来，不见自色身中三身佛。善知识！听汝善知识说：“今善知识于自色身见自法性有三身佛，此三身佛，从性上生。何名清净法身佛？善知识！世人性本自净，万法在自性。思量一切恶事，即行于恶；思量一切善事，便修于善行。如是一

① 《坛经校释》，中华书局1983年版，第58页。

② 同上书，第44页。

③ 同上书，第46—47页。

④ 同上书，第39页。

切法尽在自性。自性常清净；日月常明，只为云覆盖，上明下暗，不能了见日月星辰，忽遇惠风吹散卷尽云雾，万象森罗，一时皆现。世人性净，犹如青天，惠如日，智如月，知惠常明。于外著境，妄念浮云盖覆，自性不能明。故遇善知识开真法，吹却迷妄，内外明彻，于自性中，万法皆见。一切法自在性，名为清净法身。自皈依者，除不善行，是名皈依。何名千百亿化身？不思量，性即空寂；思量即是自化。思量恶法，化为地狱；思量善法，化为天堂。毒害化为畜生，慈悲化为菩萨，知惠化为上界，愚痴化为下方。自性变化甚多，迷人自不知见。一念善，知惠即生。一灯能除千年暗，一智惠能灭万年愚。莫思向前，常思于后。常后念善，名为报身。一念恶 ，报却千年善亡；一念善，报却千年恶灭。无常已来，后念善，名为报身。从法身思量，即是化身；念念善，即是报身。自悟自修，即名皈依也。”①

三身佛都在自身自性，不必外求。这哪里是在说“佛”，明明是在说人。人的行为善恶，都源于自性我心，“自修自悟”，皈依自三身真佛。后来王守仁说的“良知”，也就是慧能的“自心真佛”，差别在于王守仁是从官僚地主阶级意识界定良知，而慧能则是从农民意识来界定真佛的。

慧能认为，“佛”不过是人的正确认识，是对人和事物的正觉。它源于人心，心是皮肉色身的一个器官，也是法身的生成之所。虽然当时人们对脑及神经系统并无确切认识，但已对感觉和思维有了区分和界定，佛教“色、声、香、味、触、法”及“眼、耳、鼻、舌、身、意”的规定，就是对意识、思维与感觉的初步规定。慧能并未就此进行更多探讨，而是在佛教已有“色身”“法身”区分的基础上，强调色身是法身的“舍宅”，没有色身即没有法身。法身起于人心，人心自有佛性，即正确认识的可能性或主观条件 。能否调动、发挥这个主观条件，根本在于认识的态度和方

① 《坛经校释》，中华书局 1983 年版，第 39—40 页。

法，“三身佛”都在世人的“自法性”，认识不到这一点，“为迷不见，外觅三身如来”，就不可能认识并发挥“自色身中三身佛”，反而将外人所宣传的“如来”当作佛，盲目信从，而忘记了自法性。佛教，尤其大乘派，也说人有佛性，但只是被佛所度、导引之性，而慧能则以自法性否定了佛法性、被佛所度之“佛性”。而人的自法性及由之而形成的法身，本质是净、是空，自性之性是“空寂”，没有任何成见、思想之教条，因而可以认知事物之本性，可以于诸事诸物的认识过程，随事物本性而形成“千百亿化身”，而“念念善，即是报身”。慧能临终前，对法海及其他弟子们嘱咐道：

> 汝听！后代迷人，但识众生，即能见佛；若不识众生，觅佛万劫不得见也。吾今教汝识众生见佛，更留《见真佛解脱颂》，迷即不见佛，悟者即见法。①

其偈为：

> 迷即佛众生，悟即众生佛；
> 愚痴佛众生，智惠众生佛。
> 心险佛众生，平等众生佛；
> 一生心养险，佛在众生中。
> 一念吾若平，即众生自佛，
> 我心自有佛，自佛是真佛；
> 自若无佛心，向何处求佛。②

接下来，慧能又留一《自性真佛解脱颂》道：

---

① 《坛经校释》，中华书局1983年版，第108页。

② 同上书，第108—109页。

真如净性是真佛，邪见三毒是真魔，
邪见之人魔在舍，正见之人佛则过。
性中邪见三毒生，即是魔王来住舍。
正见忽除三毒心，魔变成佛真无假。
化身、报身及法身，三身元本是一身，
若向身中觅自身，即是成佛菩提因。
本从化身生净性，净性常在化身中，
性使化身行正道，当来圆满真无穷。
淫性本是清净因，除淫即无净性身，
性中但自离五欲，见性刹那即是真。
今生若悟顿教门，悟即眼前见世尊，
若欲修行云觅佛，不知何处欲求真。
若能心中自有真，有真即是成佛因，
自不求真外觅佛，去觅总是大痴人。
顿教法者是西流，救度世人须自修，
今报世间学道者，不于此见大悠悠。①

这篇颂文，虽然文句不佳，且还有不通处（如“正见之人佛则过”），却也道出“不识字”的慧能关于“自法性”和自心是佛的基本思想，强调了“若向身中觅自身，即是成佛菩提因。”

“心自有佛”和“自心是佛”，都是对我佛观内涵的进一步阐发。“自心是佛”这一命题被慧能传人演化为“即心即佛”，形成禅教思想术层次的重要环节，以展开我佛观并充实禅教体系。

“即心即佛”的提法，最早见于《景德传灯录》卷五，记法海初参慧能，“问曰：‘即心即佛，愿垂指谕。’祖曰：‘前念不生即心，后念不灭即佛。成一切相即心，离一切相即佛。吾若具说，穷劫不尽。听吾偈曰：

① 《坛经校释》，中华书局1983年版，第109—110页。

即心名慧，即佛乃定。定慧等持，意中清净。悟此法门，由汝习性。用本无双，双修是正'。法海信受，以偈赞曰：'即心元是佛，不悟而自屈。我知定慧因，双修离诸物。'"[①] "即心即佛"这一提法，或许就是慧能提出的，法海初参，就这一提法发问，慧能以"无念""无相"，对之进行了解说。虽说"即心即佛"并不如"自心是佛"明晰，但基本含义是相同的，后经道一提倡和反复论说，并演化为"非心非佛"，进而衍生"平常心是道"，在禅教中得以流传。

道一常对弟子们讲："汝今各信自心是佛，此心即是佛心。"[②] 又说：

> "夫求法者，应无所求。"心外无别佛，佛外无别心。不取善，不舍恶，净秽两边俱不依怙。达罪性空，念念不可得，无自性故。三界唯心，森罗万象，一法之所印。凡所见色，皆是见心。心不自心，因色故有心。汝可随时言说，即事即理，都无所得。菩提道果，亦复如是。于心所生，即名为色。知色空故，生即不生。若体此意，但可随时著衣吃饭，长养圣胎，任运过时，更有何事？[③]

求法者应别无所求，因为心外无别佛，佛外无别心。你自心是佛，法亦自心生，何必向外求法？心外无佛也无法，如何求，又能求得什么？只要明确即心即佛，不取善，也不求恶，净秽两边俱不依怙，就是自心佛法。不知即心即佛，却有多种愿念，又不能实现，求外人讲解佛法，实现自己的愿念，是没有自性的表现。即心即佛说，是对佛教佛我观的否定，自心之外并无佛，也就是没有佛教所宣扬的具有无上智慧无限神通、先验于我、高上于我的佛。禅教是无神教，也是无佛教，虽然也使用"佛"的名号，但它并不是佛教宣扬那个或无数个外于、先于、高于凡人个我的佛神，而

① 《景德传灯录》上卷，中州古籍出版社2019年版，第100页。

② 《祖堂集》下卷，中华书局2007年版，第610页。

③ 同上书，第611页。

是个我的自心之智、之觉。人所见到的一切事物现象，都要心解，凡所见色，皆是见心。而心之所以为心，不在它自为心，是因为有色才有心。心与色相对，见色即见心，同样，也是见心而识色。只要确立即心即佛的观念，就可随时言说，即事即理，都无所得，也不应求所得。人自心本具足一切法，森罗万象，都可以由心法而认知。没有必要，也不应该向外求法，只要自信本心，你就可随意穿衣吃饭，长养自心佛，任心随时，去除愿念，这不正是人生之法么？

《祖堂集》记汾州无业参拜道一，请教“即心即佛”，二人对话如下：

> 师礼而问曰：“三乘至教，粗亦研穷，常闻禅门即心是佛，实未能了。伏愿指示。”马大师曰：“即汝所不了心即是，更无别物。不了时即是迷，了时即是悟；迷即是众生，悟即是佛道。不离众生别更有佛也。亦如手作拳、拳作手也。”师言下豁然大悟，涕泪悲泣，白马大师言：“本将谓佛道长远，勤苦旷劫，方始得成。今日始知法身法相本自具足，一切万法从心化生，但有名字，无有实者。”马大师云：“如是，如是。一切心性不生不灭，一切诸法本自空寂。是故经云：‘诸法从本来，常自寂灭相。’又云：‘毕竟空寂舍。’又云：‘诸法空为坐。’此则诸佛如来住无所住处。若如是知，即是住空寂舍，坐法空座，举足下足，不离道场，言下便了，更无渐次，所谓不动足而登涅槃山。”①

无业为具戒律师，禀四分律疏，熟习大乘经典，“长讲华严、涅槃等经。时谓生、肇不泯，林、远再兴。”② 他对道一提关于“即心是佛”的问题，既是确有疑问，又带有挑战之意，若道一说服不了他，很可能据佛法问难。道一的回答简而明，即心是佛的“心”，就是你现在不明白的心，不

① 《祖堂集》下卷，中华书局2007年版，第690—691页。

② 同上书，第690页。

明白时是迷，明白了就是悟。迷的时候，你就是众生的一员，悟就是佛道。佛道就在于心，众生也在于心，是心迷心悟导致众生与佛道的区别。这就像手握起来是拳，拳伸开就是手一样。“如手作拳，拳作手”这个比喻，既形象又深刻，对于无业这位“长讲华严、涅槃等经”的律师来说，恰如狂风扫阴霾，“言下豁然大悟，涕泪悲泣”。他这种表现绝非装出来的，而是长期迷信佛经导致的心中烦恼和虚傲突然被清除后的表现，也是“悟”给他带来巨大幸福感的爆发。悟到自心即佛的无业，说出的发自于心的感言，又可为“即心即佛”的注解：我本以为佛道相当长远，要经过勤苦艰难的学习修炼，才能有所成就。听了您的话，才明白“法身实相本自具足，一切万法从心化生”这个道理。而这正是慧能禅教的要点。对无业的感言，道一给予肯定，并根据他熟读佛经的特点，以“我转佛经”之术，引几句“经云”，并据“法本自空寂”，说“诸佛如来住无所住处”，此话如细究，则大违佛教，但又不无依据，既然你佛教讲求“缘起性空”，那么佛就不可能是有，佛法也不应有，当然佛就住无所住处了。即心即佛，佛就是自心，何来外边的“诸佛如来”？如果明白了这个道理，那么我举足下足，就没有离道场，言下便了，更无渐次，不动足就登涅槃。涅槃是人生之境，是明确即心即佛的行为言语，而非佛教所说的人死后由佛所度而遣送梵天轮回的场所。

对于道一与无业的对话，也可以看作禅教我佛观与佛教佛我观的一场交锋。对于“即心即佛”，无业据佛经佛法是怀疑的，而道一直指人心的简要论说，当即解决了无业的怀疑，令他折服，而他的感悟，不仅符合即心即佛的要义，也表示他对佛教的深入修研而遇到的矛盾，遇禅法才得到解决，说明人只要去除心中迷信，就可悟到自心是佛，从而也就有了观念上的自由。

“即心即佛”作为“自心是佛”的又一新提法，是我佛观的展开，既是道一宣讲禅法的要点，也是他与佛教徒争议的命题，因而也就成为他在禅教界的一个标志。但道一并不枯燥地讲定义，而是随机灵活地论说，

> 问："和尚为什么说即心即佛？"师曰："为止小儿啼。"曰："啼止时如何？"师曰："非心非佛。"①

"非心非佛"是对"即心即佛"的延展，后有人从对立意义上说这两个命题的关系："即心即佛"是说有心就有佛；"非心非佛"是说"对象既不是心，也不是佛，心与佛俱不存在"，这是很费解的。若从道一的语句来看，"非心非佛"之意应为"如果没有心，也就没有佛"，与"即心即佛"并不是对立的，而是进一步强调"即心即佛"。但后人的理解之所以出现歧义，还在"即心即佛"提法本身，道一用它来表示"自心是佛"，反而不如"自心是佛"明确。

"即心即佛"这一命题，由道一后继者秉持，成为禅教延续的重要依托。道一弟子法常，因对其师指教的领悟，认为"即心即佛"与"非心非佛"这两个提法并不是对立的。《祖堂集》《大梅和尚》篇：

> 一日问："如何是佛？"马师云："即汝心是。"师进云："如何保任？"师云："汝善护持。"又问："如何是法？"师云："亦汝心是。"又问："如何是祖意？"马师云："即汝心是。"师进云："祖无意耶？"马师云："汝但识取汝心，无法不备。"师于言下顿领玄旨，遂杖锡而望云山，因至大梅山下，便有栖心之意。乃求小许种粮，一入深幽，更不再出。后因盐官和尚出世，有僧寻，柱杖迷山，见其一人草衣结发，居小皮舍，见僧先言："不审。"而言语謇涩。僧穷其由，师云："见马大师。"僧问："居此多少年也？"师云："亦不知多少年。只见四山青了又黄，青了又黄，如是可计三十余度。"僧问师："于马祖处得何意旨？"师云："即心是佛。"其僧问出山路，师指随流而去。其僧归到盐官处，具陈上事。盐官云："吾忆在江西时，曾见一僧，问马大

① 《古尊宿语录》上卷，中华书局1994年版，第5页。

师佛法祖意，马大师皆言‘即汝心是’。自三十余年，更不知其僧所在，莫是此人不?”遂令数人教依旧路，斫山寻觅，如见云：“马师近日道‘非心非佛’。”其数人依盐官教问。师云：“任你非心非佛，我只管即心即佛。”盐官闻而叹曰：“西山梅子熟也。汝曹可往彼，随意采摘去。”如是不足二三年间，众上数百。凡接机应物，对答如流。①

道一的再传弟子希运也相当注重“即心即佛”，人问“如何是佛?”

师云：“即心是佛，无心是道。但无生心动念、有无长短、彼我、能所等心。心本是佛，佛本是心。心如虚空，所以云佛真法身犹如虚空。不用别求，有求皆苦。设使恒沙劫数六度万行，得佛菩提，亦非究竟。何以故?为属因缘造作故。因缘若尽，还归无常。所以云：报化非真佛，亦非说法者，但识自心，无我无人，本来是佛。”问：“圣人无心即是佛，凡夫无心莫沉空寂否?”师云：“法无凡圣，亦无沉寂。法本不有，莫作无见。法本不无，莫作有见。有之与无，尽是情见，犹如幻翳。”②

希运已开始向佛教中观派接近，并试图以中观派的观点来解释“即心即佛”，他的“心如虚空，所以云佛真法犹如虚空”的说法，已与道一、慧能原意有所差别。当有人问他，心既本来是佛，那么还用修六度万行吗?希运回答：

悟在于心，非关六度万行。六度万行，尽是化门接物度生边事。设使菩提真如实际解脱法身，直至十地四果圣位，尽是度门，非关佛心。心即是佛，所以一切诸度门中佛心第一。但无生

① 《祖堂集》下卷，中华书局2007年版，第674页。
② 《古尊宿语录》上卷，中华书局1994年版，第38页。

> 死烦恼等心，即不用菩提等法。所以道："佛说一切法，度我一切心。我无一切心，何用一切法!"从佛至祖，并不论别事，唯论一心，亦云一乘。所以十方谛求，更无余乘。此众无枝叶，唯有诸真实。所以此意难信。达摩来此土，梁魏二国只有可大师一人密信自心，言下便会。即心是佛，身心俱无，是名大道。大道本来平等，所以深信舍生同一真性。心性不异，即性即心。心不异性，名之为祖。所以云："认得心性时，可说不思议。"①

"即心即佛"本来是慧能"自心是佛"的又一提法，希运这里硬要从达摩说起，并与佛教相通，虽然他仍坚持"即心即佛"之旨要，但已显现出他向佛教禅宗靠拢之意，故此解说反而费解，因为佛教以佛我观为核心，不可能认同"自心是佛"，况且慧能所说的"佛"已不是佛教那种外于、高于、先于人的神佛，希运这样解释，不仅听者茫然，也说明他自己曾有未"明心"之时。但他坚持"即心即佛"，并反复对弟子讲此命题，对于维系禅教延续还是有作用的。

而道一另一弟子普愿，对"近日禅师太多"发出感慨说：

> 五祖大师有五百九十九人，尽会佛法，唯有卢行者一人不会佛法，他只会道。直至诸佛出世来，只教人会道，不为别事。江西和尚说"即心即佛"，且是一时间语，是止向外驰求病，空拳黄叶止啼之词。所以言："不是心，不是佛，不是物。"如今多有人唤心作佛，认智为道，见闻觉知皆云是佛。若如是者，演若达多将头觅头，设使认得，亦不是汝本来佛。若言即心即佛，如兔、马有角；若言非心非佛，如牛、羊无角。你心若是佛，不用即他，你心若不是佛，亦不用非他。有无相形，如何是道？所以

① 《古尊宿语录》上卷，中华书局 1994 年版，第 38—39 页。

若认心，决定不是佛；若认智，决定不是道。[1]

普愿批评那些将“即心即佛”庸俗化的禅师，是应该的，但不能因为这些人的庸俗化就把此命题说成是“一时间语，是止向外驰求病，空拳黄叶止啼之词”。而他对“佛法”与“道”的区别，还是很有见地的。五祖弘忍门下599人“尽会佛法”，唯有慧能一人“不会佛法，他只会道”。而诸佛出世以来，只教人“会道”，不为别事。这样说，诸佛只教人会道，不为别事，也包括佛法，因此会佛法的人都不会道，只有慧能一人能悟诸佛之道。这表明普愿还是坚持慧能我佛观的，并对“平常心是道”有所阐发，启示了从谂这个禅教传承者，但其支脉并不发达。

四、平常心是道

“平常心是道”这个命题，是道一承继慧能“无念为宗”和“自心是佛”的观念，特别是对“即心即佛”的领悟和发挥在长期农禅并作的实践中形成的，是禅教术层次具有鲜明特色的重要范畴。这个命题由怀海和希运坚持并发扬，在普愿、从谂那里得到阐发和运用。《坛经》中虽然没有关于慧能对“平常心是道”的论说，但已为这个命题提供了必要前提，道一是在怀让的启发下，领悟《坛经》中慧能的相关思想而提出这个命题的。

慧能之“自心是佛”说，将佛、法、僧分别定义为慧、正、净，强调这三者都在自心，修禅就是要“自心皈依”。

自心皈依觉，邪迷不生，少欲知足，离财离色，名两足尊。自心皈依正，念念无邪故，即无爱著，以无爱著，名离欲尊。自心皈依净，一切尘劳妄念，虽在自性，自性不染著，名众中尊。

---

① 《祖堂集》，中华书局2007年版，第704—705页。

> 凡夫不解，从日至日，受三皈依戒。若言归佛，佛在何处？若不见佛，即无所归；既无所归，言却是妄。善知识，各自观察，莫错用意。经中只即言自皈依佛，不言皈依他佛；自性不归，无所依处。①

慧能所说的佛，是自性佛、自心佛，即觉。觉为不妄，去除对外在佛的迷信，就可皈依觉，皈依自性佛。那些自称信佛的人，实际上不过是“凡夫”，他们总讲要皈依佛，并受佛教戒条的束缚，但所要皈依的佛在哪里？既然不知道佛在哪里，还要皈依佛，不就是妄想妄念吗？把自己的意识皈依外在的、又不知在何处的佛神，一言一行都受这个并不存在，妄念中的佛神的控制，自性已变成他性，哪里来的自由？消除对并不存在的佛神的迷信，皈依自性佛，由自性佛之心而言行。

> 我此法门，从一般若生八万四千智慧，何以故？为世有四万八千尘劳；若无尘劳，般若常在，不离自性。悟此法者，即是无念、无忆、无著，莫起诳妄，即是真如性。用智慧观照，于一切法不取不舍，即见性成佛道。②

达到无念、无忆、无著境界，消除诳妄，就是人自己的真如本性，对所有佛法都不取不舍，就能见性成佛道。佛道就在自我真如性中。

慧能所说的“道”与佛教所依据的梵天之道有质的区别，虽然他也用“佛道”一词，但其根据则是中国传统的天道，以及儒学道统的“仁”“义”“礼”之人道。经过1000多年的集权官僚制，天道及其具体化的人道已经成为普遍文化观念，贯穿于官文化和小农意识中。慧能所说的“道”或“佛道”，就是中国文化观念的天道和人道。“色类自有道，离道

---

① 《坛经校释》，中华书局1983年版，第46—47页。

② 同上书，第53页。

别觅道，觅道不见道，到头还自恼。若欲见真道，行正即是道，自若无正心，暗行不见道。”① 修道、悟道之法，并不在佛神那里，而是在人心，在人世，“法元在世间，于世于世间，勿离世间上，外求出世间。”② 因此，“世间若修道，一切尽不妨。常见自己过，与道即相当。”③ 道贯彻于人世的各方面，人生的各种活动和社会关系，都是道的展现。

农民所依循的勤俭持家、安分守己的小农意识，是农民和其他平民百姓的生活守则，其中贯穿着农民从自己地位对儒学道统的理解，孝、义、睦、忍是自私自利小家庭内部及其与人交往，维持自家生计与延续，乃至应对官府的普遍而贯穿日常生活的观念。也正是在这些观念中，体现着“平常心是道”的基本内涵。

慧能关于道的思想，为怀让、道一一脉所继承和发扬。道一是在怀让的导引下步入禅教的，并在术、技层次多有创见，丰富了禅教思想体系，更调教出怀海、普愿两位传人。关于怀让开导道一，《祖堂集》在怀让和尚章已有记载，后《古尊宿语录》又加以扩展。

> 马祖居南岳传法院，独处一庵，唯习坐禅，凡有来访者都不顾。师往，彼亦不顾。师观其神宇有异，遂忆六祖谶，乃多方而诱导之。一日将砖于庵前磨，马祖亦不顾。时既久，乃问曰：“作什么?”师云：“磨作镜。”马祖云：“磨砖岂得成镜!”师云：“磨砖既不成镜，坐禅岂能成佛!”祖乃离座云：“如何即是?”师云：“譬牛驾车，车若不行，打牛即是? 打车即是?”又云：“汝学坐禅? 为学坐佛? 若学坐禅，禅非坐卧。若学坐佛，佛非定相。于无住法，不应取舍。汝若坐佛，即是杀佛。若执坐相，非达其理。”马祖闻斯示诲，豁然开悟，礼拜，问云：“如何用心，即合无相三昧?”师云：“汝学心地法门，如下种子。我说法

---

① 《坛经校释》，中华书局 1983 年版，第 72 页。

② 同上书，第 72 页。

③ 同上书，第 71 页。

要，譬彼天泽，汝缘合故，常见其道。”马祖云：“道非色相，云何能见?”师云：“心地法眼能见乎道，无相三昧亦复然矣。”祖云：“有成坏否?”师云：“若以成坏聚散而见道者，非也。听吾偈曰：“心地含诸种，遇泽悉皆萌。三昧华无相，何坏复何成，”马祖一蒙开悟，心地超然。侍奉十秋，日益深奥。①

怀让堪称禅教的优秀导师，他对道一的诱导、启示，生动、简明，直指其心结。至于说他之所以关注道一，是由于“遂忆六祖谶”，即《祖堂集》中所记慧能对怀让说：“西天二十七祖般若多罗记汝：佛法从汝边去，向后马驹踏杀天下人。”② 此说未必可信。但这个马驹经怀让十年调教，确实踏出一片新天地，由他率领的禅教大军扫荡了迷信佛教者之妄念霾雾。

道一随怀让而悟得慧能我佛观之真谛，他的“即心即佛”和“非心非佛”说，既是我佛观“自性是佛”的体现，又是“平常心是道”的前提。他强调从日常生活的一举一动、一言一行去证悟自己本心，本心即是佛。佛不在心外，佛更不是高高在上的神圣，而是存在于由心导引的生命活动中。因此要任身心自运，佛就在这平常的任心自运中。据《景德传灯录》载，道一曰：

若欲直会其道，平常心是道。谓平常心无造作，无是非，无取舍，无断常，无凡无圣。……只如今行住坐卧，应机接物，尽是道。③

道一关于“平常心是道”的观点，既是对慧能、怀让有关思想的继承，也是他在农禅并作实践中的经验总结；既深刻抽象，又浅显具体。说来容易，却要长期在生活中领悟。有人问“如何是修道?”道一回答：“道

① 《古尊宿语录》上卷，中华书局 1994 年版，第 2 页。

② 《祖堂集》，中华书局 2007 年版，第 191 页。

③ 《景德传灯录》卷二十八。

不属修。若言修得，修成还坏，即同声闻。若言不修，即同凡夫。”[1] 为什么“道不属修”？此修是有念之修，有求之修，为修道而修道，不仅不能达道，而且即使有所知，也只是声闻，并未与自心自性内在统一。那么，是否不修就能达道？也不能，凡夫不修道，也不知道，不修道即凡夫。因此还要修道，但不是像佛教徒那样拜外在佛去求道，也不能像他道一未被怀让启示前那样去坐禅，而是在日常生活中体验感悟。行住坐卧，待人接物中处处都有道，以平常心领悟，就能达道。“一切众生从无量劫来，不出法性三昧，长在法性三昧中。著衣吃饭，言谈祇对，六根运用，一切施为，尽是法性。”[2] 人生中的各种关系和烦恼，都是道的体现，以平常心，而非故意造作的“佛法”及各种“有念”去领会，就能认识道，也能处理人生的各种关系，消除烦恼。

“平常心是道”这个命题，体现了自怀让到道一所受传统天道观的影响。在他们的观念中，自己并不是佛教信徒，而是一个相对独立的自由思想者，他们在改造吸收佛教思想时，所依据的道层次是中国传统的天道观。“道一”之名，不知是自起，还是怀让或别人所起，其意正是老子所说的“道生一”。因此，在他们的言语中，道、法、修道、达道等术语，既有佛教的因素，更有中国传统天道观的因素，并以自心领悟来定义。“平常心是道”这个提法，明显带有“道法自然”的含义，看起来更像庄子的用语，在强调其禅理的同时，并注重世俗性。道一及其弟子也相当注重从生产生活的各个细节来探讨其中之道，因此使禅教增加了丰富多彩的内容。这里举二例：

> 师采藤次，见水潦便作放势。水潦近前接，师即便踏倒。水潦起来，呵呵大笑云：“无量妙义，百千三昧，尽在一毛头上识得根源去。”[3]

---

① 《古尊宿语录》，中华书局 1994 年版，第 3 页。

② 同上书，第 4 页。

③ 《古尊宿语录》上卷，中华书局 1994 年版，第 4 页。

> 有小师耽源行脚回，于师前画一圆相，就上拜了立。师曰："汝莫欲作佛否？"曰："某甲不能捏目。"师云："吾不如汝。"小师不对。[①]

师徒之间在生活中打趣谈说，以平常心对待生活，也在生活中体悟平常心之道。这也为在"农禅并作""即心即佛"观念导引下艰苦的禅林生活增添了活泼情趣。

道一"平常心是道"的命题，由普愿和怀海坚持，发展为禅教术层次的重要内容。

普愿高度重视从"平常心是道"论证禅法，他在与其弟子从谂的对话中，谈到自己的见解，

> 师问："如何是道？"南泉云："平常心是道。"师云："还可趣向否？"南泉云："拟则乖。"师云："不拟时如何知是道？"南泉云："道不属知不知。知是妄觉，不知是无记。若也真达不拟之道，犹如太虚，廓然荡豁，岂可是非？"师于是顿领玄机，心如朗月。自尔随缘任性，笑傲浮生，拥毳携筇，周游烟水矣。[②]

普愿认为，道不属于知不知的范畴，因而不能以既有的观念、知识演绎论证，而是在知与不知之间体会，即"冥契"，由率性之行而"会道""体道"，其要旨在超越见闻觉知的藩篱，不为知见束缚，一任自己本性自由行止。宋圆悟克勤在《题南泉和尚要语》中说："王老师真体道者也，所言皆透脱，无毫发知见解路，只贵人离见闻觉知，自透本来底，方得自由。"[③] 普愿所体会的"道"，既有道一所说的"平常心无造作，无是非，无取舍，无断常，无凡无圣"之意，又强调从率性中的体会，要眠即眠，

---

① 《古尊宿语录》上卷，中华书局1994年版，第5页。

② 《祖堂集》下卷，中华书局2007年版，第784—785页。

③ 《古尊宿语录》上卷，中华书局1994年版，第202页。

要坐就坐，热即取凉，寒则向火。他提倡以“无心”“无智”会道，强调，

若认心，决定不是佛；若认智，决定不是道。大道无影，真理无对。等空不动，非生死流；三世不摄，非去来今。故明暗自去来，虚空不动摇；万像自去来，明镜何曾鉴？阿你今时尽说修行作佛，且作么生修行？但识取无量劫来不变异性，是真修行。[①]

佛教将文殊说成智的化身，普贤是理的化身。普愿为了强调“平常心是道”，反对以智、理来解道，他对弟子说：“若是文殊、普贤，昨夜三更各打二十棒，趁出院了也。”[②] 他带徒弟，很少高谈阔论，而是在日常生活中启发平常心，这里记几则：

问：“如何是菩萨意旨？”师云：“黑如漆。”僧云：“眼在何处？”师云：“明如日。”[③]

僧辞时问：“学人到山下，有人问着和尚近日如何，作么生祇对？”师云：“但向他道：解相扑。”僧云：“作么生相扑？”师答云：“一拍双泯。”[④]

问：“父母未生时，鼻孔在什么处？”云：“如今已生也，鼻孔在什么处？”[⑤]

问：“如何是涅槃？”师云：“清犹清，急犹急，浮沙何处停？”僧拈问：“如何是清犹清？”师云：“混他一点不得。”“如何是急犹急？”师云：“转目看不见。”“如何是浮沙何处停？”师云：“金屑虽贵，眼里著不得。”[⑥]

---

① 《祖堂集》下卷，中华书局2007年版，第705页。
② 同上书，第710页。
③ 同上书，第712页。
④ 同上书，第712页。
⑤ 同上书，第712页。
⑥ 同上书，第713页。

> 师问黄檗："'定、慧等学，明见佛性。'此理如何？"黄檗云："不依一物。"师云："莫便是长老家风也无？"檗云："不敢。"师云："浆水钱则且置，草鞋钱阿谁还？"①

少用甚至不用概念定义、论说道，而是从平常生活的细节中体道、悟道，这是道一"平常心是道"之禅术的特征，普愿对此颇有心得，并予以发扬。他的弟子从谂在这方面更有所拓展。

普愿是在从谂问道时讲"平常心是道"的，令从谂"顿领玄机，心如朗月。自尔随缘任性，笑傲浮生，拥毳携筇，周游烟水。"从谂经普愿启示而顿悟后，几十年间游历于南方禅教之各禅团，与齐安、怀海、灵祐、希运、惟俨、道吾、善会等都有交往，甚至还会过神秀一系三峰道树。大约80岁以后，他才在赵州观音院定居，"开物化迷，大行禅道。"故人称"赵州和尚"。他活到120岁，留下大量禅语，在禅门影响颇广。他这一生可以说是践行"平常心是道"的历程，他拥毳（毡帐）携竹杖而游历时，不避辛苦，率性而行。

> 师到云居。云居云："老老大大，何不觅个住处？"师云："什么处住得？"云居云："前面有古寺基。"师云："与么，即和尚自住取。"
>
> 师又到茱萸。茱萸云："老老大大，何不觅个住处去？"师云："什么处住得？"茱萸云："老老大大，住处也不识？"师云："三十年弄马骑，今日却被驴扑。"
>
> 师又到茱萸处，上下观瞻。茱萸云："平地吃交作什么？"师云："只为心粗。"②

---

① 《祖堂集》下卷，中华书局2007年版，第713页。

② 《赵州录》，中州古籍出版社2001年版，第109—110页。

从谂80岁定居赵州观音寺后，住持枯槁，志效古人，其僧堂竟然无前后架，斋食旋做旋吃，绳床一条腿折了，拿烧断的木柴捆上，而且从来不向檀越讨东西。他住在赵州时，逢赵王与燕王交战，有善于观察云气的人说赵州有圣人，“战必不胜”，二王于是罢兵，二王同去拜见从谂。赵王要为他建禅院，从谂不要，燕王也具威仪迎接，从谂坚让不受，仅把燕王赠的僧衣在身上挂了一下。据《赵州录》记载：

> 师因在室坐禅次，主事报和尚云：“大王来礼拜。”大王礼拜了，左右问：“列土王来，为什么不起?”师云：“你不会。老僧者里，下等人来，出三门接；中等人来，下禅床接；上等人来，禅床上接。不可唤大王作中等、下等人也，恐屈大王。”大王欢喜，再三请入内供养。①

是否二王同拜，或是哪个王，此文没有说，但从谂对统治者不卑不亢的态度已然表现出来。不过，二王的尊重礼奉，还是改变了从谂的处境，他虽不受二王的迎请，却接受了行军司马窦某施舍的果园，徒众云集。

从谂也与普愿一样，不做推理论证，而是随机说道。《祖堂集》《赵州和尚》记：

> 问：“如何是平常心?”师云：“狐狼、野干是。”
>
> 僧云：“还教化也无?”师云：“不历你门户。”僧云：“与么莫平沉那个人也无?”师云：“大好平常心。”②

说“狐狼、野干”是平常心，而且平常心的人不受教化，这是从谂的独到解说。对于佛教经、律、论三藏，从谂也有自己的说法。

---

① 《赵州录》，中州古籍出版社2001年版，第98页。

② 《祖堂集》下卷，中华书局2007年版，第786页。

> 定州有一座主到。师问："习何业？"云："经律论不听便讲。"师举手示之："还讲得者个么？"座主茫然不知。师云："直饶你不听便讲得，也只是个讲经论汉。若是佛法，未在。"云："和尚即今语话，莫便是佛法否？"师云："直饶你问得、答得，总属经论。佛法未在。"主无语。①

经论只是经论，不是佛法。这是禅教的基本认识，从谂在与这个自诩"经律论不听便讲"的佛僧对话中，明确地宣布了这个道理。

从谂因"平常心是道"而高寿至120岁。他游历四方，随遇而安，安贫乐道，乐观开豁。看似逍遥自在，但仍多有苦楚，并在游历中遍识民情世态。他作《十二时歌》以志之：

> (1) 鸡鸣丑，愁见起来还漏逗，裙子褊衫个也无，袈裟形相些些有。裩无腰，绔无口，头上青灰三五斗。比望修行利济人，谁知变作不唧溜。
>
> (2) 平旦寅，荒对破院实难论，解斋粥米全无粒，空对闲窗与隙尘。唯雀噪，无人亲，独坐时闻落叶频。谁道出家憎爱断，思量不觉泪沾巾。
>
> (3) 日出卯，清静却翻为烦恼，有为功德被尘幔，无限田地未曾扫。攒眉多，称心少，叵耐东村黑黄老，供利不曾将得来，放驴吃我堂前草。
>
> (4) 食时辰，烟火徒劳望四邻，馒头䭔子前年别，今日思量空咽津。持念少，嗟叹频，一百家中无善人；来者只道觅茶吃，不得茶噇去又嗔。
>
> (5) 禺中巳，削发谁知到如此！无端被请作村僧，屈辱饥凄受欲死。胡张三，黑李四，恭敬不曾生些子，适来忽尔到门头，

① 《赵州录》，中州古籍出版社2001年版，第105页。

唯道借茶兼借纸。

(6) 日南午，茶饭轮还无定度，行却南家到北家，果至北家不推注：苦沙盐，大麦醋，蜀黍米饭齑莴苣；唯称：“供养不等闲，和尚道心须坚固！”

(7) 日昳未，者回不践光阴地。曾闻一饱忘百饥，今日老僧身便是：不习禅，不论义，铺个破席日里睡。想料上方兜率天，也无如此日炙背！

(8) 晡时申，也有烧香礼拜人：五个老婆三个瘿，一双面子黑皴皴。油麻茶，实是珍，金刚不用苦张筋；愿我来年蚕麦熟，罗睺罗儿与一文。

(9) 日入酉，除却荒凉更何守！云水高流定委无，历寺沙弥镇长有：出格言，不到口，枉续牟尼子孙后。一条拄杖粗楖藜，不但登山兼打狗。

(10) 黄昏戌，独坐一间空暗室：阳焰灯光永不逢，眼前纯是金州漆；钟不闻，虚度日，唯闻老鼠闹啾唧。凭何更得有心情，思量念个波罗蜜？

(11) 人定亥，门前明月谁人爱？向里唯愁卧去时，勿个衣裳着甚盖？刘维那，赵五戒，口头说善甚奇怪：任你山僧囊罄空，问著都缘总不会。

(12) 半夜子，心境何曾得暂止！思量天下出家人，似我住持能有几？土榻床，破芦篷，老榆木枕全无被；尊像不烧安息香，灰里唯闻牛粪气。①

如此凄苦艰辛的游禅生活，吃、穿、住全无着落，还要受人戏弄嘲讽，试想一位七八十岁的老者，独自一人游历于穷乡僻壤，如果没有“平常心是道”的观念，凭什么支撑，而且能保持乐观心态，“笑傲浮生”，从日常的

① 《赵州录》，中州古籍出版社2001年版，第136—139页。

艰难中体悟其道？《十二时歌》不仅是从谂个人的感受，也是众多游僧生活的写照，不过他们很少有人能像从谂这样几十年矢志不渝。从中我们也可以理解神会之所以冒着生命危险，也要与神秀派争个高下，以求得官禅地位，其中重要原因就是要摆脱农禅清苦和游禅之艰辛。80岁以后才得安稳住所，并因赵、燕二王的尊奉而得以广收门徒的从谂，所传之道，绝非佛教的经论律，而是自身深切体悟的“平常心”。

与普愿弟子从谂的游历体悟不同，与普愿同为道一弟子的怀海则坚持在农禅并作中领悟和实践“平常心是道”，既不像神会那样追逐官禅地位，也不像从谂那样苦行游历，怀海承继并发扬道一的农禅并作自食自力，是禅教得以延续的唯一途径。神会求得朝廷认可，虽衣食无忧，并得荣华，但禅教之旨在他那里已异化；从谂虽历尽艰辛而悟道，但他受统治者礼敬后那些慕名求教之徒，虽授之以道，却不能识得平常心，从谂一支自他去世后，也很快官禅化，并在禅教历史上消失。怀海虽没有直接讲过“平常心是道”，但他在与徒作务中，时时保持平常心，自己悟也启发弟子悟道。

> 师因普请开田回，问：“运阇黎开田不易。”檗云：“众僧作务。”师云：“有烦道用。”檗云：“争敢辞劳！”师云：“开得多少田？”檗作锄田势。师便喝。檗掩耳而出。师问黄檗：“甚处来？”檗云：“山下采菌子来。”师云：“山下有一虎子，汝还见么？”檗便作虎声。师于腰下取斧作斫势，檗约住便掌。①

这些劳动之余的对话，既是消遣打趣，也是从“平常心”来体悟其道。类似的例子，在禅教道一、怀海这个主流派的禅团中比比皆是，这也是其农禅并作之要旨所在，从劳动中体悟道，以禅道导引情趣、从事劳动、融洽人际关系。也正是在日常生活中以平常心来体道，怀海才能从所悟道出发，制定《禅林清规》这个禅团章程和组织的文件，以它聚合禅众在艰苦

---

① 《古尊宿语录》上卷，中华书局1994年版，第9页。

条件下乐观生活，以平常心悟平常道，禅修和生产、生活有机统一，创建了人类社会特有的一种社会存在方式，并对其组织、纪律、个人行为进行切合实际的规定。

也正是在农禅并作的实践中，怀海对“平常心是道”的深刻领悟，使他从禅法角度对此术范畴作了概括性论说：

> 一切诸法，本不自言空，不自言色，亦不言是非、垢净，亦无心系缚人。但人自虚妄计著，作若干种解，起若干种知见。若垢净心尽，不住系缚，不住解脱，无一切有为、无为解，平等心量，处于生死，其心自在。毕竟不与虚幻尘劳、蕴界、生死诸入和合，迥然无寄，一切不拘，去留无寻，往来生死，如门开合相似。若遇种种苦乐，不称意事，心无退屈，不念名闻、衣食，不贪一切功德利益，不与世法之所滞。心虽亲爱苦乐，不干于怀，粗食接命，补衣寒暑，兀兀如愚如聋相似，稍有相亲分。于生死中广学知解，求福求智，于理无益，却被知解境风漂却，归生死海里。佛是无求人，求之则乖；理是无求理，求之则失。若取于无求，复同于有求。此法无实亦无虚。若能一生心如木石相似，不为阴界、五欲、八风之所漂溺，则生死因断，去住自由，不为一切有为因果所缚，他时还与无缚身同利物，以无缚心应一切，以无缚慧解一切缚，亦能应病与药。①

与普愿吸纳道学思想不同，怀海更多地是从禅教我佛观来论说他所理解的“平常心是道”，所用术语也与普愿有所差别，但其基本思路还是一致的。经这两位师兄弟及其弟子的努力，使“平常心是道”这个命题成为禅教体系术层次的重要范畴，并在展开于技层次过程中，演化出丰富内容。

---

① 《祖堂集》下卷，中华书局2007年版，第641—642页。

五、定慧一体

戒、定、慧为佛教之“三学”，从小乘部派到大乘，都将戒作为三学之首，并对佛教之戒条戒律作了系统而详细的规定，由此演化出律学，以及专门修习律学的律宗。佛教之强调“戒”，是其佛我观的直接体现。创造并主宰宇宙和人世的梵天，对每个人的行为都在监督、考察，并以相应标准衡量评判，由此决定对他的转世轮回，而每个人又都不清楚梵天的衡量标准，因而都有可能违反，导致坏的轮回。佛教就是由佛将梵天的标准告诉信众，并为之制定戒条、戒律，规范其行为。“戒”是佛慈悲的表现，是佛所打探到的梵天衡量个体人行为标准的要求。

慧能以我佛观为核心观念，不承认梵天对世界和人生的创造与主宰，因而也就不承认在个我与总我梵天之间的“佛”的存在。他所论证的，是个我如何认识、遵行自然的天道和人道，自主而自由的思想和行为。因此，他强调顿悟自己本性，调动并发挥本性自有之智慧，以知道、依道而行。既没有梵天设立的人行为的准则与标准，也就不需要由外在于人的神佛教导如何遵守依本不存在的梵天所设定的标准而规定的戒条、戒律，所以，他不承认佛以梵天代表名义为人制定的戒条、戒律，而是要求人根据对道的认知而自律，即“无相三皈依戒”。为此，就要突出定与慧的作用，并从“一体”来论证定与慧的关系。通过“自心是佛”这个范畴，及其为“平常心是道”这个命题所确立的思想基础，确立了“定慧一体”这个禅教术层次。

关于定慧一体，慧能是这样论证的：

> 善知识！我此法门，以定慧为本。第一勿迷言定慧别。定慧体一不二。即定是慧体，即慧是定用。即慧之时定在慧，即定之时慧在定。善知识！此义即是定慧等。学道之人作意，莫言先定发慧，先慧发定，定慧各别。作此见者，法有二相，口说善，心

不善，定慧不等；心口俱善，内外一种，定慧即等。自悟修行，不在口诤，若诤先后，即是迷人，不断胜负，却生法我，不离四相。①

定、慧是人悟其自性，以智慧认识、遵行天道的禅修方法。佛教将戒与定、慧分别开来，强调外在对个人的制约，进而又将定、慧分为两种。慧能认为这是“法我”，不能悟自性，更不能识见“自三身佛”。他认为，定是慧体，慧是定用。他把佛教的两种修行方法、两个修行阶段融合为一，并以体、用关系来界定，这是禅教否定佛教的又一突破点。慧之时，定不是不存在，定本身就表现为慧，或者说慧就是定的表现，而定之时，慧又在定，在定没有表现其用时，它本身已包含慧之用。慧能用灯与光来说明定慧一体的道理。

善知识！定慧犹如何等？如灯光。有灯即有光，无灯即无光。灯是光之体，光是灯之用。名即有二，体无两般。此定慧法，亦复如是。②

以灯光来比喻定慧一体，既形象又准确，表明慧能对此命题的通彻理解。

对于定慧一体，慧能在与神秀派来打探其禅法的志诚的对话中，又从戒、定、慧三者的关系进一步谈了看法。

大师谓志诚曰：“吾闻汝禅师教人，唯传戒定慧，汝和尚教人戒定慧如何？当为吾说。”志诚曰：“秀和尚言戒定慧：诸恶莫作名为戒，诸善奉行名为慧，自净其意名为定。此即名为戒定慧。彼作此说，不知和尚所见如何？”慧能答曰：“此说不可思

---

① 《坛经校释》，中华书局1983年版，第26页。

② 同上书，第30页。

议，慧能所见又别。”志诚问：“何以别？”慧能答曰：“见有迟疾。”志诚请和尚说所见戒定慧。大师言：“汝听吾说，看吾所见处：心地无非自性戒，心地无乱自性定，心地无痴自性慧。”慧能大师言：“汝师戒定慧，劝小根智人，吾戒定慧，劝上人。得悟自性，亦不立戒定慧。”志诚言：“请大师说，不立如何？”大师言：“自性无非、无乱、无痴，念念般若观照，常离法相，有何可立？自性顿修，立有渐次，契亦不立。”志诚礼拜，便不离曹溪山，即为门人，不离大师左右。①

从这段话中，可以看成慧能禅教与神秀为代表的禅宗的又一重要区别。志诚所传达的神秀“唯传戒定慧”，仍以佛的名义对人的教导与制约，其“戒”为“诸恶莫作”，其“慧”为“诸善奉行”，其“定”为“自净其意”。慧能则强调以自性规定戒、定、慧，即“自性戒”“自性定”“自性慧”，并强调“得悟自性，亦不立戒定慧”。因而他只是启发人的定与慧，而不像佛教那样从外面要求、控制人的“戒”。

契嵩编的《六祖坛经》中，在关于慧能与志诚这段对话的后半部分，加了些言语：

“若悟自性，亦不立菩提涅槃，亦不立解脱知见，无一法可得，方能建立万法。若解此意，亦名佛身，亦名菩萨涅槃，亦名解脱知见。见性之人，立亦得，不立亦得。去来自由，无滞无碍，应用随作，应语随答，普见化身，不离自性，即得自在神通游戏三昧，是名见性。”志诚再启师曰：“如何是不立义？”师曰：“自性无非，无痴无乱，念念般若观照，常离法相，自由自在，纵横尽得，有何可立！自性自悟，顿悟顿修，亦无渐次，所以不

① 《坛经校释》，中华书局 1983 年版，第 78—79 页。

立一切法。诸法寂灭，有何次第？”①

可见，戒、定、慧都是自性，修禅并不是向外求佛，由佛指导你不作恶、奉行善、净其意，而是要悟自性。悟自性，也就心地无非、无乱、无痴，因此也就“不立戒定慧”。佛教强制人的戒条、戒律，及其宣传的度人、导引人的菩萨涅槃、解脱知见等，对于悟自性者都是无意义的。“自性是佛”，悟自性即明白自己是佛，何必要外来的佛度戒导引，我完全可以“来去自由”“自由自在”。

神秀将戒、定、慧分为三个阶段，这是从印度佛教形成以来就传于各门派的基本修行方法，禅宗与他派的区别，在于更突出定、慧的修炼。神秀在戒定慧修行上已有所改进，据志诚说，神秀已将“恶”“善”引入其中，戒为不作恶，慧为奉行善，定为自净其意。这可能是神秀教他的，已与传统“三学”有所差异，但被慧能批评“不可思议”。而据《大通禅师碑》铭文所记，神秀之禅主要为“额珠内隐，匪指莫效，心境外尘，匪磨莫照”，这是比较全面的概括，后来神会与崇远争辩时说：“秀禅师教人‘凝心入定，住心看净，起心外照，摄心内证。’”② 这种概括要比《大通禅师碑铭》明确。《坛经》所记神秀为承继弘忍衣法而写的偈语：“身是菩提树，心如明镜台，时时勤拂拭，莫使有尘埃。”其意也大致与神会概括的16字相通。神秀一支之所以能够受到武则天等统治者的青睐，成为敕定官禅，与他将善、恶引入戒、定、慧，从而可为统治者服务直接相关。他也将关注点放在“心”上，但不是慧能所说的“自心是佛”之心，而是能够接受佛法之心，佛对人心是外在的神圣，心不仅可以接受佛法，也能接受“尘埃”“妄念”。修禅就是在佛法的导引下，不断地拂拭尘埃，去除妄念。凝心入定，是通过凝心接受佛法，住心看净，则是以佛性查验自心，去除妄念，再以已净之心外照，进而回到心进行内证。“制心息乱”

---

① 《六祖坛经》，中州古籍出版社2008年版，第86页。

② 《神会和尚禅话录》，中华书局1996年版，第29页。

“入定安心”“五事见性”，是对佛教禅定之技的承续和发扬，使之上升为佛教禅宗之术层次。

慧能虽投师弘忍，但 8 个多月只在碓房作务，没有禅宗术、技之训练，他的禅法是由顿悟而来，而且弘忍也未给他剃度，没有受戒和严格的戒条、戒律限制，并不受佛教戒学之束缚。定慧一体是他我佛观的展开，强调定慧都发自于心，反对将定慧分为两个阶段以及禅宗坐禅的形式。他注重内心的觉悟，“心口俱善，内外一种，定慧即等”，反对“法有二相，口说善，心不善，定善不等”的虚伪，防止形成“心行谄曲，口说法直”的假善人。慧能将以天道观和儒学道统的道德观作为定慧一体的内容，从而使在佛教中本为技层次的定慧提升为禅教术层次的重要范畴，并舍弃“戒学”。

慧能虽然不认为“戒”是与“定慧一体”处于同一层次，并对佛教的“戒学”有所批评，但他也不否认“戒”的作用，并提出其特有的“无相三皈依戒”，作为禅教技层次的一个环节。“无相三皈依戒”是在讲过“皈依自三身佛”和“发四大弘愿”“无相忏悔”后讲的，也是对上述命题的总结。从论述中我们看到，慧能讲的“无相三皈依戒”，是以“自三身佛”为前提的，佛只是自觉的“自佛”，而非“他佛”，由自觉而“法”而“正”，自戒自律，达到“定慧一体”的高境界。对此，本书将在第六章探讨。

从定慧一体的观点出发，慧能反对禅宗的基本功课“坐禅 ”，

一行三昧者，于一切时中，行、住、坐、卧，常行直心是。净名经云：“直心是道场”，“直心是净土。”莫心行谄曲，口说法直。口说一行三昧，不行直心，非佛弟子。但行直心于一切法，无有执著，名一行三昧。迷人著法相，执一行三昧，直言坐不动，除妄不起心，即是一行三昧。若如是，此法同无情，却是障道因缘。道须通流，何以却滞？心不住法即通流，住即被缚。若坐不动是，维摩诘不合呵舍利弗宴坐林中。善知识，又见有人

教人坐，看心看净，不动不起，从此置功。迷人不悟，便执成颠，即有数百般以如此教道者，故知大错。①

慧能在这里不仅是批评禅宗之坐禅“看心看净，不动不起”之技的只重形式，不重内容，更对佛教徒口是心非，住法执相，装腔作势，以佛的名号、神通唬人骗财的实质进行批判。“三昧”为梵语，意为“正定”“等持”，慧能认为，一行三昧的要点在于直心，不论行、住、坐、卧，都要“常行直心”，就可以达到正定。而佛教徒们却“口说一行三昧，不行直心”，慧能指责他们“非佛弟子”。实际上，佛教徒的这种将一行三昧作为口号，“直言坐不动，除妄不起心”的作为，正是佛教自身的特点，大概只是在悉达多悟道时，他确有“直心”，但佛教历经小乘、大乘，尤其传入中国以后，有几人还有悉达多的直心？绝大多数都是把佛号、佛经、佛论作为商品，甚或骗人手段，进而故弄玄虚，造出种种形式和神通法力，以为其不劳而食、不劳而享之技能。慧能创禅教，就是要摆脱佛教虚伪形式的束缚，找到一条持直心行正定的修行之路。“直心”即“真心”，其意比真心更为贴切。这条新路经怀让一脉承续，坚持农禅并作，并使禅教体系行之于世。然而，此行路何其难也，若无道一、怀海、希运、义玄等的坚定信念和不懈努力，慧能《坛经》中的创造性思想可能早被人丢弃。就是他的亲传弟子神会，虽然对其师的定慧一体颇有感悟，并有阐发，却受不得农禅之苦，违背其师“不与人诤”之教训，为争取朝廷认可，与神秀门徒展开一场大辩论，进而为朝廷出卖度牒，获得敕封。至于希运、义玄之后尤其进入宋朝以来的禅教弟子，虽然仍奉持《坛经》，却逐步异化，与禅宗混合，而慧能对禅宗坐禅之技的批评，又成了他们不坐禅，却以棒喝、机锋、公案、“打七”等形式为生存之道的理由，至于慧能强调的“直心”，也就只是口头上的一种说辞了。

对于慧能的定慧一体，神会有比较准确的把握，在与崇远辩论时，他

---

① 《坛经校释》，中华书局1983年版，第27—28页。

说神秀教人“凝心入净，住心看净，起心外照，摄心内证。”崇远问能禅师与秀禅师有什么不同？神会说“心不住内，亦不在外，是为宴坐。如此坐者，佛即印可。”① 接着又有如下情景：

崇远法师问禅师：“嵩岳普寂禅师、东岳降魔藏禅师，此二大德皆教人坐禅，‘凝心入定，住心看净，起心外照，摄心内证’，指此以为教门。禅师今日何故说禅不教人坐，不教人‘凝心入定，住心看净，起心外照，摄心内证’？何名坐禅？”

和上答：“若教人坐，‘凝心入定，住心看净，起心外照，摄心内证’者，此障菩提。今言坐者，念不起为坐；今言禅者，见本性为禅。所以不教人坐身住心入定。”②

这是在与神秀禅宗门人的直面论战中，阐述慧能思想要旨。神会在回答哲法师问什么是“定慧等义”时，

答曰：“念不起，空无所有，即名正定。以能见念不起，空无所有，即名正慧。若得如是，即定之时，名为慧体；即慧之时，即是定用。即定之时不异慧，即慧之时不异定。即定之时即是慧，即慧之时即是定。即定之时无有定，即慧之时无有慧。何以故，性自如故，是名定慧等学。”③

又有王侍御问什么是“定慧等”，时有“寺僧惠澄师”在一旁，

和上答：“言定者，体不可得。所言慧者，能见不可得体，湛然常寂，有恒沙巧用，即是定慧等学。”

---

① 《神会和尚禅话录》，中华书局1996年版，第30页。

② 同上书，第30—31页。

③ 同上书，第79页。

众起立厅前。澄禅师咨王侍御云："惠澄与会阇梨则证不同。"

王侍御笑谓和上言："何故不同?"

答："言不同者，为澄禅师先修定，得定已后发慧。会即不然。正共侍御语时，即定慧俱等。是以不同。"①

这个惠澄禅师应为神秀一脉，他并不与神会辩论，只是与王侍御讲他的看法与神会不同。而神会则明确指出禅宗"先定后慧"与禅教"定慧俱等"的差别。

《神会和尚禅话录》所收录的都是神会北上讨伐神秀禅宗后的言论，与其对话者，或禅僧，或官僚，或弟子，这也是他的主要生活。所以他要反复宣传慧能《坛经》中表述的思想，而且要有所发挥，因此关于定慧一体及坐禅等，都是重要话题。从中可以看到神会涉及诸多佛经佛论，而且是以佛教徒的身份说话的，他本人并未认识到慧能思想是对佛教的否定，而是在佛教大范畴下与神秀派禅宗辩净。虽说他引佛经佛论时，采用的仍是慧能"我转佛经"之术，但他在思想上坚持慧能观念的同时，已表现出禅宗化的倾向，这一倾向在其后继者宗密那里得以实现，而他这一脉也就到此结束了。

与神会不同，怀让、行思两脉远在江西深山里农禅并作的禅教传人，没有机会与禅宗僧人辩论，也没有达官贵人问讯定慧、坐禅，因而关于定慧一体的论说并不多，但他们却比神会更深刻地理解了慧能定慧一体之术的精神实质。虽然怀海主持的禅团也有"受戒"这个仪式，但他更注重的是"心解脱"，

问："如今受戒，身口清净，已具诸善，得解脱否?"师曰："少分解脱，未得心解脱，亦未得一切处解脱。"曰："如何是心

① 《神会和尚禅话录》，中华书局1996年版，第85—86页。

解脱及一切处解脱?”师曰:“不求佛法僧,乃至不求福智知解等。垢净情尽,求不守此无为是,亦不住尺处,亦不欣天堂,畏地狱,缚脱无碍,即身心及一切处皆名解脱。汝莫言有少分戒,身心意净,便以为了。不知沙门戒定慧门、无漏解脱,都未涉一毫在。努力向前,须猛究取,莫待耳聋眼暗,面皱发白,老苦及身,悲爱缠绵,眼中流泪,心里慞惶,一无所据,不知去处。到恁么时节,整理手脚不得也。纵有福智、名闻、利养,都不相救。为心眼未开,唯念诸境,不知返照,复不见佛道。一生所有善恶业缘,悉现于前,或忻或怖,六道五蕴,俱时现前。尽敷严好宅舍,舟船车辇,光明显赫。皆从自心贪爱所现。一切恶境,皆变成殊胜之境。但随贪爱重处,业识所引,随著受生,都无自由分。①

怀海坚持慧能定慧一体的思想与其农禅并作实践的统一,是定慧一体的体现与验证。怀海制定的《禅门规式》,在一定意义上正是慧能“无相三皈依戒”的具体形式。禅教此术,在其禅林生活中充分而生动地得到了实现和发展。

六、顿悟本性与藉师化道

慧能强调顿悟,并称其教为“顿教”,与佛教各派,尤其与禅宗相区别。其依据,就是我佛观,佛是我作为人的自性之体现,悟而觉,觉即佛。只要消除佛教和其他邪迷之道给人造成的“惑”,就可以顿悟本性,直了成佛。而佛教禅宗则依从佛我观,认为佛是先验的、外在的神,人只有被佛度、所导之性,因此需要渐修,以慢慢启动被佛所度、所导之性,进而认知佛的神圣伟大,登上佛之大乘、小乘之船,求个好轮回。由此,

① 《五类会元》卷三。

慧能主张定慧一体，反对禅宗的看心看净，渐次修行的坐禅，强调“一切万法，尽在自身中，何不从身心顿现真如本性”①，并由此提出顿悟本性之术，他以自身经验为据，说：

> 我于忍和尚处，一闻言下大悟，顿见真如本性。是故将此教法，流行后代，令学道者顿悟菩提，令自本性顿悟。若不能自悟者，须觅大善知识示道见性。何名大善知识？解最上乘法，直示正路，是大善知识。是大因缘，所谓化道，令得见性。一切善法，皆因大善知识能发起故。②

这里，慧能讲了顿悟本性的两个条件：一是自性清净，并具有悟性，“令自本性顿悟”；二是要有“大善知识”为师来启示化道。他自己就是经弘忍这位大师的化道而顿悟的。

> 三世诸佛，十二部经，亦在人性中本自具有。不能自悟，须得善知识示道见性；若自悟者，不假外善知识。若取外求善知识，望得解脱，无有是处。识自心内善知识，即得解脱。若自心邪迷，妄念颠倒，外善知识即有教授，救不可得。③

慧能认为，在顿悟的两个条件中，主要条件是自性清净和悟性，大善知识之师的化道是外部条件，是辅助性的。如果能够自己顿悟最好，悟性不够也可藉助于师。但如果只靠外求善知识得以解脱，是不对的，也不可能。顿悟解脱就是明确自心内的善知识，外部善知识之师不过是以启示化道帮你识自心内善知识，不能给你注入善知识。如果自己邪迷，妄念颠倒，即使有外善知识教授，也是不能顿悟的，外善知识即使再有大道行教化，也

---

① 《坛经校释》，中华书局 1983 年版，第 58 页。

② 同上书，第 59 页。

③ 同上书，第 60 页。

救你不得。也正是在这个意义上，可以看出慧能反对“看心看净”的渐修坐禅之技的根据，对于那些自己清净有悟者，“看心看净”不动之坐，并不能启示其顿悟，而对于自心邪迷、妄念颠倒的人来说，他的心本来就是妄，是邪迷，怎么启示，他也不可能清净，更不能顿悟。

慧能反复强调，一切万法，尽在自身中，要“于自心顿现真如本性。”“汝若不得自悟，当起般若观照，刹那间，妄念俱灭，即是自真正善知识，一悟即知佛也。”[①] 他所说的顿悟，是突然理解，是体认、领悟，是主观直觉体验，使精神达到突变。这种境界，可以意会，却很难用言语说清。慧能是努力想说明顿悟，但究竟如何悟，还要由个人根据自己内外条件，不能像禅宗那样制定共同遵守的程序，像登楼梯那样一步一步地修炼，逐级而过，慧能强调所悟的是自性，“是自真正善知识”每个人在明确这个目的的情况下，具体地悟修。

> 自性心地，以智慧观照，内外明彻，识自本心，若识本心，即是解脱，既得解脱，即是般若三昧。悟般若三昧，即是无念。[②]

联系无念、正定等范畴，再结合个人的条件和悟性，是可以达到“于自心顿现真如本性”的。

慧能认为，他的顿悟自性之术，对于“少根之人”，即根性、禀赋差的人是不起作用的，这和他所说的“自心邪迷”的大善知识也救不得是一致的。

> 少根之人，闻此顿教，犹如大地草木根性自小者，若被大雨一沃，悉皆自倒，不能增长；少根之人，亦复如是。有般若之智之，与大智之人，亦无差别，因何闻法师不悟？缘邪见障重，烦

---

① 《坛经校释》，中华书局 1983 年版，第 60 页。

② 同上书，第 60 页。

> 恼根深。犹如大云，盖覆于日，不得风吹，日无能现。般若之智，亦无大小，为一切众生，自有迷心，外修觅道，未悟本性，即是小根人。闻其顿教，不假外修，但于自心，令自本性常起正见，烦恼尘劳众生，当时尽悟，犹如大海，纳于众流，小水大水，合为一体，即是见性。内外不住，来去自由，能除执心，通达无碍，能修此行，即与般若波罗蜜经本无差别。①

慧能是讲究本性、根性、禀赋的，他所说的顿悟自性，借师化道，并不能改变根性自小者。他以大雨浇沃小根性草木而草木自倒为例，说明这个道理。但他毕竟是一教之主，是大善知识之师，其禅教也要广收门徒，如果将“小根人”都排除在外，门徒从何而来，况且，在未对之“化道”的时候，又如何判断根性之大小？禅教也是宗教，是要由信众的拥护来生存和延续的，因而不可能在入教前严格考验“根性”，设定一个以“根性”为标准的门槛，把“小根人”挡在门外，但又不能像佛教大乘派那样宣称可以“普度众生”到彼岸，甚至可以让信众都进入“极乐净土”，所以必须先把丑话说在前：你们这些门徒要明白，入我教门，并不等于都可以悟成佛道，本教乃至我这位大善知识之师，只是告诉你们自性是佛，并为你们化道以顿悟，只要你们循道而悟，就可顿见本性。顿悟不得者，或是因他本为“小根人”，或是因为他“邪见障重，烦恼根深”。但如果是有般若之智的人，虽一时“闻师法不悟”，还可以进一步依我顿教之道修行，但必须“不假外修，但于自心，令自本性常起正见，烦恼尘劳众生，当时尽悟”。顿悟就像大风吹云见日，见性如大海纳众流，达到这个程度，就能除执心，通达无碍，来去自由。

慧能从自身经历和对世态人情的观察中，认识到邪见烦恼都是由于执着某一“念”，从而将自性迷障，只要像风吹云散见太阳那样，去除所住之念，就可见自性为佛，而佛不过是自身所具有的正觉智慧，即不以外来

① 《坛经校释》，中华书局1983年版，第56—57页。

观念、以前形成的认识代替对当下事物的认识，以正觉之智慧来看待自身和事物。因此，顿悟自性说难很难，说易也很易，难易主要取决于每个人的自性。他所说的“佛”，虽然取自佛教，但却以中国人的文化观念定义为正觉智慧，并不是像佛教那样将佛归于某一个或一群特殊的神圣，将他或他们偶像化并与众人对立，只有他或他们才掌握着绝对真理，只能由他或他们来解救世间受苦受难的众生。佛教说的众生，包括植物、动物所有“生物”，慧能则将众生界定为众人。在佛教那里，众生中的人虽也有“佛性”，但与佛有本质差别，众生中有情者之佛性只为可以学习佛教、接受佛之救度之性。佛教的作用，在于宣示佛陀或佛神的伟大、正确、英明，并通过严格的训练，使信徒以其被佛所度、所导性接受真理，服从佛陀或佛的领导而改变轮回，涅槃或入“西天净土”。慧能所说的“佛”，是所有人都具备的正觉智慧，他是自以为顿悟了自性佛的，但并不认为自己已经成了与众人对立的神圣之佛，自己仍然是个人，是除去执心妄念的人，是“大善知识”，“一日思惟，时当弘法。”① 以自己所达到的正觉智慧消除佛教所宣传的迷妄。他所要告诉人们的，并非我是掌握绝对真理的神佛，也不是领导你们改变命运，进入极乐世界的领袖，只是将我个人所顿悟之自性是佛这个道理告诉大家，你们都有禀赋之根性，依我所化之道来顿悟，就可以解除烦恼尘劳。我至多是一个比你们先顿悟了的“大善知识”，可以用我的经验和所悟之道来启发你们，因为你们和我一样都“自性是佛”，但我只能启发你们，而不能代替你们自性之顿悟。依慧能的思想，他的禅教应扩大影响，广泛地宣传他所顿悟了的正觉，但又不可能使所有人都能顿悟自性，他反复教导他认为已经悟道的徒弟，要继承他的思路去化道，以启发众人。临终时，他唤门人法海、神会等10个弟子近前，嘱咐曰：

> 汝等拾弟子近前，汝等不同余人，吾灭度后，汝各为一方

---

① 《六祖坛经》，中州古籍出版社2008年版，第14页。

头，吾教汝说法，不失本宗。举三科法门，动用三十六对，出没即离两边，说一切法，莫离于性相。①

大师言："十弟子！已后传法，递相教授一卷《坛经》，不失本宗，不禀授《坛经》②，非我宗旨。如今得了，得遇《坛经》者，如见吾亲授。"拾僧得教授已，写为《坛经》，递代流行，得者必当见性。③

禅教的形成并传续，在于慧能以我佛观为核心观念构建的思想体系，以及世代秉持《坛经》而教授的"大善知识"之师，师即"各方头"，由他们把持宗旨，但他们只是化道，启发人们顿悟自性。

在慧能的弟子中，神会在与人辩论和授徒时对顿悟之术多有阐发。

和上言："发心有顿渐，迷悟有迟疾。若迷即累劫，悟即须臾，此义难知，为汝先以作事喻，后明斯义，或可因此而得悟解。譬如一綟之丝，其数无量，若合为一绳，置于木上，利剑一斩，一时俱断。丝数虽多，不胜一剑。发菩提心，亦复如是。若遇真正善知识，以巧方便，直示真如，用金刚慧断诸位地烦恼，豁然晓悟，自见法性本来空寂，慧利明了，通达无碍。证此之时，万缘俱绝。恒沙妄念，一时顿尽。"④

---

① 《坛经校释》，中华书局 1983 年版，第 91—92 页。

② 这里，涉及《坛经》何时编成的问题，历来对此颇有争议，胡适甚至说神会是《坛经》的"作者"。《坛经》的正文部分是以慧能"于韶州大梵寺施法"的讲演形式论述的，这是慧能第一次系统演讲，而且主体部分的逻辑性很强，语言通顺，题为"法海集记"。这次演讲后，慧能才有了广泛的社会影响，广收门徒，此时慧能大约不到四十岁，他活到七十六岁，这几十年教授徒众的基本内容，应是《坛经》的主体部分。我认为，《坛经》已不是法海在韶州大梵寺的原始记录，而是由慧能主持不断修正完善的，因此他临终时要求弟子们"递相教授"的《坛经》，应为他认定的禅教基本教材。《坛经》非正文部分，可能是后人编写附加的，而法海本之外的各本，改动更多。

③ 《坛经校释》，中华书局 1983 年版，第 98 页。

④ 《神会和尚禅话录》，中华书局 1996 年版，第 92 页。

以利剑斩绳断无数丝来比喻顿悟，也算机敏。以下所记神会与主张渐修的志德法师辩论顿悟渐修。

志德法师问："禅师今教众生唯令顿悟。何故不从小乘而引渐修？未有升九层之台，不由阶渐而登者也。"

答曰："只恐畏所登者，不是九层之台。恐畏漫登著土塠胡塚。若是登九层之台，此即顿悟义也。今于顿中而立其渐者，即如登九层之台也要藉阶渐。终不向渐中而立渐义。事须理智兼释，谓之顿悟。并不由阶渐［而解］，自然是顿悟义。自心从本已来空寂者，是顿悟。即心无所得者，为顿悟。即心是道为顿悟，即心无所住为顿悟。存法悟心，心无所得，是顿悟。知一切法是一切法，为顿悟。闻说空不著空，即不取不空，是顿悟。闻说我不著［我］，即不取无我，是顿悟。不舍生死而入涅槃，是顿悟。又有经云：'有自然智无师智。于理发者向道［疾，外修者向道］迟。'"①

"顿中立渐"，并以登9层之台为例，这是神会对顿悟的补充性说明，顿悟是一个过程，它本身也包含阶段性，如登9层之台为顿悟，即从平地登上9层台顶，但也要一阶一阶走上去。不能认为顿悟就是一步登台顶，逐阶上台就是渐修。逐阶上台是从平地登台顶必要的环节，顿悟中也有环节，不能认为这些环节是顿悟之外的。神会所说到的几种顿悟，有的环节少，有的环节多，但其性质都是顿悟。

与神会不同，禅教的怀让、行思两支，在讲说顿悟自性的同时，坚持农禅并作，贯彻顿悟自性和藉师化道，其各代禅师，都注重在日常劳作生活中寻机启发，力促顿悟。怀让以磨砖作镜来启示道一，使他"豁然开悟"，就是藉师化道顿悟自性的典范。本来顿悟自性，藉师化道的要旨，

① 《神会和尚禅话录》，中华书局1996年版，第80页。

慧能已经论证明确，神会是诤而讲禅的，特别是在与神秀禅宗辩论时，不能不大讲此术。而禅教主流则以农禅并作之禅团存续于山野之中，很少与他派辩争，禅师秉持慧能祖师之意，坚持自悟自修，不以坐禅的形式束缚徒众，他们相当明确自己作为禅师只是化道，是辅助、启发顿悟自性的，并不是从外部强行灌输禅法，以形式规范渐修。道一、怀海、希运、义玄等人语录和行录中也记有他们导引徒众顿悟的言语和方式，但很少重复讲此慧能已明论之术。他们本人就是顿悟而得道者，也是践行顿悟自性的导师，对于师的作用，怀海有深刻的认识，他与希运等谈论藉师化道这个命题，

> 一日师谓众曰："佛法不是小事，老僧昔被马大师一喝，直得三日耳聋。"黄檗闻举，不觉结舌。师曰："子已后莫承嗣马祖去么?"檗曰："不然。今日因和尚举，得见马祖大机大用。我且不识马祖，若嗣马祖，已后丧我儿孙。"师曰："如是，如是。见与师齐，减师半德。见过于师，方堪传授，子甚有超师之见。"檗便礼拜。①

与佛教僧人自以佛的代言人而高高在上，并对学人设置种种层阶和戒律，严格管束不同，怀海等是平等地对待学人，启悟其性，而非自以为高于学人，一句"见过于师，方堪传授"，足见其"藉师悟道"之术的特点并由此术而创造了随务启悟、公案折判，话头参究、应机接化等禅技，灵活机动地指导徒众顿悟渐修。

七、我转佛经非佛经转我

禅教是从佛教之禅宗演变而形成，但始终并未与佛教"彻底决裂"，

---

① 《古尊宿语录》上卷，中华书局 1994 年版，第 7 页。

不仅世人仍视之为佛教之一宗，就是慧能及道一、怀海等人，也不否认其与佛教的联系，而且还要使用佛教一些术语，并不时以佛经佛论佐其言说。但禅教的我佛观核心观念又与佛教佛我观核心观念有本质区别，这样，就产生了一个如何对待佛经的问题。就此，慧能依我佛观，创造了我转佛经非佛经转我之术。

慧能不识字，当然也就不会读佛经，他只是听人念诵《金刚经》就有所悟，弘忍又对他宣讲了此经，但更多的是弘忍关于禅的某些思想，启发了他，“一闻言下大悟”。慧能的核心观念和思想体系是由顿悟自性，而非接受佛经佛论的训教而形成的。后来，有人问希运，弘忍为什么传衣给“不会读经”的慧能，而不传给“讲得三十二本经论”的神秀？希运答道：“为他有心，是为有法，所修所证将为是也。”① 慧能的创造性思维，如果没有弘忍的认可，很有可能只处于萌芽状态而得不到生长，弘忍的了不起处，就在于他虽为佛教禅师，却可以发现慧能这位不会读经的野蛮人心中孕育的新法，并给予启发和鼓励。希运作为慧能后几代的传人，把握了其祖师的精神实质。注重心法，而非读经，是禅教形成的关键，也是其思想体系的内在灵魂。

慧能顿悟我佛观之后，在以此为核心构建体系的过程，总要和佛教之僧尼，以及自家弟子及信众中读过佛经者交谈，因而也就有接触佛经佛论的机会，在论述某个问题时，也会说上几句经论中的句子以为佐证。

慧能不仅悟性高，记性也很强，听人读经，让他感兴趣的重要句子由他理解后能够记下，并在讲授禅法加以引用为佐证。但他所说的字句往往与佛经不完全一致，而他给人解说经书，基本上是用自己的观点来讲解该经之义，这样讲的内容反而让人可以接受，但依佛教传统的句读经论，读者往往一世也不理解经意——佛教徒大都如此。

《坛经》记法达向慧能请教《法华经》，慧能对他讲了一通话，说明了我转佛经非佛经转我这个道理：

---

① 《古尊宿语录》上卷，中华书局1994年版，第36页。

又有一僧名法达，常诵《法华经》七年，心迷不知正法之处："经上有疑，大师智慧广大，愿为决疑。"大师言："法达！法即甚达，汝心不达，经上无疑，汝心自邪，而求正法。吾心正定，即是持经。吾一生已来，不识文字，汝将《法华经》来，对吾读一遍，吾闻即知。"法达取经到，对大师读一遍，六祖闻已，即识佛意。便与法达说《法华经》。[①]

这里慧能从"自心是佛"讲了一个重要道理：吾心正定，即是持经。他认为，"三世诸佛，十二部经，亦在人性中本自具有。"[②] 而且，"一切经书，及诸文字，小大二乘，十二部经，皆因人置，因智慧性故，故然能建立。"[③] 这也是最简单不过的道理，所有的佛，都是人本性所具有的，而所有的佛经，又都是由人编写出来的，并没有什么神秘，只是因为佛教徒们不识此理，视平常为神圣，以有念来解经，所以心邪迷不悟。越是迷惑越认为佛经神圣，进而又以己迷而迷人，所以造成世代"心迷不知正法"。慧能这里所把持的，是人的个体特殊性与总体一般性的关系，那些佛及佛经，都是印度地区的人编造的，但他们与唐朝人都是人，在一般性上并没有区别，他们可以造出佛教，写出经书，唐人有什么不可以理解的？只要明白人的一般性，正心即持经。慧能并不知道印度地区的社会制度和经济文化远落后于唐朝，若知道这种情况，道理可能讲得更清楚。

六祖言："《法华经》无多语，七卷尽是譬喻因缘。如来广说三乘，只为世人根钝，经文分明，无有余乘，唯一佛乘。"大师言："法达！汝听一佛乘，莫求二佛乘，迷却汝性。经中何处是一佛乘？与汝说。经云：'诸佛世尊，唯以一大事因缘故，出现

① 《坛经校释》，中华书局1983年版，第81页。

② 同上书，第60页。

③ 同上书，第57—58页。

于世。'此法如何解？此法如何修？汝听吾说：人心不思本源空寂，离却邪见，即一大事因缘。内外不迷，即离两边。外迷著相，内迷著空，于相离相，于空离空，即是内外不迷。悟此法，一念心开，出现于世。心开何物？开佛知见。佛犹如觉也，分为四门：开觉知见，示觉知见，悟觉知见，入觉知见；开、示、悟、入，从一处入。即觉知也，见自本性，即得出世。"大师言："法达！吾常愿一切世人，心地常自开佛知见，莫开众生知见。世人心邪，愚迷造恶，自开众生知见；世人心正，起智慧观照，自开佛知见。莫开众生知见，开佛知见即出世。"大师言："法达！此是《法华经》一乘法。向下分三，为迷人故。汝但依一佛乘。"①

慧能对《法华经》的这种解说，可谓提纲挈领，任何佛教徒都不可能有此认知。但慧能所说的，与该经本义似相通又有不同，他所说的开、示、悟、入，"觉知见，见自本性"，"开佛知见"，连《法华经》的编写者也达不到。而且，他还发现，《法华经》本是一乘法，却"向下分三"，只是"为迷人故"。这个"迷人"，可理解为"迷惑人"，故弄玄虚，也可理解为编经的人自己就是"迷人"。这里慧能实际上是在借《法华经》来宣讲他本人的我佛观及其"自心是佛"的道理。慧能把自己的这种解法，称为"心行转法华"。

大师言："法达！心行转《法华》，不行《法华》转；心正转《法华》，心邪《法华》转。开佛知见转《法华》，开众生知见被《法华》转。"大师言："努力依法修行，即是转经。"法达一闻，言下大悟，涕泪悲注，自言："和尚！实未曾转《法华》，七年被《法华》转；已后转《法华》，念念修行佛行。"大师言：

---

① 《坛经校释》，中华书局1983年版，第81—82页。

“即佛行是佛。”其时听人，无不悟者。[1]

慧能所说的“转”，既有思想的先进性程度，又有以什么为中心两个方面。他之所以能够转佛经（不只是《法华经》，其他各经也都被他转），首先在于他的我佛观先进于佛教的佛我观，从思想进程说，是对佛我观的否定，因而可以吸收并改造佛经中的一些观点，并利用其某些词句（以及创造一些词句）来说明禅教的法、术、技。进而就是以我为中心，从我出发，以我的观念来评价佛经，而非以佛经来制约我的思想。慧能是居高俯视佛经的，不论是从宗教角度，还是从人类思想史的角度，禅教都是那个时代最为先进的思想体系。面对 1000 多年前在印度地区部族奴隶制条件下形成的佛教，慧能所创禅教的社会基础之先进自不待言，慧能本人的顿悟思维和方法，也在悉达多之上，因此他对于佛经的言论，自然就有一种优势，虽说他并不明言，但在他及其继承者的言论中，已充分体现着这一点。也正因此，慧能才说得出“心行转法华”这句话，而且可以随意引用佛经中的言辞，以佐证自己的观点。一个“转”字，表明慧能是将佛教之经看成可“用”之物，他则是以我佛观之禅教为本“体”的，因此不可能被佛经所转。法达曾作为佛教迷徒，之所以“七年被《法华》转”，就在于没有确立自己的主体性，更不能形成先进于佛教的观念，仰视佛经，不能不被其中的神秘、玄奥（实为不明确、不准确）所迷惑，如果不被慧能启示，法达可能像其他佛教徒一样，终生陷于佛教迷信之中。而法达的“大悟”，并不是从佛我观理解了《法华经》，而是明确了慧能的我佛观，确立了主体性，将自己的思想纳入了禅教体系。

慧能亲自培养的弟子，基本上都依“我转佛经”而传授禅教，其中，神会论说佛经最多，而且有将禅教下降为佛教禅宗的倾向，有时则就某一佛经的观念演绎，但总体说来他还是遵行“我转佛经非佛经转我”之术的，但到他的传人宗密那里，则已将禅教我佛观之核心观念排除，以佛我

---

① 《坛经校释》，中华书局 1983 年版，第 82 页。

观来解说慧能及其传人的思想，并以佛教之禅宗自居了。怀让、行思两支，基本坚持“我转佛经非佛经转我”之术，他们在农禅并作的修行中，也不时要谈及佛经、佛论，大都能从我佛观及禅教术层次其他范畴加以解释，或者作为自己观点的佐证。这在道一、怀海、普愿、希运、从谂、义玄等人的语录中随处可见，而其所引佛经往往只是一两句，有些则像慧能那样，据己意做了改动，以符合自己的观点。

在禅教系统中，并不要求读佛经，尤其不主张专攻某一经某一派，即使读，也是泛读。有些禅师因以前曾入佛教某一派，因而有读经的习惯，并常引用佛经说法。但总体上说，禅教绝不崇拜佛，也不迷信佛经，其禅林也不设供佛之殿堂。这个传统逐步演化，以至出现了“呵佛骂祖”现象，以表示不迷信教条。对于禅宗及佛教其他宗派常提的问题，如“佛法”“第一义”“祖师西来义”“涅槃”等，都不正面回答，而是以似答非答、双关语、棒喝、隐语、咏无关诗句、竖拂子、擎拳举指等方式，或是否认此问题，或是暗示学人自己体悟。如有僧人问道：什么是佛祖西来意？道一便打，说：“我若不打汝，诸方笑我也。”[①] 有僧问义玄什么是佛法大意？义玄竖起拂子，僧便喝，义玄便打。这些内容，已属技的层次，笔者下一章再探讨。

关于“呵佛骂祖”，义玄表现得很典型。他跟弟子们说：“你欲得识祖佛么？只你面前听法底是。”[②] “你若能歇得念念驰求之心，便与祖佛不别。”[③] “你要与祖佛不别，但莫外求。”[④] 他明确反对修佛证道、求佛求祖求菩萨，认为这些都是“造业”。

> 世出世诸法皆无自性，亦无生性，但有空名，名字亦空。你祇么认他闲名为实，大错了也。设有，皆是依变之境。有个菩提

① 《景德传灯录》上卷，中州古籍出版社 2019 年版，第 128 页。

② 《古尊宿语录》上卷，中华书局 1994 年版，第 57 页。

③ 同上书，第 57 页。

④ 同上书，第 58 页。

依、涅槃依、解脱依、三身依、境智依、菩萨依、佛依，你向依变国土中觅什么物？乃至三乘十二分教，皆是拭不净故纸，佛是幻化身，祖是老比丘。你还是娘生否？你若求佛，即被佛魔摄。你若求祖，即被祖魔缚。①

义玄言语之犀利，思路之明快，远超其师其祖：

道流，你欲得如法见解，但莫受人惑。向里向外逢著便杀，逢佛杀佛，逢祖杀祖，逢罗汉杀罗汉，逢父母杀父母，逢亲眷杀亲眷，始得解脱，不与物拘，透脱自在。如诸方学道流，未有不依物出来底，山僧向此间从头打，手上出来手上打，口里出来口里打，眼里出来眼里打。未有一个独脱出来底，皆是上他古人闲机境。山僧无一法与人，只是治病解缚。你诸方道流试不依物出来，我要共你商量，十年五岁，并无一人。皆是依草附叶，竹木精灵野狐精魅，向一切粪块上乱咬。瞎汉枉消他十方信施，道我是出家儿，作如是见解。向你道无佛无法，无修无证。只与么傍家，拟求什么物？瞎汉！头上安头，是你欠少什么？道流，是你目前用底与祖佛不别。②

今时学人不得，盖为认名字为解，大策子上抄死老汉语，三重五重复子里，不教人见，道是玄旨，以为保重。大错！瞎屡生，你向枯骨上觅什么汁？有一般不识好恶，向教中取，意度商量，成于句义。如把屎块子向口里含了，吐过与别人。③

道流，莫将佛为究竟。我见犹如厕孔，菩萨罗汉尽是枷锁缚人底物。……道流，无佛可得。乃至三乘五性圆顿教迹，皆是一期药病相治，并无实法。设有，皆是相似表显，路布文字。差排

---

① 《古尊宿语录》上卷，中华书局1994年版，第63—64页。
② 同上书，第65—66页。
③ 同上书，第68页。

> 且如是说。道流，有一般秃子便向里许著功，拟求出世之法，错了也。若人求佛，是人失佛。若人求道，是人失道。若人求祖，是人失祖。[1]

义玄之所以用激烈言辞“呵佛骂祖”，目的在于破除佛教宣传的迷信，他深切地体悟到慧能我佛观的实质，强调：“真佛无形，真法无相”[2]，“佛祖是赏系底名句。你欲识三界么？不离你今听法底心地。”[3]“佛者，心清净是。法者，心光明是。道者，处处无碍净光是。”[4]是“一般不识好恶秃奴”将佛的名号塑造为神圣实体，神通广大，法力无限，处处皆在，普度众生，救人苦难。只讲求佛求祖，不去顿悟自性，所以说求佛是失佛，求道是失道，求祖是失祖，佛与道皆在自性中，向外求并不存在的佛与道，就是失佛失道。祖是人，我亦是人，祖之为祖，在知自性为佛，我若知自性为佛，与祖何异？这里所说的“杀父杀母”，并不是杀害生身父母，而是从思想上消除“间业”，即固执的某种妄念。“无明是父。”[5]“贪爱为母。”[6]所谓杀父杀母，就是去除无明和贪爱。

行思一脉传人中，文偃对我转佛经非佛经转我之术体悟深刻，反复强调不能迷信佛经佛祖，而要自悟。他的语录中，诸多机锋，径直灭人迷信，启发思悟，这里摘抄他两段关于佛祖的话。

> 师示众云：“西天二十八祖，唐土六祖，天下老和尚，总在拄杖头上。直饶会得倜傥分明，只在半途，若不放过，尽是野狐精。”[7]

---

① 《古尊宿语录》上卷，中华书局1994年版，第70—71页。
② 同上书，第64页。
③ 同上书，第66页。
④ 同上书，第69页。
⑤ 同上书，第70页。
⑥ 同上书，第70页。
⑦ 同上书，第279页。

举世尊初生下，一手指天，一手指地，周行七步，目顾四方，云：“天上天下，唯我独尊。”师云：“我当时若见，一棒打杀与狗子吃却，贵图天下太平。”①

对佛祖如此不尊重，说骂就骂，说杀即杀，恰是禅法真旨，意在破除对佛教徒编造谎言的迷信，强调自心即是佛的道理。

“呵佛骂祖”是我转佛经之术的必要内涵，不打消对佛祖和佛经的迷信，禅教之法、术就不得施展。在这里，更显现出禅教与佛教的本质区别。但是，从慧能开始，禅教几代传人，虽然不断宣示我转佛经非佛经转我，但总未将二教从总体上切割，而且在我转佛经的过程引用佛经论之句，又不时提到佛祖，从而不能彻底脱去佛教外衣。这既为一些不愿受农禅之苦而求为官禅的人提供了外部条件，也是佛教其他各宗借禅之技而存续的契机，尤其净土宗加进禅技后，改变其原有空洞、简单的“念佛号”，而禅宗也将“念佛号”之技引入，反正都是因不劳动而求生存之技，道、法、术各层次的差别也就无所谓了。

由于没有把禅教与佛教从总体上切割，不仅导致禅教几百年后与禅宗混流、融合，而且给现代人研究禅教遗留了诸多障碍。在所谓“中国佛教”的研究中，不仅将慧能及其继承者的思想体系作为“中国佛教”的内容，而且把它仅作为佛教之一宗的禅宗的一派。这样，佛教的佛我观及其术层次的各范畴，就成为禅宗的一般性大前提，有一批研究者将佛教作为“一般原理”，将禅宗作为其具体形式，再用演绎的办法来解说慧能及其传人的禅法、禅术。这是与慧能我转佛经非佛经转我之术正相反的佛经转禅。这种做法不仅散见于各种关于佛教和禅宗的研究中，还有人专门写出一部《禅宗思想渊源》。如果是对禅教之外的禅宗，这个题目的研究当然有其价值，但它恰恰主要针对慧能及其继承者的禅教思想体系，把佛教的几部经论都作为渊源和大前提，以《楞伽经》《起信论》《心经》《金刚

① 《古尊宿语录》上卷，中华书局1994年版，第297页。

经》《维摩经》《楞严经》《华严经》《法华经》《圆觉经》《涅槃经》来转（注释）慧能及禅教传人的思想，这样，慧能禅教的本质也就被转得荡然无存，只剩下佛教原理所能认可的形式，甚至用佛教原理来曲解慧能禅教。自中国古代思想史上自春秋战国诸子产生创造性思想体系之后，唯一的创新性思想体系禅教，用各部佛经这么一转，就被畸形矮化硬塞进印度佛教在中国传播的各宗派之一宗的某个阶段或派系了。

佛教在中国传播过程的几个宗派，大体上都是“被佛经转”的，其中最为典型的，就是玄奘。多少说他几句，以为“我转佛经非佛经转我”的反证。玄奘生于600年，卒于664年，比慧能年长39岁，他死时，慧能虽已顿悟，形成我佛观，但还未出来弘扬禅法。据《旧唐书·方伎列传·玄奘传》，玄奘出身于官宦之家，

> 姓陈氏，洛州偃师人。大业末出家，博涉经论。尝谓翻译者多有讹谬，故就西域广求异本，以参验之。贞观初，随商人往游西域。……在西域十七年，经百余国，悉解其国之语。……贞观十九年，归至京师，太宗见之大悦。①

玄奘自幼出家，随即执迷佛法，几乎走遍全国，历访名师，但“详考其理，各擅宗途，验之圣典，亦隐显有异，莫知适从”。于是“誓游西方，以问所惑”②。可见，玄奘是在读汉译佛经和他向汉地佛僧讨教过程中，遇到诸多疑难，才决定亲自到印度讨求真佛真教的。于是历时17载，备受苦辛，经百余国（实为部族），在印度佛教中心那烂陀寺，师从戒贤，广阅佛经，得到“三藏法师”称号，并参与各部派辩论。其中著名的是与写了“破大乘论”700颂的小乘师的论战。这位小乘师以“破大乘论”公开向大乘派挑战，戒贤命玄奘和另三位“三藏法师”去应战，但由于“彼土

---

① 《旧唐书·方伎列传·玄奘传》。

② 《慈恩三藏传》卷一。

常法，论有负者先令乘驴，尿瓶浇顶，公于众中，形心折伏，然后依投永为皂隶。诸僧同疑，恐有殿负，默不陈对”[①]。可能那位小乘僧人的“破大乘论”写得确有深度，这4位法师准备了相当长的时间，“各立旁证，往复数番通解无路，神理俱丧，溘然潜伏”，[②] 致使另3位法师不敢应战，玄奘对他们说了一通道理：“我法弘恕，不在刑科，禀受我法，如奴事主。”[③]正是以“奴事主”的心态，玄奘抖擞精神，克服困难，主持写了“制恶见论”1600颂，得到戒贤等的赞赏。玄奘此行，主要的收获，不仅确认了“禀受我法”“如奴事主”，还从印度僧人那里学懂了“不依国主，则法事难立”[④] 的道理。此外就是学会梵语，运回大量佛经佛论，“所获梵本经论总一千帙，六百五十七部，佛像七驱，佛肉舍利一百五十粒，并骨舍利等一函。”[⑤] 归唐途中，刚到于阗，首先做的一件事就是给唐太宗李世民上表，报告他作为皇帝的臣民已回来，李世民即复诏：“可即速来，与朕相见！”[⑥] 玄奘到洛阳，李世民立即“别敕引入深宫内殿”，玄奘“面奉天颜，谈叙真俗，无爽帝旨，从卯至酉，不觉时延，迄于闭鼓”[⑦]。这是他从印度学得的“如奴事主”和“不依国主，则法事难立”两条佛理的初次运用。李世民父子先后将几所皇家寺院让他住持，并配给译经助手和服侍人员，以及充裕的经费。玄奘的主要工作就是译经和校经（前人所译）。这是一项皇帝钦立的“国家重大工程”项目，是李氏王朝为稳定社会而推行的愚民工程的重要一环。

玄奘所追求并且得到的，是2000多年来佛教僧人由中国皇帝给予最高的待遇和荣誉，他本人除努力译佛经佛论，就是利用各种机会给皇帝上表，18年（646—663年）中，共给太宗、高宗上表、启35份，编成《沙

① 《玄奘传》《中国佛教思想资料选编》第四卷，中华书局2014年版，第34页。
② 同上书，第34页。
③ 同上书，第34页。
④ 《慈恩三藏传》卷十。
⑤ 玄奘：《进经论集》《中国佛教思想资料选辑》第四卷，中华中心书局2014年版，第10页。
⑥ 《全唐文》卷七《答元奘还至于阗国进表诏》。
⑦ 《续僧传》卷四《玄奘传》。

门玄奘上表记》。其中如高宗妻武则天分娩时难产，玄奘不知哪里探得消息，立即上表“深怀忧惧，愿乞平安”，又于其子生日、三日、满月（满月连上二表）4 次上表“祝贺”。一个出家人，连人家媳妇生孩子难产的消息都能及时打探得到，可见用心之精细！给皇帝上的表、启，大多是谢皇帝隆恩之类，以及译经事项，言辞卑媚，奴性充足。此外就是与贵官往来。圣眷优隆的玄奘也努力工作，翻译了《瑜伽师地论》《俱舍论》《大般若经》等经论，但并无论著。

玄奘的一生，可谓“求佛求法”的一生，也是“被佛经转”的一生。他的成就，不仅在于他刻苦执着，还由所执之念指使双脚，像在沙漠中迷路的动物遍求水源那样去找佛经，问佛僧。除据他本人说曾在印度与人辩论时多次获胜（反正只他一个汉人，绝无旁证，也无人质疑）外，就是所译经书。再就是巴结皇帝之技高超卓越，虽西游时历尽艰辛，归国后却是荣华富贵。正是这一点，使玄奘得到太宗、高宗父子两任皇帝的优宠和推介，名声大振。这在皇权专制的中国是佛教徒价值的最高等级。不仅在佛界盛传，民间士人也津津乐道，以至吴承恩写的《西游记》还把他作为孙悟空的配角之一，描述一番他去西天取经的苦难，但只是呆头呆脑被动地被孙悟空护送。而周星驰《大话西游》中的玄奘，以喋喋不休的废话连篇，显现出“被佛经转”的瑜伽行派的某些特征。

求佛而被佛经转，在玄奘看来似乎是理所当然，而他一生大部分时间被佛经转得四处飘荡，不论是在汉地还是到西域、印度，佛对他来说，是神圣不可及的，是有限对无限的永久追求，甚至是个我对大我梵天回归的必然。“禀受我法，如奴事主。”这个“我法”就是佛法，是我所追求禀受的神圣之法，是必须服从和遵行的，就像奴隶受主人支配一样。奴隶是没有自我意识的，他以主人的意识为意识，而佛教所要求信徒的，也就是奴隶无条件地服从主人的意识，这个主人不是俗世的某个活人，而是“神通广大”“法力无边”的神圣大佛，佛经就是主人大佛神意识的表达，被佛经转，是信徒之本分。玄奘不过依本分而被转罢了。玄奘的价值，就在于证明了什么是被佛经转，并反证了慧能“我转佛经”的正确。禅教中与玄奘行径类似的，是从谂。从谂 80 岁以前，也是在游荡中度过的，但他秉持的是禅法，坚信“自心是佛”，是依个人自我意识去探讨“平常心是道”。因而身心健康，活到 120 岁，比玄奘多活了 50 多年。从谂留下了众多至今还可启发人的禅话，而玄奘除了译出几部连他本人也不明白，或者说被佛经转者不该明白的经书外，没有留下一句有创造性的言语。从谂 80 岁以后也受到赵王、燕王的尊崇，但他从来不去求王任何事或物，而且“大王来礼拜”，也不下禅床。玄奘则远在于阗国就给皇帝上表，既表忠心，又求领导关照。在皇帝于“百忙之中”对玄奘“无微不至的关怀”下，主动承担国家最重大的思想工程课题，展开了“被佛经转”的他力所能及的伟大工程——为了辅助皇帝治国理政，不仅扩大被佛经转的人数，还要增加几部转人的佛经！玄奘留下的唯一著作，就是《上表记》，这部包含 35 件上给皇帝的表、启，不仅是他本人的最高荣誉和功绩，也是中国大多数佛教徒心灵的写照，是佛教基本精神的表现。至于《大唐西域记》，与其说是一部游记，不如说是一种特殊形式的外国情报汇集，只可惜大唐帝国的统治者没有扩张的野心，因而被束之高阁。

八、功德在法身，心净则净土

捐钱捐物做功德，发愿念佛往净土。这是佛教，尤其大乘之技的重要环节。做功德可以改变轮回，甚至能够“解脱”的说法，是佛教所出售的主要“商品”，讲经说论不过是其包装和广告；发愿念佛号就能死后进入极乐净土天堂，则是大乘净土宗为简化程序，广收信众之技，虽在净土宗表现突出，也为各宗共有，不过没有净土宗这么简单易行，而且净土宗把“西方极乐净土”也作为商品。佛教此二技是相辅相成的，只有广收信众才能更多出卖“商品”，也只有把“商品”包装得漂亮，“广告”动人感情，才能有更多信众。

已经顿悟自心是佛的慧能，对于佛教的功德和净土说是相当反感的，他清楚地认识到其欺骗性，明确地对它进行批判，并提出“功德在法身”

“心净则净土”的命题，作为禅教思想体系术层次的范畴，充分展开我佛观的核心观念，并集合前面各范畴的内容，具体地表现了禅教与佛教的本质区别。

关于“功德在法身”，慧能在回答韦璩关于传说中达摩与梁武帝对话的问题时，明确了这一命题。

> 使君礼拜，白言：“和尚说法，实不思议，弟子今我有少疑，欲问和尚，望意和尚大慈大悲，为弟子说。”大师言：“有疑即问，何须再三。”使君问：“法可不是西国第一祖达摩祖师宗旨？”大师言：“是。”使君问：“弟子见说，达摩大师化梁武帝，帝问达摩：‘朕一生已来，造寺、布施、供养，有功德否？’达摩答言：‘并无功德。’武帝惆怅，遂遣达摩出境。未审此言，请和尚说。”①

达摩与梁武帝的对话，在有关达摩的传记中有记载，也是一桩典型的历史“公案”，慧能禅教和他以前由道信、弘忍创始的禅宗，都将此公案作为教学案例，以说明初期禅宗和禅教在“功德”问题上与佛教其他宗派的区别。自佛教形成以来，其基本原则就是不劳动，僧人作为佛的代言人，是奉持和宣传佛的思想，以佛经、佛论来交换凡人的布施和供养的。为了不劳动，宁可去乞讨，美之名曰“化缘”。并宣称凡人只要供养僧人，施舍财物，甚至出资建造寺庙、塔，就是“功德”。对这些“功德”，佛那里有一本明细的账册，笔笔件件都有记载，而且会根据“因果报应”，按所作“功德”的数量，交梵天审查，申请相应地报答——死后安排你的轮回，甚至可以度你进入涅槃。这样的功德观，说起来似乎简单，但却为佛教生存和扩展提供了必要的经济基础。从印度到西域再到中国，佛教徒深刻领会了其中真谛，他们用比现今传销组织高明得多的宣传手段，上至皇

① 《坛经校释》，中华书局1983年版，第64页。

帝、国王、达官贵族，中至富豪财主，下至平民百姓，都成为大小僧人以“功德”名义“化缘”的对象。“因缘”是佛教思想体系的重要范畴，不论12因缘还是“缘起性空”，说得那么玄奥，但其实质，还在“化缘”上，只要你拿出钱物给我，我宣讲佛经佛论给你，你我之间就有了“缘”。财钱是真正的、唯一的“佛缘”。你给我的是现世的钱物，我给你的是你死后好的轮回，甚至涅槃。这样的交换，是你以有限的钱物换得无限的未来幸福，怎么算，你都是大得利、大受益者。佛教本来讲究世间一切都是非有，我以大空换你小有，而且你的小有本来也是空。只要你供养我、施舍于我，甚至为我盖寺造塔，就有大功德，佛就会给你一个好的来世，这是多么合算的交易啊！

梁武帝萧衍是被佛僧忽悠，并利用国家权力与佛进行有与空交易的大领导，以作“功德”换取自己来世幸福。造寺、布施、供养是他以权谋利的主要手段。由他敕建的寺就有十几所，都是高广壮丽，在他的带动下，他的后代皇帝，以及王公、后妃、门阀士族共建近3000所寺院，寺院中都供奉佛像，用料有金、银、玉、铜、石、旃檀等。而供养佛僧则是他“功德”的又一重要环节，这对他也是轻而易举的事。萧衍自称礼佛诵经，为此就要找一些名僧大德为伴，对这些“佛友”们，他都“资给优厚”，聘为“家僧”。此外，还敕僧编译大量佛教经典，甚至还写了几篇学佛（主要是般若类）的读经报告和心得体会，并亲自开办讲座，宣讲佛经佛论。至于施舍僧人，对于拥有全国土地所有权和臣民人身权的萧衍来说，更是小事一桩，只要宣道圣旨，国家财政的拨款就可施舍给僧人，为他在佛的账册上再增加一笔“功德”。达摩见萧衍，只是传说，但达摩来到中土，既没有住进皇家寺院，也没有被供养，没有得到皇帝施舍，孤身一人在嵩山面壁，却可以证明他并未得到萧衍或王公、权贵的认可，而他对萧衍说的那句冷冰冰的“并无功德”，却也反映出他与佛教其他宗派僧人的不同。不管这句话是否是他说的，道信、弘忍等的农禅并作，自食其力，不依附朝廷、权贵，也不化缘乞讨，则正是这句话的本意所在。

慧能对此有更深的理解，他这样回答韦璩的问话：

> 六祖言："实无功德，使君勿疑达摩大师言。武帝著邪道，不识正法。"使君问："何以无功德?"和尚言："造寺、布施、供养，只是修福，不可将福以为功德。功德在法身，非在于福田。自法性有功德，平直是德。内见佛性，外行恭敬。若轻一切人，吾我不断，即自无功德。自性虚妄，法身无功德。念念德行，平等直心，德即不轻。常行于敬，自修身是功，自修心是德。功德自心作，福与功德别。武帝不识正理，非祖大师有过。"①

将"修福"与"功德"区分开，也就将佛教与禅教区别开了。慧能认为，萧衍的"造寺、布施、供养"，不过是按佛教的说法，来谋求来世的福报，跟功德没有任何关系。至于能否用这些手段得到福报，或者说佛教所作的广告词，慧能不予评说，只是强调，萧衍及其他什么人以为"造寺、布施、供养"就有功德，是"著邪道"的表现。真正的功德，在于自我的法身，自法性有功德，平直就是德。功德是内见佛性，外行恭敬，如果轻视一切人，自高自傲，执着自我，自性虚妄就是没有功德。这样的人，即使造寺、供养、布施，也不可能有功德。进而又明确平等真心待人，尊敬他人，"自修身是功，自修心是德。"所以"功德自心作，福与功德别。"梁武帝萧衍不识正理，他的功德观（也是佛教功德观）只是邪道。

"功德在法身"这一范畴，是我佛观经"无念为宗""自心是佛""定慧一体"等术层次一系列范畴的集合，前述各范畴都具体化于其中，进而又展开于对佛教净土观的批判与成佛的论证中。《坛经》是以相连的三段"修福与功德别""西方去此不远""若欲修行，在家亦得"论功德观与净土观，是慧能在大梵寺说法的总结。

---

① 《坛经校释》，中华书局1983年版，第64—65页。

使君礼拜，又问："弟子见僧道俗常念阿弥陀佛，愿往生西方。愿和尚说，得生彼否？望为破疑。"[①]

韦璩所提的问题，是针对当时流行的净土宗的念佛往生西天净土说法的。净土宗的经典为《阿弥陀经》和《无量寿经》、《观无量佛经》，由于其技简单易行，只要发愿、一生念佛至临终，即可往生美妙无比的西天净土极乐世界，因此在中国得以漫衍。晋时慧远在江西庐山定居，"三十余年，影不出山"，与刘遗民等僧俗100余人，结为"莲社"，"建斋立誓，共期西方"。该社在慧远主持下修习"念佛三昧"，并编《念佛三昧诗集》。慧远被净土宗尊为"初祖"。南北朝时昙鸾弃所学《仙经》"长生术"，改学《观无量寿经》，专修净土往生之技，著有《往生论注》《略论安乐净土义》《阿弥陀佛偈》等，是净土宗在中国传播的思想准备。净土宗兴盛于隋唐，道绰进一步简化了净土修行之技，将原来偏重"观想"改为"持名念佛"，即只念"阿弥陀佛"名号，念佛时用数珠记数，没有数珠就用豆子，念一声佛，放一粒豆。据《续僧传：道绰传》，道绰在山西石壁山玄中寺，随他数珠念佛者，"人各掐珠，口同佛号，每时散席，响弥林谷。"[②]而用豆记念佛数者用过的豆子，汇总起来，可达"数百万斛"。道绰本人更是身体力行，面西而坐，口诵佛号，"日以七万为限"，并著有《安乐集》。道绰弟子善导承继师志，不仅念佛，还与其徒抄写《阿弥陀经》几十万卷，画"净土变"像三百壁，自著《观无量寿经疏》《法事赞》《般舟赞》《往生赞》《观念佛法门》等。善导可谓彻底迷信念佛可生净土之典范，他整日念佛思想往生西方，以致神经错乱，从树上跳下摔死。其徒众盛传善导念佛时"口出佛光"，唐高宗听此传言，敕令将他在终南山住过的寺改名"光明"寺，由此声名远播。

善导活动的时期，慧能已创禅教，韦璩提此问题时，净土宗声势正

① 《坛经校释》，中华书局1983年版，第65页。

② 《续僧传》卷二十《道绰传》。

盛。而为了使禅教被人信从，必须批判净土宗这一强大的迷信势力。慧能对此问题予以明确回答：

> “使君听，慧能与说。世尊在舍卫国，说西方引化，经文分明，去此不远。只为下根说近，说远只缘上智。人有两种，法无不一。迷悟有殊，见有迟疾。迷人念佛生彼，悟者自净其心。所以佛言：‘随其心净，则佛土净。’使君！东方人但净心无罪，西方人心不净有愆。迷人愿生东方、西方者，所在处，并皆一种。心但无不净，西方去此不远；心起不净之心，念佛往生难到。除十恶，即行十万；无八邪，即过八千。但行直心，到如弹指。使君！但行十善，何须更愿往生；不断十恶之心，何佛即来迎请。”①

这里慧能充分发挥了我转佛经之术的功用，他借用《维摩经·佛国品》中的一句话，强调所谓净土，就是净心。“何须更愿往生”，人生在当世，“往生轮回”又有谁人知道。今生“行十善”，就是功德，就是佛行。

慧能强调，只要依他的顿悟禅法，即刻就可由净心而达净土。

> 六祖言：“慧能与使君移西方刹那间，目前便见，使君愿见否？”使君礼拜，曰：“若此得见，何须往生，愿和尚慈悲，为现西方，大善！”大师言：“唐见西方无疑。”即散。大众愕然，莫知何是。大师曰：“大众作意听，世人自色身是城，眼、耳、鼻、舌、身即是城门，外有五门，内有意门。心即是地，性即是王，性在王在，性去王无。性在，身心存；性去，身心坏。佛是自性作，莫向身求。自性迷，佛即众生；自性悟，众生即是佛。慈悲即是观音，喜舍名为势至，能净是释迦，平直是弥勒。人我是须

① 《坛经校释》，中华书局1983年版，第65—66页。

弥，邪心是大海，烦恼是波浪，毒心是恶龙，尘劳是鱼鳖，虚妄即是神鬼，三毒即是地狱，愚痴即是畜生，十善是天堂。无人我，须弥自倒；除邪心，海水竭；烦恼无，波浪灭；毒害除，鱼龙绝。自心地上觉性如来，放大智慧光明，照耀六门清净，照破六欲诸天下。三毒若除，地狱一时消灭，内外明彻，不异西方。不作此修，如何到彼?”座下闻说，赞声彻天，应是迷人了然便见。使君礼拜赞言：“善哉！善哉！普愿法界众生，闻者一时悟解。”①

根本不存在什么西天净土极乐世界，佛是自性作，悟即为佛。自性慈悲就是观音；喜舍就是大势至佛，能净就是释迦牟尼佛，平直就是弥勒佛。佛经上所说的佛或菩萨，不过都是人自性的表现。天堂、地狱也不过是人对生活和社会关系的感受而形成的观念。追求幸福，以至生活于没有矛盾的社会，就是天堂；祸灾、动乱，矛盾冲突不断的社会，就是地狱。慧能把天堂、地狱都归于人心、人性。执着人我就被压在须弥（妙高）山下，邪心是大海，烦恼是波浪，毒心是恶龙，虚妄是神鬼，三毒是地狱，愚痴是畜生，十善是天堂，也都是人自性的表现。去除对人我的执着，须弥山自倒；除去邪心，海水枯竭；无烦恼，波浪也就平息；除去毒害心性，鱼龙就灭绝。以自心觉性如来，放大智慧光明，照耀眼、耳、鼻、舌、身、意六门，照破六欲诸天下。除去三毒，地狱也就消灭，“内外明彻，不异西方。”净土宗所鼓吹的极乐净土，是任何人都没有去过，即使去了也不回来，因而根本不可能有其证明。而慧能所说的悟者自净其心，心净即净土，则是眼下现实可证的，只要依禅法顿悟，立刻就能实现。人们根本不用迷信那不可能被实证的净土极乐世界，地狱与天堂、众生与佛，其间的差别，就在于自性迷与悟。依循禅法顿悟，就可以亲自验证我心即佛。

也正是从心净即净土这一观念出发，慧能认为，

① 《坛经校释》，中华书局 1983 年版，第 66—67 页。

> 若欲修行，在家亦得，不由在寺。在寺不修，如西方心恶之人；在家若修，如东方人修善。但愿自家修清净，即是西方。①

并作《无相颂》，指导僧俗修行，其中有这样的话："说通及心通，如日处虚空，唯传顿教法，出世破邪宗。"② "法元在世间，于世出世间，勿离世间上，外求出世间。"③ 而在《六祖坛经》的颂中，则有"苦口的是良药，逆耳必是忠言。改过必生智慧，护短心内非贤。日用常行饶益，成道非由施钱。菩提只向心觅，何劳向外求玄？听说依此修行，天堂只在目前"④ 等语。这种类似民间谚语的禅颂，虽有依附儒学道统的倾向，却不仅通俗易懂，而且也正是中国农民对其理想社会的意识的概括表达。

对于功德在法身，心净则净土，怀海从"自由观"来理解。

> 问："如何得自由？"师答曰："如今对五欲、八风，情无取舍，垢净俱亡。如日月在空，不缘而照，心如木石；亦如香象截流而过，更无疑滞。此人天堂、地狱不能摄也。"
>
> 又云："读经看教，语言皆须宛转归就自己。但是一切言教，只明如今鉴觉性。自己但不被一切有无诸境转，是故道师；能照破一切有无境法，是金刚印，有自由独立分。若不能任摩得，纵令诵得十二《围陀经》，只成增上慢，却是谤佛，不是修行。读经看教，若准世间是好善事；若向明理人边数，此是壅塞人。十地之人不脱去，流入生死河。但不用求觅知解义句。知解属贪，贪变成病。只如今俱离一切有无诸法，透过三句外，自然与佛无差。既自是佛，何虑佛不解语？只恐不是佛，被有无诸法转，不

---

① 《坛经校释》，中华书局1983年版，第71页。
② 同上书，第71页。
③ 同上书，第72页。
④ 《六祖坛经》，中州古籍出版社2008年版，第40页。

得自由。是以理未立，先有福智载去，如贱使贵。不如于理先立，后有福智，临时作得，捉土为金，变海水为酥酪，破须弥山为微尘，于一义作无量义，于无量义作一义”。[1]

但又被一切善恶、垢净、有为世间福智拘系，即名为佛慧。是非、好丑、是理非理、诸知见惣尽，不被系缚，处处自在，名为初发心菩萨，便登佛地。一切诸法，本不自言空，不自言色，亦不言是非、垢净，亦无心系缚人。但人自虚妄计著，作若干种解，起若干种知见。若垢净心尽，不住系缚，不住解脱，无一切有为、无为解，平等心量，处于生死，其心自在。毕竟不与虚幻尘劳、蕴界、生死诸入和合；迥然无寄，一切不拘，去留无寻，往来生死，如门开合相似。若遇种种苦乐、不称意事，心无退屈，不念名闻、衣食，不贪一切功德利益，不与世法之所滞。[2]

这是怀海在对慧能“功德在法身，心净则净土”之术层次深切理解前提下的发挥。在怀海看来，所谓“天堂”“地狱”，都不过是由人性所生出的善恶之念的体现，人被自性中的妄念、恶念系缚，就会造成社会各种矛盾，并使人有如堕地狱之感。之所以人们向往“西天”“净土”，就在要摆脱现世地狱之苦。佛教净土宗宣传的，就是要求人现世诵佛、信佛，被佛所度，按佛的指示布施、供养、造寺，不仅要养活以佛的宣传员身份出现的佛僧，还要尊敬他们，由他们指导今生观念和行为，以求死后来世生于“西方净土”之“佛地”。慧能已明确指出，“净”与“不净”的原由在人心、人性，“心净即净土”。东方的“土”与西方的“土”，是一样的，并无净与不净的差别。东方人心净，其生活之“土”亦净土；西方人心不净，其生活之“土”亦非净土。净土、佛地不在西方之天上，而在现今活人的心性。不必希求所谓“来生”轮回，人生只在今世，要通过悟自

① 《祖堂集》下卷，中华书局 2007 年版，第 643—644 页。

② 同上书，第 641—642 页。

性见自佛心，行佛行，将现世打造成佛地、净土。怀海不仅从“自由”观理解并阐发了慧能的有关思想，更在实践上，组织了农禅并作的禅团，在江西的高山峻岭中开出一片自由的“净土”“佛地”。虽然清贫，却人人平等，思想自由，“不念名闻、衣食，不贪一切功德利益，不与世法之所滞”。不被一切有为因果所缚，“以无缚心应一切，以无缚慧解一切缚”。在《祖堂集》及各本“传灯录”“尊宿语录”中，记录了在怀海《禅林规式》的聚合下的禅团生活与人际关系，其精神正是以“功德在法身”所打造的“心净则净土”。

功德在法身，心净则净土，是禅教术层次的两个具体范畴，是我佛观核心观念经农禅并作到无念为宗、自心即佛等一系列范畴的展开，是在面对信众时的具体论证，它们集合了前面各范畴的内容，使禅教术层次成为自圆满的系统，明确地表达了禅教的特殊性及其与佛教的本质区别。是否坚持这两个范畴，也是判别禅教与佛教之禅宗的重要标志。怀让、行思两支脉，特别是以道一、怀海为中心的南岳派，依这两个范畴而坚持农禅并作，并且与佛教净土宗明确划清界限。而神秀一脉的禅宗，以及神会的弟子，则由于不事劳作，只得靠朝廷和信众供养、施舍存续于官寺，这样就势必宣扬佛教的功德观，排斥或丢弃慧能“功德在法身”的思想，进而不得不许诺信众以美好的来世，以至与净土宗相混合。而禅教经过几百年后，其农禅并作的禅林制度也逐步废止，号称慧能传人的禅僧也开始乞求朝廷和信众供养、布施，并从禅堂搬进寺院，因此也不能坚持“功德在法身”的功德观，而要赞扬供养、布施、建寺为功德，并逐步与禅宗和净土宗相混合，心不净而无现世之“净土”，只能幻想来生入“西天”。但在禅教存续期间，尤其怀海及希运、义玄等几代传人那里，功德在法身与心净即净土等术层次的范畴，不仅明确，而且与前述各范畴有机统一，并展开于技层次的创造中。

第六章　禅教之技尚实简

——禅教技层次各环节对术、法层次的展开

禅教既是一个思想体系，也是一个教派团体，其法层次的我佛观核心观念及其展开的术层次各范畴，都要具体化于禅团的组织和禅僧的行为中，因而在其技层次上更注重思想、组织与行为的统一。作为我佛观通过术层次各范畴的展开，禅教技层次的内容与形式有明显的创造性和特殊性，既生动、灵活又严肃、和谐，实用而简约，体现着人类在农业文明时期最为平等和自由的思想和组织、行为方式。

与佛教和婆罗门教之技的烦琐、教条、呆滞不同，禅教我佛观所要求和展现的技层次，是以我佛观导引的顿悟自性为目的，因而注重实证之修悟，既有思想上的辅导，更要从日常生活启发，强调开发学员自己具有的智慧，而非强制管束和规定修习阶段和形式。一般而论，禅教之技主要体现于习禅悟性的关节点，采用相应手段，促进顿悟，但禅教各派系和禅师又都有所侧重和偏好，实行起来相当丰富多彩。

一、发愿、忏悔、授戒

但凡非政教合一的宗教，其入教者应出于自愿，因此发愿是其成为该教信徒的首要环节。禅教与佛教一样，都不是像婆罗门教和基督教那样，

以政权之力强制特定人群生来就得是教徒，而是自愿加入，这样就必须发愿。入教以后，要检讨自己既有的思想和行为，依照禅教之法、术进行忏悔，是从入教之始到修行全过程都要做的功课。禅教是团体性组织，为此也要制定戒律，信徒必须遵守戒律。发愿、忏悔、授戒是禅教之技的首要环节，这是慧能创教时就明确并贯彻于禅教团体的存续全过程。

从形式上看，禅教的发愿、忏悔、授戒与佛教相似，也使用“佛”的名号，但其内容却与佛教有本质区别，是我佛观和禅教术层次各范畴的具体表现。

发愿。发愿是对所有自愿加入的宗教和政治团体，乃至现代政党加入者的基本要求，也是必要程序。《坛经》中，慧能是在论证了皈依“自三身佛”，即自色身中本有法身佛、化身佛、报身佛之后，率领众人发四弘愿的。在佛教经论中，这三身佛都是自身之外高不可攀的神佛，凡人只能拜佛、被佛所度，并求佛保佑和导引。慧能则认为，这三身佛都在自法性，“世人尽有，为迷不见，外觅三身如来，不见自色身中三身佛。”[1] 他强调，世人性本自净，万法在自性，因此不要拜佛求佛，而应“自悟自修”。明确了这个前提，他提出“发四弘大愿”。

> 今既皈依三身佛已，与善知识发四弘大愿。善知识！一时逐慧能道：“众生无边誓愿度，烦恼无边誓愿断，法门无边誓愿学，无上佛道誓愿成。”[2]

据《坛经》开篇记载，慧能在大梵寺讲堂中说法时，“其时座下僧尼、道俗一万余人，韶州刺史韦璩及诸官僚三十余人，儒士三十余人。”[3] 慧能带领大家发此四弘大愿，他说一句，众随一句，声势也颇可观了。

发愿是佛教信徒入教时必要的程序，各宗派都重视这一环节，尤其净

---

① 《坛经校释》，中华书局1983年版，第39页。

② 同上书，第44页。

③ 同上书，第1页。

土宗将发愿视为往生西天净土极乐世界的首要一环。慧能要求并带领众人发愿，与佛教相比，形式上并无特别之处，而且四大誓愿的愿词与佛教不同，内容也有本质区别。他所说的四大誓愿，度众生、断烦恼、学法门、成佛道，自有其特殊内涵。

> 善知识！“众生无边誓愿度”，不是慧能度，善知识！心中众生，各于自身自性自度。何名自性自度？自色身中，邪见烦恼，愚痴迷妄，自有本觉性，将正见度，既悟正见，般若之智，除却愚痴迷妄众生，各各自度。邪来正度，迷来悟度，愚来智度，恶来善度，烦恼来菩提度，如是度者，是名真度。“烦恼无边誓愿断”，自心除虚妄。“法门无边誓愿学”，学无上正法。“无上佛道誓愿成”，常下心行，恭敬一切，远离迷执，觉知生般若，除却迷妄，即自悟佛道成，行誓愿力。①

在这“四弘大愿”中，首要的就是第一愿“众生无边誓愿度”。“度”，是梵音 pāramita 的意译，还可译为“到彼岸”“度彼岸”“度无极”，音译为“波罗蜜”或“波罗蜜多”，佛教之“度”谓从生死迷界的此岸到达解脱涅槃的彼岸。《大智度论》卷一二：“‘波罗’（秦言‘彼岸’）；‘蜜’（秦言‘到’）……成办佛道，名到彼岸；复次于事成办，亦名到彼岸（天竺俗法，凡造事成办，皆言到彼岸）……以生死为此岸，涅槃为彼岸。”② 大乘派有“六度”或“十度”之说，即 6 项或 10 项修持到达涅槃彼岸的途径。佛教所说的“度”，是由佛度世人，佛指导世人修行，从生死迷界解脱到达涅槃之彼岸。佛是主导，世人是被动的依从者；佛是智慧，世人是迷妄，只能像盲者一样在大智慧的佛领导下逐步修行（“六度”或“十度”）。佛教各派都以此为基本观念，只是在修行之技上有所

① 《坛经校释》，中华书局 1983 年版，第 44 页。
② 《大智度论》卷一二，引文括号内为译者鸠摩罗什原注。

区别，净土宗的发愿往生西方极乐净土世界只是其一技。

慧能这里所说的“度”，是借佛教之词义表达自己的观点。他说：

> “摩诃般若波罗蜜”者，唐言“大智慧彼岸到”。此法须行，不在口念。口念不行，如幻如化；修行者，法身与佛等也。何名“摩诃”？“摩诃”者，是“大”。心量广大，犹如虚空，若空心坐，即落无记空。虚空能含日月星辰、大地山河，一切草木、恶人善人、恶法善法、天堂地狱，尽在空中；世人性空，亦复如是。①

慧能虽在解说梵语“摩诃般若波罗蜜”，但他强调，“大智慧彼岸到”，不在口念，而在修行。“修行者，法身与佛等”，自性是佛，并非求外在佛。“摩诃”为大，大在心量，犹如虚空，能含日月星辰、大地山河及一切草木、恶人善人、恶法善法、天堂地狱。以大智慧思大心量中所念一切。

> 性含万法是大，万法尽是自性。见一切人及非人，恶之与善，恶法善法，尽皆不舍，不可染著，由如虚空，名之为大。此是摩诃。迷人口念，智者心行。又有迷人，空心不思，名之为大，此亦不是。②

大心量、大智慧，心行思考、自性自度。以“般若之智，除却愚痴迷妄”。“般若是智慧。一切时中，念念不愚，常行智慧，即名般若行。一念愚即般若绝，一念智即般若生。世人心中常愚，自言我修般若。般若无形相，智慧性即是。”③ 慧能强调自性自度，就是以人自性之智慧（般若）来思考，消除愚妄。“度”即“波罗蜜”，

---

① 《坛经校释》，中华书局1983年版，第49页。

② 同上书，第50页。

③ 同上书，第51页。

何名波罗蜜？此是西国梵音，唐言彼岸到。解义离生灭，著境生灭起，如水有波浪，即是为此岸；离境无生灭，如水承长流，故即名到彼岸，故名波罗蜜。迷人口念，智者心行，当念时有妄，有妄即非真有；念念若行，是名真有。悟此法者，悟般若法，修般若行；不修即凡，一念修行，法身等佛。善知识！即烦恼是菩提。前念迷即凡，后念悟即佛。①

慧能带领众人所发四弘大愿之一的“众生无边誓愿度”，就是悟自性般若之智，以正度邪，以悟度迷，以智度愚，以善度恶，以菩提度烦恼。慧能强调，般若之智在世人自性，“度”不是由外在的佛，也不是由我慧能给你解除邪见烦恼、愚痴迷妄，而是靠你自己自性自度。我慧能所做的，就是告诉你这个道理，不要再迷信那些妄称佛有神法力可以度你们到彼岸的邪说。我带你们发此誓言，就是让你们悟知自性即佛，以自性之般若智度自身之迷妄。

“众生无边誓愿度”之一愿，实际上已包含了后三愿，或者说后三愿都是第一愿的具体表现。第二愿“烦恼无边誓愿断”，是以自性自度除去自心虚妄。烦恼来自虚妄，去除了自心虚妄，也就消除了烦恼。第三愿“法门无边誓愿学”，发自本心誓学无上正法，即慧能禅教之法。佛教要求信徒皈依其教，信仰佛、依从佛，净土宗甚至要求发愿去西天极乐净土的佛世界。佛是无限伟大的，世人则是渺小的，只有在佛的主导下，才能逐步修得正果，被佛度出生活的苦海，到达涅槃彼岸。慧能则强调自性自度，他的禅法要点在启发世人自度，而这才是无上之正法。“誓愿学”正法者，首先要确立自性自度的信念，也就是第一弘大愿的精神，然后才能誓愿学习修行禅法，也只有誓愿学习修行禅法，才能实现自性自度。第四愿为“无上佛道誓愿成”，既然发愿学习禅法，那么就要坚持不懈，由心

① 《坛经校释》，中华书局1983年版，第51页。

而行，恭敬一切，远离迷执，悟知自性智慧，就可以学成禅法。

发愿只是学习修行禅教的第一步，也是入门之技。发愿之后，还要忏悔，即依所悟自性智慧，检讨自身已有之恶行，清除愚迷。慧能说：

> 今既发四弘誓愿，与善知识说无相忏悔，灭三世罪障。大师言："善知识！前念、后念及今念，念念不被愚迷染。从前恶行，一时自性若除，即是忏悔。前念、后念及今念，念念不被愚痴染，除却从前谄诳心永断，名为自性忏。前念、后念及今念，念念不被疽疾染，除却从前嫉妒心，自性若除即是忏。"善知识！何名忏悔？忏者终身不为，悔者知于前非恶业，恒不离心。诸佛前口说无益，我此法门中，永断不作，名为忏悔。[①]

慧能认为，人行为之善恶，都是由自性决定的。自性生念，念被愚痴染，是作恶的缘由，如果从自性除去谄诳心，就是从根本上认知其念与自性上的缺陷，从自性除去缺陷，以觉悟自己行为的善与恶，即是忏悔。他将忏与悔分别论证，认知从前恶业，将造成这些恶业的愚迷、嫉妒，从自性中消除，今后永不生此念，是忏；悔则是在经忏而觉悟的基础上，不再重复旧有的恶业。忏与悔是统一的，如果不能忏其前愆，也就不能悔其后过；但要只是忏前不悔后，那么忏前愆也就没有意义，没有悔后，前愆也就未灭。因此，忏前悔后是同一个觉悟过程，其要点在于切实除去自性之恶念。

忏悔之后，是授戒。戒，本是佛教之技中相当重要的一环，从悉达多开始，经早期佛教、小乘派、大乘派，其戒律不断依其术而演变，甚至专门形成一律宗。佛教"三学"之首就是"戒"，其二、三为"定""慧"。戒律在佛教各宗派那里起着维系团体、纪律僧众的作用，而且相当烦琐、细致。虽说各宗派之戒律有所区别，但有其共同点，就是依从佛我观，将

---

① 《坛经校释》，中华书局 1983 年版，第 45 页。

佛树为智慧神圣，视信众为愚痴呆笨，戒律就是智慧神圣对愚痴呆笨的导引和管束，也只有依从这些戒律，才能逐级修成正果。慧能将“定慧一体”规定为禅教的术层次一个重要环节，而将“戒”作为展开术层次的技层次一个范畴。他所说的戒，绝非佛教之戒，而是以我佛观启发自心自性觉悟和行为的必要手段。他说：

> 今既忏悔已，与善知识授无相三皈依戒。大师言：“善知识！皈依觉，两足尊；皈依正，离欲尊；皈依净，众中尊。从今以后，称佛为师，更不皈依邪迷外道。愿自三宝，慈悲证明。善知识！慧能劝善知识皈依三宝。佛者，觉也；法者，正也；僧者，净也。自心皈依觉，邪迷不生，少欲知足，离财离色，名两足尊。自心皈依正，念念无邪故，既无爱著，名离欲尊。自心皈依净，一切尘劳妄念，虽在自性，自性不染著，名众中尊。凡夫不解，从日至夜，受三皈依戒。若言归佛，佛在何处？若不见佛，既无所归，既无所归，言却是妄。善知识，各自观察，莫错用意。经中只即言自皈依佛，不言皈依他佛；自性不归，无所依处。”①

这“无相三皈依戒”与佛教之戒律相比，哪里是“戒”？而是我佛论的具体表述。但慧能恰恰把这三皈依视为其禅教信徒的必要戒规。在他的观念里，人自性是佛，既不存在外面的神佛，更不需要由这不存在的神佛来导引和约束人的行为。只要悟知自性是佛，皈依自身所具备的“三宝”觉、正、净，就能够正确意识与行为。佛为觉，法为正，僧为净，也可以说，觉就是佛，正就是法，净就是僧，皈依“三宝”，也就是认知自心的佛、法、僧。人的自觉行为，何必用外部管制？应当规戒禁止的，恰恰是对神佛的崇拜和迷信，“从今以后，称佛为师，更不皈依邪迷外道。”佛不过是

① 《坛经校释》，中华书局1983年版，第46—47页。

一人，可以称他为师，但不能盲目信仰，更不能当作神来崇拜。这里慧能所说的“皈依邪迷外道”，就是指佛教各宗派神化了的佛我观。他并用我转佛语之术强调：“经中只即言自皈依佛，不言皈依他佛。”至于是什么“经”中有这层意思，已无所谓了。

佛教的佛、法、僧说与基督教的圣父、圣子、圣灵说异曲同工，都是强调其思想体系与组织、教义与传教行为的统一，也都以“三位一体”的无限神圣来对应信徒个体的有限渺小。慧能则将佛、法、僧的三位一体归于我心，是心的觉、正、净，并由此否认外在的佛、法、僧。

慧能所“无相三皈依戒”，包含了“发四弘大愿”和“无相忏悔”的内容，形成了禅教技层次的基本环节，展开了禅教我佛观及术层次各范畴，形成了禅教技层次的基本内容，由此确立了技层次各环节。

对于“无相三皈依戒”，怀海有深切体悟，在他制定的《禅林规式》中得到充分而具体的展开，成为禅教组织和发展的必要形式。《禅林规式》古本已佚，仅据杨亿所写“古清规序”，怀海立此篇《禅门规式》，目的就是有别于佛教戒律。“或曰‘《瑜伽论》、《璎珞经》是大乘戒律，胡不依随哉？’师曰：‘吾所宗派非局大小乘，非异大小乘，当博约折中，设于制范，务其宜也。’于是创意，别立禅居。”① 《禅门规式》依我佛观，在组织上虽有长老、主事、寮舍管事，但明确学众“无多少，无高下，尽入僧堂，依夏次安排，设长连床”，“除入室请益，任学者勤怠，或上或下，不拘常准。”② 其戒律之要者四：一、不污清众；二、不毁僧形；三、不扰公门；四、不泄于外。如有违反，“即以拄杖杖之，集众烧衣钵道具，遣逐从偏门而出者。”③ 如此“规式”，不仅比佛教戒律简单，更是“自性佛”觉悟的必要形式，违者不能悟自性，自当逐出禅团，以保持禅林清净。

---

① 引自《景德传灯录》上卷，中州古籍出版社，2019 年版，第 144—145 页。

② 同上书，第 145 页。

③ 同上书，第 145 页。

二、坐禅不著心、不著净、亦不言不动

慧能所创禅教以禅为名，其法其术均涉及禅，但与佛教禅宗之禅有本质区别。法、术层次的区别，必然体现于技。坐禅是禅宗之技的基本形式，神秀一脉尤其注重此技。禅教之技也要涉及坐禅，慧能对此作了明确的论说。

> 善知识，此法门中，坐禅元不着心，亦不著净，亦不言不动。若言看心，心元是妄，妄如幻故，无所看也。若言看净，人性本净，为妄念故，盖覆真如，离妄念，本性净。不见自性本净，起心看净，却生净妄，妄无处所，故知看者却是妄也。净无形相，却立净相，言是功夫，作此见者，障自本性，却被净缚。若修不动者，不见一切人过患，是性不动。迷人自身不动，开口即说人是非，与道违背。看心看净，却是障道因缘。[①]

坐禅不著心、不著净、亦不言不动，是慧能对禅教坐禅之技的界定，也是对佛教坐禅之技，特别是神秀派禅宗坐禅之技的批评。在坐禅之技上，具体展现着禅教与佛教禅宗及其他派别的本质区别。

坐禅之技，是佛教传承于婆罗门教的修行技之一。婆罗门教从形成之初，就将禅定作为摆脱外界干扰、抑制杂念、保持内心平静的修行之技。奥义书的编造者认为，人本身及其感觉的一切，本质上都是梵天所造，也是梵天的存在形式，但凡夫却认识不到这一点，追求对生命和财富的永远具有，似乎生命和财富是不属于梵、不归结于梵的，这就与梵天产生了矛盾，带来无尽的烦恼。为了消除这些错误的观念，认知自我的生命和财富都是梵天给予的，是梵天的一部分，终究还要归附于梵天，梵天在造人

---

① 《坛经校释》，中华书局 1983 年版，第 36 页。

时，就先造好了一部严密的“大数据”系统，并在每个身上安装了类似今天人们所说的计算机芯片，时刻在观察、计算每个人的行为，任何人都逃不脱梵天的监视，梵天根据个我行为之业，再安排其转世的种类和级别。为了得到梵天的好印象，来世被安排在高等种类和级别，就必须修行，禅定是修行的必要方式，其瑜伽之技有调息、制感、静虑、执持、观慧、三昧六种。到部派时期，瑜伽派进一步发展了其修行之技，包括禁制、劝制、坐法、调息、制感、执持、静虑、等执。其中的坐法、调息、制感、执持、静虑、等持可以说是坐禅之技的初期形式。坐法是修行时应采取的坐姿，既要稳还要轻松；调息是在保持合乎规矩的坐法的同时，对呼吸的调节和控制，包括气息活动的内外范围、呼与吸的间隔时间、次数等；制感是控制感觉器官，使它们与感觉对象脱离接触，以使心不受外界干扰；执持是修行时心要关注一处，使之凝定而不散乱；静虑是执持的继续，使心执着持续集中于禅定的对象上；等持即三昧，也即正定，心与禅定对象，即梵天，冥合为一，犹如主观意识已不存在。而禁制和劝制是从外部规定的带有法律性的戒律，包括不杀生、诚实、不偷盗、净行、不贪；劝制则是道德规范，包括清净、满足、苦行、学习与诵读经典、敬神。它们作为瑜伽“八支行法”的前两条，是从总体上对所有修行者的约束，也是后 6 种或 6 阶段修行之技的前提。通过这 6 个阶段的修行，修行者就可以认知梵天对个我的创造与决定，而个我正是梵天总我的一分子，并从精神上归附于梵天。

佛教的禅定之技源自婆罗门教，也是强调对人情感和意念的抑制。佛教小乘派吸收、改造婆罗门教禅定之技，形成所谓“四禅”之技，强调“止息”，即止息语言，止息觉观，止息喜心，止息入息，逐步控制人的感觉、情感、意识，即心的活动与作用，以摆脱凡间尘世的种种杂念和烦恼，专心致志地依从佛的教导和指挥来修行。大乘派之禅技与小乘派并没有本质区别，也是强调弃绝尘世和禁欲来实现信仰的专一，不同的是大乘派各宗依其术范畴，在具体形式禅定之技上有所差别，其中瑜伽行派从唯识观提出了所谓“十七地”，包括五识身相应地、意地、有寻有伺地、无寻唯伺地、无寻无伺地、三摩呬多地、非三摩呬多地、有心地、无心地、闻所成地、思所成地、修所成地、声闻地、独觉地、菩萨地、有余依地、无余依地，[①] 以此作为禅定修行之技的阶段。中观派、般若派的禅修都有其特殊之技。在坐禅上，佛教与婆罗门教有诸多相近之处，但目的已不是直接认知梵我同一，而是感悟佛的教导，认知佛的大智慧，再由佛带领个我去认识、皈依梵天。

佛教小乘和大乘两派的禅技在中国都有流传，其中小乘之技主要是安世高倡导的“安般守意”，强调通过坐禅隔离心与外界，由此净心制意，其要点是“静虑”。计有“四静虑”：离欲界，内等净，舍、念、正知，舍清净、念清净。进而加上“四无色定”（空无边处定、识无边处定、无所有处定、非想非非想），构成“八等至”。“安般守意”之技，是通过数息，使心情平定，与道教的呼吸吐纳气功相似，进而是“相随”“止”“观”“还”“净”，计为“六事”，“六事”要与“四禅”相配合，其“一禅”指对数息的要求，系意着息，从 1 数到 10，10 数不误，意定于 10，循环数之，以达“寂无他念，泊然若死”；“二禅”是“相随”，要求从数 1 至 10 转向随顺呼吸气息，将注意力集中到呼与吸的运行上；“三禅”为“止”，将注意力从呼吸转向鼻头，意识停止于一点，排除心中一切杂念；“四禅”为“观”，观其全身，从头至脚，反复微察，“内体污露、森楚毛竖，犹睹脓涕。”由此具照天地人物，知其盛若衰，无存不亡，信佛三宝，众冥皆明。大乘派之坐禅技在中国的流传初期以《般若三昧经》为主，其要点在“念佛见佛”，念阿弥陀佛今现在，随所闻当念，到达千亿万佛刹，一心念之，日夜不断，到七日七夜后即可见佛。这是把净土宗的念佛与坐禅结合起来了，也是以后“禅净合宗”为前提。慧远可以说是念佛坐禅之技的创始者，他在庐山率“同志”者念佛号的同时，也注重坐禅静虑，专心欲达西天净土。而从达摩至慧可，慧可至僧璨，僧璨至道信，道信至弘忍所创禅宗，则进一步突出坐禅之技在修行中的地位，到神秀一脉，此技

---

① 参见《瑜伽师地论·本地分》。

已成系统。神会在与崇远辩诤时，曾概要地指出：

> 秀禅师教人“凝心入定，住心看净，起心外照，摄心内证”[①]。

这是神会在领悟慧能思想后，对神秀禅宗坐禅之技的批判性概括，他并由此展开论证了慧能关于坐禅不著心、不著净、亦不言不动的观点。而“凝心入定，住心看净，起心外照，摄心内证”这16字，比较准确地概括了神秀禅宗坐禅之技的要领。

神秀作为跟随弘忍多年修行的首座弟子，是禅宗及佛教其他宗派乃至婆罗门教坐禅之技的集成者。他“少览经史，博综多闻”[②]。对老庄玄学和儒家《尚书》《周易》，以及佛教经论律都有造诣，“既而奋志出尘，剃染受法。”[③] 二十岁在东都洛阳天宫寺受戒，四十六岁时到蕲州双峰东山寺见弘忍师，以坐禅为务，叹伏弘忍坐禅之技，曰：“此真吾师也。决心苦节，以樵汲自役而求其道。”[④]

《宋高僧传》对神秀的记述中，特意将禅宗形成与传递又重复一遍，并写弘忍对他的赞扬，而神秀之所以拜在弘忍门下，主要是因为对其坐禅之技的叹伏。神秀后来能够发扬东山法门，也在于他领受了弘忍坐禅之技。至于弘忍为什么不把衣法传给神秀却传给了慧能，一是传衣法本为传说，不见得真有“自释迦相传，以衣钵为记”；二是弘忍发现了慧能的创造性，并深知他不能为禅宗所容，但又要赞助他，所以授慧能以衣法且偷送其归岭南。即使第二种原因，也说明在弘忍的思想中，慧能的基本观念已不属于禅宗，因而只是从术的层次对他予以启发，并未教授坐禅之技。从这一点论，神秀恰是弘忍坐禅之技的真正传人和弘扬者，其门人尊他为

---

① 《神会和尚禅话录》，中华书局1996年版，第29页。

② 《宋高僧传》上卷，中华书局1987年版，第177页。

③ 同上书，第177页。

④ 同上书，第177页。

“禅宗六祖”是理所当然。慧能思想体系的道、法、术、技各层次都与禅宗有本质区别，神会为一己之私，以“衣法传于慧能”而为之争“六祖”之位，看似抬高其师，实则贬抑慧能在思想史上的地位和作用。

神秀将坐禅之技名为“观心”，并著有《观心论》。他认为心即本体，知心体，体性清净，体与佛用，一心本觉，亦即诸佛身；知心用，用生法宝，起到恒寂，万感皆知。知心之体之用，是修禅的关键。通过摄心、观心，可以永消三毒心，闭六贼门，最后得到解脱。息妄修心，是神秀坐禅之技的要点。息想、摄心，万缘尽闭，专念灭妄，拂拭客尘，发明本有佛性，进入与真如相应的境界。宗密在《禅源诸诠集都序》中将神秀列为“息妄修心宗”，指出其要点为：

> 息妄修心宗者，说众生虽本有佛性，而无始无明覆之不见，故轮回生死。诸佛已断妄想，故见性了了，出离生死，神通自在。当知凡圣功用不同，处境内心各有分限，故须依师言教，背境观心，息灭妄念。念尽即觉悟，无所不知。如镜昏尘，须勤勤拂拭，尘尽明现，即无所不照。又须明解趣入禅境方便，远离愦闹，住闲静处，调身调息，跏趺宴默，舌拄上腭，心注一境。南侁、北秀、保唐、宣什等门下皆此类也。①

神秀等人的坐禅之技是禅宗形成和发展的重要因素。慧能出来宣讲禅教时，正值坐禅之风大盛之时，所以他必须对此发表意见，并提出自己的坐禅之技。他针对禅宗坐禅之技，明确地指出坐禅不著心、不著净、亦不言不动。理由也很充分：若言看心，如果心本来是妄，即妄心，看什么？怎么看？若言看净，人性本来清净，被妄念盖覆真如，只要离妄念，本性自然清净，不见自性本净，却要起心看净，这就会生出净妄，妄本来无所处，看净者本心就是妄，所看的也只能是妄。若修不动，就是不见一切人

---

① 《禅源诸诠集都序》，中州古籍出版社2008年版，第35页。

过患，而迷人自身不动，开口即说人是非，是与道相违背的。因此，禅宗所说的看心看净，只是障道因缘。

在对禅宗坐禅之技进行批判后，慧能说明了他对坐禅的看法，阐明了其禅教坐禅之技：

> 此法门中，何名坐禅？此法门中，一切无碍，外于一切境界上念不起为坐，见本性不乱为禅。何名为禅定？外离相曰禅，内不乱曰定。外若著相，内心即乱，外若离相，内性不乱。本性自净自定，只缘触境，触即乱，离相不乱即定。外离相即禅，内不乱即定，外禅内定，故名禅定。①

将“坐禅”一词分别为“坐”与“禅”，“禅定”分别为“禅”与“定”，先各论其意，再合为禅定之义。这是不识文字的慧能从文字上对其坐禅之技的新解，也是他有别于并超过禅宗诸禅师之处（从这里我们也可以想见慧能后来还是学过文字的，不然很难如此熟练地进行字义分析综合）。更为重要的是他将我佛观之法与术层次各范畴，尤其是“无念为宗，无相为体，无住为本”展开，论说“坐禅”和“禅定”。“坐”是于一切境界上“念不起”，“禅”是“性不乱”。而“禅定”之“禅”，是“外离相”，“定”是“内不乱”。这与佛教和婆罗门教禅宗对坐禅的定义已有实质区别。神秀等禅师对坐禅的定义，是从形式上讲的，其“坐”就是坐，而且讲求坐姿坐时，“坐禅”就是坐着修禅。慧能则将“坐”定义为面对一切境界“念不起”，与“无念为宗”联系起来，无念是无妄念，念不起即不起妄念。这样，“坐”就不是指坐姿，而是一种心态，是“无念为宗”的具体化。“禅”是“见本性不乱”，是与“坐”相通的，无妄念才能见本性不乱，也只有见本性不乱才能无妄念。而“禅定”之“禅”，又与“无相为体”联系，对于外部事物的认识都不著相而离相，其“定”是“内

① 《坛经校释》，中华书局1983年版，第37页。

不乱”，“禅”与“定”是外与内的统一，或者说对外曰禅，对内曰定，只有外离相才能内不乱，也只有内不乱才能外离相，“外禅内定，故名禅定”。

可见，慧能对“坐禅”之技的论说，是他的我佛观核心观念和术层次各范畴的具体化，突破了禅宗对此技的认识和修持。他不强调坐禅的形式，而注重其内容，尤其与神秀“凝心入定，住心看净，起心外照，摄心内证”之技形成鲜明对照。慧能对坐禅之技的观点，体现于他本人的修行及其教徒活动，并作为一个传统，深刻地影响着其后人。

与神秀后继者争禅宗正统的神会，在与崇远的辩诤中明确将神秀的坐禅作了简要概括，令对手崇远也不得不认可，但崇远还要继续在普寂、降魔藏“二大德”方面依神秀之技，教人“凝心入定，住心看净，起心外照，摄心内证”来与神会辩争，但这已使他在辩论中处于不利地位，神会恰好以讥讽此二人之技为由，再对神秀禅技予以批判，称其为“障菩提”，并进一步宣扬了慧能关于坐禅的观点，强讽调“念不起为坐”，“见本性为禅”，所以“不教人坐身住心入定”。而“坐身住心入定”6字，更加准确地概括了神秀坐禅的特点和性质。

神会本人对于坐禅是相当重视的，《神会和尚禅话录》中不仅多次论说，还写了《南宗定邪正五更转》，重点批评禅宗坐禅技，弘扬禅教之“无念为宗”及坐禅技。

一更初。妄想真如不异居。迷则真如是妄想，悟即妄想是真如。念不起，更无余，见本性，等空虚。有作有求非解脱，无作无求是功夫。

二更催。大圆宝镜镇安台。众生不了攀缘境，由斯障闭不心开。本自净，没尘埃，无染者，绝轮回。诸行无常是生灭，但现实相见如来。

三更侵。如来智慧本幽深。唯佛与佛乃能见，声闻缘觉不知音。处山窟，住禅林，入空定，便凝心。一坐还同八万劫，只为担麻不重金。

四更兰。法身体性不劳看。看则住心便作意，作意还同妄想团。放四体，莫攒玩，任本性，自公官。善恶不思即无念，无念无思是涅槃。

五更分。菩提无住复无根。过去舍身求不得，吾师普示不忘恩。施法药，大张门，去障膜，豁浮云。顿与众生开佛眼，皆令见性免沉沦。[①]

神会的《五更转》以唐中期流行的燕乐曲牌为形式，写的曲子文词虽不甚佳，却可以广泛宣传其观点，也便于弟子学习。

慧能关于坐禅之技的观点，在怀让、行思等禅教流派中都得以坚持，对于形成禅教特有技层次各环节，有着重要作用。怀让以“磨砖作镜”来启发依禅宗坐禅之技“独习坐禅，凡有来访者都不顾”的道一，令其“开悟，心地超然”。这是禅教坐禅之技成效的证明，而以不著心、不著净、亦不言不动之技教导弟子坐禅的禅师，在禅教演进过程中比比皆有，更重要的是废弃了禅宗“坐身住心入定”呆板形式主义的坐禅技，为禅教在技层次的创新提供了广阔空间，经几代禅师及其信众的共同努力，创造了丰富生动灵活的禅教之技。

三、随务启悟

与婆罗门教以梵天名义先验地界定修行之技，要求个我循技而修以归附于梵天不同，也与佛教由其确立的智慧无限的伟大佛神制定修行之技，要求信徒亦步亦趋地遵循佛的领导不同，禅教并不承认婆罗门教预先设定的创世主，更不设定一个先验的超凡入圣的佛神，更否认转世，“绝轮回”（神会语），而是以我的主体存在及“心”的认识能力为出发点，强调只

---

① 《神会和尚禅话录》，中华书局 1996 年版，第 128 页。

要克服我心所受外在、内在的迷妄，保持心本清净，就能消除烦恼，进行正确地思想和行为。因此，禅教之技既不是造物主界定的，也不是佛神安排的，而是根据法层次我佛观及术层次各范畴，在修行的过程中，针对不同的主体人及其意识和环境，启发开悟消迷的具体方式。前述由慧能提出的“发愿、忏悔、授戒”和“不著心、不著净、亦不言不动”，是禅教之技的基本形式，下面所要论说的随务启悟、公案析判、话头参究、应机接化、偈颂歌诗，则是基本形式的随机应用，是慧能与其传人在长期的农禅并作的实证过程中经验的总结。

随务启悟是禅教特有农禅并作的禅林制度的体现，充分展示了禅教之技的灵活性。与佛教各宗派的依附朝廷，乞求施舍、布施不同，禅教主张自食其力，垦荒植田、修建禅舍、打扫卫生等所有活动，都由禅团中人来从事。其农禅并作之“农”，并非只是谋食的手段，而是禅修的一部分，是体悟我佛观的必要行为。由农业劳动扩展于所有禅团生产和生活的劳动，统称为“作务”，禅团中人都有其分工劳务，在作务时禅师启发弟子，或弟子间相互启发，成为禅修之技的重要环节。

慧能入弘忍门下，即被派往碓房作务 8 个多月，虽没有受到弘忍启发，却在劈柴蹈碓的劳作中有所感悟。由此可见，弘忍让慧能碓房作务，不仅是怕有人因他见解高超而害他，还有一层意思是让他在作务中有所悟。慧能请人写于壁上二偈：“菩提本无树，明镜亦非台。佛性常清净，何处惹尘埃!”“心是菩提树，身是明镜台，明镜本清净，何处染尘境!”[①]表明他已有所悟，弘忍“即善知识大意。”[②] 但又“恐众人知，五祖乃谓众人曰：‘此亦未得了。’”[③]。之所以“恐众人知”，是怕有人害他。这里可以想见弘忍的东山禅团，虽然农禅并作，但内部组织纪律太差，且道德水准低下，禅僧间的嫉妒心又太重。这也可以说是禅宗的一般情状，后来慧能回到岭南，仍然屡遭禅宗人暗算。几十年后神会与崇远论战获胜，又

---

① 《坛经校释》，中华书局 1983 年版，第 16 页。

② 同上书，第 16 页。

③ 同上书，第 16 页。

受神秀一派弟子的祸害。禅宗僧团的道德和行径，深深地刺激了慧能，他创的禅教就把道德修养作为重要内容，而怀海制定的《禅门规式》则完善了禅团的组织形式和纪律，起码在禅教的记录中，未见因嫉妒他人而施害的情况。这一点也可以视为禅教与禅宗的重要区别。

慧能长期作务后受弘忍启发而大悟，禅教由此而创始，他回到韶州后，“亦有累劫之因”[①]，只能在下层民众中以作务来生存和避难，这又是他深切感悟的过程。再加上慧能见弘忍之前“艰辛贫乏，于市卖柴”的樵夫之务，他的青壮年时期就是一个作务的劳动者。他之所以能形成禅教体系，根本就在于此。但只有作务之基础，并不能自然悟成新法，卖柴时听到有人诵《金刚经》时，引发慧能大悟。可见，慧能禅教基本观念就是他在作务中形成感想，受到相近思想的言语启发而顿悟，即得出我佛观的基本认识，并在长期的作务过程逐步规定其术、技层次各范畴，得以系统化，也正因此，随务启悟成为禅教之技重要环节，并在其传承中不断充实、完善术层次各范畴，进而影响技层次各环节。

劳动是人本质的核心，是人自我创造的过程，也是意识的根据和价值的本原。正是在劳动中，人在形成对劳动对象认识的同时，形成了自我意识，进而形成自由的观念。黑格尔指出：“自在的存在就是意识，所以在劳动中接受陶铸所加给它的形式的自在存在或物，除了是意识外更不会是别的实体了。这样，一种新形态的自我意识、一种以无限性或者以意识的纯粹运动为本质的意识就出现在我们前面了。这是一个能思维的或自由的自我意识。”[②] 马克思进一步指出，人作为自然的、肉体的、感性的、对象性的存在物，他的欲望和对象是作为不依赖于他的对象而存在于他之外的。劳动是人的主体以其生命活动与其对象客体发生的关系。“劳动这种生命活动、这种生产生活本身对人来说不过是满足一种需要即维持肉体生存的需要的一种手段。而生产生活就是类生活。这是产生生命的生活。一

---

① 《坛经校释》，中华书局1983年版，第23页。

② 黑格尔：《精神现象学》上卷，商务印书馆1979年版，第150页。

个种的整体特性、种的类特性就在于生命活动的性质，而自由的有意识的活动恰恰就是人的类特性”。[①] 慧能及其传人虽然尚未达到对劳动的系统理论性认识，但他们确实在劳动中悟到了“自我意识”和“自由”。以务启悟作为禅教之技正是他们这种觉悟的体现。

在封建社会，由于劳动者素质技能低下和被统治阶级压迫，他们作为文明主体的劳动者一直未能成为社会主体，劳动也被视为低等的活动。婆罗门教所维护的种姓制度中高等种姓的婆罗门和刹帝利是根本不劳动的，劳动只由吠舍和首陀罗及其他贱种人来从事。佛教把人生视为苦难的过程，而劳动是主要之苦，它对人的救度，就在于摆脱劳动，其梦想的最高境界涅槃，就是不再转回于凡世，甚或到西天净土极乐世界，彻底不劳动，而近期能做到的，就是僧人可以不劳而食，甚至饱食一生，以各种技、术博得统治者欢心，或诱惑官、商，求得供养、施舍，顶不济是向民众乞讨，也不从事劳动。这是佛教能吸引众多信徒的根本原因，也是其基本局限所在。慧能是历经过劳动之苦的，但他却从劳动中深切体会了劳动者的一般意识，并由此而思考听人念诵的《金刚经》，受其启发，在不断的思考中顿悟，从而形成我佛观。我佛观之“我”，是主体，是主动者，也是劳动者，正是明确了我的劳动在创造财富，我的劳动可以改造对象，我的劳动是认识的基础，从存在主体性与认识主体性的统一，才有我是佛的自信，才能说出“自修自作自性法身，自行佛行，自作自成佛道”[②] 这样的话，才能提出“内外不住，来去自由”[③] 的理念。整部《坛经》，乃至记载慧能继承者言行的文献中，很少谈劳作之苦，甚至很少说“苦”这佛教“四谛”之首之要谛，而是在坚持农禅并作中领悟自性。随务启悟之技，普遍存续于禅教各派系的传承中。

禅教以农禅并作立教，将劳动视为人自性的体现，绝无蔑视劳动的意识，而且怀让、道一、怀海、希运等禅师又都以身作则，带头劳作，因此

---

① 《马克思恩格斯全集》中文第 2 版第 3 卷，人民出版社 2002 年版，第 273 页。

② 《坛经校释》，中华书局 1983 年版，第 38 页。

③ 同上书，第 56 页。

作务并不是苦差事，而是修行悟道的必要方式。《古尊宿语录》记道一采藤，“见水潦便作放势。水潦近前接，师（道一）即便踏倒。水潦起来，呵呵大笑云：‘无量妙义，百千三昧，尽在一毛头上识得根源去。’”[①] 又有一段记怀海的话：

> 师（怀海）与沩山作务次，师问：“有火也无?”沩山云：“有。”师云：“在什么处?”沩山把一茎柴吹过与师。师接云：“如虫蚀木。”[②]

“如虫蚀木”是说你像蚀木之虫那样钻到木的内里，即有所悟了。在劳动和休息时相互启发，不仅使劳动显得轻松愉快，也能参悟禅理。

《古尊宿语录》中又有记怀海与希运作务时的一个故事：

> 百丈一日问师（希运）：“甚处来?”师云：“大雄山下采菌子来。”丈云：“还见大虫么?”师作大虫声。丈拈斧作斫势。师与丈一掌。丈吟吟而笑，即归，上堂云：“大雄山下有一大虫，汝等诸人也须好看。百丈老汉今日亲遭一口。”
>
> 师在百丈普请开田次，丈问：“运阇黎开田不易。”师云：“随众作务。”丈云：“有烦道用?”师云：“争敢辞劳!”丈云：“开得多少田?”师将镬筑地三下，丈便喝，师掩耳而去。[③]

怀海与希运师徒二人不仅将劳作视作禅修的活动，更可见禅教师徒间的关系。希运在怀海门下时，怀海已是“老汉”了，却像少儿一样与徒弟玩起斫虎游戏来，希运作虎声，怀海拈斧作斫势，希运更演得真切，上去给怀海一掌，怀海“吟吟而笑”。旁边的上堂值班僧也郑重地宣布：大雄山下

---

① 《古尊宿语录》上卷，中华书局 1994 年版，第 4 页。

② 同上书，第 10 页。

③ 同上书，第 31 页。

有一只老虎，你们都要注意，今天百丈老汉就被咬了一口。读这段文字，犹如看一场小品戏，其中展现着禅教修行者的乐观心态和禅教中平等的人际关系。而二人关于开田的对答中，也可以看出怀海对弟子的启发。

希运承其师怀海随务启悟之技，对其弟子义玄也多在作务时启迪。

> 师（义玄）栽松次，黄檗问："深山里栽许多作什么？"师云："一与出门作境致，二与后人作标榜。"道了，将镬头打地三下。黄檗云："虽然如是，子已吃吾三十棒了也。"师又以镬头打地三下，作嘘嘘声。黄檗云："吾宗到汝，大兴于世。"①
>
> 师普请锄地次，见黄檗来，拄镬而立。黄檗云："这汉困那？"师云："镬也未举，困个什么？"黄檗便打。师接住棒一送，送倒。黄檗唤："维那维那，扶起我！"维那近前扶云："和尚争容得这疯癫汉无礼？"黄檗才起，便打维那。师镬地云："诸方火葬，我这里一时活埋。"后沩山问仰山："黄檗打维那，意作么生？"仰山云："正贼走却，逻踪人吃棒。"②

义玄栽松树，对希运的问话予以巧妙回答，并以镬头打地示其所悟，得到希运的认可。而希运与义玄这对师徒之间，又重演了怀海与希运师徒之剧：义玄不服打，接住希运打来的棒子一送，竟将师父摔倒，而希运并不责怪，反而打扶他起来的维那一顿。

怀海另一弟子沩山灵祐，也遵行随务启悟之技，他与其徒仰山慧寂有一段对话：

> 沩山问仰山："甚处来？"
>
> 仰山云："田中来。"

---

①《古尊宿语录》上卷，中华书局1994年版，第78页。

② 同上书，第79页。

沩云："田中有多少人？"

仰插锹叉手而立。

沩云："今日南山大有人刈茅。"仰拽锹而去。

雪窦云："诸方咸谓'插锹'话奇特，大似随邪逐恶。据雪窦见处，仰山被沩山一问，直得草绳自缚，去死十分。"①

这段对话并无玄奥，慧寂不答灵祐"田中有多少人"之问，或许他自己没数过，或许他认为这个问题没必要回答，仰山所悟者平常心也。

下则故事也是反映由平常事见平常心的：

洞山聪和尚尝自负柴上山，路逢一僧问："山上有柴，何故将上去？"

聪便放柴于地，云："会么？"

僧云："不会。"

聪云："我要烧。"②

山上有柴，何必费力从山下背？这也是常识，晓聪并非不明此理，他之所以从山下背柴上山，也有其原因，根本一点，则是"我要烧"。

行思青原系传人守初在长期的劳作中，悟得因劳动而得自由，作《牛儿颂》：

自牧一牛儿，出于无栏圈。
放在芳草中，毛色方能显。
朝去无人趁，暮归无人唤。
其力不可当，有角无鼻绻。

① 《正法眼藏》上卷，中州古籍出版社2016年版，第31页。

② 同上书，第43页。

不使任从伊，使着随人转。
天下无荒田，尽是此牛变。
有人若见伊，走去天涯畔。
牵来似诸人，问汝见不见？①

这哪里是在写牛，分明是以牛喻自己，活脱脱一副禅农自由相。而“天下无荒田，尽是此牛变”，从中悟得的基本道理，就是劳动创造了财富，劳动者应有其地位和尊严。

禅教信众习惯了农禅并作，也与牛结下深厚感情，石霜楚圆写过一首《牧童歌》，以咏牛来颂农禅修证者：

牧牛童，实快活，跣足披蓑双角撮。横眠牛上向天歌，人问如何牛未渴。回首看，平田阔，四方放去休栏遏。八面无拘任意游，要收祇在索头拨。小牛儿，顺毛捋，角力未充难提掇。且从放在小平坡，虑上高峰回蹄脱。日已高，休吃草，担定鼻头无少老。一时牵向圈中眠，和泥看伊东西倒。笑呵呵，好不好，又将横笛顺风吹，震动五湖山海岛。倒骑牛，脱布袄，知音休向途中讨。若问牧童何处居，鞭指东西无一宝。②

禅者是牛还是牧童？亦牛亦牧童，自修自悟，乐在其中。

农禅并作的禅林组织，历经几百年，已成禅教生存和延续的基础，虽有些人忍受不了清苦而与禅宗混合成为官禅，但怀海一脉长期坚持农禅并作，由农悟禅，由禅事农，海会法演对此作了概括。

上堂，僧问：“如何是本分事？”师云：“结舌无言。”乃云：

① 《正法眼藏》下卷，中州古籍出版社2016年版，第321页。
② 《古尊宿语录》上卷，中华书局1994年版，第182页。

“每日起来，拄却临济棒，吹云门曲，应赵州拍，担仰山锹，驱沩山牛，耕白云田。七八年来，渐成家活，更告诸公，每人出一只手，共相扶助。唱归田乐，粗羹淡饭，且恁么过。何也？但愿今年蚕麦熟，罗睺罗儿与一文。①

法演这段话，简要概括了禅教农禅并作传统，“拄却临济棒，吹云门曲，应赵州拍，担仰山锹，驱沩山牛，耕白云田”，历代禅师领导其禅团，将禅修与劳作融洽合一，禅在劳中，劳应禅作，“每人出一只手，共相扶助”。

随务启悟是禅教特有之技。佛教其他宗派，尤其禅宗，也有其务，但这都是派给下层僧人以及尚未入教门求佛者的。也有没有钱财施舍、供养的信众在佛教寺院中“还愿”劳作。这种劳作，其与禅教之务的区别，就在于住持和上层僧人并不参与，而且其务只是作，并无修悟的内容。禅教随务启悟之技则是禅团首领带头，全禅团所有人共同参与的修证之技，所悟者亦非佛之伟大正确智慧，而是自性之佛，即黑格尔所说的“自我意识”，随务启悟也就是通过马克思界定的劳动这种“自由的有意识的活动”，而认识“人的类特性”，禅教所修悟的道，恰正在共相扶助的集体劳动中获得与“人的类特性”相统一的生存和意识的自由。

四、公案析判

公案析判，是禅师对以往禅教大师故事和言论的分析评判，由此讲授禅法，启发弟子悟解，公案析判与现时经营管理学授课时以“案例”讲解经营之技有相似处。从慧能开始，公案析判就已成为禅教之技中重要一环，但禅教初创期，禅师可举公案不多，随着禅教的传承演化，先禅师故事渐增，此技也不断扩充。此技亦为禅宗所用，宋朝之后禅教与禅宗混杂，所举公案亦教亦宗，其析判也很难分出教禅与宗禅。

① 《古尊宿语录》上卷，中华书局1994年版，第400页。

《坛经》中记慧能就“达摩度梁武帝”之公案，阐明了造寺、布施、供养不是功德，而“自法性有功德，平直是德”。此公案在后世禅师中多有析判，但角度有所不同。

禅教初创期，禅师所举公案，往往是佛教中旧故事，由此而论证禅教与佛教区别。

有人问希运佛经上一则故事：“无边身菩萨为什么不见如来顶相？”希运答道：实无可见，为什么呢？因为无边身菩萨就是如来。所谓无边身，就是“无诸见”，这则公案所包含的道理是让人“不作佛见，不落佛边。不作众生见，不落众生边。不作有见，不落有边。不作无见，不落无边。不作凡见，不落凡边。不作圣见，不落圣边”[①]。如果有见处，就是外道，只有外道，才乐于诸见。菩萨是于诸见而不动，如来是诸法如义。弥勒和诸圣贤都是如此。希运进一步分析道：如即无生、如即无灭、如即无见、如即无闻。如来顶即圆，亦无无圆。没有圆见，也就不落圆边，“无圆见，故不落圆边。所以佛身无为，不堕诸数。”[②] 他以虚空作比喻：圆同太虚，无欠无余。由此他认为，

> 等闲无事，莫强辩他境，辩着便成识。所以云：圆成沉识海，流转着飘蓬。只道我知也、学得也、契悟也、解脱也、有道理也，强处即喜，弱处生嗔，似这个见解，有什么用处？我向汝道：等闲无事，莫谩用心，不用求真，唯须息见。所以内见外见俱错，佛道魔道俱恶。所以文殊暂起二见，贬向二铁围山。文殊即实智，普贤即权智，权实相对治，究竟亦无权实。唯是一心。心且不佛不众生，无有异见。才有佛见，便作众生见。有见无见、常见断见，便成二铁围山，被见障故。祖师直指一切众生本心本体，本来是佛，不假修成、不属渐次、不是明暗。不是明故

① 《古尊宿语录》上卷，中华书局1994年版，第40页。

② 同上书，第40页。

> 无明，不是暗故无暗。所以无无明，亦无无明尽。入我此宗门，故须在意。如此见得，名之为法。见法故，名之为佛。佛法俱无，名之为僧，唤作无为僧，亦名一体三宝。夫求法者，不著佛求，不著法求，不著众求，应无所求。不著佛求，故无佛。不著法求，故无法。不著僧求，故无僧。①

从“无边身菩萨为什么不见如来顶相”这则公案的层层析判中，得出求法者应不著佛求、不著法求、不著僧求，而“应无所求”的结论。

析判公案时，不仅要讲清其中的禅理，也要破除学人对公案的迷信。有人也以“如来身菩萨为什么不见如来顶相”问从谂，与希运就此公案大段论说不同，从谂用“你是阇黎”② 几个字就打发过去。“阇黎”一词源自婆罗门教，在佛教中为“规范师”之意，这种做法，可以理解为这不是个问题，或其中没有禅法，或这个传说不可信，或你自己思考去。

从谂举迦叶传法阿难、达摩传慧可之公案为：

> 师示众云：“迦叶传与阿难，且道达摩传与什么人？”问：“且如二祖得髓，又作么生？”师云：“莫谤二祖。”师又云：“达摩也有语，在外者得皮，在里者得骨。且道更在里者得什么？”问“如何是得髓底道理？”师云：“但识取皮，老僧这里髓也不立。”问：“如何是髓？”师云：“与么，皮也摸未著。”③

达摩传法于慧可是禅宗共知公案，《祖堂集》《菩提达摩和尚》中说：“大师语诸人言：‘有三人得我法：一人得我髓，一人得我骨，一人得我肉。得我髓者慧可，得我骨者道育，得我肉者尼捴持。我法至六代，陵迟传法

---

① 《古尊宿语录》上卷，中华书局 1994 年版，第 40 页。

② 同上书，第 233 页。

③ 《古尊宿语录》上卷，中华书局 1994 年版，第 218 页。

之人。'"[1] 并记达摩以袈裟传与慧可，慧可问："用此袈裟何为？"达摩说："内授法印，以契证心；外传袈裟，以定宗旨。虽则袈裟不在法上，法亦不在袈裟，于中三世诸佛递相授记。我今以袈裟亦表其信，令后代传法者有秉承，学道者得知宗旨，断众生疑故。"[2] 这里所引达摩的这段话，明显地与神会和崇远争禅宗正统时所说相似。对于这种说法，慧能及道一、怀海、希运、希迁等人均未涉及，从谂提此公案，目的在于消除神会及由他开始的将禅教禅宗化的影响。在从谂看来，禅法是统一体，怎么能分为髓、骨、肉三部分？他甚至用肉之外的皮来表示禅法，以此击破分而不合的思维。

从谂还对禅教自家的一些传说予以怀疑和析判：

> "大庾岭头趁得及，为什么提不起？"师拈起衲衣，云："你甚处得者个来？"学云："不问者个。"师云："与么，即提不起。"[3]

此公案源于契嵩本《六祖坛经》的如下记载：慧能由弘忍偷送过江后，继续南行，到大庾岭。五祖归后众弟子询问衣法去处，弘忍答："衣法已南矣。"致使有数百人追来，欲夺衣钵，其中惠明："为众人先，趁及于能。能掷下衣钵于上，云'此衣表信，可力争耶？'能隐于草莽中，惠明至，提掇不动。乃唤云：'行者，行者，我为法来，不为衣来。'能遂出，坐磐石上。惠明作礼，云'望行者为我说法。'"[4] 这里的"提掇不动"的说辞，在法海本《坛经》中并没有，只是记：惠顺（即惠明）追到，"慧能即还衣法，又不肯取，言：'我故远来求法，不要其衣。'能于岭上，便传法惠顺，惠顺得闻，言下心开。"[5]《六祖坛经》之所以加上"提掇不动"

---

① 《祖堂集》上卷，中华书局 2007 年版，第 98 页。
② 同上书，第 98 页。
③ 《赵州录》，中州古籍出版社 2001 年版，第 49 页。
④ 《六祖坛经》，中州古籍出版社 2008 年版，第 13 页。
⑤ 《坛经校释》，中华书局 1983 年版，第 22 页。

这一情节，无非是以此表示该袈裟的佛神性。向从谂发问者显然是就这一点而问的。从谂所读的也可能是《六祖坛经》，但他不信佛神，对此公案又没有反驳“提掇不动”的证据，因而先是“拈起衲衣”，表示不可能“提掇不动”。但对问者进一步说“不问者个”，从谂看他对“提掇不动”的迷信不改，也就由他迷信去，你说提不起就提不起罢。

公案析判之技在禅教早期禅师道一、怀海、普愿等人那里并不普遍，就是希运和从谂，也多是在人就某公案提问题时被动地进行析判的，他们常用的是话头参究之技。公案析判可以说是从话头参究演化而来，到神鼎洪湮那里初成系统。云门文偃尤重举公案讲禅，其下三代弟子雪窦重显和临济传人圆悟克勤又就此整理发扬。由于此时禅教与禅宗的界限日益模糊，重显与克勤二人虽分属禅教青原行思和南岳怀让两大派系，在公案析判之技上也以禅教公案为主，却不太重视禅教与禅宗的区别。

洪湮师首山省念，省念教徒时就注重公案析判，《五灯会元》载汾阳善昭以“百丈卷席”公案问省念：

> “百丈卷席，意旨如何？”山曰：“龙袖拂开全体现。”曰“师意如何？”山曰：“象王行处绝狐踪。”师于言下大悟，拜起而曰：“万古碧潭空界月，再三捞摝始应知。”有问者曰：“见何道理？便尔首肯？”师曰：“正是我放身命处。”①

“百丈卷席”，是怀海在道一门下为徒时的一则公案：一日道一升堂刚坐，怀海就出来卷席，道一只得下座，怀海随道一至方丈。“马祖云：‘适来要举转因缘，你为什么卷却席？’师曰：‘为某甲鼻头痛。’”② 怀海说“鼻头痛”，只因为前一日道一曾因怀海答野鸭“飞过去”而掐他鼻头，告诉他不可随声逐响，于声色处荐取，怀海卷席表明他已悟此理，以这一唐突无

① 《五灯会元》中卷，中华书局 1984 年版，第 684 页。

② 《古尊宿语录》上卷，中华书局 1994 年版，第 7 页。

礼之举，告诉道一不必多言。而首山以“长袖拂开全体现”和“象王行处绝狐踪”，喻示对怀海“法身无为，不堕诸数”的理解和赞叹。善昭闻言大悟，亦明此理。善昭与洪湮作为省念的弟子，都注重公案析判，使此技日益为禅门普遍接受。

洪湮随省念学禅，为纪念其师，曾升堂拈香，将第一、第二炷香奉为皇帝及府主学士合郡尊官，而第三炷香“不是戒定慧香，亦非旃檀沉水，只是汝州土宜”，便烧云：“供养首山和尚，以酬法乳。”① 他随后发的一大段议论，足见其禅法修为。

> 师遂敷座顾视大众云：“摩竭陀国亲行此令，大众还知落处么？一句该天括地，迥超格外，在众圣之前。所以五天和不齐，梵夹不持来。释迦掩室于摩竭，净名杜口于毗耶。三乘教外，一句别传。敢问大众，作么生是别传底？试对众道看！递相证明。”良久云：“直饶道得亦未称祖师意，且道如何称得祖师意？诸兄弟直须打办精神，究彻根源。到这里不可说。菩提涅槃，真如解脱，向上向下，坐禅入定，造桥梁，开义井，得么？然则如是，不可无言也。山僧初行脚时，发足亦无正意参禅学道，只欲东京听一两本经论，以资平生。不期行来行去，到汝州襄城县，恰遇汝州风发，鼓上首山。就中见一老和尚，彼时蒙他劈头一锥，直得浃背汗流。当时不觉，礼拜了，悔之不及。大众，且道悔个什么？悔不拽下禅床，痛与一顿。虽然如是，官不容针，私通车马。”下座。②

洪湮不仅举“释迦掩室于摩竭，净名杜口于毗耶”的公案，而且把自己师从省念也作为公案，“蒙他劈头一锥，直得浃背汗流，当时不觉，礼拜了，

---

① 《古尊宿语录》上卷，中华书局1994年版，第454页。

② 同上书，第454页。

悔之不及。”而其“悔”，是正话反说，至于“悔不拽下禅床，痛与一顿”，也是禅教师徒平等观的体现，这段话恰表明洪湮与其师的深切情谊。

洪湮教人的特点，多是利用小参时间来析判公案。此时禅教已演化200年左右，各位禅师言论事迹流传广布，且禅意充沛，洪湮于此又尤为注意，《古尊宿语录》的《潭州神鼎山第一代（洪）湮禅师语录》主要就是记他的公案析判，所列公案近30例，大多是禅教中人物之言行，涉洞山、资福、首山、灵泉、镜清、赵州、香岩、鸟巢、令初、沩山、仰山、石门、南泉、风穴、忠国、石门等，以及若干古人言论。举三例。

小参，举僧问赵州：“黑豆未生芽时如何？”州云：“好合酱。”师云：“神鼎即不然。若问黑豆未生芽时如何，向伊道：堪作什么？”乃有颂曰：“黑豆未生芽，谁道好合酱。本色衲僧闻，堪是甚模样。华岳头倒卓，须弥脚直上。莫言无法用，看取者相状。”乃云：“古人与么道，神鼎与么颂，且道违古人顺古人？还会么？合酱也不中，是什么道理？了取始得。珍重！”①

小参，举沩山与仰山行次，沩问仰曰：“前头是什么？”仰云：“枯树子。”沩又问：“芸田翁翁亦云枯树子。”沩云：“这田翁他后亦匡五百众。”师云：“为复意在芸田翁处，为在仰山处？为复总不恁么？诸上座，一切诸法纵然，更不用生事。它是父子说话，同道者方知。珍重！”②

举僧问首山：“如何是和尚家风？”山云：“一言截断千江口，万仞峰前始得玄。”师云：“首山只解说家风，不解用家风。”僧问：“如何是用家风？”师云：“垫。”乃云：“首山老汉若在，闻

① 《古尊宿语录》上卷，中华书局1994年版，第455—456页。

② 同上书，第460页。

神鼎恁么道，必然大笑一场。且道肯神鼎不肯神鼎？试商量看！诸上座，夫参学须且参学眼始得。若只爱他人语句，记在意识下，自不能截断。俗士尚云男儿不用分时财。衲僧家合作么生？猛著精彩始得。珍重！”①

先列举前人公案，再谈自己的不同看法，是洪湮析判的特点。赵州答黑豆未生芽时好合酱，只说出了黑豆的一种用途。洪湮认为，他不会这样回答，而是先反问：你认为可以做什么？进而以颂道出黑豆可以有多种用途，不能执着一种。沩山与仰山对话的公案，讲不同人对枯树子的认知有相同性，沩山认为，不仅你仰山认为是枯树子，芸田翁及他后面的500众都认为是枯树子。洪湮析判道：这件事说明，对事物的认识都有相同性，不能强说谁对谁错，“一切诸法纵然，更不用生事。”对己师首山说自家风为“一言截断千江口，万仞峰前始得玄”，洪湮析判为只是在解说家风，而不是用家风，进而问弟子们：你们说首山是否肯定我的评判？大家讨论。然后说，参学先应具有参学眼，即有主见，不要只论他人语句，自己却不能判断。洪湮所举公案，都是禅林中流传的故事，并非深奥玄理，他的析判，也平直明白，贯彻着“平常心是道”。

云门宗创始人文偃（700—790年）为行思之青原脉系得以延续的关键人物，他在禅技上尤重公案析判，《古尊宿语录》记他所举公案一百余则。文偃曾是怀让南岳脉系弟子，后改宗青原，融两大脉系为一体，由于受南汉小朝廷重视，注意结交官僚、文士，他更重从禅技上迎合朝廷和施主，为此公案析判就成为其重要之技。文偃所举公案，多为禅门故事故语，以青原脉系为多，兼有佛经论等，他的析判，言辞简明，不假文饰，析判结合，或以析为判，或析含判。举四例：

举“十方薄伽梵，一路涅槃门”。师云：“这个是屋，上头是

① 《古尊宿语录》上卷，中华书局1994年版，第454—455页。

天，手里是拄杖，作么生是涅槃门？”①

举僧问玄沙：“如何是学人自己？”沙云：“是你自己。”师云：“没量大人，被语脉里转却？”有僧问：“如何是学人自己？”师云：“忽然路上有人唤衲僧斋，你也随例得饭吃。”②

举《心经》云：“无眼耳鼻舌身意。”师云：“为你有个眼见，所以言无不可。如今见时不可说无也，然虽如此，见一切有什么过？一切不可得，有什么声香味触法？”③

举玄沙示众云：“诸方老宿尽道接物利生，忽遇三种病人来，作么生接？患盲者，拈槌竖拂他又不见；患聋者，语言三昧他又不闻；患哑者，教伊说又说不得。且作么生接？若接此人不得，佛法无灵验。”有僧请益师。师云：“你礼拜着。”僧礼拜起，师以拄杖便挃。僧退后，师云：“你不是患盲。”复唤近前，僧近前，师云：“你不是患聋。”乃竖起拄杖云：“还会吗？”僧云：“不会。”师云：“你不是患哑。”其僧于此有省。④

第一则是对佛教的“十方薄伽梵，一路涅槃门”的批评：屋、天、拄杖都是实在的，哪里有涅槃门？第二则是以“有人唤纳僧斋，你也随例得饭吃”这个简单道理，让学佛者学得连自己都不知道的僧人，知道什么是“自己”。第三则是对《心经》“无眼耳鼻舌身意”的批评。《心经》中讲：“是故空中无色，无受想行识，无眼耳鼻舌身意，无色声香味触法，无眼界，乃至无意识界，无无明，亦无无明尽，乃至无老死，亦无老死尽，无

---

① 《古尊宿语录》上卷，中华书局 1994 年版，第 285 页。

② 同上书，第 287 页。

③ 同上书，第 290 页。

④ 同上书，第 296—297 页。

苦集灭道，无智亦无得，以无所得故。”[①] 由于《心经》短小精悍，学佛者大都从此读起，影响颇大，但佛之迷信者只知背诵，不究其理，文偃以平常人的意识，说“见一切有什么过？一切不可得，又有什么声香味触法”来击破其一切皆空的空论。第四则是以僧对拄杖挃、唤近前、问话的反应，说明何为盲、聋、哑，以至玄沙所说话中包含眼盲无色、耳聋无声、口哑无语的道理，以批评佛教大乘的空论。

文偃的公案析判之技对云门宗的形成和传续影响很大，其下三代的雪窦重显（980—1052年）承继此技，并结合善昭和洪湮就此技的应用，对公案析判之技进行了更系统的探讨。他编写了《颂古百则》，举公案100则，析判颂扬其中禅旨，后圆悟克勤（1063—1135年）又对之作了进一步阐释和评说，由其弟子汇编为《碧岩录》（克勤主持的湖南澧州夹山灵泉禅院方丈建于碧岩之上，故以“碧岩”为书名）。重显为云门宗中兴的代表人物，克勤则是临济宗的领军者，曾著《临济正宗记》，但他并没有门户之见，对重显之《颂古百则》进行注释和评唱。这种情况，不仅表明禅教内部派系的融合，更说明入宋以后，禅教之技开始了“文字禅”的趋势，农禅并作的传统基本放弃，禅师们不仅不再重视禅法层次，连禅术层次也很少探究，而是在禅技层次上下功夫。他二人之外，还有曹洞宗的投子义青、丹霞子淳和宏智正觉热衷于公案颂古，一时形成禅坛风向，虽然有所新意，但由于文人禅师的作用日益突出，并强化了与官吏、士人的接触，禅教与禅宗已经混杂，虽还有名义上各派系的传承，禅教的性质已越来越不明显。

《碧岩录》共10卷，每卷解释《颂古百则》中的10个公案，对每个公案，大都分有5个环节：一圆悟垂示（此环节或有缺），二雪窦举公案，三圆悟评唱，四雪窦颂古，五圆悟评唱。普照在为《碧岩录》所写的序中说：

---

① 《心经》载《金刚经》，中州古籍出版社2007年版，第132页。

至圣命脉，列祖大机；换骨灵方，颐神妙术。其惟雪窦禅师，具超宗越格正眼，提掇正令，不露风规，秉烹佛煅祖钳锤，颂出衲僧向上巴鼻。银山铁壁，孰敢钻研；蚊咬铁牛，难为下口。不逢大匠，焉悉玄微？

粤有佛果老人，住碧岩日，学者迷而请益，老人愍以垂慈。剔抉渊源，剖析底理，当阳直指，岂立见知？百则公案，从头一串穿来；一队老汉，次第总将按过。须知赵壁本无瑕颣，相如漫诳秦王；至道实乎无言，宗师垂慈救弊。傥如是见，方知彻底老婆；其或泥句沉言，未免灭佛种族。①

《碧岩录》实由两部分构成，一为雪窦重显之《颂古百则》，二为圆悟克勤的“垂示”和“评唱”。重显择取的一百则公案，除《楞严经》二则和《维摩经》、《金刚经》各一则，以及达摩与梁武帝的对话，大部分为禅教禅师故事，其中云门宗有22则。重显素以“工翰墨”见称，其举公案的叙述，文字明快，其颂好用典故，往往以取譬佛经论或儒家文史，而且文辞典雅，善于融入情感，情趣盎然。《颂古百则》体现了“文字禅”的高水平，也是其广泛传播的重要原因。但这种传播主要在文士官僚之间，对农民和其他劳动者几乎没有影响，这是禅教与禅宗混合后，禅教之法、术被淡化，片面注重禅技，而对禅技又只重形式上的文字描述，忽略其内容的必然表现。与重显相比，克勤在这方面更进了一步。他尤重辞藻修饰，其文更为浮华，所作“评唱”离公案之禅法越来越远，而且文字冗长，普照在序中说他“彻底老婆”，“泥句沉言”，很有见地。

由于克勤之评唱过于冗长，这里只能录其中较短的一则《保福妙高峰》：

---

① 《碧岩录》，中州古籍出版社2011年版，第1页。

【圜悟垂示】

玉将火试，金将石试，剑将毛试，水将杖试。至于衲僧门下，一言一句，一机一境，一出一入，一挨一拶，要见深浅，要见向背，且道将什么？试请举看：

【雪窦举公案】(文中小字为克勤夹批)

保福、长庆游山水，这两个落草汉。福以手指云："只这里便是妙峰顶！"平地上起骨堆。切忌道著，掘地深埋。庆云："是则是，可惜许。"若不是铁眼铜睛几被惑了。同病相怜，两个一坑埋却。[雪窦著语云：今日共这汉游山，图个什么？] 不妨减人斤两，犹较些子。傍人按剑。[复云：百千年后不道无，只是少。] 少卖弄。也是云居罗汉。后举似镜清，有好有恶。清云："若不是孙公，便见骷髅遍野。"同道者方知，大地茫茫愁杀人。奴见婢殷勤。设使临济、德山出来，也须吃棒。

【圜悟评唱】

保福、长庆、镜清，总承嗣雪峰。他三人同得同证，同见同闻，同拈同用，一出一入，递相挨拶。盖为他是同条生底人，举著便知落处。在雪峰会里，居常问答只是他三人。

古人行住坐卧，以此道为念，所以举著便知落处。一日游山次，保福以手指云："只这里便是妙峰顶！"如今禅和子，恁么问著，便只口似匾檐，赖值问著长庆。尔道保福恁么道图个什么？古人如此，要验他有眼无眼。是他家里人，自然知他落处，便对他道："是即是，可惜许。"且道长庆恁么道，意旨如何？不可一向恁么去也。似则似，罕有等闲无一星事，赖是长庆识破他。

雪窦著语云："今日共这汉游山，图个什么？"且道落在什么处？复云："百千年后不道无，只是少。"雪窦解点胸正似黄檗道"不道无禅，只是无师"。雪窦恁么道，也不妨险峻，若不是同声相应，争得如此孤危奇怪？此谓之著语。落在两边，虽落在两边，却不住两边。后举似镜清，清云："若不是孙公，便见髑髅遍野。"孙公乃长庆俗姓也。不见僧问赵州："如何是妙峰孤顶？"

州云："老僧不答尔这话。"僧云："为什么不答这话?"州云："我若答尔，恐落在平地上。"

教中说：妙峰孤顶德云比丘，从来不下山。善财去参，七日不逢，一日却在别峰相见。及乎见了，却与他说：一念三世，一切诸佛智慧光明普见法门。德云既不下山，因什么却在别峰相见？若道他下山，教中道：德云比丘从来不曾下山，常在妙峰孤顶。到这里，德云与善财的在哪里？自后李长者打葛藤打得好，道："妙峰顶是一味平等法门，一一皆真、一一皆全，向无得无失、无是无非处独露，所以善财不见。到称性处，如眼不自见、耳不自闻、指不自触，如刀不自割、火不自烧、水不自洗。"到这里，教中大有老婆相为处，所以放一线道，于第二义门立宾立主、立机境立问答。所以道：诸佛不出世，亦无有涅槃。方便度众生，故现如斯事。

且道毕竟作么生免得镜清、雪窦恁么道去？当时不能拍拍相应，所以尽大地人髑髅遍野。镜清恁么证将来，那两个恁么用将来，雪窦后面颂出更显焕。颂云：

【雪窦颂古】

妙峰孤顶草离离，和身没却，脚下已深数丈也。拈得分明付与谁？用作什么？大地没人知，干屎橛堪作何用？拈得鼻孔失却口。不是孙公辨端的，错看箭。著贼了也不知。髑髅著地几人知？更不再活，如麻似粟。阇黎拈得鼻孔失却口。

【圜悟评唱】

"妙峰孤顶草离离"，草里辊有什么了期？"拈得分明付与谁"，什么处是分明处？颂保福道"只这里便是妙峰顶"。"不是孙公辨端的"，孙公见什么道理，便云"是则是，可惜许"？只如"髑髅著地几人知"，汝等诸人还知吗？瞎！[1]

---

[1] 《碧岩录》，中州古籍出版社 2011 年版，第 134—137 页。

虽然克勤之“评唱”为其弟子编辑，但只重文辞，话多语复，淡化禅法的“老婆禅”，仍为克勤的特色。受《碧岩录》的影响，宋朝禅界兴起“文字禅”之风，既是公案析判之技的高潮，又是禅教消亡的标志。宗杲（1080—1163 年）作为克勤之传人，对公案颂古之技颇有造诣，靖康二年（1127 年）汴京陷落，宋徽钦二帝被俘，宗杲逃至南方，绍兴八年（1138 年）住持杭州径山能仁禅院，聚集僧众 1700 多人，“宗风大振，号临济再兴”。面对国祸民灾，宗杲认识到其师克勤公案颂古之技弊端，如斋陵序所言：“《碧岩集》中记来，实非有悟。因虑其后不明根本，专尚语言以图口捷，由是火之以救斯弊也。”① 徒焚师书版，人类思想史上几乎仅此一件，禅教虽师徒人格平等，但对本师仍是相当敬重的，宗杲此举，足以说明他看到了《碧岩录》在当时的负面影响之大。然而，只焚《碧岩录》木版并不能阻止“不明根本，专尚语言以图口捷”的风气，不仅其他禅师仍仿效克勤之技大肆颂古评唱，到元朝大德六年（1302 年）又将《碧岩录》重刊，而以颂古自娱避离现实之风遍及禅界，禅教之自由精神被如此异化，也是集权官僚制文化专制统治下不可扭转之趋势。

五、话头参究

为了改良禅界风气，宗杲不仅焚毁其师公案颂古《碧岩录》之书版，还力倡话头参究之技，为此写了《正法眼藏》，择 658 话头，进行参究。但话头参究并非始于宗杲，而是通行的禅界之技，尤其禅宗、禅教创始时，可以说是基本之技，关于此技运用的资料遍及几乎所有禅师的言论记载，公案析判是由话头参究扩展而来。宗杲为消除公案颂古华而不实之风，而以话头参究代替，可能有一定功用，但焚一书版，并不能改变社会制度和文化趋势，不读《碧岩录》，还有人造出更多公案颂古。而话头参

---

① 《碧岩录》，中州古籍出版社 2011 年版，第 506—507 页。

究一旦形式化、教条化，依然弊端累累。我们的问题在于如何区别禅教与禅宗之话头，进而发现其技层次的不同。这里的关键在于：道、法、术、技4个层次是统一的，技作为术的具体运用，是道、法的展开，只有贯彻禅教道、法的术、技，才是禅教体系的内容。从形式上看，禅教与佛教禅宗，都在使用话头参究之技，但其贯彻的核心观念却有本质区别。禅教的话头参究，围绕我佛观、展开我佛观，并与其术层次各范畴相统一；禅宗的话头参究，说到底还是要论证佛我观，由佛来度个我，个我皈依佛。

话头，即话之首、话之题。话头对某个问题的集中概述，通常以一句简要的话表达。话头参究就是对某一话题的参悟、理解、回答，可以正面解说，可以反问，也可以不回答或以不相干的话表示此题没有意义，不必回答，或者让提问者再进一步思考。在禅教中，话头相当多，几乎涉及道、法、术、技各层次，参究的形式也多种多样，随禅师个人修为和性格特点而变化。

《坛经》中，慧能就提出并回答了若干话头，如“以定慧为本”“一行三昧”“定慧犹如何等”“无念为宗，无相为体，无住为本”“何名坐禅”“何名般若”等，他的参究都是正面论证。

到了怀让、行思、道一、怀海、希运、希迁那里，话头的内容多起来，参究的形式也多样化了。先看正面解说。

有人问道一“如何是修道?”道一答：“道不属修，若言修得，修成还坏，即同声闻。若言不修，即同凡夫。”① 问者还问：“作何见解，即得达道?”道一就此展开，论证了慧能我佛观及自心是佛等思想。

有人问怀海：“从上祖宗，皆有密语递相传授。如何?”怀海答曰：

无有密语。如来无有秘密藏，只如今鉴觉，语言分明，觅形相了不可得，是密语。从须陁洹河向上，直至十地，但有语句，尽属法之尘垢；但有语句，尽属烦恼边收；但有语句，尽属不了

① 《古尊宿语录》，中华书局1994年版，第3页。

义教；但有语句，尽不许也。了义教俱非也，更讨什么密语？①

此话头是佛教故弄玄虚编造出来的，以历代祖师“皆有密语递相传授”来宣扬其神秘，并以此树立宗师权威。禅宗创始时亦是如此，所谓“传衣法”，神会向神秀后人争正统，也以慧能得弘忍传衣法为主要论据。怀海不仅明确回答了“无有秘密藏”，并指出：所谓“密语”，只是“觅形相了不可得”，需要意会。进而一通议论，将佛教的各种说教，做了总体批判，称为“不了义教”。

有人问希运“佛度众生否？”希运答道：“实无众生如来度者。我尚不可得，非我何可得？佛与众生，皆不可得。”② 问者以佛经为据再问：“现有三十二相及度众生，如何言无？”希运就此展开研究：

凡所有相，皆是虚妄。若见诸相非相，即见如来。佛与众生，尽是汝作妄见。只为不识本心，谩作见解。才作佛见，便被佛障。才作众生见，便被众生障。作凡作圣、作净作秽等见，尽成其障，障汝心故，总成轮转，犹如猕猴放一捉一，无有歇期。一等是学直须无学，无凡无圣、无净无垢、无大无小、无漏无为。如是一心中，方便勤庄严。听汝学得三乘十二分教，有一切见解，总须舍却。所以除去所有，唯置一床，寝疾而卧。只是不起诸见，无一法可得，不被法障，透脱三界凡圣境域，始得名为出世佛。③

由“佛度众生否”这一话头，展开我佛观，批评佛教宣扬的神佛先在、外在于众生，无限圣明，具 32 相及各种神通、法力，可度一切人的说法，强调我自性是佛，只要舍却对先在、外在佛的迷信，抛弃对三乘十二分教

① 《古尊宿语录》上卷，中华书局 1994 年版，第 20 页。
② 同上书，第 39 页。
③ 同上书，第 39 页。

的执着，透脱三界凡圣境域，就可由自性而成出世佛，即自由人。

有人问义玄“如何是佛魔?”义玄答道：

> 你一念心疑处是佛魔。你若达得万法无生，心如幻化，更无一尘一法，处处清净，是佛。然佛与魔是染净二境。约山僧见处，无佛无众生、无古无今。得者便得，不历时节。无修无证，无得无失。一切时中更无别法，设有一法过此者，我说如梦如化，山僧所说皆是。道流，即今目前孤明历历地听者，此人处处不滞，通贯十方，三界自在。入一切境，差别不能回换。一刹那间透入法界，逢佛说佛，逢祖说祖，逢罗汉说罗汉，逢饿鬼说饿鬼，向一切处游履国土教化众生。未曾离一念，随处清净，光透十方，万法一如。道流，大丈夫儿今日方知本来无事。只为你信不及，念念驰求，舍头觅头，自不能歇。①

义玄将魔与佛界定为“染净二境”，是心内自生，并无外魔外佛，只要“心如幻化，更无一尘一法，处处清净，是佛”。由此展开对“自心是佛”的论证。

对涉及法、术层次基本范畴的话题进行正面参究、讲解，主要体现于南岳怀让一脉的早期禅师。此时禅教正处于发展期，道一、怀海、希运、义玄等人，肩负着充实、完善慧能创立的禅教体系的责任，因而对这些话头都是认真系统地从我佛观和术层次各范畴进行参究和论证。在这些参究论证中，可以看出他们对禅教精神的深刻理解和对自己责任的担当。正是他们的不懈努力，才使禅教体系得以完善，并在农禅并作的过程中，聚合禅团，发扬禅教精神，造就人类思想史这重要一环。

正面解说只是话头参究之技的一式，另有反问式，即当问者举一话头，先并不正面回答，而是反问你是如何举此话头，或你是如何参究的，

---

① 《古尊宿语录》上卷，中华书局1994年版，第60页。

再做解说或评点。反问式多用于所举话头不明确或有错或人故意设问，以反问式澄清话头本意及问者见解，再作回答。

有人问怀让“如镜铸像，像成后，镜明向什么处去?”怀让反问道：“如大德未出家时相状，向什么处去?”问者说：“成像后为什么不鉴照?”怀让答道：“虽然不鉴照，谩他一点不得。”① 镜像鉴照，是佛教讲法时常说的一个话题，怀让以反问式解此话头，以强调“自性是佛”。

道一也用反问之技说话头：

> 有座主问师：“禅宗传持何法?”师却问：“座主传持何法?”对曰：“讲得四十本经论。”师曰：“莫是师子儿不?”座主云：“不敢。”师作嘘嘘声。座主云：“此亦是法。”师云：“是什么法?”对曰：“师子出窟法。”师云：“不出不入，是什么法?”座主无对。遂辞出门。师召曰：“座主!”座主应诺。师云：“是什么?”座主无对。师呵云：“这钝根阿师!”②

佛教座主明显是来挑衅的，被道一反问一句“座主传持何法”后，竟夸口能讲经论40本，这是讲僧吃饭的本领，但他们除了会讲经，并不知法，经道一的调侃，这个座主完全陷于被动，现出其“钝根”。

希运在授徒时，常用反问式参究话头，并反复讨论。

> 问：“如何是道?如何修行?”师云：“道是何物，汝欲修行?”问：“诸方宗师相承，参禅学道，如何?”师云：“接引钝根人语，未可依凭。”云：“此既是接引钝根人语。未审接上根人复说何法?”师云：“若是上根人，何处更就他觅!他自己尚不可得，何况更别有法当情!不见教中云：法法何状!”云：“若如

---

① 《祖堂集》上卷，中华书局2007年版，第192页。

② 同上书，第616页。

此，则都不要求觅也?”师云：“若与么，则省心力。”云：“如是则浑成断绝，不可是无也?”师云：“阿谁教他无？他是阿谁，你拟觅他?”云：“既不许觅，何况又言莫断他?”师云：“若不觅即便休。谁教你断？你见目前虚空作么生断他?”云：“此法可得便同虚空否?”师云：“虚空，早晚向你道有同有异，我暂如此说，你便向者里生解。”云：“应是不与人生解耶。”师云：“我不曾障你，要且解，属于情。情生则智隔。”云：“向者里莫生情是否?”师云：“若不生情，阿谁道是?”①

这段对话，是希运与某弟子之间对“如何是道，如何修行”这个话头的参究讨论。这本是个相当抽象的话题。对此，希运先不正面回答，而是反问“道是何物，汝欲修行”？再对弟子回答的“诸方宗师相承，参禅学道”予以“接引钝根人语，未可依凭”的批评，进而就“接上根人”之法与之讨论，其意在于：本来并无先验、外在的“道”，上根人也不是靠参禅学道而得法，要去找上根人觅法，也不可得。该弟子反问说，如果这样，法不就断了么？希运以虚空为喻，说法并不会因觅上根人传授而续，也不会因不觅上根人传授而断。再批评弟子生解，并讲了情与智的关系。这段对话应是没有结论的，希运是故意不明说，只是讲“早晚向你道有同有异，我暂如此说”。而这个弟子还要再问，而且颇有不满情绪：“才向和尚处发言，为什么便道话堕?”希运答：“汝自是不解语人，有什么堕负?”该弟子又说：你说的话，“皆是抵敌语，未曾有实法指示于人。”希运答：“实法无颠倒，汝今问处自生颠倒，觅什么实法?”弟子又说，既然我问的自生颠倒，那你的回答不颠倒么？

师云：“你且将物照面看，莫管他人。”又云：“只如个痴狗相似，见物动处便吠，风吹草木也不别。”又云：“我此禅宗从上

① 《古尊宿语录》上卷，中华书局1994年版，第32页。

相承以来，不曾教人求知求解，只云学道早是接引之词。然道亦不可学。情存学者却成迷道。道无方所，名大乘心。此心不在内外中间，实无力所。第一不得作知解，只是说汝如今情量处为道。情量若尽，心无方所。此道天真，本无名字。只为世人不识，迷在情中。所以诸佛出来说破此事，恐你诸人不了，权立道名，不可守名而生解。故云得鱼忘筌，身心自然达道。识心达本源，故号为沙门。沙门果者，从息虑而成，不从学得。汝今如将心求心，傍他家舍，只拟学取，有什么得时？古人心利，才闻一言，便乃绝学，所以唤作绝学无为闲道人。今时人只欲得多知多解，广求文义，唤作修行。不知多知多解翻成壅塞。唯知多与儿酥乳吃，消与不消都总不知。三乘学道人皆是此样，尽名食不消者。所谓知解不消，皆为毒药，尽在生灭中取。"①

提问的弟子也是犟脾气，一个劲儿地追问，反倒让希运讲出了依我佛观而展开的自心是佛，身心自然达道的精妙言论。希运虽也称“禅宗”“诸佛”，但他相当明确地是在批评佛教，“三乘学道人，皆是此样，尽名食不消者。”这则话头参究可谓典范。

话头参究不仅是要回答问题，也是启悟的必要方式，禅师对有些话头，往往答非所问，或是因此话头没有意义，或是老生常谈，或是启发人自悟，或是觉得问者根性太浅不值得回答，即使回答了也不理解，或者是因为自己说不清楚。如庞居士问道一：“不与万法为侣者，是什么人？”“师云：‘待汝一口噶尽西江水，即向汝说’。又问：‘不昧本来身，诸师高著眼。’师直下觑。士云：‘一等没弦琴，唯师弹得妙。’师直上觑。”②

从谂和文偃多用此参究方式来应对所问话头，在记载他们语录的文献中比比皆是，下举两段。

---

① 《古尊宿语录》上卷，中华书局1994年版，第33页。

② 同上书，第4页。

关于从谂。

僧问："如何是清净伽蓝?"师云："丫角女子。""如何是伽蓝中人?"师云："丫角女子有孕。"问："承闻和尚亲见南泉是否?"师云："镇州出大罗卜头。"问"和尚生缘什么处?"师以手指云："西边更向西。"问："法无别法，如何是法?"师云："外空、内空、内外空。"问："如何是佛真法身?"师云："更嫌什么?"问："如何是心地法门?"师云："古今榜样。"问："如何是宾中主?"师云："山僧不问妇。"问："如何是主中宾?"师云："老僧无丈人。"问："如何是一切法常住?"师云："老僧不讳祖。"其僧再问，师云："今日不答话。"①

关于文偃。

问："如何是云门一曲?"师云："腊月二十五。"进云："唱者如何?"师云："且缓缓。"问："如何是祖师西来意?"师云："日里看山。"问："如何是和尚家风?"师云："久雨不晴。"进云："如何是久雨不晴?"师云："晒晾著。"问："如何是不带朕?"师云："天台普请，南岳游山。"问："如何是向上一路?"师云："九九八十一。"问："如何是学人自己?"师云："游山玩水。"进云："如何是和尚自己?"师云："赖遇维那不在。"问："如何是教主?"师云："太无礼生。"问："如何是一代时教?"师云："对一说。"问："如何是正法眼?"师云："普。"问："如何是端坐念实相?"师云："河里失钱河里摝。"问："如何是沙门行?"师云："会不得。"进云："为什么会不得?"师云："只守会不得。"问："如何是寻常之用?"师云："且那里葛藤去。"

① 《古尊宿语录》上卷，中华书局1994年版，第213—214页。

> 问："如何是教意?"师云："你看什么经?"僧云："《般若经》。"师云："一切智智清净，还梦见未?"僧云："一切智智清净且置，如何是教意?"师云："心不负人，面无惭色。放你三十棒。"问："如何报得四恩三有去?"师云："抱头哭苍天。"问："如何是正法眼?"师云："粥饭气。"问："如何是三昧?"师云："到老僧一问，还我一句来。"问："如何是诸佛出身处?"师云："东山水上行。"问："乞师指个入路。"师云："吃粥吃饭。"①

对于所问的话头中有一些涉及佛教及其禅宗思想体系的重要范畴，从谂和文偃不予正面回答，也不反问，而是以不相关的话对之，这或可理解为此话头是伪命题，不值得回答。也有一部分属于禅教内容，也以此方式对付，或可理解为"你自己参究去"，或可理解为"问者悟性太差，回答了你也悟不得"。当然也有一些话头是禅师回答不了的，或回答起来太麻烦，以一句不相干的话搪塞过去算了。这种话头参究方式，有的会对人有启发的作用，有的则会增加神秘感，在从谂和文偃那里，还保持着禅教的精神，他们的这种参究话头的方式与禅教之法、术仍有联系，但再往后，尤其宋朝以后，禅教与禅宗混流，这种参究方式的神秘性和空洞越来越突出。

话头参究还有一种方式，就是由禅师自拟话头，自己讲解。这可能是禅教乃至所有宗教都采用的普遍性传教方式，禅教与其他宗教，尤其是与佛教之禅宗的区别，就在于它并没有一套系统的先验性教条，不是将教条作为话头，而是从我佛观这个法层次的我佛观核心及术层次的各范畴出发，由禅师根据自己的理解，提出某话头，并讲出本人的参究心得。这种方式在慧能那里得到充分体现。由于他是创教者，法、术层次的核心观念和范畴都要自己规定，因此在《坛经》中他举出相应的话头来讲解自己参究的结果，如"定慧为本""一行三昧""无念为宗，无相为体，无住为本""坐禅不著心，不著净""一切经书皆因人置"，等等。这种方式，在

---

① 《古尊宿语录》上卷，中华书局 1994 年版，第 255—256 页。

禅教早期禅师那里也相当普遍采用。他们肩负着宣传慧能思想和充实完善禅教体系的使命，因而必须从我佛观对术层次各范畴展开论证，并批驳佛教尤其禅宗的相应观念。在流传下来的文献中，运用这种参究话头方式最多的是怀海，其师道一与其徒希运（及其徒义玄）、普愿也常用此方式，青原行思一脉的希迁等人对此也有运用。怀海以此技参究的话头有“了义教”“不了义教”“辩清浊语”“佛是众生边药”“佛疮菩萨疮”“三乘教外语”“是心是佛”“即心即佛”。录一段他的解说：

> 须识了义教不了义教语，须识遮语不遮语，须识生死语，须识药病语，须识逆顺喻语，须识总别语。说道修行得佛，有修有证，是心是佛，即心即佛，是佛说，是不了义教语，是不遮语，是总语，是升合担语，是拣秽法边语，是顺喻语，是死语，是凡夫前语。不许修行得佛，无修无证，非心非佛，佛亦是佛说，是了义教语，是遮语，是别语，是百石担语，是三乘教外语，是逆喻语，是拣净法边语，是生语，是地位人前语。从须陁洹向上，直至十地，但有语句，尽属法尘垢。但有语句，尽属烦恼边收。但有语句，尽属不了义教。了义教是持，不了义教是犯。①

禅宗以“不立文字”为标榜，强调佛法只可意会，不可言传。禅教虽然不可能完全以文字表达其观念和体系，但力求从我佛观明确术层次各范畴，慧能是这样，怀海也如此。在这段话里，可以看出怀海在参究话头时是如何从语言文字的结构分析来论证禅教思想，并对佛教质疑和批评的。

希运和其徒义玄在自举话头参究上也很有特色。下面各录一则。

> 上堂云：“即心是佛。上至诸佛，下至蠢动含灵，皆有佛性，同一心体。所以达摩从西天来，唯传一心法，直指一切众生本来

---

① 《古尊宿语录》上卷，中华书局1994年版，第13—14页。

是佛，不假修行。但如今识取自心，见自本性，更莫别求。云何识自心？即如今言语者正是汝心。若不言语，又不作用，心体如虚空相似，无有相貌，亦无方所。亦不一向是无，有而不可见故。”①

希运这里所参究的是：即心是佛，也是“祖师西来意”这个道一用打、从谂以“庭前柏树子”应答的话头，由此阐明禅教基本思想。

师示众云：“道流，切要求取真正见解，向天下横行，免被这一般精魅惑乱。无事是贵人，但莫造作，只是平常。你拟向外傍家求过觅脚手，错了也。只拟求佛，佛是名句。你还识驰求底么？三世十方佛祖出来，也只是为求法。如今参学道流也只为求法。得法始了。未得，依前轮回五道。云何是法？法者是心法。心法无形，通贯十方，目前现用。人信不及，便乃认名认句，向文字中求意度佛法，天地悬殊。道流，山僧说法，说什么法？说心地法，便能入凡入圣、入净入秽、入真入俗。……山僧说法与天下人别，只如有个文殊普贤出来目前，各现一身问法，才道咨和尚，我早辨了也。老僧稳坐，更有道流来相见时，我尽辨了也。何以如此，只为我见处别，外不取凡圣，内不住根本，见彻更不疑谬”。②

师示众云：“佛法无用功处，只是平常无事，屙屎运尿，著衣吃饭，困来即卧。”③

义玄所举话头“法者心法”，意在说明“心法无形，通贯十方，”“免被这一些精魅惑乱”。他的这段议论，是经过长期悟解得来的，说时颇有底气，

① 《古尊宿语录》上卷，中华书局1994年版，第43页。
② 同上书，第59页。
③ 同上书，第59页。

任你文殊、普贤来问，我也尽辨了也。而“屙屎送尿，著衣吃饭，困来即卧”，平常心即见佛法。

话头参究之技在禅教体系创立和完善过程中发挥了重要作用，随着禅教的传播，此技不仅得到广泛运用，也逐步在禅教与禅宗的混合中庸俗化。由于禅教和禅宗通用此技，在那些并不注重核心观念差别的禅师那里，往往将此技作为与官僚、士绅交往的工具，越来越强调形式，忽略或淡化其内容。宗杲焚乃师公案颂古之《碧岩录》，撰参话头之《正法眼藏》，试图扭转禅林形式化的风气，但他的《正法眼藏》中所列话头及其参究，实际上是公案的话题化，将以往禅师的言行，不问其为禅教还是禅宗，通缩为话头，再以己意参究。此书作为文献，有其价值，也足见宗杲之造诣，但他忽略禅教与禅宗及佛教核心观念和术层次范畴的区别，又正是他本人崇尚形式化、工具化的体现，此书进一步加剧了形式化、工具化，禅师不再考虑慧能禅教的核心观念及其与佛教禅宗的区别，也可以不必读《坛经》与早期禅教大师们的言论，只要记住宗杲拟的658个话头，按宗杲的解说，或者自行解说，就可以授徒乞施，媚官交绅，而禅教精神也就随之流逝。

六、应机接化

禅教是个宗教团体，是以我佛观为核心观念和术层次各范畴为思想基础的民间组织，它没有官僚机构支撑，但它要存在，还要延续，为此就要吸收信众，并从中选择优秀者为思想和组织的主导，其技的功能，不仅在于参究和阐述思想，还要教导和培养人才。公案析判和话头参究之技，主要是从语言文字上悟解禅法禅术，但这并不够，还需要从更细微处观察和导引学人，由此形成了应机接化之技。此技不以语言文字的交谈论说为主，而是注重心理和行为的考察，以简洁机敏的言语或手势、动作，乃至喝叫、棒打等方式，识别学人之素质（根性），启悟其自心智慧。这是相当细致复杂的心理活动，需要禅师们具有深厚的造诣和灵活的手段，就此而论，成功的禅师就是理论与实践有机统一的心理学家。

有人认为，禅宗之所以采用应机接化之技，在于其认为人的语言和思维不能把握佛性，而佛法只能意会不可言传，推崇“释迦拈花”“迦叶微笑”“不立文字”。这种观点陷入了禅宗自家所传布的神秘性误区，即使只针对禅宗，也不全对，何况他们所说的“禅宗”，是包括慧能及其创立的禅教在内的。我们这里讲的应机接化之技，是专对以我佛观为核心观念的禅教而言的，是不包括信奉佛我观的佛教禅宗的。仅就禅教而言，从慧能开始，就不否认语言文字在构造思想体系和讲解禅法、培养学人方面的作用，上述公案析判和话头参究充分说明了这一点。他们的应机接化之技，并不是孤立的，更不是唯一的，而是其法、术层次展开的技层次各技中的一环，是与其他各技统一、相互补充的。慧能本人虽不识字，但他不同意“不立文字”，他指出：

> 谤法：直言“不用文字”。既言“不用文字”，人不合言语；言语即是文字！自性上说空，正语言本性，不空迷自惑，语言除故。[①]

在《坛经》的记载中，慧能临终前，召十弟子遗嘱时明确要求：

> 大师言：“十弟子！已后传法，递相教授一卷《坛经》，不失本宗。不禀授《坛经》，非我宗旨。如今得了，递代流行。得遇《坛经》者，如见吾亲授。”十僧得教授已，写为《坛经》，递代流行，得者必当见性。[②]

慧能不仅反对“不立文字”之说，更要立文字之经，写成文字的《坛经》

---

① 《坛经校释》，中华书局1983年版，第96页。

② 同上书，第98页。

即我宗旨，读《坛经》如见我亲授。

在慧能那里，应机接化之技已有应用。神秀派志诚到慧能处打探，而志诚闻法言下便悟，向慧能坦白："弟子从玉泉寺来，秀师处，不得契悟，闻和尚说，便契本心。和尚慈悲，愿当教示。"慧能说："汝从彼处来，应是细作。"志诚答道："未说时即是，说了即不是。"这是一句很机敏又诚实的话，慧能也就认可了，说："烦恼即是菩提，亦复如是。"[①] 而他收神会为弟子，更能说明应机接化之技的应用。

> 又有一僧名神会，南阳人也。至曹溪山礼拜，问言："和尚坐禅，见亦不见？"大师起把，打神会三下，却问神会："吾打汝，痛不痛？"神会答言："亦痛亦不痛。"六祖言曰："吾亦见亦不见。"神会又问大师："何以亦见亦不见？"大师言："吾亦见者，常见自过患，故云亦见。亦不见者，不见天、地、人过罪。所以亦见亦不见也。汝亦痛亦不痛如何？"神会答曰："若不痛，即同无情木石；若痛，即同凡夫，即起于恨。"大师言："神会向前，见不见是两边，痛不痛是生灭。汝自性且不见，敢来弄人。"神会礼拜，更不敢言。大师又言："汝心迷不见，问善知识觅路；汝心悟自见，依法修行。汝自迷不见自心，却来问慧能见否？吾不自知，代汝迷不得；汝若自见，代得吾迷，何不自修，问吾见否。"神会作礼，便为门人，不离曹溪山中，常在左右。[②]

慧能与神会之间的应机，是以神会关于坐禅见亦不见的问话开始的。为了启发神会，慧能打他三下，再以打你痛不痛之间来接化，进而使他悟自心是佛与自修自度之术。

由于相信自心是佛，因而慧能及禅教大师并不是像佛僧那样将伟大正

---

① 《坛经校释》，中华书局1983年版，第77页。

② 同上书，第90页。

确神圣先在先验的佛神作为靠山，进而以佛的名义和佛经上的言语来教导人，摆出一副真理在握的佛的代言人姿态，慧能和禅教大师们明确自己是个人，他们不过以自心悟出了一般性道理，但自己还是个人。跟自己习禅者也是人，他们也能悟到自心是佛，只是由于各种迷障，尤其佛教宣扬的迷信而不能知自心是佛这个简单道理，需要人帮他认知此迷障，促其消除迷信，自悟修行。他们所讲的根性，绝非佛教从婆罗门教种姓制度承袭来的由梵天决定的禀性，而是后天受社会制度和文化的制约而形成的认识能力与方法，特别是所受各种迷障的程度和态度。慧能和禅教大师们并不认为自己可以从外部消除他人所受迷障，因而只是用各种方式点出他人所受迷障，至于能否消除，则靠你本人悟的能力和方法了，他们绝不强求。学人悟到自受迷障，愿意跟我悟修，只是暂时没有悟到，但还愿意随我参悟，也可以；没有悟到，而且不认可我的点拨，离我而去，我也不强留。应机接化之技就由此而生而用，因为禅师和学人的各自情况都是特殊的，而且时间、地点等条件也不一样，因而应机接化之技的应用也灵活多样，不仅在初收徒时用之，对于入门之徒，甚至颇有成就者也不断以此技与之修正。

怀让之所以能开禅教主流，一个关键是以“磨砖作镜”对道一的开导。道一因受禅宗迷障，“独处一庵，唯习坐禅，凡有来访者都不顾”。怀让去，他也不顾，可见他障迷之深。怀让将砖于庵前磨，道一仍不顾，怀让不断地磨砖，终于引起道一好奇，问磨砖作什么，怀让说“作镜”，道一说“磨砖岂能成镜!”一下子入了怀让所设之机，一句“磨砖既不成镜，坐禅岂能成佛!”点到了道一的迷障处，由此而大悟接化，怀让一脉经道一（马祖）而发达。而青原行思以和痒子为由与希迁的对话，也可以看成是应机接化之技之运用，希迁少年跟随慧能，慧能去世前让他“寻思去”，他见到行思，行思拈起和痒子曰：“彼中还有这个也无?”希迁说：“非但彼中，西天亦无。”[1] 由此接机。

---

① 《祖堂集》上卷，中华书局2007年版，第196页。

怀让和行思承续慧能宗旨，延续发扬禅教，其两脉的关键人物在传承时，都有应机接化的故事。这些故事既是禅教法、术的体现，也在人类史上演出了灵活智慧的思想之剧：

> 一夕，西堂、百丈、南泉随侍玩月次。师问："正恁么时如何?"堂曰："正好供养。"丈曰："正好修行。"泉拂袖便行。师曰："经归藏，禅归海，唯有普愿独超物外。"师问百丈："汝以何法示人?"丈竖起拂子。师曰："只这个，为当别有?"丈抛下拂子。[①]

这是道一与三个弟子赏月时的对话，他从三个弟子对"正恁时如何"这句话的回答中，点出其各自特点。道一还对怀海以后如何传法予以指导：

> 马祖一日问师："什么处来?"师云："山后来。"祖云："还逢着一人么?"师云："不逢着。"祖云："为什么不逢着?"师云："若逢着，即举似和尚。"祖云："什么处得这个消息来?"师云："某甲罪过。"祖云："却是老僧罪过。"师再参马祖，祖竖起拂子。师云："即此用，离此用?"祖挂拂子于旧处，良久，祖云："你已后开两片皮，将何为人?"师遂取拂子竖起。祖云："即此用，离此用?"师亦挂拂子于旧处。祖便喝。师直得三日耳聋。[②]

在这似乎游戏的过程，应机接化了禅法。怀海于此获益良多，他常将此事说与弟子，进一步应机接化。

---

① 《古尊宿语录》上卷，中华书局1994年版，第5页。

② 同上书，第7页。

一日师谓众曰："佛法不是小事，老僧昔被马大师一喝，直得三日耳聋。"黄檗闻举，不觉吐舌。师曰："子已后莫承嗣马祖去么？"檗云："不然。今日因和尚举，得见马师大机大用。然而不识马祖，若嗣马祖，已后丧我儿孙。"师曰："如是，如是。见与师齐，减师半德。见过于师，方堪传授。子甚有超师之见。"檗便礼拜。①

"马祖一喝，三日耳聋"，也正是这一喝，连接了禅教三位大师的应机接化与传承。希运从怀海处承继应机接化之技，在他主持的禅团中也用此技接化学人：

师上堂，大众才集，师拈拄杖一时打散。复召大众，众回首。师云："月似弯弓，少雨多风。"师一日捏拳谓众云："天下老和尚总在这里。我若放一线道，从汝七纵八横；若不放过，不消一捏。"时有僧问："放一线道时如何？"师云："七纵八横。"云："不放过时如何？"师云："普。"②

希运打散众人，后又捏拳说："天下老和尚总在这里。"这些似乎不合常理的举动，以及与僧人的对话，来启发学人们猛省和思考，也是应机接化的必要方式。

希运的同门普愿与其徒从谂相得默契，二人经常以应机接化来参悟。

师又时曰："若是文殊、普贤，昨夜三更各打二十棒，趁出院了也。"赵州对云："和尚合吃多少棒？"师云："王老师有什么罪过？"赵州礼拜出去。

① 《古尊宿语录》上卷，中华书局 1994 年版，第 7 页。
② 同上书，第 31—32 页。

师谓赵州云："江西马大师道即心即佛，老僧这里则不与么道。不是心，不是佛，不是物：与么道还有过也无？"赵州礼拜，出去。

赵州在楼上打水，师从下过。赵州以手攀栏悬脚，云："乞师相救。"师踏道上云："一二三四五。"赵州云："谢师指示。"①

两位大禅师，就是这样在看似不近常理的应机接化中参禅论道的。

从谂任性逍遥，关于他的应机接化故事颇多，列出几则如下：

师与官人游园次，兔见乃惊走。遂问："和尚是大善知识，兔见为什么走？"师曰："老僧好杀。"②

因僧侍次，遂指火问曰："这个是火，你不得唤作火。老僧道了也。"僧无对。复夹起火曰："会么？"曰："不会。"师曰："此去舒州，有投子和尚，汝往礼拜，问之，必为汝说。因缘相契，不用更来。不相契却来。"其僧到投子。子问："近离甚处？"曰："赵州。"子曰："赵州有何言句？"僧举前话。子曰："汝会么？"曰："不会，乞师指示。"子下禅床，行三步却坐。问曰："会么？"曰："不会。"子曰："你归举似赵州。"其僧却回，举似师。师曰："还会么？"曰："不会。"师曰："投子与么，不较多也。"③

问僧："一日看多少经？"曰："或七八，或十卷。"师曰："阇黎不会看经。"曰："和尚一日看多少？"师曰："老僧一日只看一字。"④

---

① 《祖堂集》下卷，中华书局2007年版，第710页。

② 《五灯会元》上卷，中华书局1984年版，第200页。

③ 同上书，第202页。

④ 同上书，第206页。

> 文远侍者在佛殿礼拜次，师见以拄杖打一下曰："作什么？"者曰："礼佛。"师曰："用礼作什么？"者曰："礼拜也是好事。"师曰："好事不如无。"①

兔见人惊走，本是常态，那位官人以你是大善知识，兔见了你为什么还逃走来诘从谂。这是个很难回答的问题，问者是以佛家不杀生，兔见你这位大善不应逃走来发问的，从谂干脆答道："老僧好杀"，既说明了兔为什么会逃走，又表示自己与佛教无关。而从谂指火对僧说，这个是火，但我已说了火字，你不能再说火字，应当怎么说。这是让僧明白语言文字与实物的关系，但此僧不会，从谂让他去舒州找投子和尚，投子又以行 3 步却坐来问僧，僧也不会，只得回复从谂。从谂曾会过投子，听僧回复投子的行状，说投子这么做，和我没什么差别。从谂问僧看经一段话语，明白地告诫读经不能悟道之理；杖打礼拜佛的文远，则是告诫他不必拜佛求佛。从谂的这些言行，都是要以应机接化之技启发人，但不知那位官人及两僧和文远是否识得禅机而接化。从谂高寿 120 岁，但未有知名传人，可见应机接化不仅要有师，更要有徒，从这一点上说，从谂远不及其师其祖有运气。

在应机接化之技的运用上，义玄颇有特色。《祖堂集》《临济和尚》篇说他"自契黄檗锋机，乃阐化于河北。提纲峻速，示教幽深。"② 义玄师希运，希运指派他拜见大愚，

> 既到其所，具陈上说。至夜间，于大愚前说《瑜伽论》，谈唯识，复申问难。大愚毕夕悄然不对。及至旦，来谓师曰："老僧独居山舍，念子远来，且延一宿。何故夜闻于吾前无羞惭放不

① 《五灯会元》上卷，中华书局 1984 年版，第 206 页。
② 《祖堂集》下卷，中华书局 2007 年版，第 854—855 页。

净?”言讫，杖之数下，推出，关却门。师回黄檗，复陈上说。黄檗闻已，稽首曰：“作者如猛火燃。喜子遇人，何乃虚往?”师又去，复见大愚。大愚曰：“前时无惭愧，今日何故又来?”言讫便棒，推出门。师复返黄檗，启闻和尚：“此回再返，不是空归。”黄檗曰：“何故如此?”师曰：“于一棒下入佛境界。假使百劫粉身碎骨，顶擎绕须弥山经无量币，报此深恩，莫可酬得。”黄檗闻已，喜之异常，曰：“子且解歇，更自出身。”师过旬日，又辞黄檗，至大愚所。大愚才见，便拟棒师。师接得棒子，则便抱倒大愚，乃就其背殴之数拳。大愚遂连点头曰：“吾独居山舍，将谓空过一生，不期今日却得一子。”①

在常人看来，这3个人简直就是精神病患者，但他们却在上演禅教应机接化的精彩之剧。大愚以他对禅的领悟，不屑参与禅团，很难遇到合格的徒弟传承他的观念，因而独居山舍。希运知其大德，将义玄荐去投大愚，而大愚两番无故棒打，使义玄不知所措，希运不断鼓励他再去，义玄悟得大愚棒打之机，第三次去时就夺其棒殴其背，由此接机，大愚被殴反喜，得此徒而启化之。如此常人所认为的病态，正是人类精神提升的必要方式。

义玄得希运、大愚之传，于应机接化之技大有创造，他开启的临济宗成为禅教延续的主脉，此技功不可没，并因此而成其一特色。义玄将对应机接化之技的参究，从主与宾关系作了概括：

参学之人大须仔细。如宾主相见，便有言论往来。或应物现形，或全体作用，或把机权喜怒，或现半身，或乘狮子，或乘象王。如有真正学人便喝，先拈出一个胶盆子。善知识不辨是境，便上他境上作模作样，便被学人又喝，前人不肯放下。此是膏肓之病，不堪医治，唤作宾看主。或是善知识不拈出物，只随学人

---

① 《祖堂集》下卷，中华书局2007年版，第856页。

问处即夺。学人所夺，抵死不肯放。此是主看宾。或有学人应一个清净境出善知识前，知识辨得是境，把得抛向坑里。学人言："大好，善知识！"知识即云："咄哉，不识好恶！"学人便礼拜。此唤作主看主。或有学人披枷戴锁出善知识前，知识更与安一重枷锁，学人欢喜，彼此不辨，唤作宾看宾。大德，山僧所举，皆是辨魔拣异，知其邪正。①

义玄所谓主宾，是从精神上讲的，主即确立了主体意识的主导者，宾则为未确立主体意识的被动者。应机接化，关键在于确立主体意识，取得主导地位。其"宾看主"，是指禅师（善知识）被动地在参学者拈出的类似"胶盆子"的缠黏人的命题所造之境中"作模作样"，即便被参学者喝，也不放下，此师为宾，学者为主；"主看宾"则是禅师为主导，他"不拈出物，只随学人问起即夺"，而"学人被夺"，却"抵死不肯放"，成为被动者；"主看主"，禅师与学人都有主体意识，且互相理解，学人拈一个清净境，禅师辨得此境，但把它抛向坑里，学人赞："大好，善知识！"禅师说："咄哉，不识好恶！"二人心思相通，各不失为主；"宾看宾"，学人"披枷戴锁"（固守某种佛教教条），禅师又给他加上新的枷锁，而学人却喜欢，二者彼此不辨，同为被动地没有主体意识者。

"四宾主"为应机接化时表现的 4 种状态，义玄强调禅师要确立主体意识，且保持主导作用，但并不是压制学人，而是启发其主体意识，他认为最好的状态是"主看主"，最不好的是"宾看宾"。对应机接化之技的运用，义玄的经验是：

我有时先照后用，有时先用后照，有时照用同时，有时照用不同时。先照后用，有人在。先用后照，有法在。照用同时，驱耕夫之牛，夺饥人之食，敲骨吸髓，痛下锥锥。照用不同时，有

① 《古尊宿语录》上卷，中华书局 1994 年版，第 80 页。

问有答，立宾立主，合水和泥，应机接物。若是过量人，向未举已前撩起便行，犹较些子。[①]

他总结经验，将众多学人分为3种根器，对不同根器者的应机接化要采用不同方式。

如中下根器来，我便夺其境而不除其法。或中上根器来，我便境法俱夺。如上上根器来，我便境法人俱不夺。如有出格见解人来，山僧此间便全体作用，不历根器。[②]

由此可见，义玄对应机接化之技的参研与运用已达到多么娴熟的境界，这正是临济宗承载禅教宗旨继续演化的必要手段。

临济宗乃至怀让南岳脉系在应机接化之技上的机锋峻峭，凌厉棒喝，是其作为禅教主流，坚持我佛观和民禅路线的表现。而行思青原脉系，从希迁石头宗至文偃云门宗，于此则强调反观心源、直下承当，简易朴实、灵活自如。这与希迁与文偃等人的性格有关，也是其对禅法理解的程度及并不固守民禅路线，较多地与官僚、文士们交往的要求，也因此其脉系虽属禅教，毕竟副流，其应机接化之技亦如是。《祖堂集》中记：希迁受戒后，行思问他，你已受戒，还听律、念戒吗？希迁答道，即不听律，也不念戒。行思又问，派你去怀让和尚那里送书信“得否”？希迁说“得”，行思说：你速去速回，若晚些时间，你见不到我，就得不到床下大斧。

师便去到南岳让和尚处，书犹未达，先礼拜问：“不慕诸圣，不重己灵时如何？”让和尚曰：“子问太高生，向后人成阐提去。”师对曰：“宁可永劫沉沦，终不求诸圣出离。”师机既不投，书亦

① 《古尊宿语录》上卷，中华书局1994年版，第81页。

② 同上书，第67页。

> 不达，便归师处。思和尚问："彼中有信不?"师对曰："彼中无信。"思曰："有回报也无?"对曰："信既不通，书亦不达。"师却问："某甲去时，和尚有言教：速来床下收取大斧。今已来也，便请大斧。"思和尚良久。师作礼而退。斯之要旨，岂劣器之能持?乃佛佛径烛心灯，祖祖玄传法印。大师既投针而久亲于丈室，临歧而迥承方外之机，则能事将备，道可行矣。思和尚曰："吾之法门，先圣展转递相嘱授，莫令断绝。祖师预记于汝，汝当保持，善自好去!"①

行思问希迁受戒后是否还听律、念戒，派他去怀让处送信，都是以机考察，并想听怀让对他的评判。希迁与怀让不投机，这样做使行思犯难：希迁原为慧能弟子，慧能相当器重他，并在临终时让他投行思，"预记"为行思的接班人。行思因为拿不准，才派希迁投书给怀让，以听取怀让意见，他却与怀让不投机，是否还传位于他?禅法要旨，"岂劣器之能持?"思考良久，还是依循慧能的意见，死后由希迁给他"著麻"②。在这段记录中，已包含希迁于禅教之歧见。行思死后，希运至南台石头上，怀让派人主动去请，说："石上懡㦬子，堪称此处栽。"而他却说："任你哭声哀，终不过山来。"③ 甚至怀让亲自去看他，他也不投师怀让。还是怀让大度，为他"起院成持"。④

《祖堂集》为青原脉系云门宗传人所撰，如此记载，或许是要强调希迁与慧能的亲密关系，暗示本脉为正宗，也将其与南岳脉系的差异表现出来。到雪峰禅系的文偃云门宗，应机接化之技又有所进展。雪峰禅系由义存开创，受南汉小朝廷倚重，因而生存条件较好，虽仍保持农禅并作传统，但已向官禅转化，文偃原属百丈怀海派系，后归雪峰系，他的思想已

① 《祖堂集》上卷，中华书局2007年版，第197—198页。

② 同上书，第198页。

③ 同上书，第198页。

④ 同上书，第199页。

注重读经解禅，倾向佛教华严宗关于“道”的普遍性。文偃对于公案析判之技多有运用，在应机接化上，虽也用棒喝，但很少，更多的是随日常生活中事启发学人，采茶、搬米、吃饭、喝茶等，都是他启化之机。

> 因入菜园，见粪堆上牌子，问僧：“道什么?”僧无对。师云：“你问我。”僧便问。师云：“恐人无信。”问修造庵主云：“佛殿拆了也。忽然施主来，将何瞻敬?”庵主合掌。师云：“奴见婢殷勤。”因闻蚊子叫，问僧：“蚊子吞却祖师也。”僧云：“非蚊子吞祖师，祖师亦吞蚊子。”师不肯，乃云：“你问我。”僧便问。师云：“何怪香林云为渠有分。”①

这种主动问并要求对方问我，是文偃语录中常见的情况，而每一机应，又往往反复论说，颇为细致，与临济义玄的简单喝棒形成鲜明对比。

> 因入厨，问菜头云：“锅里多少茄子?”无对。师云：“你问我，与你道。”僧便问。师云：“消不得。”代云：“一桶。”又代后语云：“是。”因普请归三门下，问僧：“困作什么面目?”僧云：“和尚合知。”师云：“我即不知。”僧却问：“困作什么面目?”师拈拄杖云：“遇长即长，遇短即短。”僧云：“未审困与么道，和尚与么道?”师云：“我也知你亲。”无对。代云：“争知!”又代前语云：“老少黄白。”师问饭头：“佛是千百亿化身，你每日作饭，一勺几个释迦老子?”无对。代云：“一僧一升米。”又云：“今日斋饭较细。”②

文偃也常有惊人之句，如对悉达多生下来即一手指天，一手指地，说

---

① 《古尊宿语录》上卷，中华书局1994年版，第333—334页。

② 同上书，第326页。

“天上地下，唯我唯尊”的传说，以一句“我当时若见，一棒打杀与狗子吃”，就相当明确地击破了佛教之迷信。再如：

> 问：“普贤为什么骑象？文殊为什么骑狮子？”师云：“我也无象，也无狮子，且骑佛殿出三门去也。”①

如此机敏的锋对，将本无意义又不好回答的问题轻易化解，虽不能使人悟到禅法，却也知道此问之不必。

文偃将其应机接化之技概括为“三句语”：“涵盖乾坤，截断众流，随波逐浪。”他的门人缘密就此写了颂，予以宣扬。其颂如下：

涵盖乾坤

乾坤并万象，地狱及天堂；

物物皆真现，头头总不伤。

截断众流

堆山积岳来，一一尽尘埃；

更拟论玄妙，冰消瓦解摧。

随波逐浪

辩口利舌间，高低总不亏；

还如应病药，诊候在临时。②

这三段颂表达了文偃将宇宙万有视为“真”，即真心、真理、真道的显现，“真”可涵盖乾坤。这是应机接化的依据和前提，由此出发，制止学人旧思维之流，改变思维方式，并根据学人的不同根性和水平，以及具体时空条件加以导引。从一定意义上说，这是一个演绎过程，即从大前提真出

① 《古尊宿语录》上卷，中华书局 1994 年版，第 271—272 页。

② 同上书，第 337 页。

发，经过对中项思维方式的制止和改造，导引个体人思维在具体条件下的转化。文偃在应用此技时，又相当仔细，因而受他启化的人感触颇深，承接此技而使云门宗传续。而云门宗系也由此技及其他各技的运用，不断淡化我佛观与佛我观的区别，使禅教和禅宗相混杂。

七、偈颂歌诗

与禅宗某些人故弄玄虚的“不立文字”之说相反，禅教是大立、特立文字的，不仅以文字记载大量的禅师语录、行状，更以偈、颂、歌、诗等文字的艺术形式表达和宣传其观念。这些文字的艺术形式也就成为禅教之技的重要环节。

禅教并不持“不立文字”之说。慧能就明确表示要立文字，并将文字立就的《坛经》作为禅教禀受的依据。他强调：“若论宗旨、传授《坛经》，以此为依约，若不得《坛经》，即无禀受。”[①] 也正是慧能的这一观念，禅教之禅师并不宣扬什么“不立文字，教外别传”，而是努力将领悟的禅法以明白、准确的语言文字表达，只是为了启发学人或自身悟得不够明确时，才会使用应机接化等方式。禅教大师都曾努力以明确的语言论述其思想，这些思想被以文字记载下来，其中有些概括于偈颂之中，作为《坛经》的必要补充和发展，对禅教的演化起主导作用。与此同时，他们还使用偈、颂、歌、诗等文字形式，力求以带有艺术性的概括性语言阐发思想。

偈、颂是源自印度婆罗门教和佛教的语体。在梵语中，偈、颂并不分，同为“Gāthā”的意译。《仁王经疏》卷中：“偈者，竭也。摄义尽，故名为偈。”佛经中往往以偈、颂表述某一重要观点。由于印度没有文字，梵语偈由音节构成，大体分为通偈，双音节；别偈，四句，每句四、五、六、七音节不等。汉译以字记，吉藏《百论疏》：

---

① 《坛经校释》，中华书局 1983 年版，第 75 页。

偈有二种，一者通偈，二者别偈。言别偈者，谓四言五言六言七言皆以四句而成目之为偈。谓别偈也。二者通偈谓首卢偈，释道安云：盖是胡人数经法也，莫问长行与偈，但令三十二字满即便名偈，谓通偈也。①

佛教传入中国后，汉僧也作偈，表达自己对佛教的理解。禅教承续了这种文体。从慧能开始，禅师大都有以偈、颂立言传世。偈、颂本来不分，但在禅教之技中，二者也逐步有所区别，大体上以偈语短长区别，短者为偈，长者为颂，但也不尽然。

偈，意为竭，即尽最大语言文字功夫，以精确的词句表达相应观点、思想，也称“心偈”。弘忍让弟子作偈，以为传付衣法的依据。慧能就是因此而作“菩提本无树，明镜亦非台，佛性常清净，何处有尘埃”和“心是菩提树，身为明镜台，明镜本清净，何处染尘埃”两偈而被弘忍看中，传付其衣法的。在《坛经》中，慧能也在几处论证法、术观念后，以偈概括其意。是否慧能原作，已不可考，也不必细究，这里仅从《坛经》选二则。

慧能于韶州大梵寺讲法后，作《无相颂》，亦名《灭罪颂》：

愚人修福不修道，谓言修福而是道，
布施供养福无边，心中三恶原来造。
若将修福欲灭罪，后世得福罪元在，
若解向中除罪缘，各自性中真忏悔。
若悟大乘真忏悔，除邪行正即无罪。
学道之人能自观，即与悟人同一类。
大师令传此顿教，愿学之人同一体，
若欲当来觅本身，三毒恶缘心中洗。

---

① 《中论 百论 十二门论》，上海古籍出版社2011年版，第477页。

努力修道莫悠悠，忽然虚度一世休。
若遇大乘顿教法，虔诚合掌至心求。[1]

一句“大师令传此顿教”，表现出此颂非慧能本人所作——他不可能自称“大师”，也不会以第三人称说此颂。从《坛经》论说顺序看，此偈并非前面说法的总结，而是下文关于“梁武帝问达摩”的前奏。

在回答完韦璩的问题后，慧能在大梵寺的说法结束，又作一《无相颂》，并说：

尽诵取，依此修行，常与慧能一处无别。颂曰：

说通及心通，如日处虚空，
惟传顿教法，出世破邪宗。
教即无顿渐，迷悟有迟疾，
若学顿教法，愚人不可悉。
说即须万般，合离还归一，
烦恼暗宅中，常须生慧日。
邪来因烦恼，正来烦恼除，
邪正悉不用，清净至无余。
菩提本清净，起心即是妄，
净性在妄中，但正除三障。
世间若修道，一切尽不妨，
常见自己过，与道即相当。
色类自有道，离道别觅道，
觅道不见道，到头还自恼。
若欲见真道，行正即是道，
自若无正心，暗行不见道。

① 《坛经校释》，中华书局1983年版，第62页。

若真修道人，不见世间过，
若见世间非，自非却是左。
他非我有罪，我非自有罪。
但自去非心，打破烦恼碎。
若欲化愚人，是须有方便，
勿令彼有疑，即是菩提现。
法无在世间，于世出世间，
勿离世间上，外求出世间。
邪见是世间，正见出世间，
邪正悉打却，[菩提性宛然]。
此但是顿教，亦名为大乘，
迷来经累劫，悟则刹那间。①

怀让、道一作偈不多，《祖堂集》各录其一则，均无题。怀让偈云：

心地含诸种，遇泽悉皆萌；
三昧花无相，何坏复何成？②

道一偈云：

心地随时说，菩提亦只宁，
事理俱无碍，当生则不生。③

此二人偈都在概述“自心是佛”“即心即佛”的观念。

偈颂之技对禅教思想的形成和宣传有其特殊作用，既要求禅师竭思而

① 《坛经校释》，中华书局1983年版，第71—72页。
② 《祖堂集》上卷，中华书局2007年版，第192页。
③ 《祖堂集》下卷，第611页。

为，并需要训练文字功夫，又可以简要词句便于学人记诵、思考。但此技只是禅教技层次的一种，并非所有禅师都要具备。大体上看，禅教早期的禅师们主要的责任在于完善思想体系，重点放在术层次各环节的探讨和论证上，并且要创立和组织禅团，因而所作偈并不多，这在南岳派中尤其明显。百丈怀海作为禅教形成的关键人物，对此技使用很少，甚或没有。希运则在讲法时说过一偈：

尘劳迥脱事非常，
紧把绳头做一场。
不是一番寒彻骨，
争得梅花扑鼻香。[1]

虽只一偈，却也体现了希运对禅法的深刻领悟及文字造诣。

从谂文字造诣颇深，其作偈颂，较有韵味，举其三：

因见诸方见解异途及有颂
赵州南，石桥北，观音院里有弥勒。
祖师遗下一只履，直至如今觅不得。

因鱼鼓有颂
四大犹来造化功，有声全贵里头空。
莫怪不与凡夫说，只为宫商调不同。

因莲花有颂
奇异根苗带雪鲜，不知何代别西天。

① 《黄檗断际禅师宛陵录》，引自《禅偈百则》，中华书局2008年版，第56页。

淤泥深浅人不识，出水方知是白莲。[1]

希运和从谂的偈颂，已摆脱慧能及怀海、道一等直白地将禅语按偈颂格式填写的形式，开始向意境融合的精细化演变，且具有诗的味道，开禅诗之先河。

首山省念在偈颂上用功颇深，留下多则偈颂。其中《四宾主颂》，是对其师义玄“四宾主”之技的阐发。

悟了却从迷里悟，迷悟从来无参互。
始知本末至于今，今古相承无别路。
无别路，莫问人。说今古，问来事。
元是主，从他人。问宾主，识得宾，全是主。
主中宾，宾中主，更互用，无差互。
宾中宾，主中主，两家用，莫让主。
把定乾坤大作主，不容拟议斩全身，始得名为主中主。[2]

还有一则《灵云见桃花》云：

分明历世三十春，因悟桃花色转新。
人人尽得灵云意，不识灵云是何人。[3]

《四宾主颂》已突破了偈颂格式，《灵云见桃花》更是由偈向诗转化的表现。

经几代禅师努力，大概到从谂、希运之时，禅教思想体系已经成熟，农禅并作的禅团体制也已完善，随着社会影响的扩大，且唐后五代十国战

① 《古尊宿语录》上卷，中华书局 1994 年版，第 252 页。
② 同上书，第 138 页。
③ 同上书，第 138 页。

乱不断，文士加入禅教者日益增加，而割据混战的各统治集团又往往对禅教采取利用政策，因此禅教进入一个分化期。青原脉系本来在法层次就不很坚定于我佛观，到文偃时，进一步与禅宗混合，文人禅、官禅的色彩加重。南岳脉系虽有临济义玄坚持我佛观法统，但其后几代亦逐步官禅化，加之参与的文士增多并广结官僚，他们并不注重禅教法、术层次的探究，而将技层次作为其收徒、结官的手段。因此，偈颂之技得以大发展，所作偈颂日益增加，文句新颖，但思想水平不断下降。从文学形式上讲，此时禅偈颂逐步与诗相结合，并衍生出一种新形式——禅诗，对于打破诗因科举而受儒学道统的束缚，促进诗的演化是有积极作用的。

禅教表达思想之技的文字形式，在偈颂和诗之外，还有歌，这种形式并不普遍，但很有特色，更适合于禅师自由发挥。关于禅歌，本书前面曾引赵州从谂的《十二时歌》和石霜楚圆的《牧童歌》，这里再录几首。

石霜楚圆于禅偈颂上多有创作，又善作歌，其《牧童歌》灵动活泼，表达了知禅者的精神状态，他另有《僧请益古人十二时歌乃颂之》一首云：

> 鸡鸣丑，梦里逢人莽莽卤。平旦寅，觉来路上弄精魂。日出卯，赫赫光明影里坐。食时辰，食饱还知是病因。禺中巳，买卖论量入市肆。日南午，万像分明作笑具。日昳未，张公吃酒李公醉。晡时申，省来端坐醉醺醺。日入酉，茅蓬竹户硬撑拄。黄昏戌，日落西山孤魅出。夜半子，一轮明月苏嚧哩。人定亥，老鼠床头作队队。①

云门文偃也以文禅著称，作过多则偈颂，也有一《十二时歌》云：

> 夜半子，愚夫说相似。鸡鸣丑，痴人捧龟首。平旦寅，晓何人。日出卯，韩情枯骨咬。食时辰，历历明机是误真。禺中巳，

① 《古尊宿语录》上卷，中华书局 1994 年版，第 188 页。

去来南北子。日南午，认向途中苦。日昳未，夏逢说寒气。晡时申，张三李四会言真。日入酉，恒机何得守。黄昏戌，看见时光谁受屈。人定亥，直得分明沉苦海。[1]

《十二时歌》为当时禅师们表达情感的方式，从谂及楚圆、文偃都以此题作歌，后人也有以题为歌者。从他们3人这3首《十二时歌》中，不仅可以看到歌的形式之灵活，3首歌字数和格式都随作者思想而变化。也正因此，慧能禅教所传两大脉系的区别，在这3首歌中也有所显现。从谂之歌，生动而全面表达了他苦困生活的境遇，以及他对我佛论的坚持和追求自由的精神。楚圆之歌已带有说教之意，但仍保持禅教基本观念，并有灵动之句，如“张公吃酒李公醉”“老鼠床头作队队”。而文偃之歌，则几无可读之处，与他的偈颂相似。

道一门下盐官齐安弟子关南道常作《乐道歌》《祖堂集》《关南和尚》，只收此歌，颇有新意。

三界兮如焰，六道兮如幻，圣贤出世兮同电。
国土犹如水上泡，无常生灭频迁变。
唯有摩诃大般若，坚如金刚是可羡。
软似兜罗大等空，极小纤尘不可见。
拥之令聚而不聚，拨之令散而不散。
侧耳欲闻而不闻，瞪目观之不能见。
歌复歌，盘陁石上笑呵呵。
笑复笑，青萝松下高声叫。
自从顿获此明珠，帝释轮王都不要。
不是山僧独施为，自古先贤作此调。
不坐禅，不修道，任运逍遥只么好。

① 《古尊宿语录》上卷，中华书局1994年版，第277页。

但知万法不干怀，无始何曾有生老？[1]

盐官齐安在南岳脉系中辈分颇高，但很少建树，其徒道常作此一歌，也不愧为道一传人。

广教归省为临济义玄的再传弟子，其师省念于禅术上承续义玄的意旨，归省作偈颂多则，并有《木鱼歌》一首，颇具新意：

木鱼歌，木鱼歌，横身三界卧，摆头掉尾瞬金鳞，凡圣纵横不奈何。老胡闻，耸耳听，声声振动古佛心。逍遥自在无私曲，荡荡行时任腾腾。指日月，太山崩，踊踊跃跃魔军惊。哮吼吟时云队队，大洋海底霹雳声。[2]

敲着木鱼唱起歌，禅师心里活脱脱。在枯燥乏味的修禅生活中，保持乐观情绪，从木鱼的敲击声中悟禅体道，归省此歌展现了禅师生活中的一个侧面。

歌在禅教的文字之技中是很少出现的，运用最多的还是偈颂，其次是诗。与偈颂是随佛教从印度传来的不同，诗则是中国自有的文学形式，从西周《诗经》算起，诗一直在中国文坛上占据突出地位。唐朝是汉字诗的高峰。由于科举以律诗为考试科目，习诗作诗已成中国文士的必修课。禅教形成和演化过程，是与诗的兴盛相伴随的，但慧能与早期禅教大师们因专注于创立思想体系和组织禅团，对诗的关注很少，随着禅教思想和禅团的扩展，有一批文士加入进来，禅师也注重与文士交往，因而诗逐渐成为禅技之一，与偈颂互为影响，致使偈颂摆脱了传统佛教既有的单纯说法论术，增添了韵味和文采，并与心境融合，情理贯通。一些禅师和文士也将禅法入诗，使诗突破了受儒学道统束缚而导致的呆滞与说教，从而促进了

① 《祖堂集》下卷，中华书局2007年版，第754—755页。

② 《古尊宿语录》上卷，中华书局1994年版，第445页。

诗的演进。虽然在汉字诗的海洋中，禅诗，尤其禅教之诗数量并不多，但其自由精神和灵动的思维却与那些由儒学道统主导的诗篇形成鲜明对照。禅诗的清新活泼体现了汉字诗的生命力，而那千篇一律的宣扬忠君报国尽孝的儒诗，在笔者看来，读之味同嚼蜡。

禅诗作者由两部分人构成，其一是喜禅之诗人，其二是懂诗之禅师，前者大多以禅思构诗，后者大多以诗技作偈。二者相得益彰。

诗人作禅诗早在禅教形成之初就已开始了，著名者有王维、白居易、李翱。

王维之母笃信佛教，生他前梦见维摩诘进入其室，故给他取名维，字摩诘。王维长于诗，并由此而科举成功，平生为官，最大官职为尚书右丞，每日供养十数僧侣，退朝后焚香、坐禅、诵经。王维生值慧能初创禅教，他与神会、道一等均有交往，并受神会之托，撰《六祖能禅师碑铭》。作为喜禅者，他的诗颇受禅教影响，因而显出一股清新豁达之气。录其三首如下：

投道一师兰若宿

一公栖太白，高顶出云烟。
梵流诸壑遍，花雨一峰偏。
迹为无心隐，名因立教传。
鸟来还语法，客去更安禅。
昼涉松露尽，暮投兰若边。
洞房隐深竹，清夜闻遥泉。
向是云霞里，今成枕席前。
岂惟暂留宿，服事将穷年。①

道一以农禅并作居禅林，王维投宿于其禅林，心有感触，记其境及己情，

---

① 《禅诗百首》，中华书局2008年版，第19页。

表羡仰之意。至于道一跟他说了什么禅法，则未记。

终南别业

中岁颇好道，晚家南山陲。
兴来每独往，胜事空自知。
行到水穷处，坐看云起时。
偶然值林叟，谈笑无还期。[①]

“别业”一词，恰当地表明了王维礼佛修禅只是其业余爱好，而其本业是为官，为官以官道。在本业之余谈佛说禅，是中国文士官员之传统。

夏日过青龙寺谒操禅师

龙钟一老翁，徐步谒禅宫。
欲问义心义，遥知空病空。
山河天眼里，世界法身中。
莫怪销炎热，能生大地风。[②]

王维毕生不过60岁，此诗自称“龙钟一老翁”，可见身体已被其为官之正业消损得可以了，而以修禅为正业的从谂，60岁不过生命历程的一半。如此看来，王摩诘早该改其别业为正业。至于诗，他虽因修禅而在形式上消减了儒士酸腐之气，但从思想内容论，其毕生之作，也不及从谂一首《十二时歌》。这或许也是二人寿命之差的原因吧。

白居易（772—846年）也是亦官亦诗者，其诗平易明快，世事人情均有描写，尤其对下层民众生态之叙述，表明其思想中之人性。他爱好修禅，多与禅师交往，《五灯会元》在南岳下三世之“佛光满禅师法嗣”下

---

① 《王维诗选》，中州古籍出版社2012年版，第136页。

② 同上书，第201页。

为他设传，“凡守任处多访祖道，学无常师。”[①] 这里录其诗两首。

大林寺桃花

人间四月芳菲尽，山寺桃花始盛开。
长恨春归无觅处，不知转入此中来。[②]

山高气寒，桃花晚开，恰留春在。白乐天由此说平常之道。诗人之思，在于细微中观察，而禅之“平常心”可助之也。

寄韬光禅师

一山门作两山门，两寺原从一寺分。
东涧水流西涧水，南山云起北山云。
前台花发后台见，上界钟声下界闻。
遥想吾师行道处，天香桂子落纷纷。[③]

以禅思吟灵隐、天竺二寺，巧妙明快地写出二寺之间的联系。可见修禅能使诗人于平常山水、花木间发现常人忽略之微妙。

李翱（772—836 年）曾师从韩愈，为古文运动的骨干，是唐朝坚持和延续儒学道统的思想家。但他并不排斥禅教，常与禅师交往，并投于药山惟俨门下。惟俨为希迁弟子。《祖堂集》中这样记述李翱访惟俨：

> 李翱相公来见和尚。和尚看经次，殊不睬顾。相公不肯礼拜，乃发轻言：“见面不如千里闻名。”师召相公，相公应诺。师曰：“何得贵耳而贱目乎？”相公便礼拜。起来申问：“如何是道？”师指天，又指瓶曰：“云在青天水在瓶。”相公礼拜。后以

① 《五灯会元》，中华书局 1984 年版，第 221 页。
② 《白居易诗选》，中州古籍出版社 2011 年版，第 150 页。
③ 同上书，第 229 页。

偈赞曰：

练得身形似鹤形，千株松下两函经。
我来（问道）无余（说），云在青天水在瓶。

师因一夜（月）明，上药山顶，中夜而大笑一声，澧阳东来去药山九十（里），（澧阳）人其夜同闻笑声，尽曰："是东家声。"来晨展转寻问，（迭）互东推，直至药山，徒众曰："夜闻和尚山顶（笑声）。"李相公赞曰：

选得幽居惬野情，终年无送亦（无迎）。
有时直上孤峰顶，月下披云笑一声。[①]

李翱毕竟是个思想家，与诗人王维、白居易注重的情境不同，他注重的是禅法，因而其诗也更有思想内容。至于《祖堂集》中将他的诗记为"偈"，这并不足怪，禅僧把诗称为偈已是习惯，况且二者在形式上的差别也不大，尤其是四言绝句与四言偈完全是一样的，只能从其内容和艺术程度辨出二者的差异。

以诗技作偈而成诗，在禅教早期大师那里并不多见，大约是在禅教体系成熟，文士参与禅团较多时，才有禅师如此作。

首山省念之徒石门慈照长于诗，他所作的偈，有些颇有诗意，可以当作诗看。

岁旦示众

一句为君宣，今朝是大年。
桃符已入土，遍地扯金钱。
俗情多失位，山僧独欣然。
直饶不恁么，塚上别锄田。[②]

---

① 《祖堂集》上卷，中华书局2007年版，第224—225页。
② 《古尊宿语录》上卷，中华书局1994年版，第156页。

省念的另一弟子，即作《木鱼歌》的归省，也擅长以诗技作偈颂，其中有些可视为诗。列出如下：

送僧往东京

攀送老兄入梁园，杲日当轩不计年。
为报我师林下偈，无心照破万重关。[1]

送供养主

一年春尽一年春，相烦化道任浮沉。
森罗万象无私曲，一声才动斩乾坤。[2]

虽然这两首诗仍不离偈颂之本体，但文句已颇多诗味，表明诗人禅技之熟练。

禅师中以诗技作偈，且亦作诗者，首推东山法演，《古尊宿语录》中载他有所作的“偈颂”几十首，其中若干首颇有诗之情意。这里录其诗四首：

投机

山前一片闲田地，叉手叮咛问祖翁。
几度卖来还自买，为怜松竹引清风。[3]

送蜀僧

相聚淮南四十年，而今归去路三千。
有人若问西来意，水在江湖月在天。[4]

寄高台本禅师法兄

春山望极几千重，独凭危栏谁与同。
夜静子规知我意，一声声在翠微中。[5]

---

① 《古尊宿语录》上卷，中华书局 1994 年版，第 444 页。
② 同上书，第 450 页。
③ 同上书，第 418 页。
④ 同上书，第 422 页。
⑤ 同上书，第 423 页。

嘉隐堂

一松一竹一溪云，时有清风伴月轮。
窗外泉声长似雨，迥然居者不知春。①

不妨将法演的诗与王维、白居易的诗相对比。对比之下，似乎法演的诗技还不那么娴熟，但基本的格式韵味都已具备，而且禅思更为幽远。

上述禅师大都是一代宗主，还有一些普通禅师在禅诗之技修养和应用上更显成熟，到宋以后，还出现了一些“诗僧”，他们以禅思作诗，尤为清新。举四例如下：

插秧诗　契此

手把青秧插满田，低头便见水中天。
心地清净方为道，退步原来是向前。②

槿花　绍隆

朱槿移栽释梵中，老僧非是爱花红。
朝开暮落关何事，只要人知色是空。③

悟道诗　杨妙锡

尽日寻春不见春，芒鞋踏破陇头云。
归来笑拈梅花嗅，春在枝头已十分。④

庵居　仲皎

啼切孤表晓更哀，柴门半掩白云来。
山童问我归何晚，昨夜梅花一半开。⑤

---

① 《古尊宿语录》上卷，中华书局 1994 年版，第 427 页。
② 《禅诗百首》，中华书局 2008 年版，第 96 页。
③ 同上书，第 53 页。
④ 同上书，第 133 页。
⑤ 同上书，第 115 页。

入宋以后，禅教与禅宗的区别日益不明显，其表现主要在法层次，禅教的我佛观与禅宗依据的佛教佛我观的区别不再为禅师们所重视，他们的修行讲禅更多在技的层次上，也略有涉及术的范畴。而不断的官禅化又使文字禅的作用突出，这使有些禅师和禅僧偏重于诗这种中国传统技能，以“诗僧”活跃于禅林和诗坛。与此同时，文人士子也更加强化对禅技禅术的修行，并将之用于诗作，苏轼、秦观、范成大、王守仁、沈周、金圣叹等人，都写过脍炙人口的禅诗，他们与诗僧之作，为中国诗史增添了清新和活力。宋诗评家吴可的《学诗诗》三首，说明了禅悟与诗的内在关联：

学诗浑似学参禅，竹榻蒲团不计年。
直待自家都了得，等闲拈出便超然。

学诗浑似学参禅，头上安头不足传。
跳出少陵窠臼处，丈夫志气本冲天。

学诗浑似学参禅，自古圆成有几联。
春草池塘一句子，惊天动地至今传。[①]

吴可不愧为诗评大家，将学诗与参禅内在联系起来，注重思想的自由和内容的充实，反对只在格律形式上下功夫，以至束缚思想。虽然他分不清禅教与禅宗的区别，但他看到了以杜甫为代表的唐诗思想和体例的局限，一句“跳出少陵窠臼外”，不仅是形式上的跳出，也包括内容上跳出儒学道统之制约。当然，吴可不可能公开反对儒学道统，就像慧能与怀海不可能公开反对儒学道统一样，但诗技层次上的突破，如果没有法层次乃至道层次的革新，也是不能成功的，他之后近千年的中国诗坛，虽有人努力将禅悟与诗结合，但至多也只是造出一些新颖诗句。

① 《禅诗百首》，中华书局2008年版，第190页。

第七章　思想发展鉴解禅

——借鉴禅教思想体系的一般因素启示现代思想发展

当怀海在江西大雄山中带领以农民为主体组建的禅团，依他所制定的规制而农禅并作时，不可能想到1100多年后，同在江西距其大雄山西南数百里的井冈山，毛泽东也率领着主要是农民组成的队伍，在共产党的纲领和“三大纪律、八项注意”凝聚下，展开了怀海所不能设想的对集权官僚制的革命。中国历史由此步入一个新阶段——以劳动者为主体的社会主义导引的人民当家作主的社会。

这是集权官僚制建立后2000多年才对它展开的变革，也是在西方工业文明发展中资本与雇佣劳动的矛盾所演化出来的新的时代精神的展现。农业文明时期的中国以制度和文化的先进而领先于世界，但集权官僚制和儒学道统却固守个体手工劳动的小农经济，阻滞新的生产方式和文明。而曾在农业文明发展中落后的欧洲，却在封建领主制和基督教统治的社会矛盾斗争中，部分领主为了扩展权势，建立集权国家，利用商业资本为其筹集资金，但这些领主所变成的国王们并没有受过儒学道统的教育，只顾当下不虑长远，一味强调重商主义，致使他们所利用的商业资本在积累中逐步向产业资本转化，进而引发以资本（主义）教主导的革命，建立资本雇佣劳动制，不仅迅速地展开工业化，更使雇佣劳动者聚合为阶级。以工人阶级为主体的劳动者觉醒后，形成了社会主义理论和运动。而此时的中国，仍然在内部固守封建领主制的满洲皇帝和贵族，正肆意享受其祖辈不能梦想的荣华富贵，他们刚知道利用集权官僚制和儒学道统，但绝不能理解对他们来说已经相当先进的农业文明会转向新的工业文明。正是他们的保守落后和刚愎自用，错失了与欧洲人交往并同步发展商业和工业的机会，以致当英国和其他西方国家的资本财团使用工业所制造的兵舰和枪炮侵入中国时，他们几乎毫无还手之力。这是两种文明，更是两种制度和文化的对撞，落后一方的失败是必然的。我们当然要谴责外来侵略者的残暴，但也要明白，正是落后而残暴的制度和文化阻止了文明主体劳动者提高素质技能和社会地位以发展新文明，才使“中华民族到了最危险的时候”！

固守旧制度和文化的统治者不可能挽救中华民族，而被他们压制并视为愚昧无知的劳动者，却接受了西方劳动者阶级的社会主义，中国的农民从劳动的本质看到西方工人的思想与自己思想的一般共性。在以毛泽东为代表的中国共产党领导下，没有资财，也没有任何政治权利的农民，以自己的生命组成浩荡的革命队伍，冲垮了集权官僚制，建立起初级的以劳动者为主体的社会制度。改革完善这个制度，是中华民族在工业文明发展中日益壮大的根据，也是摆脱资本雇佣劳动制度和资本教所导致的人类1%统治、支配99%巨大矛盾的社会变革的必要先导和内容。

社会变革体现于人思想的变革，发展完善以现代劳动者为主体的思想体系，是一个时代课题，这既要求对现实社会矛盾及其趋势的系统研究，也要求对人类既有思想进行历史考察。解禅，明确禅教的历史地位和思想价值，探究并借鉴其观念和方法的一般因素，是发展劳动者为主体的思想体系的必要环节。

一、从存在主体性与认识主体性的统一论证确立劳动者社会主体地位

确立劳动者社会主体地位，并由此变革资本雇佣劳动制和其他旧制度，是人类社会基本矛盾演化到现代的必然要求，是漫长的人类历史进程

中人性升华的展现，是马克思所说的结束“人类史前期”的关键性一步，也是现时代的精神。然而，体现着人性中动物一般性野蛮因素的阶级统治，并不会自动接受这看来相当简单明白的道理，顺从时代精神，放弃自己的统治地位，还会以各种旧的意识形态主导其支配的各种力量，坚持不断地以物质本体论或天道本体论，甚至上帝本体论为依据，反对劳动者成为社会主体，更会以政治专制和暴力镇压阻止时代精神的探讨和实践。我们当然不能寄希望从理论上说服阶级统治势力，他们的头脑只能理解符合其利益的思想，所有与其利益相悖的思想，他们都会以“不符合物质运动规律”“违背天命”“上帝不容许”等坚决排斥。但我们有义务从劳动者利益和意识中概括，并不断明确时代精神，使之成为现代劳动群众的共识，为劳动者从个体与总体的统一争取成为社会主体提供理论依据，进而批判和克服各种阶级统治意识。

人是存在的主体，也是认识的主体；存在的主体性和认识的主体性是统一的。这个并不复杂的观点，却是历史上所有阶级统治的意识形态所不能认识、也不会承认的。基于当时文明的发展程度，更为了固守既得统治地位和利益，历代统治阶级的思想家都要在观念上设定世界的本体或本原，以此作为其统治地位和利益的根据。婆罗门教的梵天，是部族奴隶制时期诸神崇拜的典型。世界各地的部族，其奴隶主都会将某种不可抗御的自然力量与本部族某位杰出首领相结合，塑造一个创造了世界也创造了人（限于本部族）的神，由他来支配本部族的社会关系和行为。而婆罗门教作为外来雅利安人侵入印度地区后建立的部族奴隶制的意识形态，因为雅利安人没有一个共认的首领，因而将梵天奉为世界本体，人只是由这个本体生出并又要回到其中的一部分。婆罗门教由雅利安人为奴隶主的部族所信奉，是其奴隶制世代传续的思想基础。从婆罗门教衍生并作为其修正之果的佛教，依然奉行梵天本体论，它的修正主要是在人死后轮回的改变上。按婆罗门教的一般说法，梵天从自己口、臂、腿、脚生出的婆罗门、刹帝利、吠舍、首陀罗 4 个种姓，只有前 3 种可进入轮回而再生，首陀罗以及更为低级的贱民都不进入轮回。佛教则认为，只要强化修行，端正对梵天的认识，所有人都可进入轮回而再生。人的现实存在的不平等是不可改变的，但死后却都要平等地接受梵天的审查；梵天根据每个人行为所造就的业，以及对梵天的认识尊崇程度，重新安排其再生。佛教的作用，就是确立一个在梵天本体和每个个体人之间的中介，即具有无限智慧的佛，他已经对梵天有了正确而全面的认识，每个个体人只要崇信佛，遵从佛的教诲来行动，就可以在死后回到梵天那里的时候，通过梵天的审查并得到好的转世安排。佛教的这种说法，有些类似今天某些为考公务员、研究生设立的培训机构招生时的宣传：本机构的培训师具有超常的能力，不仅可以传授全部考试的知识和技巧，甚至能猜到或通过关系得到考试题，只要你交足培训费，并严格按培训师的教导复习，就一定能得到高分，保证你考得上。佛就是考生和考官之间的中介，一个具有大神通、无比正确的梵天与个人之间的中介。

佛教比婆罗门教的进步之处在于：它虽然不承认人存在的主体性，却承认人有限的认识主体性，虽然它将这个主体性归总于在每个个体人之上、之外的佛神，但毕竟留给了个人一定的主动性，即是否皈依佛教的选择，这是它作为非统治意识形态所无权强制的，而且皈依后的修行程度，也是由个人主观决定的。佛只是告诉你修行的路径和方法，但不保证你死后是否能够通过梵天的审查而被安排好的轮回，因为你在活着时对佛的信从程度，你的言行所做的业，都是由个人来把握的。这就像考试培训班的培训师一样，我教给了你知识和考试技巧，也给你出了那么多的模拟考试题，你只要完全按我教的去做，并完成全部作业，就能考高分，但你若学习不认真，也不写作业和模拟题，考不出好成绩，责任只在你。

关于存在主体性与认识主体性，基督教比佛教的观点又有所进步。被基督教作为世界本体和人的创造者、主宰者的上帝，比起梵天来，是更为确定的，由于它是否定奴隶制的，因而不主张人死后还会有按血统、种姓的再生轮回，只是给死人设置了两个去处：天堂和地狱。这样，也就不必在上帝和个体人之间配置一个中介，而是由上帝直接转化或生出一个代言人——耶稣来宣布他作为世界本体对人的创造和主宰，并制定有法律效力的圣经，要求每个人都认真学习领会，并遵照执行。这似乎将人的存在和认识都归结于上帝本体，但实际上却给人的认识留下了比佛教更多的空间和可能。人是上帝创造的个体存在。人的活动和认识，虽是上帝预先设定的，但个体人可以按其对上帝的认知而相对自主地行事，或者说个体人有一定相对自由的空间和时间体现其认识的主体性。天主教曾在上帝和个人之间建构了教会这个中介，从而维系从教皇到主教、僧侣这个特殊利益集团。路德的宗教改革削弱了教会的这个中介，从而引发了欧洲社会大变革。而在时间上先于基督教四五百年的儒学道统，其形成时就在逻辑上先进于上帝主义，即西周时作为封建领主制统治意识形态的上帝崇拜，它虽然未能成为像基督教那样系统的体系，但上帝创世并决定世事发展的基本观念与基督教却是相同的。诸子所汇集的儒学道统否定了上帝创世说，提出天道为世界本原的观念，对于人，它只强调人是应天道而生，要遵循天道行事，但不认为人是天道或天命直接制造的。人作为天道主导的存在主体，有相对的独立性，更重要的是，儒学道统强调人是“学而知之”的，每个人都可以通过自己的努力，学习前人积累下来的知识，并相对自主地认识和处理贯彻着天道的事物。也就是说，天道作为最基本的规律，制约世界的运行和人的思想行为，在这个大前提下，人具有其有限的认识主体性，应当发挥这个主体性以认知天道，并处理好现实事物及人际关系。

禅教以天道观为道层次的基本观念，从而否定了佛教所依从的梵天造人创世的梵道观，虽然慧能并不清楚印度还有个婆罗门教，而且佛教是以婆罗门教的梵道观为道的，但他从天道观这个大前提，总结、归纳本人及他人的生存经验，针对佛教的“佛”“佛性”等术语，得出了否定佛我观的我佛观。对慧能来说，他并不是通过对佛教经论的系统学习，也没有对儒学道统的全面掌握，而是从个人经历和常识中悟得天道的基本观念，并由此确定我及与我同样的个体人存在的主体性，进而从佛教所说“佛”“佛性”等术语，得出我即佛、自心是佛等观念的。他一开始甚至没有想到自己顿悟了的观点是与佛教不同的，或许还以为这就是佛教的真谛。到他系统思考自己的体系时，才发现这个观点竟与佛教不同，但他坚信自己的观点是正确的。他虽不去与佛教徒相争，却不可避免地在论述自己思想体系的过程中表现出与佛教的对立，而他的以我佛观为核心，自心是佛等范畴为主干的思想体系又正是对佛教体系的否定。

到道一、怀海、希运、义玄等人那里，不仅要宣传慧能的思想，还要面对更多地从佛教经论律中提出的问题，而他们本人又都是识字并曾一定程度学习过佛教经论律的，因此，他们充分地发挥自身的认识主体性，对禅教与佛教的观念进行比较、分析，他们常将佛教说成“三乘教”“十二分教”“九部教”等，加以批评。怀海指出：“祇如今求佛求菩提，求一切有无等法，是名运粪入，不名运粪出。祇如今作佛见、作佛解，但有所见所求所著，尽名戏论之粪，亦名粗言，亦名死语。”[①] 他认为，学禅就要不断清除因求佛求菩提而在思想中积聚之粪。对于佛教自称的度人转变轮回这个“宗旨”，他一针见血地说：“佛出世度众生，是九部教语，是不了义教语。瞋及喜病及药，总是自己，更无两人。何处有佛出世？何处有众生可度？”[②] 他认为人既是存在主体也是认识主体，自己就是佛，自己就是禅道解者。希运在人问“何者是佛”时，着重阐述了慧能“自心是佛”的观点，“汝心是佛，佛即是心，心佛不异，故云即心即佛。若离于心，别更无佛。”[③] 义玄的言辞更是尖锐，他强调所谓佛不过也是人，“求佛求法即是造地狱业，求菩萨亦是造业，看经看教亦是造业。”[④] 进而说：

你若有求，皆苦，不如无事。有一般秃比丘向学人道：“佛是究竟，于三大阿僧祇劫修行果满，方始成道。”道流，你若道

---

① 《古尊宿语录》上卷，中华书局 1994 年版，第 24 页。
② 同上书，第 27 页。
③ 同上书，第 41 页。
④ 同上书，第 62 页。

佛是究竟，缘什么八十年后，向拘尸罗城双林树间侧卧而死去？佛今何在？明知与我生死不别。你言三十二相八十种好是佛，转轮圣王应是如来。明知是幻化。……真佛无形，真法无相。你祇么幻化上头作模作样，设求得者，皆是野狐精魅，并不是真佛，是外道见解。夫如真学道人，并不取佛，不取菩萨罗汉，不取三界殊胜。迥然独脱，不与物拘。①

他认为，我存在，我认识，根本没有高于我、圣于我的佛，我也不用去求他拜他，请他告诉我该怎么存在，怎么认识。这是对佛我观的否定，也是人主体性的确立。

禅教大师们虽然没有使用“主体性”这一术语，但他们的“自性法身”“自行佛行”“自法身”“自心是佛”“即心是佛”等关于人存在主体性和认识主体性统一的观点，甚至比起1000年后形成的早期物质主义者的认识论还要先进，这些物质主义者奉物质概念为世界本原，将认识视为外部物质在同是物质构成的人的器官上的反映。洛克的“白板说”把人的认识看成对外界事物的被动映现，连康德还以只分不合的知性方法对待人的存在主体性与认识主体性，只有到黑格尔才对此有了统一性规定。但固守知性方法的物质主义者们却既不能理解，更不愿意承认这种规定，而是以实证主义、实用主义、科学主义、技术主义继续将二者分离。黑格尔的观点被马克思所接受并加以改造，更加明确地强调人的主体性，这是他创立以劳动者为主体的社会主义思想体系的必要内容。

苏联教科书派，不仅像信奉上帝本体那样信奉物质本体，还像佛教徒那样崇信经典及其中的“预设真理”。这种教条主义思维，将体现劳动者存在主体性与认识主体性统一的马克思思想体系曲解为支离破碎的条条块块。失去对社会主义运动主体的规定，也就失去了变革精神和活力。1000多年前的禅教，因为不主张社会变革，囿于丛林禅团默默存续，但其关于

① 《古尊宿语录》上卷，中华书局1994年版，第64页。

人存在主体性和认识主体性统一的观点，却比奉行苏联教科书派先进得多。在深入理解马克思有关思想的同时，借鉴禅教对存在主体性与认识主体性统一的观点，对于批判和克服苏联教科书派思维方法，是会有所启发的。也只有从这个意义上来解禅，才有其现实意义。

二、破除“预设真理”的教条主义方法对思想的束缚

人的思维活动包含惰性，不论在概念形成中的比较、分类、归纳、分析、综合、语词表达、定义等各个环节，还是在总体思维形式的概念、判断、推理过程中，都有可能因惰性而将以往思维过程类似的结论当作本次思维的结论，从而导致偏差。加之现实的利益对思维的制约，这种惰性往往变成意识形态中的教条主义方法，将既有的符合特定主体利益的观念界定为先验的、绝对的“规律”，为现行认识活动预设真理，现行认识以它为大前提，通过演绎方式来解释这个真理，说明新的事物。历代统治阶级的意识，都具有这种性质，婆罗门教、基督教、儒（教）学道统、资本教都是如此。佛教、道教等非统治意识形态，为了吸引信众，巴结统治者，也都采用“预设真理”的教条主义方法，其根由，则是该教主持者和骨干的私利所在。

“预设真理”的教条主义方法是思想发展的主要障碍。突破和消除其对思想的束缚，是以往历史阶段性进步的主要任务，思想发展也就体现于对这种方法及其所预设真理的破除。现代思想发展的主要障碍，是资本教所预设的各种真理及其方法，以劳动者为主体的社会主义如果不破除资本教的预设真理和方法，就不可能形成。而社会主义的形成过程，也会有个人或集团因既得利益而预设真理，内在地阻抑社会主义理论和运动的发展，将近两个世纪的历史充分说明了这一点，苏联教科书派是其典型，其危害不仅是对社会主义的曲解，更使刚兴起的社会主义运动和制度陷入低谷。破除“预设真理”的教条主义思想方法，是劳动者为主体的社会主义发展的必要环节，也只有真正明确劳动者为主体，从存在主体性与认识主

体性的统一中，才能切实破除“预设真理”的教条主义方法。

禅教作为农业文明时期概括劳动者意识的思想体系，在破除“预设真理”的教条主义方法上有诸多探讨和应用，在一般意义上可为发展现代劳动者为主体的思想体系提供必要的借鉴。

以我佛观为核心的禅教体系，是以破除“预设真理”教条主义对思想束缚为目的，我佛观及其中包含的自由观，以及其展开的术层次首要范畴农禅并作与禅林规制，从方法论上确立存在主体性与认识主体性的统一，确立个性自由，并以联合劳动与禅修的结合，实践这种统一。术层次的“无念为宗，无相为体，无住为本”及“自心是佛”、“平常心是道”、“定慧一体”、“顿悟本性与藉师化道”、“我转佛经非佛经转我”、“功德在法身，心净则净土”等范畴，以及技层次的各环节，都是为实现这个目的而形成和运作的，是在破除“预设真理”教条主义束缚的同时，对存在主体性与认识主体性统一的探索和论证。

禅教所要破除的主要是针对佛教的“预设真理”教条主义方法，并由此而确立本教核心观念和思想体系。

佛教是由预设真理而立教的，其以佛的名义而预设的真理遍及所有经论，各宗各派均有其教条，禅教所针对的，主要是佛教的基本教义和禅宗的教条，以及与禅宗关系密切的净土宗的教条，大体有：一、取自婆罗门教的轮回转世说；二、佛先验地具有无限智慧和神通，可度一切人、救所有难；三、人的佛性在于学佛、知佛，为佛所度；四、修禅是理解经论的辅助手段，要藉经修禅，循序渐进接受佛的教导，依佛经佛论思想和行为；五、佛经佛论都是佛所界定的先验真理；六、坐禅须著心、著净、不动；七、禅法是佛在“拈花一笑”中宣示，只可意会不可言传，更不立文字；八、西天有净土，誓愿并诵佛号就可在死后进入此极乐世界。

对于这些“真理”，慧能和他的继承者们都从我佛观出发予以批驳，同时也验证了我佛观，形成了自己的思想体系和方法。

轮回转世说是佛教立教之本。这个在印度地区婆罗门教中的“常识”，是其部族奴隶制维持和延续的基本理论依据，迄今种姓制度传统仍未消除，其文化上的原因即在于此。佛教并不想改变现实制度，却设想通过现世修行之“业”，得到梵天认可，死后可以改变轮回。佛教就是在梵天与我之间找到其立教之由，预设佛先验地具有无限智慧，可以全面理解梵天，并代表梵天来指导人修行的，而且佛具有无限神通，能帮助信徒解决现实中的各种苦难。

慧能并未受过系统的佛教培训，根本不知道婆罗门教梵天造人造物的说法，而是据中国民众的常识以天道观为大前提，因此他不相信转世轮回。他的继承者们也坚持这种观点，并否认转世轮回之说。希运指出，“一切诸法皆由心造，乃至人天六道、地狱修罗，尽由心造。”① 转世轮回、地狱、西天净土等，都只是人意识的产物，只要不信它，也就不存在，“不作人天业、不作地狱业、不起一切心，诸缘尽不生，即此身心是自由人。”② 至于佛，从慧能开始，就把它视为智慧一词的外来语的音译，根本没有什么无限正确、无限智慧、无限神通的佛，佛只是人的属性，人自性是佛，即心即佛，求佛求菩萨就是自寻烦恼。文偃为了否认佛陀生来就是神圣的说法，对所谓佛陀降生后即会说话行走，宣布“天上天下，唯我独尊”的神话，干脆说：“我当时若见，一棒打杀与狗子吃却。”禅教并不是否认佛、祖曾经存在，但认为他们也是人，并以呵佛骂祖来破除对他们的迷信崇拜。

针对佛教认为人的佛性只在学佛、知佛、受佛所度，从慧能开始，就反复强调，佛性就是人本来具有的智慧，既没有外在、先在的佛神，也就没有“度”与“被度”，要自修自作自性法身，自行佛行，自作自我佛道，并没有外来的佛“度”人，而应由人“自性自度”。希运在回答“佛度众生否?”之问时，明确指出：“实如众生如来度者。我尚不可得，非我何可得？佛与众生，皆不可得。”问者反驳道：“现有三十二相及度众生，

① 《古尊宿语录》上卷，中华书局 1994 年版，第 43 页。

② 同上书，第 44 页。

如何言无?”希运答道:“凡所有相,皆是虚妄。若见诸相非相,即见如来。佛与众生,尽是汝作妄见。祇为不识本心,谩作见解。才作佛见,便被佛障。”① 禅教历代大师不仅从法层次明确规定我佛观,还在术层次以自性是佛和即心即佛、平常心是道等范畴强化这种观念,并将之具体化于技层次各环节。

在修禅与读经的关系上,体现着禅教与佛教禅宗的本质区别。禅宗认为修禅只是理解佛教经论的手段,由禅悟经,借经修禅。而且由禅修学习佛教像登楼一样是有阶级的,只能循级渐进。这是预设由先在的佛神度人,人以自身佛性接受佛神之度观点的体现和要求。慧能不承认有外在的佛神,认为人自性是佛,“自性本来具足”,也就没有被本不存在的佛神“度”的必要和可能。关键在于以顿悟来知自性为佛,消除各种外来的迷妄之念,首先就是佛教造成的妄念。如果像禅宗那样以佛经佛论为依据,渐次级修,不仅不能认知自性佛,反而会加深迷妄,患上最难医治的“佛病”。至于佛经佛论,本来都是人造的,其中的道理,也是“人性中本身具有”,并不是什么先验的“预设真理”。那些将佛经视为“真理”,常诵强记的人,实际上是被佛经转,没有自我意识。正确的修禅,应从主体性出发,确立自我意识,可参考佛经某些字句,我转佛经而非佛经转我。修禅过程,可以在先行觉悟的老师启发下达到悟解,但这只是外在条件,是“示道见性”“令本性顿悟”,并非将老师之认识当作预设真理,强迫学员接受。

对于佛教禅宗强调的要著心、著净、不动的坐禅之技,慧能针锋相对地指出,坐禅本来就不著心、不著净,亦不言不动,怀海等人进一步发展了慧能创始的随务启悟、公案析判、话头参究、应机接化之技,取代禅宗呆滞的“坐禅”,由此而悟本性自有之佛。禅宗为了显示其神秘高深,编造了所谓佛陀拈花一笑,宣示禅法等神话,而禅宗的禅师也故弄玄虚,效法此技,怀海明确指出:“无端说一知一解,见举一手竖一指,云是禅是

---

① 《古尊宿语录》上卷,中华书局 1994 年版,第 39 页。

道，者个语系缚人。”[①] 对所谓禅只可意会不可言传，不立文字的说法，慧能早就指出其自相矛盾：“既言‘不用文字’，人不合言语；言语即是文字！”[②] 而不用语言、文字表达，人的意识又怎么可以交流？况且，那多如牛毛的佛经佛论，不都是言语和文字吗？这么一个简单的问题，竟被禅宗说得神秘兮兮。

至于佛教净土宗所预设的真理——西天净土，并声称信徒只要誓愿诵佛号，就可死后去净土极乐世界，慧能明确地指出，这是迷人之说，“迷人念佛生彼”，而“悟者自净其心”，心净就是净土，而“心起不净之心，念佛往生难到。”[③] 顿悟自性是佛，放大智慧光明，照耀六门清净，照破六欲诸天下。“三毒若除，地狱一时消灭，内外明彻，不异西方。”[④] 传到怀海、希运等人，已与净土宗划清界限，在他们那里，再无人存念佛往生西天净土的怪诞想法，若有人提及此话题，立即一通棒打喝止！但自入宋以后，净土宗为了生存，向禅靠拢，此时禅教与禅宗已混杂，而净禅结合还可壮大势力，也就不再有人公开反对了，甚至还出现了一批“禅净合一”“禅净双修”的佛僧，如编《禅苑清规》的宗赜，从谱系上看，他是文偃云门系第 6 世传人，也是行思青原系第 12 世传人，但他已不再理会慧能对于净土宗的批评，在修禅上强调“坐”，并写了“坐禅仪”规范徒众，甚至组织“莲花净土念佛社”，日念阿弥陀佛“百声至千声，千声至万声”，加之对“百丈清规”的修改，使宗赜成为禅教被佛教化的标志性人物。

破除佛教“预设真理”的教条主义，是禅教的基本内容。禅教正是在破中确立了禅教的思想体系，并形成了自己的方法论。其要点，就是否认本体论，明确人的主体性，以存在主体性与认识主体性的统一来认识自我、认识对象，进而达到主体与客体的统一。慧能和他的继承者虽然没有

---

① 《古尊宿语录》上卷，中华书局 1994 年版，第 13 页。

② 《坛经校释》，中华书局 1983 年版，第 96 页。

③ 同上书，第 66 页。

④ 《古尊宿语录》上卷，中华书局 1994 年版，第 67 页。

使用"本体""主体"等1000多年后由欧洲思想家们提出的术语，但他们借用佛教、儒学道统和道教的术语及民间日常用语所表达的，正是这些近现代哲学家争论不休的基本问题：人是什么，个体我与总体我的关系，我作为主体与所面对客体的关系，如何对待前人已达到的总体性认识等。对这些问题的思考，使他们明确了我作为一个人，是真实的存在，并具有认知我及我的对象客体的能力与智慧，即我佛观，人自己本性是智慧的，这智慧是人的主体存在本来俱有的，可以由外部因素加以启发，如佛经的某些言语，老师的启示，以及日常生活，特别是生产劳动中的感悟，使这个智慧得以发挥作用，清除所受各种"预设真理"的污染。怀海将消除对佛的迷信称为"除粪"，"但息切有无知见，但息一切贪求，个个透过三句外，是名除粪。只如今求佛求菩提，求一切有无等法，是名运粪人，不名运粪出。只如今作佛见、作佛解，但有所见、所求、所著，尽名戏论之粪，亦名粗言，亦名死语。"① 此话虽粗鲁，却正是阐述慧能强调的"离妄念，本性净"② 的观点，主张以智慧认知我的存在，明确我的主体性，由此而认识对象客体，实事求是，确信自己感知和思考的能力，从感觉开始，认知自我和外部事物，进而通过思维认知其关系，"一切法，尽在自身，自性常清净，日月常明"，③ 没必要也没有可能求外在的佛神来度我，更不存在先于我的存在而"预设的真理"。佛陀如果曾存在过，他也只是感知和思考他本人及其遇到的事物，他的思考可以给我以启发，我也可以借鉴他的方法，但他并没有给我设定什么真理，他的认识也不是我应当遵循的"预设真理"。慧能、道一、怀海、希运、义玄等思想家，不仅否认先验的"预设真理"，更明确自己也只是认知和思考其本人及所遇到的事物，他们也没有给别人预设真理，更不强制他人遵守我的认识结论。他们所努力思考并告诉别人的，只是要坚信自己存在的主体性，存在与认识是统一的，认识的主体性既要统一于存在的主体性，也要与对象客体相统

① 《古尊宿语录》上卷，中华书局1994年版，第24页。

② 《坛经校释》，中华书局1983年版，第36页。

③ 同上书，第39页。

一，由此确信我佛观，依自性是佛和平常心是道的观点，坦然对待自我的存在和外部事物，破除“预设真理”及其教条主义方法，“内外不住，来去自由，能除执心，通达无碍”。①

慧能等人在1000多年前所悟到并以语言文字表达的这些思想，对于存在与认识统一的个体人来说，是再简单不过的道理，这也是禅教之所以会吸引广大民众的原因。但由于禅教并不主张批判和变革现实社会制度，因此其破除的主要是佛教的“预设真理”，对于儒学道统预设的关于集权官僚制的“真理”，基本不涉及，而其我佛观为核心的思想体系与方法，也就只是针对个我存在与意识的关系。他们所主张的自由，只是在既定制度中，如何从主体存在与意识的统一中，明白而坦然地生存，既不为追求富贵闻达而去依附朝廷、巴结权贵和富豪，也不受佛教迷惑贪求转世荣华。

如果按儒学道统的价值观，慧能及禅教的诸位大师，既未立功，也未立德，勉强可以算得上在立言上有所成就，但没有对集权官僚制统治的功德，其言也就没有价值，或者只有很小价值。在官文化信从者眼中，慧能等人所立之言，不过因其无害而可有限制地放它流布，以缓解民众对统治者之不满，还可供那些给皇帝作奴才的官僚们在权力斗争之余，消遣烦恼，自我慰藉。然而，慧能等人的言论，之所以能在历史的浪潮中“立”得住，并流传后世，就在于它切中了人存在和人性的基本，它对特殊性的佛教“预设真理”及其教条主义方法的破除，包含着人类思想矛盾和演化的一般性，对于后来人的特殊社会存在和意识，也会有所启示。

我们这些活人所存在的世界，也是人类历史上的一个特殊时期，虽然地球还是这个地球，虽然人类已从农业文明进展到工业文明，但阶级统治还作为人性中动物一般性野蛮成分的集中体现而障碍人类社会发展，由此而生成的“预设真理”，还在严重束缚着现代人的思想。资本教已被掌控

① 《坛经校释》，中华书局1983年版，第56—57页。

现代人类命运的资本所有者宣布为世界的普遍真理，包括所有的人和物都要遵行资本教所界定的各种“规律”；而儒学道统官文化和封建主义的上帝教曾经预设的“真理”，也在相当程度上支配着现代人的意识。破除这些由阶级统治意识编造的“预设真理”，是现代思想发展的主要任务。借鉴历史上曾经发生的对“预设真理”的破除过程，是现代发展思想必不可少的内容。但几乎所有在破除旧的“预设真理”中所形成的思想体系，又都预设了新的“真理”，或者由统治者将其思想界定为“预设真理”，进而将之工具化。佛教如此，基督教如此，儒学道统如此，资本教亦如此。苏联教科书则将马克思学说修正为教条式“预设真理”。虽然这些“预设真理”往往与其创始者的基本理念并不相同，但并不影响固守这些“预设真理”者对维护其既得利益的社会制度的论证与维护。禅教是少有的破除佛教“预设真理”而不再确立新“预设真理”的思想体系，虽然后来禅宗的一些禅师们曾力求将慧能纳入佛教体系，并试图从他的思想中找出某些“预设真理”，并将之工具化。所幸有《坛经》在，特别是有怀海等思想家的自由言论与农禅并作之实践，这种企图很难实现，禅宗一派也就只能以强调慧能为其“六祖”来装门面了。至于现在一些僧人借慧能的名义搞所谓“现代佛教”，只不过是想继续做僧人之“念”的需要所致。慧能不仅不信佛教，而且破除了佛教所预设的真理，只要弄清了慧能思想，也就知道佛教是怎么回事，况且它早在1000多年前就已在其原产地印度地区消亡，中国虽然有一些人通过将慧能及其禅教佛教禅宗化而保住了名义上的“汉传佛教”，也只是因其对集权官僚制还有所用而使之然。今天的僧人所梦想的“现代佛教”，既与佛教教旨无关，更与慧能思想相悖。

慧能和他的继承人对佛教“预设真理”的破除，从一般意义上冲击了阶级统治利用人思维惰性而对思想发展的障碍，虽然其在历史上的作用并不明显，但其理论价值却是不可低估的，问题在于能否发现这种价值，如何从中得到应有的借鉴。能否破除资本教和苏联教科书派的教条主义“预设真理”及其方法，是现代思想发展的关键。并不是说只要研究了禅教对佛教“预设真理”的破除，就能使现代思想得到发展。现代思想发展取决于对现代社会矛盾的认识，对禅教的借鉴只是在方法的一般性上有其意义。禅教毕竟是特殊历史条件下形成的特殊思想体系，它对佛教“预设真理”的破除，也是特殊性的思维活动，只有经过归纳、分析，才能发现其中一般性因素，而这一般性因素也要通过现代人的思想，启发现代思想一般性成分的发展，进而体现于对现代社会矛盾的认识中，并在理论和实践中不断验证和改进。

人类总体思想的发展过程，体现于个体人的思想演进中；个体人思想的演进，是总体人思想发展的内容。现代人类所受“预设真理”的束缚，是总体的，也是个体的。破除这些束缚，从总体上对“预设真理”教条主义方法的批判和否定，要具体化于个体人的思想演进。慧能等人对佛教“预设真理”的破除，既有总体性的，更注重从我佛观对个体人所受佛教“预设真理”影响而形成的各种“妄念”的批判分析，他们不仅从一般观点上破除“妄念”，还针对每个学员的具体情况，以随务启悟、公案析判、话头参究、应机接化等技巧，甚至棒喝警醒，破除迷信佛教所形成的各种妄念，慧能还概括地提出“无念为宗，无相为体，无住为本”，禅教历代禅师依此观念，在自己修悟的同时，对学员以启发，以破除这些妄念对人思想的束缚，清扫因妄念造成的烦恼。

现代的个人所受统治阶级意识形态“预设真理”的束缚，要比 1000 多年前的个人更多更密更紧，因此形成各种自以为是的贪求和迷惘，从应试教育到考学考公（务员），从求职升官到发财致富，从传销诈骗到炒股炒房，从衣食住行到养生医病，人生的每一环节，都有人以相应的“预设真理”来引诱你，只要稍不注意，就会产生妄念，由此陷入困惑苦恼，以至受骗上当。这些妄念的根源，就是资本教和官文化，但若对之只从理论上批判，很难使人认识到其具体化到生活各细节所导致的妄念，因此，禅教对个人因受“预设真理”迷惑而形成的妄念的破除，对于现代人是必要的借鉴。由此而读慧能《坛经》及道一、怀海、希运、义玄等诸禅教思想家们的语录和行录，会得到切实的感悟和启发，其中的一般性观念，就是人的主体性规定与自由观。

三、禅教自由观对现代思想发展的启示

法国革命将“自由、平等、博爱”作为口号之后的两个多世纪以来，“自由”成了所有国家和地区社会变革的目标之一，现代世界除个别以对自然资源的垄断而由美国大资本财团扶植仍保留王权的国度外，都在谈论自由，并将自由写进宪法，美国等以西方资本教为主导的国家甚至自称“自由国家”。在现代意识中，自由等同于进步，自由成了现代人类的普遍精神。

欧洲的启蒙思想家视自由为人性的核心，并以自由为思想导向而批判旧制度，论证社会变革，黑格尔甚至认为自由精神是人类发展史的内在依据和原则，他认为，“世界”这个概念，包括物理和心理两方面，物质的实体或本质是重力或地心引力，而精神的实体或本质就是自由，精神的一切特性都从自由而生成，也都是实现自由的手段。“‘物质’的实体是在它的自身之外，‘精神’却是依靠自身的存在，这就是‘自由’。”① 世界历史就是自由精神在不同时代具有代表意义的民族精神中演化的过程。自由精神是支配伦理演进的依据，各个民族的伦理都是精神的体现，自由精神在各民族伦理中不断地与非自由的意志相矛盾、斗争，从而引导人类的历史进程。

> 世界历史就是使未经管束的天然的意志服从普遍的原则，并且达到主观的自由的训练。东方从古到今知道只有“一个”是自由的；希腊和罗马世界知道“有些”是自由的；日尔曼世界知道“全体”是自由的。所以我们从历史上看到的第一种形式是专制

---

① 黑格尔：《历史哲学》，上海世纪出版集团2006年版，第16页。

政体，第二种是民主政体和贵族政体，第三种是君主政体。①

黑格尔和所有启蒙思想家的目的，是以自由精神批判非自由的制度和文化，在自由精神导引下进行社会变革，因而他关注的是自由形式上的阶段性，但忽略了自由内容中的阶级性。他所说的自由，似乎只是人心理的精神，但精神的心理又是与物质的物理相统一的，黑格尔哲学的特征之一就是主客体的统一，但在自由问题上，他却往往忽视这种统一。

同一个“自由”术语，却有着不同的观念。最先谈论自由的资产阶级思想家，包括黑格尔，他们的自由观，是突破封建领主制和集权专制设置的障碍的限制，人们通过运用自己既有的资财、劳动技能、谋划经营和与他人竞争，自由地获得财产所有权，并由社会制度来保证个人的所有权，以此为他自由地生活和继续追求财产所有权的根据。这是基于物质本体论的自由观。物质本体论认为，世界是物质的，人也是物质的，人的意识是其物质构造的特殊功能的发挥，物质世界是意识的对象，意识既反映外界物质，又要尽可能多地占有和使用物质。我对物质的占有就是排斥他人的占有，不论用什么手段，只要合法地占有的物质，就成为我个人所有的财产，法律规定并保护我个人对它的所有权。资本就是以既有财产所有权投入经营，购买生产资料和劳动力使用权；资本所有者支配其购买了使用权的劳动力的使用在等价收回购买生产资料价值的同时，占有多于购买劳动力使用权价格的剩余价值的权利。

马克思以劳动为依据，对自由进行了阶级分析，他认为资本雇佣劳动制的自由既是资本通过购买劳动力使用权而占有剩余价值的自由，又是劳动者被剥夺生产资料后自由地出卖劳动力使用权的自由，这是一种异化的、被迫的自由，其实质就是被奴役。资本统治的自由因雇佣劳动的被奴役，也被异化为不自由。黑格尔关于主人因奴役奴隶而失去自由的观点，在一般意义上，对于资本雇佣劳动制仍然是适用的。自由必须以平等为前

---

① 黑格尔：《历史哲学》，上海世纪出版集团2006年版，第96页。

提，只有在消除了对生产资料不平等的私有制，每个人都作为劳动者而共同所有生产资料并分工协作的社会，才能有真正的自由，即以劳动为基础的人与人平等社会关系中的自由，马克思将之称为“自由人联合体”，“在那里，每个人的自由发展是一切人的自由发展的条件。”①

以劳动为基础的自由是对以财产所有权为基础的自由的否定。自由精神主导的对以血统和政治暴力为基础的社会制度的变革完成以后，又被赋予新的特殊内涵，以劳动为基础的自由精神已成为新时代的精神，这既是思想发展的内容，也是社会变革的导引。

当黑格尔说中国人只知道皇帝“一个人”自由的时候，他不可能想到先于他1000多年，还有一个中国人提出了比他的自由观更为先进的自由观，这个人就是慧能，慧能与他的继承者对我佛观重要内容的自由观进行了论证。

自由，这个在欧洲启蒙运动中才出现的术语，曾被近现代中国知识分子认为完全是西方思想的特产。确实，在集权官僚制的理论基础儒学道统那里，是不容许，也不可能有关于自由的思想的，但只从儒学道统的著述中，得出中国古代没有形成自由的观念和概念的结论（我以前也这样认为），则是片面的。由于把慧能及其继承人视为佛教禅宗的一个派别，并归入宗教去研究，所以势必忽略他们在1000多年前就已形成的自由观，而把“自由”的发明权归于欧洲人，并把它作为先进的观念引入中国。人类的思想史并不是按现在人所界定的学科来分别形成和发展的，更不能以现在才制定的学科界定把古人的某些观念排除于思想史。慧能及其继承者虽然不是经科举而进入翰林院的官家学者，但他们在深山丛林中独立思考而创建的禅教，却是中国思想史相当重要的一部分，而绝大多数翰林院的官家学者对中国思想史发展却没有丝毫贡献。

自由观是我佛观的必要因素，从存在主体性和认识主体性统一的观

① 马克思、恩格斯：《共产党宣言》，《马克思恩格斯选集》第1卷，人民出版社1995年版，第294页。

念，慧能认为人作为存在主体，具有认识自己和外部条件的能力与智慧，而佛，不过是智慧，是以智慧得到正确认识，因此我作为人和所有人一样，都是自在的佛，只要通过顿悟而认知这一点，并消除各种迷妄，我就是佛，就能“于六尘中不离不染，来去自由。”① 自由是作佛的境界，也是修禅的目的。他的这种观念，被怀海、义玄等继承并发挥，使禅教的自由观得以充实。怀海认为，“只如今于一一境法都无爱染，亦莫依住知解，便是自由人。”② 坦然面对生死和各种境遇，不求佛、不求菩提、不求涅槃。佛与众生不同之处，就在于“去住自由”。“佛只是去住自由，不同众生。佛不是虚空，受苦何得不苦？若说不苦，此语违负。等闲莫说错。”③ 他批评那些佛教迷信者，“不敢说佛是有为是无为，不敢说佛自由不自由。”④ 在怀海看来，佛不过是悟得智慧的人，也是有为、自由的人。

希运依据我佛观，强调“一切法性自尔”，“虚空无内外，法性自尔；虚空无中间，法性自尔。故众生即佛，佛即众生。众生与佛，元同一体。生死涅槃、有为无为，元同一体。”⑤ 因此，“何处有佛度众生，何处有众生受佛度？”⑥ 修禅就是要破除佛教宣扬的佛有无限神通法力，可度众生出苦海之类的言语，明白人自心是佛的道理。“当处自住，当处自真。以身空，故名法空。以心空，故名性空。身心总空，故名法性空。乃至千途异说，皆不离你之本心。”⑦ 据此而作一个自由人。义玄是禅教得以承上启下之关键，他创立的临济宗发展有四支脉，诸多禅师至宋而后，虽已与禅宗混杂，但对禅教的宗旨仍有传承。他对我佛观中的自由观理解深刻，反复强调不要迷信佛教之教条，坚信自心是佛，平常心是道，甚至主张呵佛骂祖，消除各种邪说异见。他指出：

---

① 《坛经校释》，中华书局 1983 年版，第 60 页。
② 《古尊宿语录》上卷，中华书局 1994 年版，第 16 页。
③ 同上书，第 29 页。
④ 同上书，第 29 页。
⑤ 同上书，第 47—48 页。
⑥ 同上书，第 48 页。
⑦ 同上书，第 48 页。

> 若得真正见解，生死不染，去住自由，不要求殊胜，殊胜自至。道流，只如自古先德皆有出人底路。如山僧指示人处，只要你不受人惑，要用便用，更莫迟疑。如今学者不得，病在甚处？病在不自信处。你若自信不及，即便茫茫地徇一切境转，被他万境回换，不得自由。①

自信是自由的内在条件，也是必要环节，义玄指明这一层，使禅教自由观更为充实和明确。他要求学人，“要行即行，要坐即坐，无一念心希求佛果。”② “但能息念，更莫外求，物来即照。”③ 临济宗后续之绵长，与义玄从自由、自信对我佛观的解说，并将相关思想展开于术、技层次有直接关系，他的继承者也与此颇有心得。而怀海、希运、义玄一脉之外，行思的传人普愿及从谂也与自由观深有体验，从谂长寿120岁，独来独往，不畏疾苦风寒，自信自行，蹚出一条自由之路，他的生命历程，就是禅教自由观的写照。

禅教在集权官僚制和儒学道统的严格思想控制下所形成的自由观，是其思想体系、组织形式、行为方式的综合体现，也是其中必要因素。与其后1000年才出现的欧洲启蒙思想家的自由观相比，禅教的自由观不以对物质财富的所有权为自由的根据，而是以个人的自我意识和自力劳动作为基础，从存在主体性和认识主体性的统一来思考自我，进而自信我的意识与我的存在统一，由此而得出自由的观念，只要我能自信我的存在，不受任何外来观念，尤其是佛教从死后转世轮回所推论的各种“度”人说教的迷惑，生就是生，死就是死，根本没有轮回转世，也没有涅槃，佛不过是人的智慧，佛陀不过是一个有智慧的人，他与我们众生一样，并不具备什

① 《古尊宿语录》上卷，中华书局1994年版，第57页。

② 同上书，第58页。

③ 同上书，第62页。

么神通法力。正如希运所说："何处有佛度众生！何处有众生受佛度！"[①]人只能在生的时候才有意识，意识是生的体现，也是对生所遇的各种对象和问题的反映。每个人生的情况都不同，境遇也不一样，不可能有什么佛神事先就告诉你该如何生，又该如何死。义玄之所以强调"直要不受人惑，随处作主，立处皆真"[②]，就在于此。

不信不求死后转世轮回的"佛果"，佛教也就没有了意义，它的说教，它的戒律，通通是废话谎言。这个道理本来简单明白，由于佛教徒们反复宣传其"度"人的法、术和神通，惑得人心迷乱，使人连这个简单道理都不懂了。禅教反复强调解惑消迷，就是去除佛教对人意识的污染，使意识与存在统一，自信而自由地生活，坦然面对现实。在不求死后好轮回的同时，也不贪图生时的富贵荣华，这是禅教自由观与资本主义启蒙学者自由观的主要区别。启蒙学者没有受到佛教迷惑，不知有转世轮回一说，但他们深知基督教的"天堂""地狱"的训诫，"启蒙"就是要消除基督教对人的迷惑，不信"天堂""地狱"之说的引诱或恐吓，进而按物质的自然本性，追求生活时富贵荣华，为此目的应尽最大努力，采用各种手段和方式，自由地与他人竞争，创造财富，占有财富，享受财富。禅教处于集权官僚制的严密统治之下，作为农民和其他劳动者意识的概括，它并不要求改变社会制度，也不能提出变革社会的主张，只是要在集权官僚制许可的范围内，努力营造一个相对安稳的生存环境，依靠自己的劳动来维持生活，避开并排斥佛教及儒学道统、道教等意识形态对人意识的迷惑，不贪图享乐安逸，只求做一个认识与存在统一的明白人、自由人。

从这种意义上说，禅教也是"启蒙"，是要在自己明白"我是个人"之后，告诉"你是个人"这一简单道理。人有生有死，人活着所需要的生活资料，可以由他自己的劳动来生产，此外的欲求都属贪，对于生活没有意义，也不必追求。明白了这个道理，就可以消除任何疑惑，自由自在地

① 《古尊宿语录》上卷，中华书局1994年版，第48页。

② 同上书，第62页。

活着了。禅教的自由观与庄周的逍遥观有相似处，但庄子是注重一个人的逍遥自由，禅教则将个体自由的观念传布其禅团，以集体农禅并作组建生命的联合体，因而有其总体性和社会性。但由于小农意识的局限，禅教自由观所影响的，还是个体，并没有对社会变革起实质性作用，这也是其与启蒙学者的区别之一。

对于历史上没有对社会变革起实质性作用的禅教自由观，当然也不能指望它导引现实社会变革，但其中包含的一般性因素，却可以经过抽象分析而对思想发展有所借鉴。

禅教自由观虽不主张社会变革，是在既有社会制度下谋求有限的自由，与启蒙思想家不同，禅教不追求无限占有物质财富，而是从人的存在的基本需要来界定人的欲求，并以自己的生产劳动来满足人的欲求。在此基础上，禅教告诉人们：既不要求囤积财产，也不追求名利，不必巴结统治者，也不乞求富贵者供养、大众施舍，只需要求自我意识的独立和人格尊严。这虽然很难实现，或者说不利于唯生产力论所强调的“发展”，却是集权官僚制下已有相对人身权的农民和其他劳动者对人性的一种思考。现在的世界，启蒙思想家在两三百年前所论证的资本主义自由已达极致，生产力是大发展了，物质财富也有了启蒙学者所不敢想象的增长，但绝大部分都被财产所有权所界定的极少数人所拥有了。他们利用以财产所有权为核心的制度，可以设计各种简便易行的继续占有财富的机制，猖狂但“合法”地将所有资源控制在他们手中，支配、役使那些低等或高等雇佣劳动者为他们生产财富。资本教的自由观驱使人类全体陷入不自由，人格尊严的丧失、死亡的恐惧已是现代意识的重要内容。以犹太财团为核心的美国及欧洲的大资本财团，将犹太人对“世俗的神”[①] 金钱的崇拜推向极致。为了“牟利”，他们不仅压榨雇佣劳动者的剩余价值，更在此基础上组成金融资本，进而将金融资本国家化和全球化，控制国家的政权和国际组织，以美元霸权操纵人类经济活动，使99%以上的人类都成为其资本增

① 《马克思恩格斯文集》第1卷，人民出版社2009年版，第49页。

殖的工具。为此，他们在全球制造矛盾，挑起冲突，发动战争。美国的几大军火商在为自己营造财富天堂的同时，为全人类建设了可以死亡百千次的地狱。他们率先制造进而促使诸多国家也不断制造的核武器，已为人类的灭亡做好了充分准备。此外为了自己继续占有财富，他们还指使其控制的国家政权在全世界制造矛盾和战争，以便出卖“常规武器”杀人。军火资本是资本本性的缩影，它带给人类的危险，正是资本教自由观的集中表现。人类如果不变革资本教主导的社会制度，当核战争导致全体人类都毁灭时，军火商的“自由”也就彻底实现，他们的“天堂”比地狱更为黑暗。资本教主导的制度，说不定哪一天就都自由地葬身于核战争的地狱中。

是时候了，人类的个体已增至80亿，难道我们只是资本自由地占有财富的工具？人在哪里？人的自由来自人性升华，来自对人的存在的自觉意识。当人们开始为自己制造的机器人是否会成为人类的敌人而焦虑时，应当明白，只要控制自己追求财富、贪图享乐的意识，这个焦虑乃至核武器带来的危险，都很容易消除，因为这些“危险”不过是人性异化的产物。而要消除异化，就要通过对人性升华的正确认识，形成适合现代人类存在发展的意识形态，从人的本质和本性来思考界定自己的消费和欲求，并从“第一需要”来认识劳动，为了人的存在和人性升华，必须保证每个人都要从事作为人必需的劳动的条件。由此而聚合变革势力形成变革运动，建立以劳动为根据的民主劳动制度，确定劳动与需要内在统一的自由观，废除资本教统治及其自由观。在这个过程中，禅教从存在主体性和认识主体性的统一所形成的自由观，对于我们认知人性，界定生活的欲求，从人的存在和素质技能提高的角度来计划所有人都从事的生产劳动，合理地分配基本生活资料，营造和谐有序的社会关系，都是有所启发的。同样，也要从禅教的局限性、保守性中汲取教训，真正适合人自由发展的社会，并不是屈从既有制度躲进深山老林就能建立的，而应为了自由的理想，敢于批判和改造既有制度，在人类劳动已经创造了的物质财富的基础上，建立与禅教之禅团完全不同的“自由人联合体。”

四、禅教之"悟"对思维形式的改进和提升

慧能自名其教法为"顿教"。其中的"顿",是"顿悟"的简称,"顿教"即"顿悟教"。"我于忍和尚处,一闻言下大悟,顿见真如本性。是故将此教法,流行后代,令学道者顿悟菩提。"① 如是言之,与其简称"顿教",不如称为"悟教"更为贴切。

"悟"是慧能及其所创禅教核心观念我佛观的展开,也是论证我佛观的方法论原则,贯彻于禅教的全部思想体系。对此,慧能是相当重视的。他在结束大梵寺的讲演时,留给听众的《无相颂》首句即是:"说通与心通,如日处虚空,惟传顿教法,出世破邪宗。"② 这可以说是他创立禅教的宗旨之一。一部《坛经》(敦煌本)有12000余字,主旨讲"悟"或讲到"悟"的,粗略算来,就有24处。从开讲说自己身世,卖柴时"忽见一客读《金刚经》,慧能一闻,心明便悟"③ 开始,到讲演后,"合座官僚道俗,礼拜和尚,无不嗟叹:'善哉大悟,昔所未闻。岭南有福,生佛在此,谁能得智。'一时尽散。"④"悟"及"顿悟法"是这篇讲演的主线,也是慧能所创禅教的特殊性所在,他的亲传弟子及再传之后世禅师们,也都以"悟"为修行之要旨,以"启悟"为传教纲领。

考察佛教诸经,几乎都不说"悟",而是以"训""戒""诱""导"为特色,即使以现代禅学者引以为慧能思想之"依据"的《金刚经》,通篇也不见一个"悟"字,其主旨是开篇时所说,佛在舍卫国祇树给孤独园,"大比丘众千二百五十人俱",须菩提向佛所问的"世尊,善男子善女人,发阿耨多罗三藐三菩提心,云何应住,云何降伏其心?"佛说:"善男

① 《坛经校释》,中华书局1981年版,第59页。
② 同上书,第71页。
③ 同上书,第4页。
④ 同上书,第74页。

子，善女人，发阿耨多罗三藐三菩提心，应如是往，如是降伏其心。”[①] 在此，“降伏”并非“启悟”，只是自外部以更高的势位施压，迫使人们“服”与“从”，而不要求内在通达的“悟”。慧能闻此经而悟，并非信从其主旨，而是逆其意，悟到“我即佛”，于是他在见到弘忍时说“不求余物，唯求做佛。”[②] 至于另一被“禅学者”说成是慧能思想来源的经典《大乘起信论》，其内容则是强调对佛的“信心”和“信念”，与《金刚经》的所论“降伏其心”相类。其中写道：

> 众生初学是法，欲求正信，其心怯弱。以住于此娑婆世界，自畏不能常值诸佛，亲承供养。惧谓信心难可成就，意欲退者，当知如来有胜方便，摄护信心。谓以专意念佛因缘，随愿得生他方佛土，常见于佛，永离恶道。如修多罗说，若人专念西方极乐世界阿弥陀佛，所修善根回向愿求生彼世界，即得往生。常见佛故，终无有退，若观彼佛真如法身，常勤修习，毕竟得生住正定故。[③]

其中所规定的“修行五门”，分别为“一者施门；二者戒门；三者忍门；四者进门；五者止观门。”[④] 其中并无解悟之“门”，更无可悟之处。

佛教，尤其大乘各派别，在以佛的名义讲经时，无不将佛作为真理、大智慧的化身，作为能给人带来福祉的神来立论，以教、训、戒、诱为手段，要求信徒信佛、服佛、从佛、礼佛，供养佛以及僧侣。至于说到信佛所能得到的好处，则无非是消灾免祸、升官发财等各种物质上的利益，以及往生“极乐世界”得一好轮回等。这些都与“悟”无所关涉，佛与僧并不要求信众有所“悟”，甚至唯恐其“悟”会动摇和妨碍其“信”。而

① 《金刚经》，中州古籍出版社 2007 年版，第 20—21 页。

② 《坛经校释》，中华书局 1981 年版，第 8 页。

③ 《大乘起信论校释》，中华书局 1992 年版，第 186 页。

④ 同上书，第 160 页。

在佛经中所说信佛而得到的精神享受，如《妙法莲华经》中所言：“若善男子、善女子受持是经，若读、若诵、若解说、若书写，得八百身功德，得清净身，如净琉璃，众生喜见。”[①] 或说“三千世界中，一切诸群萌，天人阿修罗，地狱鬼畜生，如是诸色相，皆于身中现。”[②] 也还只是知、见的层级，并不是“悟”。

佛教之中，大概只有禅宗，特别是受慧能影响及与禅教融合后的一些禅宗僧人们，在讲其“戒、定、慧”时，会言及“悟”，但他们所说的“悟”，是长修渐觉，是“悟”者所具有的“知佛性”。在历史上，弘忍的门徒神秀是使禅宗获得官方认可的关键人物，也是禅宗之术、技的总结发扬者。慧能的弟子神会在与神秀传人崇远辩论时，将神秀之禅法概括为“凝心入定，住心看净，起心外照，摄心内证。”[③] 宗密又称神秀一派禅宗为“息妄修心宗”，其要旨为：

> 说众生虽本有佛性，而无始无明覆之不见，故轮回生死。诸佛已断妄想，故见性了了，出离生死，神通自在。当知凡圣功用不同，外境内心各有分限，故须依师言教，背境观心，息灭妄念。念尽即觉悟，无所不知。如镜昏尘，须勤勤拂拭，尘尽明现，即无所不照。又须明解趣入禅境方便，远离愦闹，住闲静处，调身调息，跏趺晏默，舌拄上颚，心注一境。[④]

由此可见，禅宗之“悟”，是通过“勤拂拭”而去除如“明镜台”[⑤] 之心的障蔽尘埃，得以明晓“知佛性”。这是与慧能及其禅教之“悟”有着本质区别的。

---

① 《妙法莲华经》，中州古籍出版社2010年版，第308页。

② 同上书，第308页。

③ 《神会和尚禅话录》，中华书局1996年版，第29页。

④ 《禅源诸诠集都序》，中州古籍出版社2008年版，第35页。

⑤ 《坛经校释》，中华书局1981年版，第12页。

慧能及其禅教之“悟”，是知自我为佛之悟，也是明知事理，破惑解疑之悟。从《坛经》以及道一、怀海诸人的语录中，可以看到“悟”是一种思维方式，也是思维的结果和新思维的起始，贯彻于人伦常行为各个方面。人生之中诸多矛盾，总有迷、惑、疑、困、执等，需要以悟来化解，因而又有了“信悟”“理悟”“事悟”“念悟”“情悟”的细致区分。

所谓“信悟”即信仰之悟，主要针对佛教之佛我观所导致的迷信。慧能的《坛经》，就是以天道自然的观念来破解佛教所坚持的梵道观，强调人自体为佛，本性中即有般若之智慧，“一切万法，尽在自身中，何不从于自心顿观真如本性。”[①] 因而，要依归“自色身中三身佛”，“从法身思量，即是化身；念念善，即是报身。自悟自修，即皈依也。”[②] 信悟也是大悟，对我佛观的确信和坚持，是禅教之悟的基础和原则。

“理悟”是在信悟的前提下，对禅教之理的领悟和系统把握。现在一些禅的研究者依从“不立文字”的传说，认为慧能之禅悟本身没有理论，更无系统，这是极大的歪曲。慧能本身就曾斥“不立文字”之说为“诽法”，指出“既言‘不用文字’，人不合言语；语言即是文字!”[③] 而《坛经》就是以文字呈现的禅教之理论系统，是慧能授徒的教本，并在临终前告嘱“十弟子！已后传授，递相教授一卷《坛经》，不失本宗。不禀授《坛经》，非我宗旨。”[④] 由此可见，《坛经》是慧能理悟的成果，也是禅教传承理悟的起点和依据。正是在理悟禅学体系化的过程中，慧能发现神秘而高玄的佛教“三世诸佛，十二部经，亦在人性中本自具有”，[⑤] 并以自己的观念“转”化佛经，将其中某些字句改造意义纳入自己的禅学之中。以此可知，《坛经》所教的就是理悟禅学，进一步说，禅学就是理悟。而慧能的继承者，首先都是对禅学有所理悟，进而再习禅启悟，这在道一、怀

---

① 《坛经校释》，中华书局 1981 年版，第 58 页。

② 同上书，第 40 页。

③ 同上书，第 96 页。

④ 同上书，第 98 页。

⑤ 同上书，第 60 页。

海等人的语录中鲜明地表现出来。正是由于系统的理悟，慧能的禅学体系才得以坚持，并进而发扬于念悟、事悟、情悟各个环节，形成禅教几百年的传承。宋代之后，禅教逐渐被佛教禅宗化，对《坛经》的理悟不再传授，禅宗的禅师们只是在“六祖”之后，杂乱地将《坛经》与诸佛经混淆于一起读、讲，特别是与净土宗相杂而读、讲，或使用失于禅理的棒喝、公案、话头等形式进行“悟”的训导或像编纂《禅苑清规》的宗赜那样“日念阿弥陀佛，自百声至千声，千声至万声，回向发愿，期生净土。”[①] 从而完全灭失了理悟的真义。

“事悟”是从当下或曾发生的事进行自悟和启悟，以禅理说事理，以事理证禅理。这在禅教之技的随务启悟和公案析判中充分地表现出来。慧能自幼“艰辛贫乏”，卖柴度日，偶听人读到《金刚经》，“心明便悟”，[②] 其时所悟，并非理悟，而是由于《金刚经》的某些文句引发了他对自己身世境遇的联想，初步悟到了自己的主体佛性。此后他在弘忍门下 8 个多月，并未听到弘忍的讲经和教诲，却能够写出让弘忍认可的两首偈，也是他在“踏碓”之事中磨炼思索而悟的成果。弘忍传慧能衣钵后，怕有人加害他，“自送能于九江驿，登时便悟。”[③] 而此处之悟，不仅是明白了弘忍对他的厚望，也包括对佛教宗派名利之争的理解，这对他回到岭南后深悟禅理，形成成熟思想系统后才开讲收徒至关重要。与之相应，慧能弟子怀让，为了启发只知道“坐禅”的道一开悟，以磨砖做“镜”之事，开示“磨砖既不成镜，坐禅岂能成佛！”[④] 并讲了慧能的禅学要旨，道一“闻斯示诲，豁然开悟。”[⑤] 农禅并作和随务启悟是禅教事悟的基本方式。对此，本书第五章第一节和第六章第三节都已述及，此处择要举例论说。禅教的团体以农禅并作为其基本的存在方式，既是为了获取生活所需，也是为了

---

① 《禅苑清规》，中州古籍出版社 2001 年版，第 186 页。

② 《坛经校释》，中华书局 1981 年版，第 4 页。

③ 同上书，第 20 页。

④ 《古尊宿语录》（上卷），中华书局 1994 年版，第 2 页。

⑤ 同上书，第 2 页。

在农作中悟知禅理。农作是农业文明时期基本的劳动方式，参加禅教禅图的主要是青壮年的农民，他们有农业劳动经验和体力，在怀海等禅师的带领下开垦荒地，垒屋造房，种植各种农作物，协作劳动，自食其力。在劳动中认识自然，也在劳动过程及其成果中体认自心。劳动是由意识支配的活动，劳动以意识认知对象物的特征，通过劳动将体现自己欲求的目的注入对象之中。在使自己对象化的过程中展示自己的意识和能力，进而在劳动成果中认识自己，满足自己的欲求。正如黑格尔所说："劳动着的意识便达到以独立存在为自己本质的直观。"① 并且，"在陶冶事物的劳动中则自为存在成为他自己固有的了，他并且开始意识到他本身是自在自为地存在着的。"② 黑格尔辩证地指出，人正是在劳动中形成了自我意识，并认识到自由，但由于外在的"奴隶制"使得劳动和自我意识发生异化。禅教禅图成员在农作中脱离了集权官僚制这种特殊的"奴隶制"对其劳动的异化之后，在集体的协作劳动中创造了确立自我意识，并且认知禅理的必要条件。农禅并作及随务启悟，既是我佛观的展开，又是慧能、怀海等人追求自由的必要途径。

"念悟"是对禅教观念的领悟或对佛教等错误观念的破解与批判，是理悟的具体化，与事悟相辅相成。禅教作为一个思想体系，其法、术、技层次由若干观念或论点构成。习禅者或者固执既有经验和成见，或者因理解力不足，往往会产生疑惑，这也就需要禅师的辅助，以促其领悟。念悟就是要去除对旧观念的固执，"念念时中，于一切法上无住，一念若住，名系缚；于一切上，念念不住，即无缚也。"③ 念悟的要旨在于自悟，不能自悟者则需要由"大善知识"来引导。"菩提般若之知，世人本自有之，即缘心迷，不能自悟，须求大善知识示道见性。"④ 有"大善知识"的禅师，也是以启发学人发现自性为要，不能代替他去领悟。这种启发，或是

---

① 黑格尔：《精神现象学》（上卷），贺麟译，商务印书馆1979年版，第148页。

② 同上书，第148页。

③ 《坛经校释》，中华书局1981年版，第24页。

④ 同上书，第32页。

将其所疑惑的观念、说法讲明白，或是指出其疑惑的症结所在，以相应的方式予以破解。《坛经》中记述志诚受神秀指派，到曹溪探听慧能的说法。志诚师从神秀时，也和其师一样，对慧能的信念有所怀疑，但慧能讲解清楚，使得“志诚闻法，言下便悟，即契本心”① 之后，慧能又为志诚说他与神秀不同的“戒定慧”观念，并回答了志诚的提问，终使志诚念悟。对于神秀另一弟子神会的问题：“和尚坐禅，见亦不见?”慧能则先打他三下，问他“吾打汝，痛不痛?”再反复问答，然后指出：“汝自性不见，敢来弄人?”② 明示神会是依照神秀的坐禅观来挑战的，但认为神会可教，因而又说：“汝心迷不见，问善知识觅路；汝心悟自见，依法修行。汝自迷不见自心，却来问慧能见否？吾不自知，代汝迷不得；汝若自见，代得吾迷，何不自修，问吾见否。”③ 一通教训之下，不仅使神会领悟了慧能思想的宗旨，更使其心悦诚服地成为慧能的弟子。禅教的诸位禅师们，都对辅导念悟有所造诣，从怀让、道一、怀海、希运到义玄，以及行思一脉，都同行念悟、辅导、启发，而且形式多变，贯穿于公案析判、话头参究、应机接化等禅技中。

对不同观念、说法的破解，与对禅教观念、说法的辅导，是相互呼应的。慧能从佛教的“母胎”中孕育和创立禅教，不仅其核心观念我佛观与佛教不同，各主干观念和修行方法也有明显差别。慧能本人思想体系的形成就是破解佛教我佛观和相应观念的理悟和念悟的过程，虽然这个过程并未以文字记录下来，但当有人执迷佛教的某些观念，他就能准确地指出其问题要害，帮助迷信者破除执念。《坛经》中有记载韶州刺史韦璩在听完慧能讲解后所提出的两个问题，其一是以梁武帝问达摩造寺、布施、供养诸事，“有功德否?”以此请慧能说明对佛教广为宣扬、其信众也广泛接受的“功德观”的看法。对于这一问题，慧能明确指出：梁武帝的做法正如

---

① 《坛经校释》，中华书局 1981 年版，第 77 页。

② 同上书，第 90 页。

③ 同上书，第 90 页。

达摩所言“并无功德”，而且“武帝著邪道，不识正法”①，并进一步论述道：

造寺、布施、供养，只是修福，不可将福以为功德。功德在法，非在于福田。自法性有功德，平直是德。内见佛性，外行恭敬。若轻一切人，吾我不断，即自无功德。自性虚妄，法身无功德。念念德行，平等直心，德即不轻。常行于敬，自修身是功，自修心是德。功德自心作，福与功德别。②

慧能不仅明确地破解、批判佛教的功德观，还阐明了自己的功德观。其二是韦璩问“念阿弥陀佛，愿往生四方”是否“得生彼否?”③ 慧能答曰：

迷人念佛生彼，悟者自净其心。所以佛言：“随其心净，则佛土净”。使君！东方人但净心无罪，西方人心不净有愆。迷人愿生东方、西方者，所在处，并皆一种。心但无不净，西方去此不远；心起不净之心，念佛往生难到。除十恶，即行十万，无八邪，即过八千。但行直心，到如禅指。但行十善，何须更愿往生；不断十恶之心，何佛即来迎请？若悟无生顿法，见西方只在刹那，不悟顿教大乘，如何得达?④

接着讲授只要能达到“自性悟，众生即是佛”⑤ 的境界，“刹那间”就能进入西方佛土。

慧能对上述两个佛教观念的批判和破解，“座下闻说，赞声彻天，应

---

① 《坛经校释》，中华书局1981年版，第64页。
② 同上书，第64—65页。
③ 同上书，第65页。
④ 同上书，第66页。
⑤ 同上书，第66页。

是迷人了然便见。使君礼拜赞曰：‘善哉！善哉！普愿法界众生，闻者一时悟解。’”① 慧能的各代传人依照其念悟破解之法，传教授徒，都要对佛教的一些观念和说法进行批判。如有人以佛教历代祖师都有“密语递相传授”之说问怀海。怀海明确指出：“无有密语。如来没有秘密藏。只如今鉴觉，语言分明，觅形相了不可得，是密语。从须陀洹向上，直至十地，但有语句，尽属法之尘垢；但有语句，尽属烦恼边收；但有语句，尽属不了义教；但有语句，尽不许也。”② 又如，有人问希运：“佛度众生否？”希运答道：“实无众生如来度者。我尚不可得，非我何可得？佛与众生，皆不可得。”③ 从而明确批判、破除了佛教“佛渡人”的观念，阐述了禅教“我佛”的核心观念。

“情悟”是于情感的波动、变化中悟禅理，以禅理化解情感中的苦、乐、惑、困。习禅之人也是血肉之躯，深入禅教的团体在丛林中生活，以及“游禅”的行止，其“色身”会遭遇各种境遇，情感的波动、变化是日常的状态，因而情悟也是禅悟的重要一环。慧能说：“自色身中，邪见烦恼，愚痴迷妄，自有本觉性，将正见度，即悟正心，般若之智，除却愚痴迷妄众生，各各自度。邪来正度，迷来悟度，愚来智度，恶来善度，烦恼来菩提度。”④ 这可以说是情悟的宗旨。从谂禅师在《十二时歌》详细描写了他一天中 12 个时辰的衣食住行的贫苦困难，但他完全坦然面对，以平常心解悟禅理人生。其中一首：“平旦寅，荒村破院实难论，解斋粥米全无粒，空对闲窗与隙尘。唯雀噪，无人亲，独坐时闻落叶频。谁道出家憎爱断？思量不觉泪沾巾。”⑤ 在这样艰苦贫瘠的条件下，当时已经七八十岁的从谂依然自信从容，直到 120 岁寿终正寝。另一位禅师法演精于诗作，著有几首有关“情悟”义理的诗，其一《山居》：“床是柴棚席是茅，

---

① 《坛经校释》，中华书局 1981 年版，第 67 页。

② 《古尊宿语录》上卷，中华书局 1994 年版，第 20 页。

③ 同上书，第 39 页。

④ 《坛经校释》，中华书局 1981 年版，第 44 页。

⑤ 《赵州录》，中州古籍出版社 2001 年版，第 137 页。

枕头葛怛半中凹。霜天索寞人投宿，睡到平明手脚交。”① 其二《达冯希道》：“老病踈慵不记心，应无狂梦到琼林。水声山色长为伴，利害从教似海深。”② 意思是：独享孤独简陋的山居生活，年老病痛之身，于此境遇中感悟并坚定禅理，乃禅教法身之正照也！

以上是对慧能及禅教之悟的概述。禅教之悟，在于悟觉人自身本性就有的“佛”——智慧，并由智慧导引自己的生活。这实际上是在强调人的主体性，并由此确定自我意识，进而从自我意识认知人的普遍性——以“佛”名义的理性和精神。慧能认为，“佛”不是外在的，而是个人色身自性所禀有的，佛教宣扬众人之外、之上的法身佛、化身佛、报身佛，由这“三身佛”掌管现在、过去、未来的大智慧，众人只有信仰、皈依这“三身佛”，才能知道怎样生活，消灾避祸，还要为它造寺庙、布施、供养，以树立“功德”，“三身佛”才可以代替人向梵天求情，许诺来世好的轮回运道。慧能不仅否认人的色身之外的“三身佛”，而且否认“来世”的轮回，强调个体色身中自有“三身佛”，只是因为个人的“迷”，才会“外觉三身如来，不见自色身中三身佛。”③ 这个“迷”，就是信从佛教所导致的。从这个意义上说，也可以说佛教就是“迷”教、“惑”教，而禅教则是“悟”教、“觉”教。皈依自色身的“三身佛”，首要是认知所谓的法身、化身、报身只是色身的作用和表现。因此，禅教主张在皮肉色身生存之时，努力修行法身，不断增长智慧。悟是智慧的体现，也是增长智慧的方式。因色身中自有智慧的开悟，由悟而不断认知和增长智慧，即为我佛。

从思想和逻辑的发展论角度看，慧能及其传人的我佛观和禅悟是对佛教的佛我观及其读经、坐禅、念佛号等思维逻辑的否定，是一种历史的进步。佛教作为婆罗门教的分支，因印度地区短暂的从部族向部族联盟的转化而兴起，但终因这种转化的失败与其观念和逻辑上的局限性，又被婆罗

---

① 《古尊宿语录》（上卷），中州古籍出版社 2001 年版，第 418 页。

② 同上书，第 426 页。

③ 《坛经校释》，中华书局 1981 年版，第 39 页。

门教所湮灭。而它在中国的世族势力和为拉拢世族的皇帝的扶植下传播，又因世族势力的削弱以及禅教的冲击，曾经兴旺的各个宗派逐渐消失，唯有打着“六祖”旗号，并将慧能之思想“佛教化”的禅宗，依然存续下来，并与净土宗结合，成为辅助儒学道统的思想统治工具。宋代以后的佛教禅宗，与慧能及其传人的禅教的区别，一是淡化或否认我佛观，甚至以佛我观取代我佛观，强调《金刚经》或其他佛经为基本教材，而《坛经》只是作为辅助的教材。这也恰恰印证慧能“不禀授《坛经》，非我宗旨”的判教断语。二是在禅悟上，强调悉达多的创始与达摩在“东土”的开创事功，尽量弱化慧能的地位，突出“空”悟和悟“空”，脱离现实生活，致使一些禅宗僧人只寻求所谓话头、棒喝，几成儿戏。

禅教之悟，并不是独立于人思维规律之外的特别思维，而恰恰是人类思维发展中的一个重要因素和环节。黑格尔在《精神哲学》中论述人的主观精神的演进时，规定了这样几个环节、阶段：一、灵魂；二、意识；三、自我意识；四、理性；五、理论精神；六、实践精神；七、自由精神。其中，灵魂是人生命力的体现，存在于人身体的神经和脑，感知外界和自身的状况。灵魂是意识到精神演进的基础，并在各个环节起作用，相当于慧能所说的“色身”。意识包括感性确定性、知觉和知性，这是一般人都会具有的。其中知性是从对事物普遍性规定的概念对个别现象的判断和演绎，它在人生乃至人类的历史相当一个时期都是主要的思维方式。佛教就是以知性思维推演而来的，是婆罗门教的以梵天作为人和万事万物的本体概念，推论梵天主宰人的轮回，进而设想出“佛”这个可以认知梵天本体和主宰的大智慧神，由这个神教导众人依梵天概念的要求来进行思想和行为，以获取更好的轮回果报。而佛教信徒也是以知性思维接受和信仰这个观念。慧能在思维上的进步，就是突破佛教知性思维对人的认识能力的束缚，不承认梵天这个本体，而是以自然的天道为本体，进而否定佛对于智慧的垄断权力，强调人就是存在的主体和认识主体，人在本性上就有智慧，人是智慧的主体，应当运用人本有的智慧指导人生，不要迷信处于人之外、之上的神佛。这实际上已进入了自我意识的环节，慧能所说的人之自性的智慧的最高程度，则已接近理性，可以说慧能和怀海、希远等人已经开始了理性思维，《坛经》的理论体系恰恰可以证明这一点。虽然他们并没有说明理性这一思维境界，却坚持以不断的悟来提升“法身”的理性和精神发展。从根本上说，悟作为禅教的主要思维方式，其存在并作用于突破知性，确立自我意识，以及开启理性思维的各个层次；但是悟也并非慧能及其追随者所独有，几乎所有人在思维过程中，特别是对感觉和经验、现象的思维形成概念或接受概念时，都会有不同程度的迷惑、疑问，悟就是克服这些迷惑、疑问的必要方式。慧能所做到的，不过是比常人更深刻的悟。这也是他说“世人尽有”三身佛，并认为众人“于自性中，万法皆见”① 的原由。

慧能及其追随者们在创立和信守我佛观的禅教时形成的禅悟思维方式，促进了中国思想史的演进，儒学道统向理学、心学阶段的转化，证明了这一点，特别是王阳明心学的创立过程，悟是其中一个重要的因素。今天的人类已经进入理性论的精神阶段，正在以实践争取自由精神，但在通常的生活、伦理，乃至科学研究中，还会遇到各种的迷、惑、疑、困、执。对此，就需要改进和提升思维形式，而悟是其中一个必要的因素。

改进和提升思维形式，是人类文明发展的内在条件，对于现代人类来说，总的目标，就是突破知性思维的局限，进展到理性和精神的层次，并由此指导自我意识和知性思维。黑格尔开始了这个过程，虽然他的思辨逻辑有着诸多的缺陷，但他也从基本的论证中说明了改进和提升思维形式的必要性与方向。马克思进一步从劳动者主体争取社会解放的立场和目的出发，批判和继承了黑格尔的思路，在揭示资本主义制度矛盾的过程中，形成了实证的辩证法，为思维形式的改进和提升树立了典范。从黑格尔和马克思的著述中，随处可以看到“悟”在他们思维中的作用。

综上所述，悟并不是来自神佛的“度”，也不是冥思空想所能达到的，而是在对现象材料的充分占有和认真的比较、分类、归纳、分析的基础上

---

① 《坛经校释》，中华书局1981年版，第40页。

实现的综合，是对所疑惑的问题的破解，也是对曾执着的观念的批判，并由此确立对事务及其规律的新观念。悟是思维的一个要素，它只能存在并作用于思维过程。禅教之悟虽有其特殊性，但正如慧能所强调的，是根据人所本有的“自性”，是“世人尽有”的思维活动。一些禅宗学者认为禅悟是“非逻辑”的，因此与常人思维不同。这种说法的出现，或是由于本身就没有明白禅教之悟，或是出于对知性逻辑的偏执。现代人类思维形式的改进和提升，首要就是克服知性逻辑的偏执，在黑格尔和马克思已有思想成果的基础上，总结历史和现实的社会实践与科学研究中不可计数的悟的经验，以对“悟”在思维中的作用进行明确的规定。对禅教之“悟”的探讨，是人类改进和提升思维形式的必要环节。

五、禅教农禅并作之禅团组织与“自由人联合体”

禅教的历史价值，一是包含自由观在内的我佛观，二是由此组建了农禅并作之禅团，并创行了以劳动者为主体的理念与组织密切结合的实践。虽然它还很初级，并有诸多局限，但其中体现的一般原则却可为否定资本制度后建立的“自由人联合体”提供历史的借鉴。

人是社会的动物，是由思想和情感聚合的群体存在。原始人的家族和氏族，是以血缘为纽带的组织。进入阶级社会以来，在部族、部族联合体、国家民族等社会形式中，人们还会依据血缘、思想和情感组成各种团体，在社会制度的大框架内活动，有的由思想凝结的政治团体，不仅因为现实政治、经济利益而组织和斗争，甚至有的组织以变革制度为目标。农业文明时期，以劳动者为主体形成的组织，最多的是农民的起义队伍，其有政治、经济目标，但思想和情感的因素较少，特别是没有变革社会制度的纲领，因此大多数很快被镇压、被招降，极个别势力强大，甚至能夺得地方性和全国政权的起义队伍，则在发展过程中不断异化为官僚机构，其领导人或为贵官或为帝王，性质已完全改变。以思想为纽带的劳动者组织，在奴隶制社会以欧洲的早期基督教为典型，以上帝创世造人说聚集的奴隶和平民，希望在上帝的领导下进入一个相对平等的社会，但它很快就被改造为封建统治阶级的意识形态，并组建了庞大的教会成为封建统治的一部分。中国春秋战国时期的墨子及其组织建的团体，是以农奴和平民为主体的，他们在兼爱、尚同等观念的聚合下，组成其团体，虽有社会理想，但未能形成变革势力，最终在集权官僚制建立后消亡。而汉朝末年形成的道教虽也吸引了大量农民和其他劳动者，但其基本观念并非劳动者主体意识，因而不属于以劳动者为主体的团体。

禅教是农业文明时期以农民为主体由思想聚合的“体制外”团体之典型。以自由观为要素的我佛观，明确地意识到人存在的主体性和现实性，既不依附统治者，也不妄求来世得到好的轮回，将明白、智慧地在现实世界生活作为目标，为此将道信、弘忍等禅宗创始者迫不得已建立的农禅并作之禅团加以改造，形成术层次的首要范畴。

农禅并作原是不得已而为之之举；达摩来东土，本也是要与其他西来僧一样，拜见皇帝，求得认可，再由朝廷支持他建寺组团，广纳信徒。但他见梁武帝时言语不合，没能讨得皇帝欢心，只得远循山林，面壁参禅。幸亏有慧可投入他的门下，慧可又有僧璨传续，到道信、弘忍时才有所转机，其关键就在于劳动生产解决了吃饭问题，并逐步向外扩大影响，禅宗得以形成。到神秀一代，则努力走官禅路线，成为朝廷有用的工具，放弃农禅并作，虽也和佛教其他宗派一样，下层僧众也须作务，但主要是做寺院杂役，已非生存之本，其主要经济来源，则由朝廷提供经费或敕赏土地之地租。慧能虽投弘忍门下，但并未被正式列为门徒，只是在碓房踏踓，八月后作得两偈，弘忍认可，并传衣法。这可以说是亲收慧能为弟子，但随即偷送他逃回南方，并没有随众参修。其原因，一是禅宗还是讲求出身，并有等级的，慧能一个岭南“獦獠”，不会被禅宗所容；二是慧能见识已过禅宗，虽被弘忍认可，但禅宗团体不能承认；三是禅宗的官禅路线已经确立，慧能的獦獠身份和不同于禅宗的观念与此路线并不适宜。而后神秀率禅宗兴盛于两京，慧能创禅教于岭南曹溪。神秀曾向朝廷建议召慧能入京，慧能固辞，《宋高僧传》说他以“谢病不起”，“非邀君也”，[①]“不度大庾岭而终。”[②] 这些记载或有后人编造、演绎成分，但也可以看出慧能在观念上与禅宗的区别。

慧能创禅教，重点在核心观念和思想体系，他出身贫苦劳动者，其禅团也以劳动者为主体，但在其中农禅并作还未成系统，所以才有神会北上走官禅路线，并与神秀一派争禅宗正宗之举。而怀让、行思两支，则到深山中自立门户，秉承慧能不依附朝廷的民禅理念，远离官府，以农禅并作而自食其力，在劳动中参禅，由禅道禅法聚合禅团。怀让再传弟子怀海于此多有创造，与他的继承人共同努力，写就了人类农业文明思想史上光辉一页。

农禅并作之禅团，是以农业集体劳动生产和共同消费必要生活资料的团体，看似简单容易，却包含着人本质的各种因素，体现着人性的矛盾与处理。人本质以劳动、需要、交往、意识为要素，其中劳动是核心，需要、交往、意识围绕劳动展开并制约劳动。以劳动满足人的需要，是人本质的特征，但劳动与需要则以交往和意识为中介，交往和意识以劳动与需要为根据，并制约劳动及其满足需要的程度。交往在总体上表现为社会关系，个体意识则集合而成社会意识形态。在一国中，社会关系集中体现为制度、体制，意识形态由以此制度中居统治地位阶级的思想体系支配。在一团体，则根据其宗旨和性质而构成组织机构，制定相应规则和机制，并有一个主导思想支配团体成员的意识。

禅教是一种特殊的“体制外”社会团体，它既不以血缘，也不逢迎富豪求供养、不以地域为依托，不像佛教其他宗派有国家财政支持，也不讲经作道场以换取财物，更不辱没人格去乞讨施舍。这是一群来自华夏大地的修禅者，成百上千或出家或离家的男人聚合在一起，既要活命，还要悟道，一个聚结人心的思想体系和相应的组织规则，以及二者结合而形成的

---

① 《宋高僧传》上卷，中华书局1987年版，第174页。

② 同上书，第177页。

运行机制，是禅教得以存在、发展的保证。慧能众多弟子都自行组建禅团，唯怀让和行思两支得以成功，农禅并作之术是根本保证。禅团的参加者，大部分是农民，于农业劳动并不生疏，并有相应的技能，且天南地北汇集而来，又可交流协作。江西的深山老林，人烟稀少，在山谷中找一块适当的无人占有的荒地垦植耕作，基本上可以满足生活需要，好年景的收成还会有些积蓄。至于居住，山间林木石块可供伐采，自修自住禅房，以至铺路架桥，引泉掘井，都可以通过集体劳动来完成。禅教之所以能以自己劳动为生活来源，首要在于对佛教鄙视劳动的观念的否定。佛教承续了婆罗门教传统，视劳动为下等行为，自以为倚佛而生，以不劳而获为荣。禅教则从农民意识出发，强调主体的自信自由，以自己劳动来养活自己，本是自由观的体现。尤其怀海等领袖以身作则，与弟子同吃同住同劳动，大家分工协作，在劳动中感悟主体与客体的统一及其形成的自由意识，从农作物的成长收获中体验劳动成果和快乐。

劳动不仅提供了禅团的生活来源，也是禅修的重要场所和过程。禅教所修之禅，并非禅宗所认为的认知佛神的手段，而是明确我即佛的我佛观之方法。我就在这儿生活着，我心即佛，对我本有之智慧的顿悟，根本不用读远在印度地区那些不知所处的人编写的佛经佛论，只要以自己的心思考自己的存在，使我的意识与我的存在相统一，就是成佛作佛。对于参加禅教禅团的人来说，修禅的一项重要功课，在于消除他所曾接受的佛教关于佛及轮回等各种“妄念”——不能被验证的各种“预设真理”。为此，从人本质的核心要素劳动做起，认识自己和物质对象的存在，劳动是最适当的实证，意识在劳动中从感性到知性到理性，逐步确立自我意识和社会观念。这个过程是存在主体和认识主体的统一，也是验证并克服所受妄念影响的必要依据。

禅教农作之劳，并非单纯的体力劳动，也不是家庭经济中的个体行为，而是与修禅相结合的集体劳动。禅教是以其思想体系来聚合人的，农业生产只是农禅并作的一个方面，另一个方面是学禅悟道，每天的活动中，都有修禅的内容，禅师讲解、弟子提问、师生讨论及弟子之间的切磋，是与劳动交错进行的，而且禅师还注重随务启悟，即在劳动中就相应的环节启发弟子。在关于道一、怀海、希运等人的语录和行录中，有一部分就是他们在劳作时与弟子的对话，其具体生动，活灵活现，并不是讲什么大道理，而是就平常事体悟平常之道。这样，就使劳动和修禅在意识中统一起来，劳动已不是单纯的体力支出，而是参悟禅法的一种方式。

农禅并作的禅团是一个集体，在一个相对独立的场所由相对稳定的一群人，从事着存在主体与认识主体统一的生活，不论对禅悟解到什么程度，这种生活本身对人就有强烈的吸引力。但仅靠这种吸引力还不够，还必须建立组织机构并制定规则，从总体上约制每个成员，维持禅团的秩序，调解人际关系，并对违规者予以处罚。为此怀海对禅团活动的实践经验进行总结，贯彻我佛观为核心的禅教精神，制定了《禅门规式》，其要点就是适应农禅并作的基本生活，从自由观平等地对待每个成员，分层分区管理，责有所司，司有所规。这是一部自由人联合体的组织和运行机制的规定，虽然不是法律，但在禅团内部却具有法律效力。禅团的成员，都是自愿加入的，也可以退出或短时外出，这体现着慧能所说的“来去自由”的宗旨，但只要在禅团中，就要遵守这个规式。

人类在农业文明时期为了界定和协调社会关系，制定过无数大大小小的法律或规则，如《摩奴法典》《周礼》《秦律》及中国历朝历代的律书，《圣经》《古兰经》等，都是统治阶级利益和意识的体现，其中都明确规定着人的等级，以及不同的权利和义务。至于各种合法、非法的民间团体，包括佛教的戒律，也都是以等级来界定人际关系。不论官方法律，还是民间团体的规则，都体现着一个原则——权威和对权威的服从。甚至家族的族规，也是以权威和对权威的服从作为原则的。唯独怀海的《禅门规式》，以我佛观的自由观为起点，以人格平等为原则，“所裒学众，无多少，无高下，尽入僧中，依夏次安排。”[①]“除入室请益，任学者勤怠，或

① 《景德传灯录》上卷，中州古籍出版社 2019 年版，第 145 页。

上或下，不拘常准。”[①] 这是一项史无前例的壮举。伟哉！它构建了以劳动者为主体的小型社会，将共同劳动和自我意识有机统一，虽没有从理论上对集权官僚制的批判，但它的实践本身就是批判，并为制度的变革进行了先导性实验。

禅教没有权势，也没有资本，既没有掌握政权，也不像农民起义那样轰轰烈烈，它的事业只在探讨和提升人性，由此而影响人们的意识。禅教经几百年十数代禅师们的努力，坚持慧能我佛观核心观念，以农禅并作继续存在，禅教修行者们通过农禅并举来思考人生与社会。唐以后佛教各宗已基本消失，禅宗及净土宗为保持存续，不断渗入禅教，致使禅教与禅宗混杂，但慧能《坛经》仍是混杂了的禅教与禅宗都要读的经典，怀海之《禅门规式》也仍在形式上被推崇。禅宗和净土宗的混入，虽然破坏了禅教的纯正，却也说明其影响之广大。禅教与禅宗的混杂体，是1000多年来中国主要的民间意识形态，虽然已不再坚持农禅并作，但在一些禅师那里，对我佛观的基本观念还有所理解和坚持，百丈清规及禅教术层次各范畴还在一定程度上发挥影响。

人类进入工业文明以来，资本教统治的世界以财富作为权力的依据，不仅从制度和机制上全面系统地迫使劳动者创造在所有权上先在地属于资本所有者的剩余价值，并由此增殖资本，而且将财产私有和追逐利益最大化说成人性的体现。资本教的实质就是将人货币化、商品化、物化、工具化，它虽然驱动了物质财富的增长，却也使人性中的动物性野蛮成分集合到一个新高度，犹太财团为核心的大资本财团是其典型代表。人类思想的发展，就在于以劳动为根据的劳本主义思想体系否定资本教的统治，确立劳动者的社会主体地位，建立“自由人联合体”。19世纪欧文曾就此做过尝试，马克思则进一步明确了这一理念和相关理论。20世纪“苏联模式”也以集体制进行过实验。“苏联模式”虽存在缺陷，但这，并不等于历史将“终结”于资本教主导的私有制，而是证明代替这个制度的新制度必须

① 《景德传灯录》上卷，中州古籍出版社2019年版，第145页。

充分保证劳动者的个人权利和自由。资本教主导的私有制的矛盾已相当激化，对它的否定，是必然的。而否定的力量就在其制度中存在的矛盾，在于作为矛盾次要方面的劳动者。而能否成功地展开并完成这种否定，关键在于劳动者能否按建立“自由人联合体”的原则建立自己的组织和制度。

禅教在1000多年前的思想体系，虽然有其局限和缺陷，却是农业文明时期最为先进的思想体系，它的农禅并作和百丈清规，是那个时代劳动者从其主体性智慧对理想社会的创造性实践。虽然不能将之照搬到今天，但其特殊性中所体现的一般性，对于现代思想发展仍有其借鉴意义。其基本观念和原则，平等的人际关系和自我意识的自由观，构成那个时代特殊性的“自由人联合体”，这不仅证明了现代“自由人联合体”的可行性，也可以从其经验、教训中发现一般性的启示。尤其是农禅并作和随务启悟等术、技，在劳动中提升觉悟和智慧，又以提升了的觉悟和智慧指导劳动，对于现代“自由人联合体”中的社会活动，是相当重要的，应对之提炼和改造，使农业文明时期劳动者的智慧在工业文明时期的劳动者为主体的社会中得到升华。

附论一　对《坛经》的改动体现的慧能禅教被佛教禅宗化

《坛经》是慧能思想的集中体现，也是他所创立禅教的标志和理论基础。但由于慧能没有从道、法层次论证其思想与佛教的区别，而且他的思想大都以佛教的术语表述，他的言行也处在佛教的环境中，因此他的弟子及再传人不可避免地对《坛经》这部经典形成不同理解。其中，注重思想内容和精神实质的南岳系和青原系坚持以慧能我佛观为依据的组织、实践，形成300余年禅教系统，而神会及其传人则从自己的名利出发，注重将禅教与佛教形式上的相同点扩展。神会一派的做法，逐步得到其他各派的认同，从唐末宋初开始形成禅教与佛教禅宗的融合，表象上看，似乎为慧能争得了“六祖”地位，但却在认祖归宗的过程，使禅教逐渐被佛教禅宗化。而对《坛经》的改动，是将禅教佛教禅宗化的重要一环。

一、《坛经》的4个版本

《坛经》主要有4个版本：敦煌写本、惠昕本、契嵩本、宗宝本。其中，敦煌写本题为《南宗顿教最上乘摩诃般若波罗蜜经六祖惠能大师于韶州大梵寺施法坛经》，标明为“兼受无相戒弘法弟子法海集记”。法海是慧能弟子之首，“惠能大师于大梵寺讲堂中，升高座，说摩诃般若波罗蜜法，授无相戒。当时座下僧尼、道俗一万余人，韶州刺史韦璩及诸官僚弟子三十余人，儒士三十余人，同请大师说摩诃般若波罗蜜法。刺史遂令门人法海集记，流行后代。”① 法海的“集记”原本已无存，敦煌本是其抄本，约 12000 字。惠昕本为宋初惠昕对法海集记的改编（约 967 年），题为《六祖坛经》，署名“依真小师邑州罗香山惠进禅院沙门惠昕述”，14000 余字。契嵩本，约成书于宋仁宗至和三年（1056 年），题为《六祖大师法宝坛经曹溪原本》，20000 余字。宗宝本，题为《六祖大师法宝坛经》，约成书于元世祖至元二十八年（1291 年），光孝寺僧人宗宝编，为元明后流行本。

以上 4 个版本，都不是“法海集记”的原本，如按敦煌本开首所说，《坛经》只是法海对慧能在大梵寺讲法授戒的“集记”，那就只应包括第一至第三十七节，而第三十八节至第五十三节所记慧能与弟子问答、偈语等则为编者所附加。附加的这十六节是法海所为，还是“集记”流传过程中他人所加，已无可考，但从其文字所表达的思想看，基本上是与前三十七节相通的。如果是法海附加的，因他是首座大弟子，也可能在随侍师父的时候记录的；如果是其他弟子或他们的传人附加，也因时间较近，而不太失真。无论哪种情况，敦煌本在“集记”之外附加的十六节，大体还能表达慧能的思想，这和《论语》由曾子及其弟子所编，而成为后世研读孔子思想的主要依据差不多。

敦煌本第五十四节写慧能死后安葬与韦璩立碑。第五十五节“此《坛经》，法海上座集。上座无常，付同学道漈；道漈无常，付门人悟真。悟真在岭南曹溪山法兴寺，见今传授此法。”② 第五十六节：“如付此法，须得上根知。心信佛法，立大悲，持此经，以为依承，于今不绝。”③ 这应该是悟真或其传人所写。而第五十七节也应出自悟真或其传人之手，“和尚本是韶州曲江县人也。如来入涅槃，法教流东土，共传无住，即我心无

---

① 《坛经校释》，中华书局 1983 年版，第 1 页。

② 同上书，第 113 页。

③ 同上书，第 114 页。

住。此真菩萨，说直示，行实喻，唯教大智人，是旨依。凡度誓，修修行行，遭难不退，遇苦能忍，福德深厚，方授此法。如根性不堪，不得须求此法；达立不得者，不得妄付坛经。告诸同道者，令识密意。”①《坛经校释》作者郭朋认为“和尚本是韶州曲江县人也”，是“错把法海的籍贯，当成了慧能的籍贯。因为，本书第二节慧能自述：‘惠能慈父，本官范阳，左降迁流岭南，作新州百姓。’则慧能应是广东新州人，而不是韶州曲江县人。如前所述，法海才是韶州曲江县人（如果说这里的‘和尚’，就是指法海，那是根本不合体例的）”②。不知郭先生所说的“体例”是什么？若此节文字是悟真或其传人所写，应是传达集记坛经的“法海上座”传授此经的要求，而非慧能对其弟子传法的要求——慧能对弟子的嘱咐在第五十一至第五十三节讲过。因此，“和尚本是韶州曲江县人”并不错，就是指法海，而作为传授《坛经》的悟真或其弟子，怎么会不知《坛经》第二节慧能自述中的“惠能慈父，本官范阳，左降迁流岭南，作新州百姓”呢？还有一种可能，“本是韶州曲江县人”的“和尚”，是指“在岭南曹溪山法兴寺，见今传授此法”的悟真。

法海集记的《坛经》由慧能弟子及其传人手抄，南岳、青原、菏泽等各派以之为传承经典，并未刊印，敦煌本大概是其中的传抄本，虽然会有误讹和添加、改动，但离“集记”不远，是研究《坛经》和慧能思想的必要资料。与敦煌本同期的法海集记的《坛经》抄本，大概只流传三四百年，20世纪在敦煌文献中先后出现多个写本，藏于旅顺博物馆、大英博物馆（斯坦因在敦煌发现）、北京图书馆、敦煌县博物馆、北京图书馆（残本）。

惠昕的《六祖坛经》分上、下两卷，共“十一门”：一、众请说法门；二、悟法传衣门；三、为时众说定慧门；四、教授坐禅门；五、传香忏悔发愿门；六、说一体三身佛相门；七、说摩诃般若波罗蜜门；八、示

---

① 《坛经校释》，中华书局1983年版，第114页。

② 同上书，第114—115页。

西方相状门；九、诸宗难问门；十、南北二宗见性门；十一、教示十僧传法。约14000字，有宋刻本。惠昕在《韶州曹溪山六祖坛经序》说他之所以改编“古本”《坛经》，是因为“古本文繁，披览之徒，初忻后厌”①。但他的改编却不是“删繁”，而是“增添了许多很浅薄的禅宗滥调”，“惠昕改动的地方，大致都是这样‘添枝添叶’的增加。但他也有删节原本的地方，也有改换原本各部分的次第的地方。”② 但相比后来的契嵩本，惠昕本的改动还只伤及皮毛，未损筋骨。故胡适说：“惠昕本虽然有了不少的增改，但不失为‘去古未远’之本。”③ 惠昕本被发现五本，均在日本寺院，为当时日本留华僧带去。

真正给“法海集记”的《坛经》动“大手术”、进行实质性改动的，是契嵩本。宋礼部侍郎郎简在为此本写的序言中写道：“然六祖之说，余素敬之。患其为俗所增损，而文字鄙俚繁杂，殆不可考。会沙门契嵩作《坛经赞》，因谓嵩师曰：‘若能正之，吾为出财模印以广其传。’更三载，嵩果得曹溪古本，校之，勒成三卷。璨然皆六祖之言，不复谬妄。乃命工镂板，以集其胜事。至和三年，三月十九日序。”④ 契嵩本在改变惠昕本的同时，吸纳了《曹溪大师别传》、《高僧传》及《景德传灯录》等材料，共十品：悟法传衣第一，释功德净土第二，定慧一体第三，教授坐禅第四，传香忏悔第五，参请机缘第六，南顿北渐第七，唐朝征诏第八，法门对示第九，付嘱流通第十。相比敦煌写本法海集记的《坛经》，契嵩本不仅增多了近八千字，增加了对慧能身世的描写，以及慧能对弟子的训导，并对敦煌本法海集记《坛经》中关于慧能思想的论述加以修改。胡适通过对《曹溪大师别传》的考证，得出结论：

① 惠昕：《韶州曹溪山六祖坛经序》，《〈坛经诸本〉集成》，宗教文化出版社2014年版，第211页。

② 胡适：《坛经考》《胡适之禅宗考论》，商务印书馆2018年版，第39页。

③ 同上书，第42页。

④ 朗简：《六祖坛经序》，《〈坛经诸本〉集成》，宗教文化出版社2014年版，第63—64页。

总之，《别传》的作者是一个无学问的陋僧，他闭门虚造曹溪大师的故事，装上许多年月，俨然像一部有根据的传记了。可惜他没有最浅近的算学知识，下笔便错，处处露出作伪的痕迹。不幸契嵩上了他的当，把此传认作“曹溪古本”，采取了不少材料到《坛经》里去，遂使此书欺骗世人至九百年之久！[①]

契嵩本原本已佚，近年学界研究认为，元至元二十七年（1290 年）德异所编的《六祖坛经》即契嵩本，世称“曹溪原本”。

宗宝本是契嵩本的改编本，宗宝在“跋”中写道：

六祖大师平昔所说之法，皆大乘圆顿之旨，故目之曰经。其言近旨远，词坦义明，诵者各有所获。明教嵩公常赞云：“天机利者得其深，天机钝者得其浅。”诚哉言也。余初入道，有感于斯，续见三本不同，互有得失。其板亦已漫灭。固取其本校雠，讹者正之，略者详之。复增入弟子请益机缘，庶几学者得尽曹溪之旨。按察使云公从龙，深造此道。一日过山房，睹余所编，谓得《坛经》之大全，慨然命工锓梓，颛为流通，使曹溪一派不至断绝。[②]

对于宗宝本，印顺在《中国禅宗史》中有这样的评说：

宗宝自署为“南海释宗宝”，传说为“风幡报恩光孝寺”的住持。依跋说，刊行于至元辛卯夏，即 1291 年。依三本而校为一本，又加入“弟子机缘”。明太祖（1368—1398 年），成祖（1403—1424 年）刊行大藏经（南藏、北藏），将宗宝本编入大

① 胡适：《坛经考》《胡适之禅宗考论》，商务印书馆 2018 年版，第 28 页。

② 宗宝：《〈六祖大师法宝坛经〉跋》，引自丁福保笺注《坛经》，上海古籍出版社 2016 年版，第 248—250 页。

> 藏。大正藏经的《六祖大师法宝坛经》，也是依北藏而编入的。从内容看来，宗宝本与德异本，组织上最为一致。对宗宝的后跋，至少有三点可疑：(1) 德异本刊于吴中，时间是1290年春。宗宝本刊于南海，时间是1291年夏。同一组织系统的本子，在距离那么远的地区，竟同时而先后地刊出，不太巧合吗？宗宝本没有依据德异本吗？(2) 即使说，宗宝本依据的三本，有一本就是德异所得的古本。那么，“弟子机缘”早已有了，宗宝怎么说自己加入呢？(3) 德异刊本，前有德异序。而宗宝本，将德异序刻在前面，宗宝本的跋文刻在后面，这至少表示了——宗宝本是依据德异本，再加精治：“讹者正之，略者详之”。宗宝本的刊行，应该迟多少年。跋文说“复加入弟子机缘”，“至元辛卯夏”，只是为了隐蔽依据德异本的事实，故弄玄虚！[①]

早在明、清之交，“秀水参学曹溪弟子西池王起隆”就曾批评道：“宗宝之于《坛经》，按之四谤，实无所不有。数其大端：更窜标目，割裂文义，颠倒段络，删改字句。”[②] 这里说的“四谤”，正是宗宝本与契嵩本的区别，其对契嵩本的改动如下：一、将四个字的章名改为两个字，并加“品”；二、将第一门分为两品，将第九门、第十门合为一品，仍为十品：行由品第一，般若品第二，疑问品第三，定慧品第四，坐禅品第五，忏悔品第六，机缘品第七，顿悟品第八，护法品第九，付嘱品第十；三、有些品内，有局部移换、分割；四、对正文有所增删。宗宝的这些改动，主要是给《坛经》添上更突出的佛教色彩，汉译佛经大都以“品”分章，宗宝将《坛经》各章标注为“品”，以示与佛经的一致，至于是否比契嵩本“品目齐整、语言流畅、通俗易懂、文学色彩浓、可读性强”[③]，则要由读

---

① 印顺：《中国禅宗史》，江西人民出版社1999年版，第221—222页。

② 王起隆：《重锓曹溪原本法宝坛经缘起》，引自《坛经校释》，中华书局1983年版，第157—158页。

③ 尚荣：译注《〈坛经〉前言》，《坛经》，中华书局2013年版，第7页。

者评判，但其流行的条件，应是明朝《大藏经》的认定。因而，中华书局2013年版《坛经》译注者尚荣所说“本着尊重历史发展的态度，我们认为宗宝本的学术价值是巨大的”[①]，就值得商榷了。从学术上（包括其篡改文献的“负学术”）论，宗宝本并无多少新意。顺便提一句：尚荣译注的《坛经》，却未注明译注的哪个版本。

对《坛经》的改动，从“法海集记”的敦煌本就已开始，惠昕本已经加了不少内容，但改动最多的，还是契嵩本，宗宝本只是对契嵩本做了一些结构变动，改了个别文字。我们的探讨，主要针对惠昕本和契嵩本，但先从敦煌本开始。20世纪以来，对《坛经》的注释、译本已达数十种，本文所涉敦煌本以郭朋《坛经校释》（中华书局1983年版）为主，惠昕本以王孺童编校《〈坛经〉诸本集成》（宗教文化出版社2014年版）为主，契嵩本以徐文明注释《六祖坛经》（中州古籍出版社2008年版）为主，宗宝本以丁福保笺注《六祖大师法宝坛经》（上海古籍出版社2016年版）为主、兼及尚荣译注《坛经》（译注者并未注明其译注的是宗宝本，中华书局2013年版）为主。

二、敦煌本对“法海集记”《坛经》的附加

按敦煌本第一节或“序言”中所说，《坛经》是由慧能首座弟子法海受韶州刺史韦璩“令”，对慧能在大梵寺讲堂中为该刺史及官僚、僧尼、道俗讲法的“集记”，也就是记录的整理。从第二节到第三十七节，是法海集记的正文。慧能讲了自己的身世及其思想的主要内容，之后，韦璩作为此次讲演的主持人，向慧能提出了两个问题，一是据传言达摩化梁武帝时，说梁武帝的“造寺、布施、供养”，“有功德否?”[②] 二是“僧道俗常念阿弥陀佛，愿往生西方。愿和尚说，得生彼否”[③]? 慧能回答后，又为听

① 尚荣：译注《〈坛经〉前言》，《坛经》，中华书局2013年版，第7页。

② 《坛经校释》，中华书局1983年版，第64页。

③ 同上书，第65页。

众说《无相颂》，最后说："善知识！汝等尽诵取此偈，依偈修行，去惠能千里，常在能边；此不修，对面千里。各各自修，法不相待。众人且散，惠能归曹溪山，众生若有大疑，来彼山问，为汝破疑，同见佛世。"① 这是演讲的结束语，而作为"集记"，又写了"合座官僚、道俗，礼拜和尚，无不嗟叹：'善哉大悟，昔所未闻，岭南有福，生佛在此，谁能（不）得智。'一时尽散"②。

敦煌本的第一至第三十七节，作为对慧能讲经法的"集记"，是相当清楚的，其对开讲与答疑、结束部分的叙述，使读者如身临其境。由于法海集记的原件已无存，后人没有可能再考究敦煌本与其原件的异同，只能就敦煌本这个最早抄本的正文部分，来探究其后各本对它的改动。

在考察后来各本对敦煌本中"法海集记"正文部分的改动之前，还应考察敦煌本对正文的附加部分，即第三十八节至第五十七节，大约5000字，而正文约7000字。

第三十八节论《坛经》的地位与作用，

> 大师住曹溪山，韶、广二州行化四十余年。若论门人，僧之与俗三、五千人说不尽。若论宗旨，传授《坛经》，以此为依约；若不得《坛经》，即无禀受。须知去处、年、月、日、姓名，递相付嘱。无《坛经》禀承，非南宗弟子也。未得禀承者，虽说顿教法，未知根本，终不免诤。但得法者，只劝修行，诤是胜负之心，与道背违。③

《坛经》是宗旨，也是禅教的理论基础，虽然慧能及其弟子法海等都未明确禅教与佛教的差别，但这段话，却可视为他们对自己思想和教派特殊性的界定。有无《坛经》的禀受，是本教派的标志。

---

① 《坛经校释》，中华书局1983年版，第74页。

② 同上书，第74页。

③ 同上书，第75页。

第三十九至第四十一节对“世人尽传南能北秀”及顿渐关系进行叙说，神秀派志诚到慧能处探听其“意旨”，并被慧能折服，“即为门人，不离大师左右。”① 由此说慧能教法的高明，及志诚作为其门人的因由。

第四十二节记法达“常诵《法华经》七年，心迷不知正法之处”，请教于慧能。慧能让他读《法华经》后，说了这样一番见解：“《法华经》无多语，七卷尽是譬喻因缘。如来广说三乘，只为世人根钝，经文分明，无有余乘。”② 进一步又说：“心行转《法华》，不行《法华》转；心正转《法华》，心邪《法华》转；开佛知见转《法华》，开众生知见被《法华》转。”③ 这是《坛经》正文第三十一节所论“三世诸佛，十二部经，亦在人性中本具自有”④ 的展开，是对我佛观的论证。“法达一闻，言下大悟，涕泪悲泣，自言‘和尚！实未曾转《法华》，七年被《法华》转，已后转《法华》，念念修行佛行。’”⑤ 法达不仅认从慧能的观点，而且成为其门下第三位弟子。

第四十三节记智常（为十弟子第四）来曹溪山礼拜慧能，“问四乘法义”⑥，慧能告诉他：“汝自身心见，莫著外法相，元无四乘法，人心不量四，等法有四乘：见闻读诵是小乘，悟法解义是中乘，依法修行是大乘，万法尽通、万行具备、一切无杂、但离法相、作无所得，是最上乘。最上乘是最上行义，不在口诤。”⑦ 并要求智常自悟自修。这是慧能以我佛观对佛教四乘说的评论，与佛教经论有大区别。

第四十四节记神会礼拜慧能，问“坐禅见亦不见”⑧，慧能打他三下，反问痛不痛，二人问答一番后，慧能对神会说：“见不见是两边，痛不痛

---

① 《坛经校释》，中华书局 1983 年版，第 79 页。
② 同上书，第 81 页。
③ 同上书，第 82 页。
④ 同上书，第 60 页。
⑤ 同上书，第 82 页。
⑥ 同上书，第 87 页。
⑦ 同上书，第 87—88 页。
⑧ 同上书，第 90 页。

是生灭。汝自性且不见，敢来弄人?”[①] 并教导他：“汝心悟自见，依法修行。”[②] 神会作礼，便为门人，不离曹溪山，常在左右，为慧能十弟子之末。

第四十五、四十六、四十七节记慧能唤十弟子：法海、志诚、法达、智常、志通、志彻、志道、法如、神会，嘱咐后事并教授法诀道：“汝等拾弟子近前，汝等不同余人，吾灭度后，汝各为一方头，吾教汝说法，不失本宗。举三科法门，动用三十六对，出没即离两边，说一切法，莫离于性相。若有人问法，出语尽双，皆取法对，来去相因，究竟二法尽除，更无去处。”[③] “此三十六对法，解用通一切经，出入即离两边。”[④] 进而，慧能又要求：

> 十弟子！已后传法，递相教授一卷《坛经》，不失本宗。不禀授《坛经》，非我宗旨。如今得了，递代流行。得遇《坛经》者，如见吾亲授。[⑤]

随之又记：“拾僧得教授已，写为《坛经》，递代流行，得者必当见性。”[⑥] 据此可以说最初《坛经》是由慧能亲传给十弟子，并由十弟子抄写，在“各为一方头”的派系中“递代流行”。

第四十八节记慧能临终时对弟子的教诲道：

> 大师先天二年八月三日灭度。七月八日，唤门人告别。大师先天元年于新州国恩寺造塔，至先天二年七月告别。大师言：“汝众近前，吾至八月欲离世间，汝等有疑早问，为汝破疑，当

---

① 《坛经校释》，中华书局 1983 年版，第 90 页。
② 同上书，第 90 页。
③ 同上书，第 91—92 页。
④ 同上书，第 96 页。
⑤ 同上书，第 98 页。
⑥ 同上书，第 98 页。

今迷尽，使汝安乐。吾若去后，无人教汝。”法海等闻已，涕泪悲泣，唯有神会不动，亦不悲泣。六祖言：“神会小僧，却得善不善等，毁誉不动。余者不得，数年山中，更修何道？汝今悲泣，更有阿谁忧吾不知去处在？若不知去处，终不别汝。汝等悲泣，即不知吾去处；若知去处，即不悲泣。性本无生无灭，无去无来。汝等尽坐，吾与汝一偈——《真假动静偈》，汝等尽诵取。见此偈意，与吾意同；依此修行，不失宗旨。”①

下录《真假动静偈》。

第四十九节记法海问慧能：“大师去后，衣法当付何人？”② 慧能讲法已经传给你们了，但“衣不合传。汝不信，吾与诵先代五祖《传衣付法颂》。若据第一祖达摩颂意，即不合传衣”③。下面是从达摩到惠可到僧璨到道信到弘忍到慧能共六祖的颂词。本来慧能说是“据第一祖达摩颂意”，“即不合传衣”，却“诵先代五祖《传衣付法颂》”，并加上六祖自己的颂。这里不仅说明附加者的逻辑混乱，而且六位祖师的颂词里丝毫没有“衣不合传”之意。再者，慧能的六祖地位，就是以他得了五祖所传衣法为根据（第九节）的，为什么他却不传了？

第五十节，慧能给众弟子诵他作的两个颂词。第五十一节，写八月三日食后，“大师言：‘汝等著位坐，吾今共汝等别。’法海问言：‘此顿教法传授，从上已来，至今几代？’”④ 慧能叙述了从“初传七佛，释迦牟尼佛第七”⑤ 至“菩提达摩第三十五”⑥，再到唐国的惠可、僧璨、道信、弘忍及他本人，共四十位。“大师言：‘今日已后，递相传授，须有依约，莫

---

① 《坛经校释》，中华书局 1983 年版，第 100 页。

② 同上书，第 103 页。

③ 同上书，第 103 页。

④ 同上书，第 106 页。

⑤ 同上书，第 106 页。

⑥ 同上书，第 107 页。

失宗旨。'"[1] 第五十二节，"法海又曰：大师今去，留付何法？令后代人如何见佛？"[2] 慧能为弟子诵留《见真佛解脱颂》。第五十三节又留《自性真佛解脱颂》，之后对弟子说："汝等好住，今共汝别。吾去已后，莫作世情悲泣，而受人吊问钱帛，著孝衣，即非正法，非我弟子。"[3] 并再叮嘱要像我活着时一样，依法修行，"夜至三更，奄然迁化。大师春秋七十有六。"[4] 第五十四节记慧能死后的种种异象，以及十一月"于曹溪山葬"[5]，"韶州刺史韦璩立碑，至今供养。"[6]

第五十五节中先说："此《坛经》法海上座集。上座无常，付同学道璨；道璨无常，付门人悟真。悟真在岭南曹溪山法兴寺，见今传授此法。"[7] 第五十六和五十七节又写了对传承《坛经》者的根性要求，"须得上根知。心信佛法，立大悲，持此经，以为依承"[8]，"根性不堪材量，不得须求此法；达立不得者，不得妄付《坛经》。"[9]

敦煌本《坛经》的正文部分与其附加的区分是明显的，"法海集记"的第一节至第三十七节，虽然没有记载慧能讲演的时间，却表明这个讲演是慧能思想已经成熟，身体健康的情况下一次性讲的，可能一天，也可能两天、三天，其思路明确，法海集记的层次明晰，文字简约。应当是经慧能审查、修改的，虽然慧能常以"不识字"自居，但以他的聪明才智，即使儿时不识字，后来"住曹溪山，韶、广二州行化四十余年。若论门人，僧之与俗三五千人说不尽"[10]，比较亲近的有"十弟子"及其他数十人，这些人大都识字，且其中不少士子文人，跟他们学识文字并不难。但禅宗

---

① 《坛经校释》，中华书局 1983 年版，第 107 页。
② 同上书，第 108 页。
③ 同上书，第 110 页。
④ 同上书，第 110 页。
⑤ 同上书，第 112 页。
⑥ 同上书，第 113 页。
⑦ 同上书，第 113 页。
⑧ 同上书，第 114 页。
⑨ 同上书，第 114 页。
⑩ 同上书，第 75 页。

传人囿于所谓“不立文字”的“达摩旨意”，以及神化慧能的需要，一直不说他识字，但《坛经》中的颂、偈，却是“不识字”者作不出来的。对于自己思想宗旨理论表述的《坛经》，慧能是高度重视的，“法海集记”的稿子肯定要由他审定（就是仍不识字，也要让法海反复读给他听）后，才传付“十弟子”诸人的。

而附加部分，则是“十弟子”或其他传人所为，究竟哪一节由何人添加，已无法考证。其中，第四十、四十一节记志诚，第四十二节记法达，第四十三节记智常，第四十四节记神会等4人在慧能的教导下悟法得道，所述内容与正文部门有比较密切关系，既是对正文的一种展开，又说这4人在慧能门下的地位——均列“十弟子”之位。第四十五、四十六、四十七节为慧能对“十弟子”的最后教诲和告诫。第四十八节所论就有神化慧能，并突出神会之意。先是慧能于先天二年七月八日，唤门人告别，说他“八月欲离人世”①，似乎已知天命。听到慧能宣告自己死期，法海涕泪悲泣，“唯有神会不动，亦不悲泣。六祖言：‘神会小僧，却得善不善等，毁誉不动。余者不得，数年山中，更修何道？’”②。日本学者宇井伯寿认为，这些话是“神会系统”的人后来加进的。③ 印顺《中国禅宗史》也认为是神会系主张“坛经传宗者添附的”④。而从行文上看，各节在论慧能说话时，都用“大师言”，此节慧能先讲话时，也是“大师言”，唯独说到神会时，用“六祖言”，隐含与神会“七祖”地位的对应。更为可疑的是第四十九节，法海问慧能去后，衣法当付何人时，在慧能的回答中加进一段话，其文如下：

上座法海向前言：“大师！大师去后，衣法当付何人？”大师言：“法即付了，汝不须问。吾灭后二十余年，邪法撩乱，惑我

---

①《坛经校释》，中华书局1983年版，第100页。

② 同上书，第100页。

③ 同上书，第101页。

④ 印顺：《中国禅宗史》，江西人民出版社1999年版，第233页。

宗旨。有人出来，不惜身命，定佛教是非，竖立宗旨，即是吾正法。衣不合传。”①

本来“法即付了，汝不须问”之后，应接“衣不合传”，已是完整意思地表达了，中间夹带的一段，不仅说慧能神佛到可以预知20余年后的事，而且他认为“不惜身命，定佛教是非，竖立宗旨，即是吾正法”，也即慧能正法的真传人。宇井伯寿认为这一段话，也是“神会系统”的人所附加的。② 印顺认为，“这一问答，与‘十弟子’说相矛盾。这是影射慧能灭后二十年（732年），神会于滑台大云寺，开无遮大会，定佛教是非，竖立南宗顿教的事实。这显然是神会的‘习徒迷真，橘枳变体，竟成坛经传宗’所增入。”③

这种情况的成因，有两种可能：一是《坛经》的附加部分，是由“十弟子”商议拟定的，第四十七节说慧能要求“十弟子”在他去世后传法时，递相教授一卷《坛经》，“不禀授《坛经》，非我宗旨。”而“拾僧得教授已，写为《坛经》，递代流行，得者必当见性”④。这里说的“拾僧得教授已，写为《坛经》”，与第一节说《坛经》为“门人法海集记”，第五十五节“此《坛经》，法海上座集”明显不同。可能是“十弟子”在慧能要求他们“递相教授一卷《坛经》”后，合议并由法海执笔在“集记”后附加的，由“十弟子”分别持有传授。神会作为“十弟子”之一，在滑台大云寺开定南宗宗旨大会，征服北宗之后，一度名声大噪，门徒众多，甚至他死后，“遂有敕下，立菏泽大师为第七祖。”⑤ 敦煌本就是神会系统的某门徒所抄写，因而添加吹捧神会的文字。而且第四十九节所记慧能“诵先代五祖《传衣付法颂》”后，并加“第六祖惠能和尚颂”，这六篇颂

① 《坛经校释》，中华书局1983年版，第103页。

② 引自《坛经校释》，中华书局1983年版，第104页。

③ 印顺：《中国禅宗史》，江西人民出版社1999年版，第233页。

④ 《坛经校释》，中华书局1983年版，第98页。

⑤ 《中华传心地禅门师次承袭图》，《禅源诸诠集都序》，中州古籍出版社2008年版，第110页。

文，也都可能是此文本抄写者所加。二是慧能所说“十弟子！已后传法，递相教授一卷《坛经》”，是指由慧能审定的法海集记的《坛经》正文，而附加部分是由“十弟子”之一的神会系统的传人所加的。胡适认为，“此悬记甚明白，所指即是神会在滑台大云寺及洛阳菏泽寺定南宗宗旨的事。神会滑台之会在开元二十二年，正是慧能死后二十一年。此条悬记可证敦煌本《坛经》为最古本，出于神会或神会一系之手，其著作年代在开元二十二年以后。”[①] 由于“最古本”只发现了敦煌本，“十弟子”其他九弟子所传《坛经》尚未发现，无可比较，胡适此说就显得有些武断了。而且，从附加的各节内容及行文上看，也不见得都是“神会或神会一系”所为，尤其第五十五节所写的《坛经》由法海集记，法海传道漈，道漈付门人悟真的传统看，不像“神会或神会一系”的言语。如果是“神会或神会一系”写此节，应把神会列入其中。因此，还是第一种可能性比较大，“神会一系”的僧人为了提高本系统的地位，在本系统所传《坛经》的附加部分做了这些改动。

这里有必要对胡适关于敦煌本《坛经》“出于神会或神会一系之手”的说法，作进一步的分析。《菏泽大师神会传》中，胡适认为神会就是“《坛经》的作者”[②] 而非“集记”者或“附加”者。他说：

> 我在上文已指出《坛经》最古本中有“吾灭后二十余年，……有人出来，不惜身命，定佛教是非，竖立宗旨”的悬记，可为此经是神会一派所作的铁证。神会在开元二十二年在滑台定宗旨，正是慧能死后二十一年。这是最明显的证据。《坛经》古本中无有怀让、行思的事，而单独提出神会得道，“余者不得”，这也是很明显的证据。[③]

---

① 《胡适之禅宗考论》，商务印书馆2018年版，第22页。

② 同上书，第406页。

③ 《胡适之禅宗考论》，商务印书馆2018年版，第398页。

只是某一节或某一段话，并不能证明《坛经》全书就是神会所作。神会作为慧能嘱托的《坛经》抄写、传承者之一，他及“神会一派”可能会对《坛经》的某一节或某一段话进行篡改，或附加某些话。篡改或附加这些话的人，怎么就成了《坛经》的作者呢？

胡适就是从这个论据立论的，他写道：

> 但究竟《坛经》是否神会本人所作呢？
>
> 我说，是的。至少《坛经》的重要部分是神会作的。如果不是神会作的，便是神会的弟子采取他的语录里的材料作成的。但后一说不如前一说的近情理，因为《坛经》中确有很精到的部分，不是门下小师能造作的。
>
> 我信《坛经》的主要部分是神会所作，我的根据是考据学所谓“内证”。《坛经》中有许多部分和新发现的《神会语录》完全相同，这是最重要的证据。①

以下是他将《坛经》敦煌本和明藏本与《神会语录》某些段落或论述的对比“考证”。“考证”之后，他总结道：“我们比较这些例子，不但内容相同，并且文字也都很相同，这不是很重要的证据吗？”② 进而，他又发高论：

> 南宗的急先锋，北宗的毁灭者，新禅学的建立者，《坛经》的作者——这是我们的神会。在中国佛教史上，没有第二个人有这样伟大的功绩，永久的影响。③

不知胡先生是否想过：他在对《坛经》与《神会语录》进行对比的

① 《胡适之禅宗考论》，商务印书馆2018年版，第399—400页。
② 同上书，第405页。
③ 同上书，第406页。

时候，是否还知道二者孰先孰后？即令《神会语录》中有些话与《坛经》（应是他所说的“最古”的敦煌本，不知为何要与明藏本对比?）是否相同或相似，并不能证明《坛经》取自后来的《神会语录》，反而可以证明作为慧能“十弟子”之一的神会受到了其师教诲，并承师命“递相教授一卷《坛经》”。神会在教授其弟子《坛经》，或与他人论说禅法时，引用《坛经》，或者说一些与《坛经》相似的话，完全是可能的。《坛经》是源，《神会语录》是流，怎么到了胡先生这里，却是流成为源，源成为流了呢？至于把明藏本与《神会语录》对比，发现一些相同的言论，并由此说它取自《神会语录》，也有可能是契嵩或宗宝手头也有一本《神会语录》，将其中有些话塞进《坛经》里，但绝不至于早已去世几百年的神会成了明藏本的“作者”吧。

胡适的“大胆假设”，还认定神会是《坛经》的作者，就是肆意贬抑慧能。在《研究神会和尚的始末》一文中，他写道：

> 根据唐代所遗留下来的几篇有关文献，神会显然是把他那不识字的师傅抬举到名满天下的第一功臣。
>
> 慧能——如实有其人的话——显然也不过仅仅知名一方的一位区域性的和尚，在当地传授一种简化佛教。他的影响也只限于当时广东北部韶州一带。他的教义北传实是神会一个人把他宣扬起来的。神会为他拼命，并冒着杀头的危险，经过数十年的奋斗，最后才把这位南方文盲和尚的教义传入中原。①

由对“法海集记”的《坛经》正文的一段“悬记”性附加，再根据“唐代遗留下来的”神会一系后传弟子（如宗密）写的“文献”，就得出如此“革命”性的结论，确实够“大胆”的。然而，宗密等僧人却没有如此胆量，他们在宣传神会功绩之时，只是在本系统禀承的《坛经》的附加部分

① 《胡适之禅宗考论》，商务印书馆2018年版，第414页。

做一个小的隐喻性改动，但不敢将《坛经》直接说成神会的作品。而胡先生也不能证明：伟大的“新禅学的建立者，《坛经》的作者”——“我们的神会”，为什么不敢宣布自己写了《坛经》，或者是他在某大寺讲堂宣讲了自己的“新禅学”，反而要倚仗那位“如实有其人”的“文盲和尚”慧能之名呢？神会既有学问，又有创造性的思想，为什么拜“文盲和尚”为师，并为他“拼命”呢？

这些问题，大概胡先生回答不了。我们也不必为此“胡论”再予追究，还是回到既有文本的考证上吧。

三、惠昕本对敦煌本“法海集记”《坛经》正文部分的改动

胡适说：惠昕本是“人间第二最古的《坛经》”①。这个话有些不严谨，或许还会有新的比惠昕本“更古”的版本被发现。因此，只能说：惠昕本是已发现的《坛经》第二古本。惠昕本分二卷十一门，第一至第八门相对敦煌本第一至第三十七节，即“法海集记”正文部分，第九至第十一门相对敦煌本第三十八节及其后的附加部分。先考察惠昕本对敦煌本“法海集记”《坛经》正文部分的改动。

敦煌本第一至第三十七节，为韶州刺史令法海集记的在大梵寺讲演的《坛经》正文部分，并由慧能嘱托“十弟子”递相传授，不论惠昕本所依底本是否敦煌本，其正文部分应是相同的，惠昕本的改动，主要是在将前三十七节分编为八门的同时，又改变了许多关键性文字。

惠昕本第一门“众请说法门”，对应敦煌本第一节，首句为“大师初从南海上至曹溪”②。删去“慧能大师，于大梵寺讲堂中，升高座，说摩诃般若波罗蜜法”③，直接说“韶州刺史韦璩等，请于大梵寺讲堂中，为众开

---

① 《胡适之禅宗考论》，商务印书馆2018年版，第33页。

② 《坛经诸本集成》，宗教文化出版社2014年版，第153页。

③ 《坛经校释》，中华书局1983年版，第1页。

缘"[①]，其中"为众开缘"4个字，敦煌本中没有，于是，将敦煌本"座下僧尼、道俗一万余人"[②]改为"座下僧尼、道俗一千余人"[③]。把韦璩令"法海集记"，改为"令门人法海，抄录流行"[④]。慧能是在演讲，当然应"集记"，未记怎么"抄录"？

第二"悟法传衣门"，对应敦煌本第二至第十二节，在慧能让听众念摩诃般若波罗蜜法，不语，自净其心后，开讲第一句加"菩提自性，本来清净，但用此心，直了成佛"[⑤]。这是惠昕本对《坛经》主旨的理解，或许他认为这可以突出主旨，所以加上此句。然后是："大师言：善知识。且听某甲行由，得法事意。某甲严父，本贯范阳，左降流于岭南，作新州百姓。"[⑥]敦煌本所记慧能演讲时，都是以"惠能"自称，而惠昕本改为第三人称的"某甲"，似乎在描述他人，其意或许是避"惠能"二字之讳。惠昕本全文只一处用"惠能"二字（见下文），亦因此。但用"某甲"为自称，文义不通，远不如敦煌本以"惠能"自称更近切。再，将"本官范阳"[⑦]改为"本贯范阳"，直接把慧能父作官于范阳说成贯籍范阳。往下，在慧能听一客读《金刚经》，并讲弘忍劝僧俗，敦煌本记客言："但持《金刚经》一卷，即得见性，直了成佛"[⑧]，惠昕本将"即得见性"改为"即自见性"[⑨]，敦煌本接着说："惠能闻说，宿业有缘，便即辞亲，往黄梅冯墓山，礼拜五祖弘忍和尚。"[⑩]惠昕本改为："某甲闻说，宿业有缘，乃蒙一客取银十两与某甲，令充老母衣粮，教某甲便往黄梅礼拜五

① 《坛经诸本集成》，宗教文化出版社2014年版，第153页。
② 《坛经校释》，中华书局1983年版，第1页。
③ 《坛经诸本集成》，宗教文化出版社2014年版，第153页。
④ 同上书，第153页。
⑤ 同上书，第154页。
⑥ 同上书，第154页。
⑦ 《坛经校释》，中华书局1983年版，第4页。
⑧ 同上书，第4页。
⑨ 《坛经诸本集成》，宗教文化出版社2014年版，第155页。
⑩ 《坛经校释》，中华书局1983年版，第4页。

祖。”① 这样，似乎更合乎“孝道”，却将慧能“礼拜五祖”说成被人“教”使的行为，而且“一客”为什么“取银十两”也没有交代。

敦煌本第三节记慧能见弘忍，与弘忍说佛性“无南北”，獦獠与和尚之佛性无差别，惠昕本与此基本相同。敦煌本接下来所记“大师欲共语，见左右在旁边，大师更不言。遂发遣惠能令随众作务。时有一行者，遂遣惠能于碓房，踏碓八个余月”②，被惠昕本改为：

> 某甲启和尚言：“弟子自心常生智惠，不离自性，即是种田，未审和尚教作何务？”五祖言：“这獦獠根性太利，汝更勿言，且去后院。”有一行者，差某甲破柴踏碓八个余月。五祖一日忽见某甲言：“吾思汝之明见，恐有恶人害汝，遂不与言，汝知之不？”某甲言：“弟子亦知师意，不敢行至堂前，令众人不觉。”③

弘忍既知慧能之“明见”而不言，又为何还要找机会问他“汝知之不”？似乎强调二人禅思相通，但这一句，反而将相通之意降了一等。

敦煌本第四至第七节，写弘忍要门徒作偈以传衣法，神秀写偈于壁，弘忍虽认为其偈只到门前，“尚未得入”④，仍留偈壁上，让众门徒诵之。惠昕本大体沿用依敦煌本所写，但加了一些言语，自以为通俗顺当，尤其对神秀作偈前后心绪加重描述，远不如敦煌本文字简洁。

敦煌本第八节，写慧能闻童子诵神秀偈，知未见性，童子并告知弘忍要门徒作偈事，此偈即神秀上座所作。

> 童子引能，至南廊下，能即礼拜此偈，为不识字，请一人读，惠能闻已，即识大意。惠能亦作一偈，又请得一解书人，于

① 《坛经诸本集成》，宗教文化出版社 2014 年版，第 155 页。

② 《坛经校释》，中华书局 1983 年版，第 8 页。

③ 《坛经诸本集成》，宗教文化出版社 2014 年版，第 156 页。

④ 《坛经校释》，中华书局 1983 年版，第 14 页。

西间壁上题着，呈自本心。不识本心，学法无益，识心见性，即悟大意。惠能偈曰：

菩提本无树，明镜亦非台，
佛性常清净，何处有尘埃！

又偈曰：

心是菩提树，身为明镜台，
明镜本清净，何处染尘埃！

院内徒众，见能作此偈尽怪。惠能却入碓房。五祖忽见惠能偈，即善知识大意。恐众人知，五祖乃谓众人曰："此亦未得了。"①

惠昕本将此段改写为：

童子便引某甲到南廊，礼拜偈颂，白言："某甲为不识字，请一上人为读。某甲得闻，愿生佛地。"时有江州别驾，姓张，名日用，便高声读。某甲一闻，即识大意，即言："某甲亦有一偈，望别驾书于壁上。"别驾言："左右尽是公卿王侯、名山尊德，尚不敢作，獦獠尔是何人，而欲作偈？其事希有。"某甲启别驾言："若学无上菩提，不得轻于初学。俗谚云：下下人有上上智，上上人勿意智。若轻人，即有无边罪。"张日用言："汝但诵偈，吾为汝书于壁上。如若得法，先须度吾，勿忘此言。"某甲偈云：

菩提本无树，明镜亦非台，
本来无一物，何处有尘埃？

说此偈已，僧侣总惊。山中徒众，无不嗟讶，各相谓告："奇哉！不得以貌取人，何得多时使他肉身菩萨。"五祖见众人尽怪，恐人损他，向后无人传法。遂便混破，向众人言："此偈亦未见性，

① 《坛经校释》，中华书局1983年版，第15—16页。

云何赞叹?”众便息心，皆言未了，各自归房，更不赞叹。[1]

多出一个江州别驾张日用，诵神秀偈、写慧能偈，且说了许多话语，远不及敦煌本“请得一解书人，于西间壁上题着”，更为简单清楚。而以张日用之口所说的“左右尽是公卿王侯、名山尊德”，在弘忍门下并不存在，此话除有意提高禅宗地位，就是顺应慧能创立的以我佛观为核心的民禅被向官禅转化的趋势而对《坛经》的改动。而在院徒众见慧能所作偈之后“尽怪”之前，所加的一段盛赞“肉身菩萨”的言语，也是自相矛盾的，并且与弘忍说“此偈亦未见性”后的表现，又是截然相反。

更为重要的是，将敦煌本慧能所作二偈，只留其一，并将“佛性常清净”改为“本来无一物”，这就大改了慧能的基本观点，并引发后世学人僧者的非议。郭朋在《坛经校释》的序言中写道：

> 我们说“本来无一物”这句偈语所反映的，是被误解了的般若思想，是因为，所谓“本来无一物”，其实不过是“本无”思想的重复，而“本无”一词，乃是“性空”一词的不确切的译语，它是初期译经中受了老庄（以及玄学）思想影响的产物，因为，“性空”，是说宇宙万有，只有假象，并无“自性”，亦即所谓“缘起有，自性空”——“缘起性空”。它比较准确地表达了般若系的基本思想。而“本无”一词，就易使人产生误解，以为它是主张什么都没有（同时，它又容易令人把“无”误解为“本体”——所谓“无在万化之前”“从无生有”等说法，便是这种误解的表现）。其实，般若系所“空”的，只是事物的“自性”（“本体”“体性”），至于事物的现象，它是承认其为“缘起有”（假有）的。所以，晋代般若系的“六家七宗”，就受到了罗什门下僧肇的批评：“本无者，情尚于无，多触言以实

① 《坛经诸本集成》，宗教文化出版社2014年版，第162—163页。

无。……此直好无之谈，岂顺通事实、即物之情哉!”(《肇论 不真空论》)本来，自从鸠摩罗什译出般若、三论系的经论之后，“性空缘起”之说，已逐渐为人们所了解，而带有时代错误的“本无”说，也已不再为人们所奉持了。不料，这种由于误解而产生的思想，竟又出现在《坛经》里。它不仅是同“佛性”论思想背道而驰的，而且也是同般若的“性空”之说不相符合的。可见，《坛经》的首窜者，不仅不了解“佛性”论，而且也不了解“性空”说。①

郭先生是中国佛教史专家，他从佛教史角度对“本来无一物”的评说，是深刻到位的。但他认为在“世界观上，他（慧能）是一位‘真心’一元论——‘真如缘起’论（它与‘性空缘起’论是针锋相对的）者；解脱论上，他是一位佛性论者；宗教实际上，他则是一位‘顿悟’思想的倡导者”②。则仍将慧能定位于佛教之一宗的首领，并认为被惠昕以“本来无一物”所换掉的“佛性常清净”是其“真心一元论——佛性论思想”的表现。慧能虽然也谈“佛性”，但只是以此表达人的智慧之性，是人运用其智慧思考人生各种事务、处理各种问题的本性与能力。这种观点完全不同于佛教佛我观强调的人有被人之外的有超人智慧的佛神所教导，从而尊佛、信佛之性，进而在超人之神佛的指引下，依循神佛的戒律修行，以求死后在梵天那里得到好的评价，被安排一个好的“来生”的观点，而这种观点是佛教各宗派共同信奉和宣扬的核心观念的体现，各宗派的差别只在如何宣讲神佛，以及怎样信佛、尊佛、按佛的指示办事的具体术、技上。“真心一元论——佛性论思想”不过更注重人的尊佛、信佛、从佛、能被佛度之性，主张调动信徒的这种“佛性”，使他们更主动地依从神佛教导。敦煌本慧能偈中那句“佛性常清净”中的“佛性”，是他所定义的

① 《坛经校释》，中华书局1983年版，第6—7页。

② 同上书，第4页。

我佛观之佛性，是人本有的自佛性，而非佛教（包括“真心一元论——佛性论思想”）的尊佛、信佛、从佛、能被佛度之“佛性”。法海集记的《坛经》正文部分，真切地记录了慧能的言论，比较准确地表达了慧能的我佛观。但是，慧能的门徒及后来靠慧能名义生活，谋取名利的“禅宗”传人，都不懂慧能我佛观与佛教佛我观的区别，这反映在从惠昕到契嵩对《坛经》正文的改动，以及从敦煌本附加部分越来越肆无忌惮地编造上，就是对佛性的混杂界说，以及对慧能的神化和其“六祖”地位的强化。

敦煌本第九节：

> 五祖夜至三更，唤惠能堂内，说《金刚经》，惠能一闻，言下便悟。其夜受法，人尽不知，便传顿法及衣：“汝为六代祖。衣将为信禀，代代相传；法以心传心，当令自悟。”五祖言：“惠能！自古传法，气如悬丝！若在此间，有人害汝，汝即须速去。”①

此节言简意赅地说明了弘忍传衣法于慧能的过程。惠昕本则加了如下许多文字：

> 五祖其夜至三更，唤某甲至堂内，以袈裟遮围，不令人见，为某甲说《金刚经》，恰至“应无所住而生其心”，言下便悟，一切万法不离自性。某甲启言：“和尚。何期自性本自清净？何期自性本不生灭？何期自性本自具足？何期自性本无动摇、能生万法？”五祖知悟本性，乃报某甲言：“不识本心，学法无益。言下识自本心，见自本性，即名丈夫、天人师、佛。”三更受法，人尽不知，便传顿教及衣钵云：“汝为第六代祖，善自护念，广度迷人，将衣为信禀，代代相承。汝即以心传心，皆令自悟自

① 《坛经校释》，中华书局1983年版，第19页。

解。自古佛佛唯传本体，师师默付本心，令汝自见自悟。”五祖言：“自古传法，命似悬丝。若住此间，有人害汝，汝须速去。”某甲言：“某甲是南中人，久不知此山路，如何出得江口？”五祖言：“汝不须忧，吾自送汝。”①

本已至堂内，关门即可，何必“以袈裟遮围”，不过强调“衣”的重要。而对慧能说《金刚经》时，除强调《金刚经》是弘忍所传之法外，还突出“应无所住而生其心”句，无非是将《金刚经》说成慧能思想的来源，读惠昕本及契嵩本《坛经》的已转化为佛教一支的禅宗信徒，竟然将此句“应无所住而生其心”当成本宗渊源和特色。而《金刚经》上讲此句的本义，又与慧能思想并无实质关系。《金刚经》中是这样说的：

“须菩提：于意云何？菩萨庄严佛土不？”

“不也，世尊！何以故？庄严佛土者，即非庄严，是名庄严。”

“是故须菩提，诸菩萨摩诃萨，应如是生清净心，不应住色生心，不应住声香味触法生心，应无所住而生其心。”②

法海集记的《坛经》敦煌本正文中，与此句有关的，是第十七节慧能讲：

我此法门，从上已来，顿渐皆立无念为宗，无相为体，无住为本。何名无相？无相者，于相而离相；无念者，于念而不念；无住者，为人本性，念念不住，前念、今念、后念，念念相续，无有断绝；若一念断绝，法身即离色身。念念时中，取一切法上无住，一念若住，念念即住，名系缚；于一切上，念念不住，即

① 《坛经诸本集成》，宗教文化出版社2014年版，第163—164页。

② 《金刚经》，中州古籍出版社2007年版，第53页。

无缚。此是以无住为本。①

虽然是讲"无住"，但与《金刚经》这句"应无所住而生其心"的"无所住"，是有明显区别的。《金刚经》作为佛我观佛教般若系的经典，强调的是"性空缘起"，因而"无所住"而生心。而慧能据我佛观提出的"无住为本"，则是其禅教术层次的一个环节，强调思维的连续性，不要固执、停滞于其一阶段的认识。惠昕本加上这句话，无非是强调慧能思想源于《金刚经》，而禅宗也就成为般若系的一脉！他的这一做法，应与神会有关。《南阳和尚问答杂徵义》中记道："远法师问曰：'禅师口称达摩宗旨，未审禅门有相传付嘱，以为是说？'"② 神会回答时说："达摩大师，乃依《金刚般若经》，说如来知见，授与慧可。"③ 往下慧可至僧璨至道信至弘忍，都"依《金刚经》，说如来知见"。进而"于时能禅师，奉事（弘忍）经八个月。师依《金刚经》，说如来知见，当下便证'若此心有住，则为非住。'"④ "能禅师过岭至韶州居曹溪，来住四十年，依《金刚经》重开如来知见。"⑤ 这是将从达摩至慧能所传之法都归宗于《金刚经》，以示佛教传统。敦煌本记慧能要求："十弟子！已后传法，递相教授一卷《坛经》，不失本宗。"⑥ 惠昕本也记此句，神会则说"依《金刚经》"，不提《坛经》。而且神会所引《金刚经》的那句话，与惠昕本引的这句也不同。

惠昕本往下所加进的"四问"："何期自性本自清净？何期自性本不生灭？何期自性本自具足？何期自性本无动摇、能生万法？"何期，有人解为"不曾想到"，但从其作为问句来看，还有"如何达到"之意，但不论何意，都与"应无所住而生其心"关系不大。若依"不曾想到"解此4

① 《坛经校释》，中华书局1983年版，第31—32页。

② 《神会和尚禅话录》，中华书局1996年版，第103页。

③ 同上书，第104页。

④ 同上书，第108页。

⑤ 同上书，第110页。

⑥ 《坛经校释》，中华书局1983年版，第98页。

句，就不是问题，而是自己的感慨，但这是在慧能作“菩提本无树，明镜亦非台，本来无一物，何处有尘埃”偈之后说的，此偈表明他已经悟了，何必再感慨一番？若依“如何达到”解，则表明他还未悟，请教弘忍，弘忍不回答这些问题，却从中知慧能“悟本性”，并“传顿教及衣钵”，在衣之外又多了个“钵”。

敦煌本第十节，依然简明：

> 能得衣法，三更发去。五祖自送能于九江驿，登时便悟。祖处分：“汝去，努力将法向南，三年勿弘此法，难去，在后弘化，善诱迷人，若得心开，汝悟无别。”辞违已了，便发向南。①

惠昕本则在至九江驿边后，又加了一段：

> 有一只舡子，五祖令某甲上舡，五祖把橹自摇。某甲言：“请和尚坐，弟子合摇橹。”五祖言：“只合吾度汝，不可汝却度吾，无有是处。”某甲言：“弟子迷时，和尚须度。今即已悟，过江摇橹，合是弟子度。度名虽一，用处不同。某甲生在边方，语又不正，蒙师教旨付性。今已得悟，即合自性自度。”五祖言：“如是，如是。但依此见，已后佛法大行矣。汝去后一年，吾即前逝。”②

以“度”“渡”二字音同，说“度人”开悟如同与“渡河”到彼岸，这无非佛教僧人化缘时的常用语，惠昕将其加在此处，目的仍在强调慧能是佛教徒。至于弘忍预言自己死期，亦不过神佛化的手法。

敦煌本第十一节，慧能自言两月中间到大庾岭，后边有数百人追，有

---

① 《坛经校释》，中华书局1983年版，第20页。

② 《坛经诸本集成》，宗教文化出版社2014年，第164—165页。

一僧姓陈名惠顺，是三品将军，率先到达，给衣不取，而要传法，慧能传法后，惠顺心开，慧能让他向北化人。惠昕本对此节并无大动，但将“数百人”改为“数十人”，将惠顺改为“惠明”，官位改为四品。

敦煌本第十一节写过惠顺向北化人即结束，惠昕本则加了两段对大庾岭事后的描写：

> 某甲后至曹溪，又被恶人寻逐，乃于四会县避难。经逾五年，常在猎中。虽在猎中，每与猎人说法。
>
> 至高宗朝，到广州法性寺，值印宗法师讲《涅槃经》。时有风吹幡动，一僧云：“幡动。”一僧云：“风动。”惠能云：“非幡动风动，人心自动。”印宗闻之竦然。①

这两段话显然是从《曹溪大师别传》中抄来的。其第一段写“常在猎中”，不免杀生食肉，故加一句“每与猎人说法”，以为其违背戒律解脱。第二段甚至忘了用“某甲”改“惠能”，是惠昕本中唯一出现的“惠能”自称。至于“非幡动风动，人心自动”，不过佛教空宗的说法，用为“惠能云”，无非是与其改的偈语“本来无一物”对应。

敦煌本第十二节进入讲法环节时载：

> 惠能来依此地，与诸官僚、道俗，亦有累劫之因。教是先圣所传，不是慧能自知，愿闻先圣教者，各须净心，闻了愿自除迷，于先代悟。惠能大师唤言：“善知识，菩提般若之知，世人本自有之，即缘心迷，不能自悟，须求大善知识示道见性。善知识，遇悟即成智。”②

---

① 《坛经诸本集成》，宗教文化出版社2014年，第166页。

② 《坛经校释》，中华书局1983年版，第23—24页。

惠昕本先加了一段：

> 某甲东山得法，辛苦受尽，命似悬丝。今日大众同会得闻此，乃是过去千生，曾供养诸佛，方始得闻无上自性顿教。①

其意无非是将慧能思想纳入佛教体系，并说你们由于过去千生曾供养诸佛，才有机会听我从先圣那里传来的“自性顿教”。但他忽略了在第八“示西方相状门”中，当梁武帝问“造寺、供僧、布施、设斋，有何功德”时，达摩明确说：“实无功德。”② 与此说是矛盾的。下面的文字也有添加，但意思无大差别。

惠昕本第三“为时众说定惠门”，改自敦煌本第十三至第十八节。对敦煌本第十三至第十六节，惠昕本只改些文句，但对第十七节以下文字有大改动，列出如下：

> 无住者，为人本性，念念不住，前念、今念、后念，念念相续，无有断绝；若一念断绝，法身即离色身。念念时中，于一切法上无住，一念若住，念念即住，名系缚；于一切上，念念不住，即无缚也。此是以无住为本。善知识，但离一切相，是无相；但能离相，性体清净。此是以无相为体。于一切境上不染，名为无念；于自念上离境，不于法上生念。若百物不思，念尽除却，一念断即死，别处受生。学道者用心，莫不思法意。自错尚可，更劝他人迷，不自见迷，又谤经法。是以立无念为宗。即缘迷人于境上有念，念上便起邪见，一切尘劳妄念，从此而生。故此教门，立无念为宗。世人离见，不起于念，若无有念，无念亦不立。无者无何事？念者念何物？无者，离二相诸尘劳；真如是

① 《坛经诸本集成》，宗教文化出版社 2014 年版，第 166 页。

② 同上书，第 185 页。

念之体，念是真如之用。自性起念，虽即见闻觉知，不染百境，而常自在。《维摩经》云：“外能善分别诸法相，内于第一义而不动。”①

惠昕本改为：

无住者，人之本性，于世间善恶、好丑，乃至冤之与亲，言语触刺、欺诤之时，并将为空，不思酬害，念念之中，不思前境。若前念、今念、后念，念念相续不断，名为系缚。于诸法上，念念不住，即无缚也，是以无住为本。善知识，外离一切相，名为无相。能离即法体清净，是以无相为体。善知识。于诸境上，心若离，万境常寂，念上常离诸境，不于境上生心。莫百物不思，念尽除却，即无别处受生。学道者，莫不识法意，自错犹可，更劝他人，自迷不见，又谤佛经，所以立无念为宗。善知识。云何立无念为宗？只缘口说，不见本性。迷人于境上有念，念上便起邪见，一切尘劳妄想从此而生。自性本无一法可得，若有所得，妄说祸福，即是尘劳邪见。故此法门，立无念为宗。善知识。无者，无何事？念者，念何物？无者，无二相，无诸尘劳之心。念者，念真如本性。真如即是念之体，念即是真如之用。真如自性起念，非眼、耳、鼻、舌能念。真如有性，所以起念。真如若无眼耳、色声，当时即坏。善知识。真如自性起念，六根虽有见闻觉知，不染万境，真性而常自在，外能分别诸色相，内于第一义不动。②

这里改动最多，且意思不同的是对以无住为本的论说。敦煌本所说的是：

---

① 《坛经校释》，中华书局 1983 年版，第 32 页。

② 《坛经诸本集成》，宗教文化出版社 2014 年版，第 169—170 页。

"念念不住，前念、今念、后念，念念相续，无有断绝；若一念断绝，法身即离色身。念念时中，于一切法上无住，一念若住，念念即住，名系缚；于一切上，念念不住，即无缚也。"这里强调的是思想的连续性和内在联系，如果在思想某一环节停滞，或者固执某一环节的思想，就是系缚。惠昕本先加上"于世间善恶、好丑，乃至冤之与亲，言语触刺、欺诤之时，并将为空，不思酬害，念念之中，不思前境"。将思想的一般连续性限定于个人意识和态度，把个人经历、认识的美恶、好丑、冤与亲、言语触刺、欺诤，都"并将为空"，与他所改慧能开悟偈的那句"本来无一物"一样，用般若系的"性空"说来界定"无住"。进而，说"若前念、今念、后念，念念相续不断，名为系缚"。与敦煌本意思相反。后面又说"于诸法上，念念不住，即无缚也"，与前句矛盾。而对"无相为体"和"无念为宗"论述的改动，加了一些文字，虽其义较敦煌本难以理解，但目的却是清楚的：以佛教的通行话语使慧能的思想纳入佛教体系。至于最后惠昕本将"《维摩经》云"去掉，变成似乎慧能自己说"外能分别诸色相，内于第一义而不动"，也是服从这一目的。

对敦煌本第十八节，惠昕本并无大动，只是加了些他自以为是的文字，以顺从佛俗。

惠昕本第四"教授坐禅门"，对应敦煌本第十九节。相比其他各节，对本节的改动，是比较少的，但从行文看，敦煌本的第十九节与第十八节都是讲坐禅，第十九节开头一句为"今既如是"，为什么惠昕本"教授坐禅门"不包括第十八节，只含十九节？而此门又是惠昕本十一门中文字最少的，与他节相较，不成比例。敦煌本引《维摩经》句："即时豁然，还得本心。"惠昕本则改经名为《净名经》。

惠昕本第五"传香忏悔发愿门"，相对敦煌本第二十一至第二十三节，改动很大，将第二十节移后为第六"说一体三身佛相门"，先加"传香"一节，而且各节顺序和内容都有改变。

敦煌本并无"传香"一说，惠昕为使《坛经》合于佛教习俗，加此一节：

> 师言："善知识。某甲一会在此，皆共有缘。今各胡跪，传自性五分法身香。一谓戒香，即自心中，无非无恶，无嫉妬、无贪嗔、无劫害，名曰戒香。二定香，即观诸善恶境相，自心不乱，即是也。三惠香者，自心无痴，常以智惠观照自性，不造诸恶，虽修众善，心不执著，畏上爱下，矜孤恤贫，此名惠香。四解脱香，即自心无所攀缘，不思善，不思恶，自在无碍，名解脱香。五解脱知见香者，自心即无所攀缘善恶，不可沉空守寂，即须广学多闻，识自本心，达诸佛理，言满天下无口过，行满天下无怨恶，和光接物，无我无人，直至菩提，真性不易，名解脱知见香。善知识。此香各自内薰，莫于外觅。"①

这是毫无根据的篡加！或许是惠昕本人所在僧团的一种说法，与慧能思想并无关系。敦煌本法海集记中并无任何"传香"之说。而"胡跪"，则是为了表明与佛教这一"胡教"的联系。至于"香"，不过佛教徒化缘开讲时，劝导众人信其说教，所付给的口惠：你只要按我说的，信佛守戒，就能在内心得到说不出的愉悦，就如闻到精神的"香气"。而且，慧能强调"定慧为本"，将佛教的"戒、定、慧"之首"戒"排除于"本"之外。②而惠昕本的"法身香"之首，就是"戒香"。

敦煌本第二十一节讲四弘大愿，第二十二节讲无相忏悔，第二十三节讲无相三皈依戒。惠昕本在将敦煌本第二十节移为第六门，并以"传香"为第五门首节后，将无相忏悔与四弘愿对调，然后讲无相三皈依。对于敦煌本第二十二节前段文字改动不多，但末两句："善知识！何名忏悔？忏者终身不为，悔者知于前非恶业，恒不离心。诸佛前口说无益，我此法门中，永断不作，名为忏悔"③，却被删去，并接发四弘誓愿。敦煌本四弘大

① 《坛经诸本集成》，宗教文化出版社 2014 年版，第 172 页。

② 《坛经校释》，中华书局 1983 年版，第 26 页。

③ 同上书，第 45 页。

愿在第二十一节，“众生无边誓愿度，烦恼无边誓愿断，法门无边誓愿学，无上佛道誓愿成。”① 惠昕本改为：“自心邪迷众生誓愿度，自心烦恼无边誓愿断，自性法门无尽誓愿学，无上自性佛道誓愿成。”② 前两愿加“自心”，后两愿加“自性”，含义反而不清楚了。而敦煌本慧能对这四大誓愿的解释简单明了，惠昕觉得不够，无端加了许多文字。敦煌本中说：

> “众生无边誓愿度”，不是惠能度，善知识！心中众生，各于自身自性自度。何名自性自度？自色身中，邪见烦恼，愚痴迷妄，自有本觉性，将正见度，既悟正见，般若之智，除却愚痴迷妄众生，各各自度。邪来正度，迷来悟度，愚来智度，恶来善度，烦恼来菩提度，如是度者，是名真度。“烦恼无边誓愿断”，自心除虚妄。“法门无边誓愿学”，学无上法。“无上佛道誓愿成”，常下心行，恭敬一切，远离迷执，觉知生般若，除却迷妄，即自悟佛道成，行誓愿力。③

惠昕本将“心中众生”展开为“所谓邪迷心、诳妄心、不善心、疽妬心、恶毒心，如是心者，尽是众生”④，下面又删去“烦恼来菩提度”，对其他之誓，均加文字界说。

下面对敦煌本第二十三节“授无相三皈依戒”，先是去掉“戒”字，中间又改了些文字，结尾处加了一句：“今既自悟，各须皈依自心三宝，内调心性，外敬他人，是自归也。”⑤

惠昕本此处对敦煌本最明显的改动，就是将敦煌本第二十节换到第二十三节后，并以“说一体三身佛相”为题列为第六门，可见惠昕对此的重

---

① 《坛经校释》，中华书局 1983 年版，第 44 页。

② 《坛经诸本集成》，宗教文化出版社 2014 年版，第 173 页。

③ 《坛经校释》，中华书局 1983 年版，第 44 页。

④ 《坛经诸本集成》，宗教文化出版社 2014 年版，第 173—174 页。

⑤ 同上书，第 175 页。

视。但“一体三身自性佛”却是惠昕编造的。敦煌本第二十节开头说：“善知识！总须自体，与授无相戒，一时逐惠能口道，令善知识见自三身佛。”① 惠昕本第六门则为：“善知识，各各志心，某甲与说一体三身自性佛，令善知识见三身了然，自悟自性。总随某甲道。”② “自体三身佛”与“一体三身自性佛”是不同的，按敦煌本的说法，清净法身佛、千百亿化身佛、圆满报身佛，都“于自色身”为皈依，惠昕本虽然对“总随某甲道”的三唱无大改，只是将“皈依当来圆满报身佛”的“当来”二字去掉，但在对此“三唱”的解说上，却动了心思，敦煌本说：“色身者是舍宅，不可言归，向者三身在自法性，世人尽有，为迷不见，外觅三身如来，不见自色身中三身佛。”③ 惠昕本为：“色身是舍宅，不可言归向者，三身在自性中。世人总有为自心迷，不见内性，外觅三身如来，不见自身中有三世佛。”④ 虽改动不大，且有两句是因校注者标点形成的差别，但要害是末句以“不见自身中有三世佛”取代“不见自色身中三身佛”。往下改动就多了，敦煌本为：

> 善知识！听汝善知识说，令善知识于自色身见自法性有三身佛，此三身佛，从性上生。何名清净法身佛？善知识！世人性本自净，万法在自性。思量一切恶事，即行于恶；思量一切善事，便修于善行。如是一切法尽在自性。自性常清净；日月常明，只为云覆盖，上明下暗，不能了见日月星辰，忽遇惠风吹散卷尽云雾，万象森罗，一时皆现。世人性净，犹如青天，惠如日，智如月，知惠常明。于外著境，妄念浮云盖覆，自性不能明。故遇善知识开真法，吹却迷妄，内外明彻，于自性中，万法皆见。一切法自在性，名为清净法身。自皈依者，除不善行，是名皈依。何

① 《坛经校释》，中华书局 1983 年版，第 39 页。
② 《坛经诸本集成》，宗教文化出版社 2014 年版，第 175 页。
③ 《坛经校释》，中华书局 1983 年版，第 39 页。
④ 《坛经诸本集成》，宗教文化出版社 2014 年版，第 175 页。

名千百亿化身？不思量，性即空寂；思量即是自化。思量恶法，化为地狱；思量善法，化为天堂。毒害化为畜生，慈悲化为菩萨，知惠化为上界，愚痴化为下方。自性变化甚多，迷人自不知见。一念善，知惠即生。一灯能除千年暗，一智惠能灭万年愚。莫思向前，常思于后。常后念善，名为报身。一念恶，报却千年善亡；一念善，报却千年恶灭。无常已来，后念善，名为报身。从法身思量，即是化身；念念善，即是报身。自悟自修，即名皈依也。皮肉是色身，色身是舍宅，不言皈依也。但悟三身，即识大意。①

惠昕本对应的文字为：

“善知识。听说令善知识，于自身中见自性有三世佛。此三身佛，从自性生，不从外得。何名清净法身？世人性本清净，万法从自性生。思量一切恶事，即生恶行；思量一切善事，即生善行。如是诸法，在自性中，如天常清，日月常明，为浮云盖覆，上明下暗，忽遇风吹，众云散尽，上下俱明，万象皆现。世人性常浮游，如彼云天亦复如是。善知识。智如日，惠如月，智惠常明。于外著境，被妄念浮云盖覆，自性不得明朗。若遇善知识，闻真正法，自除迷妄，内外明彻，于自性中万法皆现。见性之人亦复如是，此名清净法身佛。善知识。自心皈依自性，是皈依真佛。自皈依者，除却自性中不善心、骄诳心、吾我心、诳妄心、轻人心、慢他心、邪见心、贡高心，及一切时中不善行，常见己过，不说他人好恶，是自皈依。常须下心，行于普敬，即是见性通达，更无滞碍，是自皈依。何名千百亿化身？若不思万法，性本如空。一念思量，名为变化，思量恶事，化为地狱；思量善

① 《坛经校释》，中华书局 1983 年版，第 39—40 页。

事，化为天堂。毒害化为龙蛇，慈悲化为菩萨；智惠化为上界，愚痴化为下方。自性变化甚多，迷人不能省觉，念念起恶，常行恶道。迴一念善，智惠即生，此是自性化身佛。何名圆满报身？譬如一灯能除千年暗，一智能灭万年愚。莫思向前已过，常思于后，念念圆明，自见本性。善恶虽殊，本性无二；无二之性，名为实性。于实性中，不染善恶，此名圆满报身佛。”

师言：“自性起一念恶，报灭万劫善因；自性起一念善，报得河沙恶尽。直至无上，念念自见，不失本念，名为报身。善知识。从法身思量，即是化身佛；念念自性自见，即是报身佛。自悟自修自性功德，是真自皈依。皮肉是色身，色身是舍宅，不言归也。但悟自性三身，即识自性大意。”①

“三身”亦称“三佛”“三佛身”，是佛教大乘的重要环节。《成唯识论》卷十将三身论作为全书的总结，而三身即是法身的“三相别”，法身则是佛所特有的。其中说：“大觉世尊成就无上寂默法，故名大牟尼。此牟尼尊所得二果永离二障，亦名法身，无量无边力无畏等大功德法所庄严故。体依聚义总说名身，故此法身五法为性，非净法界独名法身，二转依果皆此摄故。”② 进而论说：

如是法身有三相别：一，自性身。谓诸如来真净法界，受用、变化平等所依，离相寂然，绝诸戏论，具无边际真常功德，是一切法平等实性。即此自性亦名法身，大功德法所依止故。二，受用身。此有二种：一，自受用，谓诸如来三无数劫修集无量福慧资粮，所起无边真实功德及极圆净常遍色身，相续湛然，尽未来际，恒自受用广大法乐；二，他受用，谓诸如来由平等智

① 《坛经诸本集成》，宗教文化出版社 2014 年版，第 175—177 页。

② 《成唯识论校释》，中华书局 1998 年版，第 708 页。

示现微妙净功德身，居纯净土，为住十地诸菩萨众现大神通，转正法轮，决众疑网，令彼受用大乘法乐。合此两种名受用身。三，变化身。谓诸如来由成事智变现无量随类化身，居净秽土，为未登地诸菩萨众、二乘、异生称彼机宜，现通说法，令各获得诸利乐事。①

大乘派还有“法身”“应身”“化身”（《最胜王经　分别三身品》）及“法身佛”“报身佛”“应身佛”（《大乘义章》卷一九），其中的“报身”“应身”与《成唯识论》“受用”“变化”相通。大乘派各宗对“三身”的说法虽略有差别，但其基本观点是一致的：“三身”的主体是佛、“诸如来”的法身；法身即自性身，它既为佛自己受用，也为菩萨及信众“转正法轮，决众疑网”，为“他受用”；“变化身”或“化身”“应身”，佛为菩萨说法而变现的种种化身，以及为利乐世间众生而变现的色身或其他幻化身。

《坛经》敦煌本记录了慧能的“三身佛”说，其与佛教大乘派的区别在于：一、三身佛的主体是有其色身的“世人”，而且是所有世人；二、三身佛以世人的皮肉“色身”为“舍宅”，即存在的基础；三、不应“外觅三身如来”，而应从自色身见三身佛；四、由于向外觅三身如来，所以“迷不见”自己色身中三身佛；五、法身佛就是“世人性本自净，万法在自性”，自性清净就是法身佛，因为“于外著境，妄念浮云盖覆，自性不能明”，由善知识“开真法，吹却迷妄，内外明彻”，而绝非只有“诸如来”才有法身，并由他们“转法轮”为“住十地诸菩萨众现大神通”；六、清净法身体现为智慧，由智慧而“除不善行”，就自皈依“千百亿化身佛”；七、“圆满报身佛”，就是“常后念善”，“一念恶，报却千年善亡；一念善，报却千年恶灭”。总之，三身佛就存在于世人的色身中，并作用于色身的行为，世人只要于自色身中皈依清净法身佛、化身佛、报身

---

① 《成唯识论校释》，中华书局1998年版，第711页。

佛，就能“自行佛行，自作自成佛道”。

慧能的“三身佛”说，是他我佛观的重要论点，也是区别于佛教佛我观的标志之一。惠昕或许看到了慧能“三身佛”的重要性，因而将敦煌本第二十节移后专为第六门。但是他并未认识到禅教与佛教核心观念的本质区别，而是从突出禅宗在佛教中地位出发，对“法海集记”第二十节进行修改。一是以“一体三身佛相”改“自三身佛”，并为第六门标题，进而又说“一体三身自性佛”，以向佛教大乘派的说法靠拢。这虽然不能根本改变慧能的思想，却使“某甲”说的我佛观模糊。二是用“三世佛”混同“三身佛”，计有两处，先是“世人总有为自心迷，不见内性，外觅三身如来，不见自身中有三世佛”，再是“听说令善知识，于自身中见自性有三世佛”。而“三世佛”在佛教中与“三身佛”是不同的，大乘派认为佛之多如恒河沙，有竖、横两类，竖三世佛是时间的，即过去、现世、未来三世之佛，一般说来，过去佛为燃灯佛、现在佛为释迦牟尼佛、未来佛为弥勒佛，他们是过去、现在、未来三世的主宰神佛。横三世佛是空间的，指东方净琉璃世界的药师佛、婆娑世界的释迦牟尼佛、西方世界的阿弥陀佛，他们是三个世界的精神导引。三世佛是佛教佛我观的体现，也是佛教徒思想的主要统治者。其与三身佛的含义和作用是不同的。惠昕将二者混同，不能说他不知道佛教“三世佛”与“三身佛”的区别，而是他要以此来模糊慧能思想与佛教的差异。至于他添加的文字，如在论清净法身佛的“于自性中，万法皆现”之后，加的一大段话：“见性之人亦复如是，此名清净法身佛。善知识。自心皈依自性，是皈依真佛。自皈依者，除却自性中不善心、骄诳心、吾我心、诳妄心、轻人心、慢他心、邪见心、贡高心，及一切时中不善行，常见已过，不说他人好恶，是自皈依。常须下心，行于普敬，即是见性通达，更无滞碍，是自皈依。”罗列这许多“心”，不仅啰唆，且在“经”文中也不必要，远不如被改掉的敦煌本“一切法自在性，名为清净法身。自皈依者，除不善行，是名皈依”。下面还有在论报身时加的“莫思向前已过，常思于后，念念圆明，自见本性。善恶虽殊，本性无二；无二之性，名为实性。于实性中，不染善恶，此名圆满报身佛。”不仅冗杂，且含义不清。

惠昕本第七“说摩诃般若波罗蜜门”，相对敦煌本第二十四至第三十三节。

对敦煌本第二十四节起首部分，惠昕本改动不多，但对下面的文字则有大改：

> 口念不行，如幻如化；修行者，法身与佛等也。何名“摩诃”？“摩诃”者，是“大”。心量广大，犹如虚空，若空心坐，即落无记空。虚空能含日月星辰、大地山河，一切草木、恶人善人、恶法善法、天堂地狱，尽在空中；世人性空，亦复如是。[①]

惠昕本改为：

> 口念心不行，如幻如电；口念心行，即心口相应。本性是佛，离性无别佛。何名摩诃？摩诃是大。心量由如虚空，无有边畔，亦无方圆大小，非青黄赤白，亦无上下长短，无嗔无喜、无是无非、无善无恶、无有头尾。诸佛刹土，尽同虚空。世人妙性本空，无有一法可得。喻此大空，自性真空，亦复如是。善知识。今闻某甲说空，便即着空。第一莫空，若空心净坐，即落无记空，终不成佛法。善知识。世界虚空，能含万物色象，日月星宿、山河泉源溪涧、一切树木，恶人善人、恶法善法，天堂地狱，一切大海、须弥诸山，总在空中。世人性空，亦须如是。[②]

敦煌本所记慧能话，一是“修行者，法身与佛等也”，惠昕本改为“本性是佛，离性无别佛”。慧能认为，只要修行禅，法身就是佛；惠昕则强调

---

① 《坛经校释》，中华书局1983年版，第49页。

② 《坛经诸本集成》，宗教文化出版社2014年版，第178—179页。

佛性，慧能有时也说“自性”，但其要点在于我佛；惠昕将自性等同于佛性，虽然并未脱离我佛观，却会让人觉得其“佛性”是“被佛导引”“信佛”“从佛”之性，以缩小与佛教的差距。二是敦煌本“虚空能含日月星辰、大地山河，一切草木、恶人善人、恶法善法、天堂地狱，尽在空中”；惠昕本改为“世界虚空，能含万物色象，日月星宿、山河泉源溪涧、一切树木，恶人善人、恶法善法，天堂地狱，一切大海、须弥诸山，总在空中”。“世界虚空”，是佛教空宗的基本观念，慧能所说的“虚空”，并不是“世界虚空”或“一切皆空”，而是与老子所说的“无”相近的世界属性。《老子》第一章中说：“无，名天地之始；有，名万物之母。”① 第四十章：“天下万物生于有，有生于无。”② 慧能虽然没有研究过老子，但老子关于有、无的观念，在他那个时代却是普遍于意识形态的，因此他以虚空来表示可以容纳万物之有的“大”，进而说明“心量广大”之“大”。而惠昕在“虚空”之前加上“世界”二字，就认同了“一切皆空”的佛教般若系的基本观念，用它去改《坛经》的这段话，不仅与慧能思想相悖，而且是自相矛盾：既然“世界虚空”，为什么还有“万物色象，日月星辰……”？至于加上“须弥诸山”，无非是显示其为佛教系统。

对敦煌本第二十五节前三句，惠昕本改动不大。后三句“又有迷人，空心不思，名之为大，此亦不是。心量大，不行是少。莫口空说，不修此行，非我弟子”③。惠昕本改为：

> 又有迷人，空心净坐，百无所思，自称为大。此一辈人，不可共说，为邪见故。善知识。心量广大，廓周法界，用即了了分明，应用遍知一切。一切是一，一即一切，去来自由，心体无滞。此是善知识，一切般若智心，皆从自性而生，不从外人，莫错用意，名真自用。一真一切真，心量大事，不行小道。口莫终

---

① 《老子 第一章》。

② 《老子 第四十章》。

③ 《坛经校释》，中华书局1983年版，第50页。

日说空，心中不修此行；恰似凡人自称国王，终不可得，非吾弟子。[1]

敦煌本所说的“空心不思”的“迷人”，是指主张“一切皆空”的佛教般若系僧人。惠昕本改为“空心净坐，百无所思”，这样一改，指向反而不明，至于后面加的“心量广大，廓周法界，用即了了分明，应用遍知一切”诸句，强调“用”，这是敦煌本中没有的，应是惠昕本人的“心得”，但与此节所说“大”，关系也不大。

敦煌本第二十六节说般若和波罗蜜，惠昕本将之改为两节分说。对说般若部分，惠昕本改动不大，但将“世人心中常愚，自言我修般若”[2] 断为两句，并加多字：“世人愚迷，不见般若，口说般若，心中常愚。自言我修般若，念念说空，不识真空。”[3] 似乎是对“一切皆空”论的批评，不如敦煌本含蓄，且又说其“不识真空”。

惠昕本对说波罗蜜部分，改动不多，但在敦煌本“前念迷即凡，后念悟即佛”[4] 之后，加了一句“前念著境即烦恼，后念离境即菩提”[5]，即结束此节，将下边的“善知识！摩诃般若波罗蜜，……三世诸佛从中变三毒为戒定惠”[6]，做了文字改动，移入下一节，与敦煌本第二十七节合为一节，作为前面所说的“摩诃般若波罗蜜”的概括，以及慧能对“我此法门”的强调。

敦煌本第二十八和第二十九节，被惠昕本合为一节，前面改动不多，但删去了第二十九节倒数第二句“犹如大海，纳于众流，小水大水，合为一体”[7] 4 句。

---

① 《坛经诸本集成》，宗教文化出版社 2014 年版，第 179 页。
② 《坛经校释》，中华书局 1983 年版，第 51 页。
③ 《坛经诸本集成》，宗教文化出版社 2014 年版，第 180 页。
④ 《坛经校释》，中华书局 1983 年版，第 51 页。
⑤ 《坛经诸本集成》，宗教文化出版社 2014 年版，第 180 页。
⑥ 《坛经校释》，中华书局 1983 年版，第 51 页。
⑦ 同上书，第 56 页。

对敦煌本第三十节，惠昕本没有多少改动，只是删去了末句“《维摩经》云：‘即时豁然，还得本心。’”①。

对敦煌本第三十一节，惠昕本也无大改，但将其中的“不能自悟，须得善知识示道见性；若自悟者，不假外善知识。若取外求善知识，望得解脱，无有是处。识自心内善知识，即得解脱。”②，改为“不能自悟，须求善知识示导方见。若自悟者，不假外善知识，望得解脱，无有是处。”③ 第一句改“道”为“导”，说得通，但不如“道”字兼有教导和道路、道法之意更为确当。问题较大的是第二句，敦煌本“若取外求善知识，望得解脱，无有是处”，是指不自悟，只求、仅靠外善知识为他解脱，是行不通的，或达不到目的。这里的“外求善知识”并不是上文“善知识示道见性”，而是完全依靠外善知识为他解脱。惠昕没有看懂这句话，他的改动，变成自悟者如果不假外善知识，想得到解脱，是不可能的。意思相反，即自悟者也必须“假外善知识”，才能解脱。

惠昕本将敦煌本第三十二和第三十三节合为一节，但又将第三十三节末句另扩为一节。对三十二节正文及《无相颂》的前半部分，改动不大，但对《无相颂》后半部分则较多修改。敦煌本《无相颂》后半部分为：

学道之人能自观，即与悟人同一类。
大师今传此顿教，愿学之人同一体。
若欲当来觅本身，三毒恶缘心中洗。
努力修道莫悠悠，忽然虚度一世休。
若遇大乘顿教法，虔诚合掌至心求。④

① 《坛经校释》，中华书局1983年版，第58页。
② 同上书，第60页。
③ 《坛经诸本集成》，宗教文化出版社2014年版，第183页。
④ 《坛经校释》，中华书局1983年版，第62页。

惠昕本改为：

学道常于自性观，即与诸佛同一例。
五祖唯传此顿法，普愿见性同一体。
若欲当来觅法身，离诸法相心中洗。
努力自见莫悠悠，后念忽绝一世休。
若悟大乘得见性，虔恭合掌志心求。①

“学道之人能自观，即与悟人同一类”，学道的人能够自观，就与悟人是相同的；“学道常与自性观，即与诸佛同一例”，突出“自性”，将“悟人”改为“诸佛”，以强调“自性佛”。“大师令传此顿教，愿学之人同一体”，若是慧能自称“大师”，似有不妥，惠昕依此意改为“五祖”。但此颂很有可能是“集记”者法海所写的，若如此“大师”即为慧能。依惠昕本说，顿教是五祖弘忍传下来的，慧能只是传承者，而敦煌本的“大师”则是指慧能创立并“令传此顿教”，对于愿学的人应视同一体。惠昕本则将“愿学”改为“愿见性”。“若欲当来觅本身，三毒恶缘心中洗”，指“愿学”者应当觅其法身，从心中洗掉三毒恶缘，与第二十六节“变三毒为戒定惠”② 是相通的。而“若欲当来觅法身，离诸法相心中洗”，是指法身离诸法相，还是指以法身洗法相？“努力修道莫悠悠，忽然虚度一世休”，即要求学道者努力，不然的话，就会虚度一世，改为“努力自见莫悠悠，后念忽绝一世休”，“后念忽绝”与“忽然虚度”有什么关系？而将“若悟大乘顿教法”改为“若悟大乘得见性”，去掉“顿教法”，只说“大乘”，并再次强调“见性”，是其将“顿教法”改为“见性法”的表现。

敦煌本第三十三节说《无相颂》后，写道：“大师说法了，韦使君、

① 《坛经诸本集成》，宗教文化出版社 2014 年版，第 184 页。

② 《坛经校释》，中华书局 1983 年版，第 51 页。

官僚、僧众、道俗，赞言无尽，昔所未闻。”[①] 惠昕本改为：“师言：‘今于大梵寺中说此顿教，普愿法界众生，于此言下见性成佛。’师说法了，韦使君与官僚、道俗一时作礼，无不悟者，皆叹：‘善哉！希有。何期岭南有佛出世。’”[②]

惠昕本第八“示西方相状门”，相对敦煌本第三十四至第三十七节，记叙慧能演讲后韦刺史提问修福与功德、西方净土、出家与在家修行，这些都是禅教与佛教在修行术、技上区别的标志。惠昕本虽未改其要旨，但在论说上加进不少适宜集权官僚制和官文化的文字。

对于敦煌本第三十四节前半段，惠昕本无大改，但在“造寺、布施、供养，只是修福”[③] 中，加进了“设斋”[④] 一项，把“只是”改为“名为”[⑤]。对敦煌本下面的话：“自法性有功德，平直是德。内见佛性，外行恭敬。”[⑥] 惠昕本改为：“见性是功，平直是德。念念无滞，常见本性，真是妙用，名为功德。外行礼敬是功，内心谦下是德；自性建立万法是功，心体离念是德；不离自性是功，应用无染是德。若觅功德法身，但依此作，是真功德。若修功德之人，心即不轻，常行普敬也。”[⑦] 突出“自性”，是惠昕本的特色，这里更为明显。

对敦煌本第三十五节开头部分，惠昕本只做了文字修改。改动大的是“迷人愿生东方、西方者，所在处，并皆一种。心但无不净，西方去此不远；心起不净之心，念佛往生难到”[⑧]。惠昕本改为：“东方人造罪，念佛求生西方；西方人造罪造愆，彼土念生何国？凡愚不了自性，不识身中西方，愿东愿西，悟人在处一般。所以佛言：‘随所住处常安乐。’使君。心

① 《坛经校释》，中华书局1983年版，第62页。
② 《坛经诸本集成》，宗教文化出版社2014年版，第185页。
③ 《坛经校释》，中华书局1983年版，第64页。
④ 《坛经诸本集成》，宗教文化出版社2014年版，第185页。
⑤ 同上书，第185页。
⑥ 《坛经校释》，中华书局1983年版，第64—65页。
⑦ 《坛经诸本集成》，宗教文化出版社2014年版，第186页。
⑧ 《坛经校释》，中华书局1983年版，第66页。

地但无不善，西方去此不遥；若怀不善之心，念佛往生难到。”[1] 敦煌本此段是说，东方、西方“并皆一种”，没有差别，心若无不净，西方去此不远，如果心有不净之念，只是念佛（即净土宗常念的阿弥陀佛）也难以达到。惠昕本将“念佛求生西方”归结为“造罪”的“东方人”，或者说只有“造罪”的“东方人”才“念佛求生西方”，不仅敦煌本无此意，也与净土宗的宣传不同。而“西方人造罪造愆，彼土念生何国”？倒是机敏，却为惠昕自造。而将“迷人愿生东方、西方者，所在处，并皆一种”，界说为“凡愚不了自性的，不识身中西方，愿东愿西，悟人在处一般”，意思也大变：敦煌本所说的是不论东方、西方的人，“并皆一种”；惠昕本则改意为只有“悟人在处一般”。为了强调此意，又编了句“佛言”：“随所住处常安乐。”

敦煌本接下来写道：“除十恶，即行十万；无八邪，即过八千。但行直心，到如弹指。使君！但行十善，何须更愿往生；不断十恶之心，何佛即来迎请。若悟无生顿法，见西方只在刹那；不悟顿教大乘，念佛往生路遥，如何得达?”[2] 其意为，对于我顿教来说，并没有什么“西天”“往生”，只需悟“无生顿法”，就可以于今生成佛之法身，西方就在自法身中。惠昕本改为：

> 先除十恶，即行十万；后除八邪，乃过八千。念念见性，常行平直，到如弹指，使睹弥陀。能净能寂，即是释迦；心起慈悲，即是观音；常行喜舍，名为势至。使君。但行十善，何须更愿往生？不断十恶之心，何佛即来迎请？若悟无生顿法，见西方只在刹那；不悟念佛欲往，路遥如何得达?[3]

时刻不忘加上“见性”，再把敦煌本后面“自性悟，众生即是佛。慈悲即

---

① 《坛经诸本集成》，宗教文化出版社 2014 年版，第 187 页。

② 《坛经校释》，中华书局 1983 年版，第 66 页。

③ 《坛经诸本集成》，宗教文化出版社 2014 年版，第 187—188 页。

是观音，喜舍名为势至，能净是释迦，平直是弥勒”[①] 改动后加在下边，但在后文还要抄写这些文字[②]，也不怕重复！而“不悟念佛欲往”是何意？是不悟“念佛欲往”之本意，还是将不悟“念佛欲往”说为“迷人”之念？此句又如何可以替换“不悟顿教大乘”？

惠昕本对敦煌本第三十六节的改动，主要集中在慧能所说的《无相颂》的后半部分。前半部分改动在个别字句，如“唯传顿教法”改为“唯传见性法”，“若学顿教法”改为“只这见性法”，“菩提本清净”改为“菩提本自性”，等等，以突出惠昕“自性”观。自“法元在世间，于世出世间”之后，加“一切尽打却，菩提性宛然”[③]。敦煌本中有下面这些话：

忽离世间上，外求出世间。
邪见是世间，正见出世间。
邪正悉打却，【缺】
此但是顿教，亦名为大乘。
迷来经累劫，悟则刹那间。[④]

惠昕将这些话尽数删去。

对敦煌本第三十七节，惠昕本也只做了字句上的修改，但将结尾处“岭南有福，生佛在此”[⑤]，换到第七“说摩诃般若波罗蜜门”结尾，改为“何期岭南有佛出世”[⑥]。

---

① 《坛经校释》，中华书局 2014 年版，第 66 页。
② 《坛经诸本集成》，宗教文化出版社 2014 年版，第 188 页。
③ 同上书，第 191 页。
④ 《坛经校释》，中华书局 1983 年版，第 72 页。
⑤ 同上书，第 74 页。
⑥ 《坛经诸本集成》，宗教文化出版社 2014 年版，第 185 页。

四、惠昕本对敦煌本附加部分的改动

与敦煌本相比，惠昕本《坛经》第九“诸宗问难门”、第十“南北二宗见性门”、第十一“教示十僧传法门”，为“法海集记”的附加部分。下面依次探讨。

第九“诸宗问难门”，对应敦煌本第三十八节。

> 大师出世，行化四十余年。诸宗问难，僧侣千余人皆起恶心，欲相难问。师言：“一切尽除，无名可名，名于自性。无二之性，是名实性。于实性上，建立一切教门，言下便须自见。”诸人闻说，总皆顶礼，请事为师，愿为弟子。如此之徒，说不可尽。①

而敦煌本并无诸宗问难的字句，只言：“大师住曹溪山，韶、广二州行化四十余年。若论门人，僧之与俗三、五千人说不尽。若论宗旨，传授《坛经》，以此为依。”② 这两个“若论”是相连并列的，惠昕本的诸宗问难“师言”一大段，似乎是要强调“自性”，但与下面的话不相关联。“若论宗旨，传授《坛经》者，即有禀承所付”③，其余论说，大体与敦煌本相同，但文句不顺。

第十“南北二宗见性门”，对应敦煌本第三十九、四十、四十一、四十二、四十三、四十四节。先讲神秀与慧能各居南北，分为渐、顿二宗，文字有改动，但差别不大。接叙神秀派志诚往慧能处“听法”，慧能与志诚说戒、定、慧，折服志诚。但加了一些说“自性”的文字。再下是慧能教导法达、智常，二人列为门徒。最后是慧能对神会的训导，但与敦煌本

① 《坛经诸本集成》，宗教文化出版社 2014 年版，第 191—192 页。

② 《坛经校释》，中华书局 1983 年版，第 75 页。

③ 《坛经诸本集成》，宗教文化出版社 2014 年版，第 192 页。

所记“又有一僧名神会，南阳人也”[①] 不同，惠昕本说：“又玉泉寺有一童子，年十三岁，南阳县人，名曰神会。”[②] 不仅点出“玉泉寺”即神秀处，又说“年十三岁”，并在慧能训导的话前加“神会小儿”[③]，再次强调其“小”。而且变“汝心悟自见，依法修行”[④] 为“汝心悟，即自见性，依法修行”[⑤]，突出“见自性”。

惠昕本南北二宗见性门所记慧能与四弟子的对话，只有志诚和神会来自北宗神秀处，法达与智常与北宗无关，列入此题似不妥，但题中又有“见性”二字，且慧能教导二人时也突出“见自本性”[⑥]“自性自知”[⑦]，又似乎可在本题。

第十一“教示十僧传法门”，对应敦煌本第四十五至五十五节，没有与敦煌本第五十六、五十七节对应文字。

敦煌本第四十五节起首句“大师遂唤门人法海、志诚、法达、智常、志通、志彻、志道、法珍、法如、神会”[⑧]，惠昕本改为“尔时，师唤门人法海、志诚、法达、神会、智常、智通、志彻、志道、法珍、法如”[⑨]，将神会从末位（第十）提至第四，显然是在抬高他。此外，第四十五节至第四十八节，惠昕本只在文字上做了些改动，无大差别。

据敦煌本第四十九节中记载，法海问：

> “大师去后，衣法当付何人？”大师言：“法即付了，汝不须问。吾灭后二十余年，邪法撩乱，惑我宗旨。有人出来，不惜身

① 《坛经校释》，中华书局1983年版，第90页。

② 《坛经诸本集成》，宗教文化出版社2014年版，第197页。

③ 同上书，第198页。

④ 《坛经校释》，中华书局1983年版，第90页。

⑤ 《坛经诸本集成》，宗教文化出版社2014年版，第198页。

⑥ 同上书，第196页。

⑦ 同上书，第197页。

⑧ 《坛经校释》，中华书局1983年版，第91页。

⑨ 《坛经诸本集成》，宗教文化出版社2014年版，第199页。

命，定佛教是非，竖立宗旨，即是吾正法。”①

惠昕本中为：

> 法海上座问曰：“和尚去后，衣法当付何人？”师曰：“吾于大梵寺说法，直至今日，抄录流行，名《法宝记》。汝等守护，度诸群生，但依此说，是真正法。”师言：“法海向前。吾灭度后，二十年间，邪法缭乱，惑我正宗。有一南阳县人出来，不惜身命，定于佛法，竖立宗旨，即是吾法弘于河洛，此教大行。”②

就差没有直接说出“神会”二字，但“一南阳县人”“弘于河洛”指向已相当清楚。

接下来，敦煌本中记慧能说：“衣不合传。汝不信，吾与诵先代五祖《传衣付法颂》。若据第一祖达摩颂意，即不合传衣。”③ 下面是从达摩到慧能共六祖的颂。惠昕本为：“师曰：‘汝今须知，衣不合传。汝若不信，吾与汝说先圣达摩大师颂意，衣不合传。’”④ 说达摩颂后，并无二至五祖的颂，“师曰：‘吾有一偈，用先圣大师意。’”⑤ 即说其偈。

这里，惠昕本避免了敦煌本的自相矛盾处：一、既然“衣不合传”，却又有“先代五祖《传衣付法颂》”？故不提颂名。二、“若据第一祖达摩颂意，即不合传衣”，为什么还说二至五祖的颂？所以去除二至五祖，直接说“先圣达摩大师颂意”，再说慧能自己的偈。三、敦煌本在诵完“第五祖忍和尚颂”后，用“第六祖惠能和尚颂曰”，让慧能自称“第六祖惠能和尚”，是不合情理的，惠昕本的“吾有一偈，用先圣达摩意”，就说得

① 《坛经校释》，中华书局1983年版，第103页。
② 《坛经诸本集成》，宗教文化出版社2014年版，第205页。
③ 《坛经校释》，中华书局1983年版，第103页。
④ 《坛经诸本集成》，宗教文化出版社2014年版，第206—207页。
⑤ 同上书，第206页。

过去。因不提二至五祖，故不用“第一祖”，而用“先圣”称呼达摩，也是得体。

敦煌本第五十节，于上节六祖颂之后，又加慧能二颂，“能大师言：‘汝等听吾作二颂，取达磨（摩）和尚颂意。汝迷人依此颂修行，必当见性。’”① 而且两颂只说“心地”邪与正如何，明显蛇足，惠昕本删之（或其所依抄本无此节）。

敦煌本第五十一节，记法海问“顿教法传授”② 历经几代？慧能列数至他四十人，惠昕本除名字和个别排列顺序稍有不同外，大体与敦煌本一致。

敦煌本第五十二节，法海问：“大师今去，留付何法？令后代人如何见佛？”③ 慧能答：“后代迷人，但识众生，即能见佛；若不识众生，觅佛万劫不得见也。吾今教汝识众生见佛，更留《见真佛解脱颂》，迷即不见佛，悟者即见法。”④ 下面是《见真佛解脱颂》文：

迷即佛众生，悟即众生佛；
愚痴佛众生，智慧众生佛；

心险佛众生，平等众生佛；
一生心若险，佛在众生中。

一念吾若平，即众生自佛；
我心自有佛，自佛是真佛；
自若无佛心，向何处求佛。⑤

---

① 《坛经校释》，中华书局 1983 年，第 106 页。

② 同上书，第 106 页。

③ 同上书，第 108 页。

④ 同上书，第 108 页。

⑤ 同上书，第 108—109 页。

此颂虽不见得为慧能本人所作，却是对慧能我佛观的表达，且说明了与佛教佛我观的区别。惠昕本将慧能答法海话改为："师言：'汝听。后代迷人，若识众生，即见佛性；若不识众生，万劫觅佛难逢。吾今教汝识自心众生，见自心佛性。汝志心听，吾与汝说。后代之人，欲求见佛，但识众生。'师曰：'只为众生迷佛，非是佛迷众生。自性若悟，众生是佛；自性邪险，佛是众生。'"① 突出"佛性"和"自性"，意思反而模糊，并将《见真佛解脱颂》删去，直接敦煌本第五十三节的《自性真佛解脱颂》改题为《自性真佛偈》，文字亦有改动。进而，续慧能说偈后与众弟子作别，嘱咐不得悲泣、受人吊问、穿孝服等语，基本与敦煌本同。

敦煌本第五十四节写慧能死后各种异状，及其葬后情况，并写道："韶州刺史韦璩立碑，至今供养"②。惠昕本除对慧能死后异象和安葬进行更详细描述，又将韦璩立碑改写为："韶州奏闻，奉敕立碑供养。"③ 将韦璩个人主动的行为，改成韶州刺史奏请皇帝，受诏命而立碑供养。

敦煌本第五十五节中记道："此《坛经》，法海上座集。上座无常，付同学道漈；道漈无常，付门人悟真。悟真在岭南曹溪山法兴寺，见今传授此法。"④ 惠昕本则写为："洎乎法海上座无常，以此《坛经》付嘱志道，志道付彼岸，彼岸付圆会。递代相传付嘱，一切万法不离自性中见也。"⑤ 志道亦法海"同学"，列"十弟子"第七位⑥，而道漈并不在"十弟子"之列。为什么有《坛经》传承系统的不同？这可能与慧能嘱托"十弟子"各为一方头，"递相教授一卷《坛经》"⑦ 有关。敦煌本大概是法海传授系列，而志道也是"十弟子"之一，已受命为"一方头"，他从法海那里承受《坛经》也说得通，但志道系列为什么也有悟真？就让人费解。而且，

---

① 《坛经诸本集成》，宗教文化出版社 2014 年版，第 208 页。

② 《坛经校释》，中华书局 1983 年版，第 113 页。

③ 《坛经诸本集成》，宗教文化出版社 2014 年版，第 210 页。

④ 《坛经校释》，中华书局 1983 年版，第 113 页。

⑤ 《坛经诸本集成》，宗教文化出版社 2014 年版，第 210 页。

⑥ 《坛经校释》，中华书局 1983 年版，第 91 页。

⑦ 同上书，第 98 页。

惠昕本并不提“悟真在曹溪山法兴寺，见今传授此法”，只说“递代相传付嘱”，并加“一切万法不离自性中见也”，由此表现惠昕本的特色。

敦煌本第五十六、五十七节，惠昕本均未涉及。可能出于两个原因：一是惠昕本所依抄本中没有这两节，二是所依抄本（或即敦煌本）中有这两节，但惠昕认为没有必要而删去了。

五、契嵩本《坛经》对“法海集记”正文部分的改动

相比惠昕本，契嵩本《坛经》对“法海集记”正文部分的改动更多，而且连“法海集记”也删去了。从行文看，契嵩本所改动的，并不是敦煌本或与之类似的抄本，而是惠昕本，因此其对“法海集记”正文部分的改动，是对惠昕已改过部分的再改动，虽然仍可看出敦煌本的基本，但已大变。

契嵩本不再用“门”，而是用“品”编辑《坛经》，以示与汉译佛教诸经的统一。契嵩本计十品，前五品相对应“法海集记”正文部分，后五品为附加。

契嵩本第一品“悟法传衣”，对应惠昕本第一、二、七门。将第七门纳入第一品，是大的改动，体现着契嵩对《坛经》的理解。

“悟法传衣”品的第一节，与惠昕本大体相同，但删去了“刺史韦璩令门人法海，抄录流行”① 句。第二节加“能得钱，却出门外，见一客诵经。能一闻经云‘应无所住而生其心’，心即开悟”②。契嵩改去惠昕本“某甲”的自称，自言“能”，与敦煌本多自称“惠能”也有不同。

往下，契嵩本虽在文字上较惠昕本有所改动，记述也大体相同，但在弘忍见慧能开悟偈后，惠昕本记为“五祖其夜至三更，唤某甲至堂内，以袈裟遮围，不令人见，为某甲说《金刚经》”③，改为“次日，祖潜至碓

---

① 《坛经诸本集成》，宗教文化出版社 2014 年版，第 153—154 页。

② 《六祖坛经》，中州古籍出版社 2008 年版，第 9 页。

③ 《坛经诸本集成》宗教文化出版社 2014 年版，第 163 页。

房，见能腰石舂米。语曰：'求道之人，为法忘躯，当如是乎！'即问曰：'米熟也未？'能曰：'米熟久矣，犹欠筛在。'祖以杖击碓三下而去。能即会祖意。三鼓入室。祖以袈裟遮围，不令人见。为说《金刚经》"①。下面接着写道："至'无所住而生其心'，能言下大悟：一切万法不离自性。"② 全文抄自惠昕本。契嵩大概忘记了其上文刚说来黄梅见弘忍前，卖柴时闻此句"心即开悟"。既已先悟，何来后悟？

契嵩本在弘忍传衣法于慧能后，较惠昕本多加了一弘忍偈："有情来下种，因地果还生。无情既无种，无性亦无生。"③ 之后又加了两句，一为："祖复言：'昔达摩大师初来此土，人未之信，故依衣以为信体，代代相承。'"④ 以表明佛教宗派的诡秘和"传衣"的重要性。二为："能曰：'向甚处去？'祖云：'逢怀则止，遇会则藏。'"⑤ "怀"指广西怀集县，"会"指广东四会县，此话无非是说弘忍有神佛般的预见能力，与下文说"汝去三年（惠昕本说'一年'），吾方逝世"⑥ 一样。

契嵩本在"能辞祖已，发足南行。两月中间，至大庾岭"⑦ 后，加了如下的话："五祖归，数日不上堂。众疑，请问曰：'和尚少病少恼否？'曰：'病即无，衣法已南矣。'问：'谁人传授？'曰：'能者得之。'众乃知焉。逐后数百人来，欲夺衣钵。"⑧ 就是说，慧能得传衣法的信息，正是弘忍自己透露的，于是才有数百人夺衣钵的行为。而"两月中间"（此句难解，是已过两月，还是两个月的"中间"？）后来追者竟能于大庾岭赶上慧能，是慧能到大庾岭后未走等待追者，还是追者超越时空，乘高铁快速追得？敦煌本未有弘忍泄密之说，故其记"两月中间，至大庾岭。不知向

---

① 《六祖坛经》，中州古籍出版社2008年版，第12页。
② 同上书，第12页。
③ 同上书，第13页。
④ 同上书，第13页。
⑤ 同上书，第13页。
⑥ 同上书，第13页。
⑦ 同上书，第13页。
⑧ 同上书，第13页。

后有数百人来，欲拟头慧能夺于法，来至半路，尽总却回，唯有一僧，姓陈名惠顺，先是三品将军，性行粗恶，直至岭上，来趁犯著”①。惠昕本虽将“惠顺”更名为“惠明”，并官降一级，也基本与敦煌本相同。这样说，追逐者并不是两个月后从弘忍那得到信息才赶来，很有可能慧能走后即追，而且山路崎岖，大多数人都“却回”，唯有惠顺（明）因是武将出身，才能追到慧能。如此，是说得通的，而契嵩加此一段话，不仅让人觉得弘忍人品有问题，而且追者能超越时空而赶上慧能，也是不可信的。契嵩往下又给惠明与慧能的对话添油加醋，其中写惠明道：

> 为众人先，趁及于能。能掷下衣钵于石上，云：“此衣表信，可力争耶?”能隐于草莽中，惠明至，提掇不动。乃唤云：“行者，行者，我为法来，不为衣来。”能遂出，坐盘石上。惠明作礼，云：“望行者为我说法。”能云：“汝既为法而来，可屏息诸缘，勿生一念，吾为汝说。”良久，谓明曰：“不思善，不思恶，正与么时，那个是明上座本来面目?”惠明言下大悟。复问云：“上来密语密意外，还更有密意否?”能云：“与汝说者，即非密也。汝若返照，密在汝边。”明曰：“惠明虽在黄梅，实未省自己面目。今蒙指示，如人饮水，冷暖自知，今行者即惠明师也。”能曰：“汝若如是，吾与汝同师黄梅，善自护持。”明又问：“惠明今后向甚处去?”能曰：“逢袁则止，遇蒙则居。”明礼辞。明回岭下，谓趁众曰：“向陟崔嵬，竟无踪迹。当别道寻之。”趁众咸以为然。
>
> （惠明后改道明，避师上字）。②

而敦煌本于此只写“慧能即还衣法，又不肯取，言我故远来求法，不要其

---

① 《坛经校释》，中华书局1983年版，第22页。

② 《六祖坛经》，中州古籍出版社2008年版，第13—14页。

衣。能于岭上，便传法惠顺，惠顺得闻，言下心开。能使惠顺即却向北化人来”[1]。惠昕本中，除慧能自称“某甲”，将“惠顺”改为“惠明”外，基本与敦煌本相同。契嵩加了这许多言语，无非是要突出惠明是慧能的第一个弟子，为此甚至让慧能称其为“明上座”。这个“明上座”之称，显然不是指弘忍门下，前叙神秀作偈时，已称之“神秀上座”[2]。但又哪有师父尊称徒弟为“上座”之理？契嵩进一步的用意是贬抑法海，与删去“法海集记”是相同的，以便他更多地改动《坛经》。至于要惠明“逢袁（江西袁州）则止，遇蒙（蒙州蒙山）则居”，也不过是以已知后来惠明行迹，显示慧能神通。

再往下所写慧能至曹溪，又被恶人寻逐，乃于猎人队避难，较惠昕本多加了内容，即在“时与猎人随宜说法。猎人常令守网。每见生命，尽放之。每至饭时，以菜寄煮肉锅。或问，则对曰：‘但吃肉边菜。’”[3] 以示守僧戒，但不知尽放网中猎物，猎人为什么还让他“守网”？叙及在广州法性寺说“不是风动，不是幡动，仁者心动”之后，加上了这样的内容：

> 一众骇然。印宗延至上席，征诘奥义。见能言简理当，不由文字。宗云：“行者定非常人。久闻黄梅衣法南来，莫是行者否？”能曰：“不敢。”宗于是执弟子礼，告请传来衣钵，出示大众。宗复问曰：“黄梅付嘱，如何指授？”能曰：“指授即无，惟论见性，不论禅定解脱。”宗曰：“何不论禅定解脱？”能曰：“为是二法，不是佛法。佛法是不二之法。”宗又问：“如何是佛法不二之法？”能曰：“法师讲《涅槃经》，经明见佛性是佛法不二之法。如《涅槃经》高贵德王菩萨白佛言：犯四重禁，作五逆罪，及一阐提等，当断善根佛性否？佛言：善根有二，一者常，二者无常。佛性非常非无常，是故不断，名为不二。一者善，二

① 《坛经校释》，中华书局 1983 年版，第 22 页。
② 《六祖坛经》，中州古籍出版社 2008 年版，第 10 页。
③ 同上书，第 14 页。

者不善。佛性非善非不善，是名不二。蕴之与界，凡夫见二，智者了达，其性无二。无二之性，即是佛性。”印宗闻说，欢喜合掌言：“某甲讲经，犹如瓦砾。仁者论义，犹如真金。”于是为能剃发，愿事为师。能遂于菩提树下开东山法门。①

此段文字，敦煌本、惠昕本中都没有，应是改自《曹溪大师别传》，目的是要从思想和身份两方面都将慧能纳入佛教系统。慧能据《涅槃经》讲“佛法是不二之法”的言语，明显为《曹溪大师别传》的作者所编造，契嵩改些文字录此。《别传》中说印宗“愿事为师”②，是在为慧能剃度之先，而契嵩似乎觉得不妥，改为剃度后，再拜慧能为师，但仍不免荒唐。

慧能作为佛教禅宗之“六祖”，只是根据“五祖”传的衣法，这在佛教中似乎不“正统”，为此，神会等人反复强调传衣法的故事，但显然不够，因为按佛教戒律，必须有“剃度”的程序和仪式，否则不能认定慧能的僧人身份，如何班列佛教系列？为此，先是神会请王维编撰的《六祖能禅师碑铭》中，写了这样的文字：“南海有印宗法师，讲《涅槃经》。禅师听于座下，因问大义，质以真乘，既不能酬，翻从请益。乃叹曰：‘化身菩萨，在此色身，肉眼凡夫，愿开慧眼。’遂领徒属尽诣禅居，奉为挂衣，亲自削发。”③ 而托名法海的《六祖大师法宝坛经略序》，也有：慧能“南归隐遁十六年，至仪凤元年丙子，正月八日，会印宗法师，结论玄奥，印宗悟契师旨。是月十五日，普会四众。为师薙发；二月八日，集诸名德，授具足戒。西京智光律师为授戒师；苏州慧静律师为羯磨；荆州通应律师为教授；中天耆多罗律师为说戒；西国蜜多三藏为证戒”④。此文被编入《全唐文》卷九一五，印顺在《中国禅宗史》中说：“《略序》所说，与《坛经》每每不合，绝非《坛经》记录者所作。这是与《瘗发塔记》

---

① 《六祖坛经》，中州古籍出版社2008年版，第14—15页。

② 《曹溪大师别传》，引自《坛经校释》，中华书局1983年版，第125页。

③ 王维：《六祖能禅师碑铭》，引自《坛经校释》，中华书局1983年版，第141页。

④ 法海撰：《六祖大师法宝坛经略序》，引自《坛经校释》，中华书局1983年版，第117页。

《别传》为同一系的作品。"[1]《曹溪大师别传》于此叙说尤详，其中道：

能大师归南，略至曹溪，犹被人寻逐，便于广州四会、怀集两县界避难，经于五年，在猎师中。大师春秋三十九，至仪凤元年初，于广州制旨寺听印宗法师讲《涅槃经》，法师是江东人也。其制旨寺，是宋朝求那跋摩三藏置，今广州龙兴寺是也。法师每劝门人商量论义，时嘱正月十三日悬幡，诸人夜论幡义，法师廊下隔壁而听。初论幡者："幡是无情。因风而动。"第二人难曰："风幡俱是无情，如何得动？"第三人："因缘和合故，合动。"第四人言："幡不动，风自动者。"众人诤论，喧喧不止。能大师高声止诸人曰："幡无如余种动。所言动者，人者心自动耳。"印宗法师闻已，至明日讲次欲毕，问大众曰："昨夜某房论义，在后者是谁？此人必禀承好师匠。"中有同房人云："是新州卢行者。"法师云："请行者过房。"能遂过房。法师问曰："曾事何人？"能答曰："事岭北蕲州东山忍大师。"法师又问："忍大师临终之时，云佛法向南，莫不是贤者否？"能答："是。""既云是，应有传法袈裟，请一暂看。"印宗见袈裟已，珍重礼敬，心大欢喜，叹曰："何期南方有如是无上之法宝！"法师曰："忍大师付嘱，如何指授言教？"能大师答曰："唯论见性，不论禅定、解脱、无为、无漏。"法师曰："如何不论禅定、解脱、无漏、无为？"能答曰："为此多法，不是佛性，佛性是不二之法。《涅槃经》明其佛性不二之法，即此禅也。"法师又问："如何佛性是不二之法？"能曰："《涅槃经》高贵德王菩萨白佛言：'世尊，犯四重禁，作五逆罪，及一阐提等，为当断善根，佛性改否？'佛告高贵德王菩萨：'善根有二：一者常，二者无常。佛性非常非无常，是故不断，名之了达，其性无二，无二之性，即是实性。

① 印顺：《中国禅宗史》，江西人民出版社 1999 年版，第 215 页。

明与无明，凡夫见二，智者了达，其性无二，无二之性，即是实性。实性无二。’”能大师谓法师曰：“故知佛性，是不二之法。”印宗闻斯解说，即起合掌虔诚，愿事为师。明日讲次，告众人曰：“印宗何幸，身是凡夫，不期座下法身菩萨。印宗所为众人说《涅槃经》，犹如瓦砾。昨夜请卢行者过房论义，犹如金玉，诸人信否？然此贤者，是东山忍大师传法之人。诸人永不信。请行者将传法袈裟呈示诸人。”诸人见已顶礼，咸生信重。仪凤元年，正月十七日，印宗与能大师剃发落；二月八日，于法性寺受戒，戒坛是宋朝求那跋摩三藏所置。当时遥记云：“于后当有罗汉登此坛，有菩萨于此受戒。”今能大师受戒，应其记也。能大师受戒和尚，西京总持寺智光律师；羯磨阇梨，苏州灵光寺惠静律师；教授阇梨，荆州天皇寺道德律师。后时，三师皆于能大师所学道，终于曹溪。其证戒大德：一是中天耆多罗律师；二是密多三藏。此二大德，皆是罗汉，博达三藏，善中、边言，印宗法师请为尊证也。①

胡适经过考证，认为：“《别传》的作者是一个无学问的陋僧，他闭门虚造曹溪大师的故事，装上（假装搞了）许多年月，俨然像（是拿出了）一部有根据的传记了。可惜他没有最浅近的算学知识，下笔便错，处处露出作伪的痕迹。不幸契嵩上了他的当，把此传认作‘曹溪古本’，采取了不少材料到《坛经》里去，遂使此书欺骗世人至九百年之久！”②

不过，这个“无学问的陋僧”，并非“闭门虚造曹溪大师的故事”，起码慧能受戒的事应取自王维的《六祖能禅师碑铭》和托名法海的《六祖大师法宝坛经略序》（以及同样托名法海等撰《六祖大师缘起外记》）。而发起者应为神会，他打着“六祖”慧能的旗号在洛阳等地与北宗争禅宗正

① 《曹溪大师别传》，引自《坛经校释》1983 年版，第 124—126 页。

② 《胡适之禅宗考论》，商务印书馆 2018 年版，第 28 页。

统地位时，总会受到各种责难，其一是弘忍传衣的证据，神会以此证慧能为六祖，但可惜慧能并未传衣给他，因而要反复宣传；其二是虽然说慧能是由弘忍传之衣法，但佛教讲求剃度受戒，否则就不是佛僧，因而请王维写《六祖能禅师碑铭》时，说此故事。至于托名法海者所写的《六祖大师法宝坛经略序》及《六祖大师缘起外记》，应晚于王维碑文，并加以扩充。《曹溪大师别传》作者略晚于王维及写《略序》《外记》的编造者，由此三篇或其中两篇、一篇夸大其词，杜撰了这“俨然像一部有根据的传记”。这是慧能禅教被佛教禅宗化的需要，也是那些靠“六祖”名号为生的禅僧的根据，更是佛教徒说谎造假传统的表现。契嵩并不像胡适说的“上当”者，而是靠禅宗而博取名利者，因此在改《坛经》时，将《别传》中的叙说改造，以充经典！

契嵩本往下改了惠昕本第二“悟法传衣门”结尾两节个别文字后，是对其第七“说摩诃般若波罗蜜门”的改动，不仅打破惠昕本各节顺序，而且对叙说也进行修改，其中突出的，是将惠昕本第八节七言《无相颂》移至第五品“传香忏悔”，换上惠昕本第八“示西方相状门”中的五言《无相颂》。此颂在敦煌本第三十六节已记录，惠昕本删去了末句“此但是顿教，亦名为大乘，迷来经累劫，悟则刹那间。”① 契嵩本将其补上，将“大乘”改为“大法船”“此颂是顿教，亦名大法船；迷闻经累劫，悟则刹那间。”② 颂中加了“波波度一生，到头还自懊”和“憎爱不关心，长伸两脚卧”③ 等语。

敦煌本“法海集记”正文部分一气贯通，是一次讲演的集记，惠昕本依此，而契嵩则将之分为5次讲演，即第一品至第五品各位一次。第二品“释功德净土”，将惠昕本第八“示西方相状门”移此改之，而敦煌本这部分为第三十四、三十五节，是讲演结束后的答疑环节的内容，惠昕本虽分列“门”，并未改变其顺序和时间，记为“尔时，韦使君再肃容仪，礼

---

① 《坛经校释》，中华书局1983年版，第72页。

② 《六祖坛经》，中州古籍出版社2008年版，第20页。

③ 同上书，第19页。

拜问曰”[1]。契嵩本第二品对惠昕本第八门正文未大改，但将其结语处的五言《无相颂》移到第一品，换上一篇六言《无相颂》云：

心平何劳持戒，行直何用修禅？
恩则亲养父母，义则上下相怜。
让则尊卑和睦，忍则众恶无喧。
若能钻木出火，淤泥定生红莲。
苦口的是良药，逆耳必是忠言。
改过必生智慧，护短心内非贤。
日用常行饶益，成道非由施钱。
菩提只向心觅，何劳向外求玄？
听说依此修行，天堂只在目前。[2]

如果改掉“戒”“禅”“菩提”几字，将此颂单列，谁会认为它与佛教有关？恰似儒学道统宣扬的“弟子规”“孝经”“女儿经”，以及各种“家规”。这是禅宗儒化的体现，正是这种儒化和形式上的佛教化，为禅宗开出了一条活路并普及，在维持名义上的“中国佛教”传承的同时，也使慧能的禅教基本观念我佛观和佛教佛我观混杂，作为集权官僚制统治意识形态的辅助而得以存续。慧能关于“定慧一体”并将佛教之“戒”视为定慧之后的自律，在此进一步体现。宗宝本保留了此偈，只改了个别字句，如“天堂”改“西天”等。

契嵩本第三品“定慧一体”，对应惠昕本第三“为时众说定慧门”，并将末节关于坐禅的论说，转入第四品“教授坐禅”，这种改编是适当的，惠昕本将这一节放在第三门明显不妥。至于文字，则改动不多。

契嵩本第四品“教授坐禅”，对应惠昕本第四“教授坐禅门”，但将

① 《坛经诸本集成》，宗教文化出版社 2014 年版，第 186 页。

② 《六祖坛经》，中州古籍出版社 2008 年版，第 40 页。

其第三门末段移入此品为后半段。文字改动亦不多。

契嵩本第五品“传香忏悔”，含惠昕本第五“传香忏悔发愿门”和第六“说一体三身佛相门”。

与惠昕本以“师言”开首不同，契嵩本从“时大师见广、韶洎四方士庶，骈集山中听法，于是升座告众曰”开始，记慧能讲的话云：“善知识，此事须从自性中起。于一切时念念自净其心，自修自行，见自己法身，见自心佛，自度自戒，始得不假到此。既从远来，一会于此，皆共有缘。”①这是惠昕本中所没有的。然后抄改惠昕本的传自性五分法身香，到“此香各自内薰，莫向外觅”②后，紧接着就说：“今与汝等授无相忏悔”③，而惠昕本于此处是另起一节。惠昕本中此节文字较少，为：

> 今与善知识授无相忏悔，灭除心中河沙积劫罪。善知识：“前念、后念及今念，念念不被愚迷染，从前恶念一时除，自性自除真忏悔。前念、后念及今念，念念不被诳妄染，除却从前骄慢心，永断名为自性忏。前念、后念及今念，念念不被疽妒染，除却从前疽妒心，永断名为自性忏。”④

契嵩本增加为：

> 今与汝等授无相忏悔，灭三世罪，令得三世清净。善知识，各随语一时道：弟子等，从前念今念及后念，念念不被愚迷染。从前所有恶业愚迷等罪，悉皆忏悔，愿一时消灭，永不复起。弟子等，从前念今念及后念，念念不被骄诳染。从前所作恶业骄诳等罪，悉皆忏悔，愿一时消灭，永不复起。弟子等，从前念今念

① 《六祖坛经》，中州古籍出版社 2008 年版，第 52 页。
② 同上书，第 52 页。
③ 同上书，第 52 页。
④ 《坛经诸本集成》，宗教文化出版社 2014 年版，第 173 页。

及后念，念念不被嫉妒染。所有恶业嫉妒等罪，悉皆忏悔，愿一时消灭，永不复起。善知识，已上是为无相忏悔。云何名忏？忏者，忏其前愆。从前所有恶业、愚迷、骄诳、嫉妒等罪，悉皆尽忏，永不复起，是名为忏。悔者，悔其后过。从今以后所有恶业、愚迷、骄诳、嫉妒等罪，今已觉悟，悉皆永断，更不复作，是名为悔。故称忏悔。凡夫愚迷，只知忏其前愆，不知悔其后过。以不悔故，前愆不灭，后过又生。前愆既不灭，后过复又生，何名忏悔！①

加这些文字，一是本品题目为“传香忏悔”，要使“传香”和“忏悔”两部分平衡；二是强化宗教的仪式感，要“弟子等”随着一起喊口号。但契嵩又忽略了此品下面还有“发四弘愿”“授无相三皈依戒”“一体三身自性佛”三部分，其品题并无包含，而惠昕本的题目起码还有“发愿”一词，虽然未含“授无相三皈依”，但把“说一体三身佛相”部分另列为第六门，契嵩本则将这部分也纳入“传香忏悔”品中。也就是说，在第五品“传香忏悔”题下，含五部分内容。

对于“发四弘愿”“授无相三皈依戒”这两部分，契嵩本对惠昕本并无大的改动。但在将“说一体三身自性佛”纳入第五品后，将其两次提到的“自身中有三世佛”② 都改为“自身中有三身佛”。第五品将惠昕本第七门的七言《无相颂》移为结束部分。

契嵩本涉及敦煌本“法海集记”的内容，只到第五品，但契嵩并不是按“集记”，而是按“传记”编撰惠昕本及其他有关材料的，这明显是受《曹溪大师别传》的影响，并收录了其中相应传说，如记刘志略及其姑、慧能受戒、慧能与神会对话、“唐朝征诏”，以及“付嘱法通”中的“悬记”与慧能死后事等。因而将慧能一次演讲的“集记”分别数次，并将敦

① 《六祖坛经》，中州古籍出版社 2008 年版，第 52—53 页。

② 《坛经诸本集成》，宗教文化出版社 2014 年版，第 175、176 页。

煌本的附加部分以传记形式编写，且增加了诸多内容。然而，契嵩似乎忘了修改题目，他所编写的不应以《六祖坛经》为题，而应以《六祖大传》为题。他这样修改，增加了故事性，并将慧能神佛化，有利于禅宗僧人宣传，却淡化了“法海集记”《坛经》中的慧能思想。而契嵩本及对其略作修改的宗宝本的流行，也在一定程度上表明禅教的佛教禅宗化已经成形。

六、契嵩本对“法海集记”《坛经》附加部分的窜改

按照“传记”的体例，契嵩本从第六品到第十品，依《曹溪大师别传》等传说，对“法海集记”《坛经》的附加部分进行了大篇幅的篡改。

契嵩本第六品“参请机缘”，首先写道：

> 师自黄梅得法，回至韶州曹溪村，人无知者。有儒士刘志略，礼遇甚厚。志略有姑为尼，名无尽藏，常诵《大涅槃经》。师暂听，即知妙义，遂为解说。尼乃执卷问字。师曰：“字即不识，义即请问。”尼曰：“字尚不识，曷能会义？”师曰：“诸佛妙理，非关文字。”尼惊异之。遍告里中耆德，云是有道之士，宜请供养。有魏武侯玄孙曹叔良及居民竞来瞻礼。时宝林古寺，自隋末兵火已废，遂于故里重建梵宇，延僧居之，俄成宝坊。师住九月余日，又为恶党寻逐。师乃遁于前山，被其纵火焚烧草木，师隐身入石中得免。石于是有师趺坐膝痕及衣布之变，因名避难石。师忆五祖怀会止藏之嘱，遂行，隐于二邑焉。①

此段文字，显然抄改自《曹溪大师别传》中如下文字：

> 惠能大师，俗姓卢氏，新州人也。少失父母，三岁而孤。虽

① 《六祖坛经》，中州古籍出版社2008年版，第62页。

处群辈之中，介然有方外之志。

其年，大师游行至曹溪，与村人刘志略结义为兄弟，时春秋三十。略有姑，出家配山涧寺，名无尽藏。常诵《涅槃经》。大师昼与略役力，夜即听经，至明。为无尽藏尼解释经义，尼将经与读，大师曰："不识文字。"尼曰："既不识字，如何解释其义？"大师曰："佛性之理，非关文字；能解，今不识文字何怪？"众人闻之，皆嗟叹曰："见解如此，天机自悟，非人所及，堪可出家，住此宝林寺。"大师即住此寺修道，经三年，正当智药三藏一百七十年悬记之时也。时大师春秋卅有三。后闻乐昌县西石窟有远禅师，遂投彼学坐禅。大师素不曾学书，竟未披寻经论。时有惠纪禅师，诵《投陁经》，大师闻经，叹曰："经意如此，今我空坐何为？"

至咸亨五年，大师春秋卅有四。惠纪禅师谓大师曰："久承蕲州黄梅山忍禅师开禅门，可往彼修学。"大师其年正月三日，发韶州，往东山，寻忍大师。[①]

按《别传》此说，慧能是被弘忍认定的"自识佛性，顿悟真如"[②] 者。契嵩则将慧能被刘志略礼遇，将为其姑讲经的时间，改到"黄梅得法"后，并将"村人"刘志略改为"儒士"，只是对慧能"礼遇甚厚"，而非"结为兄弟"。至于慧能住在宝林寺被恶党追逐及"避难石"云云，也取自《别传》，但因其所写为见弘忍得传袈裟之前，而契嵩本则说为之后，可能契嵩行笔至此，忽然想到与第一品"悟法传衣"中所写"能后至曹溪，又被恶人寻逐。乃于四会避难猎人队中，凡经一十五载"[③] 不合，又舍不得删去此段文字，于是加"师忆五祖怀会止藏之嘱，遂行，隐于二邑焉"。但他忽略了解释慧能为什么会违背"师嘱"。

① 《曹溪大师别传》，引自《坛经校释》，中华书局1983年版，第122页。

② 同上书，第123页。

③ 《六祖坛经》，中州古籍出版社2008年版，第14页。

第六品题为“参请机缘”，记慧能授徒的事迹。其中涉法达、智常的部分取自惠昕本第十门，余者取自《祖堂集》《景德传灯录》等佛教中的传说。分叙法海、法达、智通、智常、志道、行思、怀让、玄觉、智隍，其中前五位列慧能临终嘱咐的“十弟子”，后4位是弘扬慧能禅法的诸派首领。对“十弟子”中的志诚、志彻、神会，在第七品中叙及。

敦煌本虽然注明“法海集记”，但附加部分并无慧能对法海的单独训导，惠昕本依之。契嵩本加法海一节，但很短：“一僧法海，韶州曲江人也。初参祖师，问曰：‘即心即佛，愿垂指谕。’师曰：‘前念不生即心，后念不灭即佛。成一切相即心，离一切相即佛。吾若具说，穷劫不尽。’”①并说一偈，法海大悟，以一偈赞叹。

惠昕本关于法达的叙述较多，契嵩本又加以扩展，并多改动。惠昕本依敦煌本，写法达初见慧能时情况道：“复有一僧，名曰法达。常诵《法华经》，七年心迷，不悟正法。来诣曹溪，礼拜问曰：‘和尚，弟子诵《法华经》，心常有疑，又不知正法之处。和尚智慧广大，愿为决疑？’”② 即为请“决疑”而来。契嵩本则改为：

僧法达，洪州人。七岁出家，常诵《法华经》。来礼祖师，头不至地。师诃曰：“礼不投地，何如不礼！汝心中必有一物。蕴习何事耶？”曰：“念《法华经》，已及三千部。”师曰：“汝若念至万部，得其经意，不以为胜，则与吾偕行。汝今负此事业，都不知过。听吾偈曰：

礼本折慢幢，头奚不至地？
有我罪即生，亡功福无比。”

师又曰：“汝名什么？”曰：“法达。”师曰：“汝名法达。何曾达法？”复说偈曰：

① 《六祖坛经》，中州古籍出版社2008年版，第62页。
② 《坛经诸本集成》，宗教文化出版社2014年版，第195页。

汝今名法达，勤诵未休歇；
空诵但循声，明心号菩萨。
汝今有缘故，吾今为汝说；
但信佛无言，莲华从口发。

达闻偈悔谢曰：“而今而后，当谦恭一切。弟子诵《法华经》，未解经义，心常有疑。和尚智慧广大，愿略说经中义理。”①

显然，法达并不是来请“决疑”的，而是来挑衅、问难的，他被慧能一通教训，才“悔谢”求教。不仅在慧能为法达解经的话语中，较惠昕本加了不少文字，更在法达大悟，并承认自己“从昔已来，实未曾转《法华》，乃被《法华》转”② 之后，又加问：“又经说三车，羊鹿之车与白牛之车，如何区别？愿和尚再垂开示。”③ 慧能又为他解说一通。这番问答，或许意在强调慧能之法与《法华经》相通，并高明于它的。

而接下来记慧能对智通的教导，则要表示他对《楞伽经》的高明见解。“僧智通，寿州安丰人。初看《楞伽经》千余遍，而不会三身四智。礼师求解其义。师曰：‘三身者，清净法身，汝之性也。圆满报身，汝之智也。千百亿化身，汝之行也。若离本性，别说三身，即名有身无智。若悟三身无有自性，即名四智菩萨。’”④ 又为智通说二偈，“通顿悟性智”⑤，遂呈一偈表白。

惠昕本依敦煌本记有慧能答智常“礼拜四乘义”；契嵩本在改惠昕本相关文字之前，加一大段文字，说智常髫年出家道：“礼大通和尚，蒙示见性成佛之义。未决狐疑，远来投礼。伏望和尚慈悲指示”⑥。慧能让他讲

① 《六祖坛经》，中州古籍出版社2008年版，第63页。
② 同上书，第64页。
③ 同上书，第64页。
④ 同上书，第65页。
⑤ 同上书，第66页。
⑥ 同上书，第66页。

叙了大通的“言句”，听后说：“彼师所说，犹存见知，故令汝未了。”[①]作一偈与智常，智常闻偈，心意豁然，也述一偈。然后，才是“智常一日问师曰：‘佛说三乘法，又言最上乘。弟子未解，愿为教授。’”[②] 慧能为之解答。

敦煌本和惠昕本都无慧能教训志道的记叙，而契嵩本则加之云：“僧志道。广州南海人也。请益曰：‘学人自出家，览《涅槃经》十载有余，未明大意。愿和尚垂诲。’”[③] 慧能为他破除因“习外道断常邪见”而产生的疑惑，并作一长篇五言偈，令“志道闻偈大悟，踊跃作礼而退”[④]。

行思、怀让、玄觉、智隍虽不在“十弟子”之列，却是慧能思想成功的践行者，尤其怀让和行思开创的南岳系和青原系，是禅教的主流，其影响到契嵩时仍是明显的。虽然“法海集记”的《坛经》附加部分并未提到这四人，但契嵩要变《坛经》为《六祖大传》，因而要将作为其重要传人的行思、怀让及玄觉、智隍列入，以示禅宗的大传统。

关于此4人的材料，大体来自《祖堂集》《景德传灯录》及相应传说，契嵩编排写作而充之。此四人中，行思和怀让都曾师从慧能，当列弟子位。而玄觉、智隍则都属短期“参请机缘”者。

契嵩本结尾部分，还有三段叙说，其一云：

> 一僧问师云：“黄梅意旨，什么人得?”师云：“会佛法人得。”僧云：“和尚还得否?”师云：“我不得。”僧云：“和尚为什么不得?”师云：“我不会佛法。”[⑤]

此答问若真有，其意或者是说慧能认识到其基本观念与弘忍“佛法”的区

---

① 《六祖坛经》，中州古籍出版社2008年版，第66页。

② 同上书，第67页。

③ 同上书，第67页。

④ 同上书，第68页。

⑤ 同上书，第70页。

别，或者是以“我不会佛法”来怼僧不该提此问题。其二云：

> 师一日欲濯所授之衣，而无美泉。因至寺后五里许，见山林郁茂，瑞气盘旋。师振锡卓地，泉应手而出，积以为池。乃跪膝浣衣石上。忽有一僧来礼拜云：“方辩是西蜀人。昨于南天竺国见达摩大师，嘱方辩速往唐土。吾传大迦叶正法眼藏及僧伽梨，见传六代于韶州曹溪。汝去瞻礼。方辩远来，愿见我师传来衣钵。”师乃出示。次问：“上人攻何事业?”曰：“善塑。”师正色曰：“汝试塑看。”方辩罔措。数日塑就真相，可高七寸。曲尽其妙。师笑曰：“汝只解塑性。不解佛性。”师舒手摩方辩顶，曰：“永为人天福田。”①

“师振锡卓地，泉应手而出，积以为池”，不过是对慧能的神佛化。而方辩来访的目的，无非欲见法衣，以证传言，至于就塑像说塑性不同于佛性，并为方辩摩顶，那也是在表示慧能的禅法高明。其三云：

> 有僧举卧轮禅师偈曰：
>
> 卧轮有伎俩，能断百思想，
> 对境心不起，菩提日日长。
>
> 师闻之曰：“此偈未明心地。若依而行之，是加系缚。”因示一偈曰：
>
> 慧能没伎俩，不断百思想。
> 对境心数起，菩提作么长。②

卧轮是禅宗二祖慧可弟子端禅师的门人，名昙伦，以倡“卧禅”而名。记

---

① 《六祖坛经》，中州古籍出版社2008年版，第70—71页。

② 同上书，第71页。

慧能对他的批评，以示慧能比禅宗他派的区别和高明。

契嵩本第七品“南顿北渐”，涉志诚、志彻、神会，其中所写志诚、神会为对惠昕本第十“南北二宗见性门”关于二人文字的修改，志诚部分为据传说而纂入。

敦煌本第三十九、四十、四十一节写神秀派志诚探听“慧能见解与吾谁疾迟”[①]，而志诚听过慧能训导后，“便不离曹溪山，即为门人，不离大师左右。”[②] 以此证慧能之禅胜过神秀，但无夸大南北两派对立之意。惠昕本基本依敦煌本，只改些字句。契嵩则不同，他写“南顿北渐”品，是要从《六祖大传》的意义上，强调南北二宗的矛盾，以慧能训服志诚、志彻、神会三个原北宗弟子，并自愿伏归门下，突出慧能南宗的主导地位。

契嵩本第七品“南顿北渐”起首写神秀命门人志诚“为吾到曹溪听法”[③]，但于志诚到曹溪后，改了许多文字。敦煌本叙此为，“见慧能和尚，礼拜即听，不言来处。志诚闻法，言下便悟，即契本心。”[④] 然后承认是受神秀指派，并被慧能训导。惠昕本大体如此。契嵩本改为“志诚禀命至曹溪，随众参请，不言来处。祖师告众曰：‘今有盗法之人，潜在此会。’志诚即出礼拜，具陈其事”[⑤]。似乎慧能法眼早已识破志诚为“细作”。以下对话，也有不少改动，并以慧能名义作两偈，志诚回一偈，以示禅意。

契嵩本的“创举”，在于编造了志彻行刺慧能，又被慧能折服这一“公案”。于此，契嵩似乎受《曹溪大师别传》中慧能答弟子为什么不传衣时所说的一句话“吾持此衣，三遍有刺客来取吾命，吾命如悬丝。恐后传法之人被损，故不付也”[⑥] 的启发，也或据禅宗僧人流传的传说，而写出为《六祖大传》增色。其文云：

---

① 《坛经校释》，中华书局1983年版，第77页。

② 同上书，第79页。

③ 《六祖坛经》，中州古籍出版社2008年版，第85页。

④ 《坛经校释》，中华书局1983年版，第77页。

⑤ 《六祖坛经》，中州古籍出版社2008年版，第85页。

⑥ 《曹溪大师别传》，引自《坛经校释》1983年版，第129页。

僧志彻，江西人。本姓张，名行昌。少任侠，自南北分化，二宗主虽亡彼我，而徒侣竞起爱憎。时北宗门人自立秀师为第六祖，而忌祖师传衣为天下闻。乃嘱行昌来刺于师。师他心通，预知其事，即置金十两于座间。时夜暮，行昌入祖室，将欲加害。师舒颈就之。行昌挥刃者三，悉无所损。师曰："正剑不邪，邪剑不正。只负汝金，不负汝命。"行昌惊仆，久而方苏。求哀悔过，即愿出家。

师遂与金曰："汝且去，恐徒众翻害于汝。汝可他日易形而来，吾当摄受。"行昌禀旨宵遁。后投僧出家，具戒精进。一日忆师之言，远来礼觐。师曰："吾久念汝，汝来何晚？"曰："昨蒙和尚舍罪，今虽出家苦行，终难报德。其惟传法度生乎。弟子常览《涅槃经》，未晓常、无常义。乞和尚慈悲，略为解说。"①

以下是慧能为志彻讲《涅槃经》的大段文字。行昌听后"恍然大悟"，并说一偈证云，然后"师曰：'汝今彻也，宜名志彻。'彻谢礼而退"②。

志彻是敦煌本所记慧能"十弟子"之六，契嵩本中仍保留此说，但因将神会从末位提至第4位，志彻因而列第7位。如契嵩本所叙，志彻作为被北宗派遣的行刺者，慧能不仅不责其罪，反而收他为亲近弟子，足显心胸豁达，更预知其来行刺，且舒颈就之，而挥刃者三，竟无所损，真神佛也。

对于神会的描写，契嵩本也依惠昕本之意，说他"年十三，自玉泉来参礼"，以此强调他的北宗弟子身份。并在写神会初见慧能时，加了一段文字："师曰：'知识远来艰辛。还将得本来否？若有本，则合识主。试说看。'会曰：'以无住为本，见即是主。'师曰：'这沙弥争合取次语？'以

① 《六祖坛经》，中州古籍出版社2008年版，第87页。

② 同上书，第88页。

柱杖打三下。”[1] 然后才是神会问“和尚坐禅，还见不见？”[2] 而在惠昕本中则是神会先问此话，再遭慧能打三下。“无住为本”是慧能的观点，神会此说，应有受北宗影响而对此质疑之意。契嵩本加这一段对话，其意在说神会的过人之处，往下慧能与他的问答，与惠昕本大致相同，但在写“神会再礼百余拜，求谢过愆。服勤给侍，不离左右”[3] 之后，又加一节云：

> 一日师告众曰：“吾有一物，无头无尾，无名无字，无背无面。诸人还识否？”神会出曰：“是诸佛之本源，神会之佛性。”师曰：“向汝道无名无字，汝便唤作本源佛性。汝向去有把茆盖头，也只成个知解宗徒。”会后入京洛，大弘曹溪顿教。著《显宗记》，行于世。[4]

也是在突出神会在慧能门徒下的地位。

接下来，契嵩本第七门将惠昕本第九“诸宗难问门”删改，作为本品结语道：

> 师见诸宗难问，咸起恶心，多聚座下。愍而谓曰：“学道之人，一切善念恶念，应当尽除。无名可名，名于自性。无二之性，是名实性。于实性上建立一切教门，言下便须自见。”诸人闻说，总皆作礼，请事为师。[5]

前文讲慧能收服来自北宗的志诚、志彻、神会为座下“十弟子”之三位，这里又从对“诸宗难问，咸起恶心”的平息，表明其教法之宏大、包容，

---

① 《六祖坛经》，中州古籍出版社2008年版，第88页。
② 同上书，第88页。
③ 同上书，第88页。
④ 同上书，第88页。
⑤ 同上书，第89页。

要求诸人尽除善念恶念，“于实性上建立一切教门”，并得到诸人的认同，“请事为师”。与之同时，删去惠昕本中“若论宗旨，传授《坛经》者，即有秉承所付，须知去处、年月、时代、姓名，递相付嘱。若无《坛经》秉承者，即非南宗弟子，缘未得所禀，虽说顿法，未契本心，终不免诤。但得法者，只劝修行，诤是胜负之心，与道相违矣”① 一段话。之所以删去此段话，是其时禅教与禅宗的混同已完成的表现。对契嵩及其代表的势力而言，以慧能六祖为名号，统领佛教各门派，自是其名利所在，而宋朝的大一统，也需要佛教各门派由禅宗为主干的统一。正是出于这种需要，契嵩本不再强调慧能为“南宗”首领，而是佛教所有门派共同的“六祖”，或曰“七佛”之后的“三十三祖”，加上“七佛”的第四十祖。以下各品均依此叙述或删改。

契嵩本第八品“唐朝征诏”是敦煌本和惠昕本中所没有，而由契嵩据《曹溪大师别传》添改的。《别传》的相关文字为：

至神龙元年，正月十五日，敕迎大师入内，表辞不去。高宗大帝敕曰：“朕虔诚慕道，渴仰禅门，召诸州名山禅师，集内道场供养，安、秀二德，最为僧首。朕每谘求，再推南方有能禅师，密受忍大师记传，传达摩衣钵，以为法信，顿悟上乘，明见佛性，今居韶州曹溪山，示悟众生，即心是佛。朕闻如来以心传心，嘱咐迦叶，迦叶展转相传，至于达摩，教被东土，代代相传，至今不绝。师既秉承有依，可往京城施化，缁俗皈依，天人瞻仰。故遣中使薛简迎师，愿早降至。神龙元年，正月十五日下。”

韶州曹溪山释迦慧能辞疾表：“慧能生自偏方，幼而慕道，叨为忍大师嘱咐如来心印，传西国衣钵，授东土佛心。奉天恩遣中使薛简召能入内，慧能久处山林，年迈风疾；陛下德包物外，

① 《坛经诸本集成》，宗教文化出版社 2008 年版，第 192 页。

道贯万民，育养苍生，仁慈黎庶，旨弘大教，钦崇释门，恕慧能居山养疾，修持道业，上答皇恩，下及诸王、太子。谨奉表。释迦慧能顿首，顿首！”①

下面是一大段慧能与薛简论禅的对话：

高宗大帝赐磨衲袈裟一领及绢五百疋，敕书曰：“敕师老疾，为朕修道，国之福田。师若净名，托疾金粟，阐弘大法，传诸佛心，谈不二之说，杜口毗耶，声闻被呵，菩萨辞退。师若此也。薛简传师指授如来智见，善恶都莫思量，自然得入，心体湛然常寂，妙用恒沙。朕积善余庆，宿种善因，得值师之出世，蒙师惠顿上乘佛心第一。朕感荷师恩，顶戴修行，永永不朽。奉磨衲袈裟一领，绢五百疋，供养大师。神龙三年，四月二日下。”

又，神龙三年，十一月十八日，敕下韶州百姓，可修大师中兴寺佛殿，及大师经坊，赐额为法泉寺。大师生缘新州故宅，为国恩寺。延和元年，大师归新州，修国恩寺。②

唐高宗征诏的敕文及慧能辞表，薛简出使及其向慧能请教佛法，高宗赐袈裟、绢和再敕文，以及敕下韶州百姓“修大师中兴寺殿”等，显然也是依《别传》作者依王维的《六祖能禅师碑铭》而编造的。王维的铭文为：“则天太后，孝和皇帝，并敕书劝谕，征赴京城。禅师，子牟之心，敢忘凤阙；远公之足，不过虎溪。固以此辞，竟不奉诏。遂送百衲袈裟及钱帛等供养。”③ 胡适在《〈坛经〉考》中指出：“《曹溪大师别传》中所论慧能的一生，大体用王维的《能禅师碑》（《全唐书》三二七），如印宗法师之事不见于《坛经》古本，而王维碑文有之，又碑文中也说（即上引

① 《曹溪大师别传》，引自《坛经校释》，中华书局1983年版，第127页。

② 同上书，第128—129页。

③ 王维：《六祖能禅师碑铭》，引自《坛经校释》，中华书局1983年版，第142页。

文)。《别传》敷衍此等事，捏造出许多文件。如印宗一段，则造出说法问答之辞；诏征不起一段，则造出诏敕表文及薛简问法的一大段。试一考证，便可发现许多作伪的痕迹。如神龙元年高宗大帝（高宗早已死了）敕文有云（即前引文）……如果此敕是真的，则是传衣付法的公案早已载在朝廷诏敕之中，更何用后来的争论？更何用神会两度定宗旨，四次遭贬谪的奋斗呢？即此一端便可证明此书作伪的性质了。"[①] 王维是受胡适极力推崇的神会所托而写的《六祖能禅师碑铭》，这些编造也与他脱不了干系。但神会托王维写碑铭时，他已"奋斗"成功，并可结交文士、达官了。更能证明其伪造的是，敦煌本和惠昕本《坛经》的附加部分，都未提及此事，如果确有，那是慧能门派的最大荣耀和地位的保证，为什么不记？

但胡适说："契嵩上了《别传》的当，把此传认作'曹溪古本'，采取了不少材料到《坛经》里去，遂使此书欺骗世人至九百年之久!"[②] 胡适此说，不尽然，对契嵩来说，《别传》之真伪，不是他考虑的，他的目的是要在《别传》的基础上编出一部《六祖大传》，以统领佛教，在郎简的要求和资助下所编出的"曹溪古本"（顺便说一下，郎简在《六祖坛经序》中所写："六祖之说，余素敬之。患其为俗所增损，而文字鄙俚繁杂，殆不可考。"[③] 胡适认为是指敦煌本[④]，是不恰当的，应是指《别传》和其他传说文章），当然就把"唐朝征诏"作为重要品目了。第八品的内容，就是按上引《别传》文字编写的，但改其"神龙元年"，"高宗大帝敕曰"为"神龙二年上元日，则天、中宗诏云"[⑤] 不录敕文，只说"朕请安、秀二师宫中供养。万机之暇，每究一乘。二师推让云：'南方有能禅师，密受忍大师衣法，传佛心印，可请彼问。'"[⑥]《曹溪大师别传》所写为"安、秀二德，最为僧首。朕每咨求，再推南方有能禅师"，是二僧"推荐"慧

---

① 《胡适之禅宗考论》，商务印书馆 2018 年版，第 25 页。

② 同上书，第 28 页。

③ 郎简：《六祖坛经序》，引自《坛经校释》1983 年版，第 148 页。

④ 《胡适之禅宗考论》，商务印书馆 2018 年版，第 22 页。

⑤ 《六祖坛经》，中州古籍出版社 2008 年版，第 95 页。

⑥ 同上书，第 95 页。

能，契嵩本在“推”下加一“让”字，则将“最为僧首”让给慧能了，而且是此二僧自愿的。

对于薛简奉旨召慧能，并问法及慧能的回答，契嵩本依《别传》改了些文字，并改《别传》第二篇敕文的“神龙三年，四月二日”为“其年九月三日”。其中云：

> 有诏奖谕师曰：“师辞老疾，为朕修道，国之福田。师若净名，托疾毗耶，阐扬大乘，传诸佛心，谈不二法。薛简传师指授如来知见。朕积善余庆，宿种善根，值师出世，顿悟上乘。感荷师恩，顶戴无已。拜奉磨纳袈裟及水晶钵。敕韶州刺史修饰寺宇。赐师旧居为国恩寺。”①

契嵩文字功夫明显高于《曹溪大师别传》的“无学问的陋僧”作者，经他一改，不仅慧能的“帝师”身份，而且佛教领袖的地位，都是被皇帝认可的了。

契嵩本第九品“法门对示”是对惠昕本第十一“示十僧传法门”前半部分，也是敦煌本第四十五和四十六节的改写，文字虽有变动，意思没有大差别。但删去了“师教十僧已，报言：‘于后传法，递相教授《坛经》，即不失宗旨。汝今得了，递代流行。后人得遇《坛经》，如亲见吾。’教示十僧‘汝等抄取，代代流行。若看《坛经》，必当见性’”②。

契嵩本第十品“付嘱流通”，是对惠昕本第十一门后半部分的改写，第一节和《真假动静偈》改变不大，但在第二节删去了惠昕本文中这段话：“吾灭度后，二十年间，邪法缭乱，惑我正宗。有一南阳人出来，不惜身命，定于佛法，竖立宗旨，即是吾法弘于河洛，此教大行。”③或许因他在第八品“唐朝征诏”中已写过则天、中宗诏敕慧能，充分肯定了其在

① 《六祖坛经》，中州古籍出版社2008年版，第95页。

② 《坛经诸本集成》，宗教文化出版社2014年版，第203页。

③ 同上书，第205页。

佛教中的领袖地位，所以慧能“灭度后，二十年间，邪法缭乱，惑我正宗”的情况，是与“唐朝征诏”相冲突的，所以删去。进而在论证“衣不合传”的达摩偈之后，加了一段话：

> 师复曰：“诸善知识，汝等各各净心，听吾说法。若欲成就种智，须达一相三昧，一行三昧。若于一切处而不住相，于彼相中，不生憎爱，亦无取舍，不念利益成坏等事，安闲恬静，虚融澹泊，此名一相三昧。若于一切处，行住坐卧，纯一直心，不动道场，真成净土，此名一行三昧。若人具二三昧，如地有种，含藏长养，成熟其实。一相一行，亦复如是。我今说法，犹如时雨，普润大地。汝等佛性，譬诸种子，遇兹沾洽，悉皆发生。承吾旨者，决获菩提；依吾行者，定证妙果。听吾偈曰：
>
> 心地含诸种，普雨悉皆萌。
> 顿悟花情已，菩提果自成。”
>
> 师说偈已，曰：“其法无二，其心亦然。其道清净，亦无诸相。汝等慎勿观静，及空其心。此心本净，无可取舍。各自努力，随缘好去。”尔时徒众作礼而退。①

这段文字是对此偈的解说，以阐释“传法不传衣”的理由。

往下，契嵩本又加了下面一段话：

> 大师七月八日，忽谓门人曰：“吾欲归新州，汝等速理舟楫。”大众哀留甚坚。师曰：“诸佛出现，犹示涅槃。有来必去，理亦常然。吾此形骸，归必有所。”众曰：“师从此去，早晚可回。”师曰：“叶落归根，来时无口。”又问曰：“正法眼藏，传付何人?”师曰：“有道者得，无心者通。”又问：“后莫有难

① 《六祖坛经》，中州古籍出版社2008年版，第105—106页。

否?”师曰:“吾灭后五六年,当有一人来取吾首。听吾记曰:‘头上养亲,口里须餐。遇满之难,杨柳为官。’”又云:“吾去七十年,有二菩萨从东方来,一出家,一在家。同时兴化,建立吾宗;缔缉伽蓝,昌隆法嗣。”①

这里提到两个“悬记”,其一是“吾灭后五六年,当有一人来取吾首”,其二是“吾灭去七十年,有二菩萨从东方来”。敦煌本和惠昕本中都无此记叙,其来处还是《曹溪大师别传》。关于其一,《别传》中写道:

曹溪门人,迎大师全身,归曹溪。其时,首领不肯放,欲留国恩寺起塔供养。时门人僧崇一等,见刺史论理,方还曹溪。大师头颈,先以铁鍱封裹,全身胶漆。其年十一月十三日,迁神入龛。至开元二十七年,有刺客来取头,移大师出庭中,刀斩数下,众人唯闻铁声,惊觉,见一孝子奔走出寺,寻迹不获。②

这是后人对已发生事的叙说,契嵩本则是写慧能活着时说的话,因而将“史实”变成“悬记”,无非表示六祖预知后事之神佛法力。

其二,《别传》中是这样写的:

神会问:“大师,传法袈裟,云何不传?”答云:“若传此衣,传法之人短命;不传此衣,我法弘盛,留镇曹溪。我灭度七十年后,有东来菩萨:一在家菩萨,修造寺舍;二出家菩萨,重建我教。”③

胡适认为:“七十年后的预言,与后文所记‘至建中二年,计当七十一年’

① 《六祖坛经》,中州古籍出版社2008年版,第106页。
② 《曹溪大师别传》,引自《坛经校释》,中华书局1983年版,第130页。
③ 同上书,第129页。

正相照应。作传的人要这预言验在自己身上，却不料因此暗示成书的年代了。大概作者即是预言中的那位‘出家菩萨’，可惜他的姓氏不可考了。”[①]《六祖坛经》注译者徐文明认为：“这个七十年预言为《宝林传》作者智炬假造，掺入《坛经》。一出家菩萨，指马祖；一在家菩萨，指令韬弟子惠象。马祖于六祖灭后七十年盛化于江西，故推测马祖，又因在曹溪祖庭作《宝林传》，故不能埋没令韬、惠象的守护祖庭之功，所以立彰显二菩萨的七十年预言，以与独尊神会的二十年预言相对抗。”[②] 此说可证契嵩本删去惠昕本十一门中关于“一南阳人”在慧能死后20年“不惜身命，定于佛法，竖立宗旨”叙说的缘由，但契嵩本仍记有慧能临终前，“惟有神会，不动神情，亦无涕泣”，以及慧能说“神会小师”[③] 的话。

往下，是关于传代的问答。对此，敦煌本中记为“法海问言：‘此顿教法传授，从上已来，至今几代？’”[④]。慧能依序说到他本人。契嵩本则改为：“问曰：‘未知从上佛祖，应现已来，传授几代？愿垂开示。’”[⑤] 慧能亦从佛祖传承答之，并自称“慧能是为三十三祖”[⑥]。从法传到祖传，虽只一字之差，意思已大为不同。法传是“顿教法传授”，而祖传则是佛教之祖的传递。变慧能为佛教现世之祖，再次明确他是全佛教领导，而这也是宋及以后中国的佛教各宗或已消失，或依附禅宗（如净土宗）而残存的表现。与此同时，慧能开创并由怀海等人兴盛的禅教，也在演变中逐步与佛教各派合流而禅宗化。

往下叙慧能临终前对弟子的最后教诲，并在录自惠昕本的七言《自性真佛偈》后，加嘱咐“吾灭度后，莫作世情，悲泣雨泪”[⑦] 等语，又加一偈云：

---

① 《胡适之禅宗考论》，商务印书馆2018年版，第21页。

② 《六祖坛经》，中州古籍出版社2008年版，第110页。

③ 同上书，第104页。

④ 《坛经校释》，中华书局1983年版，第106页。

⑤ 《六祖坛经》，中州古籍出版社2008年版，第106页。

⑥ 同上书，第107页。

⑦ 同上书，第108页。

兀兀不修善，腾腾不造恶。
寂寂断见闻，荡荡心无著。①

并在结束一节中加上“十一月十三日，迁神龛并所传衣钵而回。次年七月二十五日出龛。弟子方辩以香泥上之。门人忆念取首之记，遂先以铁叶漆布，固护师领，入塔”② 的文字，以对应前面慧能所说“吾灭度五六年后，当有一人来取吾首”的悬记。删去惠昕本关于《坛经》由法海传志道，志道传彼岸，彼岸传圆会的序列，只写“流传《坛经》，以显宗旨，兴隆三宝，普利群生者”③ 结束。

七、结论

“法海集记”《坛经》的正文，是由法海对慧能演讲的记录整理而成，并经慧能审定的，因此慧能嘱咐“十弟子！以后传法，递相教授一卷《坛经》，不失本宗。不禀授《坛经》，非我宗旨。如今得了，递相流行”④。其时在七、八世纪之交，而附加部分，则是法海或与其他弟子们添上的。因此说，起码从法海下传的那本《坛经》，就已经有过了改动。从那以后，到惠昕本（约967年）再到契嵩本（约1056年），已有300多年，历经中唐到晚唐的兴盛与衰落，五代的动乱，再到宋的统一，集权官僚制在逐步成熟的过程中充分展示着其矛盾。慧能与其传人怀海等创立的禅教，就是这个特殊时代矛盾的体现。在集权官僚制和小农经济的社会条件下，并没有个体自主思想发展并社会化的空间。慧能的我佛观只能寄生于佛教思想体系而形成，怀海等人“农禅并作”的“集体农庄”，也只能是躲避战乱

① 《六祖坛经》，中州古籍出版社2008年版，第108页。
② 同上书，第108页。
③ 同上书，第109页。
④ 《坛经校释》，中华书局1983年版，第98页。

的平民百姓短暂的组织和生存方式。以神会为代表的另一派慧能弟子和传人，不愿意也不可能脱离佛教已经形成的文化和社会环境，他们要依据慧能的思想在佛教界争取地位，由此保证生计，谋取名利，因此他们要弥合禅教与佛教的观念差别，进而采用佛教话语和仪式，展开了对禅教的佛教禅宗化。神会的努力和奋斗，为他的“菏泽系”争得了禅宗的正统地位。与此同时，佛教的其他宗派因其自身缺陷，不能融入中国的文化，虽然在短期内因得到皇帝或世族豪门的支持而出现，却不能长足发展，很快消寂。但集权官僚制的意识形态仍需要一种消解社会矛盾、“维持秩序”的环节，对禅教的佛教禅宗化就是适应这种需要而形成并扩展的。到宋朝再次统一时，佛教宗派中仍保持其活力的，就剩对禅教的禅宗化的这股势力，虽然净土宗因其形式简化还有存留，但也恰因其简陋而缺少思想内容，为了存续，它也吸纳禅宗的一些容易为普通百姓接受的术技，从而归流于禅宗，而禅宗为了扩大影响，也与净土宗结合。禅宗成为中国佛教界的主导，甚至是“总称”。

禅教的基本观念和体系框架，集中体现于“法海集记”的《坛经》正文部分中。迄今为止，所发现的最古的《坛经》文本，就是敦煌本。考察慧能思想的主要依据，就是其标明为“法海集记”的正文部分。敦煌本的附加部分，以及惠昕本、契嵩本对《坛经》的改动，与敦煌本“法海集记”的差异，正是禅教或慧能思想禅宗化的体现。

其一，以佛经的格式编排《坛经》。敦煌本虽然在“法海集记”的正文部分之后附加了二十节，但并未改变“集记”的体例。作为对慧能演讲记录整理的文本，其正文部分由慧能审定过，附加的第一节即第三十八节，其中，关于《坛经》为宗旨，以后传授，应禀授《坛经》等文字，也应是慧能本人的意思。正文的三十七节，是对慧能演讲及演讲后“互动”部分的集记，其附加部分，有些类似《论语》，是从慧能与志诚等弟子的对话中阐述其思想的。惠昕本以十一“门”来编排，并给各门命题，已有向佛经靠拢之意，但总体上还保留着敦煌本各节的联系。契嵩本大变，则完全按照汉译佛经的格式，将《坛经》分为十“品”，并且打乱敦煌本各节的顺序，删去“刺史遂令门人法海集记”① （惠昕本已改为“刺史韦璩令门人法海，抄录流行”②），消除其一次演讲的逻辑，将正文部分分作为5次讲话，进而从总体上按“六祖传”的体例编辑。这样，《坛经》在形式上就与汉译各佛经文本统一，归于佛教经典系列了。

其二，强调《金刚经》《涅槃经》等佛经对慧能思想的主导。敦煌本中“法海集记”的正文部分，有几处提到佛经，一是第一节，慧能说他卖柴后听一客读《金刚经》；二是第九节，弘忍为慧能说《金刚经》；三是第十四节，慧能讲一行三昧时，引《净名经》云：“直心是道场，直心是净土”③；四是第十七节，慧能讲“无念为宗，无相为体，无住为本”后，以“《维摩经》云：‘外能善分别诸法相，内于第一义而不动’”④ 作结束语；五是第十九节讲坐禅后，写：“《维摩经》云：‘即时豁然，还得本心。’《菩萨戒经》云：‘本元自性清净’。”⑤ 由此论证慧能自己的观点：“见自性自净，自修自作自性法身，自行佛行，自作自成佛道”⑥；六是第二十八节，“但持《金刚般若波罗蜜经》一卷，即得见性，入般若三昧”⑦；七是第二十九节，“内外不住，来去自由，能除执心，通达无碍，能修此行，即与《般若波罗蜜经》本无差别”⑧；八是第三十节结尾：“《菩萨戒经》云：‘我本元自清净’，识心见性，自成佛道。《维摩经》云：‘即时豁然，还得本心’。”⑨

佛教认为，佛是代表梵天来主导、教训凡人思想行为的神；佛经是佛依梵天作为世界本体，主导万物及人的规律，所讲述的是指示人顺应梵天

① 《坛经校释》，中华书局1983年版，第1页。
② 《坛经诸本集成》，宗教文化出版社2014年版，第153—154页。
③ 《坛经校释》，中华书局1983年版，第27页。
④ 同上书，第32页。
⑤ 同上书，第37—38页。
⑥ 同上书，第38页。
⑦ 同上书，第54页。
⑧ 同上书，第56—57页。
⑨ 同上书，第58页。

支配轮回的正确道路和方法，凡人中的有“佛性”——信佛、被佛所度之性——者，在佛经的宣传员——僧的导引下，按佛的指示办事，就可以在死后被梵天安排一个好的来生。佛经的根据是梵天本体论，是佛对梵天本体主宰世界万物和人轮回的认识，是先验的真理，是“度人”“救人”的优途良方。慧能从道的层次就不承认梵天，因而也不承认轮回，他以中国已成定论的天道观为道层次的基本观念，由此形成法层次的我佛观。在他看来，佛不过是有智慧的人，而且所有人只要“顿悟”摆脱“迷惑”，都可以因自身的智慧而成佛。对他来说，“一切经书，及诸文字，小大二乘，十二部经，皆因人置，因智惠性故，故然能建立。”① “三世诸佛，十二部经，亦在人性中本自具有。”② 他本人是一个“自悟者”，并不是佛经的宣传员。他只是将自己自悟的方法讲给他人，启发“不能自悟”③ 觉悟。而既有的“十二部经”，可以作为参考，但不是作为前提和依据。在慧能那里，是以佛经注我，而绝非我注佛经。慧能训导“常诵《法华经》七年”的法达时，对他说：“法达！心行转《法华》，不行《法华》转；心正转《法华》，心邪《法华》转。开佛知见转《法华》，开众生知见被《法华》转。”④ 佛教的信徒们，都是在被各类佛经转。慧能的大智慧，就体现在他看到了这一点，并消除了佛的神圣和神秘化，他之所以将自己人佛智慧的演讲集记为与其他佛经同一层次，甚至高一层次的“《坛经》”，就在于他对我佛观的确信。而他在演讲中所引用的各本佛经的只言片语，或是说自己曾受《金刚经》或某经的启发，并以这些佛经中的话佐证自己的思想，但绝非是在宣讲这些佛经。

惠昕本和契嵩本虽然并没有改变慧能关于我佛观的基本论述，却热衷于坚守和巩固慧能在佛教列祖中的地位，并维护《坛经》的经典性，同时将《坛经》归于佛经系列。为此，就要设法提高各佛经对慧能思想形成的

---

① 《坛经校释》，中华书局 1983 年版，第 57—58 页。

② 同上书，第 60 页。

③ 同上书，第 60 页。

④ 同上书，第 82 页。

主导，以及慧能思想与佛经中论证的佛我观的一致性。一是在记叙慧能卖柴时听一客读《金刚经》，敦煌本只说“慧能一闻，心明便彻”①。契嵩本对此改为“能一闻经云‘应无所住而生其心’，心即开悟”②。惠昕本则是在弘忍见慧能请人题壁之偈后，其夜三更为慧能“说《金刚经》，恰至‘应无所住而生其心’，言下便悟”③。而契嵩本又在弘忍为慧能夜说《金刚经》时，再说“至‘应无所住而生其心’，能言下大悟”④ 以突出此句，而不泛说《金刚经》，以强调《金刚经》对慧能思想的主导性。而此句话与慧能我佛观并无实质关系，即令与之相似的术层次“无住为本”，意义也不一致。二是契嵩本在依《曹溪大师别传》而于第二品所加的印宗法师讲《涅槃经》时，慧能以一句“不是风动，不是幡动，仁者心动”⑤，令印宗注意，“延至上席，征诘奥义”⑥，然后为印宗讲解一通《涅槃经》。三是第六品加慧能回曹溪，尼无尽藏诵读《涅槃经》，“师暂听过，即知妙义，遂为解说”⑦，第七品加为张行昌（志彻）讲解《涅槃经》，并提到“《涅槃经》，吾昔听尼无尽藏读诵一遍，便为讲说。无一字一义不合经文。乃至为汝，终无二说”⑧。似乎慧能是“一字一义”都“合经文”的高明的讲解员。

其三，以“本来无一物”取代“佛性常清净”，以示慧能的基本观念从属于佛教思想体系。在敦煌本被发现之前的1000多年的时间里，“本来无一物”这句偈语，是《坛经》乃至禅宗基本观念的标志，禅僧由此说禅，信众由此知禅，就连现今的文学作品和影视剧中，也用此句来表达作者对禅宗的见解。敦煌本的发现，使学者们注意到原来这句话是被窜改了

---

① 《坛经校释》，中华书局1983年版，第4页。

② 《六祖坛经》，中州古籍出版社2008年版，第9页。

③ 《坛经诸本集成》，宗教文化出版社2014年版，第163页。

④ 《六祖坛经》，中州古籍出版社2008年版，第12页。

⑤ 同上书，第14页。

⑥ 同上书，第14页。

⑦ 同上书，第62页。

⑧ 同上书，第87页。

的。惠昕本的被发现，则使窜改的专利权又从契嵩、宗宝（元、明以后流行的是宗宝本）名下转给了惠昕。但惠昕是否第一个“发明者”，已无可考。

敦煌本叙述慧能在弘忍门下请人代书题壁的偈有两首，惠昕本改的是第一首：“菩提本无树，明镜亦非台，佛性常清净，何处有尘埃！”① 改后为：“菩提本无树，明镜亦非台，本来无一物，何处有尘埃？”② 并将第二首删除。契嵩本依惠昕本，只将“何处有尘埃”改为“何处惹尘埃”③，宗宝本全抄契嵩本。可见，篡改的关键，是以“本来无一物”取代“佛性常清净”，《坛经校释》的校释者郭朋从佛教大乘的“空”“有”两宗来论说“本来无一物”（见本文第三节），并引发了多人关于慧能思想属于佛教大乘的“空”系或“有”系的讨论。虽然“《坛经》的首窜（篡）者，不仅不了解‘佛性’论，而且也不了解‘性空’说”④，但这位“首窜者”却知道，以一句“本来无一物”改换“佛性常清净”，是可以将慧能思想纳入佛教系统的，而此句偈语对他来说，更可能是这位没有深究大乘佛法的“首窜者”，据他对《心经》的理解写的。玄奘所译的《心经》写道：“观自在菩萨，行深般若波罗蜜多时，照见五蕴皆空，度一切苦厄。舍利子，色不异空，空不异色，色即是空，空即是色，受想行识，亦复如是。舍利子，是诸法空相，不生不灭，不垢不净，不增不减。是故空中无色，无受想行识，无眼耳鼻舌身意，无色香味触法，无眼界，乃至无意识界，无无明，亦无无明尽，乃至无老死，亦无老死尽，无苦集灭道，无智亦无碍，以无所得故。”⑤ 《心经》文字简短，自唐代至今，为佛教的普及读物，它的“五蕴皆空”，以及从“空中无色”说起的13个“空”，很容易使人联想“本来无一物”。现今许多人说《心经》，往往会用“本来无一

---

① 《坛经校释》，中华书局1983年版，第16页。

② 《坛经诸本集成》，宗教文化出版社2014年版，第163页。

③ 《六祖坛经》，中州古籍出版社2008年版，第12页。

④ 《坛经校释》，中华书局1983年版，第7页。

⑤ 《心经》，引自《金刚经》，中州古籍出版社2007年版，第132页。

物”概括，至于它们在大乘教义中的差异，很少人顾及。对于那位“首窜（篡）者”，也是如此。他的目的是将慧能思想纳入佛教系列，而“本来无一物”又正是常人可以知会的佛教的基本观念。从这一点来说，他的篡改是很见效的，从那以后，虽然也有人对“本来无一物”提出过非议，如郭朋在《坛经校释》的序言中所列举的悟新、法演、真可、德清等，但他们都只是此句偈语与《坛经》主题思想的差异，或者直接批评慧能“空”的观念，由于他们没有见过敦煌本，因而没有从此句与被它换下来的“佛性常清净”来比较，就直接评说“本来无一物”了。从“法海集记”的正文部分看，此偈与“集记”中所呈现的慧能思想是一致的，被惠昕换掉的“佛性常清净”中的“佛性”，并不是说外在于人的信佛、被佛所度之性，而是人自身的佛性，也即人自身本有的智慧性。这是“法海集记”中专门论证的，是慧能基本观念的体现和展开。

其四，以“见性法”取代“顿教法”，并在突出“自性”“自性佛”“自性佛”的论述中，模糊慧能思想与佛教的区别。对于自己的思想，慧能用“顿教法”概括，在敦煌本第三十六节的五言《无相颂》中，他两次提到“顿教法”：“说通及心通，如日处虚空，惟传顿教法，出世破邪宗。教即无顿渐，迷悟有迟疾，若学顿教法，愚人不可悉。”① 对“顿教法”，慧能这样解说：“我于忍和尚处，一闻言下大悟，顿见真如本性。是故将此教法，流行后代，令学道者顿悟菩提，令自本性顿悟。”② 而“法海集记”中慧能演讲后的第三十八节，即在论说《坛经》作为宗旨在慧能教门中的重要性，提到“无《坛经》禀承，非南宗弟子也。未得禀承者，虽说顿教法，未知根本，终不免诤”③。在写慧能临终与弟子告别，法海问：“此顿教法传授，从上已来，至今几代？”④ 可见，在慧能及其亲传弟子那里，“顿教法”是本教派思想和方法的总称，已是共识。惠昕本则将上述

① 《坛经校释》，中华书局1983年版，第71页。

② 同上书，第59页。

③ 同上书，第75页。

④ 同上书，第106页。

五言《无相颂》中两处“顿教法”，都改为“见性法”[①]，并将慧能临终前法海问“此顿教法传授”，改为“此法从上至今”[②]，而不提“顿教法”。“见性”“见自性”“自法性”，都是在敦煌本中出现的术语，但并没有“见性法”之说。将“见性法”改换“顿教法”并作为慧能思想的总称，是与慧能本意不同的。虽然慧能把“自性”和“见自性”作为其顿教法的目的，强调“见本性不乱为禅”[③]，“见自性自净，自修自作自性法身，自行佛行，自作自成佛道”[④]。但以“见性法”取代“顿教法”并以此作为慧能思想的概括，却有失偏颇。究其原因，可能与宗密所说的“三宗三教”中的第三教“显示真心即性教”[⑤] 有关，惠昕或许是此“真心即性教”僧人。但这不是我们探讨的重点。宗密作为神会系的传人，本来就认为禅宗是佛教的一个派别，而“三宗三教”也都是禅法的分流。“真心即性教”的成员惠昕也是这样认为的，他在以“见性法”取代“顿教法”改写《坛经》时，一是要将本派的观念加进去。二是消解《坛经》及慧能的思想与佛教的差异，由此巩固和扩大以“六祖”为旗号的禅宗在佛教中的地位。为此，他在修改敦煌本时，只要有可能，就以“自性”“见性”等词加改。如敦煌本第二节慧能在大梵寺开讲时，先说“‘善知识！净心念摩诃般若波罗蜜法。’大师不语，自身净心，良久乃言”[⑥]，以下即讲自己身世。惠昕本于此加一句“菩提自性，本来清净，但用此心，直了成佛”[⑦]。敦煌本第四节，弘忍要门徒作偈呈他，“吾看汝偈，若悟大意者，付汝衣法，禀为六代。火急急！”[⑧] 惠昕本于此后加一句：“思量即不中用，

---

① 《坛经诸本集成》，宗教文化出版社 2014 年版，第 189—190 页。
② 同上书，第 206 页。
③ 《坛经校释》，中华书局 1983 年版，第 37 页。
④ 同上书，第 38 页。
⑤ 宗密：《禅源诸诠集都序》，中州古籍出版社 2008 年版，第 47 页。
⑥ 《坛经校释》，中华书局 1983 年版，第 4 页。
⑦ 《坛经诸本集成》，宗教文化出版社 2014 年版，第 154 页。
⑧ 《坛经校释》，中华书局 1983 年版，第 9 页。

见性之人言下须见，若此轮刀上阵，亦得见之。”[①] 敦煌本的第七节中载：神秀作偈后，弘忍唤门人尽来诵偈，然后才唤神秀于堂内，问：“是秀作偈否？”[②] 惠昕本于此加“五祖即知神秀入门未得，不见自性”[③]，及此后的一大段话。敦煌本第九节，弘忍见慧能偈后，三更唤他入堂内，“说《金刚经》，慧能一闻，言下便悟。”[④] 然后即付衣法。惠昕本于此加了一大段：“以袈裟遮围，不令人见，为某甲说《金刚经》，恰至‘应无所住而生其心’，言下便悟，一切万法不离自性。某甲启言：‘和尚。何期自性本自清净？何期自性本不生灭？何期自性本自具足？何期自性本无动摇、能生万法？’五祖知悟本性，乃报某甲言：‘不识本心，学法无益。言下识自本心，见自本性，即名丈夫、天人师、佛。’”[⑤] 其关于自性的四问，是对“见性法”要点的概述。弘忍回答不了这四问，只是“知悟本性”，要求慧能“识自本心，见自本性”，就可以成为化导众生的调御丈夫、天上人间一切众生师表的佛。而惠昕本则依此四问，来修改《坛经》，在以后的各门中，但凡可能，即加或改“见自性”的词句。在惠昕手下，《坛经》简直成了“见性法论”。

慧能讲的自性，是人的色身中本有的法身之性，“世人尽有，为迷不见，外觅三身如来，不见自色身中三身佛。”[⑥] 只要依顿教法消除迷惑，每个人都可皈依法身佛、化身佛、报身佛。自性即佛性，我悟即佛。“不悟，即是佛是众生；一念若悟，即众生是佛。”[⑦] 如来等佛，也不过只是悟了自性的世人，他们并不是神，只是依自己智慧而生存的人。惠昕本虽然没有删去敦煌本中慧能关于人自性即佛的论说，但其从“见性法”对相关字句的加改，却表明他实际上没有真正理解我佛观与佛我观、人的自佛性与被

---

① 《坛经诸本集成》，宗教文化出版社 2014 年版，第 156—157 页。

② 《坛经校释》，中华书局 1983 年版，第 14 页。

③ 《坛经诸本集成》，宗教文化出版社 2014 年版，第 159 页。

④ 《坛经校释》，中华书局 1983 年版，第 19 页。

⑤ 《坛经诸本集成》，宗教文化出版社 2014 年版，第 163—164 页。

⑥ 《坛经校释》，中华书局 1983 年版，第 20 页。

⑦ 同上书，第 58 页。

佛性的区别，尤其惠昕本对敦煌本第二十节的改动中（详见本文第三节），竟将“不见自色身三身佛”改为“不见自身中有三世佛”，并加了一句“于自身中见自性有三世佛”①。而佛教的过去佛为燃灯佛、现在佛为释迦牟尼佛、未来佛为弥勒佛，此“三世佛”主宰着宇宙间人生万物，是佛教的基本常识，并在庙中塑像以示其为真实神佛。惠昕将“三世佛”改“三身佛”，无非是要说自性是被三世佛主宰的，要通过悟自性而认知这三世佛，这样，就可以在过去、现在、未来的轮回中，依从三世佛的安排。而慧能之所以称自己思想为“顿教”，其法为“顿教法”，正是其我佛观的体现：我的佛性是与生俱来的，是存在于我色身中的，“世人尽有，为迷不见”，而“迷者”，“即缘迷人于境上有念”②，“顿教”即消除此“有念”之“迷”，悟自有之佛性。悟即“顿觉”，因而不必，也不能“渐修”。而佛教认为人的自性是“被佛引导之性”，因而需要渐修而见“自性”。“见性法”混淆了二者区别。以“见性法”取代“顿教法”，并以“自性”“见自性”等改法海集记《坛经》，是慧能去世200多年后，以他名义而谋取名利的“传人”，将其禅教思想不断佛教禅宗化的表现。

其五，对慧能的神佛化并强调他的佛祖地位。慧能不承认神佛，也不认为自己有什么神奇之处，他坦承自己是“新州百姓”，父早亡，家贫，砍柴卖以养母为生，只是有悟性，听人读《金刚经》，心明便悟。他的顿教，首要是让人明确自己的主体性，进而论说主体我作为人所具有的智慧，“见自性自净，自修自作自性法身，自行佛行，自作自成佛道。”③他所说的“佛”，并不是神，也不是仙，而是人本有的智慧。在他看来，被佛教神化的“三身佛”：法身佛、化身佛、报身佛，都在人的“自法性”，“世人尽有”④，由于思维不当，迷惑而烦恼，才会迷信佛教说教，“外觅

① 《坛经诸本集成》，宗教文化出版社2014年版，第175—176页。

② 《坛经校释》，中华书局1983年版，第39页。

③ 同上书，第38页。

④ 同上书，第39页。

三身如来，不见自色身三身佛”①。他只是要告诉人们“于自色身见自法性有三身佛”②，消除由迷惑而产生的各种烦恼。他的“顿教法”就是认知自三身佛的方法，因此并没有神秘，也不神圣。怀海等人在江西大山中，就是依此而结成“农禅并作”的集体农庄，实践着禅教理想。但这样的实践，在已经成熟了的集权官僚制及其小农经济中，却是困难重重。神会一脉为了在社会上层占有一席之地，并由此得到皇家的认可，必须先与禅宗争一高下，为此，他们自号“南宗”，造出南北二宗的对立，经多次辩争而得禅宗正统之位，进而再与佛教其他各派竞争。这样的竞争，都是在佛教的范围内进行的，其理论基础和语境，其对手和听众，是已经近千年而形成的佛教意识形态。这个意识形态中的佛就是神，是有大法力解救众生的神。在这样的语境中，如果承认其祖师慧能只是一介百姓平民，只是常人中的一个明白人，是不可能战胜对手的。慧能及其《坛经》是神会与他徒众谋求名利的工具，他们有切实的需要，对抗敌手。这在各种场合的论争中，都有所发挥，并体现于对《坛经》的改动上。而江西大山中的禅教“集体农庄”，在其存在的特殊战乱时期结束后，失去了继续下去的外部条件，当怀海、希运等领袖人物相继去世，其“禅林清规”很难坚持，耐不住寂寞、清苦生活的禅教信徒，纷纷走出深山，与早已在山外开出一片天地的禅宗相结合，进一步将禅教纳入佛教系统并禅宗化。为此，就要在《坛经》中加进其祖师慧能的种种神秘性和法力，将他塑造成释迦牟尼之后的又一神佛。对慧能的神佛化，在敦煌本的附加部分就已出现，经惠昕本再到契嵩本逐步逐级加码，以至使慧能成为佛教的第四十代佛祖。

敦煌本第四十九节，写了一个“悬记”：“吾灭后二十余年，邪法缭乱，惑我宗旨。有人出来，不惜身命，定佛教是非，竖立宗旨，即是吾正法。”③ 这些话显然是神会一脉徒子们所加，以示其为“正法”的传人，而慧能预见其死后二十余年的事，正是其“神”的表现。第五十一节，由

---

① 《坛经校释》，中华书局 1983 年版，第 39 页。

② 同上书，第 39 页。

③ 同上书，第 103 页。

法海问“此顿教法传授，从上已来，至今几代?”[①] 慧能列出从“初传授七佛”(第七佛为释迦牟尼）开始，到达摩第三十五，再到他本人为第四十的传承，虽未称祖，但释迦牟尼是佛，其传人也应在佛位。慧能并未自称“四十佛”，而讲《坛经》者却就此发挥而将其称为“四十佛”。第五十四节，“大师灭度，诸日寺内异香氲氲，经数日不散。山崩地动，林木变白，日月无光，风云失色。八月三日灭度，至十一月，迎和尚神座于曹溪山葬。在龙龛之内，白光出现，直上冲天，二日始散。”[②] 这种“异象”说法，是中国道教与印度佛教共通的造神之技，用在慧能逝世之后，以示其神也。

惠昕本对慧能的神佛化大体依敦煌本，只是在第二门写弘忍要慧能“努力向南”时说“汝去后一年，吾即前逝”[③]。以弘忍的神佛预见性为慧能神佛性之前导。第十一门写慧能说他死后20年间“邪法缭乱，惑我正宗”后，明确说“有一南阳县人出来，不惜身命，定于佛法，竖立宗旨，即是吾法弘于河洛，此教大行。”[④] 只差没有说出“神会”二字。这自是为了抬举神会，却也表示慧能佛祖更为神明。在描写慧能死后异象时，改了些文字：“师迁化日，寺内异香氲氲，经于七日。感得山崩地动，草木变白，日月无光，群鹿鸣叫，至夜不绝。”[⑤] 并将龛出白光，由二日改为“三日”[⑥]，以强化神佛性。

契嵩本将对慧能的神佛化及其佛祖地位提到一个新高度，为此，先将弘忍的神佛性加强，第一品“悟法传衣”写弘忍要慧能为避难而“速去”，“能曰：‘向甚处去?’祖云：‘逢怀则止，遇会则藏。’”[⑦] 与惠昕本相比，不仅将预知其死期延长了两年，更说明了慧能避难具体区域。五祖

① 《坛经校释》，中华书局1983年版，第106页。

② 同上书，第112—113页。

③ 《坛经诸本集成》，宗教文化出版社2014年版，第165页。

④ 同上书，第205页。

⑤ 同上书，第210页。

⑥ 同上书，第210页。

⑦ 《六祖坛经》，中州古籍出版社2008年版，第13页。

为神佛，六祖亦当然。这只是个引子，契嵩本随处都要加神佛性于对慧能叙说。一、敦煌本第十一节，写慧能别弘忍后到大庾岭，惠顺追到，“惠能即还法衣，又不肯取，言：‘我故远来求法，不要其衣。’”① 惠昕本除改惠顺为“惠明”外，依敦煌本。契嵩本则写作：“能掷下衣钵于石上，云：‘此衣表信，可力争取?’能隐于草莽中，惠明至，提掇不动。乃唤云：‘行者，行者，我为法来，不为衣来。’”② 神佛之性不仅体现于弘忍，还显示于其所传之衣钵，一个四品将军竟“提掇不动”。二、契嵩本第七品写神秀派志诚去惠能处“听法”，“随众参请，不言来处。祖师告众曰：‘今有盗法之人，潜在此会。’”③ 以示慧能神佛法眼。三、第七品写志彻(张行昌)受北宗门人所嘱行刺慧能，“师他心通，预知此事，即置金十两于座间。时夜幕，行昌入祖宝，将欲加害。师舒颈就之。行昌挥刃者三，悉无所损。”④ 不仅预知，而且刃颈三次无伤，既神算又神体也。四、慧能临终前，先是预知他死后五六年，“当有一人来取吾首，听吾记曰：‘头上养亲，口里须餐。遇满之难，杨柳为官。’”⑤ 不仅预知有人取首，并知其时刺史姓杨，县令姓柳。而且其弟子在他死后，“以铁叶漆布，固护师颈。”⑥ 五、随之又一悬记：慧能说他死后70年，有二菩萨从东方来，一出家，一在家，同时兴化，建立吾宗。六、接着以弟子问“从上佛祖”传授几代，改敦煌本的法海问“此顿教法传授”，慧能历数前代佛祖后，自称“是为三十三祖”(加古七佛，亦为第四十佛祖)，并非禅宗一家的六祖，而是全佛教的第四十祖，其在佛教中的神佛地位由是确立。祖师为神佛教祖，其后代传人也就可以用其传下来的《坛经》为工具，获取更多名利。

其六，将《曹溪大师别传》编造的“唐朝征诏”，列入《坛经》，以示皇家认可与奖赏。自称慧能传人的禅宗僧人，将祖师神佛化而得到的利

---

① 《坛经校释》，中华书局1983年版，第22页。

② 《六祖坛经》，中州古籍出版社2008年版，第13页。

③ 同上书，第85页。

④ 同上书，第87页。

⑤ 同上书，第106页。

⑥ 同上书，第108页。

益，首先就是皇家的认可。慧能自创并由南岳、青原二系所成就的禅教，是未得到皇帝认可的“民禅”，虽有韶州刺史韦璩自称“弟子”① 并主持慧能的讲座，但他毕竟只是地方官，没有皇家的敕封，慧能的教派还算不上“官禅”。为此，契嵩本将《曹溪大师别传》中关于唐高宗遣薛简迎慧能入京，慧能辞而不去，薛简在向慧能讨教之后，回京将慧能辞表交高宗，并介绍了其教法，高宗赐袈裟和绢，并颁敕书嘉奖这个故事，专列为第八品，将其编改，在把其时早已去世的“高宗”改“则天、中宗”后，在第一诏中将《别传》中“安、秀二德”推荐慧能，改为“二师推让云：‘南方有能禅师，密受忍大师衣法，传佛心印，可请彼问。’”② 又在薛简回京交差后所颁的诏书中写道：“薛简传师指授如来知见。朕积善余庆，宿种善根，值师出世，顿悟上乘。感荷师恩，顶戴无已。拜奉磨纳袈裟及水晶钵。敕韶州刺史修饰寺宇。赐师旧居为国恩寺。”③ 这是比《曹溪大师别传》相应文字更为明显地以诏书形式，由皇帝称慧能为“师”，并加上敕韶州刺史修饰寺宇，赐师旧居为国恩寺，而敦煌本只是写“韶州刺史韦璩立碑”④，由刺史的个人行为，变为遵行皇帝敕令，这在性质上是完全不同的。不仅慧能成了帝师，禅宗也成了国家正式认定的宗教。反正此时已经300多年，数次改朝换代，伪造两篇唐“则天、中宗”的诏书，已没人追究，却可以为“经”中确立祖师作为佛教佛祖的地位，加盖先朝皇帝之玺以为印证。

其七，将印宗为慧能剃法受戒，加进《坛经》，把慧能列入佛教僧班，由此禅教完全佛教禅宗化，并统领全部佛教。据敦煌本“法海集记”的慧能演讲中对其身世的叙述，并无“受戒”之事，而弘忍在“蕲州黄梅县东冯墓山”讲其禅法时，既没有皇家认定的“官禅”地位，也没有被佛教界认可为其中的一宗，其组织和纪律都与官方注册并管治的其他佛教宗派有

---

① 《坛经校释》，中华书局1983年版，第64页。

② 《六祖坛经》，中州古籍出版社2008年版，第95页。

③ 同上书，第96页。

④ 《坛经校释》，中华书局1983年版，第113页。

所差别。是否有“受戒”这一作为佛僧资格的关键程序，还不确定（传说中达摩下传至弘忍五代，均无受戒环节）。起码弘忍并没有遵守佛教的严格戒律，在不对慧能进行受戒这一程序的情况下，就私自将衣法传给他，并指定他为“六祖”。虽然慧能弟子及神秀传人们都未对此有过疑问，但其他佛教宗派，尤其律宗僧人不可能不就此质疑。这大概是《曹溪大师别传》作者编造印宗为慧能剃发受戒故事的原因所在，或许在慧能的后续传人中已有些说法，《别传》作者采而编之。这则故事，惠昕本没有采纳，也许惠昕没有见过《别传》，但契嵩本则将之改写并列入其中（相关文字，请见本文第六节），于是就有了印宗“为能剃发，愿事为师”① 这种怪事。为什么要把这个怪事加在禅宗唯一经典的《坛经》中？一是契嵩本的体例为“大传”，慧能作为“六祖”，竟未受戒，显然说不过去；二是其下一句：“能遂于菩提树下开东山法门”②，这也是在顺应佛教戒律规定，否则慧能就没资格开其法门。而更深层的原因，还是此时以慧能名号的禅宗，已经独霸佛教，为统领佛教各宗派这个“江湖”，当然要弥补神佛祖师身世上的这一缺点。

其八，在“官禅”化和将慧能佛僧化的同时，惠昕本和契嵩本还注意将《坛经》儒化，以适应集权官僚制的要求，更好行使禅宗和全部佛教作为统治阶级意识形态儒学道统的“协理”职能。在尚处部族奴隶制的印度地区形成的佛教，并没有中国儒学道统“三纲五常”的束缚，特别是在其大乘空宗那里，往往是“无父无君”的，只关注个人如何在梵天主导的轮回中的命运。当它传入中国以后，未免“水土不服”，历代中国僧人，总设法在讲经、论经时，使之向儒学道统靠拢，或添加些文字以适应听众的传统观念。慧能的禅教，是在儒学道统的大环境下生成的，尤其在道层次所依从的天道观，就是已成主导意识形态的儒学道统继承于老子的基本哲学观念。敦煌本中“法海集记”的慧能的演讲中所提到“善”与“恶”

① 《六祖坛经》，中州古籍出版社 2008 年版，第 15 页。

② 同上书，第 15 页。

的区分标准，也大都依从儒学道统。但是，敦煌本并没有明确记叙或论说对儒学道统的依从。惠昕本首先认识到这个问题的重要性，据此，他发现敦煌本在论述慧能听到一客读《金刚经》，“心明便悟”后，问客得知弘忍讲法，“便即辞亲，往黄梅冯墓山，礼拜五祖弘忍和尚”① 时，有一个大的缺环：先是说慧能卖柴养母，突然就辞亲去拜师，老母怎么生活？难道他为拜师而不顾孝道，弃母于家挨饿？为补上这个缺环，惠昕本加上一句：“蒙一客取银十两与某甲，令充老母衣粮”②，为慧能消去了“尽孝”与“求法”之间的矛盾。契嵩本在将《坛经》儒化上更为尽力，前述“唐朝征诏”事，既证明皇帝对慧能的认可与奖赏，同时也是依儒学道统而添加的必要内容。此外，在保留惠昕本“蒙一客取银十两与能，令充老母衣粮”的同时，又在第二品“释功德净土”中加了一篇《无相颂》（见本文第五节），其中“恩则亲养父母，义则上下相怜。让则尊卑和睦，忍则众恶无喧”，正是儒学道统的通俗言教。

以慧能的思想为基础，并由怀海等人组织实践而形成的禅教，通过对泛滥于中华大地的印度佛教的变革，对中国统治意识形态儒学道统予以冲击，促进了宋明理学的形成和演变。它以我佛观否定了佛教的佛我观，并为人们在严格集权官僚制管治下提供了一条实现个性自由的思想路径，是中国古代自“独尊儒术”以后思想发展的重要环节。禅教寄生于佛教而别于佛教，它与佛教在基本观念上的区别，往往会被它所使用的佛教术语所掩盖，这在“法海集记”的《坛经》正文部分就表现出来。而慧能思想的实践者怀海等禅教的组织者，又不注重从道、法层次对慧能我佛观的深入探讨和论证，因此未能充实发展禅教的思想体系，他们在南方深山老林中农禅并作的“集体农庄”也因自身的局限难以发展。以神会为代表的慧能其他弟子，先从形式上，进而在内容上对禅教进行佛教的禅宗化。这为禅僧们开出一条生计和名利之路，也为佛教在禅宗主导下的延续提供了条

① 《坛经校释》，中华书局 1983 年版，第 4 页。

② 《坛经诸本集成》，宗教文化出版社 2014 年版，第 155 页。

件。对《坛经》的改动，是禅教被佛教禅宗化过程的一个缩影，它表明，虽然禅教已被披上佛教的“袈裟”而演变为禅宗，慧能的我佛观也在佛教词句的包装下而与佛我观相混杂，但被修改过的《坛经》和以它为宗旨的禅宗，已不再是印度传来的佛教，也不是“中国佛教”，或“有中国特色”的佛教了，而只是以天道观为哲学基础，以佛教名义存在和传续的思想流派与宗教团体。

附论二　《禅门规式》到《禅苑清规》《敕修百丈清规》的演变中体现的禅教被佛教禅宗化

禅教之为“教”，在于其不仅要有基本理念和思想体系，也要有组织形式、管理体制和纪律。慧能创立禅教，就是在探讨论证我佛观及其思想体系的过程中，承继弘忍“东山教派”传统，确立了基本的组织形式、管理体制和纪律的，后又经其弟子怀让、行思的坚持，逐步扩展成了禅教团体，怀海为适应禅教发展的需要，创制了《禅门规式》（亦称《百丈清规》），形成了禅团的组织形式、管理体制和纪律。这是禅教得以确立和发展的内在条件，禅教各派都依此而组建和活动，并根据自身特点有所增改。到宋朝时，存续了三百年左右的禅教，已经逐步被佛教禅宗化，包含禅教因素的禅宗成为佛教的主流，怀海的《禅门规式》已不适合佛教禅宗的组织和发展。兼修禅、净二宗的宗赜参照《禅门规式》及其他派系的规制，编写了《禅苑清规》，制定了禅教被佛教禅宗化初期的组织形式、管理体制和戒律。元朝统治者为强化对佛教的控制，顺帝元统三年（公元1335年）敕令百丈山住持德辉编修《百丈清规》，名《敕修百丈清规》，并为明朝三代皇帝认可，流传后世，是禅教被佛教禅宗化后的组织形式、管理体制和戒律。

从《禅门规式》到《禅苑清规》，再到《敕修百丈清规》，历经500

多年，其间的改变，是禅教被佛教禅宗化后在组织形式、管理体制和纪（戒）律上的体现，这与对《坛经》从观念和思想上的改动，是相呼应的。

一、怀海《禅门规式》的要点

“百丈和尚嗣马大师，在江西。师讳怀海，福州长乐县人也，姓黄。”① “师平生苦节高行，难以喻言。凡日给执劳，必先于众。”② 怀海是继怀让、道一之后的慧能第四代传人，也是禅教得以兴盛的关键人物。他对禅教的贡献，不仅在于其对慧能我佛观的深切理解和阐发，更在于其创制《禅门规式》（《百丈清规》），系统完善了禅教的组织形式和纪律。但《禅门规式》原文已失传，只能从有关文献中略知其要点。先是赞宁编的《宋高僧传》中《唐新吴百丈山怀海传》里，对之概述，后杨亿在审定《景德传灯录》时，在《洪州百丈怀海禅师》文后写的《禅门规式》（此文被后人称为《古清规序》），是迄今我们所能见到的关于《禅门规式》比较全面的概述。赞宁编《宋高僧传》时为982年，杨亿此文写于宋真宗景德（1004—1007）年间，怀海《禅门规式》仍存，二人都是以怀海原本为依据的，因而有较强的可信度。

《宋高僧传》的《唐新吴百丈山怀海传》所叙怀海事迹，主要就是他所立清规，全文如下：

> 释怀海，闽人也。少离朽宅，长游顿门，禀自天然，不由激劝。闻大寂始化南康，操心依附，虚往实归，果成宗匠。后檀信请居新吴界，有山峻极，可千尺许，号百丈欤？海既居之，禅客无远不至，堂室隘矣。且曰：“吾行大乘法，岂宜以诸部阿笈摩教为随行邪？”或曰：“《瑜伽论》《璎珞经》，是大乘戒律，胡不

① 《祖堂集》下卷，中华书局2007年版，第636页。
② 同上书，第636页。

依随乎?”海曰:“吾于大小乘中,博约折中,设规务归于善焉。”乃创意不循律制,别立禅居。初自达摩传法至六祖已来,得道眼者号长老,同西域道高腊长者呼须菩提也。然多居律寺中,唯别院异耳。又令不论高下,尽入僧堂。堂中设长连床,施椸架挂搭道具。卧必斜枕床唇,谓之带刀睡,为其坐禅既久,略偃亚而已。朝参夕聚,饮食随宜,示节俭也。行普请法,示上下均力也。长老居方丈,同维摩之一室也。不立佛殿,唯树法堂,表法超言象也。其诸制度,与毗尼师一倍相翻,天下禅宗如风偃草。禅门独行,由海之始也。以元和九年甲午岁正月十七日归寂,享年九十五矣。穆宗长庆元年,敕谥大智禅师,塔曰大宝胜轮焉。[①]

杨亿的《禅门规式》,所叙内容更为详细,全文为:

百丈大智禅师,以禅宗肇自少室,至曹溪以来,多居律寺。虽别院,然于说法住持,未合规度,故常尔介怀。乃曰:“祖之道欲诞布化元,冀来院不泯者,岂当与诸部阿笈摩教为随行邪?”旧梵语“阿含”,新云“阿笈摩”,即小乘教也。或曰:“《瑜伽论》《璎珞经》是大乘戒律,胡不依随哉?”师曰:“吾所宗非局大小乘,非异大小乘,当博约折中,设于制范,务其宜也。”于是创意,别立禅居。

凡具道眼,有可尊之德者,号曰“长老”。如西域道高腊长,呼须菩提等之谓也。既为化主,即处于方丈。同净名之室,非私寝之室也。不立佛殿,唯树法堂者,表佛祖亲嘱受,当代为尊者。所裒学众,无多少,无高下,尽入僧堂中,依夏次安排。设长连床,施椸架,挂搭道具。卧必斜枕床唇,右胁吉祥睡者,以其坐禅既久,略偃息而已,具四威仪也。除入室请益,任学者勤

① 《宋高僧传》上卷,中华书局 1987 年版,第 236—237 页。

怠，或上或下，不拘常准。其阖院大众，朝参夕聚，长老上堂升坐，主事徒众雁立侧聆，宾主问酬，激扬宗要者，示依法而住也。斋粥随宜，二时均遍者，务于节俭，表法、食双运也。行普请法，上下均力也。置十务，谓之寮舍，每用首领一人，管多人营事，令各司其局也。主饭者为饭头，主菜者为菜头，他皆仿此。

或有假号窃形，混于清众，并别致喧挠之事，即堂维那检举，抽下本位挂搭，摈令出院者，贵安清众也。或彼有所犯，即以拄杖杖之，集众烧衣钵道具，遣逐从偏门而出者，示耻辱也。详此一条，制有四益：一不污清众，生恭信故。三业不善，不可共住。准律合用梵坛法治之者，当驱出院。清众既安，恭信生矣。二不毁僧形，循佛制故。随宜惩罚，得留法服，后必悔之。三不扰公门，省狱讼故。四不泄于外，护宗纲故。四来同居，圣凡孰辨？且如来应世，尚有六群之党，况今像末，岂得全无？但见一僧有过，便雷例讥诮。殊不知以轻众坏法，其损甚大。今禅门若稍无妨害者，宜依百丈丛林格式，量事区分。且立法防奸，不为贤士。然宁可有格而无犯，不可有犯而无教。惟百丈禅师护法之益，其大矣哉！禅门独行，由百丈之始，今略叙大要，遍示后代学者，令不忘本也。其诸轨度，山门备焉。[①]

大约100年后，宗赜于宋徽宗崇宁（1102—1106年）二年编成的《禅苑清规》中，在第十卷，以《百丈规绳颂》将杨亿此文稍作修改，并分节写了相应颂文，然后写道：

今禅门别行，由百丈之始。略叙大要，遍示后来学者，贵不忘其本也。诸方自古共遵所济众务、急救弊之要者，凡三十件，

① 《景德传灯录》上卷，中州古籍出版社2019年版，第144—146页。

用示方来，切在详禀，确志维卫，永成轨范。俾丑迹秽声，无流外听。不唯叔世禅林之光茂，亦乃护法之一端耳。其事件名数，条牒如左：

百丈存纲领，诸方酌古今，
始终三十事，一一护丛林。①

所叙“三十事”，虽已加入“诸方酌古今”的内容，但其中仍有些体现着怀海提出的“纲领”。我们对《禅门规式》的探讨，也就以杨亿此文的概述为主要资料，参考宗赜所编《禅苑清规》中《百丈规绳颂》等，以求对其要点有所认知。

要点一，怀海创制禅门规式的缘由和目的。佛教以“戒”为纲制定其组织形式、管理体制和戒律，经、论、律典籍号称“三藏”。但印度地区的佛教戒律不仅因其社会条件与中国有巨大差异，而且其佛我观与禅教我佛观也有本质区别，使之不适合禅教。从道信、弘忍组建禅宗丛林时，就开始探索适合中国禅僧的组织形式、管理体制和戒律，但由于不能突破佛我观的束缚，未能形成独特系统，其禅宗传人神秀在佛我观指导下，组建了以戒、定、慧为主干内容的寺院僧团，而其中戒为首要，虽因禅宗特点而对印度地区佛教的戒律有所修改，但总体仍依佛教戒律，并得到律宗有条件的认可。而道一、怀海组建的僧团则坚持慧能我佛观，因此，必须依我佛观另创与僧团丛林相适应的组织形式、管理体制和纪律。禅教在慧能时期，还是寄居于佛教寺院，但大多是在律宗寺院外另建别院。怀海认为这“于说法住持，未合规度，故常尔介怀”，为了摆脱佛教律宗约束，他“创意，别立禅居”。也就是到山林中创建丛林禅团，并制定自己的规式，既不同于佛教大、小乘，但又要采用佛教大、小乘的一些形式，依据我佛观，“博约折中，设于制范，务其宜也”。概括说，怀海之所以“别立禅居”，并创立“制范”，根本原因在于禅教与佛教道、法层次的本质区别，

① 《禅苑清规》，中州古籍出版社2001年版，第126页。

道不同不相与谋，当然也必须另走自己的路，形成按禅教核心观念我佛观的规式，以适应术、技层次的创新和发展。

要点二，敬道尊德。“凡具道眼，有可尊之德者，号曰‘长老’”。禅教之丛林禅团，不像佛教寺院由朝廷钦命出资建造或倚仗世族豪强，因而不必去投靠高官贵戚，也不去买通主管宗教的官员来谋取僧官僧职，全由个人体道修德，获取僧众敬重支持，成为“长老”，主持僧团。长老在“方丈”中处理本僧团事务，方丈为“净名之室”，并不是长老的私寝之室。可见，长老以其道、德而就位，但并无特权。慧能创禅教，怀让、行思等弟子组建的僧团，演进至道一、怀海及希运、普愿、希迁等，都是体道尚德之人，众望所归，才成为领袖，而且都与徒众平等相处，并无住持、僧官的“体面”与架式。

要点三，“不立佛殿，唯树法堂”。这是佛教寺院与禅教丛林僧团在形式上的明显区别。建佛殿，塑佛像，由佛教大乘兴起，以树立佛的伟大形象唬人，是佛我观的集中体现。其意在表明佛为天地之尊，既呈人形，又是神灵，高大威严，法力无边，众人渺小微弱，只能跪拜，任由佛神超度。在人类既有宗教中，只有佛教大建特建佛殿，大塑特塑佛像，由此可见其惑众之重、迷信之深。禅教以我佛观为核心观念，认为佛只是觉悟、智慧的众人，他不是神，更没有佛教宣扬的梵天主导轮回。禅团只是大家平等修行，讨论道、法之组织，因此，不必也不该建佛殿，塑佛像，而是建法堂，以为聚会之所。“表佛祖嘱受，当代为尊”，是禅教的一个重要特点，既要传承历代师祖观念，更要突出当代修行者的主体性，不是以死人压活人、度活人，而是由活人使死去师祖的观念在当代活起来。

要点四，丛林禅团中学众人人平等，没有高下之分，依加入禅团的“夏次安排”。禅僧住集体宿舍，设长连床，即大通铺，房间里统一摆放架柜，挂搭衣物道具。宗赜《百丈规绳颂》就此补充说：“卧具衣服常须齐整，非己单席，不得擅意自移。”① 卧时斜枕床唇，右胁吉祥睡，以便偃

① 《禅苑清规》，中州古籍出版社 2001 年版，第 127 页。

睡，具四威仪。除入室请教长老，任学者勤怠，或上或下，不拘常准，自由思想和行为。

要点五，全体僧众，通行农禅并作。朝参夕聚，长老上堂，主事和学众雁立两侧聆听。讲者与听众问酬答疑，激扬宗要，讨论乃至争论，是为禅事。斋粥随宜，二时均遍者，大众统一伙食，务于节俭。宗赜的《百丈规绳颂》中于此写道："食时不得匙箸刮钵作声。"① 法食双运与农禅并作结合，食为自身农作之果，因而知农作之必要。"行普请法，上下均力也"。每个人都要吃饭活肉身，所以务必参加劳动，在集体劳动中生产自己的饭食。而禅修也就贯彻于农作过程。怀海定此规则，亲自表率：

> 师平生苦节高行，难以喻言。凡日给执劳，必先于众。主事不忍，密收作具而请息焉。师云："吾无德，争合劳于人?"师遍求作具，既不获，而亦忘食。故有"一日不作，一日不食"之言流播寰宇矣。②

《祖堂集》《景德传灯录》《古尊宿语录》等中，还记有怀海与弟子在劳作中参禅的故事，此传统一直延续在本派各僧团中。农禅并作是禅教和组织的灵魂，也是其纪律的依托。

要点六，切合实际，行之有效的组织形式和管理体制。杨亿《禅门规式》只概括地提到"置十务，谓之寮舍，每用首领一人，管多人营事，令各司其局"。此"十务"，应为禅团有关事务，如主饭、主菜、主浴、主库等，其首领各一人，由僧众推选、住持认可。他们是僧团的管事者，但不是僧官，身份与僧众平等，应根据时间或工作效能进行选换，以保持僧团的正常运行。

要点七，纪律与惩罚。禅教依我佛观，主张自修自悟本性，从慧能开

---

① 《禅苑清规》，中州古籍出版社 2001 年版，第 127 页。

② 《祖堂集》下卷，中华书局 2007 年版，第 636 页。

始，就将佛教“戒、定、慧”三学之首“戒学”排除于其术层次之外，只强调“定慧一体”。而佛教之所以突出“戒学”，在于其从佛教的佛我观出发，认为众人只有被动地由佛所度才是修行，戒是佛依其所知梵天之道而制定的行为准则，信徒只有依戒律思想和行为，才能进入定、慧两个阶段，并得到梵天认可，死后安排好的轮回。禅教不承认梵天主宰，也不相信轮回，所以“戒律”在丛林禅团中并不像佛教寺院那样重要。怀海之所以坚持脱离律宗之“别院”，到山林中自立“禅居”，与此密切相关。也正因此，他们的《禅门规式》受到佛教徒，尤其是律宗的攻击，“百丈怀海禅师，始立天下禅林之规式。议者恨其不遵佛制，犹礼乐征伐自诸侯出。”① 直到现代，弘一法师依然贬抑怀海《禅门规式》说：“即百丈原本今仍存在，亦可不需阅览。”② 足见律宗之保守、陈腐。怀海既然创制禅林特有之规式，自然不怕佛教徒们的反对，而且他对“戒”也有自己的独到见解：

> 问：“如今受戒，身口清净，已具诸善，得解脱不?”师答曰：“小分解脱，未得心解脱，未得一切解脱。”问：“如何是心解脱?”师答曰：“不求佛，不求知解，垢净情尽，亦不守此无求为是。亦不住尽处，亦不畏地狱缚，不爱天堂乐，一切法不拘，始名为解脱无碍。即身心及一切皆名解脱。汝莫言有小分戒善，将为便了。有恒沙无漏戒、定、慧门，都未涉一毫在。努力猛作，早与！莫待耳聋眼暗，头白面皮皱，老苦及身，眼中流泪，心中憧惶，未有去处。到与么时，整理脚手不得，纵有福智多闻，都不相救。为心眼未开，唯缘念诸境，不知返照，复不见道，一生所有恶业悉现于前，或忻或怖，六道、五蕴现前尽见。严好舍宅、舟船车辇，光明现赫，为纵自心贪爱，所见悉变为好

① 《释门正统》四。

② 《弘一大师全集》第1册，福建人民出版社1992年版，第18页。

境，随所见重处受生，都无自由分。龙畜良贱，亦总未定。”①

在怀海看来，“受戒”只能使人“小分解脱”，而禅教所要达到的是“心解脱”“一切解脱”，是“不畏地狱缚，不爱天堂乐，一切法不拘”的“自由”。自修自悟自性，才是根本，《禅门规式》就是为禅团中个体的自修自悟创造条件，而不是以戒律束缚个体的自修自悟。所以，“除入室请益，任学者勤怠，或上或下，不拘常准”，但禅团是众多个体之集合，必须有总的规则和纪律，以防止某个体扰乱集体秩序。因而也要对违反纪律的行为有所惩处。杨亿《禅门规式》中并未论及怀海所定的纪律条文，但写了对违纪者的处罚：对于“假号窃行，混于清众，并别致喧挠之事”，经堂维那检举，抽下其本位挂搭，摈令出院，以“贵安清众”。而“或彼有所犯”，即以拄杖杖之，集众烧衣钵道具，从偏门逐出。进而说如此惩处，有“四益”：一不污清众，二不毁僧形，三不扰公门，四不泄于外。这四益是统一的，关键在于禅团自我“清理门户”，以保证学众的修悟环境，并警戒个体的言行。

宗赜《百丈清规颂》中所说“三十件”要务，有些是对《禅门规式》相关内容的展开，如斋粥的座次，卧具衣服的整齐，堂中不得聚头说话，夜间起床动作要轻，不得惊动清众，以及寮内丢失衣物的清查，洗涤的顺序，寮舍内不得高声诵读经典并闲杂文字等。还有些是宗赜本人依其对“百丈清规”的理解，参照其他禅团的作法而写的，“百丈存纲领，诸方酌古今”。这些内容，也就成为他集《禅苑清规》的要“件”。

二、宗赜《禅苑清规》

《禅苑清规》是现存禅宗清规的最古本，是宋宗赜为“真定府十方洪济禅院住持”时所集，他在此书的序中写道：

---

① 《祖堂集》下卷，中华书局2007年版，第642—643页。

> 夫禅门事例，虽无两样毗尼；衲子家风，别是一般规范。若也途中受用，自然格外清高。如其触向面墙，实谓减人瞻敬。是以佥谋开士，遍摭诸方。有补于见闻，悉备陈于纲目。噫，少林消息，已是剜肉成疮；百丈规绳，可谓新条特地。而况丛林蔓衍，转见不堪；加之法令滋彰，事更多矣。然而庄严保社，建立法幢，佛事门中，阙一不可。亦犹菩萨三聚，声闻七篇，岂立法之贵繁，盖随机而设教。初机后学，冀善参详；上德高流，幸垂证据。崇宁二年八月十五日序。①

正如宗赜所说，“百丈规绳，可谓新条特地”，不论禅教还是禅宗，都受其影响，但“丛林蔓衍，转见不堪；加之法令滋彰，事更多矣”。怀海《禅门规式》的传布，主要靠他本人对禅教的深切理解和以身作则的品行，既未得到朝廷的认可，也因禅教并无全国性的系统组织，而没能形成统一的规制，各禅团、寺院只是以它为参考，各自制定相应的绳规。宗赜的目的是将诸部绳规集合整理，编成一部通行本《禅苑清规》，由于他也未得到朝廷授权和认可，因而没有法令效力，但对我们今天研究禅教的被佛教禅宗化，却有历史的价值。

宗赜本人是禅教被佛教禅宗化的典型。据明《补续高僧传》载：宗赜先学儒业，年二十九，幡然曰：“吾出家矣”，往真州长芦从法秀、应夫落发学“最上乘”。法秀、应夫都是行思青原系下云门文偃的传人，到宗赜为青原下十二世、云门第六世。从传承论，是为慧能法脉，并与怀让南岳系的关系亲近，因此能够响应怀海《禅门规式》。但青原系作为禅教一支，演化三百多年后，已经被佛教禅宗化，更重要的是，宗赜除习禅宗，还习净土宗，曾于长芦组织莲花净土念佛社，依庐山白莲社规则，普劝僧侣，同修净土念佛。因此，《补续高僧传》说他“虽承南宗顿旨，而实以净土

① 《禅苑清规》，中州古籍出版社 2001 年版，第 1 页。

自归”。在宗赜的观念中，慧能禅教与佛教并无本质区别，参禅念佛，“法虽二门，理同一致”（《净土简要录》），都是为求来世转生好轮回。他所编的《禅苑清规》，是禅教被佛教禅宗化后的组织形式、管理体制和戒律的集合。

《禅苑清规》共十卷，前七卷为其清规的各环节：第一卷主要是对僧人个人的要求，包括：受戒、护戒、办道具、装包、旦过、挂搭、赴粥饭、赴茶汤、请因缘、入室；第二卷是对僧人活动的规定，包括：上堂、念诵、小参、结夏、解夏、冬年人事、巡寮、迎接、请知事；第三卷是对僧官、僧职的规定，包括：监院、维那、典座、直岁、下知事、请头首、首座、书状、藏主；第四卷也是对僧职的规定，包括：知客、库头、浴主、街坊水头炭头华严头、磨头园头庄主廨院头、延寿堂主净头、殿主钟头、圣僧侍者炉头直堂、寮主寮首座、堂头侍者；第五卷和第六卷是对僧人之间交往的规定，以煎点为主，以及出入、警众、书信、养病等的规定，包括：化主、下头首、堂头煎点、僧堂内煎点、知事头首点茶、入寮腊次煎点、众中特为煎点、众中特为尊长煎点、法眷及入室弟子特为堂头煎点、通众煎点烧香法、置食特为、谢茶、看藏经、中筵斋、出入、警众、驰书、发书、受书、将息参堂；第七卷先是对大小便利的规定，进而是对亡僧的安置、送葬的规定，然后是请立僧、请尊宿、尊宿受疏、尊宿入院、尊宿住持、尊宿迁化、退院的规定。第八至第十卷为相关文献：龟镜文、坐禅仪、自警文、一百二十问、戒沙弥、沙弥受戒文、训童行、劝檀信、斋僧仪、百丈规绳颂、新添滤水法 并颂。《禅苑清规》的各卷体例较乱，以上只是就各卷之要点论之。

首先表示《禅苑清规》的佛教禅宗性质的，是第一卷第一节“受戒”和第二节“护戒”。其中对受戒的规定是：

> 三世诸佛，皆曰出家成道；西天二十八祖、唐土六祖，传佛心印，尽是沙门。盖以严净毗尼，方能洪范三界。然则参禅问道，戒律为先。既非离过防非，何以成佛作祖。受戒之法，应备

> 三衣、钵具，并新净衣物。如无新衣，浣染令净。入坛受戒，不得借借衣钵。一心专注，慎勿异缘。像佛形仪，具佛戒律，得佛受用。此非小事，岂可轻心。若借借衣钵，虽登坛受戒，并不得戒。若不曾受，一生为无戒之人。滥厕空门，虚消信施。初心入道，法律未谙，师匠不言，陷人于此。今兹苦口，敢望铭心。既受声闻戒，应受菩萨戒，此入法之渐也。①

“参禅问道，戒律为先”，显然不是从慧能到怀海的禅教的观点，而是从神秀开始的佛教禅宗的基本教义。宗赜虽然号称秉承“六祖”，却忘记或故意不理会慧能只讲“定慧一体”，并将“戒”排除于禅教之“学”的传统，虽然名义上依从“百丈规绳”，却不在意《禅门规式》中并无戒律之说。不仅讲“戒”，而且将“受戒”作为“禅苑清规”之首要，其次即为“护戒”。

> 受戒之后，常应守护。宁有法死，不无法生。如小乘《四分律》四波罗夷、十三僧伽婆尸沙、二不定、三十尼萨耆、九十波逸提、四波罗提提舍尼、一百众学、七灭诤，大乘《梵网经》十重、四十八轻，并须读诵通利，善知持犯开遮。但依金口圣言，莫擅随于庸辈。如不应食葱韭薤蒜園荽、酒肉鱼兔及乳饼酥酪，用蛴螬卵、猪羊脂，并不应食。如遇病缘，宁舍身命，终不以酒肉俗味毁禁戒、非时食小食、药石与果子、米饮、豆汤菜汁之类，如非斋粥二时，并是非时之食也，并宜严禁。财色之祸，甚于毒蛇，尤当远离。慈念众生，犹如赤子。语言真实，心口相应。读诵大乘，资发行愿。尸罗清净，佛法现前。皮之不存，毛将安傅。故经云：精进持净戒，犹如护明珠。②

---

① 《禅苑清规》，中州古籍出版社2001年版，第1页。

② 同上书，第2页。

宗赜似乎没有注意到他关于小乘、大乘戒律的文字，是与他在《百丈规绳颂》所抄写的杨亿《禅门规式》中所叙怀海的话：“吾所宗非局大小乘，非异大小乘”相冲突，而他仍将《禅苑清规》看成“百丈清规”的传承。可见，在宗赜的观念中，并没有禅教与佛教的区别，“百丈清规”只是佛教禅宗的戒律，是佛教大乘、小乘戒律的延伸和应用。而且，在论及“护戒”时，又将净土宗参加进来，强调“读诵大乘，资发行愿”。

“受戒”和“护戒”是《禅苑清规》之起首，也是其纲领，贯彻于禅宗僧人修行、生活及寺院管理各环节。大体上看，该书可归结为如下内容。

其一，一个禅宗僧人加入寺院的条件和手续。这在第一卷的办道具、装包、旦过、挂搭等环节中有规定。一个人出家为僧，首要条件是受戒和护戒，以这两个环节为前提，还需要自己筹办道具，包括沩山笠、拄杖、戒刀、祠部筒、钵囊、鞋袋内安布帕一条，以及脚布、枕子、铃口鞋、脚絣、前后包巾、白绢复包、条包、枕袋、盖包、小油单、柿油单、布卧单、绵被、净巾三条、小净瓶、浴巾、浴裙、函柜、小锁。茶器和其他衣物，随家丰俭而置。总之，一个男人日常生活用品都要自己置办。装包既有对个人衣物的包装，也有对个人衣裙穿着、戴笠、拄杖、离寺、入寺程序的规定，以及挂搭僧人衣物在“僧堂前门南床上”的放置。“挂搭了，如堂中有函柜，即收拾行李安函柜中锁之，笠子、拄杖归寮。如堂中无函柜，收行李赴寮人事了，听寮主、首座指授处所相看毕，挂钵安被于僧堂内，茶筒、文字置寮中案上。”① 可见规定之仔细。

旦过，是指到本寺临时拜访僧人的接待礼节。挂搭则是某僧欲长住本寺的接待和安排，“挂搭”即将随身衣物悬挂于其所住僧堂钩架。僧人出家，四方游历，挂搭是其重要行为方式，各寺也都有接待义务。挂搭时间不定，或长或短，但都要听从本寺安排。《禅苑清规》对挂搭的手续和礼节做了较详细规定。先是僧人来寺，

① 《禅苑清规》，中州古籍出版社 2001 年版，第 4 页。

具威仪，袖祠部，于堂司相看。寻行者报维那云："新到相看。"相见各触礼三拜。吃茶罢，起身近前云："久向道风，此特来依栖左右，且望慈悲。"维那云："山门多幸，特荷光临。"乃各人依戒腊次第，呈祠部与维那。维那收讫，新到触礼一拜云："此际多幸，深谢温存。"维那答一拜云："管待萧疏，且希以道为念。"不吃汤，维那送出堂司云："请上座归堂挂搭。"①

往下是新到僧人由僧堂前门南颊而入圣僧前，大展三拜，从首座位巡堂一匝，再到圣僧前问讯，于前门内南颊床下板头第三位次第而坐。再由维那依戒腊上床历讫，令行者箱内托祠部，相随入堂，安排床位，与众僧相互问讯，以及挂搭后参见寮主及法眷、侍者、库司、首座、书记、藏主、知客，请茶汤、煎点等各种礼仪，由此加入本寺院活动。

其二，对僧人日常生活各环节的规定。在第一卷有赴粥饭、赴茶汤、请因缘、入室等规定，而第七卷大小便利一节也属这部分，不知为何与请立僧、请尊宿放在同一卷。

僧人每日早粥午饭，是其生活的重要环节，《禅苑清规》中对此有详细规定：

粥饭坐位，须依戒腊资次。早晨开静之后，斋时三下已前，先于食位就坐，候长版鸣及三下，即起身下钵，放钵须当上肩。打木鱼已后，并不得入堂。②

进而是入室之法、上床之法，以及僧官、僧职的床位安排，吉凶斋设，跪拜求佛。首座击槌喊佛十声，施食，展钵之法，行食之法，受食之法，吃

---

① 《禅苑清规》，中州古籍出版社2001年版，第5—6页。

② 同上书，第9页。

食之法，擦洗钵法等，都有详细规定。如吃食之法为：

> 擎钵就口，不得将口就食。钵盂外边半已上名净，半已下名触。以头指安钵内，第二第三指傅钵外，第四第五指不用。鐼子亦如之。取钵放钵及拈匙箸，不得有声。《四分律》云：正意受食，平钵受羹饭。羹饭俱食，以次食，不得挑钵中央食，无病不可得为己索羹饭，不得以饭覆羹更望得，不得视比座钵中起嫌心。当系钵想食，不得大抟饭食，不得张口待饭食，不得含食语，不得抟饭掷口中，不得遗落饭食，不得颊饭食，不得嚼饭作声，不得噏饭食，不得舌舐食，不得振手食，不得手把散饭食，不得污手捉食器。已上律文，并宜遵守，亦不得抓头，令风屑堕盂鐼中。亦不得摇身捉膝踞坐欠伸及擤鼻作声。如欲嚏喷，须当掩鼻；如欲挑牙，须当掩口。菜滓果核，安鐼钵后屏处，以避邻位之嫌。如邻位钵中有余食及果子，虽让不得取食。及邻位有怕风之人。不得使扇。或有所须，默然指授，不得高声呼取。①

往下还有食讫对剩饭菜的处理、洗拭、放置钵箸等细节的规定。而茶汤是寺院粥饭之外的活动："院门特为茶汤，礼数殷重，受请之人，不宜慢易。"② 并对请茶汤各环节的礼数、行为做了仔细规定。在"入室"节中，还对僧人在堂中的坐、卧、言、行等进行了明确详细的规范。而在第七卷"大小便利"节中，又对大、小便的程序做了详细规定。从这些规定中我们可以看出，寺院中每个人的一举一动，都有戒律限定，而且随时随地都在僧官、僧职及其他僧人以戒律为准绳的监督之下，已经不是怀海《禅门规式》中所说"除入室请益，任学者勤怠，或上或下，不拘常准"，而处于这种比军营管束兵士、托儿所管教幼儿更严格环境中的僧人，怎么还能

① 《禅苑清规》，中州古籍出版社 2001 年版，第 11 页。

② 同上书，第 11 页。

顿悟自性，“去住自由”？

其三，念诵与参禅。这是僧人的主要功课，在第二卷上堂、念诵、小参及第一卷请因缘各节规定。“五日升堂，激扬宗旨；三八念诵，报答龙神。请益玄言，发明古今；小参家训，纲纪丛林。”①

上堂讲经参禅是寺院的集体活动，“除寮主、直堂外并赴”②，如因“他缘急切等事，本非怠慢，赴参稍迟，如住持人已升座，更不须入”③，并回避住持人。大众赴参，不得戴帽子头袖，如问话人有可笑之事，不得喧堂大笑及破颜微哂。上堂时，僧官、僧职站在前排，普通僧人在后，按秩序入场排列。念诵也为寺院的集体活动，每逢三、八日举行。

> 初三、十三、二十三念：皇风永扇，帝道遐昌；佛日增辉，法轮常转。伽蓝土地，护法安人；十方施主，增福增慧。为如上缘，念清净法身等云云。
>
> 初八、十八、二十八念白大众：如来大师入般涅槃，至今皇宋元符二年，已得二千四十七年。是日已过，命亦随减，如少水鱼，斯有何乐。众等当勤精进，如救头燃。但念无常，慎勿放逸。伽蓝土地，护法安人；十方施主增福增慧。为如上缘，念清净法身等云云。④

小参则是以寝堂为单位的活动，“初夜钟鸣，寝堂设位，集知事、徒众。宾主问酬，并同早参。提唱之外，上自知事、头首，下至沙弥、童行，凡是众中不如法度，事无大小，并合箴规。”⑤ 小参的内容，既有参习佛经禅法，更有依“箴规”的“批评与自我批评”，以纠正僧众及沙弥、童行的

---

① 《禅苑清规》，中州古籍出版社 2001 年版，第 20—21 页。

② 同上书，第 19 页。

③ 同上书，第 19 页。

④ 同上书，第 19—20 页。

⑤ 同上书，第 21 页。

言论行止。而“请因缘”则是在特定时日，或半月堂仪或一二日茶汤后，由参头领僧人请教住持，“某等生死事大，无常迅速，伏望和尚慈悲，开示因缘。”① 但要事先通报侍者，侍者报讫然后入。由参头引领，烧香问讯。“请因缘讫，参头已下依旧位大展三拜，问讯出。却下就寮陈谢侍者，或各触礼一拜，或只问讯而已。”②

其四，夏安居与冬年人事。安居为印度地区佛教在雨季的3个月（五月至八月），有禁止僧尼外出的规定，因其时草木茂盛，小虫滋生，为防伤害，所以在寺内修习，是为“安居期”。佛教传入中国后，亦在夏季安居，始称结夏，终为解夏。结夏不仅禁止本寺僧人外出，而且要求行脚僧人去寺院挂搭。“行脚人欲就处所结夏，须于半月前挂搭。所贵茶汤、人事不至仓卒。四月十四日斋后挂念诵牌，至晚知事豫备香花法事，于土地前集众念诵。知事预令行者祗候，才闻略声法事，即便打鼓。堂司预设戒腊牌，香花供养。次第巡堂就位坐，知事人行法事。念诵已前先写榜。呈首座请之。”③ 十五日粥前，由住持主持，举行仪式，进而巡寮次第，大众相随，送住持至方丈，大众乃退。然后首座与维那以下诸头首、退院长老、立僧首座特为知事头首，于本寮煎点。解夏于“七月十四日晚，念诵煎汤。来日升堂，人事、巡寮、煎点，并同结夏之仪。”④ 行脚僧人，须候茶汤罢，方可随意。而冬年人事，指堂头有任免人事，预贴僧堂前，至晚堂内库司点汤，“次日，方丈内特为知事、头首，请大众相伴。次日，知事就库司特为首座已下煎点，首座，维那以次煎点，各就本寮特为。”⑤

其五，寺院僧官与僧职。禅教之被佛教禅宗化，表现在组织形式上，就是管理体系的官僚化，虽非官府，却仿效官府，设立僧官和僧职，立等级，分权职。在第二卷和第四卷各述僧官、僧职。此为《禅苑清规》的主

① 《禅苑清规》，中州古籍出版社2001年版，第15页。
② 同上书，第15页。
③ 同上书，第22—23页。
④ 同上书，第25页。
⑤ 同上书，第26页。

要内容。

僧官负责全寺管理，有监院、维那、典座、直岁。“监院一职，总领院门诸事，如官中应副，及参辞谢贺，僧集行香，相看施主，吉凶庆吊，借贷往还，院门岁计，钱谷有无，支收出入。”① “维那”为梵语，汉译悦众，“凡僧中之事并主之”②，与今“办公室主任”相似，协助监院处理本寺各种事务。“典座之职，主大众斋粥，须运道心，随时改变，令大众受用安乐”③，并要计划节俭，以保证僧众伙食。典座在厨中吃粥饭，所食不得异众。“直岁之职，凡系院中作务并主之”④，负责寺院寮舍、门窗、墙壁的修饰，碾磨、田园、庄舍、油坊、鞍马车船、扫洒栽种，以及巡护山门、防警贼盗、差遣人工、轮拨庄客等，但大修造、大作务，要请示住持并与同事商议，不得专用己见。

监院、维那、典座、直岁为寺院的实权职务，统称“知事”。知事各职人选，由住持提出，并记云：

> 请知事、头首、前资勤旧吃茶，茶罢，住持人咨闻：某知事告退，烦大众同议，不知何人可充某知事。顾问再三，大众无语，和尚即云：欲请某人充某知事，众意如何？众允，即令侍者请某人，及某人相知，并以次当请之人。再点茶罢，住持人起立云：某知事告退，不可阙人，欲请某人首座充某知事，且望大众同共礼请，幸希不阻，且以佛法为念。请讫，两展三礼。众知事等贺住持人，两展三礼。次与新知事递相贺谢，各触礼三拜。⑤

进而，再当众宣布某僧任某知事。可见，知事各职，并非一次性任命，而

---

① 《禅苑清规》，中州古籍出版社2001年版，第32页。
② 同上书，第33页。
③ 同上书，第35页。
④ 同上书，第36页。
⑤ 同上书，第29页。

是以“请”补“缺”，其主导权在住持，由他提出人选，再征求其他知事和头首、前资勤旧的意见，无异议者即可任职。

僧职级别低于僧官，称为“头首”。“头首者，谓首座、书记、藏主、知客、浴主，并同已前和会知事之法，受礼作贺，一一如之。”① 头首的职分为：“首座之职，表仪众僧，举正非法。”② 不仅要在仪礼上为众僧表率，还要对“堂中一切不如法事，于粥前以软语白众，言须简当。”③ 书记亦称“书状”，“书状之职，主执山门书疏。应须字体真楷，言语整齐，封角如法，及识尊卑触净，僧俗所宜。如与官员书信，尤不得妄发。”④ 对给施主的书信，也要仔细检点。写常住书信用常用纸，写堂头书信用堂纸，自己的书信，不能使用公纸。对书状的文法也提出了具体要求：“藏主掌握金文，严设几案。准备茶汤、油火、香烛，选请殿主、街坊表白，供赡本寮及看经大众。”⑤ 藏主亦藏经堂室之主管，类似今资料室主任。僧人来读经，名“请案”，须先预定案位，由藏主安排。藏主应指导读经者所遵守礼法，“殷重捧经”，不得与人言笑，保持经堂秩序。知客为本寺宾客接待者，“官员、檀越、尊宿、僧官及诸方名德之人入院相看，先令行者告报堂头，然后知客引上，并照管人客，安下去处。如寻常人客，只就客位茶汤。欲往堂头、库下及诸寮相看，只令行者相引。”⑥ 可见佛门绝非“众生平等”，接客待人亦分三六九等。知客对贵客要礼敬，言谈恭谨，不得妄谈无益之事，常须夸赞本寺住持、知事、头首并僧众美事，尤其强调“家丑不得外扬”⑦。库头之职，“主执常住钱谷，出入岁计之事。所得钱物，即时上历收管，支破分明。”⑧ 库头应账目清楚，守己清廉，精打细算，妥

---

① 《禅苑清规》，中州古籍出版社 2001 年版，第 38 页。
② 同上书，第 39 页。
③ 同上书，第 39 页。
④ 同上书，第 40 页。
⑤ 同上书，第 41 页。
⑥ 同上书，第 44 页。
⑦ 同上书，第 44 页。
⑧ 同上书，第 45 页。

善保有粮物，保证寺院供给。浴主为浴室主管，“设浴前一日，刷浴烧汤。至日斋前，挂开浴或淋汗或净发牌，铺设诸圣浴位及净巾、香花、灯烛等，并诸僧风药茶器。斋后打板，同施主入堂内烧香礼拜，请圣入浴。良久打叠，鸣鼓请众。”① 先是众僧入浴，再行者入浴，末后住持、知事入浴。并对“入浴之法”作了详细规定，要求浴主“依时设浴，供给寮众，不可阙事”②。

僧职中头首之下，还有负责具体事务的粥街坊、米麦街坊、菜街坊、酱街坊、水头、灯头、炭头、华严头、般若头、经头、弥陀头，“并是外劝檀越，增长福田；内助禅林，资持道果。若非契圣运心，何以普酬众望”③？此句对下列职事也适用，即磨头、园头、庄主、廨院主，延寿堂主、净主、殿主、阁主、塔主、罗汉堂主、水陆堂主、真堂主、钟头，圣僧侍者、炉头、直堂、寮主、寮首座、堂头侍者等。这一层僧职，归由头首、知事分管，其任免也由分管头首请示知事，亦有征求僧众意见后决定，但“寮主依入寮先后轮请”④。

禅宗在成为佛教主流之后，势力大增，不仅从丛林迁进寺院，而且有些寺院规模庞大，僧人众多，已成为一个小社会。不仅有朝廷资持，更有贵官富商地主供养，以及广泛化缘收取施舍，并有田产、物业等，经济基础充足，必须强化管理。僧官、僧职的设立，是寺院内部结构，其运行机制，已俨然成一官僚系统，与怀海时的丛林禅团大不同，但禅宗仍以“百丈”为名号，制定其规则。

其六，寺院住持。掌控寺院僧官、僧职系统的，是住持，由大德尊宿担任。《禅苑清规》中对于住持的规定，既未放在僧官、僧职之前，也不在其后，而是在第七卷，即正文的最后规定，且莫名其妙地将“大小便利”和“亡僧”列为本卷第一、二节。

---

① 《禅苑清规》，中州古籍出版社2001年版，第46页。

② 同上书，第46页。

③ 同上书，第47页。

④ 同上书，第53页。

对于住持的地位和作用，《禅苑清规》这样论说：

> 代佛扬化，表异知事，故云传法；各处一方，续佛慧命，斯曰住持。初转法轮，命为出世；师承有据，乃号传灯。得善现尊者长老之名，居金粟如来方丈之地。私称洒扫，贵图严净道场；官请焚修，盖为祝延圣寿。故宜运大心，演大法，蕴大德，与大行，廓大慈悲，作大佛事，成大利益。权衡在手，纵夺临时，规矩准绳，故难拟议。然其大体，令行禁止必在威严，形直影端莫如尊重；量才补职略为指踪，拱手仰成慎无掣肘；整肃丛林规矩，抚循龙象高僧；朝晡不倦指南，便是人天眼目。①

住持即为寺院尊宿，又是权力核心，是“续佛慧命”的主导，更是众僧的领袖。当尊宿住持的一个基本条件，就是“师承有据”，才能有“传灯”之德能。对于如何认定尊宿住持，《禅苑清规》并无说明，但记叙了“请尊宿”和“尊宿受疏”的程序。

请尊宿，是指请外寺尊宿来本寺任住持，尊宿受疏，是指本寺现任住持受疏，继续任职。先看请尊宿之规定和礼数：

> 监院、维那内推排一人，外头首内推排一人，并前资勤旧推排有心力、晓丛林、惯熟了事者数人，具合用钱物、行李人轿等，或舟船要用之物。官疏、院疏、僧官疏、诸院长老疏、施主疏、闲居官员疏、住持帖、本州县开报彼处州县文牒、官员书信、院门茶榜，并须子细备办，如法安置。②

所请尊宿是必须得到官府批准的，并由本地官府发疏、文牒，才可去外地

① 《禅苑清规》，中州古籍出版社 2001 年版，第 94 页。

② 同上书，第 90 页。

请他。该尊宿所在州县，接到来请州县文牒后，有可能发遣，也有可能不发遣。若不发遣，可由来请州县再发文。如无再请文牒，请尊宿的专使才可归院。如被请尊宿所在州县同意发遣，专使先到彼住寺院，“先看知事，计会讫上堂头，人事茶罢，便赍书疏，咨闻礼请。殷勤三请，乃可受之”①。外请尊宿住持入寺，也有规定的程序和礼节：与知事、头首、众僧礼拜相见后就任。住持是有任期的，现任住持也可续任，续任的程序就简单多了，“受疏之法，如是现住持，先于方丈三请。如有允意，鸣鼓集众。更须辞让，不得已受之。香薰显示，请维那宣读，升座举扬毕，下座与知事、首座、大众贺谢，两展三礼。”② 如所请尊宿在本寺院“非现住持，先诣寮三请。如有允意，住持升座举白，同众人礼请，然后礼拜住持受疏。如未经出世，本院专使预备法衣一条，宣疏罢，专使呈献，香薰显示披之。如有已经出世，即不须也”③。然后上任。还有一种可能，就是本院住持受他寺院请为住持，在这种情况下，“切不可将院中受用之物衷私随行。如有钱谷交加，须是交割分明。亦不得将院中得力行者移帐前去，亦不得多受本院送路。如合会参随，亦不得令本院失事”④。

《禅苑清规》还对住持的“迁化”和“退院”作了规定。“迁化”即死去，在位住持“如已坐化，置方丈中，香花供养。以遗诫偈颂贴牌上，挂灵筵左右。于众尊宿中请法属一人为丧主，如无法属，则请自余住持尊宿。然后修写遗书，报官员、檀越、僧官、邻近尊宿、嗣法小师、亲密法属，请僧分头下书。三日后入龛，如亡僧法”⑤。并规定了法事程序礼仪。其中一条为“小师在龛帏之后幕下，具孝服守龛”⑥，知事、头首、孝子、大众与丧主相见，并请外吊慰、致祭等一系列活动。慧能临终前要求其弟子“吾去已后，莫作世情悲泣，而受人吊问钱帛，著孝衣，即非正法，非

① 《禅苑清规》，中州古籍出版社2001年版，第90—91页。

② 同上书，第91页。

③ 同上书，第91页。

④ 同上书，第92页。

⑤ 同上书，第95页。

⑥ 同上书，第95页。

我弟子。”[①]《禅苑清规》的这些规定，表明至宋朝，禅宗虽以“六祖”名号大扩展，但已不遵循其遗愿，这些“传人”也已经是慧能所说的“非我弟子”。迁化的住持丧事后期，“院门稍似定叠，如上尊宿诸人须当特为陈谢，次第商量请新住持。知事下状申明，诸院长老及僧官保明申上。如所保未允众情，即本院知事赴官申诉，别行定夺。如官中专行，及令本院委保，亦须及早行遣，免本院久阙住持之”[②]。这里说明了住持形成的两个环节，一是尊宿商量，二是官府批准，官府对此有决定权。

“退院”是指住持辞去其职，这也是禅院的大事，故明细规定为：

> 如是年老，或有疾病，或因事故，不得顾恋住持，预先打叠方丈衣钵，及准备包杖。如常住钱物僧供之类，须与知事结绝，文历分明。及堂头公用合行交割，亦具文历拘管，用院印印押，通知事知之。别请一人看守方丈，并主管物色，在侍者寮安下。如方丈衣钵稍多，未退已前，估唱斋僧，及支拨钱物入常住，防有侵损互用之过。退院行李，唯随身依物道具而已。如行李太多，即动人讥笑，或别生谤议。金银匹帛，系税及禁榷之物，并不宜带行。亦不得与官员附带书信。及庵子，及不得预修退居院。如欲出本州界远去，即预先方便擘划判凭。若诸事已办，即令侍者或小师一人下退院状，住持人随后避本院前去，或在别寮安下。如退院后诸处为客安下，只宜将带侍者、行者各一人，不得太多，恐人家院舍动念，自余精粗随众。不得干预院事，及轻议主人、知事、头首长短，亦不得言及旧日住持所有劳绩，及一切点胸担版之事。如经过所在主人请升座或小参，受与不受临时。如非主人所举，及知事、大众礼请，不得擅便受人入室。如已退本院，不宜常在左右及旧院安下，人情极不稳顺，宜深戒

---

① 《坛经校释》，中华书局 1983 年版，第 110 页。

② 《禅苑清规》，中州古籍出版社 2001 年版，第 96 页。

之。如病患年老不可去，即随意无害。[1]

佛门禅院，亦一社会，其住持之尊贵，犹如地方官长，其退院也要交代清楚公物私存。虽然这里并未直接写出住持有谋私贪污行为，但也表现了有这种可能性。而官长离任时，则往往“三年清知府，十万雪花银”，且其家族亲属，有多个途径转移财宝，即便这样，还是车装船载，恨不得将地皮也带走。这里说的住持退院，一为年老，二为疾病，三为事故。前两种情况，可安置本寺院，即“退院尊宿、首座、藏主，如合众望，可举立僧”[2]。第三种之“事故”，大多因不能处理好本院僧人矛盾所引起，不得已而退院，甚或被轰走，因此须尽快离开，更不能干涉本院事务。

其七，对檀越的劝诫及其在寺院任职的规定。“檀越”是梵文 dāna－pati 的音译“陀那钵底”的转化，其中“陀那”是“施”，“钵底”是“主”，略去“那”字取“陀”音为“檀”，再加“越”字，“意道由行檀捨，自可越渡贫穷”[3]，意译为“施主”，向寺院、僧侣施舍财物、衣食的在家信徒，亦称“居士”。《禅苑清规》第十卷宗赜写了“劝檀文”，提出对檀越的劝诫和要求为：

在家菩萨，先当事佛，务极严谨。永断荤酒，坚守斋法。于诸欲染，誓不拟犯。亲近知识，发明己见。随其悟入，如理修行。若初心之士未能顿除荤酒，且食早素。一月之间，已能减半。久习淳熟，自能永断常斋。及欲障厚者，先且奉行五戒，然后进登菩萨清净大戒。若未能亲近知识者，但应读诵大乘，助发正见。若未悟摩诃般若者，但依佛语修行，时中亦不虚弃。学般若菩萨，应当勤发愿云：“南无佛，南无法，南无僧，愿身心安乐，进道无魔，般若光中，念念之间，常以般若发悟一切众生，

① 《禅苑清规》，中州古籍出版社 2001 年版，第 96—97 页。

② 同上书，第 89 页。

③ 《南海寄归内法传》卷一。

普愿一切众生顿悟摩诃般若波罗蜜多，同成无上正遍知觉。”①

檀越是佛教的主要资助者；鼓励发展檀越是寺院的重要工作。对于檀越，不能像僧侣那样管束，因而作文劝诫。而寺院的一些事物，僧人不便出面，就委托可信任的檀越代办，主要有化主、街坊、水头、炭头、华严头、般若头、经头、弥陀头。其中重要者为化主，是为寺院与官府、社会各界联系的纽带，第五卷首节即对请化主及其行为作了详细规定：

入寮讫，打叠书疏、茶汤、药 。施主所托收买之物，并宜子细用心。特为交代煎点，询问去年事例。合系堂头亲书，或书内简尺，及时勾副请领。如将带系税之物，自合分明印税。人力行者，须选惯熟及小心之人。所有常住供利，须自收掌，不得全倚人力行者，防有异心。如有尊宿书信，呈达讫然后作礼。若见尊官门状，并院门书信，一时通呈。看谒施主，预先点检门状、关牒、书信，恐有差误；及备茶汤人事之物，低心耐烦，善言化导。如问山门事体，并须如实祗对，不得妄有夸托，及不得倚托官员威势，亦不得所管事外妄生节目，恐滞归期，有妨交代。既系院门津遣，代众持钵，当尽心竭力，增益递年目录。除有病将息，方可暂闲。不得游山，结夏纵饶于事无妨，自是不成专注。候化缘事毕，纳疏归众，方可随意。施主名衔，不得卤莽漏落。所抄钱物，并须收纳分明。②

化主的主要职责是代寺院收取各施主的钱物，不仅责任重大，而且容易出现营私。所以在正文下加注警示：“檀门信施，本为福田；造业愚夫，便同己物。或荡于酒色之费，或畜为衣钵之资，或买度牒师名，或与小师披

① 《禅苑清规》，中州古籍出版社2001年版，第122页。

② 同上书，第56页。

刹。殊不知一钱已上并属众僧，千佛出世，不通忏悔，天堂未就，地狱先成。凡应主执之人，宜奉清廉之诫矣。”① 化主归院后，应向寺院知事、住持报账交纳钱物，程序庄重，并由知客僧“照位吃汤，并请新旧化主或前资勤旧相伴”②。

其八，以茶待客和协调僧众关系、联络感情。僧人不饮酒不食肉，不能像官场、平民那样举办酒席，只能以请茶点作为待客和协调僧众关系、联络感情的重要方式。《禅苑清规》第五卷和第六卷分别规定了“堂头煎点”“僧堂内煎点”“知事头首点茶”“入寮腊次煎点”“众中特为煎点”“众中特为尊长煎点”“法眷及入室弟子特为堂头煎点”“通众煎点烧香法”“谢茶”等项，可见请茶在寺院中的普遍作用。

请茶或煎点，分对外和寺院内部两种。对外主要是接待官员或大户施主，其中尤重官员接待。“或本州太守、本路监司、本县知县，侍者烧香讫，住持人起云：‘欲献粗茶，取某官指挥。’如其允许，方可点茶。如蒙叹赏，住持人但云：‘粗茶聊以表专，不合轻触。’”③ 对不同级别官员，接待的程仪也有差别，知县以上均大众迎送，住持亲自接待。诸官入院后，若不是主动问讯，不能自作主张讲佛法。更多的是寺院内煎点，包括由住持、知事、头首主持的煎点，以及僧人相互间的普请、特请，法眷及入室弟子特为堂头茶点等，也就是说，寺院内所有僧人都可以被请或请人，由此而协调相互关系，联络感情。此外，寺院中的人事变动，也都须请茶。至于煎点的费用，虽然书中并未写明，应除去寺院公务活动外，都应由提出者即煎点主人交付，而寺院内也有专为煎点提供服务的机构和人员。各式煎点，都有礼数规定。如“堂头煎点”中规点：

侍者夜参或粥前，禀覆堂头：来日或斋后，合为某人特为煎点。斋前，提举行者准备汤饼、盏橐茶盘、香花、坐位、茶药、

① 《禅苑清规》，中州古籍出版社2001年版，第56页。

② 同上书，第58页。

③ 同上书，第60—61页。

> 照牌。煞茶诸事已办，子细请客。于所请客，躬身问讯云：“堂头斋后特为某人点茶，闻鼓声请赴。”问讯而退。礼须矜庄，不得与人戏笑。斋罢，侍者先上方丈，照管香炉位次。如汤瓶里盏橐办，行者齐布茶讫。报覆住持人，然后打茶鼓。众客集，侍者揖入。首座已下，次第进前，依照位立。候一时斋足，请住持人出。或住持人先出椅前立，祗候大众，侍者揖客而进。亦可宾主立定，侍者于筵外东南角立，略近前问讯揖客坐。①

吃茶前要烧香，进而劝茶，再烧香，再请茶，如是几番问讯劝茶。茶罢，再问讯离坐。其他形式的煎点，较此略有简化，但都要讲求程序礼数。

其九，僧人在寺院活动的规范。寺院是佛教僧人的生活场地，除诵佛参禅等集体活动外，还有接待施主、看藏经、设斋、外出赴斋、念诵以及作息、书信往来等，对这些，都有规范。

施主请看大藏经和入院作中筵斋，是寺院的重要外事活动，该施主或贵官或富贵者，都要认真对待。“如遇施主请众看大藏经，或藏下，或法堂上，直岁安排椅桌，典座拨供过行者，藏主准备茶汤、香花、灯烛，维那依戒腊出榜分经并坐位照牌，请法事，又作梵阇梨，书状写造开启罢散文疏，并看经大榜，藏殿主出经。至时维那鸣钟集众，请经依位坐，法事声螺钹。知客点净，引施主行香竟，当筵跪炉。维那表叹宣开启疏，念佛阇梨作梵。候声绝，然后大众开经。”② 施主请看经是要付钱的，其中一部分要分俵给参加的僧众，如某僧有病不能参加，但他“坚取经钱，即须分付”③。而“如遇施主入院作中筵斋，监院先问外请僧俗客若干，食衬钱各若干，然后报住持人知，同典座定食，次办斋料。直岁安排坐位，或在库司，或法堂上。香花奕幕，随家丰俭。”④ 然后依礼请住持、知事、头首、

---

① 《禅苑清规》，中州古籍出版社2001年版，第59—60页。

② 同上书，第72页。

③ 同上书，第73页。

④ 同上书，第72页。

僧众入座吃斋，斋中要行香、诵佛、法事、鸣磬。此事对每日只一粥一饭的僧人来说，无疑大福利，但务必庄重。“若有缘事，全众出入，或赴斋，或念诵，或接尊宿，若粥后出，则维那于粥前白堂；斋后出，则维那于斋时白堂。”① 然后由住持率领，列队到施主处，大众聚集，俨然恭默，大小便应守规矩，不得观看书画，戏弄儿童，“凡是欲乐之境，不得顾眄。食毕参随住持人归院，并不得留身干事，动人讥笑。”② 赴念诵、接尊宿的礼规与赴斋相同。

寺院内的各种集体活动，都以钟鼓鱼板为统一号令，但不同活动又有不同的警号，如“五更鸣大钟者，警睡眠也。次厨前打小钟子者，开小静也。次击厨前云板者，开大静也。次打长板者，众僧下钵也。次打木鱼，众僧集定也。三通鼓鸣者，住持人赴堂也。堂前小钟子鸣者，众僧下床，祇候问讯住持人也。维那最初打槌一下者，众僧开钵也。次打槌一下者，白设粥意也。次打槌十下者，念十佛名也。次打槌一下者，首座施粥也。又打槌一下者，粥遍也。粥罢打槌一下者，众僧下堂也”③。吃粥如此，早参、午斋、赴茶、普请、洗浴、念诵、小参、接送、请知事、送亡僧等，都以钟鼓为号，“从朝至暮，钟鼓交参，非唯警悟大众，亦乃说法无间。”④ 书信是寺院与外界交往的重要方式，“如下承嗣书遗书入院，先驰书。而专使到院，知客安排位次讫，法堂上一节，如化主纳疏之法。”⑤ 此为接受“驰书”礼仪。此外，还有“受书”之礼，“如得僧中近上尊敬之人所赐书信，即当香薰，望尊人所向，礼讫开之。如以次尊敬之人，亦须香薰自开。如是平交，即令侍者或行者启封。读讫如法安置一处。常生感激之心，不得意生容易。如受官员书信，亦当殷重，读讫即时念诵，回向装严福慧。”⑥ 也就是说，受书也有等级，官员书信亦当殷重。而发书，须言语

---

① 《禅苑清规》，中州古籍出版社 2001 年版，第 75 页。

② 同上书，第 76 页。

③ 同上书，第 76—77 页。

④ 同上书，第 77 页。

⑤ 同上书，第 80 页。

⑥ 同上书，第 82 页。

整齐，写染严谨，剪裁封角如法，给收书人以好感。“若与官员书信，劝令减刑护法，爱惜伽蓝。当面判凭，不见僧家小过；设有粗行，且令护惜袈裟。如与同袍，劝令禅诵香火，觉悟无常。或与尊宿书，祝其捍劳忍苦，传法利生。与施主书，即勉令修善作福。”① 并强调写信“不宜多谈俗事，语言以简当激切为上”②。另外，《禅苑清规》还有关于病患的规定：住持服药，如非寻常病患，3 日以外，当于别寮将息，并令侍者告首座、知事。知事、头首有病，令供过行者告维那请假，下延寿堂。众僧有病，也应自行或遣人报堂司，请假将息，及报寮主，然后入延寿堂。病愈，住持升堂陈谢，大众问疾；知事病起参堂，先谢住持，再于知事、头首及诸寮人事问讯；众僧病起参堂，先到堂司相看，然后上方丈人事，次第诣知事、诸头首寮，问讯诸头首。足见寺中诸事皆有规则。

其十，第八、九、十卷为宗赜所写的关于禅苑清规的文章。其中《百丈规绳颂》前已提及，其意在强调其清规是百丈清规的继承发展。《龟镜文》谈寺院长老、僧官、僧职与僧众关系；《坐禅仪》为坐禅仪式和注意事项；《自警文》和《一百二十问》为僧人自习思考材料；《诫沙弥》《沙弥受戒文》《训童行》说禅宗戒律；《劝檀信》写檀越的自我修行、规戒；《斋僧仪》为斋僧之仪礼；《新添滤水法并颂》记《菩萨戒经》18 种物中之第九滤水囊，并写颂词。下叙其重点如下：

《龟镜文》中写长老、僧官、僧职与众僧的关系。“丛林之设，要之本为众僧。”③ 长老是以开示众僧，首座是为众僧表仪，监院是荷负众僧，维那是调和众僧，典座是供养众僧，直岁为众僧服务，库头为众僧出纳，等等。也就是说，从长老到僧官、僧职都是服务众僧的。这也是缘分，“所以行道之缘十分备足，资身之具百色见成，万事无忧，一心为道”④。而众僧则应念多人为之服务，故当勤诚参禅守戒，以报其恩。“晨参暮请，不

① 《禅苑清规》，中州古籍出版社 2001 年版，第 81 页。

② 同上书，第 81 页。

③ 同上书，第 98 页。

④ 同上书，第 98 页。

舍寸阴，所以报长老也。尊卑有序，举止安详，所以报首座也。外遵法令，内守规绳，所以报监院也。六和共聚，水乳相参，所以报维那也。为成道故，方受此食，所以报典座也。”① 以下顺次，以相应品行报答各僧职之恩。而长老、僧官、僧职不能履行职责，就不能开示、领导、管理僧众，僧众品行不合禅规，也就不能报答长老、僧官、僧职为其服务之恩。因此，要求“僧门和合，上下同心，互有短长，递相盖覆”②。

《坐禅仪》是宗赜对坐禅之技的概述。坐禅的前提是为了学般若菩萨，所以当起大悲心，发弘誓愿，精修三昧，誓度众生。进而放舍诸缘，休息万事，身心一如，动静无间，量其饮食不多不少，调其睡眠不节不恣。规定曰：

> 欲坐禅时，于闲静处，厚敷坐物，宽系衣带，令威仪齐整。然后结跏趺坐，先以右足安左脞上，左足安右脞上。或半跏趺坐亦可，但以左足压右足而已。次以右手安左手上，左掌安右掌上，以两手大拇指面相拄，徐徐举身前欠，复左右摇振，乃正身端坐，不得左倾右侧，前躬后仰。令腰脊头项骨节相拄，状如浮屠。又不得耸身太过，令人气急不安。要令耳与肩对，鼻与脐对，舌拄上腭，唇齿相着。目须微开，免致昏睡。若得禅定，其力最胜。古有习定高僧，坐常开目。向法云圆通禅师亦呵人闭目坐禅，以谓黑山鬼窟，盖有深旨，达者知焉。身相既定，气息既调，然后宽放脐腹，一切善恶都莫思量，念起即觉，觉之即失，久久忘缘，自成一片。此坐禅之要术也。③

以下又对坐禅不当“人多致疾者”予以批评，提出其不当之处，并提出纠正之法。

① 《禅苑清规》，中州古籍出版社 2001 年版，第 98 页。

② 同上书，第 100 页。

③ 同上书，第 101—102 页。

《诫沙弥》《沙弥受戒文》《训童行》。沙弥为 7 岁以上 20 岁以下受过十戒的出家男子。《禅苑清规》规定童行披剃前，要准备必要的道具。入寺院时要填写出家状式，写明“某院童行姓某，右某年若干，本贯某州某县某乡人氏，或郭下人氏，昨于某年某月某日到院出家，礼住持僧某为师，今买到某处某字号空名度牒一道，欲乞书填为僧，并无诸般违碍，请申状云云。年月日具前位姓某状”①。度牒是官府发卖的僧人身份证明，持之可免税役。如欲出家，必买度牒。凭买到的度牒到某寺院出家为僧。有父母者须由他们亲送该童到寺，并填在状式上。《沙弥受戒文》规定了沙弥剃度的程仪，“行者初请得度牒，以箱复托呈本师并知事、头首，各礼谢三拜。选日剃度，维那司请受戒一人，引请阇梨一人，作梵阇梨一人，隔宿剃头，但顶心留方寸许。”② 至日，僧堂或法堂上，安排戒师高座，前铺毡席，香案上用手炉、净瓶、戒文并界方二条，相对戒师设阇梨座、磬一口，圣像、香花，二桌二箱，拜席一领。剃度仪式庄严，戒师和阇梨各依规宣布戒律、宣讲佛训禅法，由本师为行者剃去顶心所留之发。

> 本师执刀云：“最后一结，谓之周罗，唯佛一人，乃能断之。我今为汝除去顶发，汝今许否?”答曰：“可尔。”本师云：“仰大众同声诵落发偈。”
>
> 毁形守志节，割爱辞所亲，出家弘圣道，誓度一切人。③

下面，本师持袈裟诵偈，再告五戒：不杀生、不偷盗、不淫欲、不妄语、不饮酒，问：“汝能持否？能持。上来五支净戒，一一不得犯，汝能持否？能持。”④ 进而再告十戒，即五戒之外加不花鬘璎珞香油涂身、不歌舞作唱故往观听、不坐卧高广大床、不非时食、不捉金银钱宝，并问“汝能持

---

① 《禅苑清规》，中州古籍出版社 2001 年版，第 107 页。

② 同上书，第 109 页。

③ 同上书，第 111 页。

④ 同上书，第 112 页。

否”，答“能持”。[①] 沙弥大礼三拜，胡跪合掌，本师诫训。作梵阇梨、戒师嘱咐言语，沙弥礼拜。最后由住持感谢阇梨、戒师，大众礼贺、侍者小师礼贺，沙弥致三礼拜。受戒仪式烦琐、庄严，以示重要。《训童行》则是对童行入寺院的规范和训诫。先明确：“童行初来投院，师主审问根源。若具正因，方可容纳。如其意图衣食，规避徭役，因事遁窜，及父母不允者，并不可留。”[②] 合格者，先写投院状式，然后宣布规定“三章”：立身、陪众、作务，并告：“右前件规矩，并是出家细行。如能委曲推行，便为得度之本也。他时若获披剃，高僧轨范，一切见成。却以此法教示初机，自然令法久住。如知而故犯，犯而不悔，非惟辜负四恩，虚沾信施，龙天土地，皆所不容，业果三涂，何所逃避？既是出家之辈，自当因果分明。”[③] 从童行起，佛门戒规就如影随形，束管僧人心身，哪里有怀海所说的“去住自由”[④]？又怎能达到慧能要求的“自修自作自性法身，自行佛行，自作自成佛道”[⑤]？

以上是《禅苑清规》的10个要点。这10个要点充分体现了禅教在宋朝全面佛教禅宗化时的组织形式、管理体制和戒规。虽然仍尊奉慧能和怀海，但其基本观念和丛林宗旨，已被丢弃和修改。其中最突出的，就是《禅苑清规》只是在《训童行》提到“普请”，正文并不涉及，而且寺院经济来源已主要在官府拨款，官员、富豪和民众的施舍，以及寺院田产等，农禅并作已不再是生计和修行的主要方式。虽也有“普请”劳作，大多是下层僧众及童行们的事，其内容也主要不是务农，而是寺院保洁、维修之类。虽自称承续百丈清规，但已无其精神。

① 《禅苑清规》，中州古籍出版社2001年版，第112页。

② 同上书，第116页。

③ 同上书，第119页。

④ 《祖堂集》下卷，中华书局2007年版，第642页。

⑤ 《坛经校释》，中华书局1983年版，第38页。

三、德辉《敕修百丈清规》

宋朝时禅教被佛教禅宗化已经完成，而禅宗也由此成为佛教的主流，宗赜《禅苑清规》是这个时期禅宗组织形式、管理体制和戒规的体现。蒙古人消灭宋朝后建立元朝，并未延续儒学道统的统治地位，而是以其旧有的封建主义为统治意识形态，其中一个重要因素，就是蒙古王公贵族信从密教或喇嘛教。元朝统治者曾试图在中原推行其封建领主制和封建主义，并效法密教产地印度地区的种族制度，从血统上区别蒙古人、色目人、汉人、南人4个等级。但终因封建领主制已远落后于集权官僚制，不得不在汉人和南人中实行由封建领主控制的官僚体制，元朝虽然也使用汉人和南人为官，但其血缘等级仍是下等。儒学道统也只是选任汉人和南人为官的科举考试内容，并由其封建主义所改造。道教和佛教与儒学道统一起，被用作辅助封建领主统治的意识形态工具。而佛教作为与密教同为印度地区传来的宗教，形式上又有相似，因此被改造得更多，控制得也更严格。在这种情况下，本来依附并辅助儒学道统的佛教禅宗，从教义和组织形式上已不适应元朝封建主义统治的需要，而是被要求和改造成为辅助密教意识形态统治的工具。宗赜《禅苑清规》被废止，由元朝皇帝命令德辉编写的《敕修百丈清规》，也就成为蒙古统治者控制佛教的突出手段。

《敕修百丈清规》的最大特点，就是“敕”，即蒙古皇帝的圣旨，由皇帝敕令修佛教禅宗的“清规”，历史上绝无仅有。怀海的《禅门规式》是为他领导的禅教僧团丛林所自创制，宗赜时，禅宗虽已成官禅，他编的《禅苑清规》也得到官府认可，却仍是他本人自愿而为。蒙古皇帝虽不信仰佛教，更不修禅宗，却知道它的使用价值，所以元顺帝元统三年（1335年）下了一道圣旨，命令“百丈山大智寿圣禅寺住持”德辉编写以怀海名义的“百丈清规”。这道圣旨，都是奇文怪语，蒙古人写的汉文字，颇有别样滋味。不妨分别抄录，以欣赏其文采。

长生天气力里，大福荫护助里。

皇帝圣旨：行中书省、行御史台、行宣政院官人每根底，宣慰司、廉访司官人每根底，军官每根底，军人每根底，城子里达鲁花赤官人每根底，往来的使臣每根底，百姓每根底，众和尚每根底宣谕的圣旨：

成吉思皇帝、月阔台皇帝、萨禅皇帝、完者笃皇帝、曲律皇帝、普颜笃皇帝、格坚皇帝、忽都笃皇帝、札牙笃皇帝、亦辇真班皇帝圣旨里，和尚、也里可温、先生每，不拣甚么差发休当，告天祝寿者。么道。说有来，如今依着在先圣旨体例里，不拣甚么差发休当，告天与咱每祝寿者，么道。札牙笃皇帝教起盖大龙翔集庆寺的时分，依着《清规体例》行者，么道，曾行圣旨有来。

江西龙兴路百丈大智觉照禅师，在先立来的《清规体例》，近年以来，各寺里将那《清规体例》增减不一了有。如今教百丈山大智寿圣禅寺住持德辉长老重新编了，教大龙翔集庆寺笑隐长老为头，拣选有本事的和尚好生校正归一者。将那各寺里增减来的、不一的《清规》休教行。依着这校正归一的《清规体例》定体行者。么道，执把的圣旨与了也，这的每寺院房舍里，使臣每休安下者，铺马祗应休拿者，税粮休纳者。但属寺家水土园林、人口头匹、碾磨店铺、解典库、浴堂、竹园山场、河泊船只等，不拣是谁，休夺要者，休倚气力者。这般宣谕了呵，别了的人每要罪过者，更这的每有圣旨，么道。做没体例勾当呵，他每更不怕那圣旨。

元统三年猪儿年七月十八日，上都有时分写来。[①]

不知拟此“圣旨”的是蒙古人还是汉族人，若是蒙古人，就是以他用自以

① 《敕修百丈清规》，中州古籍出版社2011年版，第3—4页。

为是的汉语汉文字写的，若是汉族文人，则是依着皇帝所说的汉话抄录的。虽然有些句子读不懂，但大体意思应是：这道圣旨是向所有朝廷衙门、军官、军人、达鲁花赤官人、往来的使臣、百姓、众和尚发布的。先是追述从成吉思汗开始的所有蒙古皇帝，都在圣旨里，要求和尚、也里可温、先生们，不论甚么差发休当，都要“告天与咱每祝寿”，也就是说给皇帝祝寿是和尚们的第一要务。然后说，札牙笃皇帝盖大龙翔集庆寺时，曾颁布圣旨，要佛教僧人“依着《清规体例》行者”，本圣旨是依循札牙笃皇帝的圣旨而颁布的。接着，说百丈禅师在先立的《清规体例》，在各寺里都有增减，为了统一政令，教百丈山大智寿圣禅寺住持德辉长老重新编，教大龙翔集庆寺笑隐长老为头，拣选有本事的和尚好生校正归一。也就是说，德辉是受命编写的，故称《敕修百丈清规》，而之所以让他编，不在于他“有本事”，而是因为他是“百丈山大智寿圣禅寺住持”，以体现此《敕修百丈清规》来路之正宗。至于教大龙翔集庆寺笑隐长老为头，对德辉所编写的本子“好生校正归一”，则因此寺为札牙笃皇帝“教起盖”的，其住持是皇帝信任的。并规定《敕修百丈清规》印制发行后，全国寺院要统一执行，其他各本《清规》都禁止使用，这也包括宗赜《禅苑清规》。最后又规定，寺院“使臣休安下”，“铺马祗休拿”，“税粮休纳”，寺家的水土园林、人口马匹、碾磨店铺、解典库、浴堂、竹园山场、河泊船只等，不论是谁，都不许夺要。

元朝皇帝圣旨以下，还附有“帝师公哥儿监藏班藏卜法旨”，“行宣政院，准宣政院咨”，“对脱别台平章阔儿吉思、平章阿鲁灰、院使举里学士等，不兰奚大司徒根底、撒迪中丞传奉圣旨”三个文件，论说如何落实皇帝圣旨。通行《敕修百丈清规》，废止其他各《清规》，虽其文如圣旨一样怪异，却显示推行《敕修百丈清规》的重要性。其中“帝师公哥儿监藏班藏卜法旨”中，强调：

> 皇帝为教门的上头，教依着这校正归一的《清规体例》定体行者。么道，是要天下众和尚每，得济的一般。您众和尚每体着

皇帝圣心，兴隆三宝，好生遵守《清规》，修行办道，专与上位祈福祝寿，报答圣恩，弘扬佛法者，不拣是谁，休别了者。见了法旨，别了的人每，不怕那甚么法旨。

鼠儿年四月十一日，大都大寺里有时分写来。①

“帝师”之法旨，突出了皇帝圣旨的核心，就是要求佛教僧人们“好生遵守《清规》，修行办道，专与上位祈福祝寿，报答圣恩”。而遵圣旨的编写者德辉，也将此条列为《敕修百丈清规》之首要。

德辉因为是“百丈山大智寿圣禅寺住持”而被元顺帝命令编《敕修百丈清规》，但无其他著述，也无特别言行记录，只是在《增集续传灯录》卷四所列晦机元熙的十名法嗣之一，但没有他的传记。而负责“校正归一”的笑隐，深受“札牙笃皇帝”信任，其“校正”包含监管之意。德辉在《敕修百丈清规》序中写道：

《百丈清规》行于世，尚矣。繇唐迄今，历代沿革不同，礼因时而损益，有不免焉。往往诸本杂出，罔知适从，学者惑之异。时一山万禅师致书先云翁，约先师共删修刊正，以立一代典章。无何三翁先后皆化去，区区窃欲继其志而未能也。

后偶承乏百丈，会行省为祖师请加谥未报。遂诣阙以闻，御史中丞撒迪公引见圣上，得面奏《清规》所以然。因被旨重编，令笑隐校正，仍赐玺书颁行。受命以来，旁求初本不及见，惟宋崇宁真定赜公、咸淳金华勉公、逮国朝至大中东林咸公所集者为可采。于是，会粹参同而诠次之。繁者芟，讹者正，缺者补，互有得失者两存之。间以小注折衷一，不以己见妄有取也。稍集，笑隐凡定为九章，章冠以小序，明夫一章之大意。厘为二卷，使

① 《敕修百丈清规》，中州古籍出版社2011年版，第5页。

> 阅而行者，条而不紊。庶几吾祖垂法之遗意，得以遵承。①

从这段序文来看，德辉的思路清晰，文字也顺当，这使他所编的《敕修百丈清规》易读便行。

《敕修百丈清规》由笑隐“定为九章”，每章都有标题，且依笑隐意见“冠以小序”，因此不像宗赜《禅苑清规》那样杂乱。笔者依其章而论之。

第一章祝釐。这是专为执行并落实蒙古皇帝圣旨“告天与咱每祝寿”，即密教帝师“公哥儿监藏班藏卜”法旨所说的“专与上位祈福祝寿，报答圣恩”所设。蒙古皇帝、王公、贵族作为密教的信徒，是不信佛教更不需要参禅悟道的，他们之所以容许佛教存在，就在于它还对自己“有用”，即为他们“祈福祝寿”，起码图个吉祥。德辉作为禅师，是悟到了蒙古皇帝圣旨和帝师法旨精神实质的，况且还有皇帝钦派的“校正”笑隐在监办。据德辉序中所说此书体例是由笑隐所定的，列“祝釐”章并位第一，是否他的意见，已不得知，但必须经他同意。“祝釐”章的“小序”说：

> 人之所贵在明道，故自古圣君崇吾西方圣人之教，不以世礼待吾徒，尊其道也。钦惟国朝，优遇尤至，特蠲赋役，使安厥居，而期以悉力于道。圣恩广博，天地莫穷。必也悟明佛性，以归乎至善；发挥妙用，以超乎至神。导民于无为之化，跻世于仁寿之域。以是报君，斯吾徒所当尽心也。其见诸日用，则朝夕必祝，一饭不忘，而存夫轨度焉。②

祝釐最为重要和隆重的是“圣节”，即皇帝的诞辰日。“钦遇圣节，必先启建金刚无量寿道场。一月日，僧行不给假，示敬也。启建之先一日，堂司

① 《敕修百丈清规》，中州古籍出版社 2011 年版，第 232—233 页。

② 同上书，第 16 页。

备榜，张于三门之右，及上殿经单，俱用黄纸书之。”① 其黄榜式和经单式为：

黄榜式

某州某府某寺，

某月某日，钦遇

天寿圣节。本寺预于今月某日，恭就

大佛宝殿启建，

金刚无量寿道场。一月　日，逐日轮僧上殿，披阅真诠，

宣持密号。所萃

洪因，端为祝延

今上皇帝圣寿万岁万岁万万岁。

右恭　惟，

佛日洞明，

龙天昭格。

某年某月　日，都监寺臣僧某谨言。

住持臣僧某

经单式

今具经文品目于后：

《大方广佛华严经》

《大佛顶万行首楞严经》

《大乘妙法莲华经》

《大乘金光明经》

《大方广圆觉修多罗了义经》

《大乘金刚般若波罗蜜经》

---

① 《敕修百丈清规》，中州古籍出版社 2011 年版，第 17 页。

《大仁王护国经》

右具如前。

今　月　日纲维臣僧　某　具[①]

另有差单式，规定逐日轮僧上殿名员，以及疏语。而圣诞日所建金刚无量寿道场，住持及维那、知事、书记、首座、知客等一众僧官僧职都要出席，带领僧众举行仪式。先是住持归位立定，维那上香，东堂、西堂出班上香，然后两序对出，向佛问讯、上香，转身归位，大众同展三拜，两序分班对立。住持就跪，知客跪进手炉，侍者跪进香盒。维那白佛宣疏，知客跪接炉，住持收坐具，维那举《楞严咒》，回向云："讽诵秘章，所萃洪因，端为祝延今上皇帝圣寿万安，金刚无量寿云云。"[②] 圣节期为一月，除寿诞日建金刚无量寿道场外，其余每日，也要轮僧上殿值班，"当次僧员，须具威仪、香盒，礼佛归位看经。"[③] 如官员入山拈香，鸣钟集众，讽《无量寿咒》，举药师号毕，回向云："某处某官入山拜手拈香，僧众讽诵秘章，所萃洪因，端为祝延今上皇帝圣寿万安，金刚无量寿云云。"[④] 节内遇三日、八日，佛殿念诵，至日斋罢，堂司行者覆住持、两序、诸寮，挂念诵牌报众，由住持带领，众僧向佛排立，鸣钟烧香，"维那出班念诵云：'皇风永扇，帝道遐昌，佛日增辉，法轮常转。为如上缘，念清净法身毗卢遮那佛十号。'讫，回向云：'上来念诵，所集洪因，端为祝延今上皇帝圣寿万安，金刚无量寿云云。'"[⑤] 然后鸣僧堂前钟，大众问讯而散。而由维那所诵疏语，在歌颂皇帝恩德后，以"寿考万年，本支百世"[⑥] 为结。

祝釐还包括"景命四斋日祝赞""旦望藏殿祝赞""每日祝赞""千秋节""善月"。景命为月旦、月望、初八、廿三四斋日，集众登殿，维那举

---

① 《敕修百丈清规》，中州古籍出版社 2011 年版，第 20—21 页。

② 同上书，第 19 页。

③ 同上书，第 19 页。

④ 同上书，第 19 页。

⑤ 同上书，第 19—20 页。

⑥ 同上书，第 22 页。

《楞严咒》，唱药师号，叹佛毕，回向云："某日令辰，某州某寺住持传法某僧某，谨集合山僧众，恭趋宝殿，讽诵《大佛顶万行首楞严神咒》，称扬圣号。所萃洪因，祝延今上皇帝圣寿万安，金刚无量寿佛仁王菩萨云云。"① 旦望藏殿祝赞的赞词要长于每日祝赞，但其中关键句，都与四斋日祝赞一样，为"所萃洪因，祝延今上皇帝圣寿万安"②。千秋节，祝太子生日，也是隔宿通报，挂讽经牌，次日鸣僧堂钟，集众登殿，维那举《楞严咒》毕，白佛回向云某道某路某寺，某月某日，敬遇太子千秋令节，集僧众，讽诵《大佛顶万行首楞严神咒》。"称扬圣号，所萃良因，敬祝皇太子睿算千秋殿下。伏愿日重轮，月重辉，照临海宇；山如砺，河如带，巩固邦基。金刚无量寿佛云云。"③ 善月为正月、五月、九月，"预先一日，维那令堂司行者覆住持，报库司，挂善月牌于殿门前。具经单、轮差僧簿。每日鸣大钟登殿，看经祝赞，终月而毕。"④

以上各项总算下来，寺院中大概每年的一半时间，都在为皇帝及太子祝釐，而这也是信奉密教的蒙古皇帝圣旨派给所有佛教徒的主要任务。有全国各地寺院僧众为他过圣节，歌颂功德，求佛为他祝寿延年，即令蒙古皇帝不信佛教，但密教中亦以佛为神，不仅显示了权威，而且由僧众集合可以影响大众，皇帝哪有不高兴的道理？而这也正是元朝容许佛教存在的缘由。至于什么参禅悟道，修自性法身，蒙古皇帝既不信，也不管，只要你们平日安分不生乱，以主要时间、精力为我祝寿祈福即可。

第二章报恩。本章序云：

> 国有禘祫四时之祭，所以昭功德，隆本始，重继嗣也。圣朝崇佛，世祖而下，咸各建寺。谓由佛应身以御天下，化仪既终，复归佛位。在京官寺于是设圣容，具佛坛场，月以五祭，设奠展

---

① 《敕修百丈清规》，中州古籍出版社 2011 年版，第 22 页。

② 同上书，第 23 页。

③ 同上书，第 24 页。

④ 同上书，第 24 页。

> 礼如生，而致夫羹墙之思。洪惟圣化所被，与佛之教流于无垠。而吾徒沐恩波，濡圣泽，可不知所自而思所报效焉。①

计有国忌、祈祷、祈晴、祈雨、祈雪、遣蝗、日蚀、月蚀等项。国忌为去世皇帝的忌日，并将蒙古皇帝视为“佛应身以御天下”，其死是“化仪既终，复归佛位”，因而佛教徒要隆重祭奠。其仪式庄严，隔夜库司报堂司，令行者覆住持、两序，报众挂讽经牌，就法座上安御座，用黄纸写圣号牌位，严设香花、灯烛、几筵供养，鸣僧堂钟集众。住持至，上香上茶汤，维那举《楞严咒》，讽诵毕，回向云：“某州某寺住持传法臣僧某。某月某日，恭遇某圣圣忌之辰，谨集合山僧众，讽诵《大佛顶万行首楞严神咒》，称扬圣号，所萃殊利，资严圣驾。伏愿：神游八极，想云车风马来临，位证中天，受玉殿琼楼快乐。十方三世云云。”② “祈祷”是对下述各祈祷仪式的一般性规定，“凡有祈祷，须如法严治坛场，铺陈供养。住持专心加谨，僧众各务整肃。知事内外，提督应办，大小寮舍，巡警斋洁。或有官员拈香，恭勤迎送。预期，库司禀覆住持，先付意旨。维那知会堂司行者报众，挂祈祷牌。斋粥二时，鸣钟集众讽经。或看藏经，或四大部经。或三日、五日、七日，随时而行。”③ 祈晴、祈雨、祈雪、遣蝗、日蚀、月蚀等项，均依上述通仪，但又因各自特点，备不同祈祷文字，或在形式上略有变化。

第三章报本。佛教徒之“本”是佛，报本就是在佛诞日和佛涅槃日举行的纪念活动，但在蒙古元朝统治下，还在此章加了“帝师涅槃”的纪念仪式。本章序言云：

> 性者，人之大本也，振天地而莫知其始，穷万世而莫知其终。佛与众生均有是性，悟之而登妙觉，迷之而流浪生死。从劫

---

① 《敕修百丈清规》，中州古籍出版社2011年版，第25页。

② 同上书，第25—26页。

③ 同上书，第26页。

至劫，六道异趣，业报展转，无有穷已。所赖圣训洋洋，堪作依怙。吾徒忝形服，预法系，遵其行之为律，宣其言之为教，传其心之为禅。而循吾所谓大本者，以同夫佛之全体妙用，始可称佛子，而续慧命也。其于讳日追悼，岂世礼哉？[①]

佛诞日，先由堂司率众财送库司营供养，请制疏签疏，并列疏语。注云："圣节礼同"[②]，即仪礼与圣节同，但要库司严设花亭，中置佛降生像于香汤盆内，安二小勺于佛前，敷陈供养毕，住持上堂，祝香云："佛诞令辰，某寺住持遗教远孙比丘某甲，虔爇宝香，供养本师释迦如来大和尚。上酬慈荫，所冀法界众生念，念诸佛出现于世。"[③] 然后趺坐云："四月八日，恭遇本师释迦如来大和尚降诞令辰，率比丘众严备香花灯烛，茶果珍馐，以伸供养。"[④] 再陈名号，并祝愿。然后率众僧上香礼拜，宣疏，举唱《浴佛偈》："我今灌沐诸如来，净智庄严功德聚，五浊众生令离垢，同证如来净法身。"[⑤] 浴佛将毕，举《楞严咒》，回向云："上来讽经功德，回向真如实际，庄严无上佛果菩提，四恩等报，三有齐资，法界有情，同圆种智，十方三世一切佛云云。"[⑥] 佛成道涅槃的祭仪，与"降诞礼同"[⑦]，但疏语与祝词有别，由住持祝香报自家名号，然后趺坐云："腊月八日，恭遇本师释迦如来大和尚成道之辰，率比丘众严备香花灯烛、茶果珍馐。以伸供养。"[⑧] 住持领众殿上展拜，跪炉，维那宣疏毕，讽经回向。其疏语中，对佛出世有这样的描写：

---

① 《敕修百丈清规》，中州古籍出版社 2011 年版，第 29 页。
② 同上书，第 29 页。
③ 同上书，第 30 页。
④ 同上书，第 30 页。
⑤ 同上书，第 30 页。
⑥ 同上书，第 30 页。
⑦ 同上书，第 31 页。
⑧ 同上书，第 31 页。

佛生中印土，姓刹帝利，氏瞿昙。梵语瞿昙，华言甘蔗。其始祖王仙为猎人射死，血入地，生甘蔗二本。日炙开，一生男，号甘蔗王，一生女，善贤妃。生子，作转轮王，以日炙又名日种。传七百世，至净饭王。佛以累劫功行满足，从兜率天降神王宫摩耶夫人腹胎。于周昭王二十六年甲寅岁四月八日生，名萨婆悉达。七日母丧，赖姨母摩诃波阇波提乳养。①

这应是进入元朝后，佛教关于悉达多出世的普遍说法，不仅他是从兜率天降生人世的神，而且其降生的父母亦都是神种，悉达多作为释迦如来是神佛无疑。

佛教徒纪念其信仰的神佛诞辰和忌辰，本是应该的。但将密教的帝师忌日作为“报本”祭拜，只能是因当时处于蒙古皇帝统治下而不得已之举。其仪式与“佛涅槃同”②，住持率众上香、上汤、上食、下倸、上茶。礼拜毕，拈香，有法语。然后维那揖班上香，大众普同礼拜。住持跪炉，宣疏举咒，回向云：“上来讽经功德，奉为皇天之下一人之上开教宣文辅治大圣至德普觉真智佑国如意大宝法王西天佛子大元帝师。上酬慈荫，十方三世一切诸佛云云。”③ 其疏语中写道，“帝师拔合斯八，法号惠幢贤吉祥，土波国人也。”④ 并说“师天资素高，复礼伯父为师，秘密伽陀，微妙章句一二千言，过目成诵，七岁演法，辩博纵横。”⑤ 而他之能成为帝师，在于忽必烈还“龙德渊潜”时，就前往投靠，“师灼知真命有归，驰骑径诣王府。上与中闱、东宫皆秉受戒法，特加尊礼。阅六载，庚申，世祖聿登大宝，建元中统。遂尊为国师，授以玉印，任中原法主，统领天下释教，始令僧俗分司。”⑥ 至于此人于佛教禅宗有什么修为，并未提及，但因

① 《敕修百丈清规》，中州古籍出版社 2011 年版，第 34 页。

② 同上书，第 36 页。

③ 同上书，第 37 页。

④ 同上书，第 37 页。

⑤ 同上书，第 37 页。

⑥ 同上书，第 37 页。

是“中原法主”，不能不祭拜。全体寺院通统为一个并非佛教信徒的“帝师”忌日举行与“佛涅槃同”的祭拜仪式，也是宗教史上的奇事。而这又列为以怀海名义的“清规”中，足见蒙古皇帝之“敕”的厉害。

第四章尊祖章。这才轮到对禅宗之祖的纪念。其序云：

> 人各祀其祖，重其形生之始也。形生始于爱，然形有时而化，爱有时而尽。惟性之灵然不昧者，不恃生而存，不偕亡而亡，故佛教人必明性。而后之学者复胶于文言，不得其指归。犹医之善方书而废药石，何益哉？及吾祖达摩至，示以直指之道，而人始廓然。见夫自性之妙，不求文字，不资语默，而得于謦欬声色之外。则吾徒之传祖道、嗣祖位者，如火之薪、水之器，无古今之间毫发之异，不犹重于形生之始乎！后百丈大智禅师又作《敕修百丈清规》，以居吾徒，而禅林于是乎始。海会端公谓宜祀达摩于中，百丈陪于右，而各寺之开山祖配焉，见于《祖堂纲纪序》云。①

禅宗与禅教的一个标志性区别，就是前者尊崇西来之达摩，而后者虽不否认达摩为初祖，但更突出慧能的创造性观念和体系。随着禅教逐步被佛教禅宗化，慧能的思想也逐步被淡化和修改，其地位也不断被弱化。《敕修百丈清规》主祀“吾祖达摩”，以怀海陪于右，各寺则以其开山祖配，并无慧能之位。

对达摩忌日的纪念仪礼与“佛涅槃同”②，区别在仪式要延至晚上，“昏钟鸣，再鸣僧堂钟集众，住持上香”③后，由维那举《楞严咒》毕，回向云：“净法界身本无出没，大悲愿力示有去来，仰冀慈悲，俯垂昭鉴。今月初五日，伏值初祖菩提达摩圆觉大师大和尚示寂之辰，率比丘众营备

① 《敕修百丈清规》，中州古籍出版社 2011 年版，第 39 页。

② 同上书，第 40 页。

③ 同上书，第 40 页。

香馔，以伸供养。讽诵《大佛顶万行首楞严神咒》，所集殊勋，上酬慈荫。伏愿群机有赖，播扬少室之家风；妙智无穷，成就大乘之根器。十方三世一切云云。”① 百丈忌日，为正月十七日，祭仪要简单得多，“先期，堂司率众财营供养。至日隔宿，如法铺设法堂，座上挂真，严设中间祭筵，上下间几案供具。当晚讽经，正日散忌。特为茶汤，拈香宣疏，出班上香，大众展拜，但无念诵。”② 其疏语明示百丈怀海创制《清规》的功用为：

> 一言为天下法，中规中矩；万世知师道尊，有纲有纪。以儗丛林礼乐之盛，见法筵龙象之多。华梵同文，富拟名渠天禄；经律相济，严如金科玉条。有布武堂上之仪，非绵蕞野外之礼。即此用离此用，语脱重玄；出于机入于机，理穷众妙。宜配禅祖以陪祀，盍遵讳日而营斋。伏愿帝释精进胜幢，制诸魔外；济北阴凉大树，荫满阎浮。③

怀海已被列为禅宗第二号重要人物，其贡献在创立纲纪，使禅宗得以发展延续。虽说“百丈清规”“经律相济，严如金科玉条”，但这本“敕修”，却大不同于《禅门规式》。

尊祖还包括各寺之开山祖及“道行崇重，功被山门者”，在他们的忌日，由本寺举行祭拜活动。再就是嗣法师忌日的纪念，“先德唯激扬宗乘，发明自己，开示后学，知有授受，以报恩也。如巴陵三转语，为云门作忌，先辈深有意焉。然尊师重道，礼不可废。先期，住持出己财，送库司办祭设供。隔宿，就法堂如法排办，堂司行者报众，挂讽经牌。当晚讽《楞严咒》，乡人、法眷举《大悲咒》，次，行者讽经，回向并同。”④ 次早粥罢，大众讽《大悲咒》，乡人、法眷举咒，然后由住持、两序上茶，大

① 《敕修百丈清规》，中州古籍出版社 2011 年版，第 40—41 页。

② 同上书，第 43 页。

③ 同上书，第 43—44 页。

④ 同上书，第 45—56 页。

众同拜。斋时住持入堂烧香，展拜归位，斋毕就座点茶，烧香侍者行礼。斋罢，方丈客头请西堂两序，晚间对真相伴吃汤，排照牌位列座右，“如有法眷尊长同门兄弟。皆当请之。”①

以上四章，祝釐、报恩、报本、尊祖，计算下来，要用去一年中多半时日，这既是寺院的主要活动，也是其存续的必要方式。

第五章至第七章，是对寺院组织形式、管理体制的规定，从住持到两序到大众，系统条理。虽然其中有些环节取自宗赜《禅苑清规》，但也参考了其他“清规”，而德辉及笑隐的编校能力确也较强，因而其条理比《禅苑清规》清晰多了。

第五章住持。住持是寺院的最高领导，是其组织形式的核心，但在宗赜《禅苑清规》中却把住持写在僧众和僧官、僧职及寺院活动之后，德辉《敕修百丈清规》依管理体系先论住持，次论僧官、僧职，再论僧众。其对住持的规定，先从住持日用开始，接着是请新住持及其入院、退院、迁化，再议举住持。在议举住持条中，有对住持资格、条件的规定如下：

> 明教大师曰：教谓住持者，何谓也？住持也者，谓藉人持其法，使之永住而不泯也。夫戒、定、慧者，持法之具也。僧园物务者，持法之资也。法也者，大圣之道也。资与具，待其人而后举。善其具不善其资，不可也。善其资而不善其具，不可也。皆善，则可以持而住之也。②

资与具的统一，是合格住持所必备的。

住持日用。对住持职责和作用的规定。作为寺院的最高领导人，住持负责本寺的全部佛事和管理，他同时又应是本寺佛学禅修的“带头人”和指导者。一个寺院的声望和实际收入、管理水平，都与住持的佛品、禅修

---

① 《敕修百丈清规》，中州古籍出版社2011年版，第46页。

② 同上书，第95页。

程度密切相关。其职责包括住持旦望日“祝圣上堂”，即第一章祝釐的“旦望藏殿祝赞”，其关键为“祝延今上皇帝圣寿万安”①。住持“晚参”和“小参”。“凡集众开示，皆谓之参，古人匡徒，使之朝夕咨扣，无时而不激扬此道。故每晚必参，则在晡时。至今，丛林坐参，犹旦望五参升座。将听法时，大众坐堂也。”② 而“小参初无定所，看众多少，或就寝堂，或就法堂”③。住持“夏前告香”，即结夏开始的仪式。普说，即演讲，“有檀越特请者，有住持为众开示者，则登法座。”④ 入室，“入室者，乃师家勘办学子，策其未至，捣其虚亢，攻其偏重。”⑤ 即对学子的专门指导。念诵，是每月初八、十八、廿八全寺僧人的念诵活动，“住持出堂外中立，烧香侍者随出归位。维那先离位，至门首向住持立，合掌念诵。”⑥ 初八、十八与廿八的念诵词有不同。巡寮，住持巡视寮房，问讯老病，点检寮舍缺乏，并与僧众叙话，古时曾五日一巡或旦望巡之，“今惟以四节报礼为巡寮，余日不讲。”⑦ 肃众，即对违戒规僧人的惩处，“重则集众棰摈，轻则罚钱、罚香、罚油，而榜示之。”⑧ 训童行和为行者普说，对童行的训导和对行者的讲演。受法衣，迎受专使所送法衣的礼仪。迎接尊宿，有尊宿相访，应隆礼接待。施主请升座斋僧，这是寺院僧人改善伙食的机会，要认真接待，“官贵大施主，当鸣钟集众门迎。”⑨ 施主与知事议定斋料用费。“维那具僧行数目。嚫资随数均俵。”⑩ 若有施主寄钱斋僧，住持责付知事，应尽数营办供嚫，慎勿互用。在住持人的职事中，还包括受嗣法人煎点和迎接嗣法师遗书。

---

① 《敕修百丈清规》，中州古籍出版社 2011 年版，第 23 页。
② 同上书，第 48 页。
③ 同上书，第 49 页。
④ 同上书，第 53 页。
⑤ 同上书，第 53 页。
⑥ 同上书，第 54 页。
⑦ 同上书，第 56 页。
⑧ 同上书，第 56—57 页。
⑨ 同上书，第 61 页。
⑩ 同上书，第 61 页。

请新住持及其入院。“凡十方寺院住持虚席，必闻于所司。伺公命下，库司会两序、勤旧茶，议发专使。”① 专使由本寺僧官担任，到受命新住持所在寺院邀请，计有“受请升座”“专使特为新命煎点”“山门管待新命并专使”“新命辞众上堂茶汤”“西堂头首受请”“受请人升座”“专使特为受请人煎点”“山门管待受请人并专使”“受请人辞众升座茶汤”诸多环节，其中除招待茶点、汤果、药石等仪礼外，还有一个重要因素，就是“嚫”，即送钱物，“嬖嚫当如礼，不可轻蔑。”② 几乎每个环节，都有“嚫资”的规定。住持入院，要由首座或两序、勤旧领众往迎，入院门后在大殿举行欢迎仪式。呈寺印状，该状为：

当寺库司比丘
某甲，寺印一颗，
右谨 申纳 新命堂头大和尚，伏候慈旨。
年 月 日 具位状③

然后，在山门请新命斋，开堂祝寿，山门特为新命茶汤，当晚小参。次日，为建寺檀越升座，管待专使，留请两序，报谢出入，交割砧基什物，受两序、勤旧煎点。新住持由此上任管事。

退院。“住持如年老有疾，或心力疲倦，或缘不顺，自宜知退。常住钱物须要簿书分明。方丈什物点对交割。”④ 其中，“或缘不顺”句较《禅苑清规》中“或因事故”要含蓄得多。“若留本寺，居东堂。相继住持者，须当尽礼温存。”⑤ 也没有像《禅苑清规》那样要求“不得干预院事，及轻议主人、知事、头首长短”的话语。

---

① 《敕修百丈清规》，中州古籍出版社2011年版，第64页。
② 同上书，第67页。
③ 同上书，第72页。
④ 同上书，第78页。
⑤ 同上书，第78页。

迁化。是住持圆寂及其安葬等仪礼。“示疾觉沉重，预请两序、勤旧点对，封收衣钵行李，就留方丈。差公谨行仆看守，以俟估唱。或有标拨俵散物件，须要平允。毋令恩怨不均，致后争竞。若衣钵微薄，务从俭简。”① 并有遗嘱、遗书之式。圆寂后的入龛、谓主丧、请丧事职事、孝服、佛事、移龛、挂真举哀奠茶汤、荼毗，全身入塔、唱衣、单式、灵骨入塔、下遗书、管待主丧及丧司执事人，等等细节，都有明文规定。

议举住持。住持退院或迁化后，“两序、勤旧就库司会茶，议请补处住持，仍请江湖、名胜、大众共同选举。须择宗眼明白、德劭年高、行止廉洁、堪服众望者，又当合诸山舆论。然后列名签状，保申所司请之。若住持得人，法道尊重，寺门有光。为勤旧、知事者，不可以乡人、法眷、阿党传会，不择才德，惟从贿赂，致有树党徇私，互相搀夺。寺院废荡，值此之由，切宜慎之，切宜慎之！”②

第六章两序。这是关于寺院组织形式、管理体制的具体规定，《敕修百丈清规》较《禅苑清规》有了明显的条理性，规定：

> 两序之设，为众办事，而因以提纲唱道，黼黻宗猷。至若司帑，庾历庶务，世出世法，无不闲习。然后据位称师，临众驭物，则全体备用，所谓成己而成人者也。古犹东西易位而交职之，不以班资崇卑为嫌。今岐而二之，非也。甚而党斗，强弱异势，至不相容者有矣。惟主者申祖训以戒之，欲其无争，必慎择所任，使各当其职，人无间言可也。③

两序即西序与东序，两序头首包括前堂首座、后堂首座、书记、知藏、知客、知浴、知殿、侍者，主要由学识深厚、品德高尚者任之，尤其前堂、后堂两首座，一者“表率丛林，人天眼目。分座说法，开凿后昆。坐禅领

---

① 《敕修百丈清规》，中州古籍出版社2011年版，第79页。

② 同上书，第94—95页。

③ 同上书，第96页。

众，谨守条章。斋粥精粗，勉谕执事。”① 一者“位居后板，辅赞宗风，轨则庄端，为众模范”②。之所以前后堂各设首座，是因为僧人众多，分工负责两序各头首。头首属僧官，各管理与其职称相干的事务。东序知事包括都监寺、维那、副寺、典座、直岁，由善于处理寺内外关系、有办事能力的人充任。东序以都监寺为首，总管庶务，“早暮勤事香火，应接官员、施主。会计簿书，出纳钱谷，常令岁计有余。尊主爱众，凡事必会议禀住持方行。训诲行仆，不妄鞭捶。”③ 而维那“纲维众僧，曲尽调摄。堂僧挂搭，辨度牒真伪。众有争竞、遗失，为辨析和会。戒腊资次，床历图帐，凡僧事内外，无不掌之。举唱回向，以声音为佛事。病僧、亡僧，尤当究心。每日二时赴堂，堂前钟鸣离位。”④ 副寺为都监寺“分劳”的副手，亦曰库头，他“掌常住金谷、钱帛、米麦出入，随时上历，收管支用。”⑤ 典座掌大众斋粥，直岁职掌一切作务。东序知事下设僧职负责杂务，计有：寮元、寮主副寮、延寿堂主、净头、化主、园主、磨主、水头、炭头、庄主、诸庄监收。

首座在寺院中的地位是至关重要的，“如衣有领，如网有纲也。虽大方尊宿，若住持能以礼致之，亦请充此职，谓之退位为人。如文殊为七佛师，犹助释迦扬化，为众上首。吾宗睦州于黄檗，云门于灵树，光昭前烈，诒训后来，名位之重，可轻任耶?”⑥ 本章在规定“两序进退”之前，先说“请立僧首座”和“请名德首座”之程序、礼仪。请立僧首座，“其事严重，不可轻举。如大方西堂、名德首座，行解素为众所推服者，委曲陈情。”⑦ 如有允意，方可任命，并与两序、大众拜请。请名德首座，“住持须预禀露，如有允意，方丈先请茶，两序光伴。即鸣鼓升座，更不报

① 《敕修百丈清规》，中州古籍出版社2011年版，第97页。
② 同上书，第97页。
③ 同上书，第102页。
④ 同上书，第103页。
⑤ 同上书，第104页。
⑥ 同上书，第97页。
⑦ 同上书，第109页。

众。住持委曲致恳，下座与大众同伸拜请。鸣钟，送归寮，茶汤管待，礼与前同。”①

两序的僧官都有任期，“泰定间，脱欢丞相领行宣政院，分上、中、下三等寺院，额定岁请知事员数。”② 两序的进退，关乎寺院的组织和管理。对之规定为：

> 凡职事将满，预诣方丈禀退。如择进退日定，住持令行者报两序知。当晚昏钟鸣，旧知事一班，诣方丈插香告禀，触礼一拜，纳库记钥匙而退。就中或有再留者，住持随送到库司，侍者烧香、点汤勉留。次早，五更钟鸣，头首一班怀香诣方丈，触礼一拜告退。或有留者，亦同前礼，点汤留之。住持以择定人名目子，并西堂、勤旧，令客头行者请粥罢会茶。其旧知事一班，候僧堂行粥遍，从后门入。③

然后与住持相互礼拜。对于新任，粥罢，行者请至住持寝堂，与住持相互礼拜后，“供头鸣僧堂钟，大众归钵位立定。住持入堂，先送前堂首座，以次头首，随归钵位，各触礼一拜。次送后堂，对触礼一拜。新知事一班，预立于西堂板头。住持归位，维那往住持前问讯侧立。”④ 住持将名单交与维那（如已退，知客侍者代行），宣布新任。然后，大众礼贺。关于两序进退，还有“挂钵时请知事”“侍者进退”“寮舍交割什物”“方丈特为新旧两序汤”“堂司特为新旧侍者茶汤”“库司特为新旧两序汤药石”“堂司送旧首座都寺钵位”“方丈管待新旧两序”“方丈特为新首座茶”“新首座特为后堂大众茶”“住持重访头首点茶”“两序交代茶”“入寮出寮茶”“头首就僧堂点茶”“两序出班上香”等环节。其中各环节几乎都

① 《敕修百丈清规》，中州古籍出版社 2011 年版，第 110 页。

② 同上书，第 111 页。

③ 同上书，第 111 页。

④ 同上书，第 113 页。

有“点茶”，以此来化解新旧交接过程的矛盾，并不致使寺院内因管理层的轮替而出现混乱，在严肃程序的同时，联络感情。

第七章大众。对于寺院僧众的受戒及学佛坐禅、日常生活、相互关系乃至病亡的规定。其序云：

> 归虚之水，邓林之木，以聚者众也。今夫大方，居众千百，倒廪而炊，赭山而爨，亦其所聚也。而四方之来如归，若己所固有者，果何为哉？盖佛以人之流转三界，出没生死，惟明道悟性，以超于妙觉。则群生异类，咸资其善，而训其徒，以肖己为然。故人人待其徒犹待其师，虽摩肩接踵而至，惟恐奉之不及，不以其众而少怠也。不然，则有以尺地斗粟而相讼者多矣。岂其独愚，甘委其赀以广吾居，辍其餐以食吾徒。吾徒之食于斯，居于斯，果何为哉，果何为哉！①

强调“果何为哉”，要求僧众每时每刻都不要忘记：我个人为什么要出家为僧，而众僧同此目的，要强化信念，共守戒规，以成就修行之果。本章计20余节，从“沙弥得度”到“亡僧”，涉及僧人在寺院全过程的各环节：沙弥得度、新戒参请、登坛受戒、护戒、办道具、装包、游方参请、大相看、大挂搭归堂、抛香相看、谢挂搭、方丈特为新挂搭茶、坐禅、坐禅仪、坐参、大坐参、请益、赴斋粥、赴茶汤、普请、日用轨范、龟镜文、病僧念诵、亡僧、板帐式。其中大部分内容，在《禅苑清规》中都已涉及，“登坛受戒”“护戒”“坐禅仪”“龟镜文”等原文抄录该书。本书的特点是将其条理化，并增加了一些环节，如“游方参请”“大相看”“大坐参”等环节，或对既有环节重新论说，并删去了一些环节，如“自警文”“训童行”等。

沙弥得度是为僧的关键，本书较《禅苑清规》更详细、明晰地规定了

① 《敕修百丈清规》，中州古籍出版社2011年版，第124—125页。

受戒程仪。剃度之后，新僧参堂，登坛受戒，受戒和护戒文均抄自《禅苑清规》。然后是办道具，包括：三衣、坐具、偏衫、裙、直缀、钵、锡杖、拄仗、拂子、数珠、净瓶、滤水囊、戒刀，并注明其规式和装包方法。

游方参请是禅宗的重要活动，“禀辞师长，慕有道尊宿处，依栖求挂搭。”① 游方即是向该尊宿参请佛法禅意，数人中要选一名参头，由他带领，要先到该寺门首，知客接入，进而礼拜住持。如欲挂搭，由参头请求住持，“如允，仍触礼一拜。就求帖子到侍司附名，云：‘适奉方丈慈旨，令就上寮附名。’侍者次第发榜头下堂司，维那令行者请新到吃茶。毕，出度牒，上床历，候送归堂。或有故出入，须守堂仪，半月方可请假。”② 而大相看，是指会见尊宿，“大方多众，又尊宿严重，无泛常数见之礼。新到须候人多，各预诣侍司附名，作一起相看。”③ 届时众僧推举参头，领众至尊宿寝堂排立，参头下语已，退步同众问讯。大挂搭归堂，新到僧人各怀度牒，参头预备小香盒，准归堂时用，领众诣堂司，触礼一拜，叙寒温，入座，受茶毕，起禀云：“某等适奉方丈慈旨，令依附左右，伏望甄录。”④ 维那答云：“多幸喜得，同守寂寥。”⑤ 参头与众各取度牒递维那。审察后，维那付还度牒，再发请诸寮报榜，行者引至众寮，寮主相接入门，引入排列，朝观音问讯，巡案一匝。行者引见寮元，次诣诸头首寮、库司见礼。大挂搭归堂下，还规定了小（短期）挂搭归堂、西堂首座挂搭、诸方名胜挂搭、法眷办事挂搭的礼仪。以下又涉及抛香相看、谢挂搭、方丈特为新挂搭茶等。挂搭是僧人修行的重要方式，各寺通行，因而有此细致规定。

坐禅为禅宗的必要功课。本书在抄录《禅苑清规》的《坐禅仪》之前，规定了坐禅的仪式：每日粥罢，堂司行者先覆首座，僧堂和众寮前俱

---

① 《敕修百丈清规》，中州古籍出版社 2011 年版，第 139 页。

② 同上书，第 141 页。

③ 同上书，第 142 页。

④ 同上书，第 143 页。

⑤ 同上书，第 143 页。

挂坐禅牌报众，鸣板三声入堂，归位坐，住持入堂烧香，巡堂，归位坐定。“久之，僧众方可次第起身抽解。又须看上下肩起止急缓，免见成连单位空缺。”① 坐禅则如其仪。坐参亦为禅宗的必要功课，和坐禅一样，须在僧堂、众寮前各挂坐参牌。坐参为“古者每晚必参住持以求开示，故率众齐集坐，待鼓鸣而往参之”②，“首座领众，随至法堂或寝堂。住持据座，侍者、两序、东西堂各出班问讯。开示毕，众散，归寮药石”③。请益为某僧请教住持，其仪和《禅苑清规》同，赴粥饭、赴茶汤也如是。虽单列“普请”一节，已非以农作为主，而是寺院内劳务。本书与《禅苑清规》不同，并无“念诵”的规定。

日用轨范是对僧众日常活动规矩的界定。计有入众之法、展钵之法、吃食之法，以及如厕、洗衣、开函柜、洗浴、向火，以及着草履不得经行经堂、不得赤脚着僧鞋等等，总之，“一日事件，众中威仪，非敢闻于老成，聊以诱于初学。升堂、入室、小参、讽经、念诵、巡寮、解结、人事、装包、顶笠、送亡、唱衣，应系微细轨则。”④ 在抄录《龟镜文》后，列“病僧念诵”和“亡僧”两节。病僧念诵由乡人、道旧于病者榻前，先念诵赞佛，再说：“伏愿一心清净，四大轻安，寿命与慧命延长，色身等法身坚固，再劳尊众，念十方三世云云。”⑤ 如有僧病重，为十念阿弥陀佛。并录病僧“口词”，其式为：

> 抱病僧某，右某本贯某州某姓，
> 几岁给到某处度牒为僧。某年到某
> 寺挂搭。今来抱病，恐风火不定。所
> 有随身行李，合烦公界抄劄。死后，

① 《敕修百丈清规》，中州古籍出版社2011年版，第151页。
② 同上书，第154页。
③ 同上书，第155页。
④ 同上书，第166页。
⑤ 同上书，第170页。

望依丛林清规津送。

年　月　日抱病僧　某甲　口词①

而在亡僧的规仪中，除必要的请佛事、大夜念诵、送亡、荼毗、入塔外，一个重要内容就是对亡僧遗物的处理。僧人无家无后，故遗物由寺院“公界”处置，已于亡前立口词。亡后，由直病者即白延寿堂主，禀维那，请封行李，抄劄具单，见数一一封锁，须留装亡衣服，合用之物，并作一处包留。亡僧非生前预闻住持、两序、勤旧，或无亲书，不可擅自遗嘱衣物。亡僧所遗之衣物，由“维那分付堂司行者请住持、两序、侍者就堂司或就照堂对众呈过包笼开封，出衣物排地上席内，逐件提起呈过。维那估直，首座折中，知客、侍者上单。排字号，就记价直在下。依号写标，贴衣物上，入笼”②。待荼毗后，由住持、首座主持，两序在位，进行“唱衣”，即拍卖。“维那提起云：某号某物，一唱若干。如估一贯，则从一伯唱起。堂司行者接声唱，众中应声。”③ 应至其值，鸣磬为度。拍卖所得，大部用于丧事，故要立板账，明确收支。如收钞1000贯文，支钞91贯文，均列明细。如支出外尚有余钞，“收堂司公用”④。板账上由住持及所有僧官、僧职及把账画押，以示公正。

第八章节腊。“僧不序齿而序腊，以别俗也。”⑤ 节腊源于佛教产地印度地区。规定为：

五竺地广，暑寒霖潦，气候之弗齐，故结制有以四月、五月、十二月，然皆始以十六日。所谓雨安居者，因地随时，惟适之安。或曰坐夏，或曰坐腊，戒腊之义始此。如言验蜡人冰以坐

---

① 《敕修百丈清规》，中州古籍出版社2011年版，第171页。

② 同上书，第173页。

③ 同上书，第177页。

④ 同上书，第181页。

⑤ 同上书，第183页。

腊之人验其行，犹冰洁。或谓埋蜡人于地，以验所修之成亏者，类淫巫俚语，庸非相传之讹耶。且吾所修证，圣不能窥，岂外物可测其进退哉。

今禅林结制以四月望，解以七月望者，若先一日讲行礼仪，而期内得专志于道。故略繁文，亦随方毗尼。或议不如法，而不知其得法外意也。中土以冬为一阳之始，岁为四序之端。物时维新，人情胥庆，礼贵同俗，化在随宜，故以结、解、冬、年为四大节。周旋规矩，耸观龙象之筵；主宾唱酬，兼闻狮子之吼。礼文秩秩，猗欤盛哉。①

结夏、解夏两节之设，依从印地佛教，但按中土气候，冬至和年节（即春节）依中土习俗。

《禅苑清规》中对结夏、解夏已有明文规定，本书进一步要求三月初一日出草单，以及新挂搭人点入寮茶，似应结夏前15日必挂搭之规，但未说明，故此节规定不太谐和。草单定后，堂司依戒腊写楞严图、念诵巡堂图、被位图、钵位图、戒腊图，以为节时座次。“除单寮、西堂、首座、勤旧排板头外，其余并依戒腊。”② 四月初，待众诣方丈谢挂搭罢，堂司图账已定，寮元依戒腊排图、牌。十二日午后，堂司行者覆住持、两序，诸案挂讽经牌报众，众寮结解特为众汤。十三日启建楞严会，次日粥罢，依礼序举行，楞严头唱《楞严》，众和毕，仍作梵音唱念经首序引。自此到七月十三日，每日粥后都要举办，如遇旦望，则由维那带领祝圣寿。并作《普回向偈》云：

上来现前比丘众，讽诵楞严秘密咒，
回向护法众龙天，土地伽蓝诸圣造。

---

① 《敕修百丈清规》，中州古籍出版社2011年版，第183页。

② 同上书，第186页。

三涂八难俱离苦，四恩三有尽沾恩。
国界安宁兵革销，风调雨顺民康乐。
一众熏修希胜进，十地顿超无难事，
山门镇静绝非虞，檀信皈依僧福慧。
十方三世一切佛，一切菩萨摩诃萨。
摩诃般若波罗蜜。①

结夏是节腊中最为重要的，其仪式是四月十三日开始的楞严会，四月十五日举行结制礼仪。并有相应茶汤、念诵礼仪，其余三节与之同，故本书“四节”同论。计有方丈小座汤、四节土地堂念诵、库司四节特为首座大众汤、四节秉佛、方丈四节特为首座大众茶、库司四节特为首座大众茶、前堂四节特为后堂大众茶，可见茶礼之重要。此外还有旦望巡堂茶、方丈点行堂茶、库司头首行堂茶等仪礼规定。为保证四节仪礼如期，还专门制定一份《月份须知》，标明节腊日期，以及佛诞、佛成道、达摩忌、帝师忌、百丈忌，足见禅院对节腊的重视。

第九章法器。法器是佛事活动的必要器具，本章对寺院常用的钟、板、木鱼、椎、磬、铙钹、鼓的用法用途予以规定。本章序中先论说法器之重要云：

上古之世，有化而无教。化不足，而礼乐作焉。击壤之歌，不如九成之奏；洼樽之饮，不若五齐之醇。然文生于质，贵乎本也。吾天竺圣人最初示化，谓人人妙觉，本无凡圣，物物全真，宁有净秽。无假修证，不涉功用，而昧者茫然自失，若聋瞽焉。于是随机设教，击犍椎以集众，演之为三藏，修之为禅定。迄于四十九年，而化仪终矣。梵语犍椎，凡瓦木铜铁之有声者，若钟、磬、铙、鼓、椎、板、螺呗，丛林至今仿其制而用之，于以

① 《敕修百丈清规》，中州古籍出版社 2011 年版，第 191—120 页。

警昏怠，肃教令，导幽滞而和神人也。若夫大定常应大用，常寂闻非有闻，觉亦非觉。以考以击，玄风载扬，无思无为，化日自永。雍雍乎仁寿之域，清泰之都矣。①

这篇序文无疑是承继了儒学关于“礼乐”统一的思想，将乐融于诵佛、修禅的各环节，将乐器作为法器，“警昏怠，肃教令，导幽滞而和神人”。本章所涉及的几种乐器，都是寺院中常备的，并规定了其用时、用法、用途。如“钟”分为大钟、僧堂钟、殿钟，其中大钟为“丛林号令资始也”②，晓击，警睡眠；暮击，疏冥昧。引杵宜缓，扬声欲长，凡三通，各36下，起止3下稍紧。而且鸣钟行者在敲击要想偈云：“愿此钟声超法界，铁围幽暗悉皆闻，闻尘清净证圆通，一切众生成正觉。”③ 并称观世音菩萨名号，随号扣击。大钟在寺院的各种集体活动，如圣节、看经、上殿、下殿、三八念诵、佛诞、成道、涅槃、建散楞严会、讽经、斋粥、过堂、入定等环节，都要击18下。接送官员、住持、尊宿不以数限，由库司主之。僧堂钟、殿钟，以及板、木鱼、椎、磬、鼓的用法，都要适事应时。其中鼓又分法鼓、茶鼓、斋鼓、普请鼓、更鼓、浴鼓各种。法器的使用，当由本寺院僧人自为，而这也是其必要的修行方式。法器之用，既辅助诵修，也使寺院生活纳入统一节奏。

这九章《敕修百丈清规》规定了禅宗寺院的组织形式、管理体制、僧人戒规及其诵经修禅和日常生活、庆典节腊、经济日用和相互关系等，较《禅苑清规》更为系统而严谨，也是禅教被佛教禅宗化后，禅宗作为佛教主要派系，在信奉密教的蒙古王朝统治下存在方式的写照。进而又被明、清两朝所认可而持续，对于佛教作为专制统治意识形态辅助工具，《敕修百丈清规》的作用是至关重要的。

---

① 《敕修百丈清规》，中州古籍出版社2011年版，第209页。

② 同上书，第210页。

③ 同上书，第210页

四、结论

从怀海的《禅门规式》到宗赜的《禅苑清规》再到德辉的《敕修百丈清规》的演化过程，是禅教被佛教禅宗化并成为专制统治工具过程在组织形式、管理体制和戒规上的体现。对这种演化过程的考察，我们可以得出以下几点认识：

第一，禅教丛林僧团“自由人联合体”的组织形式、管理体制和纪律，只能在特殊社会条件下出现和短期存续。怀海的《禅门规式》是他依循从慧能到怀让到道一而传续的我佛观，以“见自性自净，自修自作自性法身，自行佛行，自作自成佛道”① 为基本理念所结成的丛林僧团组织形式、管理体制和纪律，怀海坚持认为“使得因果福智自由是修行”②，因而在力求保持禅团内人人平等的同时，为禅僧提供一个自由修行的社会环境。但是禅教作为民禅并未得到官方的完全认可，虽然经其师祖辈的神会力争，朝廷已将禅宗视为佛教一宗，怀让、行思两脉也借神会的光，以禅宗名义而得以发展，但仍被视为“旁宗”，官方并不为禅宗建寺院，只在律宗寺院旁边辟一别院，并由律宗监管。怀海对此极为不满，自己组织僧团，自定《禅门规式》，带领同志者到深山丛林中农禅并作。虽然各种传记都未写他组建僧团时的情况，但这是前无古人的创举，不仅要有明确而坚定的信念，更要有贯彻其信念的超强组织能力。怀海就是这样的天才！僧人出家，绝大多数是为避税役谋生存，其中不乏不愿辛苦劳力者，而官家及富豪供养并受大众布施的佛教寺院，正是他们所求去处，虽然要受戒律束缚，但不劳动又有粥饭吃，也是乐意。怀海的僧团，既无官府财政拨款，又没有富豪供养，还不广求施舍，靠自己劳动耕作、筑屋，自食其力，自力更生，参加者必自愿。由信念凝聚，形成一个初级的类似马克思

---

① 《坛经校释》，中华书局1983年版，第38页。

② 《古尊宿语录》上卷，中华书局1994年版，第25页。

和恩格斯所说的“自由人联合体”①，是人类历史上的一个创举。但僧团是由个体人组成的，每个人性格、年龄、能力各异，将之聚合为一个有机整体，是相当困难的。佛教寺院在有稳定财源的情况下，是靠戒律来维系的，虽然律宗将戒说成是修行的主要途径，但实际上，佛教戒律还是以一个严格的管制体系，控制僧众的思想行为，由此而“修”出的人，已经异化为戒律的附属物，根本不是“自修自作自性法身”的“自由人”。怀海从他的理念出发，对佛教戒律有自己独到见解：

> 问：“斩草伐木，掘地垦土，为有罪报相否？”师云：“不得定言有罪，亦不得定言无罪。有罪无罪，事在当人。若贪染一切有无等法，有取舍心，透三句不过，此人定言有罪。若透三句外，心如虚空，亦莫作虚空想，此人定言无罪。”又云：“罪若作了，道不见有罪，无有是处。若不作罪，道有罪，亦无有是处。如律中本迷煞人，及转相煞，尚不得煞罪。何况禅宗下相承，心如虚空，不停留一物，亦无虚空相，将罪何处安著？”②

佛教戒律的第一条，就是“不杀生”，而所谓“生”，有的教义称之为“有情”之生，即全体动物；有的教义更扩广于“无情”之生，即动物加植物。怀海僧团的农作，要斩草伐木、掘地垦土，不仅要杀无情之生，还会杀土地中的蚯蚓、老鼠、蛇、蚂蚁等有情之生。他们也因此而受人指责违犯戒律，视为“有罪”。怀海对此进行了批驳，强调有罪无罪，事在当人，“若透三句外，心如虚空，亦莫作虚空想，此人定言无罪”。我们心如虚空，不停留一物，亦无虚空相，没处安著罪，因此所为农作并无罪。而戒律本来迷煞人，并转相煞，本应得煞罪，却未有处置，因而也可以不依从。他所制定的《禅门规式》，就是依自己的信念，对禅团组织形式、管

① 马克思：《资本论》第一卷，人民出版社2004年版，第96页。

② 《古尊宿语录》上卷，中华书局1994年版，第16页。

理体制和纪律的界定。从《祖堂集》《景德传灯录》《古尊宿语录》等所记载的怀海、希运与其弟子在农作中的言谈行为，可以看出其禅团中平等、和谐的关系，并于其中体禅证道。

《禅门规式》所维系的禅教僧团，大概进入宋朝就不复存在了，幸亏杨亿编订《景德传灯录》据当时还保存的原本对之写了概述，否则后人已无从得知了。从杨亿的概述中，可见《禅门规式》贯彻着慧能到怀海的基本观念，是禅教得以存续和发展的必要组织形式、管理体制和纪律，虽然宗赜号称承续《禅门规式》，为之作颂词，但其《禅苑清规》已表现出禅教丛林禅团已不存在，该书所规定的也是作为佛教寺院中禅宗的组织形式、管理体制和戒律了。之所以如此，根本原因，一是社会条件的变化，二是已经没有道一、怀海、希运那样的思想家和组织者。禅教产生和发展的社会条件，是唐朝的社会制度和社会环境，虽然是大一统，但中央集权尚未有严格系统，世族势力仍然存在，而且没有形成周密细致的文化专制，这是文化繁盛的原因，也是禅教形成的社会条件。慧能的思想创造及其能被社会认可，是这种社会条件的体现。而怀海农禅并作丛林僧团的组建和发展，更离不开这个社会条件，尤其晚唐及五代的社会动荡和割据，既放松了对宗教团体的管控，也促使一些人为了生计而加入丛林僧团。这种情况为以怀海为代表的禅教思想家和组织者提供了活动平台，《禅门规式》则从组织形式、管理体制和纪律上保证了禅教丛林僧团的存续。但进入宋朝以后，集权官僚制进一步系统化，尤其王安石变法抑制了世族豪强势力，强化了中央集权和文化专制，将宗教团体统一纳入中央政府的管控，不容许像怀海、希运那样“自由”思想家和组织者，只能由庸僧们来主导。“体制外”的禅教僧团已没有合法性，只有一条出路，就是归属佛教，以禅宗的名义纳入管控体制，放弃农禅并作，由朝廷或地方政府拨款，并广求富豪供养和大众布施，从丛林走进寺院，虽然僧人们也有“普请”劳务，但限于寺院内务并由下层僧人操作。《禅门规式》显然不适合禅宗寺院的组织和管理，因此其失效也是必然的。而宗赜及后来的德辉仍不放弃怀海百丈的名号，但又不能坚持延续其理念和精神，正可谓“名存实亡”。

第二，专制统治对佛教禅宗的工具化。佛教传入中国后，就被统治者作为工具来使用，但魏晋至隋唐，由于世族豪强的存在，专制统治尚不完备、系统，因而没有全国统一的文化专制，大世族豪强和地方割据势力，往往会根据自己的需要和兴趣，扶持佛教的某一宗派，各宗派虽有论争，但还能“和平共处”，甚至容忍禅教这个异类的存在。随着强化中央集权，世族豪强被削弱，并消除了地方割据势力，佛教除禅宗、净土宗之外的其他宗派，因其观念和教条而在中国制度、文化大环境下已经“水土不服”了，便基本上没有了存续的基础，而净土宗也逐步纳入禅宗系列，专制统治对佛教所能够管控和利用的，主要就是禅宗了。或者说，宋以后的佛教主要就是禅宗，诵佛与修禅已成一体。宋朝皇帝及其官员，把管控禅宗作为文化专制的一项主要工作，不仅专设机构，而且主持编修《景德传灯录》《宋高僧传》等。在从思想上统一管控的同时，还要求禅宗修订组织形式、管理体制和戒规。宗赜《禅苑清规》就是在这种条件下写出，并被官方许可通行全国。禅宗由此而成为辅助儒学道统控制民众意识的工具，怀海以实践慧能“自修自悟佛道”为宗旨的组织形式、管理体制和纪律已不存在。虽然宋朝强化了文化专制，却因儒学道统的包容性，在做法上比起后来的元朝，还是宽松多了。

元朝作为蒙古王公贵族统治的政权，虽然在蒙古人中固守封建领主制，但对汉人、南人的专制统治却比以前各汉族朝廷更为野蛮残暴。蒙古王公贵族信崇经藏区传来的印度婆罗门教演化成的密教，虽然密教在藏区吸收了本教的一些因素，而且也有佛的说法或用佛的名号，但密教在印度地区就与佛教有重大区别，并且是该地佛教消亡后婆罗门教的主要形式。因此，依蒙古皇帝及其王公贵族本意，是要消灭佛教代之以密教，但就像他们曾尝试地将中原农地变牧场，并将汉人、南人都作为牧奴的做法不可能实现一样，废佛兴密也是不可能的。于是这些高傲的蒙古皇帝及王公贵族，想出了让佛教存在的唯一用途："告天与咱每祝寿"①，并下圣旨，命德辉在笑隐的监督下编写《清规体例》，其书成后以《敕修百丈清规》为名，推行全体佛教寺院。以皇帝圣旨确认禅宗就是佛教，佛教就是禅宗，并且通行《敕修百丈清规》，而其首要，就是遵圣旨而为皇帝、太子祝釐，进而视蒙古皇帝为佛之转世"应身以御天下，化仪既终，复归佛位"，其死日为国忌日，隆重祭祀，为报佛转世帝御天下使"佛之教流于无垠。而吾徒沐恩波，濡圣泽"而报其恩。报恩还包括祈晴、祈雨、祈雪、遣蝗、日蚀、月蚀等各种祈祷活动，是为佛教徒所能报佛转世为帝大播佛教，为此辈提供生计、名利之恩。祝釐和报恩活动，为寺院主要功课，不仅圣节庆一月日、景命四斋日祝赞，旦望藏殿祝赞，还要每日祝赞，太子生日的千秋节，也要庆赞。甚至还将密教帝师奉为与释迦佛同等的佛教之"本"，每年祭祀其涅槃日。由此可见，蒙古皇帝为了"与咱每祝寿"，对佛教这个工具的使用之充分、细致，而作为工具的佛教徒也必须尽其所能而作用。

元朝逆时代发展趋势的残暴统治，被汉人、南人的大起义推翻后，曾受《敕修百丈清规》约束在寺院为童行的朱元璋，并不信密教，按说应改变蒙古皇帝敕定的管控佛教的条例，起码要废止其中为蒙古皇帝、太子、密教帝师祝赞和祭祀。但他作为新皇帝，深谙佛教作为工具的价值，故仍使用这部前朝《敕修百丈清规》，其子其孙依旧强调佛教徒要守此规：

> **洪武十五年四月二十五日，节该奉太祖高皇帝圣旨《榜例》："诸山僧人不入《清规》者。以法绳之，钦此。"钦遵。永乐十年五月初三日，节该奉太宗文皇帝圣旨《榜例》："僧人务要遵依旧制，名务祖风，谨守《清规》，严洁身心。"永乐二十二年十一月二十七日，该僧录司官奏，僧众多，中间有等不守规矩，合无依《清规》整治。节该奉仁宗昭皇帝圣旨："照依《清规》料治**

① 《敕修百丈清规》，中州古籍出版社2011年版，第3页。

他，钦此。”①

当然，《敕修百丈清规》中对蒙古皇帝、太子的祝釐、报恩以及对密教帝师的祭典，自应废止，但传世此书并未删除，大概由各寺院改为对明皇帝、太子的祝釐、报恩了。明朝依然用《敕修百丈清规》管制佛僧，以其作为辅助儒学道统的工具。到了清朝，又是密教教徒满族皇帝和王公、贵族统治，但他们吸取了元朝的教训，在其本族保持封建领主制的同时，利用汉族中的“精英”对汉人（已不界分“南人”）实行更为严格系统的专制统治，在本族信崇密教的同时，利用儒学道统控制汉人的意识形态。满族皇帝也学习儒学道统，但他们不是为了自己“汉化”或“儒化”，而是为了方便对汉人实行文化专制，中国历史上臭名昭著的“文字狱”达到了极致。虽然福临曾一度与禅僧通琇交往，但只是要利用通琇的声望，整顿佛教，使僧尼守戒奉法②，或与道忞谈禅，听取其阿谀奉承③。更为明确而严厉地将禅宗作为工具，并依密教宗旨改变禅宗的是乃孙胤禛，此人早年崇信密教，并称“章吐土克国师喇嘛，实为朕证明恩师”④。而对辅导他禅宗“五家宗旨”的临济宗性音公然表示其蔑视禅宗，甚至曾说禅学不属“如来正教”。并且编写一本《御制拣魔辨异录》，命令禁止并严查禅宗法藏系，以整肃佛教戒规，而其依据之一，就是《敕修百丈清规》。他还编写了一套《御选语录》，此书选录晋至清14人的语录，其中并无道一、怀海、希运、义玄一脉，但将僧肇列为第一，并有道教紫阳真人张平叔。他还自写了20篇序和上谕放在各卷前后，以皇帝之威权确立、衡量佛教的价值标准，强调“宗教之合一”，禅净兼修，禁止呵佛骂祖，以至创立“雍正禅”，贬黜颂古，直接以政权干预佛教的管理体制和事务。在他的观念中，佛教或禅宗不过密教的“外围”组织，他以密教信徒的身份，依密

① 《敕修百丈清规》，中州古籍出版社2011年版，第1页。

② 《玉林禅师语录》卷首。

③ 《天童弘觉忞禅师北游集》卷2。

④ 《御选语录》卷18。

教宗旨将对禅宗的工具化提升至极致。

第三，组织形式和管理体制的官僚化。组织形式和管理体制是社会团体的内在结构，它的设立和改变，由该团体的性质、职能、经济来源、人员构成所决定。怀海所建立的丛林僧团，是他对慧能我佛观基本观念的深切理解，以成为“自由人”为目标，以他本人“平生苦节高行”的人格为榜样，所号召并聚合起来的“自修自悟”团体。它没有朝廷和地方官的财政经费，也不靠富豪财主供养，不广求布施，以自己的农作来生产食物，建筑房屋，因此不受朝廷和地方官的管束，也不必为富豪财主专做法事和祈福祝寿，不用走镇串村以佛的名号“化缘”。

怀海创制的《禅门规式》，是在僧团参加者人格平等，“所裒学众，无多少，无高下，尽入僧中，依夏次安排”，争取做“自由人”的前提下，将众多参加者组织起来，协调其相互关系，使丛林禅团成为每个参加者在农禅并作中自修自悟的组织。虽然规定“置十务，谓之寮舍，每用首领一人，管多人营事，令各司其局”，但并非官职，也无高下之分，就连他本人也与僧众平等相处，共同劳务。

宗赜所编的《禅苑清规》针对的已不是禅教的丛林禅团，而是佛教禅宗或禅宗佛教的寺院，是由朝廷及地方官认可并拨付财政经费，由富豪财主资助，广求大众施舍而建立并供养的，不仅是专制统治控制民众意识的工具，也是为富豪财主祈福延寿，求佛保佑来世更为富贵的工具，甚至要为普通施舍做法事、诵佛经、说禅法，将佛作为商品来出卖。寺院成了既有财又有权的半官方机构，是“事业化的企业”或“企业化的事业”单位，怀海的《禅门规式》自然对它们已不适用，其组织形式和管理体制的官僚化是必然趋势。为此，设置相应的僧官、僧职，规定其分工负责以及统属关系，由其辅助住持维系寺院僧人的相互关系，管理寺院经济以及僧人的佛事活动和日常生活。《禅苑清规》是禅教被佛教禅宗化以来，各寺院在组织形式和管理体制方面所做尝试的概括。禅教被佛教禅宗化的标志，一是民禅变为官禅，二是从丛林走进寺院，三是以农作自筹经费转变为由朝廷官府拨款、富豪施舍、广泛化缘。因此，就要接受朝廷官府的管制，其住持要由官方认定，进而结合寺院情况，仿效官府设官置职，其官类似朝廷所任命的官员，其职类似佐官之僚、吏。所管事务不仅有寺院僧人的诵经、坐参、坐禅，更有各种礼仪，特别是接待官员和富豪檀越、住持，以及筹划经费和佛事用品、僧众生活，经管寺院地产、房产，与官方和其他寺院的往来，管理挂搭僧人和沙弥、童行，协调僧众之间的关系。其管理体制，住持总负责，由他征求知事、头首、前资勤旧意见后任命监院、维那、典座、直岁为僧官，分别负责各类事务。再由住持或僧官请示住持，任命僧职或僧吏，称为“头首”，计有首座、书记、藏主、知客、浴主，以及负责具体事务的炉头、磨头、园主、庄主、廨院头、延寿堂主、净头等各专职。此外，还要由可信任的檀越担任化主、街坊头、水头、炭头、华严头、般若头、弥陀头等职务，并由相关知事、头首负责管理。可见，寺院已成包括经济、政治、文化的一小社会，其组织形式和管理体制的官僚化，不仅是必要的，而且逐步严密、细致、系统。

到宋朝时，虽然朝廷和地方官已加强了对佛教寺院的统一管制，但一般说来官府除任命住持及拨经费，并从总体上掌控僧众情况外，并不过多干涉寺院内部的组织和管理。进入元朝后，蒙古皇帝和密教帝师对佛教的管控更为严格。蒙古皇帝及其王公、大臣以封建主义为统治意识形态，尊奉密教，汉族传统的儒学道统从意识形态的主导，降为辅助以封建主义意识形态控制汉人、南人的工具。与之相应，佛教也就从儒学道统的辅助变为密教的辅助。为适应作为密教辅助工具的要求，佛教寺院进一步加强了组织形式、管理体制的官僚化。由蒙古皇帝以圣旨命令德辉在笑隐监督下编写的佛教寺院组织形式、管理体制、戒律的《敕修百丈清规》，实际上是一份以皇帝名义下发的“中央文件”，而且由密教帝师“公哥儿监藏班藏卜”以法旨强调“皇帝为教门的上头，教依着这校正归一的《清规体例》定体行者”①。并以所有宗教的共同首领要求“众和尚每体着皇帝圣心，兴隆三宝，好生遵守《清规》，修行办道，专为上位祈福祝寿，报答

① 《敕修百丈清规》，中州古籍出版社2011年版，第4页。

圣恩”①。在密教帝师和皇帝那里，并没有佛教和禅宗的区别，后来清朝胤禛的“宗教之合一”观，就是承袭了元朝密教帝师和皇帝的观念。因此，《敕修百丈清规》不是只针对禅宗的，而是针对全部佛教的。至于德辉和笑隐用“百丈清规”之名发表“中央文件”，也是因为帝师和皇帝的“佛禅一体”观而制定的，而且他们并不知道怀海的思想，只知道他的“清规”。作为“校正头”的笑隐，是帝师所信任者，在他的监督和校正下，依蒙古皇帝圣旨“告天与咱每祝寿”，密教帝师法旨“专为上位祈福祝寿”工具的佛教的《敕修百丈清规》，在明确祝釐、报恩的首要任务，并加上佛教徒的报本和尊祖纪念后，就是对住持主导的组织形式和管理体制的规定。与《禅苑清规》相比，《敕修百丈清规》在这方面有三个重要改进：一是明确了住持在寺院中的主导地位，并对其产生和权力进行了规定；二是以“两序”来界分僧官和僧职的职权、职责，是在仿效朝廷中的文官武将“两班”，各司其职，分工细致且有制约与合作；三是强调了管理体制的系统性，以及各职司的配合机制，如庆典、祭祀及各种重要集会都要预先出榜通告，并事先准备好各僧官、僧职的点位和工作程序，保证活动的顺利进行。组织形式和管理体制的系统和完善，使佛教寺院得以发挥其作为工具的作用。而在这样的“清规”约束下，怀海所追求的“自由人”联合修禅悟道的目标，早被抛弃，但此“清规”却还用“百丈”名义而定。

第四，戒律的严重紧密化。禅教与佛教的一个重要区别，就在慧能将“戒”剔除“三学”之外，强调“定慧一体”，而佛教则主张“戒”为“三学”之首要，“定”“慧”依从于戒。怀海制定《禅门规式》，依据慧能思想，以“定慧一体”为宗旨，将“戒”作为定慧的辅助手段。明确“除入室请益，任学者勤怠，或上或下，不拘常准。”但对“假号盗形，混于清众，别致喧扰之事”者，则“抽下本位挂搭，摈令出院”。杨亿文中并未提及《禅门规式》的戒条，但论说了其纪律的四个原则：一不污清

① 《敕修百丈清规》，中州古籍出版社2011年版，第5页。

众，二不毁僧形，三不扰公门，四不泄于外。以此来约束禅僧，保证其定慧禅修。《禅苑清规》则依“戒、定、慧”三学，将“戒”列为首位，强调受戒和护戒，进而在“诫沙弥”“沙弥受戒文”和“训童行”中，详细规定了“五戒”和“十戒”，以及遵守戒律的细则。并规定上堂、念诵、小参、结夏、解夏的集体活动应守的规矩，各种“煎点”“点茶”活动的礼仪、位次，以及斋粥、请因缘、入室时的程序与坐姿等。寺院僧人一言一行都有戒律、规矩管束。

《敕修百丈清规》中对戒律的要求更为严格，不仅对沙弥剃度的程仪作了细致的规定，而且增加了祝釐、报恩，以及报本、尊祖等重大集体活动，加之坐禅、坐参、大坐参、请益等旧有活动，大约已占全年一半以上的时间，其余时日，还有各种形式的茶汤、楞严会、戒腊牌等，可以说，所有寺院僧人，从住持到僧众，几乎每时每刻都在戒律约束下进行集体活动，相互监视和约制，一举一动，都有规矩，依戒律而生存，依戒律而言语行为。《敕修百丈清规》并专设《日用轨范》一节，详细而具体地规定了僧人日常应遵守戒规的行为方式，从起床到入睡，对僧人全天的每个动作、言语，都有明文规范，如早起洗漱，“轻手取盆洗面，汤不宜多。右手蘸齿药揩左边，左手蘸揩右边。不可再蘸，恐牙宣口气过人。漱口须低头，吐水以手引下，直腰吐水，恐溅邻桶。不得洗头，有四件自他不利。不得鼻内作声，不得喷水扑面，不得高声呕吐，不得以唾涕污面桶。”① 吃食，“不得将口就食，不得将食就口。取钵，放钵并匙箸不得有声，不得咳嗽，不得揞鼻喷嚏。若自喷嚏，当以衣袖掩鼻。不得抓头，恐风屑落邻单钵中。不得以手挑牙，不得嚼饭啜羹作声，不得钵中央挑饭，不得大搏食，不得张口待食，不得遗落饭食，不得手把散饭食。如有菜滓，安钵后屏处。”② 并规定了饭时坐、用钵、挑菜、洗钵等细节。还有上床、上堂、穿衣、披袈裟、吃汤药、展钵、归位、如厕、洗衣、开函柜、游山、坐

① 《敕修百丈清规》，中州古籍出版社 2011 年版，第 159 页。

② 同上书，第 161 页。

参、开浴等，均有明文规范。可见，在官僚化的组织形式和管理体制下，佛教寺院已成专为统治者“祈福祝寿”的机器，从住持到两序僧官、僧职乃至全体僧众，都是由戒律、规仪界定的零件。佛教禅宗的工具化充分而完备，明、清两朝皇帝也乐得沿用此工具，故《敕修百丈清规》一直延续近700年，维系佛教的存续。

跋

思想并没有个人所有权，思想属于人类总体我，现实存在并受意志支配的思想者个体我，所思想的内容都是与个体我相关的总体我的存在和演化。人类总体我是一个思想的大脑，每个个体我都是这大脑的细胞。一个细胞不会说大脑的思想是“我”的，个体我也不应认为我所想到的属于个体。

但个体我又是现实存在的，他的思想都与他的利益人格密切相关，因而将其思想局限于个体我，并由利益人格与其他个体我联合，由此形成思想的阶级性和阶段性，并发生矛盾与论争。

思想矛盾是社会矛盾的体现，劳动者素质技能与其社会地位矛盾的演进，还未达到马克思所说的“摆脱人类史前期”。阶级统治制度使少数人掌控生产资料和多数人的命运。统治者以人之外的神、上帝、天道、物质为论证其统治合理性、合法性的基本观念，并以暴力和行政、宣传等各种方式灌注于全体人的思想，形成阶段性的社会意识形态。

阶级统治的意识形态有一个共同点，就是将被统治者视为工具。从奴隶到今天的雇佣劳动者，乃至国家机器中的官吏、军队、警察，以及传教布道的教士、宣传员，统统是其工具。而为了生存，人们又不得不成为工具，并为“有用”“被用”而努力。被视为工具和想成为工具的人，思想也就工具化，看不到自己的主体性和人格，更不能形成自由意识。不仅从事沉重体力劳动的奴隶、农奴、农民、雇佣工人被制度所异化，那些以脑力为生的士子文人更是如此，他们思想的工具性因其服务的制度更为突出。从婆罗门教的祭司到基督教的僧侣，从孔丘、孟轲、苏秦、张仪为典范的士子周游列国以求其用，到科举考试乃至今日之“跑官”之风，再到名目繁杂的课题申报、发表论文，文人士子一生都在争取成为工具而思想。与之相应，统治者则依暴力和对财富的占有，始终掌握着主动权，确立各种体制、机构、机制使文人士子在工具论大逻辑中思想和行为，成为“有用”的工具，是其人生价值的最高追求，成者气势高扬，不成者垂头丧气。“范进中举”式悲喜剧轮流上演。思想由此而异化，自由荡尽，何来真知？

自由思想的本质在于确立主体性。历史地看，正是庄子与慧能及其传人认识了“工具论”的异化性质，率先从主体性的层面思想人生。《庄子》和《坛经》及道一、怀海、希运等人的语录，是努力摆脱工具论束缚的自我意识的体现。虽然“史前时期”的社会不可能使他们的观念成为主流，却给作为工具的文人士子提供了认知其基本人性的参照，这也是庄子与慧能等人思想普遍流传的原因。他们的思想虽因“无用”而不能成为统治的工具，但体现着人本质的追求自由的意志。在人类已达80亿之众的今天，雇佣劳动者创造的物质财富已远超过以往历史的总和，却由1%的人占据总财富的50%以上的所有权！如此可以说99%的人都是少权、无权的“贫困人口”。而财富的所有权和科技化的暴力密切结合，监视并操纵全体人的思想。而财富和暴力都是权力的重要依据，仅从这个比例就可知人类异化的程度！这是工具论逐级发展的结果，也是人类的耻辱和悲哀！“极必反”，工具论对人类思想统治已达极致，它也势必随社会矛盾的演化而消亡。当此时，读一读1000多年前慧能及禅教思想家的言论，其中体现的主体性和自由意识，对每一个思想者都会有所启发。

劉永佳

2018年1月18日

又　跋

前跋文是本书初稿完成时写的。因某种因素，本书至今尚未出版。这也是好事，留给我进一步修改的时间。中国古代思想，虽然文献浩繁，人物众多，但其中有创意者，一是春秋战国的诸子思想，一是唐朝慧能发起并由道一、怀海、希运、义玄等人继承发展的禅学或禅教。作为中国人，我先写了这本《解禅》，接着写了《诸子思想》，可谓“兄弟篇”。但“弟”先于“兄”成书（《诸子思想》于2019年由中国社会科学出版社出版），“兄”6年后仍为稿。不过，这样更符合历史的顺序，慧能等人的禅学实则是诸子思想制度化的社会矛盾在意识形态中的特殊形式，是以诸子思想道层次基本观念天道观为依据，利用佛教形式和语言，对由诸子思想所汇集的儒学道统为理论基础的集权官僚制中主要矛盾次要方面农民和其他劳动者意识的概括，虽然不充分、不深刻，却是继《墨子》之后，对劳动者意识又一次较系统的论述。

2023年10月，我的《劳本公有制》初稿写完，着手修改本书，先是写了《对〈坛经〉的改动体现的慧能禅教被佛教禅宗化》《〈禅门规式〉到〈禅苑清规〉〈敕修百丈清规〉的演变中体现的禅教被佛教禅宗化》两篇附论，又对全书进行修改，补充了新找到的材料，改动了一些词句和论述，形成现在这个样子。

从20世纪初开始，对慧能及其传人，学界进行了广泛的研讨，但不论僧人还是学者，都是从“宗教”角度——或是从“佛的信奉者”，或是从“佛教研究者”——立论，将慧能等人思想纳入佛教大逻辑体系。因此也都忽略了慧能等人思想的基本观念与佛教的根本差别。佛教是婆罗门教修正后形成的分支，其道层次所依从的仍是婆罗门教的梵天创世造人主宰一切的梵道观，佛教只是对轮回转世环节提出了与婆罗门教不同的观点，声称可由佛牵引世人修行好的转回。慧能等人则以中国既有的天道观为思想的道层次，既不理会甚至不知道婆罗门教的梵道观，也不承认轮回转世说，由此而开启、确立人的大智慧——佛。佛教的佛来源于梵道，是对梵天创世造人主宰一切的领悟者，是主导世人依梵道而修行的神圣。以天道观为哲学依据的我佛观与以梵道观为哲学依据的佛我观，是慧能所创禅教与悉达多所创佛教各自的核心，也是二者的本质区别。

如果单以慧能与悉达多个人的思想和行为论，他们的作用主要在“学”，虽也形成了初级团体，但还不是系统的“教”。慧能禅学和悉达多佛学之所以成为“教”，主要在其后继者的努力。慧能与悉达多不同的是，他在世时讲解并修订了由弟子法海集记其思想精粹的《坛经》，而悉达多的思想通通是他死后由其侍从阿难回忆，并由其他信徒商量而编写的“经”所传达，到大乘派时，则进一步任由某僧人以佛陀名义自己造经。研究禅学，我们起码可以据法海集记的《坛经》来论说慧能的思想。研究佛学，则很难从传布的群“经”中分清哪些是悉达多本人的思想，哪些是阿难及众多以佛陀名义表述的不具名僧人的思想。

慧能相当重视其思想核心观念和体系的传承，严肃告诫弟子：“已后传法，递相教授一卷《坛经》，不失本宗。不禀授《坛经》，非我宗旨。”[①]这既是对佛教禅宗故弄神秘的“不立文字”说的否定，也是禅教得以延续发展的首要因素。虽然在禅教被佛教禅宗化的过程中对《坛经》做了不少改动，但慧能禅学的“宗旨”还是被保留下来，并贯彻于怀让、行思两脉的禅团中。慧能禅学之所以能演化为禅教，在于这两脉禅团的创建和发展，其关键是怀让再传弟子怀海提出并实行，进而由其传人承继，同时影

① 《坛经校释》，中华书局1983年版，第98页。

响行思一脉的《禅门规式》，在以农禅并作为存在基础的前提下创制了禅团特有的组织形式、运行机制和纪律。从这个意义上说，怀海《禅门规式》是慧能禅学组织化、社会化必不可少的条件，而且他本人对禅学也有重要贡献。禅学在《禅门规式》制约的禅团中延续，禅团则以禅学为宗旨、为灵魂而传承。在希运、义玄、普愿、从谂等人的持续努力下，形成了中国乃至人类历史上最具特殊性的禅教。

禅教并非宗教，而是采用佛教某些形式和词句的思想、社会团体。将它归入宗教，并作为佛教的一个宗派，按佛教逻辑进行研究，不可能理解其宗旨和真谛。只有消除佛教禅宗化所添加的神秘性，从慧能及其传人都是人，而且悉达多也是人，他们都是在不同的社会阶段、不同的地域生活并思考的人。后人既不从梵道观、天道观去演绎，也不从物道（质）观去演绎他们的思想，而是从人本质的劳动观去理解他们的思想，才能认知禅教的理念和价值，才能区别其与佛教的差异，进而规定禅教的历史意义和对现代人的启发。我们“解禅”，就由此展开。

劉永佶

2024 年 2 月 15 日

后　记

本书稿的写作和修改历时8年，其间，许卫岳两次校对全书，两篇附论也由他打字录入，并提出修改意见。李嵘长期关注书稿的写作进度并建议修改。参加研读、讨论书稿的有：王玉芬、许卫岳、赵晓明、孙晓飞、杨文生、王小兴、张德政、石越、胡子凯；王彦林、吴晓军、顾瑶、万永彪、杨梅、朱计坤、田书信、常品山、郝峰良；郭德启、赵启伟、傅钰椋、刘焕勇、高占飞、尹伯卿、孙玉春、王东利、梁晓卿、边雪波、田红玉、刘健、杨杰；李南辰、张鹏飞、乔国栋、刘瑞空、寇华南、石勇、王哲伟、张登勤、刖星云。他们为本书的修订工作提供了专业意见。尚未谋面的李天峙，认真通读了全书，校正了几十处文字。感谢当代中国出版社的领导和本书责任编辑给予的帮助。

劉永信

2024年9月6日

图书在版编目（CIP）数据

解禅 / 刘永信著. -- 北京 ：当代中国出版社，2025. 6. -- ISBN 978 - 7 - 5154 - 1554 - 3

Ⅰ. B946. 5

中国国家版本馆 CIP 数据核字第 2025HF2043 号

出 版 人　蔡继辉
责任编辑　战盈彤
责任校对　贾云华　康　莹
印刷监制　刘艳平
封面设计　乔智炜　鲁　娟
出版发行　当代中国出版社
地　　址　北京市地安门西大街旌勇里 8 号
网　　址　http：//www. ddzg. net
邮政编码　100009
编 辑 部　（010）66572154
市 场 部　（010）66572281　66572157
印　　刷　中国电影出版社印刷厂
开　　本　710 毫米 × 1000 毫米　1/16
印　　张　44 印张　1 插页　628 千字
版　　次　2025 年 6 月第 1 版
印　　次　2025 年 6 月第 1 次印刷
定　　价　186. 00 元

解禅

刘永佶 著

当代中国出版社
Contemporary China Publishing House